Marvin
Harris

Menschen

**Wie wir
wurden,**

**was wir
sind.**

**Aus dem Amerikanischen
übersetzt von Ulrich Enderwitz**

Klett-Cotta im
Deutschen Taschenbuch Verlag

dtv

Von Marvin Harris
sind im Deutschen Taschenbuch Verlag erschienen:
Wohlgeschmack und Widerwillen (30470)
Kannibalen und Könige (30500)

Ungekürzte Ausgabe
Juli 1996
Deutscher Taschenbuch Verlag GmbH & Co. KG, München

Titel der amerikanischen Originalausgabe:
Our Kind
Harper & Row, New York

ISBN 3-608-93289-5
Umschlaggestaltung: Klaus Meyer, Helmut Gebhardt
Umschlagfotos: Helmut Gebhardt, Lisbeth Navarro
Satz: Steffen Hahn GmbH, Kornwestheim
Druck und Bindung: C. H. Beck'sche Buchdruckerei, Nördlingen
Printed in Germany · ISBN 3-423-30530-4

Das Buch

Der große Anthropologe Marvin Harris legt hier die Quintessenz seines Lebenswerks vor, sein Resümee, in dem er alles, was er über die Menschen und ihre Kulturen in Erfahrung bringen konnte, zu einem einheitlichen Ganzen zusammenfaßt – locker erzählt, stets mit einem Schuß Ironie garniert, vergnüglich zu lesen und spannend von der ersten bis zur letzten Seite. Er selbst schreibt in seinem Vorwort: „Wollen Sie genauso gern wissen wie ich, auf welche Weise, wann und wo menschliches Leben entstanden ist, wie die ersten menschlichen Gesellschaften und Sprachen aussahen, warum Kulturen verschiedene, aber oft bemerkenswert übereinstimmende Entwicklungsbahnen einschlugen, warum es zu gesellschaftlichen Unterschieden kam und warum an die Stelle kleiner Horden und Dorfgemeinschaften Häuptlingsherrschaften und an deren Stelle mächtige Staaten und Reiche traten? Fragen auch Sie sich genauso interessiert, welcher Teil des Menschseins dem Genmaterial und welcher dem kulturellen Erbe entstammt, ob Eifersucht, Krieg, Armut und Sexismus etwas Unvermeidliches sind und ob die Menschheit eine Überlebenschance hat? Wenn Sie all das interessiert, lesen Sie weiter!“

Der Autor

Marvin Harris gehört zu den einflußreichsten und populärsten Anthropologen der Gegenwart. Er lehrt und forscht an der Universität von Florida. Seine zahlreichen Veröffentlichungen haben ihm auch bei einem breiten Publikum den Ruf eines witzigen und fesselnden Autors eingebracht. Veröffentlichungen auf deutsch u. a.: „Kulturanthropologie“ (1988), „Wohlgeschmack und Widerwillen“ (1990), „Kannibalen und Könige“ (1990), „Fauler Zauber“ (1993).

Inhalt

Vorwort . . . 9
Am Anfang . . . 13
Die Geburt einer Schimäre . . . 15
Aufstieg und Fall von Dawsons Frühmensch . . . 19
„Lucy in the Sky with Diamonds" . . . 23
Der Stammbaum des Lebens . . . 27
Das Rätsel des geschickten Menschleins . . . 29
Die Geburtsstunde der Technik . . . 33
Werkzeuge wofür? . . . 39
Fleisch . . . 41
Afrikanische Genesis – revidierte Fassung . . . 45
Steinbrecher, Metzger, Aasfresser, Jäger . . . 49
Das Geheimnis des H. Erectus . . . 53
Hitze, Haare, Schweiß und Marathonläufe . . . 57
Das Gehirn fängt an zu denken . . . 63
Rudimentäre Kulturen . . . 65
Aufbruch in die Sprache . . . 69
Primitive Sprachen? . . . 75
Affensignale . . . 77
Der Triumph der Lautgebung . . . 83
Über den Neandertaler . . . 87
Das Schicksal des Neandertalers und die Entstehung unserer Art . . . 91
Die alles überschattende Kultur . . . 95
Ahnen . . . 99
Wie alt sind die Rassen? . . . 103
Wie unsere Haut ihre Farben bekam . . . 109
Warum Afrika hinterherhinkt . . . 113
Gibt es bei den Rassen Intelligenzunterschiede? . . . 119
Eine andere Art von Auslese . . . 123
Atmen . . . 127
Trinken . . . 129
Essen . . . 131
Warum wir zuviel essen . . . 135

Warum wir Festessen veranstalten . . . 137
Warum wir dick werden . . . 141
Angeborene Geschmacksrichtungen . . . 145
Erworbene Geschmacksrichtungen . . . 149
Eins zu Null für die Gene . . . 155
Geschlechtslust . . . 159
Sexuelle Unwissenheit . . . 163
Und jetzt zu etwas völlig anderem . . . 169
Warum Frauen permanent vergrößerte Brüste haben . . . 175
Geben und Nehmen . . . 179
Wie viele Geschlechtspartner? . . . 183
Gene gegen Inzest? . . . 187
Der Mythos vom Großen Tabu . . . 193
Das Märchen vom Fortpflanzungszwang . . . 197
Wie viele Kinder? . . . 203
Fehlanzeige in der Fortpflanzung . . . 211
Vom Bedürfnis, geliebt zu werden . . . 217
Warum gibt es Homosexualität? . . . 223
Mann mit Mann . . . 227
Frau mit Frau . . . 235
Samen kontra Ei? . . . 239
Verstohlene Freuden . . . 245
Sind Männer aggressiver als Frauen? . . . 249
Mädchen, die sich wie Jungen benehmen, und Jungen, die mit zwölf ihren Penis bekommen . . . 253
Verstand, Mathematik und Sinne . . . 257
Geschlechterverhältnis, Jagd und tödliche Gewalt . . . 263
Weibliche Krieger? . . . 269
Krieg und Sexismus . . . 273
Wozu Krieg? . . . 281
Fleisch, Nüsse und Kannibalen . . . 287
Kurze Abhandlung über fettes Fleisch . . . 291
Jagdkriege . . . 295
Hungrige Papuas . . . 299
Wo Frauen Herr im Haus sind . . . 303
Hoch mit den Frauen, nieder mit den Frauen . . . 309
Hacken, Pflüge und Computer . . . 313
Wieso leben Frauen länger als Männer? . . . 319

Der Männlichkeitswahn und sein heimlicher Preis . . . 325
Hat es je ein Leben ohne Häuptlinge gegeben? . . . 327
Wie verhält sich ein Anführer? . . . 331
Wie man mit Schmarotzern fertig wird . . . 333
Vom Anführer zum Großen . . . 335
Die großen Wohltäter . . . 339
Warum wir nach Ansehen gieren . . . 343
Warum wir demonstrativ konsumieren . . . 347
Warum gibt es Yuppies? . . . 351
Vom Großen zum Häuptling . . . 355
Die Macht: Wurde sie ergriffen oder verliehen? . . . 359
An der Schwelle zum Staat . . . 365
Die ersten Staaten . . . 369
Warum wir religiös wurden . . . 375
Die Entwicklung der Geisterwelt . . . 381
Die wesentlichen animistischen Rituale . . . 385
Tausch mit den Göttern . . . 389
Fleischopfer . . . 393
Menschenopfer . . . 397
Die Götter, die kein Menschenfleisch mochten . . . 403
Die Götter, die Menschenfleisch aßen . . . 407
Die religiöse Verwerfung des Tötens . . . 413
Die Entstehung tötungsfeindlicher Religionen . . . 419
Wie sich die tötungsfeindlichen Religionen ausbreiteten . . . 423
Ein chinesisches Rätsel . . . 429
Die Zukunft von Glauben und Unglauben . . . 437
Hat sich die Geschichte wiederholt? . . . 443
Wie die zweite Welt begann . . . 449
Der Entwicklungsgang in der zweiten Welt . . . 453
Die Pharaonen der Anden . . . 459
Warum die erste Welt die zweite eroberte . . . 463
Das Unbehagen in der Kultur und der erkennende Geist . . . 469
Wird die Menschheit überleben? . . . 475

Danksagung . . . 479
Quellen . . . 481
Literaturverzeichnis . . . 493
Register . . . 523

Vorwort

Wollen auch Sie genauso gern wissen wie ich, auf welche Weise, wann und wo menschliches Leben entstanden ist, wie die ersten menschlichen Gesellschaften und Sprachen aussahen, warum Kulturen verschiedene, aber oft bemerkenswert übereinstimmende Entwicklungsbahnen einschlugen, warum es zu gesellschaftlichen Unterschieden kam und warum an die Stelle kleiner Horden und Dorfgemeinschaften Häuptlingsherrschaften und an deren Stelle mächtige Staaten und Reiche traten? Fragen auch Sie sich genauso interessiert, welcher Teil des Menschseins dem Genmaterial und welcher dem kulturellen Erbe entstammt, ob Eifersucht, Krieg, Armut und Sexismus etwas Unvermeidliches sind und ob die Menschheit eine Überlebenschance hat? Wenn Sie all das interessiert, lesen Sie weiter!

Nach der Tatsache zu urteilen, daß es überall auf der Welt Mythen gibt, die erklären, wie die Welt erschaffen wurde und wie unsere ältesten Vorfahren die Kunst der Sprache und die Beherrschung nützlicher Tätigkeiten erwarben, suchen die Menschen schon immer nach Antworten auf diese Fragen. Aber Vorsicht! Die Geschichte, die ich zu erzählen habe, richtet sich an keine bestimmte Gruppe oder Kultur, sondern an die Menschen überhaupt. Sind Sie willens, über den eigenen Tellerrand hinauszublicken? Sind Sie bereit, die Welt in erster Linie als Angehöriger der Gattung, der wir alle angehören, und erst in zweiter Linie als Mitglied einer nach Stamm, Nation, Religion, Geschlecht, Klasse, Rasse, Art oder Clique gesonderten Gruppe in Augenschein zu nehmen? Ja? Dann lesen Sie weiter!

Was muß heute jemand wissen, um als gebildeter Mensch gelten zu können? Können Namen, Orte, Ereignisse und literarische Werke den Ungebildeten aus ihrer Ahnungslosigkeit heraushelfen? Reicht es, mit Vorgängen und Leistungen in den westlichen Gesellschaften vertraut zu sein? Was ist mit den biologischen Veränderungen, die dazu führten, daß unsere Vorfahren auf der Erde erschienen und daß die menschliche Art die einzigartige Fähigkeit zur kulturellen Anpassung erwarb, was mit den Evolutionsprinzipien, die nach dem „kulturellen Durchbruch“ unserer Vorfahren das soziale Leben der Menschheit gestalteten, was mit den biologischen und kulturellen Vorgängen, die unser Leben bestimmen und unser Schicksal formen? Um es positiv auszudrücken: als Anthropologe glaube ich, daß eine zeitgemäße Bildung mindestens darin besteht, eine vergleichende, umfassende und evolutionäre Sicht davon zu haben, wer wir unserer Art nach sind und was wir an Hilfen von unseren Kulturen erwarten können und was nicht.

Wenn ich für eine menschheitsübergreifende, biosoziale und evolutionäre Sichtweise plädiere, so will ich damit nicht von der Bedeutung des traditionellen lokalen und partikularen Wissens ablenken. Wir leben und handeln in lokalen und partikularen Zusammenhängen, und uns bleibt gar nichts anderes übrig, als Kenntnisse über die Welt von innen heraus zu erwerben. Aber wenn das Partikulare überhandnimmt, wenn man es versäumt, die Welt auch von außen in Augenschein zu nehmen, macht man sich einer Ignoranz schuldig, die genauso gefährlich sein kann wie die Unkenntnis lokaler Gesetzmäßigkeiten. Hat es Sinn, die Geschichte einiger weniger Staaten zu kennen und nichts über die Ursprünge des Staats überhaupt zu wissen? Dürfen wir über die Kriege in ein paar Ländern Bescheid wissen und gleichzeitig keine Ahnung haben vom Phänomen des Kriegs selbst?

Ich habe all das, was ich als Anthropologe über die Menschheit gelernt habe, Revue passieren lassen und mich gefragt, wovon meiner Meinung nach alle Menschen Kenntnis haben sollten. Und das Ergebnis dieser Selbstbefragung lege ich hiermit vor – in Gestalt eines rasch voraneilenden, gedrängten Berichts.

Und jetzt habe ich noch eine Warnung auf Lager. Man möge dieses Buch nach dem beurteilen, was es bringt, nicht nach dem, was es ausläßt. Ich möchte dem Leser über das berichten, was ich gelernt habe. Unglücklicherweise habe ich nicht so viel gelernt, wie ich gern hätte, und deshalb gibt es in meiner Erzählung viele Lücken. Ich hätte insbesondere gern mehr über die Entwicklung der Musik und der Künste gesagt, aber das sind Bereiche der menschlichen Erfahrung, die schwer in Begriffen des Evolutionsprozesses zu fassen sind. Ich habe zum Beispiel nicht die leiseste Ahnung, warum manche künstlerischen Traditionen gegenständliche Darstellungen bevorzugen, während andere großen Wert auf abstrakte, geometrische Muster legen, oder warum afrikanische Rhythmen normalerweise komplexer sind als die der amerikanischen Ureinwohner. Vielleicht werden wir eines Tages mehr über die emotionalen, ästhetischen und expressiven Seiten des menschlichen Lebens wissen, oder es stellt sich vielleicht heraus, daß es Dinge gibt, die man nur von innen heraus und nur in ihrer Besonderheit, niemals aber im allgemeinen kennen kann. Unterdes gibt es noch genug Welten zu erforschen. Fangen wir also an.

Am Anfang

Am Anfang war der Fuß. Vier Millionen Jahre, ehe sie Sprache oder Bewußtsein hatten, gingen unsere Vorfahren schon aufrecht auf zwei Beinen. Andere Primaten behielten den handartigen Fuß aus der gemeinsamen Vergangenheit eines Lebens auf Bäumen. Sie blieben praktisch vierhändig, mit daumenartigen großen Zehen, die alle übrigen Zehen erreichen können und ideal sind, um sich an Ästen und Zweigen festzuklammern, während man nach Früchten hoch droben über dem Waldboden langt, wohingegen sie das volle Körpergewicht schlecht tragen können. Kamen sie auf den Boden herunter, um von einem Obstbaumgehölz zum nächsten überzuwechseln, bewegten sie sich meist auf allen vieren, möglicherweise so wie heutige Gorillas und Schimpansen, die sich auf kurzen Stummelbeinen fortbewegen, plattfüßig, mit weit abgespreiztem großem Zeh und mit langen, von der Schulter bis zu den Fingerknöcheln senkrecht herunterhängenden Armen. Oder sie gebrauchten vielleicht ihre Hände wie die heutigen Orang-Utans und stützten sich beim Gehen seitlich auf ihre Fäuste. Wie die heutigen großen Menschenaffen konnten sie zwar auf zwei Beinen stehen oder gehen, aber nur für kurze Zeit beziehungsweise über kurze Strecken. Nicht nur waren ihre Füße für das Stehen oder den aufrechten Gang ungeeignet, ihren Beinen und ihrem Gesäß fehlten auch die Muskeln, die menschlichen Wesen ihre aufrechte Haltung ermöglichen. Außerdem krümmte sich ihre Wirbelsäule in einer einfachen Kurve, und es fehlte die Stabilität verleihende Biegung in die Gegenrichtung, die sich beim Menschen im Bereich der Kreuzwirbel findet. Auf zwei Beinen torkelten sie mehr, als daß sie gingen, mit angehobenen Armen, um das Gleichgewicht zu wahren, unfähig, etwas zu tragen, außer für kurze Strecken.

Unsere eigenen Primatenvorfahren waren anders. Sie hatten unsere Füße, mit Zehen, die sich nicht zusammenbiegen konnten, um Gegenstände zu umklammern oder aufzuheben, Füße, die hauptsächlich zum Stehen, Laufen, Springen und Treten taugten. Alles übrige war Sache der Hände.

Solange die Hände als Füße aushelfen mußten, blieben ihre besonderen Fertigkeiten unentwickelt. Der Daumen mußte bei den Großaffen kurz und stummelig sein, um nicht zu stören, wenn diese auf den Handknöcheln gingen. In dem Maß wie der Daumen länger und robuster wurde, gelangten unsere Primatenvorfahren in den Besitz von vorderen Gliedmaßen, die nicht nur die leistungsstärksten und zuverlässigsten, sondern zugleich auch die feinfühligsten und präzisesten Körperwerkzeuge im ganzen Tierreich darstellen.

Warum schuf die Natur einen Primaten, der auf zwei Beinen lief? Die Antwort muß in der Fähigkeit solch eines Wesens liegen, sich auf dem Erdboden erfolgreich zu behaupten. Keines der großen Tiere geht aufrecht über Baumäste oder springt gar auf zwei Beinen von Ast zu Ast. Aber bloß dies, daß wir auf dem Erdboden heimisch sind, reicht zur Begründung unserer aufrechten Haltung nicht aus. Das Leben auf dem Erdboden ist genau das, worauf sich die meisten Säugetiere am besten verstehen. Und von den Elefanten bis zu Katzen, Pferden und Pavianen bewegen sie sich sämtlich auf allen vieren fort. Ein zweibeiniger, zweihändiger Großaffe gewinnt evolutionsgeschichtlich einen Sinn nur dadurch, daß er auf dem Erdboden etwas machen konnte, was vor ihm kein anderes Lebewesen je in diesem Umfang beziehungsweise mit soviel Geschick gemacht hatte: nämlich die Hände gebrauchen, um Werkzeuge anzufertigen und zu halten, und die Werkzeuge zur Befriedigung täglicher Bedürfnisse einsetzen.

Den Beweis dafür liefern zum Teil unsere Zähne. Alle heutigen Großaffen verfügen über vorspringende Eckzähne – Reißzähne oder „Fänge“ genannt –, die nützlich sind, um hartschalige Früchte aufzubeißen oder Bambus zu zerkleinern, und die auch als Waffe dienen können, sei's daß man sie drohend entblößt, sei's daß man sich im Kampf gegen Raubtiere oder Geschlechtsrivalen auf sie verläßt. Aber schon unsere ältesten zweifüßigen, zweihändigen Vorfahren hatten keine Reißzähne. Ihre Schneidezähne waren bereits klein, ihre Backenzähne breit und flach, ihre Kiefer in einer Weise eingehängt, daß sie sich mehr fürs Zerkleinern und Mahlen als fürs Zerbeißen und Reißen eigneten. Waren diese reißzahnlosen Vorfahren demnach harmlos? Das bezweifle ich. Das menschliche Gebiß redet eine andere und unheimlichere Sprache. Wir verstehen sie nur zu gut. Wer den größten Stock schwingt, ist gefährlicher, als wer die größten Zähne fletscht.

Die Geburt einer Schimäre

Charles Darwin stellte die Frage nach der Evolution des Menschen erstmals in einem Buch mit dem Titel *Die Abstammung des Menschen*, das er 1871 veröffentlichte, zwölf Jahre nach der Abfassung von *Über den Ursprung der Arten*. Hier erklärte er zum ersten Mal, daß „der Mensch – wie jede andere Art – von einer früher existierenden Form abstammt", daß die natürliche Auslese für die Ursprünge des Menschen genauso maßgebend sei wie für die jeder anderen Art und daß dies nicht nur für unseren Leib gelte, sondern auch für unsere „höchsten" kognitiven, ästhetischen und moralischen Fähigkeiten, die sich in rudimentärer Form auch schon bei so niederen Lebewesen wie Katzen oder Hunden finden ließen. Der Eindruck einer schroffen Kluft zwischen ihnen und uns sei ein falscher Eindruck, hervorgerufen durch den Umstand, daß die Protomenschen, die in ihren geistigen und leiblichen Fähigkeiten Zwischenstufen dargestellt hätten, im Kampf ums Überleben und um die erfolgreiche Fortpflanzung unterlegen und lange schon ausgestorben seien.

Die Menschenaffen waren ein gewichtiges Argument dafür, daß auch die Menschen aus der Evolution hervorgegangen sind. Sie machten deutlich, daß die menschliche Gestalt nicht in völliger Abgehobenheit von der Welt der übrigen Lebewesen existiert. Ihrem Knochenbau, ihrer Physiologie und ihrem Verhalten nach erinnern Schimpansen, Gorillas und Orang-Utans unheimlich stark an menschliche Wesen. Sie sehen aus wie Verwandte des Menschen, wenn auch armselige und geistig zurückgebliebene. Tatsächlich hatte bereits lange vor Darwin der große schwedische Naturforscher Carl von Linné Affen und Menschen derselben Familie zugeordnet. Sogar Biologen, die der Evolutionstheorie ablehnend gegenüberstanden, mußten zugeben, daß sie keine rein anatomischen Gründe ausfindig machen konnten, die dagegen sprachen, die Großaffen als eine Reihe weiterer Menschenarten beziehungsweise die Menschen als bloß eine weitere Art von Großaffen anzusehen. Darwin und seine Nachfolger waren deshalb, nachdem sie entschieden hatten, daß die Menschen von einer „früher existierenden Form" abstammten, immer davon überzeugt, daß es sich dabei um eine Art Großaffe gehandelt haben müsse.

Diese Vermutungen hatten die Suche nach einer Übergangsform, einem „Bindeglied", dem *missing link*, zur Folge (wobei der Ausdruck unpassend ist, weil es ja zum Begriff der Evolution gehört, daß es zwischen verwandten Arten viele solcher Verbindungsglieder und nicht nur eines gibt). Beim Versuch, sich vorzustellen, wie dieses halb äffische, halb menschliche Wesen ausgesehen haben mochte, liefen Darwins Nachfolger in eine Falle. Sie konstruierten es als eine Schimäre, ein Doppelwesen, das all die Eigenschaften in sich vereinte, die im allgemeinen Bewußtsein jeweils am meisten mit Affe und Mensch verknüpft wurden. Sie stellten es sich als ein Wesen mit ausladendem menschlichem Gehirn und dem reißzahnbestückten Kiefer eines Affen vor. Darwin selbst trug unglücklicherweise zur Kreation dieses Fabelwesens bei, weil er die These aufstellte, daß bei den „Vorfahren des Menschen ... die Männchen ... große Eckzähne (hatten), welche ihnen als furchtbare Waffen dienten". Tatsächlich versuchte Darwin sich ein anderes Zwischenglied vorzustellen – eine Art, die als gemeinsamer Vorfahr von Menschenaffen und Mensch herhalten konnte. Aber diese Differenz geriet in der folgenden fieberhaften Suche nach *dem* Bindeglied zwischen Menschen und Menschenaffen rasch in Vergessenheit.

Das erste Opfer jener Schimäre war ein holländischer Arzt namens Eugène Dubois. Während er Anfang der neunziger Jahre des letzten Jahrhunderts Kolonialdienst in Niederländisch-Ostindien tat, suchte er entlang der Ufer des Solo-Flusses in Java nach Fossilien und stieß dabei auf eine flache, primitiv wirkende Hirnschale mit starken Brauenwülsten. In der Nähe fand er einen Schenkelknochen, der ganz so aussah wie ein menschlicher Schenkelknochen. Er nannte seinen Fund *Pithecanthropus erectus* – „der aufgerichtete Affenmensch" – und verkündete, es handele sich bei ihm um den „Vorläufer des Menschen". Aber daheim in Europa konnte er die Fachleute nicht beeindrucken: Der Schädel sei für ein menschenähnliches Gehirn zu flach; es handele sich einfach nur um einen Großaffen. Was den Schenkelknochen betraf, so gehörte er zum Skelett eines neuzeitlichen Menschen, dessen Überreste es irgendwie dorthin verschlagen hatte. Dubois selbst kam später zu dem Schluß, sein Fund sei nicht die gesuchte Zwischenform, sondern stamme von einem ausgestorbenen

Riesengibbon. Daß sein *Pithecanthropus* schließlich als frühes Exemplar der heute als *Homo erectus* („Javamensch") bekannten Art eingestuft wurde, erlebte er nicht mehr. Denn er hatte tatsächlich ein wichtiges Bindeglied zwischen dem *Homo sapiens* und unseren affenartigeren Vorläufern entdeckt. Obwohl sein Gehirn größer war, als die Kritiker von Dubois hatten wahrhaben wollen, und obwohl er anspruchsvolle Steinwerkzeuge fertigte, bewegte sich Erectus, wie ich ihn von jetzt ab nennen werde, noch nicht ganz auf menschlichem Niveau. Aber darauf kommen wir später.

Und schließlich vernahm man frohe Kunde: Das echte Bindeglied war gefunden; und zwar nicht im fernen Java, sondern gleich vor der Tür, im englischen Sussex.

Aufstieg und Fall von Dawsons Frühmensch

In einer Rede vor der Geologischen Gesellschaft im Jahr 1912 erläuterte Charles Dawson, ein Amateur-Altertumsforscher, wie er aus dem eiszeitlichen Kies in der Nähe des Gemeindeangers von Piltdown in Sussex mehrere Schädelfragmente und die Hälfte eines zerbrochenen Unterkieferknochens, vermischt mit Knochen ausgestorbener Säugetiere, ausgegraben hatte. Smith Woodward, ein hervorragender Anatom und Museumsdirektor am Britischen Museum für Naturgeschichte, stand auf und bestätigte Dawsons Darstellung. Er präsentierte den Zuhörern die in Gips rekonstruierte Gestalt, die das ausgestorbene Wesen seiner Meinung nach gehabt hatte, und schlug für es den Namen *Eoanthropus Dawsoni*, „Dawsons Frühmensch", vor. Diese Zwischenform hatte einen umfangreichen, runden Schädel mit hoher Stirn, der einen richtig modernen Eindruck machte, hingegen einen affenartigen Unterkiefer ohne Kinn. Die Reißzähne fehlten, aber Woodward berief sich auf Darwin. Er sagte voraus, Zähne würden, wenn man sie fände, ihrem Fangzahncharakter Ehre machen. Binnen eines Jahres fand der französische Priester und Wissenschaftler Teilhard de Chardin, der seine Hilfe bei den Ausgrabungen in Piltdown angeboten hatte (die katholische Kirche akzeptierte inzwischen das Faktum der natürlichen Evolution), einen Reißzahn, der genauso aussah, wie Woodward vorhergesagt hatte: „spitz, vorstehend und geformt wie bei den Menschenaffen".

Kein Wunder. Es *war* der Fangzahn eines Affen, und der Unterkiefer des Frühmenschen war der Unterkiefer eines Affen. Irgend jemand – bis heute weiß man nicht, wer – hatte sich einen raffinierten Ulk ausgedacht. Er hatte sich den ungewöhnlich dickknochigen Schädel eines heutigen Menschen besorgt, ihn in kleine Stücke zerschlagen, diese braun gefleckt, damit sie wie Fossilien aussahen, und sie zusammen mit einigen wirklichen und ein paar gefälschten Knochenresten ausgestorbener diluvialer Säugetiere in den Ausgrabungsort bei Piltdown plaziert. Er hatte sich auch von einem heutigen Orang-Utan einen halben Unterkiefer beschafft, bei dem der Reißzahn fehlte, hatte das tadellos erhaltene hintere Oberteil abgebrochen, damit niemand merken konnte, daß es mit dem menschlichen Schädel nicht zusammenpaßte, die Backenzähne des Unterkiefers abgefeilt, um jene Abnutzung vorzutäuschen, die menschliches Kauen bewirkt, das Ganze fossilienbraun gefärbt und es in der Nähe der Schädelfragmente vergraben. Der Schwindler wußte, daß dann nur noch die Entdeckung jenes reißzahnförmigen Eckzahns nötig war, auf den Darwin jedermann vorbereitet hatte, damit dieses letzte Beweisstück seine Kreation endgültig als die echte Zwischenform erwies. Nachdem Woodward ihm auf den Leim gegangen war und die Prognose über den fehlenden Reißzahn gemacht hatte, setzte der Schwindler seinem Meisterstück die Krone auf, indem er den Fangzahn eines Schimpansen halb abfeilte, mit den üblichen braunen Flecken versah und an einer Stelle vergrub, wo er sicher sein konnte, daß er von dem absolut vertrauenswürdigen geistlichen Herrn gefunden wurde.

Ein paar Gelehrte äußerten Zweifel. Der Unterschied zwischen dem Gehirn und dem Unterkiefer des Frühmenschen sei einfach zu groß. Aber die Mehrzahl konnte dem großen Kopf nicht widerstehen. Schließlich ist das Hirn das Organ, durch das wir uns am meisten von den Tieren unterscheiden. Wie hätte die Hand ohne ein menschliches Hirn, das sie lenkte, soviel Geschick ausbilden können? Keine Frage, daß sich erst das Gehirn entwickeln mußte, damit die Hand ihre Kunstfertigkeit entfalten konnte. Und was hätte passender sein können als die Tatsache, daß der erste Bewohner der britischen Inseln eine höhere Stirn und größere Intelligenz besaß, mithin mehr Eignung zur Weltherrschaft aufwies, als der zurückgebliebene flachstirnige Erectus auf Java?

Der Frühmensch wurde zu einer Art von neuem britischem Kronjuwel. Er wurde im Museum für Naturgeschichte unter Verschluß gehalten, und wer die kostbaren Überreste des ersten Briten wissenschaftlich untersuchen wollte, mußte sich mit einem Gipsabguß begnügen. Das erklärt, warum der Schwindel so viele Jahre unaufgedeckt blieb. Erst 1953 wurden die Knochen selbst einer genauen Prüfung unterzogen. Im Rahmen eines Routineprogramms zur Feststellung des Alters von Fossilien im Britischen Museum wurden die Originalknochen dem neuentwickelten Fluor-Datierungsverfahren unterzogen. Dem Testergebnis zufolge waren weder der Schädel noch der Unterkiefer sonderlich alt. Nun wurden die schurkischen Knochen aus ihrem Kästlein geholt und in das Laboratorium des mißtrauischen Anthropologen J. S. Weiner in Oxford gebracht. Ein ordinäres Mikroskop reichte aus, um die Feilspuren auf den Zähnen zu entdecken, während kleine Löcher, die man in die Zähne und den Kieferknochen bohrte, rasch die Diskrepanz zwischen dem blütenweißen Inneren und der künstlich verfärbten Oberfläche ans Licht brachten. Als die Schimäre, die achtzig Jahre lang die Paläontologie gefoppt hatte, sich in Luft auflöste, war endlich der Weg frei, die Evolution des Menschen vernünftig anzugehen.

„Lucy in the Sky with Diamonds“

Nicht jedermann bereiteten Weiners Enthüllungen eine Enttäuschung. Eine kleine Gruppe von Naturwissenschaftlern, die in Südafrika nach evolutionären Übergangsformen gesucht hatten, waren regelrecht begeistert. Seit 1924 hatten sie über den fossilen Resten eines jugendlichen Primaten gebrütet, die Raymond Dart von der Universität Witwatersrand aus einem Kalksteinbruch herausgeholt hatte. Dieses Geschöpf hatte ein affenartiges Gesicht und ein Gehirn, dessen Umfang nur geringfügig größer war als das eines Schimpansen, aber seine Kiefer und Zähne, einschließlich der Fangzähne, hatten menschliche Form und Abmessung. Hinzu kam, daß die Öffnung in der Schädelbasis, wo Kopf und Wirbelsäule zusammentreffen, viel weiter vorne lag als bei irgendeiner der bekannten Affenarten, was darauf hindeutete, daß dieses Geschöpf in aufrechter Haltung stand und ging. Dart erklärte unverzüglich, er, und nicht Dubois oder Dawson, habe den frühesten Hominiden, den wahren „menschlichen Affen“, entdeckt, und nannte ihn *Australopithecus africanus* – „südlicher Affe von Afrika“. Aber solange der Fund von Piltdown noch im Britischen Museum ruhte, fand Dart nur bei wenigen Wissenschaftlern Beachtung.

Bis 1950 hatte sich die Beweislage zugunsten von Darts Behauptung stark verbessert. In verschiedenen Höhlen und Kalkbrüchen im Gebiet von Transvaal hatte Robert Broom vom Transvaal-Museum weitere Überreste von Australopithecinen gefunden, einschließlich eines guterhaltenen Schädels, der zu einem ausgewachsenen Exemplar von Darts jungem „südlichem Affen“ gehörte. Broom entdeckte auch eine zweite Art von Australopithecus, die große Vorderzähne und große Backenzähne, ein ausladendes Gesicht, weit ausgestellte Backenknochen und einen scharfen Kiel oder Kamm aufwies, der von vorn bis hinten oben über den Schädel verlief und an dem zu Lebzeiten mächtige Kaumuskeln verankert gewesen waren. Heute firmiert diese zweite Art normalerweise unter dem Namen *Australopithecus robustus*, um sie von dem kleineren und zierlicheren Africanus zu unterscheiden.

Mit dem Sturz von Dawsons Frühmensch rückten Darts und Brooms Entdeckungen ins Rampenlicht, und Afrika empfahl sich als der geeignete Ort, um nach weiteren Zwischenformen zu suchen. Das galt vor allem für Ostafrika, wo der große tektonische Graben, der sich als Rift Valley von Tansania im Süden bis nach Äthiopien im Norden erstreckt, einige der reichsten freiliegenden fossilen Lagerstätten der Welt beherbergt. Dank einer Überfülle von Schädeln, Zähnen, Kiefern, Bein- und Beckenknochen und allen möglichen sonstigen Skeletteilen, die an Fundstätten im Rift Valley ausgegraben wurden, wissen wir heute, daß Afrika von mindestens zwei Sorten von menschenartigen Affen bewohnt war – einer starkknochigen Art mit großen Backenzähnen, die möglicherweise auf das Knacken von Nüssen und das Kauen faserreicher pflanzlicher Nahrung spezialisiert war, und einer anderen, zierlichen Art, deren Zähne sich mehr für eine Allesfresserernährung eigneten. Beide standen und bewegten sich auf zwei Füßen, keine von beiden hatte ein Gehirn, das wesentlich größer war als das eines Schimpansen oder Gorillas, und keine hatte vorstehende Fangzähne. Dank einer Reihe von Datierungsverfahren, die sich etwa auf eine Umpolung des Magnetfelds der Erde oder auf Veränderungen im Verhältnis von radioaktivem Kalium zu radioaktivem Argon in vulkanischen Ablagerungen stützen, läßt sich die Existenz dieser zwei Arten auf einen ungefähren Zeitraum von vor 3 Millionen bis vor 1,3 Millionen Jahren eingrenzen. Aber noch aufsehenerregendere Entdeckungen standen unmittelbar bevor.

1973 entdeckte Donald Johanson im Gebiet von Afar in Äthiopien einen noch älteren Australopithecinen, der vor rund 3,25 Millionen Jahren gelebt hatte. Unter den Überresten fand sich das wunderbarerweise zu 40% erhaltene Skelett eines winzigen erwachsenen Hominidenweibchens, das eine Körpergröße von nur 1,07 Meter gehabt hatte. Im Bemühen, den surrealistischen Zug des Zusammentreffens dieses archaischen Geschöpfs mit einigen seiner Nachfahren aus dem 20. Jahrhundert zu würdigen, nannte Johansen das Wesen Lucy, in Anspielung auf den damals gängigen Beatles-Song „Lucy in the Sky with Diamonds“, was wiederum ein Kryptogramm war für das bewußtseinsverändernde LSD. In einer prosaischeren Stimmung gab Johansen seinem Fund dann den Namen *Australopithecus afarensis*. Ich erlaube mir, einfach von Afarensis zu sprechen.

Die Überreste von anderen Afarensis, die man in Lucys Nähe fand, waren erheblich größer. Vermutlich waren sie männlichen Geschlechts (obwohl es sich auch um eine andere Art handeln könnte). Ein Jahr, nachdem Johanson Lucy entdeckt hatte, fanden Mary Leakey und ihre Kollegen weitere Afarensis-Reste bei Laetoli in der Nähe der Serengeti-Ebene im nörlichen Tansania. Johansons und Leakeys Afarensis lebten vor vier bis drei Millionen Jahren, aber ein Afarensis-Kiefer, den Steven Ward und Andrew Hill in der Nähe des Baringa-Sees in Kenia fanden, deutet darauf hin, daß die Hominiden erstmals vor fünf Millionen Jahren in Erscheinung traten. Afarensis besaß Eigentümlichkeiten, die ihm sehr zustatten gekommen sein müssen, wenn eine Gefahr ihn zwang, auf Bäume zu klettern. Die Knochen seiner Finger und Zehen waren leicht gekrümmt, wie geschaffen dazu, Baumstämme und Äste mit Händen und Füßen zu umklammern. Außerdem ist es von Vorteil, nur 1,20 Meter groß zu sein, wenn man es eilig hat, auf einen Baum hinaufzukommen. Schließlich hatte sein Oberarm 95% der Länge seines Oberschenkels – fast so wie beim Schimpansen, wo Oberschenkel und Oberarm gleich lang sind. Hingegen hat beim Menschen der Oberarm nur 70% der Länge des Oberschenkels. Lange Arme und kurze Beine sind beim Bäumeklettern ebenfalls ein Aktivposten.

Keine dieser Eigentümlichkeiten beeinträchtigte die aufrechte Haltung von Afarensis. Wie bei allen Mitgliedern der Hominiden-Familie bestand auch bei ihm die Hauptanpassungsleistung darin, daß er sich auf zwei Beinen auf der Erde bewegte. Wie um jeden Zweifel auszuräumen, daß es sich bei ihnen um echte Hominiden handelte, hinterließen die Afarensis der Nachwelt ein einzigartiges Zeugnis ihres aufrechten Gangs. Drei von ihnen machten vor 3,5 Millionen Jahren just an dem Tag einen Spaziergang, als der Vulkan Sadiman, der sich in der Nähe von Laetoli erhebt, die Gegend mit einer Schicht feiner Asche überschüttet hatte. Während sie ihren Bummel machten, sanken ihre Füße ein und hinterließen eine deutliche Spur von Fußabdrücken. Kurz nachdem sie verschwunden waren, bedeckte Sadiman zuvorkommenderweise die Gegend mit einer weiteren Ascheschicht, womit er die Fußabdrücke versiegelte und konservierte. In den letzten paar Jahrtausenden ist diese Schutzschicht verwittert, so daß mehrere Abschnitte der Fährte sichtbar geworden sind, von denen der längste sich über 25 Meter erstreckt. Eine sorgfältige Untersuchung der Fußabdrücke hat ergeben, daß sie sehr den

Abdrücken ähneln, die der Fuß eines heutigen Menschen auf einer vergleichbaren Art von Oberfläche hinterlassen würde. Die Ferse ist deutlich abgesetzt, und der große Zeh steht parallel zu den übrigen Zehen, statt wie bei den heutigen bekannten „vierhändigen" Menschenaffen seitlich weggespreizt zu sein. Stellt man sein hohes Alter, seinen menschenähnlichen Fuß und sein menschenähnliches Gebiß in Rechnung, dann kann man vermuten, daß Afarensis der Urahn aller späteren Australopithecinen wie auch der ersten Vertreter der Gattung *Homo* war.

Der Stammbaum des Lebens

Bleibt noch die Frage, wo und wann Afarensis entstand. Für den Abschnitt zwischen acht und vier Millionen Jahren vor unserer Zeitrechnung fanden sich kaum fossile Überreste, die für die Entstehungsgeschichte der Hominiden von Belang wären. Wir wissen nur, daß vor acht Millionen Jahren eine Vielzahl von heute längst ausgestorbenen Affenarten, großen und kleinen, mit zahlreichen Varianten von Kieferknochen und Gebissen, in Afrika lebten. Fachleute für die Entwicklungsgeschichte der nichtmenschlichen Primaten haben immer wieder die eine oder andere dieser Arten als Hominiden-Vorfahr ins Gespräch gebracht. Aber keiner der Vorschläge hat sich als haltbar erwiesen. So wird derzeit die neun Millionen Jahre alte Affenart *Ramapithecus* entthront, die einmal als der Vorfahr von Afarensis galt und die man jetzt auf Grund neuer empirischer Belege für den Vorfahren des Orang-Utans hält.

In Ermangelung von Fossilien gibt es mehrere biochemische Verfahren, die vage Hinweise auf die Vorfahren von Afarensis liefern können. Einige dieser Verfahrensweisen basieren auf der Analyse von Aminosäureketten in Proteinen wie dem Hämoglobin. Je größer die Ähnlichkeit zwischen den beiden Ketten ist, um so näher sind die Arten verwandt. Noch genauere Messungen der genetischen Unterschiede zwischen zwei Arten lassen sich durch Rekombinationstechniken erreichen, mit deren Hilfe die tatsächliche Abfolge der Basispaare in den jeweiligen Genen bestimmt wird. Bei einer anderen Technik wird die jeweilige Immunreaktion gemessen, die bei Einleitung eines bestimmten Fremdstoffs ins Blut zweier verschiedener Arten auftritt. Je mehr sich die Reaktionsstärken entsprechen, um so enger verwandt sind die Arten. Wie sich schon von den anatomischen Befunden her erwarten läßt, ergibt sich aus allen diesen Techniken, daß die Menschen und die heutigen afrikanischen Menschenaffen – Schimpansen und Gorillas – einander näherstehen als irgendeiner anderen Tierart.

Die immunologischen Verfahrensweisen lassen sich auch verwenden, um zu überschlagen, wann zwei verwandte Arten angefangen haben, sich auseinanderzuentwickeln, wobei vorausgesetzt wird, daß sich über lange Zeiträume hinweg immunologische Differenzen ungefähr mit derselben Geschwindigkeit akkumulieren. Unter dieser Voraussetzung gelangt Vincent Sarich von der University of California zu der Schätzung, daß die heutigen Gorillas, Schimpansen und Menschen vor höchstens sechs Millionen Jahren noch einen gemeinsamen Vorfahren hatten. Das bedeutet, daß wir mit Afarensis dem gemeinsamen Vorfahren der Großaffen und der Hominiden bis auf ein oder zwei Millionen Jahre nahegekommen sind.

Seit über drei Milliarden Jahren wächst der Stammbaum des Lebens, verzweigt sich und treibt Sprossen und Knospen aus. Unter den Ästen, die der Ordnung der Primaten vorbehalten sind, gibt es einen dreißig Millionen Jahre alten Ast, der den Affen gehört. Auf Knospen am Ende eines Seitenzweigs dieses Asts befinden sich die heute lebenden afrikanischen Menschenaffen. An einer benachbarten Stelle, die zur Zeit durch Blattwerk verdeckt ist, wächst aus dem Affenast der Zweig, den unsere eigene zoologische Familie, die der Hominiden, innehat. Unsere Art, Gattung *Homo*, Species *sapiens* – *Homo sapiens* – ist nichts als eine Knospe auf einem kleinen Trieb am Ende dieses Zweigs.

Das Rätsel des geschickten Menschleins

Die nächste Frage ist, wie die Australopithecinen mit den frühesten Vertretern der Gattung Homo verwandtschaftlich zusammenhängen. Wissenschaftlergruppen, die an Ausgrabungsstätten entlang des Rift Valley tätig waren, haben Entdeckungen gemacht, die für diese Frage von allerhöchster Bedeutung sind. Erst einmal fanden sie heraus, daß Erectus – der *Pithecanthropus* von Dubois – in Afrika wie auch in anderen Teilen der Alten Welt lebte. Wichtiger noch konnten sie feststellen, daß Erectus in Afrika schon vor 1,6 Millionen Jahren, also viel früher als irgendwo sonst, lebte.

Sodann wiesen sie auch noch die Existenz einer weiteren Hominidenart nach, die das Bindeglied zwischen Afarensis und Erectus dargestellt haben könnte. Diese Spezies, deren Bestimmung zuerst Louis Leakey, dem Vater von Richard Leakey und Mann von Mary Leakey, in der Olduvai-Schlucht in Tansania gelang, erlebte ihre Blütezeit vor 2 bis 1,8 Millionen Jahren. Ihr Gehirnumfang bewegte sich zwischen 650 und 775 Kubikzentimetern im Vergleich zu 450 bis 500 Kubikzentimetern bei den Australopithecinen und 900 bis 1000 Kubikzentimetern bei Erectus. In der Nähe der Schädelreste dieser neuen Hominidenart stieß Louis Leakey auf ein Depot grober Steinwerkzeuge, von denen die meisten in die Kategorie Faustkeil und Schaber gehörten und die dadurch entstanden, daß von faustgroßen Brocken Lavagestein ein Ende abgesplittert wurde. Da er überzeugt davon war, daß ein Australopithecine Steinwerkzeuge nicht hatte herstellen können, entschied Leakey, daß nicht Erectus, sondern seiner neugefundenen Spezies die Ehre gebühre, als erster Vertreter der Gattung *Homo* zu gelten, und prompt gab er ihr den Namen *Homo habilis*, „Mensch mit handwerklichem Geschick". Der Kürze halber werde ich von Habilis reden.

Da der Schädel von Habilis dem Rauminhalt nach zwischen dem von Afarensis und dem von Erectus lag, nahm jedermann an, das gleiche müsse auch für die Körpermaße gelten. Die Entdeckung der

Knochen von Gliedmaßen eines weiblichen Habilis-Exemplars in der Olduvai- Schlucht im Jahr 1986 hat diese Annahme widerlegt und die Frage neu aufgeworfen, ob das Anfertigen von Steinwerkzeugen wirklich als grundlegendes Bestimmungsmerkmal für die Angehörigen der Gattung *Homo* taugt. Habilis scheint nicht viel größer als 90 Zentimeter gewesen zu sein – genauso wie die winzige Afarensis namens Lucy. Und er hatte immer noch leicht gebogene Zehen und Finger, lange Arme und kurze Beine, was auf ein Leben hindeutet, in dem das Klettern auf Bäumen nach wie vor eine gewisse Rolle spielte. Abgesehen von seinem größeren Gehirn und seiner Bekanntschaft mit Steinwerkzeugen ist Habilis von den frühesten Australopithecinen praktisch nicht zu unterscheiden. Das weckt Zweifel daran, ob Habilis als Angehöriger der Gattung *Homo* betrachtet werden kann. Nur ein – in geologischen Dimensionen gesehen – verschwindender Zeitraum von 200 000 Jahren trennt Habilis von Erectus, dessen Größe sich zwischen mehr als 1,83 Meter beim Mann bis zu gut über 1,53 Meter bei der Frau bewegte. Trotz ihrer etwas kleineren Gehirne können die zierlichen Australopithecinen *(A. africanus)*, die Zeitgenossen von Habilis waren, als mögliche direkte Vorfahren von Erectus nicht ausgeschlossen werden. Leakey gab Habilis im wesentlichen deshalb den Vorzug, weil er ihn mit einfachen Steinwerkzeugen in Zusammenhang bringen konnte. Steinwerkzeuge wurden zwar nie in direktem Zusammenhang mit den zierlichen Australopithecinen gefunden, aber es gibt einen zwingenden Grund anzunehmen, daß mindestens einige von den Australopithecinen solche Werkzeuge tatsächlich angefertigt haben (und an Ausgrabungsstätten von Robustus hat man auch wirklich welche gefunden). Die frühesten einfachen steinernen Faustkeile und Schaber stammen von Fundstätten im Omo-Tal und bei Gona in der Gegend von Hadar in Äthiopien. Mit Hilfe der Kalium-Argon-Methode haben die Forscher für die Werkzeuge aus dem Omo-Tal mit Sicherheit ein Alter von 2,5 Millionen und für die Werkzeuge von Gona ein vermutliches Alter von 3,1 Millionen Jahren nachgewiesen. Die erstere Zeitangabe reicht um eine halbe Million Jahre vor die Zeit von Habilis zurück, die letztere um über eine Million Jahre. Im einen wie im anderen Fall waren die einzigen Hominiden, die es damals gab, Australopithecinen, und das bedeutet, daß einer oder einige von ihnen Steinwerkzeuge angefertigt haben müssen. Aber wozu brauchten sie diese

Werkzeuge? Und wenn sie Steinwerkzeuge anfertigen konnten, waren sie doch bestimmt auch imstande, Werkzeuge aus weniger haltbaren Materialien zu machen. Wie sahen die aus, und wozu wurden sie gebraucht?

Die Geburtsstunde der Technik

Tiere brauchen keine großen Gehirne, um mit Werkzeugen umgehen zu können. Selbst Insekten verwenden Werkzeuge. Die Wespe *Amophila urnaria* zum Beispiel stampft die Wände ihres Baus mit Hilfe eines Kiesels fest, den sie mit den Mundwerkzeugen hält. Die Larven des Ameisenlöwen liegen halbbegraben am Grund ihrer trichterförmigen Fallgrube und bombardieren die unseligen Käfer, die versuchen, die steilen Wände hinaufzuflüchten, durch ein Schnicken des Kopfes mit Sandschauern. Knotenameisen tauchen Holzstückchen und Blätter in flüssige Nahrung wie Honig, Fruchtsaft oder die Körpersäfte von Beutetieren, warten, bis die Nahrung festhaftet oder eingezogen ist und schleppen den Nahrungsträger dann zurück zum Nest.

Verschiedene Vogelarten benutzen Steine, um die hartschaligen Eier von Straußen, Emus und Riesenkranichen aufzuschlagen. Der ägyptische Geier zum Beispiel hebt einen Stein mit dem Schnabel auf, steht etwa einen Meter vom Straußenei entfernt, beugt den Hals nach hinten und schleudert den Stein mit bemerkenswerter Treffsicherheit auf das Ei. Finken nehmen kleine Zweige, Kaktusstacheln oder Blattstengel in den Schnabel und benutzen sie, um Insekten aufzuspießen oder aus ihrem Versteck in der Rinde von Bäumen herauszustochern. Während sie fressen, halten sie das Werkzeug mit den Füßen fest, und dann fliegen sie damit zum nächsten Baum. Sogar Fische bedienen sich einer Art Werkzeug; man denke etwa an den Schützenfisch in Südostasien, der Fliegen und Moskitos aus der Luft herunterholt, indem er sie mit Wasser bespritzt.

Paradoxerweise ist bei Tieren, die ein größeres Gehirn haben und mehr aufs Lernen als auf den Instinkt angewiesen sind, der spontane Gebrauch von Werkzeugen keineswegs ausgebildeter oder verbreiteter. Wenige Säugetiere verwenden im wildlebenden Zustand gewohnheitsmäßig Werkzeuge. Elefanten brechen gelegentlich Zweige von den Bäumen ab, um sich damit zu kratzen, Blutegel abzustreifen und Fliegen wegzuwedeln. Eisbären, behaupten die Eskimos, bringen gelegentlich Seelöwen oder Walrosse auf die Weise zur Strecke, daß sie von oben Eisblöcke auf sie schleudern. Einer der routiniertesten

Werkzeugbenutzer unter den Säugetieren ist der kalifornische Seeotter. Da ihm die körperlichen Voraussetzungen zum Öffnen von Miesmuscheln fehlen, schwimmt er auf den Grund, hebt einen flachen Stein auf, der bis zu einem halben Pfund schwer sein kann, steckt ihn zwischen Vorderbein und Brust, schwimmt zu einer Muschelbank und reißt eine einzelne große Muschel los. Dann schwimmt er zur Wasseroberfläche, legt sich auf den Rücken und schlägt die Muschel, die er mit den beiden Vorderpfoten festhält, gegen den Stein, bis sie aufgeht.

Trotz ihrer ausgemachten Intelligenz und ihrer höchst geschickten Hände haben auch freilebende Affen und Menschenaffen nur ein schmales Repertoire von Verhaltensweisen, die den Gebrauch von Werkzeugen einschließen. Es besteht in der Hauptsache in der Angewohnheit, Eindringlinge mit einem Sperrfeuer aus Nüssen, Pinienzapfen, Ästen, Früchten, Kot oder Steinen in die Flucht zu schlagen. Paviane benutzen außerdem noch Steine, um hartschalige Früchte zu bearbeiten und weichzuklopfen und um Skorpione zu erschlagen (die dann gegessen werden). Sie verwenden auch Stöcke, um die Eingänge von unterirdischen Insektennestern zu erweitern.

Vom Menschen abgesehen, sind die Schimpansen die vielseitigsten Werkzeugbenutzer im Tierreich. Über viele Jahre hinweg haben Jane Van Lawick-Goodall und ihre Mitarbeiter das Verhalten einer einzelnen Kolonie von freilebenden Schimpansen im Gombe Nationalpark in Tansania beobachtet. Unter anderem entdeckten sie, daß Schimpansen Werkzeuge benutzen, um Ameisen und Termiten zu „angeln" oder „aufzustippen". Zum Angeln suchen sie sich einen dünnen Zweig, von dem sie die Blätter abstreifen. Der Termitenbau ist hart wie Beton und außer durch ein paar Tunneleingänge, die mit einer spärlichen Schicht überzogen sind, völlig unzugänglich. Diese dünne Schicht kratzen sie ab und stecken den Zweig hinein. Die Termiten im Innern verbeißen sich in das Ende des Zweigs, und die Schimpansen ziehen ihn heraus und lecken die Termiten ab, die an ihm hängengeblieben sind. Sobald der eine Bau keinen Nachschub mehr liefert, nehmen sie den Zweig zwischen die Zähne und tragen ihn auf der Suche nach einem anderen Bau mit passenden Tunneleingängen mit sich herum.

Die Schimpansen im Gombe-Nationalpark „angeln" nach einer Spezies angriffslustiger afrikanischer Wanderameisen, die schmerzhafte Bisse austeilen können. Wenn sie das zeitweilige unterirdische

Nest dieser Ameisen gefunden haben, fertigen die Schimpansen aus einem grünen Zweig ein Angelinstrument und stecken es in den Eingang des Nests. Hunderte von wütenden Ameisen stürmen den Zweig hoch, um den Eindringling zu verjagen. „Der Schimpanse beobachtet, wie sie vorrücken, und wenn die Ameisen fast seine Hand erreicht haben, zieht er das Werkzeug rasch zurück. Im Bruchteil einer Sekunde fährt er mit der anderen Hand den ganzen Stock entlang und versammelt die Ameisen in einem zappelnden Klumpen zwischen Daumen und Zeigefinger. Den stopft er dann mit einem Happ in den aufgesperrten, wartenden Mund und kaut wie wild auf ihm herum."

Schimpansen fertigen auch „Schwämme" an, um Wasser aus unzugänglichen Baumlöchern aufzunehmen. Sie streifen eine Handvoll Blätter von einem Zweig, nehmen die Blätter in den Mund, kauen kurz auf ihnen herum, stecken die Blattmasse dann ins Wasser, lassen sie sich vollsaugen und stopfen sie wieder in den Mund, um das Wasser herauszusaugen. Einen ähnlichen Schwamm benutzen sie, um ihr Fell zu trocknen, klebrige Substanzen abzuwischen und die Hinterteile ihrer Jungtiere zu säubern. Die Gombe-Schimpansen benutzen auch Stöcke als Hebel und als Grabwerkzeuge, um Ameisennester von Bäumen abzusprengen und die Eingänge unterirdischer Bienenstöcke zu erweitern.

Aus anderen Teilen Afrikas berichten Beobachter von ähnlichen Verhaltensweisen, wozu auch weitere Variationen des Angelns nach Ameisen und Termiten und des Ausgrabens oder Losbrechens von Insektennestern gehören. Im Kasakati-Wald in Tansania sammeln Schimpansen den Honig einer stachellosen Bienenart in der Weise, daß sie einen Stock ins Nest stecken und den Honig, der daran klebenbleibt, ablecken. Anderswo hat man beobachtet, daß Schimpansen hartschalige Früchte, Samen und Nüsse mit Stöcken oder Steinen zerschlagen oder aufhämmern. Einer der raffiniertesten Fälle dieser Art ereignete sich im Tai-Wald an der Elfenbeinküste. Um die harten Schalen der Pandanuß aufzubekommen, suchten die Schimpansen den Waldboden nach Felsbrocken ab, die sich als Hammer gebrauchen ließen. Die Brocken wogen zwischen einem und vierzig Pfund, und je nach Gewicht schleppten die Schimpansen sie bis zu 200 Metern weit, wozu sie eine Armbeuge benutzten, während sie sich auf den restlichen drei Extremitäten humpelnd fortbewegten. Freiliegende Baumwurzeln oder Felsen dienten ihnen als Amboß. Zu einem anderen Fall von raffiniertem Werkzeuggebrauch kam es bei den Schimpansen an der Elfenbeinküste, als es einer Gruppe von ihnen wegen der glatten und rutschigen Rinde nicht gelang, einen riesigen, fruchttragenden Feigenbaum zu erklettern. Als sie bis in den Wipfel eines benachbarten Baums hinaufgeklettert waren, mußten sie feststellen, daß immer noch ein, zwei Meter fehlten, um die untersten Äste des Feigenbaums erreichen zu können. Daraufhin nahmen sie Zweige des Baums, auf dem sie sich befanden, als Haken, streiften die Blätter von ihnen ab und streckten sie mit einer Hand so hoch, wie sie konnten. Schließlich gelang es einem von ihnen, einen Ast zu angeln und diesen so weit herunterzuziehen, daß er ihn mit der Hand fassen und auf den Feigenbaum hinüberwechseln konnte.

Von Werkzeugen und Wurfgeschossen scheinen die Schimpansen mehr Gebrauch zu machen als die übrigen Primaten. Sie schleudern mit beachtlicher Treffsicherheit Steine, Fäkalien und Stöcke. Ein Gombe-Schimpanse schleuderte einen großen Stein auf ein ausgewachsenes Buschschwein, traf es und verjagte es lange genug, daß ein anderer Schimpanse vorpreschen und das Ferkel erbeuten konnte, das von dem Buschschwein bewacht worden war.

Alle hier genannten Tiere legen in zoologischen Gärten und Laboratorien beim Anfertigen und beim Gebrauch von Werkzeugen ein erheblich größeres Geschick an den Tag als in freier Wildbahn. Das gilt insbesondere für die Schimpansen. Dabei denke ich nicht an die Kino- und Fernsehstars unter ihnen, die von ihren menschlichen Dresseuren zu allem möglichen abgerichtet werden, Geschirrabwaschen und Autofahren eingeschlossen. Sogar Ratten kann man durch *Dressur* dazu bringen, auf Leitern zu klettern, Brücken zu bauen, Klingeln zu betätigen und Lichter an- und auszuschalten. Ich meine vielmehr Formen des Verfertigens und Verwendens von Werkzeugen, die die Schimpansen spontan ausbilden, wenn ihnen passende Gegenstände absichtlich angeboten werden oder zufällig zur Verfügung stehen. Gibt man ihnen etwa eine Kiste, auf der sie stehen können, Stangen, die sich zusammenstecken lassen, und Bananen, die außer Reichweite hängen, so lernen sie rasch, die Kiste unter die Banane zu schieben, die Stangen zusammenzustecken und die Bananen herunterzuschlagen. Desgleichen lernen sie schnell, wie man mit kleinen Stöcken größere Stöcke und mit den größeren Stöcken noch größere Stöcke und mit den letzteren Eßsachen in den Käfig zieht. Wenn es darum geht, sich Freiheit zu verschaffen, entwickeln gefangene Schimpansen dieselbe Art von verzweifeltem Einfallsreichtum, den Menschenwesen bei Fluchtversuchen aus dem Gefängnis entwickeln. Sie verwenden Stöcke als Hebel, um Türen aufzubrechen und um den Maschendraht ihrer Käfige zu zerreißen. Im Delta Regional Primate Center in der Nähe von Atlanta zerbrachen sie große Stöcke in kleine, die sie zwischen den Stäben eines fast sieben Meter hohen Zauns festklemmten. Dann stiegen sie auf die kleinen Stöcke, ungefähr so wie Bergsteiger Haken einschlagen, um Felswände zu durchsteigen, und kletterten über den Zaun hinüber. Am meisten mag ich das Beispiel von den Schimpansen, die sich angewöhnt hatten, mit einer Taschenlampe den Mund auszuleuchten, während sie sich vor einem Spiegel, in dem sie beobachten konnten, was sie taten, mit den Fingern Zähne und Rachen säuberten.

Unter laborähnlichen Bedingungen handhaben Schimpansen Knüppel mit tödlicher Wirkung. Einer der Forscher baute in einen ausgestopften Leoparden einen Mechanismus ein, durch den sich Kopf und Schwanz bewegen ließen. Er stellte den Leoparden in einem Gebiet auf, in dem Schimpansen lebten, und als diese in Sicht kamen, betätigte er die beweglichen Teile. Die Schimpansen griffen den Leoparden mit Knüppeln an, die in der Nähe deponiert waren, rissen ihn in Stücke und schleppten die Überreste fort in den Busch.

Der umfangreiche Einsatz von Werkzeugen bei gefangenen Schimpansen ist für das Verständnis des Werkzeuggebrauchs unserer protomenschlichen Vorfahren von großer Bedeutung. Er zeigt, daß Schimpansen bei Bedarf imstande sind, ihre Kapazität zur Anfertigung und Verwendung von Werkzeugen zu erweitern. Daß man bei wildlebenden Tieren nur verhältnismäßig wenige Formen von Werkzeuggebrauch antrifft, ist nicht so sehr Ausdruck fehlender Intelligenz, als vielmehr Folge eines Mangels an Motivation. In freier Wildbahn sind die Tiere normalerweise in der Lage, ihre Alltagsbedürfnisse auf kostengünstige Weise einfach durch den Einsatz ihrer körpereigenen Werkzeuge zu befriedigen.

Ich darf vielleicht erklären, was ich hier mit „kostengünstig" meine. Die Vorfahren der heutigen Schimpansen waren noch nicht gezwungen, sich mit Käfigen aus Maschendraht und sieben Meter hohen Zäunen auseinanderzusetzen. Dank der natürlichen Auslese waren ihre Arme und Beine so beschaffen, daß sie sich mit ihrer Hilfe aus allen räumlichen Notlagen, in die sie voraussichtlich gerieten, befreien konnten. Desgleichen waren sie so hervorragende Kletterer, daß es in freier Wildbahn selten oder nie für sie von Vorteil war, mit langen Stöcken Früchte aus schwer erreichbaren Höhen herunterzuschlagen (obwohl sie dazu imstande waren, wenn sich wie im Fall des Feigenbaums an der Elfenbeinküste die Gelegenheit einmal ergab). Statt solche Stöcke herzurichten und zu gebrauchen, um an einzelne Früchte heranzukommen, die so weit draußen hingen, daß die Zweige das Körpergewicht der Schimpansen nicht mehr trugen, taten die letzteren gewöhnlich besser daran, auf den nächsten Baum hinüberzuwechseln. Zu dieser Überlegung kommt noch hinzu, daß die Schimpansen fürs Klettern, Gehen und Laufen ja alle vier Gliedmaßen brauchen und daß sie deshalb nicht über längere Strecken schwere Werkzeuge mit sich herumschleppen können, ohne ihre Beweglichkeit gefährlich zu beeinträchtigen. Wenn sie deshalb in freier Wildbahn Werkzeuge verwenden, so greifen sie meist auf unmittelbar verfügbare Dinge wie Äste, Zweige, Blätter oder Steine zurück, die sie unbedenklich gleich wieder wegwerfen können, weil ihre Beschaffung geringe Mühe macht und sie allenthalben wieder zu haben sind. Das erklärt, warum das Bombardieren und Werfen mit dürren Ästen bei Großaffen und anderen Affen die geläufigste Form der Werkzeugverwendung ist. Es ist in zweifacher Hinsicht kostengünstig. Eindringlinge werden dadurch effektiver und gefahrloser verjagt als durch den Nahkampf; und gleichzeitig begeben sich die Werfer nur für Bruchteile einer Sekunde des freien Gebrauchs ihrer Hände, mit denen sie sich gegebenenfalls auf dem Kletterweg in Sicherheit bringen können.

Aus diesem Grund glaube ich, daß die Australopithecinen, selbst wenn sie auf dem intellektuellen Niveau der heutigen Schimpansen stehenblieben, zu einer bedeutenden Erweiterung ihres Verhaltensrepertoires im Werkzeuggebrauch imstande waren. Durch den aufrechten Gang wurde es rentabler, Dinge aufzuheben und mit sich herumzutragen, um sie als Werkzeuge für Tätigkeiten zu verwenden, zu denen der Körper allein nicht imstande war. Unsere frühesten Vorfahren müssen Werkzeuge so verwendet haben wie es die heutigen Schimpansen tun, die in zoologischen Gärten oder Versuchsstationen gefangengehalten werden – nicht nur gelegentlich und in Notlagen, sondern täglich und als festen Bestandteil ihres Alltagslebens.

Werkzeuge wofür?

Werkzeuggebrauch und aufrechter Gang entwickelten sich miteinander. Je mehr die Australopithecinen Werkzeuge verwendeten, um so stärker differierten ihre Hände von den Füßen. Und je stärker bei ihnen die Hände von den Füßen differierten, um so mehr verwendeten sie Werkzeuge. Aber wofür? Wo lagen die Vorteile? Die Antwort muß fast mit Sicherheit lauten, daß die Werkzeuge ihnen ermöglichten, nährstoffreiche Nahrung zu konsumieren, die sich am Erdboden fand und die von vierhändigen Großaffen, die auf Bäumen lebten, nicht annähernd so effektiv genutzt werden konnte.

In dem Maß wie diese ebenerdigen Nahrungsquellen die Baumfrüchte aus dem Speiseplan verdrängten, begünstigte die natürliche Auslese die Entwicklung jener Individuen, die für die Vorzüge der neuen Nahrung die Verminderungn ihrer Kletterfähigkeit und die daran geknüpften Nahrungseinbußen in Kauf nahmen. Aber was am Erdboden konnte für Großaffen so erstrebenswert sein, daß sein Erwerb die Mühe verlohnte, Werkzeuge herzustellen und mit sich herumzuschleppen? Lassen wir uns von den Schimpansen leiten. Wir wissen, daß Schimpansen die meiste Arbeit in die Werkzeugverfertigung und den Werkzeuggebrauch auf der Jagd nach Insekten investieren, die in Erdhügeln und Lehmbauten versteckt leben. Zweige und Stöcke sind bei dieser Jagd ihre bevorzugten Instrumente. Von den Gombe-Schimpansen berichten Beobachter, daß sie gut gefertigte Werkzeuge zum Termitenfang bis zu einer Stunde lang von einem Termitenhügel zum nächsten schleppen und dabei eine Gesamtentfernung von einem Kilometer zurücklegen. Ameisennester und Termitenbauten sind in der offenen Steppe mit ihren verstreuten Baumgruppen größer im Umfang und leichter zu finden als im Urwald selbst. Wir können uns die Vorfahren der Australopithecinen vorstellen, wie sie sich auf der jahreszeitlich bedingten Jagd nach den nahrhaften Fett- und Proteinkonzentrationen, die in diesen Insektenfestungen steckten, aus dem Urwald ins offene Gelände vorwagten. Da die Nester entfernt von den Orten lagen, an denen sich passende Instrumente zum Angeln, Stippen, Stochern und Graben fanden, mußten diese Instrumente bzw. die Materialien, aus denen sie sich fertigen ließen, über größere Distanzen mitgeschleppt werden als im Urwald. Wer die besten Stöcke fertigte und sie am geschicktesten handhabte, konnte fetthaltigere und proteinreichere Nahrung genießen, war größer und gesünder und hinterließ zahlreichere Nachkommen als die anderen. In dem Maß, wie ihre Ausflüge ins offene Land häufiger und ausgedehnter wurden, erschlossen sich die Vorfahren der Australopithecinen weitere Nahrungsquellen, die dieser neue Lebensraum bot. In bestimmten Jahreszeiten konnte man die Samen von Gräsern abstreifen und essen. Und während sie in der Erde nach Insekten gruben, stießen sie unvermeidlich auch auf kalorienreiche eßbare Zwiebeln, Knollen und Wurzeln, die bis heute für Sammlervölker in Afrika eine wichtige Nahrungsquelle geblieben sind. Die Hebung dieser verborgenen Schätze mußte zu Versuchen anregen, die Grabstöcke zu verbessern – etwa dadurch, daß man ein Ende mit Hilfe der Zähne zuspitzte oder es an Steinen wetzte, um es zu glätten und zu schärfen.

Und wären wir also eines schönen Morgens vor fünf Millionen Jahren da gewesen, wo Urwald und Steppe aneinanderstoßen, hätten wir von unseren Vorfahren einen Blick erhaschen können. Wir würden sie gesehen haben, wie sie im Schatten des Waldrands standen und mißtrauisch in die helle Landschaft vor ihnen äugten. Aus der Ferne würden wir sie vielleicht mit einer Schimpansenfamilie verwechselt haben. Nur daß sie sich dann aufrechten Gangs durch das Gras vorwärtsbewegten. Jedes der ausgewachsenen Exemplare trug in einer Hand einen spitzen Stock. Die ganze lange Geschichte wäre an jenem Morgen zugegen gewesen – alles, was danach kommen sollte und in Zukunft noch kommen mag.

Fleisch

Das offene Gelände lockte noch mit einer anderen Nahrungsquelle. Im Urwald sind Tiere zumeist klein, scheu und schwer auszumachen. In der Steppe hingegen wimmelte es von gut sichtbaren Herden. Von Zeit zu Zeit stieß eine mit Stöcken bewaffnete Gruppe von Australopithecinen auf eine versprengte und vom Muttertier unbewachte junge Gazelle oder Antilope, die sie umzingelten, packten und verzehrten. Gelegentlich stolperten sie auch über die Überreste größerer Tiere, die eines natürlichen Todes gestorben oder aber von den katzenartigen Raubtieren gerissen worden waren, die im Umfeld der Herden lebten. Mit Gebrüll, Geheul und Stöckeschwingen vertrieben sie die Geier und Schakale, stürmten zu dem Kadaver, rissen Stücke von ihm herunter und rasten damit zur nächstgelegenen Baumgruppe, immer bereit, alles fallen zu lassen und sich im Astwerk in Sicherheit zu bringen, falls eine der Großkatzen zurückkehrte und sie bei ihrer Mahlzeit störte.

Ich gebe zu, daß es für dieses Szenarium keine archäologischen Belege gibt. Aber das Verhalten der Schimpansen und anderer Primaten wie auch die Nahrungsvorlieben unserer eigenen Spezies lassen kaum Zweifel daran zu, daß die Australopithecinen eine besondere Schwäche für Fleisch hatten. Und als Tiere, die in der Steppe lebten und Werkzeuge benutzten, verfügten sie über eine ausgebildete Fähigkeit und über reichlich Gelegenheit zu jagen und sich als Aasfresser zu betätigen. Und was ihre Neigung angeht, sich auf Bäumen in Sicherheit zu bringen, so haben wir in der Tat fossile Zeugnisse dafür, daß ihre Finger und Zehen gekrümmt waren und daß sie ähnlich wie die Schimpansen lange Arme und kurze Beine hatten.

Es ist nicht gar so lange her, da hielten die Naturforscher Affen und Großaffen noch für Vegetarier. Als man sie einer sorgfältigen Beobachtung in freier Wildbahn unterzog, stellten sich die meisten als Allesfresser heraus. Wie die Menschen essen sie sowohl pflanzliche als auch tierische Nahrung. Als vergleichsweise kleine Geschöpfe müssen sich die Affen notgedrungen meist mit der Insektenjagd begnügen und auf die Jagd nach größerem Wild verzichten. Und ein beträchtlicher Teil ihres Insektenverzehrs ergibt sich einfach als Begleiterscheinung ihres Konsums von Blättern und Früchten. Stoßen sie auf ein Blatt mit einem eingerollten Wiebel oder auf eine madige Feige, so spucken sie den ungebetenen Gast nicht etwa aus. Wenn sie etwas ausspucken, ist es das Blatt oder die Frucht, weshalb Affenherden einen ständigen Regen aus Brocken angekauter Pflanzennahrung produzieren, während sie von Baum zu Baum vorrücken.

Wie die meisten menschlichen Gesellschaften verzehren auch die Affen normalerweise nur relativ kleine Mengen tierischer Nahrung, verglichen mit dem Anteil an pflanzlicher Nahrung. Das geschieht nicht freiwillig, sondern ist einfach Folge der Schwierigkeiten, die den Affen eine kontinuierliche Fleischbeschaffung bereitet. Denn Untersuchungen in Namibia und in Botswana haben gezeigt, daß die Paviane dort während der Schwarmzeit der Insekten praktisch nichts anderes mehr essen. Tierische Nahrung ziehen sie allem anderen vor; an zweiter Stelle rangieren Wurzeln, Früchte und Blüten; den dritten Platz nehmen Blätter und Gras ein. In bestimmten Jahreszeiten verwenden sie 75% der Zeit, die sie mit der Nahrungsaufnahme verbringen, auf den Insektenverzehr. Verschiedene größere Affenarten fressen nicht nur Insekten, sondern machen auch regelrecht Jagd auf kleineres Wild. Meine Rekonstruktion der Lebensweise der Australopithecinen gewinnt dadurch an Überzeugungskraft, daß offenbar die geschicktesten Jäger unter den Affen Paviane sind, die in offenem Gelände auf ebener Erde leben. In dem einen Jahr, in dem Robert Harding in der Nähe von Gelgil in Kenia Beobachtungen anstellte, verzeichnete er siebenundvierzig Fälle, in denen Paviane kleinere Wirbeltiere erlegten und verzehrten. Die häufigsten Beutetiere waren Jungtiere von Gazellen- und Antilopenarten. Was Paviane können, müssen die frühen Australopithecinen wenigstens auch gekonnt haben.

Unter den heutigen nichtmenschlichen Primaten sind die Schimpansen die eifrigsten Fleischfresser. Die Zeit und Mühe, die sie allein auf den Termiten- und Ameisenfang verwenden, sind ein Gradmesser ihrer Begeisterung für tierische Nahrung. Und vergessen wir nicht die schmerzhaften Bisse und Stiche, die sie um dieser Leckerbissen willen in Kauf nehmen. In ihrer Gier nach tierischer Nahrung geben sich die Schimpansen auch keineswegs mit Ameisen und Termiten zufrieden. Sie selber jagen und fressen mindestens dreiundzwanzig verschiedene Säugetierarten, darunter mehrere Affen- und Pavianarten, Ohrenmakis, Buschböcke, Buschschweine, Ducker-Antilopen, Mäuse, Ratten, Eichhörnchen, Spitzmäuse, Mungos und Schliefer. Sie töten und fressen auch Schimpansen- und sogar Menschenbabies, wenn sie Gelegenheit dazu bekommen. Im Gombe-Nationalpark wurde in einem Zeitraum von zehn Jahren fünfundneunzigmal beobachtet, wie sie Kleintiere verzehrten – in der Mehrzahl der Fälle Jungtiere von Pavianen, Langschwanzaffen und Buschschweinen. Diese Zählung ist unvollständig, weil die Schimpansen auch Tiere fraßen, ohne dabei beobachtet zu werden. Insgesamt widmeten die Gombe-Schimpansen etwa 10% der Zeit, die sie mit der Futteraufnahme verbrachten, der Jagd auf Beutetiere und ihrem Verzehr.

Schimpansen jagen gewöhnlich im Verband und teilen ihre Beute mit den anderen. Wenn es einem Schimpansen nicht gelingt, andere zum Mitmachen zu bewegen, läßt er sein Jagdvorhaben meist sogar fallen. Während des ganzen Vorgangs der Tötung, Verteilung und Vertilgung der Beutetiere demonstrieren die Schimpansen ein ungewöhnlich hohes Maß an Zusammenarbeit und sind außergewöhnlich erregt. Zwischen drei und neun Schimpansen können an der Jagd beteiligt sein. Sie versuchen, das Wild einzukreisen. Bis zu einer Stunde lang manövrieren sie und nehmen wechselnde Stellungen ein, um der Beute mögliche Fluchtwege abzuschneiden.

Sowohl die Männchen als auch die Weibchen jagen und fressen Fleisch. In einem Zeitraum von acht Jahren, von 1974 bis 1981, wurden in vierundvierzig Fällen Weibchen beobachtet, wie sie Jagdwild oder mindestens Stücke davon erbeuteten bzw. stiebitzten und anschließend verzehrten, abgesehen von zweiundzwanzig anderen Beutetieren, die sie angriffen oder fingen, aber nicht festhalten konnten. Die Männchen jagten mehr als die Weibchen und konsumierten mehr Fleisch. Die Schimpansen teilen gelegentlich pflanzliche Nahrung mit anderen, Fleisch aber teilen sie immer, es sei denn, ein Schimpanse erlegt die Beute, während er allein den Urwald durchstreift. Häufig ist die Teilung des Fleischs Ergebnis anhaltenden „Bettelns“. Der Bettelnde streckt eine Hand aus und hält sie unter den Mund des Fleischbesitzers oder drückt die Lippen eines fleischkauenden Gefährten auseinander. Wenn das nicht verfängt, beginnt der Bettelnde unter Umständen zu wimmern und Wut und Enttäuschung zu äußern. Van Lawick-Goodall schildert den Koller, in den ein junger Schimpanse namens Mr. Worzle verfiel, als Goliath, ein ranghöheres Männchen, sich weigerte, ein getötetes Pavianjunges mit ihm zu teilen. Mr. Worzle folgte Goliath mit ausgestreckter Hand und winselnd von Ast zu Ast. „Als Goliath Mr. Worzles Hand zum elften Mal wegschob, warf sich das rangniedere Männchen ... nach hinten vom Ast herunter, brüllte und drosch wild auf das umliegende Laubwerk ein. Goliath betrachtete ihn, zerriß dann unter großer Anstrengung (indem er Hände, Zähne und einen Fuß zu Hilfe nahm) seine Beute und überreichte Worzle den ganzen hinteren Teil."

Afrikanische Genesis – revidierte Fassung

Schimpansen betätigen sich häufiger als Jäger denn als Aasfresser. Der Grund dafür liegt auf der Hand. Im Urwald finden sich seltener große Tierkadaver, und sie sind schwer aufzuspüren. Wenn man in Rechnung stellt, was für große Herden in den Steppen grasten, kann man wohl davon ausgehen, daß die Australopithecinen mehr von Aas als von der Jagd lebten. Ihre Grabstöcke waren nicht spitz und massiv genug, um das Fell von Gnus, Antilopen, Zebras oder Gazellen zu durchstoßen. Selbst wenn es ihnen irgendwie gelang, ein ausgewachsenes Tier zur Strecke zu bringen, waren sie ohne Reißzähne und Schneideinstrumente außerstande, durch die zähen Häute ans Fleisch heranzukommen. Bei der Aasfresserei erledigten sich diese Probleme. Löwen und andere Raubtiere nahmen ihnen das Töten ab und waren zuvorkommend genug, den Kadaver für sie zu zerreißen und das Fleisch zugänglich zu machen. Hatten die Raubtiere sich satt gefressen, zogen sie sich an einen schattigen Ort zurück und machten ein Nickerchen. Das Hauptproblem bestand für unsere Vorfahren darin, die anderen Aasfresser loszuwerden. Geier und Schakale konnte man vertreiben, indem man mit den Grabstöcken fuchtelte und zustieß. Fanden sich Steine in der Nähe des Kadavers, so wurden diese zweifellos zum Werfen benutzt. Hyänen stellten mit ihren mächtigen Kiefern, mit denen sie Knochen zermalmen konnten, für eine Gruppe von Primaten, deren Körpergröße nur wenig mehr als einen Meter betrug, ein bedrohlicheres Problem dar. Die Australopithecinen waren gut beraten, Abstand zu halten, wenn die Hyänen vor ihnen beim Kadaver eintrafen, oder sich rasch aus dem Staub zu machen, wenn Hyänen auftauchten, während sie Mahlzeit hielten. So oder so war es das beste, keine langen Geschichten zu machen, sondern sich soviel wie möglich von dem Kadaver herunterzureißen und mit der Beute möglichst schnell den Rückzug an einen sicheren Ort anzutreten. Die Raubkatze, die das Beutetier geschlagen hatte, konnte zurückkommen, um sich ihren Nachtisch zu holen, oder wenn das Tier eines natürlichen Todes gestorben war, konnten Raubkatzen auch einfach auf dem Schauplatz erscheinen, um sich die Sache näher zu besehen –

die meisten Raubtiere genieren sich nicht, ab und zu nebenher ein bißchen Aasfresserei zu betreiben. Ein sicherer Ort waren Baumgehölze, wo die Australopithecinen, wenn Gefahr drohte, ihre Stöcke fallen lassen, mit ihren gebogenen Zehen die Baumrinde umklammern und ins Astwerk hinauf flüchten konnten.

Ich möchte die Ängstlichkeit der Australopithecinen nicht übertreiben. Japanische Beobachter berichten von Schimpansengruppen im Mahale-Nationalpark in Tansania, die sich gelegentlich mit ein oder zwei Großkatzen anlegten und sie so weit einschüchterten, daß sie ihnen manchmal sogar Fleisch abjagten. Die Australopithecinen mit ihren Stöcken und Steinen könnten sich da noch besser geschlagen haben. Ich bezweifle indes, daß sie Ähnlichkeit mit den wilden „Killer-Affen" hatten, die Robert Ardrey in seinem bekannten Buch *African Genesis* schildert und auf die angeblich unser „Tötungstrieb mit der Waffe" zurückgeht. Die Vorstellung, daß die Australopithecinen gewaltige Jäger waren, entsprang Raymond Darts Überzeugung, daß die fossilen Tierknochen, Hörner und Hauer, die man an mehreren Fundstätten von Australopithecus im südlichen Afrika fand, den Australopithecinen als Waffen gedient hatten. Aber wie man mit diesen Gegenständen großen dickhäutigen Tieren schwere Wunden hätte beibringen können, vermag ich nicht zu sehen. Und selbst wenn man mit ihnen einem ausgewachsenen Beutetier den Todesstoß versetzen konnte, wie hätten die Australopithecinen nahe genug an das Tier herankommen sollen, ohne von ihm zertrampelt oder durchbohrt zu werden? Eine wahrscheinlichere Erklärung für das Nebeneinander von Australopithecus-Fossilien und von Knochen, Hörnern und Hauern anderer Tiere dürfte sein, daß die Höhlen, in denen man die Funde gemacht hat, Hyänen als Unterschlupf dienten und von diesen dorthin geschleppt wurden.

Zwar wurden die Australopithecinen nie gewaltige Jäger, aber ihre Fähigkeit als Aasverwerter vermochten sie schließlich stark zu verbessern. Ihr Handikap war, daß sie abwarten mußten, bis die Zähne der von der Natur besser ausgestatteten Raubtiere bzw. Aasfresser die Haut eines Kadavers zerrissen hatten, ehe sie sich selber ans Werk machen konnten. Aber irgendwann vor drei bis zweieinhalb Millionen Jahren, lange bevor Louis Leakeys geschicktes Menschlein in Erscheinung trat, erzielten dic Australopithecinen einen technologischen Durchbruch, der mit den großen Errungenschaften in der späteren

Menschheitsgeschichte durchaus mithalten kann. Sie fingen an, Geräte aus Stein zum Schneiden, Spalten und Hacken zu fertigen. Fell, Muskeln, Sehnen und Knochen gaben den neuen Gerätschaften so widerstandslos nach wie den schärfsten Zähnen und Klauen, – und rosigere Zeiten winkten.

Steinbrecher, Metzger, Aasfresser, Jäger

Die frühesten Australopithecinen müssen Steine mindestens in demselben Umfang verwendet haben wie die heutigen Schimpansen – als Geschosse, um Eindringlinge zu vertreiben, und als Schlaginstrumente zum Aufhämmern von Nüssen. Beim Werfen und Hämmern mochten gelegentlich Teile vom Stein absplittern, deren Kanten scharf genug waren, um eine Tierhaut damit zu durchschneiden. Aber da so etwas im Zusammenhang mit Tätigkeiten vorkam, die von scharfkantigen Instrumenten nicht profitieren konnten, blieb deren Potential ungenutzt. Scharfkantige Splitter, die von abprallenden Wurfgeschossen stammten, mit denen Geier und Schakale vertrieben werden sollten, hatten da schon bessere Aussichten, als geeignetes Mittel zum Zerschneiden von zähen Häuten, Abtrennen von Fleischstücken und Abhacken von Gliedmaßen zur Kenntnis genommen zu werden. Der nächste Schritt bestand darin, einen Stein aufzulesen, ihn gegen einen anderen auf dem Boden zu donnern und dann in den Trümmern nach den schärfsten Splittern zu suchen. Schließlich nahm man in jede Hand einen Stein und führte mit dem einen, den man als Hammer benutzte, gegen die Kante des anderen einen sorgfältig gezielten Schlag. Wiederholte man diese Schläge, so erhielt man nicht nur nützliche Splitter, sondern der Kern, von dem die letzteren absprangen, bildete seinerseits Kanten aus, die ihn fürs Schneiden und Hacken geeignet machten.

Schon die frühesten Steinwerkzeuge, die man bei Gona und Omo in Äthiopien gefunden hat, zeugen von Übung und Geschick im Auswählen geeigneter Kern- und Schlagsteine und im Anbringen gutgezielter Schläge, um rasiermesserscharfe Splitter abzusprengen. Die Experimente von Archäologen, die sich selber die Kunst beibrachten, Kopien dieser frühesten Steinwerkzeuge anzufertigen, haben gezeigt, daß der Kern und die Splitter gleichermaßen nützlich waren. Wenn das Ende eines Kerns auf einer Seite mit Schlägen bearbeitet wurde, entstand ein schweres Hackgerät, der Faustkeil, mit dem sich Sehnen und Sehnenstränge abtrennen und Gelenke zerhacken ließen. Die Splitter oder Schaber eigneten sich am besten zum Durchschneiden von Häuten und zum Zertrennen von Fleisch. Mit schweren Faustkeilen lassen sich gut Knochen zerschlagen, um an das Mark heranzukommen, und Schädel zertrümmern, um das Hirn herauszuholen. Nicolas Toth von der Indiana University hat Kopien dieser einfachen Werkzeuge angefertigt und sie benutzt, um Elefanten und andere große Tiere mit dicker Haut zu zerlegen. Die Australopithecinen wußten mit ihren Steinwerkzeugen zweifellos auch noch anderes anzufangen, als Tierkörper zu zerlegen. Toth stellte fest, daß man mit schweren Faustkeilen gut Äste von den Bäumen abhacken konnte, die sich für Grabstöcke eigneten, und daß man mit kleinen Schabern die Enden der Grabstöcke so zurechtschnitzen und zuspitzen konnte, daß Speere daraus wurden.

Seit sie angefangen hatten, Steinwerkzeuge zu benutzen, spielten bei den Australopithecinen wahrscheinlich auch irgendeine Art von Behältern eine wichtige Rolle. Untersuchungen der Steinartefakte an Fundstätten in Tansania, die auf ein Alter von etwa zwei Millionen Jahren geschätzt werden, haben eine größere Menge von Schabern ergeben, als sich aus der Anzahl von Schrammen an den dabeiliegenden Steinkernen erklären läßt. Das deutet daraufhin, daß die betreffenden Steinbearbeiter einen Vorrat vorgefertigter Schaber und vielleicht auch den einen oder anderen Steinkern und Schlagstein von einem Schlachtplatz zum anderen mit sich führten. Ein kleiner Beutel aus geschabter Tierhaut, der mit ein paar Sehnen an der Hüfte befestigt oder über der Schulter getragen wurde, hätte da ein passendes Behältnis abgegeben.

Mit der Anfertigung von steinernen Faustkeilen und Schabern, angespitzten Grabstöcken, Lederriemen und Fellbeuteln und mit dem Herumtragen und Aufbewahren von Werkzeugen und Materialien hatte das Affenhirn die Grenzen seiner Kapazität erreicht. Für sich genommen blieben alle diese Artefakte und Verhaltensweisen im Bereich der Möglichkeiten eines Schimpansen, aber das Erfordernis, sie insgesamt in ein zunehmend komplexeres Produktionssystem aus Aasverwertung, Jagdtätigkeit und Aktivitäten des Sammelns und Grabens zu integrieren, überstieg die intellektuellen Fähigkeiten der frühen Australopithecinen. Die natürliche Auslese begünstigte diejenigen, die am schnellsten lernten, wie man die besten Werkzeuge verfertigte, die am klügsten entschieden, wann sich ihr Einsatz lohnte, und die mit Rücksicht auf tägliche beziehungsweise saisonale Veränderungen in der Menge und Verfügbarkeit pflanzlicher und tierischer Nahrungsmittel die höchsten Produktionsergebnisse zu erzielen verstanden. Denkbar, daß dieses Ausleseverfahren für die vierzig- bis fünfzigprozentige Zunahme des Hirnvolumens, die Habilis im Vergleich mit den Australopithecinen aufweist, verantwortlich ist.

Aber auch wenn seine Werkzeugausrüstung umfassender und sein Gehirnvolumen größer war, gibt es keine Belege dafür, daß Habilis einem Großwildjäger nähergekommen wäre als Australopithecus. Seine Kleinwüchsigkeit und seine gekrümmten Finger und Zehen – ein Hinweis darauf, daß er nach wie vor auf Bäume kletterte, um sich vor Raubtieren in Sicherheit zu bringen – sprechen nicht dafür, daß er ein kühnerer Jäger war. Und seine Werkzeuge mögen für das Zerlegen großer Tiere noch so brauchbar gewesen sein, – nichts deutet darauf hin, daß sie auch dazu verwendet wurden, große Tiere zu jagen.

Unsere Vorfahren müssen primär Aasfresser geblieben sein, jedenfalls bis zu dem Zeitpunkt vor 1,6 Millionen Jahren, als der erste Erectus auf der Bildfläche erschien. An Erectus deutet alles darauf hin, daß er eine neue Subsistenzweise entwickelte und mit ihr eine ökologische Nische ausfüllte. Er war auffällig höher gewachsen als Habilis, und seine Finger und Zehen hatten alle rudimentären Merkmale, die auf Gewandtheit im Klettern hindeuteten, abgelegt. Seine Werkzeuge bestanden aus scharfkantigen Schabern und neuen Arten von Steinkernen, die beidseitig bearbeitet waren und die Form von eirunden, spitz zulaufenden „Handbeilen“, Hackmessern und Pickeln hatten. Experimente mit diesen „Zweischneidern“ haben gezeigt, daß sie nützliche Instrumente für das Zerlegen von großen Tieren darstellten. Außerdem lassen sich mikroskopisch kleine Kerben an den Knochen, die zusammen mit den Werkzeugen von Erectus gefunden wurden, als „Schnitt- und Hackspuren“ verstehen und liefern den Beweis dafür, daß die Werkzeuge fürs Zerlegen und Entbeinen der Tiere gebraucht wurden. Erectus hatte wahrscheinlich auch Übung darin, mit Hilfe von Faustkeilen und Schabern spitze Holzspeere zu schnitzen, zu hobeln und zu glätten.

Aber Metzger müssen keine Jäger sein. Außerdem fehlt im Werkzeugkasten von Erectus (wie auch schon in der Ausrüstung von Habilis) ein bestimmtes Utensil. Keiner der Faustkeile oder Schaber ist von der Art, daß er mit einem Schaft versehen und als Speerspitze eingesetzt oder überhaupt als Projektil verwendet werden konnte.

Vielleicht schleuderten sie ihre Holzspeere auf kleinere Tiere und brachten diese zur Strecke, aber daß sie mit Speeren ohne Stein- oder Knochenspitze größeres Wild erlegen und aus der Entfernung dessen Fell durchdringen bzw. seine lebenswichtigen Organe durchbohren konnten, ist unwahrscheinlich. Das Fehlen von Steinspitzen stützt die Ansicht, daß Erectus ein Aasverwerter wie die früheren Hominiden, nur eben ein leistungsfähigerer, war und daß, falls er gelegentlich jagte, es sich höchstens um kleinere Tiere handelte.

Ich für meinen Teil bezweifle, daß Erectus sich damit zufriedengab, in erster Linie Aasfresser und erst in zweiter Linie Jäger zu sein. Die überall sichtbaren Herden großer Tiere mußten für ihn einen ständigen Anreiz darstellen, die Versorgung mit seiner Lieblingsspeise auf direktem Weg sicherzustellen. Immerhin war die Entwicklung der Steinbearbeitungstechnik in der Hauptsache Folge des Bemühens der Australopithecinen, die Ernährungsvorteile, die das Fleisch bot, nutzbar zu machen. Nachdem er bereits zur Erleichterung der Fleischerarbeit Messer, Hämmer, Beile und Behältnisse erfunden hatte, mußte das Versäumnis von Erectus, auch noch Wurfgeräte mit Steinspitzen zu erfinden, nicht unbedingt heißen, daß er nicht gewohnheitsmäßig auf die Jagd ging. Vielmehr kann das einfach nur ein Zeichen dafür sein, daß er beim Jagen die Speere nicht aus der Ferne schleuderte, sondern aus nächster Nähe mit ihnen die Beute durchbohrte. Die Archäologie liefert uns für die Richtigkeit dieser Annahme keine Beweise. Ersatzweise müssen wir uns an einige Eigentümlichkeiten der menschlichen Physis halten – unsere fehlende Körperbehaarung, unsere mit Schweißdrüsen übersäte Haut und unsere Fähigkeit, im Laufschritt Marathonstrecken zurückzulegen. Vorher aber muß ich noch einige wenig schmeichelhafte Dinge über das Gehirn von Erecuts sagen.

Das Geheimnis des H. Erectus

Ein positives Rückkoppelungsverhältnis zwischen Hirnvolumen und Werkzeugentwicklung bietet eine einleuchtende Erklärung für den Fortschritt von Afarensis zu Habilis. Kann dieselbe Rückwirkung der Werkzeuge auf das Gehirn und des Gehirns auf die Werkzeuge auch den Fortgang von Habilis zu Erectus erklären? Der archäologiche Befund legt es nahe, dies zu verneinen. Erectus hatte im Vergleich mit Habilis ein um 33% vergrößertes Gehirnvolumen, aber die Werkzeugausrüstung von Erectus enthält nichts, was zu seiner Herstellung ein um 33% vergrößertes Gehirn erfordert hätte. Die von Erectus gefertigten Handbeile, Hackmesser und Pickel dienten anderen Zwecken als die von Habilis und Australopithecus verwendeten Werkzeuge. Sie waren mächtige Geräte, mit denen sich gut Schwerarbeit verrichten ließ, wie das Zerlegen großer Tiere oder das Abhacken von Ästen. Sicher, manche Werkzeuge von Erectus waren geschickter angefertigt als die von Habilis. Symmetrischer angelegt und so geformt, daß auf beiden Seiten des Steinkerns und rund um ihn herum Splitter abgesprengt waren, zeugten diese Werkzeuge von höheren handwerklichen Ansprüchen. Aber einen solchen qualitativen Sprung, wie er erforderlich war, um Australopithecus ins Steinzeitalter zu befördern, setzen sie nicht voraus.

Das Merkwürdigste an der Werkzeugausrüstung von Erectus ist die Tatsache, daß sie eine enorm lange Zeit hindurch im wesentlichen unverändert blieb. Handbeile und andere zweischneidige Faustkeile, die Erectus schon vor 1,6 Millionen Jahren im kenianischen Koobi Fora hergestellt hatte, wurden noch vor 300 000 Jahren von den spätesten Erectus-Populationen nach dem grundsätzlich gleichen Muster angefertigt. In diesem ausgedehnten prähistorischen Zeitraum bewegte sich der technische Fortschritt genauso langsam wie zu Zeiten der Australopithecinen. Und mit dem Entwicklungstempo von *Homo sapiens*, dem Nachfolger von Erectus, war er gar nicht zu vergleichen. Falls Erectus viel heller im Kopf gewesen sein sollte als Habilis, so ist das seinem Beitrag zur Technik jedenfalls nicht anzumerken.

Einiges deutet darauf hin, daß Erectus eine gewisse Verfügung über das Feuer erlangt hatte. Wenn das tatsächlich stimmen sollte, dann wäre es eine beachtliche Errungenschaft. Aber die Indizien sind alles andere als überzeugend. Sie bestehen aus zusammenhängenden Flekken verfärbter Erde, die in Koobi Fora und anderen ostafrikanischen Fundstätten entdeckt wurden. Die Verfärbung läßt an gebrannten Lehm denken, wie ihn anhaltende und starke Hitze von Lagerfeuern erzeugen könnte. Aber vom Blitzschlag entzündete natürliche Brände, die an manchen Stellen – etwa an baumbestandenen Plätzen, an denen Erectus vorzugsweise gelagert haben mag – intensiver gewesen sein könnten als an anderen, hätten den gleichen Effekt hervorbringen können. Ähnliche Probleme gibt es bei dem Versuch, das Feuer mit Erectus auf Grund von Holzkohleschichten in Verbindung zu bringen, die 300 000 Jahre alt sind und in der Choukoudien-Höhle in der Nähe von Peking gefunden wurden. Manche Anthropologen halten diese Holzkohleablagerungen für die gesammelten Überreste von „Feuerstätten" höhlenbewohnender Erectus-Exemplare. Andere schließen sich Lewis Binford von der University of New Mexico an, der Zweifel an dieser Lesart anmeldet. Wenn die Holzkohle durch Koch- oder Warmhaltefeuer entstanden wäre, so müßte sie an ein paar Stellen in der Höhle konzentriert liegen. Statt dessen aber findet man sie in dicken Schichten ausgebreitet, die mit Schichten normaler Erde abwechseln. Alles, was wir also mit Sicherheit sagen können, ist, daß es in der Höhle oder in der Nähe ihres Eingangs von Zeit zu Zeit Brände gegeben haben muß. Aber von dieser Feststellung bis zu dem Schluß, daß Erectus sich an diesen Feuern regelmäßig gewärmt oder sein Essen bereitet habe beziehungsweise daß er sie nach Belieben habe anzünden und löschen können, ist ein weiter Weg.

Sollte sich durch künftige Untersuchungen bestätigen, daß unsere Erectus-Vorfahren tatsächlich in einem gewissen Maß mit dem Feuer umzugehen lernten, so werden wir immer noch das Rätsel lösen müssen, warum in anderen technischen Bereichen vergleichbare Fortschritte ausblieben. Ausgehend vom Niveau des Steinzeitalters hat unsere eigene Spezies nicht einmal 100 000 Jahre gebraucht, um von der Jäger- und Sammlerexistenz bis zu den heutigen hyperindustriellen Gesellschaften zu gelangen. Das sind bloß acht Prozent der Zeit, die unseren Erectus-Vorfahren zur Verfügung stand. Wenn unsere Art sich so lange hält wie Erectus, dann haben wir noch 1,2 Millionen Jahre vor uns. Mir dreht sich der Kopf, wenn ich daran denke, was alles in einem derart langen Zeitraum an Veränderungen noch möglich ist. Von einer so undenklich fernen Zukunft läßt sich nur sagen, daß sie unvorstellbar anders sein wird als die Gegenwart. Ganz ebenso und mit dem gleichen Schwindelgefühl läßt sich von den 1,3 Millionen Jahren, die Erectus auf Erden verbracht hat, nur feststellen, daß seine Lebensweise sich unvorstellbar gleich geblieben ist.

Unsere Vorfahren von der Spezies Erectus waren im Vergleich mit Schimpansen außerordentlich kluge Geschöpfe. Aber die archäologischen Befunde sprechen stark dafür, daß ihnen jene geistigen Fähigkeiten abgingen, die es unserer Art ermöglicht haben, die kollektiven Erfahrungen jeder Generation zu einem wachsenden und sich entwikkelnden Schatz von sozialen und technischen Überlieferungen zu verarbeiten. Ihre Mittel für die interne Verständigung müssen über die Ruflaute und Zeichen hinausgegangen sein, die Schimpansen und andere Großaffen verwenden. Über die vollen Sprach- und Erkenntnisfähigkeiten der heutigen Menschen können sie aber nicht verfügt haben; sonst hätten sie, als sie nach einem so immens langen Zeitraum aus der Welt verschwanden, mehr zurücklassen müssen als nur ein paar Häufchen Steinwerkzeuge. Wenn sie ein qualitativ anderes Gehirn gehabt hätten als Habilis, hätten sie das Aussehen der Erde längst, egal ob zum Guten oder zum Bösen, verändert.

Nun ist ein funktionierendes Gehirn etwas Kostspieliges. Ein großes Gehirn stellt in bezug auf die Versorgung mit Energie und Blut große Anforderungen an den Körper. Bei einem menschlichen Wesen in Ruhestellung gehen etwa 20% des Stoffwechselverbrauchs auf das Konto des Gehirns. Die natürliche Auslese wird also die Ausbildung weiterer Gehirnzellen nur dann nicht unterbinden, wenn diese einen wesentlichen Beitrag zum Überleben der betreffenden Individuen bzw. zu ihrer erfolgreichen Fortpflanzung leisten. Wenn aber das Gehirn von Erectus nicht dazu taugte, Erfindungen zu machen und der Erde ein neues Gesicht zu geben, wozu war es dann überhaupt gut? Konrad Fialkowski, ein Mitglied des Ausschusses für evolutionäre und theoretische Biologie an der Polnischen Akademie der Wissenschaften, hat sich dazu etwas Kluges einfallen lassen. Das Gehirn war gut zum Rennen.

Hitze, Haare, Schweiß und Marathonläufe

Ein größeres Gehirn ermöglichte es Erectus, in der Mittagshitze zu rennen, zu einer Tageszeit, da die meisten anderen Raubtiere sich in den Schatten und ans Wasser zurückziehen und darauf verzichten, dem Wild nachzustellen. Fialkowskis These basiert auf der Annahme, daß durch zusätzliche Gehirnzellen Erectus beim Rennen über lange Strecken besser davor geschützt war, unter der Hitzebelastung einen zerebralen Kollaps zu erleiden. Einzelne Gehirnzellen sind gegen Hitzebelastung anfälliger als die Zellen anderer Organe. Kollabieren sie, so hat das geistige Verwirrung, Krämpfe, einen Hirnschlag, schließlich den Tod zur Folge. Ein grundlegendes Prinzip der Informationstheorie besagt, daß in einem Informationssystem, das Elemente enthält, die zum Zusammenbruch neigen (wie beim menschlichen Gehirn der Fall), die Verläßlichkeit des Systems sich dadurch erhöhen läßt, daß man die Menge funktionsgleicher Elemente vergrößert und mehr Verbindungen zwischen ihnen herstellt. Es wäre also denkbar, daß Erectus' Gehirn eine große Anzahl von überschüssigen Neuronen enthielt, die als Ausfallreserve für den Fall dienten, daß es bei der Verfolgung von Wild, wenn sie sich über lange Strecken hinzog, zu einem Hitzestau kam.

Der heutige Mensch ist weit entfernt davon, der schnellste Läufer im Tierreich zu sein. Über kurze Strecken schafft er Spitzengeschwindigkeiten von etwa 30 Stundenkilometern, was im Vergleich mit den 70 Stundenkilometern des Pferds oder den über 100 Stundenkilometern des Jagdleoparden kaum mehr als ein müdes Traben ist. Aber wenn es darum geht, lange Strecken zurückzulegen, ist der Mensch imstande, jedes andere Tier in Grund und Boden zu rennen.

Ethnographischen Untersuchungen zufolge gab es Eingeborenenvölker, die sich diese Fähigkeit als Jagdtechnik zunutze machten, indem sie Beutetiere unerbittlich zu Tode hetzten, was manchmal tagelang dauerte. Bei den Tarahumara-Indianern in Nordmexiko zum Beispiel „besteht die Rotwildjagd darin, daß man das Wild zwei Tage lang hetzt – niemals aber weniger als einen Tag. Der Tarahumara läßt das Wild keinen Augenblick zur Ruhe kommen. Nur gelegentlich erhascht er einen flüchtigen Blick von seiner Beute, bleibt ihr aber dank seines unheimlichen Geschicks im Spurenlesen mit unfehlbarem Instinkt auf den Fersen. Der Indianer jagt das Wild, bis es erschöpft zusammenbricht, oft mit völlig heruntergetretenen Hufen. Es wird dann vom Jäger erstickt oder von den Hunden getötet.“ Der Mensch kann nicht nur stundenlang hintereinander ein gleichmäßiges Schritttempo halten, er kann auch am Ende eines langen Laufs zu plötzlichen Spurts ansetzen – mit tödlichen Konsequenzen, wie die folgende Schilderung einer Rentierjagd bei den sibirischen Nganasan belegt: „Ein wildes Rentier, das von einem Jäger verfolgt wird, läuft in raschem Trab, wobei es von Zeit zu Zeit anhält, um zurückzuschauen. Der Jäger folgt ihm, sucht hinter Büschen, Steinhaufen und anderen natürlichen Erhebungen Deckung und versucht, es zu einzuholen. Das Tempo, in dem der Nganasan rennen kann, ist erstaunlich. Manche Jäger können ein junges Rentier einholen und es bei einem seiner Hinterbeine packen. Manchmal rennt ein Läufer zehn Kilometer lang hinter einem Rentier her. Rentierweibchen laufen erheblich schneller als die Böcke und ermüden nicht so schnell; deshalb ist es erheblich schwerer, sie einzuholen. Der Jäger, der ein verwundetes Rentier verfolgt, muß sich gewaltig anstrengen.“ Die Aché in Paraguay bringen noch heute das Rotwild auf diese Weise zur Strecke, und die Agra auf den Philippinen jagen Wildschweine auf die gleiche Art. Ich behaupte nicht etwa, daß diese Jagdmethode sich bei Eingeborenenvölkern häufig findet. Da alle heutigen Sammlervölker über Speer- und Pfeilspitzen aus Stein oder Knochen verfügen und Speerschleudern oder Pfeil und Bogen haben, finden sie sich selten genötigt, sich auf ihre Fähigkeit zum Niederrennen des Wilds zu besinnen. Aber im Zusammenhang mit dem Aufspüren von angeschossenen Tieren spielt das Laufen über lange Strecken nach wie vor eine wichtige Rolle. Obwohl sie Giftpfeile benutzen, sehen sich zum Beispiel die San in der Kalahari-Wüste manchmal gezwungen, unter sengender Sonne stundenlang hinter einem angeschossenen Wild im Dauerlauf herzujagen. Eile tut not, weil verhindert werden muß, daß Löwen oder Geier dem Jäger zuvorkommen, wenn die Beute unter der kombinierten Wirkung der Erschöpfung und des Gifts zusammenbricht. Auch wenn diese Art Verfolgung nicht so anstrengend ist wie die Jagd auf ein unverwundetes Tier, setzt sie den Jäger doch einer beträchtlichen Hitzebelastung aus. Fialkowski behauptet mit seiner Theorie nicht, daß unsere Erectus-Vorfahren immer nur unverwundete Tiere niederrannten. Unter günstigen Umständen mochten sie nahe genug an die Beute herangekommen sein, um sie mit ihren hölzernen Speeren zu verwunden; anschließend konnten sie dann hinter dem Tier herrennen, bis dessen Erschöpfung ihnen erlaubte, sich so weit zu nähern, daß sie ihm abermals Speere in den Leib jagen konnten. Von der natürlichen Auslese wurden jene Männer und Frauen begünstigt, die am längsten und unter den härtesten Bedingungen leicht verwundeten oder unverwundeten Tieren auf der Spur bleiben konnten.

Daß Fialkowski die Erklärung für die Vergrößerung des Gehirns von Erectus in der Hitzebelastung findet, stimmt gut zu mehreren anderen Hitzeregulierungseigenschaften, die der menschlichen Spezies zu eigen sind. Die meisten Säugetiere, die einer Belastung durch Hitze ausgesetzt sind, verschaffen sich dadurch Kühlung, daß sie über die Nasen- und Mundschleimhaut und über die Zungenoberfläche Feuchtigkeit absondern. Das menschliche Kühlsystem funktioniert nach einem völlig anderen Prinzip. Wir kühlen uns in der Weise ab, daß wir unsere Haut mit Hilfe unserer Schweißdrüsen befeuchten. Der Mensch hat nicht weniger als fünf Millionen solcher Drüsen – weit mehr als jedes andere Säugetier. Wenn die Luft an unserer schwitzenden Haut vorbeistreicht, verdunstet die Feuchtigkeit, und die Temperatur des kapillaren Bluts, das unmittelbar unter der Hautoberfläche zirkuliert, wird gesenkt. Durch das Verdunsten von Schweiß wird beim Menschen 95% der Körperhitze, die über der normalen Betriebstemperatur des Körpers liegt, abgeführt. Damit die Feuchtigkeit auf der Haut verdunsten und den Kühleffekt erzielen kann, muß Luft darüber hinwegstreichen; je trockener die Luft ist und je rascher sie sich bewegt, um so größer ist die Kühlwirkung. Durch Laufen wird genau solch ein starker Luftzug auf der Haut erzeugt. Und die trockene Luft der ostafrikanischen Steppen bot ideale Bedingungen für die Verdunstung.

Eine Kühlung mittels Oberflächenverdunstung setzt wiederum der Behaarung unseres Körpers eindeutige Schranken. Urwaldbewohnende Großaffen unterziehen sich nicht der ungeheuren körperlichen Anstrengung, die anhaltendes Laufen erfordert. Ihr wichtigstes thermodynamisches Problem ist nicht die Abfuhr überschüssiger Hitze, sondern die Vermeidung der Auskühlung, der sie vor allem nachts durch hohe Luftfeuchtigkeit und starke Regengüsse ausgesetzt sind.

Daher das üppige, leicht fettige, herabhängende Haarkleid der Großaffen. Damit Erectus sich zum Langstreckenläufer entwickeln und ein Kühlsystem auf Verdunstungsbasis ausbilden konnte, mußte er dieses Fell zwangsläufig aufgeben. Die Luft mußte ungehindert über den Feuchtigkeitsfilm streichen können, den die Schweißdrüsen erzeugten. Daher die eigentümliche „Nacktheit" des menschlichen Körpers. Obwohl wir tatsächlich genauso viele Haarfollikel haben wie die Großaffen, sind die Haare, die daraus sprießen, zu dünn und kurz, um ein Fell zu bilden. Aber ein Rudiment der ursprünglichen wasserabweisenden Funktion des Fells hat sich in der nach unten weisenden Richtung der Haare auf unseren Armen und Beinen erhalten.

Ein anderes Detail, das gut mit Fialkowskis Theorie zusammenstimmt, ist das kürzlich revidierte Bild vom Körperbau des Erectus. Hatte man ihn bislang für kleinwüchsig und stämmig gehalten, so stellt sich nun heraus, daß die männlichen Exemplare über 1,80 m groß waren. Ein einfacher Grundsatz, der als „Bergmannsche Regel" bekannt ist, besagt, daß bei Tieren, die Kältebelastungen ausgesetzt sind, das Ausleseprinzip stämmige, kugelige Körperformen begünstigt, wohingegen Tiere, die Hitzebelastungen aushalten müssen, zu schlanken, zylindrischen Körperformen tendieren. Der Grund dafür ist, daß die Kugel eine im Verhältnis zum Volumen geringere Oberfläche hat als der Zylinder. Stämmige, untersetzte Figuren verlieren weniger Wärme, weil sie eine verhältnismäßig kleine Hautoberfläche haben, über die Wärme abgestrahlt werden kann. Große, schlanke Körper geben mehr Wärme ab, weil sie eine verhältnismäßig große Hautoberfläche haben, über die Wärme entweichen kann.

Tagsüber weckte Erectus' Nacktheit kein Bedürfnis nach einem künstlichen Schutz gegen Kälte. Aber nachts lagen die Dinge anders. Die Temperaturen in den afrikanischen Steppen können kurz vor Anbruch der Morgendämmerung bis auf 4 Grad sinken. Die heutigen Jäger- und Sammlervölker, die in Klimaten dieser Art leben, decken sich mit Schlafdecken aus Tierfellen zu. In Australien besaßen die Aborigines in der zentralen Wüste, die tagsüber nackt gingen, Känguruhfelle, unter denen sich Menschen und Hunde zusammendrängten, um die frühmorgendliche Kälte fernzuhalten.

Da sich wahrscheinlich schon die Australopithecinen und Habilis auf die Anfertigung von Tragetaschen aus Ticrfellen verstanden, dürfte es für Erectus kein Problem gewesen sein, Häute zurechtzuschneiden und abzuschaben, die als Decken dienen und Schutz gegen die Kälte gewähren konnten. Wie die Steinwerkzeuge, die er fürs Zerlegen der Tiere brauchte, führte Erectus diese Felle von einem Lagerplatz zum nächsten mit sich oder versteckte sie an irgendeinem sicheren Ort, wo er sie sich bei Bedarf holen konnte.

Da er aufrecht auf zwei Beinen ging, bot sein Körper den Sonnenstrahlen kein direktes Ziel, abgesehen von der Oberfläche des Kopfs. Für den Körper im ganzen bedeutete dies eine geringere Hitzebelastung, als sie Vierfüßler aushalten müssen. Das Gehirn hingegen war dadurch besonders gefährdet. Kahlköpfe, auch wenn sie in nördlichen Breiten leben, tun gut daran, sich nicht der Mittagssonne auszusetzen. Und wenn „von der Stirne heiß rinnen muß der Schweiß", so deshalb, weil unsere Stirn über keine Behaarung, dafür aber über eine dichte Ansammlung von Schweißdrüsen verfügt.

Andere Probleme bezüglich der Aufteilung der Behaarung beim Menschen spielen für Fialkowskis Theorie keine Rolle; aber da ich schon einmal dabei bin, kann ich sie gleich mitbehandeln. Oben auf dem Kopf haben Männer und Frauen ungefähr die gleiche Menge Haar, aber die Männer haben viel üppigere Gesichtsbehaarung. Wahrscheinlich drückt sich in diesem Unterschied die Tendenz bebärteter männlicher Exemplare aus, sexuelle Konkurrenten abzuschrecken und/oder eine größere Anzahl weiblicher Exemplare anzulocken beziehungsweise für die Paarung zu gewinnen (darüber später mehr). Um die dichte Behaarung unter den Armen und in der Schamgegend zu erklären, braucht es unter Umständen noch eine dritte Argumentationskette. Diese Körperstellen sind nicht nur reich mit Schweißdrüsen bestückt, sondern auch noch mit einer zweiten Art von Hautdrüsen, die man als „apokrine Drüsen" bezeichnet. Letztere tragen zur Verdunstungskühle nichts bei. Ihre Funktion ist die Absonderung jener Duftstoffe, von denen die Deodorant-Industrie lebt, deren Schlachtfeld die Achselhöhle ist. Die apokrinen Drüsen sind Dufterzeuger, die den Erregunszustand anzeigen, in den körperliche Anstrengung, sexuelle Reizung und seelischer Streß uns versetzen.

Die Lagergenossen der Spezies Erectus versetzten sich wahrscheinlich gegenseitig durch diese Gerüche in Zustände hoher Erregung. Die behaarten Stellen, die mit den apokrinen Drüsen in Zusammenhang stehen, dienten dazu, die Ausdünstungen zu konservieren und zu verstärken; in einer Welt, in der man auch viele andere unwillkürliche

Signale für Körperzustände – man denke an Erröten und an Weinen – lieber versteckt, hat die Duftfunktion ihre Nützlichkeit augenscheinlich eingebüßt.

Das Gehirn fängt an zu denken

Kehren wir zu der Hauptstoßrichtung der Theorie Fialkowskis zurück, so wird der Übergang von Erectus zu Sapiens erkennbar. Als die Gehirnzellen dank der Zunahme, die sie im Ausfallsicherungsinteresse mittels natürlicher Auslese erfuhren, eine kritische Masse erreicht hatten, waren die Neuronenbahnen von Erectus bereit für eine rasche und grundlegende Reorganisation. Wie diese Reorganisation genau aussah, kann ich nicht sagen, weil die Wissenschaft über die Funktionsweise des menschlichen Gehirns zu wenig weiß. Aber von neueren Entwicklungen im Computerwesen läßt sich per Analogie auf die Veränderungen rückschließen, die im menschlichen Gehirn der Zeit nach Erectus vor sich gingen. Zu Anfang konstruierten die Computeringenieure Schaltkreise, die Daten auf linearem Weg verarbeiteten. Den Maschinen wurden Aufgaben gestellt, die in eine Reihe von Einzelschritten zerlegt und dann Schritt für Schritt erledigt wurden. Die ganze Maschine war mit dieser schrittweisen Abarbeitung beschäftigt. Durch den Bau größerer Maschinen mit mehr Transistoren, Speichereinheiten und kürzeren Entfernungen zwischen den einzelnen Komponenten, um die Verarbeitungsgeschwindigkeit zu erhöhen, wurden komplexere Aufgaben lösbar. Aber die Computerkonstrukteure mußten erkennen, daß bestimmte Aufgaben wie das Wiedererkennen von Gesichtern, das Übersetzen von Sprachen und die Steuerung lernfähiger Roboter die Kapazität der linearen Datenverarbeitung überstieg. Heute konzentrieren sich ihre Bemühungen praktisch darauf, viele kleine Computer zusammenzuschließen und jeden von ihnen zur gleichen Zeit einen Teilaspekt der gleichen Aufgabe lösen zu lassen. Diese neue Form der Computerkonstruktion nennt man Parallelverarbeitung. Es wäre verfrüht, den Übergang vom Erectus-Gehirn zum Sapiens-Gehirn als Übergang von der Linear- zur Parallelverarbeitung zu charakterisieren, aber die Analogie ist treffend, weil erst auf Basis der Linearverarbeitungskonstruktion die Computeringenieure anfangen konnten, Apparate mit Parallelverarbeitung zu bauen. In der Natur funktioniert die Selektion häufig auf ähnliche Weise, indem sie Strukturen, die einst im Interesse einer bestimmten

Funktion ausgelesen wurden, als Grundlage für die Auslese von Strukturen nimmt, die einer vollständig anderen Funktion dienen. Die Lungen zum Beispiel entwickelten sich aus Luftblasen, die von den Fischen nicht zum Atmen, sondern zum Schwimmen gebraucht wurden. Ganz ähnlich entwickelten sich bei den Vögeln die Flügel aus Vorderfüßen, deren sich Reptilien, die auf zwei Beinen gingen, nicht zum Fliegen, sondern zum Greifen bedienten. Es wäre deshalb kein Sonderfall, wenn das Gehirn, das uns zum Denken dient, sich aus dem Gehirn entwickelt hätte, das Erectus zum Rennen brauchte.

Nebenbei wirft Fialkowskis Theorie auch noch ein interessantes Licht auf die Flossenfüßler, eine Klasse von Meeressäugetieren, zu denen die Robben, Tümmler und Delphine gehören, die ebenfalls für ihr überdurchschnittlich großes Gehirn und ihre ausgeprägte Geselligkeit bekannt sind. Das Problem, das diese außerordentlich beweglichen Geschöpfe bewältigen müssen, ist nicht Hitzebelastung – für die Wärmeabfuhr sorgt das Wasser –, sondern Sauerstoffmangel während ausgedehnter Aufenthalte unter Wasser. Wie die Langstreckenläufer auf dem Land profitierten auch die Flossenfüßler von Ausfallsicherungssystemen mit Ersatzzellen und vervielfältigten Schaltkreisen im Gehirn. (Die US-Marine hat Flossenfüßler zum Beispiel darauf abgerichtet, verlorengegangene Raketenteile vom Meeresboden heraufzuholen und Sprengsätze am Rumpf feindlicher Schiffe anzubringen; während des Kriegs zwischen Irak und Iran wurden sechs Delphine von San Diego in den Persischen Golf geschickt, um dort Dienst zu tun. Aber da sich für die Flossenfüßler keine natürliche Notwendigkeit ergab, mit Werkzeugen umzugehen oder Gegenstände zu handhaben, durchlief ihr Gehirn auch nie jene Reorganisation, die sich im menschlichen Gehirn beim Übergang von Erectus zu Sapiens vollzog. Das war, wie sich herausstellt, ihr Glück, sonst wären sie nämlich heute alle in militärischen Ausbildungslagern und würden lernen, wie man sich auf dem Meeresboden gegenseitig abschlachtet.)

Rudimentäre Kulturen

Wie sie sich ernähren und schützen konnten, lernten die Mitglieder der Hominidenfamilie von Anfang an dadurch, daß sie sich am Beispiel ihrer Lagergefährten, vor allem der älteren, orientierten. Sie besaßen das, was ich als rudimentäre Kulturen bezeichne. Ich meine damit, daß sie über ein kleines Repertoire von einfachen Traditionen verfügten, die eine Generation an die nächste weitergab, und zwar nicht auf dem Weg über die elterlichen Gene, sondern dadurch, daß die Jüngeren von ihren Eltern und Gefährten lernten, wie man bestimmte Dinge macht. Da der Unterschied zwischen genetischer und kultureller Prägung im folgenden noch mehrfach eine Rolle spielen wird, möchte ich ihn so präzise fassen, wie an dieser Stelle möglich. Nichts, was ein Tier tut, ist frei von genetischen Einflüssen. Sein Vermögen zu lernen, Vorräte anzulegen oder Informationen zu übermitteln, beruht auf spezifischen, genetisch bedingten Fertigkeiten. Krebse oder Austern werden vermutlich nicht einmal rudimentäre Kulturen ausbilden. Aber es wäre unsinnig zu bestreiten, daß manche Organismen sich zur Bewältigung von Lebensproblemen erheblich stärker aufs Lernen verlassen. Unter diesen wiederum gibt es welche, die mehr voneinander lernen. Und unter diesen sind schließlich solche, die beim Lernen stärker von dem abhängen, was andere bereits gelernt und von einer Generation zur nächsten weitergegeben haben.

In ihrem Eifer, die Erkenntnis der genetischen Bedingungen des menschlichen Lebens zu fördern, berücksichtigen die Biologen manchmal nicht genügend die enormen Unterschiede der Organismen in Hinsicht auf ihre Fähigkeit, Informationen zu verwenden, die in den neuralen Schaltkreisen des Gehirns und nicht im Erbmaterial gespeichert sind. Für die neuralen Schaltkreise selbst sind die Gene verantwortlich, aber das, was in den Schaltkreisen zirkuliert, hat seinen Grund in etwas anderem.

Es gibt zum Beispiel keine bestimmte genetische Information, die den Schimpansen sagt, wie sie Termiten und Ameisen fangen sollen. Gewiß, damit dieses Verhalten möglich wird, müssen beim jungen Schimpansen genetisch bedingte Fähigkeiten wie die zum Lernen, zum

Handhaben von Gegenständen und zur Allesfresserei vorhanden sein. Aber diese allgemeinen biologischen Fähigkeiten und Anlagen können die Jagd auf Termiten und Ameisen nicht erklären. Der fehlende Bestandteil ist das Wissen über das Fangen von Termiten und Ameisen, das im Gehirn des erwachsenen Schimpansen gespeichert ist. Diese Informationen werden den jungen Schimpansen von ihren Müttern übermittelt. Die jungen Gombe-Schimpansen fangen nicht vor einem Alter von achtzehn bis zweiundzwanzig Monaten mit der Jagd auf Termiten an, und erst mit ungefähr drei Jahren beherrschen sie diese Kunst. Die Jungtiere beobachten aufmerksam, wie die Erwachsenen den Termitenfang betreiben. Häufig holen sich die Neulinge einen weggeworfenen Stock, der zum Termitenfang gedient hat, und versuchen, damit umzugehen. Beim Ameisenfang dauert wegen der Gefahr des Gebissenwerdens der Lernprozeß noch länger. Der jüngste Schimpanse, der diese Kunst beherrschte, war etwa vier Jahre alt. Daß es Schimpansengruppen gibt, die sich an Wanderameisen nicht vergreifen, obwohl diese in ganz Afrika weit verbreitet sind, ist ebenfalls ein Hinweis darauf, daß es sich hierbei um einen Fall von rudimentärer Kultur handelt. Gleichzeitig gibt es andere Schimpansengruppen, die mit anderen Methoden als denen der Gombe-Schimpansen das Vorkommen anderer Ameisenarten ausbeuten. Die Schimpansen im 170 km südlich von Gombe gelegenen Mahale-Gebirge stecken Zweige und Rindenstücke in die Nester von baumbewohnenden Ameisen, die von den Gombe-Schimpansen links liegen gelassen werden.

Großaffen sind nicht die einzigen nichtmenschlichen Primaten, die über rudimentäre Kulturen verfügen. Primatologen vom Institut für die Erforschung von Primaten an der Universität Kioto berichten, daß die japanischen Makaken über eine ganze Reihe von Bräuchen und Einrichtungen verfügen, die auf sozialem Lernen basieren. Die Männchen bestimmter Horden zum Beispiel wechseln sich in der Aufsicht über die Jungtiere ab, während deren Mütter Nahrung zu sich nehmen. Diese Art von Babysitting ist nur für die Horden in Takasaki-yama und Takhashi typisch. Auch andere kulturelle Unterschiede sind bemerkt worden. Wenn die Affen von Takasaki-yama die Früchte des *muku*-Baums fressen, werfen sie den harten Stein der Frucht entweder weg, oder sie verschlucken ihn und scheiden ihn mit dem Kot aus. Die Affen von Arashi-yama dagegen knacken den Stein mit den Zähnen auf und fressen das weiche Innere. Manche Horden fressen Schaltiere, andere nicht. Auch in bezug auf den Abstand, den die Tiere während des Fressens untereinander wahren und in bezug auf die Anordnung von Männchen, Weibchen und Jungtieren beim Zug der Horden durch den Wald sind kulturell bedingte Unterschiede festgestellt worden.

Die Wissenschaftler des Forschungsinstituts haben tatsächlich beobachtet, wie neue Verhaltensformen von einem Individuum zum anderen weitergegeben und Bestandteil der rudimentären Kultur der Horde wurden. Um sie leichter beobachten zu können, lockten die Wissenschaftler die Affen in Küstennähe mit Süßkartoffeln an, die sie am Strand deponierten. Eines Tages fing ein junges Weibchen damit an, die Süßkartoffeln in einen kleinen, quer durch den Strand verlaufenden Bach zu tauchen, um sie vom Sand zu reinigen. Dieses Waschverhalten verbreitete sich in der ganzen Gruppe und ersetzte allmählich die vorherige Gewohnheit, die Kartoffeln abzureiben. Neun Jahre später wuschen 80 bis 90% der Tiere ihre Süßkartoffeln, die einen im Bach, andere im Meer. Als die Forscher Weizen auf dem Strand ausstreuten, hatten die Affen von Koshima anfangs große Mühe, die Körner vom Sand zu trennen. Bald erfand einer von ihnen ein Verfahren, den Sand von den Weizenkörnern zu entfernen, und diese Prozedur wurde rasch von den übrigen übernommen. (Die Lösung bestand darin, den Weizen ins Wasser zu werfen. Die Körner schwimmen oben, und der Sand sinkt auf den Grund.)

Der wesentliche Unterschied zwischen rudimentären und voll entwickelten Kulturen ist quantitativer Natur. Während Affen und Großaffen über einige wenige Traditionen verfügen, haben Menschen unzählige davon. Den größten Teil unseres Milieus bilden kulturelle Artefakte, Praktiken, Regeln und Beziehungen. Menschen können nicht essen, atmen, den Darm entleeren, sich paaren, sich vermehren, sitzen, sich bewegen, schlafen oder sich hinlegen, ohne irgendeinen Aspekt der Kultur ihrer Gesellschaft zu realisieren beziehungsweise zum Ausdruck zu bringen. Unsere Kulturen wachsen, dehnen sich aus, entwickeln sich. Das liegt in ihrer Natur. Die kulturelle Realität baut auf der normalen organischen Realität auf, wächst aber über sie hinaus, geradeso wie die organische Realität auf ihrem chemischen und physikalischen Untergrund aufbaut und sich über ihn erhebt. Als unsere Vorfahren die Schwelle zur vollen kulturellen Entfaltung überschritten, gelang ihnen ein Durchbruch, der nicht weniger schicksalsschwer war als der Übergang von der Energie zur Materie oder von den Aminosäuren zum lebenden Protein.

Aufbruch in die Sprache

Vielleicht darf ich ein bißchen genauer auf den Zusammenhang zwischen kulturellem Aufbruch und der Art und Weise, wie Menschen sich verständigen, eingehen. Der kulturelle Aufbruch ist wesentlich auch ein sprachlicher. Ein rascher und kumulativer Wandel in den Traditionen setzt eine neue Qualität in der Informationsmenge voraus, die sich auf gesellschaftlichem Weg erwerben, speichern, verfügbar machen und mit anderen teilen läßt. Wer ein Loblied auf das eine anstimmt, muß auch das andere besingen. Die menschliche Sprache ist das Medium, kraft dessen Erinnerungen Individuen und Generationen überleben. Aber sie ist nicht einfach ein geduldiger Palimpsest, ein im passiven Sinne vielbeschriebenes Blatt. Sie ist auch eine aktive, tatkräftige Macht bei der Gestaltung des zunehmend komplexeren gesellschaftlichen Seins, das dem Alltagsleben durch die kulturelle Entwicklung aufgebürdet wird. Über Sprache zu verfügen, macht es möglich, passende Verhaltensregeln für Situationen zu formulieren, die räumlich und zeitlich weit auseinanderliegen. Ohne je eine Wanderameise oder eines ihrer Nester gesehen zu haben, kann der beschränkteste Durchschnittsmensch im Unterschied zum aufgewecktesten Schimpansen seinesgleichen darüber aufklären, wie er beim Ameisenfang vorgehen muß. Es bedarf dann zwar immer noch der Übung (die stets erst den Meister machen wird), aber die Fähigkeit, mit sprachlichen Mitteln eine Regel für den Ameisen- oder Termitenfang zu formulieren, erleichtert die Nachahmung dieser Tätigkeiten durch andere Individuen der jeweiligen Generation wie auch späterer Generationen. Das gesellschaftliche Leben der Menschen besteht in hohem Maße (allerdings nicht ausschließlich) aus Vorstellungen und Verhaltensweisen, die durch solche Regeln koordiniert und bestimmt werden. Wenn Menschen neue Formen gesellschaftlicher Tätigkeit entwickeln, entwickeln sie entsprechende Regeln, die auf die neuen Praktiken abgestimmt sind, und speichern diese Regeln in ihrem Gehirn (im Unterschied zu den Anleitungen für biologische Entwicklungen, die im Genmaterial gespeichert werden). Unter dem bestimmenden Einfluß dieses sprachgestützten, regelgeleiteten Verhaltens übertreffen die Menschen mühelos alle anderen Arten, was die Komplexität und Vielfalt sozialer Rollen und die Bildung kooperativer Gruppen betrifft.

Ist unsere Meisterschaft im Sprechen nur eine Folgeerscheinung der Ausdehnung und Reorganisation des Schaltplans des menschlichen Gehirns, oder hat sie ihren Grund in einem ausgeprägten, artspezifischen neuralen Programm, das uns in die Lage versetzt, beim Übergang vom Säuglings- zum Kindesalter sprachliche Kompetenz zu erwerben? Niemand wird behaupten, daß Kinder sprechen lernen können, wenn sie in völliger Isolation aufgezogen werden. Aber Kinder scheinen Sprachkompetenz so ziemlich auf dieselbe Weise zu ewerben, wie sie laufen lernen. Es genügt schon eine sehr geringe formale Anleitung, um ein Kind dazu zu bringen, vom Krabbeln zum Laufen überzugehen, weil die meisten Informationen darüber, wie man Füße, Arme, Beine und Rumpf zum aufrechten Gang koordiniert, in uns gespeichert vorliegen. Auch wenn die Vorprogrammierung fürs Sprechen nicht ganz so massiv und ausgeprägt sein mag wie fürs Laufen, ist sie doch stark genug, um bereits bei minimaler Anleitung durch Eltern und andere Mitglieder der Sprachgemeinschaft sichtbar zu werden. Belege für diese Ansicht haben Linguisten in der Geschichte bestimmter Sprachen gefunden, die ihre Entstehung einer massiven Entwurzelung verdanken, der die betreffenden Völker unter dem Druck von Kolonialismus und Imperialismus ausgeliefert waren.

In den letzten paar Jahrhunderten zwang oder verführte die Nachfrage nach billigen Arbeitskräften für Plantagenarbeit eine große Menge von Menschen verschiedener sprachlicher Herkunft dazu, an verlassenen Küstenstrichen oder auf einsamen Inseln wie etwa in Guyana oder auf Haiti, Jamaika und Hawaii auf engstem Raum zusammenzuleben. Um sich untereinander verständigen zu können, entwickelten diese vielsprachigen Gemeinschaften Kommunikationsformen, die als Pidgin-Sprachen bekannt sind. Wenn die Vielfalt der Muttersprachen, die auf das Pidgin einwirkten, sehr groß war und es nur wenige gab, die der Sprache des Plantagenbesitzers mächtig waren, dann kam es praktisch zu einem natürlichen Experiment in bezug auf die Bildung einer neuen Sprache. Die erste Generation der Pidgin-Sprechenden konnte sich diese neue Sprache nicht von ihren Eltern beibringen lassen. Sonst kennen sich die Eltern stets besser als ihre

Kinder in der Sprache ihrer Gemeinschaft aus, aber in diesem Fall nicht. Um volle Sprachkompetenz im Pidgin zu erwerben, mußten die Kinder so schnell wie möglich das klägliche Pidgin-Niveau ihrer Eltern hinter sich lassen. Die Pidgin-Formen der ersten Generation waren genuin rudimentäre Sprachen, die möglicherweise Einsichten in Sprachbildungen vor dem Durchbruch gewähren können. Diese Sprachformen zeichnen sich durch einen auffälligen Mangel an Regeln für die Wortstellung im Satz aus, durch die etwa die Abfolge Subjekt-Prädikat-Objekt festgelegt ist. Desgleichen fehlen bestimmte und unbestimmte Artikel wie „der" und „ein" sowie geordnete Verfahrensweisen zur Bildung von Zeitbestimmungen. Die Sätze sind kurz und bestehen zum Großteil aus unzusammenhängenden Ketten von Tätigkeitswörtern und Hauptwörtern. Derek Bickerton von der University of Hawaii führt die folgenden beiden Beispiele aus dem hawaiischen Pidgin der ersten Generation an, das Ende des 19. Jahrhunderts von Gruppen entwickelt wurde, die Englisch, Japanisch, Philippinisch, Koreanisch, Portugiesisch und das einheimische Hawaiisch sprachen:

aena tu macha churen, samawal churen, haus mani pei
and too much children, small children, house money pay
(und zu viele Kinder, kleine Kinder, Haus Geld zahlen)

bilhoa no moa hilipino no nating
before mill no more Filipino no nothing
(vor Fabrik kein mehr Philippino nicht gar nichts)

Aus den Pidgin-Sprachen entwickelten sich in mehreren Teilen der Welt rasch neue und vollständig zureichende Sprachen, die man als Kreolisch bezeichnet. In Hawaii vollzog sich das binnen einer Generation, was tatsächlich bedeutet, daß die Kinder bis zum Erreichen des Erwachsenenalters eine ganze Reihe von grammatischen Regeln angenommen haben mußten, die ihre Eltern ihnen nicht beigebracht haben konnten und die deshalb von den Kindern selbst in gewissem Sinn „erfunden" worden sein mußten. Das Erstaunlichste dabei ist, daß die Grammatik des hawaiischen Kreolisch praktisch die gleiche ist wie bei allen anderen kreolischen Sprachen, die innerhalb einer Generation aus Pidgin-Sprachen hervorgegangen sind, ganz egal, welche Kombination von Muttersprachen jeweils im Spiel war. Zum Beispiel kennen sie allesamt eine elementare Wortstellung, bei der zuerst das Subjekt, dann das Verb und dann das Objekt kommt, und sie verfügen auch alle über bestimmte Regeln zur Abänderung dieser Reihenfolge, um das Augenmerk auf einen bestimmten Satzteil zu lenken. Im hawaiischen Kreolisch sieht das so aus:

Ai si daet wan
I see that one
(Ich sehe den da)

Ai no si daet wan
I no see that one
(Ich nicht sehe den da)

O, daet wan ai si
Oh, that one I see
(Oh, den da ich sehe)

Wie war es den pidginsprechenden Kindern möglich, in so kurzer Zeit das hawaiische Pidgin ins hawaiische Kreolisch zu überführen? Bickerton zufolge konnten sie das, weil das heutige menschliche Gehirn ein biologisch programmiertes Schema für den Erwerb einer grammatisch zureichenden Sprache enthält. Dieses Programm wird während der Reifezeit des Kinds aktiviert und entfaltet sich auf dieselbe Weise wie das Programm fürs Laufen sich entfaltet. Ohne die Erfahrung der elterlichen Sprache könnten Kinder nie eine Sprache erfinden. Aber schon eine minimale Bekanntschaft mit dem Sprachverhalten anderer Menschen genügt, damit die Kinder aufhören zu „krabbeln". Stehen sie erst sprachlich auf zwei Beinen, so brauchen sie niemanden mehr, der ihnen das Äquivalent fürs Laufen auf dem Gebiet des Sprechens beibringt.

Daß dieses biologische Programm, das es dem heutigen Menschen ermöglicht, Sprachkompetenz zu erwerben, nicht fix und fertig dem Kopf von Habilis oder Erectus entsprang, liegt auf der Hand. Wie bei unserem Laufvermögen oder unserer Fähigkeit, kraft eines gegenständigen Daumens Dinge zu handhaben, muß es auch bei der Sprache einen schrittweisen Prozeß gegeben haben, durch den dic natürliche Auslese die Bedingungen für eine immer effizientere Bildung von

Vorstellungen und deren sprachlichem Ausdruck schuf. Wie sahen die ersten Schritte aus? Ich meine, unsere äffischen Vettern können uns darüber eine ganze Menge mitteilen. Aber ehe ich sie in die Diskussion einbeziehe, möchte ich gern noch ein gängiges Mißverständnis bezüglich der Stellung unserer heutigen Sprachen ausräumen.

Primitive Sprachen?

Ursprünglich glaubten die Sprachwissenschaftler, daß die Sprachen der heutigen „primitiven“ Völker tatsächlich Mittelglieder seien zwischen den Sprachen der Tiere und denen der zivilisierten Menschheit. Diese Vorstellung mußten sie fallenlassen, als sie entdeckten, daß es unterschiedliche Komplexitätsgrade der grammatischen Regelsysteme gab, die ganz unabhängig vom technischen und politischen Entwicklungsstand waren. Die obskure nordamerikanische Indianersprache Kwakiutl zum Beispiel hat zweimal so viele Kasusendungen wie das Lateinische. Andere vorgeschlagene Erkennungsmerkmale „primitiver“ Sprachen wie das Vorhandensein eines angemessenen Allgemeinheitsgrads oder spezifischen Charakters der Wörter erwiesen sich als ebenso unzuverlässige Indikatoren für den Entwicklungsstand einer Sprache. Die Agta auf den Philippinen zum Beispiel haben einunddreißig verschiedene Wörter für die Tätigkeit „fischen“, wobei jedes dieser Wörter eine besondere Art und Weise des Fischens bezeichnet. Ein einfaches allgemeines Wort für „fischen“ fehlt ihnen hingegen. In den Tupi-Sprachen, die von Eingeborenenvölkern in Brasilien gesprochen werden, gibt es zahlreiche Wörter, die bestimmte Papageienarten bezeichnen, aber keinen allgemeinen Ausdruck für Papagei. Anderen Sprachen fehlen die Wörter für spezifische Dinge. Sie haben eigene Bezeichnungen für die Zahlen eins bis fünf; danach begnügen sie sich einfach mit einem Wort, das „viele“ bedeutet. Heute wissen die Sprachwissenschaftler, daß das Vorhandensein oder Fehlen von allgemeinen oder spezifischen Ausdrücken in einer Sprache nichts mit deren Entwicklungsstand zu tun hat. Vielmehr drückt sich darin nichts anderes als das kulturell bedingte Bedürfnis nach allgemeinen oder spezifischen Bestimmungen aus. Die Agta, die für einen Großteil ihres Lebensunterhalts auf Fisch angewiesen sind, stehen nie vor der Notwendigkeit, vom Fischen als genereller Tätigkeit zu reden. Was für sie wichtig ist, sind die spezifischen Arten, den Fisch zu fangen. Ganz ähnlich muß, wer die Sprache einer schriftlosen Gesellschaft spricht, über die verschiedenen Eigenschaften der Pflanzen Bescheid wissen. Im Durchschnitt kann der Betreffende 500 bis 1000 unterschiedliche Pflanzenarten benennen und erkennen, wohingegen diejenigen, die

Sprachen städtischer Industriegesellschaften sprechen, durchschnittlich nur 50 bis 100 solcher Arten mit Namen kennen. Wie zu erwarten, werfen die Städter vieles in einen Topf und behelfen sich mit unbestimmten Bezeichnungen wie Gras, Baum, Strauch, Busch oder Rebe. Auch diejenigen, die Zahlen über fünf hinaus nicht benennen können, kommen ganz gut zurecht, weil sie selten große Mengen genau angeben müssen. Wenn der Fall eintritt, daß sie exakt sein müssen, behelfen sie sich damit, daß sie den größten Zahlbegriff entsprechend oft wiederholen.

In schriftlosen Gesellschaften fehlen den Sprechenden häufig auch spezifische Bezeichnungen für Farben. Da sie über keine Färbemittel und Malfarben verfügen, brauchen sie selten einen Sinn für Farben. Aber wenn sie Bezeichnungen brauchen, können sie der Sache immer dadurch gerecht werden, daß sie von „der Farbe des Himmels“, „der Farbe von Milch“ oder „der Farbe von Blut“ reden. Sogar die Benennung von Körperteilen ist abhängig vom kulturellen Bedürfnis. In den Tropen, wo die Menschen mit Kleidung nicht viel im Sinn haben, tendieren sie zu Sprachen, in denen es für „Hand“ und „Arm“ und für „Bein“ und „Fuß“ jeweils nur einen gemeinsamen Ausdruck gibt. Menschen, die in kälteren Klimazonen leben und für die einzelnen Körperteile spezielle Kleidung haben (Handschuhe, Stiefel, Ärmel, lange Hosen, usw.) trennen öfter die Bezeichnungen für „Hand“ und „Arm“ sowie für „Fuß“ und „Bein“. Keiner diese Unterschiede läßt sich deshalb als Beleg für eine primitivere Phase oder ein Übergangsstadium in der Sprachentwicklung geltend machen. Sämtliche der ungefähr dreitausend Sprachen, die heute auf der Welt gesprochen werden, besitzen eine gemeinsame Grundstruktur und bedürfen nur minimaler Veränderungen im Vokabular, um für die Speicherung, Verfügbarmachung und Übermittlung von Informationen und für die Organisation sozialen Verhaltens die gleiche Tauglichkeit zu beweisen. Die Schlußfolgerung des großen ethnologischen Sprachforschers Edward Sapir hat also nach wie vor Gültigkeit: „Soweit es die sprachliche Form betrifft, hat Platon einem makedonischen Schweinehirten und Konfuzius den wilden Kopfjägern von Assam nichts voraus.“

Und nun zurück zu den Affen.

Affensignale

In freier Wildbahn legen Affen kein übermäßiges Geschick im Kommunizieren an den Tag. Ihr kommunikatives Verhalten besteht zum größten Teil aus instinktiver Gesichts- und Körpermimik. Sie entblößen die Zähne, wenn sie sich bedroht fühlen, ziehen in Notsituationen eine Schnute und grinsen breit, wenn Gefahr im Verzug ist. Zum Zeichen der Unterwerfung bieten sie das Hinterteil dar, strecken die Hand aus, kauern nieder und verbeugen sich. Um andere einzuschüchtern, richten sie die Haare auf, springen auf und nieder, rütteln an Bäumen, werfen mit Steinen, fuchteln mit den Armen und stolzieren auf allen vieren. Manche schleppen sogar beblätterte Zweige hinter sich her, um Aufmerksamkeit zu erregen und die Bewegungen der Gruppe in eine bestimmte Richtung zu lenken. Sie verwenden instinktive Stimmlaute, um eine etwas umfänglichere, aber noch nicht sonderlich eindrucksvolle Palette von Bedeutungen zu übermitteln: „aha" bedeutet, daß sie Futter gefunden haben, „wrah" gibt Furcht zu erkennen, „auk" drückt Verwunderung aus, ein leises Bellen oder Husten zeigt Verärgerung an. Sie weinen, winseln oder schreien, wenn sie verzweifelt sind. Sie begrüßen sich mit lautem Keuchen, bellen in Erregung und grunzen, wenn sie Zufriedenheit mit ihren Geschlechtspartnern oder mit einem guten Mahl ausdrücken. Sie lachen, schnaufen, schmatzen mit den Lippen und klicken mit den Zähnen bei freundschaftlichem körperlichem Kontakt. Und sie keuchen und kreischen, wenn sie sich paaren. Aber sie geben einander keine Namen; und sie können sich auch nicht gegenseitig erzählen, was sie gemacht haben, während sie weg waren; genausowenig wie sie einander um bestimmte Gegenstände bitten können wie etwa um einen Stock, eine Nuß, einen Stein oder eine Banane (es sei denn, jemand in nächster Nähe hält die Gegenstände in der Hand).

Damit haben wir auch schon alle kommunikativen Fähigkeiten, die Schimpansen in ihrem natürlichen Lebensraum an den Tag legen, aufgezählt. Aber wie beim Werkzeuggebrauch können Schimpansen in zoologischen Gärten und Versuchsanstalten über sich selber hinauswachsen. Die Wissenschaftler erkannten das nicht gleich, weil sie sich anfänglich darauf konzentrierten, den Schimpansen das Sprechen beizubringen. Das versuchten zum Beispiel Keith und Cathy Hayes mit einem Schimpansen namens Viki, den sie als Säugling adoptierten und wie ein menschliches Kleinkind aufzogen. Nach sechs Jahren intensiver Bemühungen konnte Viki nur „Mama“, „Papa“, „Glas“ und „hoch“ sagen, und das übrigens nicht einmal sonderlich deutlich. Aber das Problem lag nicht in Vikis Kopf, sondern in seinem Kehlkopf. Die Laute beim menschlichen Sprechen und Singen werden im Kehlkopf, dem oberen Teil der Luftröhre, erzeugt, der die Stimmbänder enthält. Die Laute passieren dann den als Resonanzkammer wirkenden Rachen, der zwischen Kehlkopf und Mund liegt, und treten schließlich durch Mund und Nase hervor.

Mittels Unterbrechungen des Luftstroms durch Zunge, Zähne und Lippen wird die Mehrzahl der Konsonanten in der menschlichen Sprache gebildet. Die Vokale „o“ und „a“ können im Kehlkopf gebildet werden; die Vokale „i“ „e“ und „u“, die es in jeder bekannten menschlichen Sprache gibt, entstehen dagegen im Rachenraum. Sie lassen sich im Kehlkopf nicht bilden. Schimpansen besitzen ebensowenig wie andere nichtmenschliche Primaten einen Rachen, und diese physiologische Tatsache ist schuld daran, daß Viki nicht mehr als vier Wörter sprechen lernen konnte.

Seit 1966, als Allen und Beatrice Gardner einer Schimpansin namens Washoe beizubringen versuchten, sich mit Hilfe der amerikanischen Zeichensprache zu verständigen, konzentrierten sich die Experimente darauf, die Affen zu einer Kommunikation über die Augen statt über das Gehör zu bewegen. In vier oder fünf Jahren erwarb sich Washoe ein Repertoire von 160 Wörtern in Zeichenform, die sie zu vielen verschiedenen Neubildungen kombinierte. Als erstes lernte sie das Zeichen „offen“ im Zusammenhang mit der Bitte, eine bestimmte Tür aufzumachen. Dann gab sie mit dem Zeichen kund, daß sie andere Türen wie die Kühlschranktür und die Tür zum Wandschrank geöffnet haben wollte. Später gebrauchte sie das Zeichen „offen“ ganz allgemein bei jedem geschlossenen Behälter, den sie aufgemacht haben wollte, egal, ob es sich um Schreibtischschubladen, Aktentaschen, Schachteln oder Gläser handelte.

Einmal setzte Susan, eine Mitarbeiterin am Forschungsprojekt, den Fuß auf Washoes Puppe. Washoe drückte auf vielerlei Weise aus, was sie von Susan wollte: „Hoch Susan“, „Susan hoch“, „meins bitte hoch“, „geben mir Baby“, „bitte Schuh“, „mehr meins“, „hoch bitte“,

„bitte hoch“, „mehr hoch“, „Baby unter“, „Schuh hoch“, „Baby hoch“, „bitte bewegen hoch“. Bald darauf brachte ein anderer Forscher, David Premack, mit Hilfe einer Reihe von Plastikplättchen einer Schimpansin namens Sarah die Bedeutung von 150 Symbolen bei, die ihnen als Verständigungsmittel dienten. Premack stellte Sarah ziemlich abstrakte Fragen, wie zum Beispiel „Ein Apfel ist dasselbe wie was?“ Sarah antwortete, indem sie die Chips auswählte, die für „rot“, „rund“, „Stiel“ und „weniger angenehm als Weintrauben“ standen. Premack fügte in seine Menschen/Affen-Sprache rudimentäre grammatische Regeln ein. Sarah lernte die korrekte Befolgung des von der Anordnung der Plastikplättchen abhängigen Befehls: „Sarah, leg die Banane in den Eimer und den Apfel in die Schale.“ Sie selbst allerdings stellte Premack keine solchen grammatisch bestimmten Aufgaben.

Sowohl Washoe als auch Lucy, eine Schimpansin, die Roger Fouts aufzog, lernten das Symbol für „schmutzig“ von dem für „Fäkalien“ zu unterscheiden und unabhängig von ihm zu verwenden. Lucy wandte es auf Fouts an, wenn er ihr etwas verweigerte! Lucy erfand auch die Kombination „weinen wehtun Futter“ als Bezeichnung für Rettiche und „Bonbon Obst“ für Wassermelonen.

Ein anderes Experiment mit einer dreieinhalb Jahre alten Schimpansin namens Lana arbeitete mit einer computergesteuerten Tastatur und einer Schriftsprache namens Yerkish. Lana konnte Sätze lesen und schreiben wie etwa „Bitte Maschine mach das Fenster auf“, wobei sie korrekt zwischen Sätzen unterscheiden konnte, die richtig oder falsch anfingen, und erkennen konnte, ob sie zulässige oder unzulässige Zusammenstellungen von Yerkish-Wörtern in zulässiger oder unzulässiger Reihenfolge enthielten.

Das aufregendste Ergebnis dieser Untersuchungen besteht in dem Nachweis, daß zeichenverwendende Schimpansen ihre Fertigkeiten im Umgang mit Symbolen ohne direkte menschliche Hilfestellung an nicht-zeichenverwendende Schimpansen weitergeben können. Loulis, ein zehn Monate alter Schimpanse, wurde mit Washoe bekannt gemacht, die ihn als Junges annahm und sofort anfing, mit ihm in der Symbolsprache zu verkehren. Als er sechsunddreißig Monate alt war, benutzte Loulis achtundzwanzig Symbole, die er von Washoe gelernt hatte. Nach etwa fünfjähriger Lernzeit im Umgang mit Washoe und zwei anderen zeichenverwendenden Schimpansen, nicht hingegen mit Menschen, konnte Loulis fünfundfünfzig Symbole benutzen. Washoe,

Loulis und andere zeichenverwendende Schimpansen bedienten sich der Symbolsprache auch in Abwesenheit von Menschen regelmäßig, um miteinander zu kommunizieren. Diese „Unterhaltungen", die eine ferngesteuerte Kamera auf Videoband festgehalten hat, fanden zwischen 118- und 649mal im Monat statt.

Nach Ansicht mancher Forscher beweisen diese Experimente, daß Schimpansen in Ansätzen menschliche Sprachkompetenz erwerben können. Andere sehen darin nur eine Karikatur menschlicher Sprachkompetenz. Meiner Meinung nach sind die Experimente ein Beweis dafür, daß Schimpansen mehr Begabung für die Übermittlung abstrakter Vorstellungen haben, als die Mehrzahl der Wissenschaftler vorher für möglich hielt. Aber die Sprachkompetenz der Affen geht nicht über das Niveau eines dreijährigen Kinds hinaus. Ihre Unterhaltung besteht zumeist aus Bitten um bestimmte Gegenstände und aus der Mitteilung von Gefühlszuständen. Sie benutzen ihre Symbolverwendungsfähigkeit selten zu Mitteilungen über vergangene oder zukünftige Ereignisse, wenn man sie nicht eigens danach fragt; und sie gebrauchen sie auch nicht, um sich auf Eventualitäten vorzubereiten, gemeinsame Unternehmungen zu koordinieren oder gesellschaftliche Verhaltensnormen zu formulieren. Die Tatsache, daß Washoe Loulis ohne menschliche Mithilfe fünfundfünfzig Zeichen beibrachte, ist in zweifacher Hinsicht von Bedeutung. Ich bin beeindruckt davon, daß Loulis überhaupt Symbole lernte. Aber daß er weniger Symbole als seine Mutter lernte, zeigt, daß die Schimpansen, wenn man sie sich selbst überließe, immer weniger Symbole verwenden würden und daß die Angewohnheit als solche nach wenigen Generationen wieder verschwunden wäre.

Aber ich glaube, wir betrachten die Affensprache aus einer falschen Perspektive. Die Frage ist nicht, ob die Zeichenverwendung der Schimpansen der menschlichen ähnelt, sondern ob die rudimentäre Fähigkeit, eine Zeichensprache zu benutzen, Ausgangspunkt hätte sein können für die Ausbildung einer weitergehenden Sprachkompetenz. Ich denke, diese Frage müssen wir bejahen. In irgendeinem Stadium der Entwicklung des menschlichen Sprachvermögens müssen die Botschaften, die unsere Vorfahren aussandten und empfingen, denen stark geähnelt haben, die jetzt zwischen den zeichenverwendenden Schimpansen und ihren Dresseuren ausgetauscht werden. Diese Botschaften bestehen fast nur aus Aufforderungen der einen an die andere Seite, irgend etwas Bestimmtes zu tun: „gib mir die Puppe", „tu die Banane in den Eimer", „mach das Fenster auf". Untersuchungen, die ich mit meinen Studenten über die Alltagssprache New Yorker Familien durchführte und auf Videoband aufzeichnete, bestehen ebenfalls zum Großteil aus Ersuchen dieser oder jener Art: „setz dich hierhin", „gib mir das Geld", „halt den Mund", „hol mir bitte eine Cola", „stell es hin", „bring den Müll raus". Je mehr wir uns mit Kulturgütern und Kulturleistungen umgeben und abhängig von ihnen werden, um so häufiger sehen wir uns genötigt, andere zu bitten, uns bei der Beschaffung dieser Güter und Leistungen zu helfen. Je mehr unsere Vorfahren von Werkzeugverfertigung, Werkzeuggebrauch und kulturellen Traditionen abhängig wurden, um so weniger reichte ihr genetisch gesteuertes Repertoire an Grunzlauten, Grimassen und Wutanfällen aus, die wachsende Palette von Bedürfnisartikulationen abzudecken. Kulturell geschaffene Gebärden und Laute mußten entsprechend zunehmen. Die Experimente mit zeichenverwendenden Affen zeigen demnach, daß Afarensis ohne weiteres über ein Repertoire von 100 oder 200 gesellschaftlich erworbenen Gebärden oder Lauten verfügt haben mag, mit deren Hilfe er seine Lagergenossen um einfache Dinge bitten konnte. Das war nicht die Sprache, wie wir sie kennen, aber es war zweifellos ein Anfang, aus dem die Sprache, wie wir sie kennen, sich entwickeln konnte.

Der Triumph der Lautgebung

Auch wenn unsere Vorfahren sowohl visuelle als auch auditorische Signale verwendeten, um Gefühlszustände auszudrücken und einfache Wünsche zu äußern, boten doch Auge und Ohr der Entwicklung komplexerer Verständigungssysteme markant unterschiedliche Möglichkeiten. Zur Zeit von Erectus waren unsere Ahnen zu eifrig damit beschäftigt, Werkzeuge anzufertigen und zu gebrauchen und Nahrungsmittel, Kleinkinder und ihre Jagdwaffen herumzutragen, um Arme, Hände und Finger für Aufgaben einer Übermittlung komplexer Nachrichten freizuhaben. Der Stimm- und Hörkanal war nicht Schauplatz vergleichbarer Interessenkonflikte – jedenfalls anfänglich nicht. Die Luft, die von den Lungen kam, war ein Abfallprodukt; ausgestoßen werden mußte sie so oder so. Hinzu kam, daß Stimmlaute Nachrichten genauso gut in der Nacht wie am Tage übermittelten, daß man sie im Gehen oder Rennen ausstoßen konnte und daß sie über weite Entfernungen trugen, auch wenn die Sicht durch Bäume oder Erhebungen versperrt war.

Als der Gebrauch größerer und präziserer Repertoires von bedeutungsvollen Stimmlauten sich in einer verbesserten Selbst- und Arterhaltung auszuzahlen begann, gewann bei unseren Vorfahren jener Teil der Atemwege, der als Pharynx oder Rachen bezeichnet wird, eine einzigartige Elastizität und Ausdehnung. Bei allen anderen Säugetieren ist die Pharynx klein, weil der Kehlkopf oder obere Teil der Luftröhre sich nahe der Schädelbasis befindet, fast unmittelbar in die Rückseite der Nasenhöhle einmündet und während des Atmens von der Mundhöhle abgeschnitten wird. Beim Menschen überschneiden sich wegen der Verlängerung der Pharynx Speisetrakt und Atemweg, was die von Charles Darwin registrierte merkwürdige Folge hat, daß „jedes Stückchen Nahrung oder Getränk an der Mündung der Luftröhre vorbei muß, wobei es nicht geringe Gefahr läuft, in die Lungen zu stürzen". Das Sichverschlucken, das für uns unter Umständen tödliche Folgen hat, während es den anderen Säugetieren gar nicht passieren kann, ist tatsächlich der Preis, den wir für unsere vergrößerten Kehlen zahlen müssen. Aber wie schon angedeutet, wiegen die Vorzüge dieser Neuerung ihre gefährlichen Seiten mehr als auf; denn der vergrößerte Rachen ermöglicht uns die Artikulation der Vokallaute „i", „e" und „u", die für alle menschlichen Sprachen von entscheidender Bedeutung sind. Wann genau der Rachen seinen heutigen Umfang erlangte, ist schwer zu sagen, weil die Weichteile unserer hominiden Vorfahren nicht als Fossilien überdauerten. Aber Philip Lieberman von der Brown University hat versucht, den Bau von Mund und Rachen auf Grund der Kenntnis, die wir von der Form des unteren Teils des Schädels haben, zu rekonstruieren, und ist zu der Ansicht gelangt, daß der Lauttrakt seinen jetzigen Umfang in etwa gleichzeitig mit dem Auftreten von Hominiden erreichte, die anatomisch dem heutigen Sapiens entsprechen. Wenn Lieberman recht hat, verfügten weder Erectus noch der Neandertaler über eine voll entwikkelte menschliche Sprache.

Nichts ist tiefer in der menschlichen Natur verwurzelt als die Neigung des Kleinkinds zum Lallen und Glucksen. Während keine menschliche Sprache für den Bau ihrer Wörter und Sätze mehr als fünfzig verschiedene Laute verwendet, bringen menschliche Kleinkinder spontan eine viel größere Zahl von Lautgebungen hervor. Die Eltern und anderen Mitglieder der Sprachgemeinschaft verstärken allmählich die sprachgemäßen Laute und ignorieren oder unterdrükken diejenigen Geräusche, die für die Lautbildung der betreffenden Sprache nicht gebraucht werden.

Sprachliche Laute sind das Ergebnis der kompliziertesten motorischen Steuerungsvorgänge, zu denen menschliche Wesen überhaupt fähig sind, und sind nur deshalb möglich, weil sie vollständig automatisiert werden. Lieberman glaubt, daß die neuralen Schaltkreise, die uns die Automatisierung unseres Sprechens ermöglichen, Hand in Hand mit unserer Fähigkeit entstanden, im Kehlkopf Vokallaute zu bilden. Den Hominiden vor Sapiens fehlte mit anderen Worten nicht nur ein zur Vokalbildung fähiger Kehlkopf, sondern auch der neurale Schaltplan für eine Schnellfeuer-Artikulation aller Einzellaute, die sie bilden konnten. Lieberman vertritt sogar eine noch interessantere These. Er meint, daß die neuralen Schaltkreise, die für die Automatisierung der sprachlichen Lautbildung verantwortlich waren, ebenso gut auch als Grundlage dienen konnten, die höherrangigen Regeln für die Wortstellung und andere grammatische und syntaktische Aspekte der menschlichen Sprache zu automatisieren.

Zur Virtuosität im Sprechen gehört Virtuosität im Zuhören. Es liegt ebensosehr in unserer Natur, Stimmlaute durchs Gehör zu unterscheiden, wie sie nach Belieben zu erzeugen. Kann es da ein Zufall sein, daß es uns auch im Blut liegt, Musik zu machen? Ob wir Musik so lieben, weil sie im Grunde eine Form des Sprechens ist, oder ob wir so gerne sprechen, weil Sprache im Grunde eine Art Musik ist, läßt sich nicht entscheiden. Das Auf und Ab der Töne und die Rhythmen beim Sprechen und Singen sprechen dieselben Empfindungen an, und das gilt des weiteren auch für alle vergleichbaren akustischen Effekte, hervorgerufen durch Hörner, Trommeln, Saiteninstrumente oder elektronische Synthesizer. Ist das der Grund, warum die Musik die Macht hat, Leute zum Tanzen, Armeen zum Marschieren und Verliebte um ihren Verstand zu bringen? Feiert jede musikalische Darbietung vom klagenden Klang eines einsamen Geigenbogens bis hin zum rasenden Taumel der Rockmusik auf ihre je eigene Weise den evolutionären Triumph der Signale fürs Ohr über die fürs Auge, die Geburt der Sprache und den Beginn des unabsehbaren Höhenflugs menschlicher Kulturen?

Über den Neandertaler

Waren wir die erste und einzige Art, die den kulturellen und sprachlichen Durchbruch schaffte? Das kann ich nicht mit Sicherheit beantworten. Zwischen 400 000 und 200 000 vor unserer Zeitrechnung trat in Afrika und Asien an die Stelle von Erectus allmählich eine Art, die stärker nach Sapiens aussah und allgemein unter dem Namen „Altmenschen" bekannt ist. Ihre Köpfe waren zwar runder und weniger zerklüftet als die von Erectus, aber ihre Werkzeugtaschen enthielten im wesentlichen dasselbe Sortiment von Geräten aus Steinkernen und Steinsplittern, die Erectus über eine Million Jahre lang verwendet hatte. Wenig deutet bei ihnen darauf hin, daß sie über die protokulturelle und protosprachliche Phase hinaus waren.

Wenn wir irgendeinen Mitbewerber um die Ehre des kulturellen Durchbruchs haben, so sind es die Neandertaler, eine ausgestorbene Art von fast menschlichen Wesen, die vor etwa 100 000 Jahren in Europa und im Mittleren Osten auftauchten. Benannt sind sie nach dem Tal in Nordrhein-Westfalen, wo erstmals Überreste von ihnen gefunden wurden. Sie hatten größere Gehirne als die Altmenschen, von denen sie vermutlich abstammen. Tatsächlich waren ihre Gehirne so groß wie unsere. Aber sie hatten auch riesige, vorspringende Kinnladen, massive Vorderzähne, mächtige Augenwülste, flache Stirnen, elliptisch geformte Köpfe mit einer merkwürdigen knöchernen Verdickung am Hinterkopf, kurze Hälse und besonders dicke Arm- und Beinknochen – eine Kombination von Eigentümlichkeiten, durch die sie sogar noch im ärgsten Gedränge eines Spiels der Rugby-Oberliga weithin sichtbar wären, selbst wenn sie zünftig in Helm und Kampfanzug steckten.

Für die Anatomie des Neandertalers drängt sich eine plausible Erklärung auf. Erectus und Altmensch lebten nur während der Zwischeneiszeiten in Europa, als dort ein gemäßigtes oder sogar subtropisches Klima herrschte. Das Auftreten des Neandertalers aber in der fossilen Vorgeschichte, das etwa 100 000 Jahre zurückliegt, fällt zusammen mit dem Beginn der letzten großen kontinentalen Eiszeit. Die Neandertaler waren wahrscheinlich die ersten Hominiden, denen es gelang, in einem extrem kalten Klima über längere Zeit hinweg zu überleben. Etliche der anatomischen Besonderheiten des Neandertalers könnten Anpassungen an die Lebensbedingungen in ihrem Freiluftkühlschrank darstellen. Vor allem waren ihre Körper dick und gedrungen, wie nach der Bergmannschen Regel zu erwarten. Sodann sind ihre großen Vorderzähne vielleicht insofern ein Selektionsprodukt, als sie zum Weichkauen von Tierhäuten gedient haben könnten, die für Felldecken und warme Kleidung gebraucht wurden – sogar bei jungen Neandertalern waren die Vorderzähne schon vom ständigen Kauen abgenutzt, ein Phänomen, das sich auch bei heutigen Eskimofrauen findet, die ein Gutteil ihrer Zeit damit zubringen, Häute und Stiefelleder weichzukauen. Aus der starken Kautätigkeit, die der Selektionsdruck beförderte, könnten sich auch die schweren Augenwülste erklären. Sie hätten dann dazu gedient, das Gesicht gegen den nach oben wirkenden Druck der mächtigen Kinnladen des Neandertalers abzustützen. Anders als ihre Zeitgenossen in den wärmeren Zonen verfügten die Neandertaler über wenig pflanzliche Nahrung, und deshalb waren sie fast völlig auf die Jagd angewiesen.

Viele Archäologen schreiben den Neandertalern fortgeschrittene Formen symbolbestimmten Verhaltens und Denkens zu. Alexander Marshack vom Peabody Museum in Harvard interpretiert anhängerähnliche Objekte, die aus Geweihsprossen, Knochen und den Reißzähnen einer Fuchsart gefertigt sind und zusammen mit anderen Überresten des Neandertalers gefunden wurden, als persönlichen Schmuck. In Frankreich und Bulgarien entdeckte Knochen, in die feine Zickzacklinien eingeritzt sind, sowie der polierte Teil eines Mammutzahns, der im ungarischen Tat gefunden wurde, könnten Hinweise auf rituelle Praktiken des Neandertalers sein. Viele Archäologen glauben auch, daß die Neandertaler ihre Toten begruben, und zwar nach dem Vorbild der Stellung im Mutterleib mit bis zur Brust angezogenen Knien. Steinwerkzeuge und Skeletteile von Höhlenbären und anderen Säugetieren, die neben oder auf den Knochenresten von Neandertalern gefunden wurden, haben zu der Theorie Anlaß gegeben, daß die Neandertaler Begräbnisbräuche hatten und an ein Leben nach dem Tod glaubten. In der Nähe der Skelette hat man Spuren von Roteisenocker gefunden, einem Farbstoff, mit dem heutige Eingeborene gern die Körper der Toten einschmieren, um Böses abzuwehren. Ralph Solecki setzte mit seiner Interpretation der Blütenstaubkörner, von denen das Skelett eines vor etwa 60 000 Jahren gestorbenen männlichen Neandertalers bedeckt war, das in der Shanidar-Höhle im Irak gefunden wurde, der These von den Bestattungsriten die Krone auf: Ihm zufolge sind die Körner der kümmerliche Rest eines mächtigen Buketts aus Hahnenfuß, Rosenmalven und anderen Wildblumen, das jemand in die Höhle gebracht hatte, um den Leichnam liebevoll damit zuzudecken.

Leider entspringen die meisten dieser angeblichen Hinweise auf die kulturelle Fortschrittlichkeit des Neandertalers keineswegs notwendig bewußten Handlungen, sondern könnten ebenso gut das Ergebnis natürlicher Zufälle sein. Die Begräbnisse können die Folge von Erdeinbrüchen sein, die gekrümmte Haltung der Skelette kann einfach nur bedeuten, daß die Erdeinbrüche sich nachts ereigneten und die Opfer im Schlaf überraschten; die Tierknochen und Steinwerkzeuge mögen sich einem zufälligen Nebeneinander von Skeletten und Mahlzeitresten verdanken; die Ockerspuren deuten vielleicht bloß auf das Vorhandensein ockerhaltiger Erdschichten hin. Die „Schmuckstücke" sind möglicherweise nur „Gekritzel", nämlich das Ergebnis eines spielerischen Herumbeißens auf den Knochen. Und die Blumen von Shanidar? Vielleicht war es statt der trauernden Hinterbliebenen der Wind, der die Blütenstaubkörner auf der Grabstätte ablegte.

Aber nehmen wir einmal an, die Neandertaler praktizierten tatsächlich all diese zweifelhaften Bräuche. Würde das den Schluß erlauben, daß sie über hinlängliche sprachliche Fähigkeiten verfügten, um die Schwelle zur kulturellen Entwicklung zu überschreiten. Nicht unbedingt. Für die Anfertigung von persönlichem Schmuck aus Knochen oder Geweihstangen braucht es nicht notwendig einen qualitativen Sprung im Bewußtsein. Die Neandertalermänner und -frauen entdeckten vielleicht einfach nur, daß sie durch das Tragen kunstvoll gefertigter Gegenstände attraktiver füreinander wurden, und damit basta. Was die mutmaßlichen Rituale betrifft, so ist keines von ihnen so kompliziert oder geheimnisvoll, daß es nicht auch ohne die Hilfe sprachlich artikulierter Vorstellungen hätte zustande kommen können. Daß zum Beispiel ein Leichnam mit roter Farbe bemalt wird, ist vielleicht einfach nur Ausdruck einer Assoziation von Rot mit Blut und von Blut mit Leben, im Sinne einer lebenspraktischen Erfahrung statt einer expliziten Theorie darüber, wie mit den Toten verfahren werden muß. Desgleichen bedeuten möglicherweise Nahrungsgaben für den Verstorbenen einfach nur die Fortsetzung eines unter den Angehörigen der Gruppe üblichen Schemas der Nahrungsaufteilung und haben nicht das geringste mit gemeinsamen Vorstellungen von einem Leben nach dem Tod und einem Gang dorthin zu tun. Und was ist mit den förmlichen Bestattungen? Auch die lassen sich rein verhaltensmäßig erklären, wenn man sich klarmacht, daß die Höhlen Wohnstätten waren. Ein Begräbnis war dann der einzige Weg, sich eines verwesenden Leichnams zu entledigen und gleichzeitig den Verstorbenen in der Nähe seiner lebenslangen Gefährten zu belassen. Was die Mutterleibsstellung angeht, so zogen es die Neandertaler in Ermangelung von Schaufeln und Spitzhacken natürlich vor, möglichst kleine Löcher zu graben, in denen dann ein Leichnam nur mit bis unter das Kinn hochgezogenen Knien Platz hatte. Und damit sind wir bei den Haufen von Wildblumen. Wenn die Gräber flach waren, so konnten die Gerüche, die von den verwesenden Überresten aufstiegen, diejenigen, die weiter in der Nähe schliefen und aßen, veranlassen, die Luft mit dem einzigen verfügbaren Parfüm zu schwängern. Die Sache ist die, daß wir angesichts eines solchen Verhaltens bei unseren eigenen Artgenossen automatisch davon ausgehen, daß es von Regeln begleitet ist, durch die es erklärt und begründet wird. Aber beim Neandertaler haben wir es mit einer anderen Spezies zu tun, bei der es sich verbietet, irgend etwas als selbstverständlich vorauszusetzen.

Es gibt noch andere Gründe zur Skepsis gegenüber der Behauptung, daß der Neandertaler über die symbolischen und sprachlichen Bedingungen fürs Kulturleben verfügte. Erst einmal deuten alle Schädelbasis-Messungen darauf hin, daß bei den Neandertalern der Stimmkanal dem der Schimpansen ähnelte. Vor allem der Rachen war viel weniger entwickelt als beim heutigen Sapiens, wahrscheinlich infolge ihrer Kurzhalsigkeit und ihres vorspringenden Gesichts. Es ist also durchaus wahrscheinlich, daß den Neandertalern unsere Virtuosität in der Lautbildung fehlte und daß ihre Denkfähigkeit und ihr Bewußtsein entsprechend unausgebildet waren. Erklärt das vielleicht, warum die Neandertaler ausstarben, kurz nachdem der heutige Sapiens vor etwa 45 000 bis 35 000 Jahren in Europa auftauchte und seine kulturelle Entwicklung begann?

Das Schicksal des Neandertalers und die Entstehung unserer Art

Wo trat der unter anatomischen Gesichtspunkten als Mensch der Jetztzeit zu bezeichnende Mensch zuerst in Erscheinung? Nach Fossilien zu urteilen, die in Höhlen an einem Ort namens Klasies River Mouth nahe der Südspitze des Kontinents gefunden wurden, könnte der Schauplatz in Afrika gewesen sein. Die zeitliche Datierung, die sich auf geologische Indizien stützt, ist alles andere als genau und bewegt sich in einem Zeitraum, der von 115 000 bis 85 000 v. Chr. reicht. Anatomisch gesehen machen die Hominiden vom Klasies-Fluß einen ganz und gar modernen Eindruck, aber die Werkzeuge, die sie verwendeten, waren nicht viel anders als jene, die man in Verbindung mit Altmenschtypen in Afrika und mit dem Neandertaler in Europa gefunden hat. Sehr frühe Überreste von Menschen mit unserem heutigen Körperbau hat man auch in der Qafzeh-Höhle in der Nähe von Nazareth in Israel gefunden. Durch die Messung der Elektronen-Emission von Steinwerkzeugen, die dem Feuer ausgesetzt waren, lassen sich diese Überreste genauer datieren, nämlich auf 92 000 ± 5 000 Jahre v. Chr. Auch hier unterschieden sich die meisten der Werkzeuge nicht sonderlich von denen der Altmenschen. Im Gegensatz zu diesen frühen Funden in Afrika und im Nahen Osten traten in Europa und in Asien Hominiden mit dem Körperbau des heutigen Sapiens erst seit etwa 45 000 v. Chr. auf. Aber da benutzten sie schon Werkzeuge, die sich von denen des Altmenschen markant unterschieden, und standen bereits vor dem kulturellen und sprachlichen Durchbruch.

Einer Interpretation dieser Funde zufolge entwickelte sich der heutige Sapiens in Afrika und breitete sich von dort über den Nahen Osten nach Europa und nach Asien aus. Aber wenn man von der unteren Grenze der Datierung der Funde am Klasies-Fluß, nämlich von 85 000 Jahren ausgeht, dann könnte der heutige Sapiens auch zuerst im Nahen Osten in Erscheinung getreten sein und sich anschließend nach Afrika, Europa und Asien ausgebreitet haben.

Unabhängig davon, ob die Wanderungsbewegung vom Nahen Osten nach Afrika oder von Afrika in den Nahen Osten verlief, ist schwer zu verstehen, warum die Ausbreitung nach Europa und Asien 50 000 Jahre gebraucht haben soll, während die Wanderung zwischen dem Nahen Osten und Afrika nur einen Zeitraum von 5 000 Jahren erforderte. Vielleicht schreckte die Tatsache, daß die nördlichen Breiten noch von der Eiszeit beherrscht waren, Sapiens davon ab, seine Heimat in Richtung Norden zu verlassen.

Die alternative Interpretation der Funde in den Höhlen von Qafzeh und vom Klasies-Fluß wäre, daß der Übergang vom Altmenschen zum heutigen Sapiens sich nicht nur in einem, sondern in mehreren Weltteilen vollzog. Nach dieser Ansicht, die von Mildreth Wolpoff an der University of Michigan und von James Spuhler an der University of New Mexico vertreten wird, waren die Neandertaler keine eigene Spezies von Hominiden, sondern die direkten Vorfahren des heutigen Menschen, die in rassischen Spielarten noch eine ganze Weile in Europa und im Nahen Osten überlebten und zu denen in Afrika und in Asien entsprechende andere alte Übergangsformen existierten. Beide Parteien in diesem Streit berufen sich zur Stützung ihrer Position auf DNS-Analysen, die am Erbmaterial verschiedener heutiger Rassen durchgeführt wurden. Theoretisch müßte man aus der Anzahl von Veränderungen, die sich im DNS der als Mitochondrien bezeichneten Zellorganellen niedergeschlagen haben, erkennen können, in welcher Linie die großen regionalen Gruppen der Menschheit von einer gemeinsamen Ahnmutter abstammen und wie lange das her ist. Diese Methode befindet sich aber leider noch im Versuchsstadium, und deshalb empfiehlt sich Skepsis gegenüber der lauthals publik gemachten Behauptung von Rebecca Cann und ihren Mitarbeitern an der University of Hawaii, die „Eva“ des Menschengeschlechts sei eine Frau, die zwischen 290 000 und 140 000 v. Chr. in Afrika gelebt habe.

Rätselhaft ist des weiteren auch, daß Neandertaler und Homo sapiens im Nahen Osten nebeneinander existiert haben. Am Berg Karmel, nicht weit von Qafzeh entfernt, haben Archäologen Knochen und Werkzeuge von Neandertalern gefunden, die sich auf 60 000 Jahre zurückdatieren lassen. Das bedeutet, daß im Nahen Osten, anders als in Europa, Neandertaler und heutiger Menschentyp 30 000 Jahre (von 65 000 bis 35 000 v. Chr.) gleichzeitig gelebt haben könnten. Und nicht nur existierten sie all diese Jahrtausende nebeneinander, sie benutzten auch während des ganzen Zeitraums dieselbe Art Werkzeuge.

Angesichts dessen drängt sich uns die Frage auf, wie „menschlich" diese Menschen vom Klasies-Fluß und von Qafzeh, deren Körperbau dem des heutigen Sapiens entsprach, tatsächlich waren. Verfügten sie bereits über das Programm, das ihnen menschliche Sprachkompetenz verlieh? Meinem Gefühl nach waren vor dem Zeitraum um 45 000 bis 35 000 v. Chr. die sprachlichen und kulturellen Fähigkeiten des Homo sapiens noch nicht voll entwickelt und nicht fortgeschrittener als die des Neandertalers. Das würde erklären, warum die Werkzeuge, die man im Zusammenhang mit frühen afrikanischen und nahöstlichen Exemplaren von Sapiens gefunden hat, denen so sehr ähneln, die von Neandertalern in Europa und im Nahen Osten benutzt wurden. Es würde auch erklären, warum Neandertaler und heutiger Sapiens-Typ im Nahen Osten mindestens 30 000 Jahre Seite an Seite leben konnten, wohingegen ihre Koexistenz in Europa nicht länger als 5 000 Jahre dauerte.

Als der heutige Homo sapiens plötzlich in Europa auftauchte, hatte seine Technik einen qualitativen Sprung gemacht und war der des Neandertalers bereits haushoch überlegen. Die Grundlage seiner Steinmetzarbeit waren nicht mehr Kerne und Splitter, sondern lange, dünne, rasiermesserscharfe Klingen, die von sorgfältig ausgesuchten Feuersteinknollen mit großer Präzision und Sparsamkeit abgehoben wurden. Gleichzeitig hatte er eine Meisterschaft im Schneiden, Schnitzen und Durchbohren von Materialien wie Knochen, Elfenbein und Horn erworben. Er hatte die Nadel erfunden und nähte wahrscheinlich Kleider, die der Körperform angepaßt waren. Er verwendete Wurfbretter, durch die er die Reichweite seiner Speere und Pfeile ausdehnte, und für seine Geschosse hatte er eine überwältigende Fülle von Spitzen parat, die auf einfallsreichste Weise mit Widerhaken und Dornen versehen waren.

Abgesehen von ein, zwei verstreuten Orten in Frankreich hat man nirgends Überreste des Neandertalers in Verbindung mit solchen technisch fortgeschrittenen Waffen und Werkzeugen gefunden, woraus folgt, daß Sapiens viel raschere Lernfortschritte machte als der Neandertaler und daß dem letzteren der kulturelle und sprachliche Durchbruch nie gelungen ist.

Ich will nicht behaupten, daß der Untergang des Neandertalers das

Ergebnis direkter kriegerischer Auseinandersetzungen war. Beide, die Neandertaler wie auch die Eindringlinge, lebten in kleinen Wanderhorden und verfügten nicht über die politische Organisation, die nötig gewesen wäre, um Vernichtungsfeldzüge zu führen. Aber es brauchte nur ein paar gelegentliche Scharmützel mit den Neuankömmlingen, um die Neandertaler zu einem Rückzug in Gebiete zu bewegen, die in jagdlicher Hinsicht weniger ergiebig waren. Das wiederum hatte Unterernährung zur Folge, erhöhte Sterblichkeitsziffern und schließlich das Aussterben einer ohnehin zahlenmäßig kleinen Bevölkerung. Der Gedanke drängt sich mir auf, daß sich die Situation ganz anders entwickelt hätte, wenn die Neandertaler über vergleichbare kulturelle und sprachliche Fähigkeiten wie unsere Spezies verfügt hätten.

Die alles überschattende Kultur

Nunmehr sind wir mit all unseren Vorreden am Ende. Unsere Ahnen von vor 30 000 Jahren beweisen eine voll ausgebildete Herrschaft über Zunge, Hand, Auge und Ohr. Die Kultur, „alles überschattend", prescht voran, während die menschliche Natur im Schneckengang hinterherschleicht oder stillsteht. In einem erdgeschichtlich verschwindenden Augenblick – binnen 5 000 Jahren – treten Kunstformen jeder Art ins Leben und blühen Religionen auf.

An den Wänden und Decken unterirdischer Höhlen und Gänge, weit weg vom Licht der Sonne, erscheinen plötzlich Abbildungen von Tieren, die so lebensecht sind, daß man die Tiere noch nach 30 000 Jahren wiedererkennt. Übereinander gemalt, manche überlebensgroß, finden sich da in leuchtenden Farben Pferde, Bisons, Rentiere, Steinbock, Eber, Wildrinder, Wollnashörner und langhaarige Mammuts. Gelegentlich malten die Künstler eine menschliche Figur mit Maske; außerdem gibt es vulva- und penisartige Symbole und geheimnisvolle, vom Körper getrennte Hände. Zur gleichen Zeit beginnt auch die Plastik. Zuerst in Form von kleinen elfenbeinernen Tieren und grob gefertigten Menschenfigürchen, wie sie in der Vogelherdhöhle bei Stetten gefunden wurden. Später gehört die Vorliebe der Zeit kleinen Statuetten dicker Frauen mit überdimensionierten Hinterteilen und riesigen Brüsten. Künstler von Frankreich bis Sibirien schufen diese „Venus"-Figürchen aus Stein, Knochen, Elfenbein und sogar ungebranntem Ton, vielleicht für die Verwendung in Fruchtbarkeitsritualen, die der Vermehrung von Mensch oder Tier dienten, vielleicht auch einfach nur, weil sie sich dicke Frauen wünschten. An Fundstätten in Höhlen hat man auch Steintafeln mit eingeritzten Tierzeichnungen entdeckt. Auf vielleicht zehn unter tausend dieser Tafeln findet man die frühesten Abbildungen individualisierter menschlicher Wesen – männliche Erwachsene, sämtlich im Profil, die Ohren vom Kopfhaar bedeckt. Schmuck ist jetzt reichlich vorhanden, nicht nur Anhänger, sondern ganze Halsketten aus zusammenpassenden Knochen, Zähnen, Muscheln und Fangzähnen, dazu auch Armbänder und Nadeln, alles verziert mit feinen, eingravierten Mustern. Draußen in den russischen Steppen, wo die Menschen in Hütten lebten, die aus einem mit Fellen bedeckten Gerüst aus Mammutrippen bestanden, und wo es keine Höhlen zum Malen gab, wurde der Schmuck zur fixen Idee. In einem einzigen Grab, das 24 000 Jahre alt war und die Überreste eines Erwachsenen und zweier Kinder enthielt, zählten russische Archäologen über 10 000 Halskettenglieder aus Knochen und Elfenbein.

Aber kehren wir zurück zu den Höhlen in Westeuropa, die uns das meiste darüber verraten, wie Kunst und Religion emporkeimten. Die Tatsache, daß man die Wandmalereien in abgelegenen und unzugänglichen unterirdischen Gängen findet, wo die Künstler Öllampen benutzen mußten, um sehen zu können, was sie machten, ist für mich Beweis genug, daß die Malereien Bestandteil einer religiösen Zeremonie waren. Dafür spricht auch der Umstand, daß die Künstler frühere Bilder durch neue übermalten, obwohl unbemalte Flächen zur Verfügung standen. Passenderweise fanden die Archäologen in der Umgebung einiger der Bilder kleine, ausgehöhlte Vogelknochen, die auf einer Seite durchbohrt waren und bei denen es sich um Reste von Flöten handelt, deren Alter demnach das der Panflöte um runde 25 000 Jahre übertrifft. Man machte also auch Musik. Und wenn es Musik gab, dann gab es ebensowohl Gesang und Dichtung. Und sogar das ist noch nicht alles, da ja die Bilder selbst tanzende Figuren zeigen, die Masken tragen und kostümiert sind. Und in manchen Höhlen kann man im Sandboden noch die Fußabdrücke der Tänzer sehen.

Die Wandmalereien waren demnach nicht die Art von Bildern, die in Museen an den Wänden hängen und als unwandelbare Kunstwerke für alle Ewigkeit zum Anschauen bestimmt sind. Sie waren vielmehr Momente in einer multimedialen Gesamtzeremonie, die der Bekräftigung und Erneuerung des Verhältnisses zwischen Mensch und Tier und der Beziehungen der Menschen untereinander diente. Ob die Malereien eine verbesserte künftige Fleischversorgung gewährleisten oder Verehrung für die getöteten Tiere zum Ausdruck bringen oder auch beides bezwecken sollten, weiß ich nicht. Der Umstand, daß normalerweise Jagdtiere abgebildet sind, die zu den größten aber in der Gegend nicht unbedingt am häufigsten vorkommenden Arten gehörten, mag darauf hindeuten, daß die Malereien eine Art Wunschliste waren. Aber das Ritual als ganzes dürfte eine Vielzahl von sozialen und psychologischen Funktionen erfüllt haben. Vielleicht diente es der Bekräftigung und Verstärkung des Gemeinschaftsgefühls der Beteiligten; oder es unterrichtete die Jugendlichen über ihre Aufgaben und ihre Stellung in der Welt. Jedenfalls lädt der ganze Komplex zum Vergleich mit Ritualen ein, denen man bei Jägervölkern begegnet, die bis in unsere Zeit überlebt haben. Ich denke da zum Beispiel an die jährlich stattfindenen „Intichiuma"-Feste der australischen Eingeborenen, bei denen diese ihre Körper bemalen, Federn tragen, die Schöpfungsgeschichte rezitieren, tanzend in die Rolle ihrer Raupen- oder Emuvorfahren schlüpfen und abgelegene Felsen oder Felshöhlen aufsuchen, um dort ganze Sammlungen von Bildern zu betrachten und um neue zu ergänzen, Bilder, auf denen die Ereignisse der mythischen Zeit, als die Welt noch jung war, dargestellt sind.

Im Bemühen, seine Traumzeitwelt zu verstehen und zu ordnen, legte der Geist der Menschen den Grund für die Wissenschaft nicht weniger als für Kunst und Religion. Die Menschen setzten sich mit der Zeit und ihren Merkzeichen auseinander und nahmen die Veränderungen wahr, die der Wechsel der Jahreszeiten mit sich brachte. Die Details der Malereien und Ritzzeichnungen zeigen nicht einfach nur Pferde, sondern Pferde mit Sommer- oder Winterfell, nicht einfach nur Rentiere, sondern Rentierhirsche mit ausgewachsenem Geweih, erhobenem Kopf, zum herbstlichen Brunftschrei geöffnetem Maul. Erscheinen die Hirsche ohne Geweih, so ist es Winter; tragen die Rentierkühe ebenfalls ein Geweih, um ihre Kälber schützen zu können, so ist es Frühling. Bisons erscheinen mit üppigem Fell im Winter und mit schütterem Fell im Sommer, wobei sie in entgegengesetzte Richtungen blicken. Soll das ein Hinweis auf ihre jährlichen Wanderungen sein, darauf, daß sie im Sommer nordwärts, im Winter südwärts zogen?

Wenn die Jäger der Altsteinzeit ein Bewußtsein von den Jahreszeiten hatten, so stützt das die These von Alexander Marshack, daß sie astronomische Beobachtungen anstellten, um den Ablauf der Zeit festzuhalten. Ihre kalendarischen Aufzeichnungen machten sie auf Knochenplättchen, die ihnen auch dazu dienten, die Kanten abgenutzter Schneidegeräte neu zu schärfen, oder auf Geweihsprossen, in die Zeichnungen von Pferden und anderen Tieren eingeritzt sind. Dort fand Marshack sorgfältig angeordnete Reihen von kleinen gestochenen oder geritzten keilförmigen Linien oder Löchern, die in Gruppen angeordnet sind und die andere Archäologen für Strichlisten halten, mit denen über erlegte Tiere Buch geführt wurde. Marshack hingegen sieht in den Löchern und Kratzern Tage und Monde.

Das älteste dieser Plättchen wurde in der Nähe von Blanchard im Südwesten Frankreichs gefunden. Wie die ersten Höhlenmalereien und die frühesten Plastiken ist auch dieses etwa 30 000 Jahre alt. Unter dem Mikroskop kann man neunundsechzig Kratzer erkennen, die in vierundzwanzig Gruppen zerfallen, die jeweils zwischen einer und sieben Einheiten umfassen. Die Kratzer haben eine deutlich mondförmige Gestalt, manche sind völlig gerundet, andere halbmondförmig und bald nach links, bald nach rechts hin offen. Sie beginnen in der Mitte der Aufzeichnungsfläche und sind in einem serpentinenartigen Schema angeordnet, mit zwei Biegungen links und zwei Biegungen rechts. Marshack behauptet, daß die Himmelsbeobachter durch die Serpentinenform der Regelmäßigkeit der Mondwechsel Rechnung trugen, indem sie die Biegungen so anordneten, daß sie den wichtigsten Wendungen oder Umschlagspunkten in den Mondphasen entsprachen. Wichtig für diese Interpretation ist, daß nebeneinander liegende Kratzer sich dem Anschein nach leicht voneinander unterscheiden, als wären im Lauf der Tage verschiedene Geräte benutzt worden, um sie einzuritzen. Randall White an der New York University ist da anderer Meinung. Die Kratzer sehen verschieden aus, behauptet er, weil die steinernen Dorne und Stichel, die für die „Aufzeichnungen“ verwendet wurden, im Laufe eines einzigen, zusammenhängenden Arbeitsgangs abstumpften und absplitterten und ihre Form veränderten. Damit mag White recht haben; aber für mich steht jedenfalls fest, daß die Schöpfer der großen Gemäldegalerien mit anatomisch und jahreszeitlich naturgetreu wiedergegebenen Tieren auch ein Bild von den Mondphasen entwerfen konnten, falls ihnen das der Mühe wert schien.

Ahnen

Elwyn Simons, ein Paläontologe, der sich durch die Entdeckung früher affenähnlicher Wesen in Ägypten einen Namen gemacht hat, hat mir einmal die Herkunft seiner Neigung, alte Knochen auszugraben, erklärt. Sein Vater, ein Amateurahnenforscher, redete ständig von den verwandtschaftlichen Beziehungen ihrer Familie zu den frühen holländischen Siedlern im Tal des Hudson-Flusses. Wenn Ahnen so gefragt waren, dann würde er, Elwyn Simons, den Leuten einmal ein paar richtige Ahnen zeigen – welche, die dreißig Millionen Jahre alt waren.

Auch wenn ihnen das Interesse an der Abstammung gemeinsam ist, arbeiten Ahnenforscher und Paläontologen mit unterschiedlichen Vorstellungen von Abstammung. Die Vorfahren, die den Ahnenforscher interessieren, sind bestimmte, namentlich bekannte Individuen, am besten berühmte, die mit anderen bestimmten Individuen in einer genealogischen Verbindung stehen. (Einen Affenonkel aufzuspüren, haben Ahnenforscher ganz gewiß kein Interesse!) Dadurch sind aber ihre Nachforschungen auf einen winzigen Bruchteil des Zeitraums eingeschränkt, in dem Menschen Menschen hervorgebracht haben. Die am weitesten zurückreichenden Stammbäume, die sich auf zuverlässige historische Quellen stützen können, stellen eine Verbindung heutiger Menschen mit Pippin von Landen her, einem der Begründer der karolingischen Dynastie, der im 7. Jahrhundert n. Chr. lebte. Wenn man pro Generation 25 Jahre veranschlagt, umfassen diese Stammbäume etwa sechsundfünfzig Generationen. Aber wenn der erste Sapiens vor 150 000 Jahren auf der Bildfläche erschienen ist, reichen alle unsere Familienstammbäume 5 600 Generationen weit zurück, was bedeutet, daß 99% der Ahnenreihe bei jedem von uns *terra incognita* ist.

Die Mormonen (Mitglieder der *Kirche Jesu Christi der Heiligen der Letzten Tage*) sind die hingebungsvollsten Ahnenforscher der ganzen Welt. In einem klimatisierten unterirdischen bombensicheren Gewölbe, nicht weit vom Hauptquartier der Sekte in Salt Lake City entfernt, haben sie die Namen und Lebensdaten von etwa anderthalb Milliarden Menschen auf Computerbändern gespeichert, und jährlich kommen mehrere Millionen dazu, bis hoffentlich irgendwann jeder jemals Geborene namentlich dort vertreten ist. Den Grund für diesen Aufwand liefern bestimmte Glaubensvorstellungen, die das Leben nach dem Tod betreffen. Die Toten können nur dann ins Paradies kommen, wenn sie bei Zeremonien, deren Durchführung den Mormonen vorbehalten ist, in Abwesenheit mit Namen genannt und getauft werden. Die Mormonen glauben, daß sie nach ihrem Tod und Eintritt ins Paradies als Götter herrschen werden und daß die Zahl der Geister, über die sie herrschen werden, abhängig von der Anzahl der Namen Verstorbener ist, die sie der Gemeinde hinzufügen. Ein mormonischer Ahnenforscher namens Thomas Tinney behauptet, er könne seinen Stammbaum 156 Generationen weit unmittelbar bis zu Adam zurückverfolgen; aber er wird nur von wenigen seiner Mitbrüder ernstgenommen. Eine Spur weniger unglaubwürdig ist der Anspruch eines anderen mormonischen Ahnenforschers, mit Hilfe von nordischen Sagas und Mythen Vorfahren aufzuspüren, die 260 v. Chr. lebten. Aber letzten Endes ist es das Mittelalter, an dessen Schwelle sich die Vorfahren der Europäer im namenlosen dunkel verlieren – nicht mehr als höchstens fünfzig Generationen zurück.

Um möglichst weit im Stammbaum vorzudringen, bedienen sich die Ahnenforscher einer zweifelhaften Strategie. Sie leiten die Abstammung von nur einem linearen Vorfahren her, der gewöhnlich männlichen Geschlechts ist, und lassen damit Hunderte, wenn nicht Tausende andere nicht minder direkte Linien außer acht. Alex Haley folgte dieser Methode in seinem Bestseller *Roots* (Ursprünge), nach dem eine ungemein beliebte Fernsehserie gedreht wurde. Er fing mit seiner Mutter an, wechselte über zu deren Vater und konzentrierte sich von da an ausschließlich auf die Männer, bis er bei Kunta Kinte landete, einem Afrikaner, der von britischen Sklavenhändlern gefangen und 1767 an eine Plantage in Maryland verkauft worden war. Aber an diesem Punkt hätte Haley neben Kunta Kinte bereits 255 andere direkte Vorfahren wählen können. Haley selbst verriet unabsichtlich etwas von der Bedeutung dieser vernachlässigten „Ursprünge", als er erklärte, er habe sich beim Besuch in einem Dorf in Gambia wegen seiner hellen Hautfarbe „unrein" gefühlt.

Wer sich mit den ca. sechzig Generationen nicht begnügen will, welche die äußerste verschwommene Grenze markieren, bis zu der sich mit List und Tücke Abstammung zurückverfolgen läßt, hat noch andere Möglichkeiten, sein Verlangen nach vertieften Ursprüngen zu befriedigen. Statt auf eine ununterbrochene Reihe namentlich bekannter Vorfahren kann man sich auf das Abstammungsprinzip berufen, das Stämme und ethnische Gemeinschaften in Anspruch nehmen – Schotten, Deutsche, Azteken, Kambodschaner, Vietnamesen, Tamilen, Aschanti und weiß der Himmel was für Gruppen überall in der Welt. Um diese tieferen Ursprünge geltend machen zu können, braucht man nur nachzuweisen, daß Eltern und Großeltern anerkannte Mitglieder der betreffenden ethnischen Gruppe oder Stammesgemeinschaft waren. Das übrige besorgen dann Geschichte, Mythen und Sprachverbundenheit, die uns auf geheimnisvolle Weise durch Zeitenfluchten zurückgeleiten in die fernen Anfänge des Stammes oder der Volksgruppe. Aber entscheidend für solche ethnische oder stammesmäßige Abstammung ist die Voraussetzung, daß Schotten sich immer nur mit Schotten fortgepflanzt haben, Deutsche nur mit Deutschen, Azteken nur mit Azteken, usw. – eine zweifelhafte Voraussetzung, wenn man an die unfriedliche Geschichte dieser Völker und an die sattsam bekannte Neigung der jeweiligen Sieger denkt, Frauen unter die Kriegsbeute zu rechnen.

Die Basken und die Juden sind zwei der ältesten überlebenden ethnischen Gruppen. Die Basken, deren Heimat beiderseits der Pyrenäen in Spanien und in Frankreich liegt, sprechen eine Sprache, die mit keiner anderen europäischen Sprache verwandt ist. Die Ursprünge dieser Volksgruppe reichen weit hinter die römische Zeit zurück, bis in die Anfänge der Bronzezeit in Europa. Was die Juden betrifft, so beanspruchen sie auf Grund des Zeugnisses der Schrift, daß Abraham aus Ur im Land der Chaldäer kam, ein Alter von etwa 4 000 Jahren. Aber weder die Basken noch die Juden können Anspruch auf eine durch strikte Endogamie gewährleistete Reinheit der Abstammung erheben. In beiden Fällen läßt sich die vielbeschworene gemeinsame Herkunft nur um den Preis aufrechterhalten, daß eine riesige Zahl fremder Abstammungslinien außer Betracht bleibt. Mit Hilfe von Blutgruppen und anderen immunologischen Kennzeichen haben Forscher mehrfach nachgewiesen, daß die Juden in irgendeiner bestimmten Region ihren nichtjüdischen Nachbarn genetisch näherstehen als den Juden in anderen Regionen.

Sehen wir von diesen Unzulänglichkeiten einmal ab, so stoßen wir auch bei der ethnischen Abstammung auf eine Grenze, die uns nicht weiter als 4 000 Jahre oder 160 Generationen zurückzugehen erlaubt. Jenseits dieser Grenze bleibt denen, die es nach noch ferneren Vorfahren verlangt, nichts anderes mehr übrig, als Anspruch auf die Abstammung vom Urahn einer jener Abteilungen des Menschengeschlechts zu erheben, die man gemeinhin als Rassen bezeichnet: „Weiße" können von „weißen" Vorfahren, Negroide von negroiden Vorfahren, Mongolide von mongoliden Vorfahren abzustammen behaupten, usw. Aber wie alt sind diese Abteilungen, und verfügen sie tatsächlich über einen jeweils exklusiven Stammbaum?

Wie alt sind die Rassen?

Ich bedaure, daß ich gleich mit Ausflüchten anfangen muß. Die Frage ist nämlich schwierig zu beantworten, weil die Merkmale, auf Grund deren wir jemanden als „weiß“, negroid oder mongolid identifizieren, Eigentümlichkeiten oberflächlicher und weicher Teile des Körpers sind. Lippen, Nase, Haare, Augen und Haut überdauern nicht als Fossilien. Zugleich sind die festen Körperteile, die erhalten bleiben, als rassische Kennzeichen unzuverlässig, weil bei allen Rassen fast alle Abmessungen im Körperbau vorkommen. Aber wer wissen will, wie lange die heutigen Rassen bereits existieren, steht noch vor einem grundlegenderen Problem. Gene, durch die Merkmale festgelegt sind, die uns als Kennzeichen heutiger Rassen gelten, bilden nicht unbedingt Bündel von Erbfaktoren, die ein für allemal miteinander verbunden sind. Variationen der Hautfarbe, der Form des Haars, der Größe der Lippen, der Breite der Nase, der Lidfalte und so weiter können auch unabhängig voneinander auftreten und vererbt werden. Das bedeutet, daß die Züge, die wir heute zusammen antreffen, nicht unbedingt auch in der Vergangenheit zusammen anzutreffen waren, ja, vielleicht in den Bevölkerungen, von denen die heutigen rassischen Gruppierungen abstammen, überhaupt noch nicht existierten.

Sogar heute gibt es so viele verschiedene Kombinationen von rassischen Merkmalen überall auf der Welt, daß kein simples Schema von vier oder fünf rassischen Haupttypen dieser Mannigfaltigkeit gerecht wird. Millionen von Menschen mit dünnen Lippen, dünnen Nasen und welligem Haar, aber dunkelbrauner oder schwarzer Haut leben in Nordafrika. Eingeborene in Südafrika wie etwa die San, haben eine Mongolenfalte (nach Art der meisten Asiaten), dunkelbraune Haut und stark gekraustes Haar. In Indien gibt es Menschen mit glattem oder welligem Haar, dunkelbrauner bis schwarzer Haut, dünnen Lippen und dünner Nase. In den zentralasiatischen Steppen findet man die Mongolenfalte zusammen mit welligem Haar, hellen Augen, beträchtlicher Körper- und Gesichtsbehaarung und weißer Haut. Unter den Indonesiern findet man häufig die Mongolenfalte, helle bis dunkelbraune Haut, welliges Haar, dicke Nase und dicke

Lippen. Die Bewohner der Inseln Ozeaniens weisen Zusammenstellungen von brauner bis schwarzer Haut mit Haarfarben und -mengen sowie Gesichtszügen auf, die stark dagegen abstechen. Ein interessantes Konvolut von Zügen trifft man bei den Ainu in Nordjapan an, die helle Haut und dicke Augenwülste haben und die behaartesten Menschen auf der ganzen Welt sind. In Australien sind weiße bis dunkelbraune Haut und welliges blondes bis braunes Haar gang und gäbe.

Die Unkenntnis oder Verleugnung der Tatsache, daß Züge, die als Rassenmerkmale gelten, auch in anderen Kontexten auftreten können, führt unter Umständen zur Bildung merkwürdiger biologischer Kategorien. Die Unterscheidung zwischen Schwarz und Weiß in den Vereinigten Staaten zum Beispiel muß sich über die offensichtliche Tatsache hinwegsetzen, daß Schwarze Augen, Nase, Haare und Lippen haben können, die sich von denen der Weißen nicht unterscheiden lassen, und daß Gleiches auch von Weißen gilt, unter denen man welche trifft, die negroider aussehen als manche Schwarze. Zu diesen Anomalien kommt es, weil die Amerikaner den Begriff Rasse nicht vom tatsächlichen, durch die Erbfaktoren bestimmten Aussehen der einzelnen, sondern von ihrem Elternhaus abhängig machen. Diesem Begriff von Rasse zufolge ist bei Eltern, von denen einer „schwarz" und der andere „weiß" ist, das Kind „schwarz", ungeachtet der Tatsache, daß nach den Gesetzen der Genetik eine Hälfte der Erbfaktoren vom schwarzen Elternteil und die andere vom weißen stammen. Diese Praxis der rassischen Abstempelung von Menschen führt sich selber ad absurdum, wenn schließlich die schwarze Abstammung nur noch aus einem einzigen großelterlichen oder urgroßelterlichen Teil besteht. Dadurch kommt es zu dem Phänomen, daß Weiße sozial als „schwarz" eingestuft werden. Bei den meisten amerikanischen Schwarzen stammt ein beträchtlicher Teil ihrer Erbfaktoren von europäischen Vorfahren aus den jüngeren Generationen. Wenn man Genproben von amerikanischen Schwarzen untersucht, so erweist sich die Annahme, daß es sich bei ihnen genetisch um Afrikaner handelt, als falsch. Vielleicht wären wir gut beraten, es den Brasilianern gleichzutun, die zur Bestimmung von rassischen Typen nicht drei oder vier, sondern dreihundert bis vierhundert Merkmale verwenden und damit dem Umstand gebührend Rechnung tragen, daß eine Bevölkerung, deren Eltern und Großeltern eine Mischung aus Europäern, Afrikanern und Indios waren, sich nicht einfach in Europäer, Afrikaner und Indios einteilen läßt.

Sichtbare und unsichtbare Merkmale weisen keine Übereinstimmung auf. Nehmen wir die Blutgruppen. Zwischen 70 und 80% hellhäutiger Schotten, schwarzhäutiger Zentralafrikaner und braunhäutiger australischer Ureinwohner haben Blutgruppe 0. Könnten wir diesen Blutgruppentyp genauso mit Augen sehen wie die Hautfarbe, würden wir dann Schotten und Afrikaner derselben Rasse zuschlagen? Blutgruppe A nimmt ebensowenig Rücksicht auf oberflächliche Unterscheidungen. Bei Afrikanern, Malaien und Chinesen weist die Blutgruppe A durchweg eine Häufigkeit von 10 bis 20% auf. Sollen wir sie deshalb alle einer Rasse zuordnen?

Ein anderes unsichtbares Merkmal, das sich ungeniert über die etablierten Rassenschranken hinwegsetzt, ist die Fähigkeit, PTC (Phenylthiocarbamid) zu schmecken. 1931 verschüttete ein Forscher im Laboratorium unabsichtlich etwas von diesem Stoff. Einige Mitarbeiter klagten über den bitteren Geschmack, den das in ihrem Mund erzeugte, andere behaupteten, gar nichts zu schmecken. Die Anthropologen wissen inzwischen, daß die Welt in solche zerfällt, die PTC schmecken, und in solche, die nicht. In Asien machen die letzteren 40 bis 50% aus. In Japan gibt es von ihnen zweimal so viele wie in China und dreimal so viele wie in Malysia. Folgt daraus, daß die beiden Gruppen zu unterschiedlichen Rassen gehören? Wenn die PTC-Schmecker die Nichtschmecker als solche wahrnehmen könnten, würden sie sich dann über sie lustig machen und sich weigern, sie neben sich wohnen und ihre Kinder die gleichen Schulen besuchen zu lassen?

Seit die Gruppen des heutigen Sapiens sich in Afrika und Eurasien auszubreiten begannen, haben immer neue Kombinationen und Streuungen von Erbfaktoren die Entwicklung der Menschenrassen in ständigem Fluß gehalten. Manche der Veränderungen sind das Werk des Zufalls. Bei der Einwanderung kleiner Gruppen in neue Gebiete konnte es passieren, daß sich zufällig bei den Siedlern ein Erbfaktor häufig fand, der in der Bevölkerung, aus der die Siedler kamen, eine Seltenheit war. Bei der neuen Bevölkerung trat dann diese Variation mit großer Häufigkeit auf. Ausgangssituationen dieser Art könnten für die eigentümliche Schaufelform der Schneidezähne bei asiatischen Völkern verantwortlich sein.

Wenn Wanderungsbewegungen auf genetisch andersartige Bevölkerungen treffen, trägt ein beschleunigter Genaustausch als wesentlicher Streuungsfaktor ebenfalls zur Veränderlichkeit der Rassentypen bei. Etwas so Durchschlagendes wie die Rassenverschmelzungen in den Vereinigten Staaten von Amerika und in Brasilien konnte es zwar in früheren Zeiten nicht geben, aber in einem gewissen Umfang dürften Rassenmischungen an den fließenden Grenzen zwischen genetisch unterschiedlichen Bevölkerungen auch schon in der fernsten Vergangenheit unvermeidlich gewesen sein.

Wie bei allen biologischen Entwicklungen ist schließlich auch hier die natürliche Auslese ein Hauptgrund für Veränderungen in der Verteilung und Häufigkeit von Erbfaktoren. Wenn Bevölkerungen in andere Lebensräume übersiedeln oder das Milieu sich wandelt, dann führt die mittels erfolgreicherer Fortpflanzung funktionierende natürliche Auslese zur Erscheinung neuer Bündel von Erbfaktoren.

Die Anthropologen haben eine Reihe von überzeugenden Verbindungen zwischen rassischen Unterschieden und klimatischen Faktoren wie Temperatur, Feuchtigkeit usw. hergestellt. Die langen, schmalen Nasen bei Europäern können zum Beispiel ein Ausleseprodukt sein, das dem Zweck dient, extrem kalte, feuchte Luft der Körpertemperatur anzugleichen, bevor sie die Lungen erreicht. Die normalerweise rundlichen, gedrungenen Gestalten der Eskimos können ebenfalls eine Anpassung an die Kälte sein – womit wir wieder bei der Bergmannschen Regel wären. Ein großer, schmaler Körper hingegen führt zu einem Maximum an Wärmeabgabe. Und das erklärt vielleicht die großen, schmalen Gestalten der nilotischen Afrikaner, die Gebiete mit hohen trockenheißen Temperaturen bewohnen und deren Abkömmlinge etliche der größten Basketballspieler der Welt stellen.

Ironischerweise liefern Merkmale, deren Häufigkeit von der natürlichen Auslese abhängt, keine sehr zuverlässigen Anhaltspunkte für eine Rekonstruktion der Geschichte und des Alters heutiger Rassenunterschiede. Nehmen wir etwa an, daß Menschen mit kurzen Nasen aus einem tropischen in ein kaltes Klima überwechseln. Binnen weniger Generationen wird die natürliche Auslese die Häufigkeit langer Nasen bei ihnen erhöhen. Ein Beobachter, dem die Ähnlichkeit zwischen ihnen und ihren langnasigen Nachbarn auffiele, könnte leicht zu dem Schluß gelangen, sie stammten von einer langnasigen Rasse aus kalten Zonen statt von einer kurznasigen aus heißen Klimaten ab. Die besten Indikatoren für rassische Abstammung sind deshalb Merkmale, die zufällig und nicht dem Anpassungsdruck unterworfen sind wie etwa die oben erwähnten schaufelförmigen Schneidezähne.

Leider hat sich bei den meisten der Eigenschaften, die den Anthropologen früher als ideale Indikatoren rassischer Abstammung galten, herausgestellt, daß sie unter bestimmten Umständen doch einem Anpassungsdruck unterliegen. Eine besonders bittere Enttäuschung waren die Blutgruppen, bei denen offenbar ein Zusammenhang mit der Immunität gegen Krankheiten besteht, die auf den Fortpflanzungserfolg Einfluß haben können, wie zum Beispiel Pocken, Beulenpest und Lebensmittelvergiftung durch toxische Bakterien. Die Erklärung für Blutgruppenhäufigkeiten dürfte also nicht weniger in der Geschichte zeitweiliger Auseinandersetzungen bestimmter Bevölkerungen mit bestimmten Krankheiten als in rassischer Abstammung zu suchen sein. Selbst eine Eigentümlichkeit, die so rätselhaft und dem Anschein nach so nutzlos ist wie die Fähigkeit, PTC zu schmecken, deutet vielleicht weniger auf eine gemeinsame Herkunft als auf vergleichbare Anpassungsreaktionen bei Bevölkerungen unteschiedlicher Herkunft hin. Chemisch gesehen, ähnelt PTC gewissen Stoffen, die das Funktionieren der Schilddrüse beeinträchtigen. Eine häufige Folge von Funktionsstörungen der Schilddrüse ist die Kropfbildung, eine verkrüppelnde, lebensverkürzende Krankheit. In Bevölkerungen, die der Gefahr der Kropfbildung ausgesetzt sind, könnte die Fähigkeit, bei Nahrungsmitteln PTC-ähnliche, schilddrüsenbeeinträchtigende Stoffe herauszuschmecken, selektionsrelevant sein, womit der Unterschied zwischen denen, die PTC schmecken, und denen, die das nicht tun, als Indikator für rassische Abstammung zweifelhaft würde.

Ungeachtet all dieser Vorbehalte bleibt es immer noch möglich, auf Grund einer großen Zahl von unsichtbaren genetischen Merkmalen, deren durchschnittliche Häufigkeit sich zu einem statistisch relevanten Gesamtbild zusammenfügen, zwischen menschlichen Bevölkerungsgruppen zu unterscheiden. Der Prozentsatz von Erbfaktoren, die diesen Bevölkerungsgruppen gemeinsam sind, liefert dann ein Maß für den genetischen „Abstand" zwischen ihnen. Wenn man voraussetzt, daß für alle diese Bevölkerungsgruppen das Tempo genetischer Veränderungen dasselbe ist, kann man außerdem Schätzungen über den Zeitpunkt anstellen, an dem diese Gruppen jeweils begonnen haben, sich auseinanderzuentwickeln. Auf diese Weise kann man einen denkbaren Stammbaum konstruieren, der zeigt, wie sie sich im Laufe der Zeit verzweigt haben. Der Anthropologe Luigi Cavalli-Sforza unterscheidet mit Hilfe dieser Methoden sieben große Bevölkerungsgruppen in der heutigen Welt: Afrikaner, Europäer, Nordostasiaten, Südostasiaten, Pazifikbewohner, Australier und Bewohner Neuguineas. Der wahrscheinlichste Stammbaum datiert die erste Verzweigung des afrikanischen Wurzelstocks auf etwa 90 000 v. Chr. Aus den zwei Hauptästen wurden vor ungefähr 60 000 Jahren drei; zwischen 45 000 und 35 000 Jahren v. Chr. wurden aus den dreien fünf, wobei es auch zur Trennung zwischen Europäern und Nordasiaten kam. Zuletzt kam es zur genetischen Trennung von Nordasiaten und indianischer Bevölkerung Amerikas sowie von Südostasiaten und den Bewohnern der Pazifikinseln.

Ob Cavalli-Sforzas Stammbaum den Kritiksturm überlebt, den er heraufbeschworen hat, wird sich zeigen müssen. Man beachte jedenfalls, daß zu dem Merkmalsbündel, das er dem Stammbaum zugrunde legt, nicht Hautfarbe, Haarform oder sonstige geläufige „rassische" Kennzeichen gehören und daß mit zunehmender zeitlicher Entfernung auch die Wahrscheinlichkeit abnimmt, daß wir uns die Gruppen ähnlich den uns heute bekannten Rassen vorstellen dürfen.

Wie unsere Haut ihre Farben bekam

Die meisten Menschen haben weder eine sehr helle, noch eine sehr dunkle Haut, sondern sind braunhäutig. Die extrem helle Haut der Nordeuropäer und ihrer Nachkommen wie auch die extrem schwarze Haut der Zentralafrikaner und ihrer Nachkommen sind wahrscheinlich das Resultat einer speziellen Anpassung. Zu den braunhäutigen Vorfahren gesellten sich die heutigen Schwarzen und Weißen möglicherweise erst vor ca. 10 000 Jahren.

Ihre Farbe verdankt die menschliche Haut Partikeln, die Melanine genannt werden. Die Hauptaufgabe der Melanine ist, die oberen Hautschichten vor Zerstörung durch die ultravioletten Strahlen der Sonne zu schützen. Diese Strahlung stellt für die Menschheit ein heikles Problem dar, weil aus den weiter oben dargelegten Gründen den Menschen jener dichte Haarbewuchs fehlt, der den meisten Säugetieren als Sonnenschutz zur Verfügung steht. Haarlosigkeit setzt uns zweierlei Arten von Strahlengefährdung aus: zum einen dem normalen Sonnenbrand mit seinen Blasen, Ausschlägen und der begleitenden Infektionsgefahr, zum anderen dem Hautkrebs, einschließlich des malignen Melanoms, das zu den tödlichsten Krankheiten gehört, die wir kennen. Die Melanine bilden die erste Verteidigungslinie gegen diese Leiden. Je mehr Melaninpartikel vorhanden sind, um so dunkler ist die Haut und um so geringer die Gefahr des Sonnenbrands und aller Formen von Hautkrebs. Das erklärt, warum man die höchsten Hautkrebsraten in sonnenverwöhnten Gegenden wie Australien antrifft, wo eine hellhäutige Bevölkerung europäischer Abstammung einen Großteil des Tages leichtbekleidet im Freien verbringt. Sehr dunkelhäutige Menschen wie die stark pigmentierten Afrikaner Zaires bekommen selten Hautkrebs; und wenn, dann auf den Körperteilen mit geringerer Pigmentierung – auf Handflächen und Lippen.

Hätte die Sonnenstrahlung bloß schädliche Auswirkungen, so hätte die natürliche Auslese Tiefschwarz als Hautfarbe für alle Menschen begünstigt. Aber die Sonnenstrahlen stellen nicht einfach nur eine Bedrohung dar. Wenn das Sonnenlicht auf die Haut fällt, wandelt es eine Fettsubstanz in der Epidermis in Vitamin D um. Das Blut transportiert das Vitamin D von der Haut in die Eingeweide (womit, genaugenommen, aus dem Vitamin ein Hormon wird), und dort spielt es eine wichtige Rolle bei der Kalziumaufnahme. Das Kalzium wiederum ist für den Knochenbau wichtig. Wenn es fehlt, werden die Menschen von den Verkrüppelungen Rachitis und Osteomalazie befallen. Bei Frauen kann Kalziummangel zur Deformation des Geburtskanals führen, was im Wochenbett tödliche Gefahren für Mutter und Kind heraufbeschwört.

Vitamin D läßt sich aus einigen Nahrungsmitteln gewinnen, vor allem aus der Leber und dem Tran von Seefischen. Aber Bevölkerungen, die nicht an der Küste leben, sind für die Versorgung mit diesem lebenswichtigen Stoff auf die Sonnenstrahlen und ihre eigene Haut angewiesen. Die jeweilige Färbung der Haut einer bestimmten Bevölkerungsgruppe stellt deshalb in starkem Maß einen Kompromiß zwischen den Gefahren eines Zuviel und eines Zuwenig an Sonnenstrahlung dar: auf der einen Seite drohen akuter Sonnenbrand und Hautkrebs, auf der anderen Rachitis und Osteomalazie. Dieser Kompromiß ist verantwortlich dafür, daß braunhäutige Menschen in der Welt überwiegen und daß der allgemeinen Tendenz nach die Haut bei den Bevölkerungen in der Äquatorgegend am dunkelsten und bei den Bevölkerungen der höheren Breitengrade am hellsten ist.

In den mittleren Breitengraden hat die Haut die Methode ausgebildet, mit den Jahreszeiten die Farbe zu wechseln. Rund um das Mittelmeerbecken steigt zum Beispiel in der Sommersonne die Hautkrebsgefahr, während die Rachitisgefahr sinkt; deshalb produziert der Körper mehr Melanine, und die Menschen werden dunkler (d.h. sie bekommen Sonnenbräune). Im Winter nimmt die Sonnenbrand- und Hautkrebsgefahr ab; der Körper produziert weniger Melanine, und die Bräune verschwindet.

Die Korrelation zwischen Hautfarbe und Breitengrad funktioniert nicht perfekt, weil andere Faktoren – etwa die Verfügbarkeit von Vitamin D- und kalziumhaltiger Nahrung, die Bewölkungsdichte während der Wintermonate, der Umfang der Bekleidung und kulturelle Eigenarten – sich positiv oder negativ auf die Beziehung auswirken können. Die Eskimos in der Arktis zum Beispiel sind nicht so hellhäutig, wie man erwarten könnte; aber ihr Lebensraum und ihre Subsistenzweise liefern ihnen eine Nahrung, die außerordentlich reich an Vitamin D wie auch an Kalzium ist.

Die Nordeuropäer, die sich zum Schutz gegen die langen, kalten wolkenverhangenen Winter dick anziehen mußten, waren immer in Gefahr, wegen Vitamin D- und Kalziummangel an Rachitis oder Osteomalazie zu erkranken. Diese Gefahr wurde irgendwann nach 6 000 v. Chr. noch größer, als die ersten Viehzüchtergesellschaften, die das Meer als Nahrungsquelle überhaupt nicht nutzten, in Nordeuropa aufzutauchen begannen. Für braunhäutige Mittelmeervölker, die mit ihrem Ackerbau und ihrem Hausvieh nach Norden wanderten, mußte die Gefahr ganz besonders groß sein. Proben weißer Haut (Vorhautstücke beschnittener Jungen), die in Boston (42°N) zwischen November und Februar an wolkenlosen Tagen dem Licht ausgesetzt wurden, produzierten kein Vitamin D. In Edmonton (52°N) war das sogar von Oktober bis März der Fall. Aber weiter im Süden (34°N) erzeugte das Sonnenlicht sogar mitten im Winter Vitamin D. Fast ganz Europa liegt nördlich des 42. Breitenkreises. Hellhäutige Menschen ohne Neigung zur Sonnenbräune, die auch noch die schwächsten und kürzesten Bestrahlungsdosen für die Bildung von Vitamin D nutzen konnten, waren hier durch die natürliche Auslese stark begünstigt. Während der eisigen Winter waren die Kinder so dick eingemummelt, daß nur ein kleiner Teil des Gesichts dem Licht ausgesetzt war, und das verbesserte die Überlebenschancen derjenigen, die über durchscheinend rosige Wangen verfügten, wie man sie bei vielen Nordeuropäern findet. (Wer Kalzium dadurch aufnehmen konnte, daß er Kuhmilch trank, genoß ebenfalls einen Selektionsvorteil, aber darauf komme ich später noch.)

Wenn von den hellhäutigen Menschen pro Generation nur 2% mehr Kinder überlebten, konnte der Wechsel in der Hautfarbe, angenommen er hatte vor 5 000 Jahren eingesetzt, bereits längere Zeit vor Beginn unserer Zeitrechnung zum heutigen Zustand geführt haben. Aber die natürliche Auslese muß gar nicht allein gewirkt haben. Sie mag durch eine kulturelle Auslese verstärkt worden sein. Wenn die Menschen eine bewußte oder unbewußte Entscheidung treffen mußten, welche Kinder sie besser und welche sie weniger gut ernähren sollten, so kann man wohl annehmen, daß die Hellhäutigeren im Vorteil waren, weil sie erfahrungsgemäß größer, stärker und gesünder zu werden versprachen als ihre dunkelhäutigeren Geschwister. Weißhäutig war schön, weil es gesund war.

Um zu erklären, warum sich in Äquatorgegenden die schwarze

Haut durchsetzte, braucht man nur von den genau gegenteiligen Bedingungen für das Zusammenwirken von natürlicher und kultureller Auslese auszugehen. Da die Sonne den Großteil des Jahres über direkt über den Köpfen stand und Bekleidung der Arbeit und dem Überleben höchstens hinderlich war, bestand nie Mangel an Vitamin D (während Kalzium mühelos über den Verzehr von Gemüse zu beschaffen war). Rachitis und Osteomalazie waren eine Seltenheit. Das Hauptproblem war der Hautkrebs, und auch hier wurde durch die Kultur befördert, was die Natur begann. Dunkelhäutige Kinder wurden von den Eltern bevorzugt behandelt, weil sie erfahrungsgemäß bessere Chancen hatten, frei von entstellenden oder todbringenden Krankheiten aufzuwachsen. Schwarzhäutig war schön, weil es gesund war.

Warum Afrika hinterherhinkt

Vor hundert Jahren waren die Biologen und Anthropologen noch durchweg davon überzeugt, daß die Menschenrassen für die Schaffung einer fortgeschrittenen Zivilisation unterschiedlich begabt seien. Thomas Huxley (Darwins rechte Hand), einer der versiertesten Gelehrten seiner Zeit, erklärte:

„Es mag durchaus stimmen, daß manche Neger besser sind als manche Weißen; aber kein vernünftiger Mensch, der die Fakten kennt, glaubt, daß der durchschnittliche Neger dem durchschnittlichen Weißen ebenbürtig, geschweige denn überlegen ist. Und wenn das stimmt, läßt es sich einfach nicht glauben, daß unser Verwandter mit dem vorspringenden Kiefer, nachdem all seine [sozialen] Benachteiligungen beseitigt sind und er einen von Begünstigung und Unterdrückung freien Entfaltungsraum hat, erfolgreich mit seinem Rivalen, der über das größere Gehirn und den kleineren Kiefer verfügt, in einem Wettbewerb konkurrieren kann, der durch Denken und nicht durch Beißen ausgetragen wird."

Huxleys „Fakten" waren alles andere als Fakten, denn spätere Forschungen haben gezeigt, daß sie auf unrepräsentativen Stichproben, fehlerhaften Meßtechniken und ethnozentrischen Klischees basierten. Aber für viele aus Huxleys Generation lag der scheinbar unumstößliche Beweis für die eigene rassische Überlegenheit darin, daß es den Schwarzen und anderen Rassen nicht gelungen war, sich in Gewerbe, Handel und kriegerischen Auseinandersetzungen erfolgreich gegen die Weißen zu behaupten. Die europäischen Weißen und ihre amerikanischen Kollegen hatten fast über das ganze Menschengeschlecht die politische und ökonomische Macht errungen. Bewies nicht die technische und industrielle Rückständigkeit der Eingeborenen Asiens, Afrikas und Amerikas hinlänglich, daß die Weißen als Rasse überlegen waren? Eifrig bemüht, Rechfertigungsgründe für ihre imperialen Hegemonieansprüche zu finden, sahen die Europäer und Amerikaner über die Hohlheit dieser Beweisführung hinweg. Die großen historischen

Umwälzungen wie etwa die Zerstörung des Römischen Reichs durch „zurückgebliebene" Germanenstämme und die Beendigung des 2 000 Jahre alten chinesischen Kaiserreichs durch langnasige, behaarte, rotgesichtige Seeleute, die aus winzigen, rückständigen Königreichen auf der anderen Seite der Erdkugel kamen, vergaßen sie zweckdienlicherweise.

Alfred Kroeber, der Begründer der Abteilung für Ethnologie an der University of California in Berkeley, hat die Ironie, daß Rom unter dem Ansturm verachteter barbarischer Völker zusammenbrach, mit den folgenden Bemerkungen gut getroffen:

„Wäre Julius Cäsar oder einer seiner Zeitgenossen gefragt worden, ob er sich auch nur im Traum die Briten und Germanen als den Römern und Griechen ebenbürtig vorstellen könne, er hätte wahrscheinlich geantwortet, diese Bewohner des Nordens würden, wenn sie über die Fähigkeiten der mediterranen Völker verfügten, das längst deutlich gemacht haben, statt desorganisiert, arm, ignorant, primitiv und ohne große Männer beziehungweise geistige Erzeugnisse vor sich hin zu leben."

Was Chinas Überheblichkeit in rassischer Hinsicht betrifft, so tritt sie nirgends deutlicher zutage als in der Ablehnung, mit der Ch'ien Lung 1791 auf das Gesuch einer Delegation „rotgesichtiger Barbaren" um die Aufnahme von Handelsbeziehungen reagierte. England, meinte der Kaiser, habe nichts, was China brauche. „Wie Euer Gesandter sehen kann, besitzen wir schon alles." Diese Bemerkung Ch'ien Lungs enthielt viel Wahres. Fast bis zum Ende des 18. Jahrhunderts war die chinesische Technik genauso weit entwickelt wie die englische. Die Chinesen stellten hervorragendes Porzellan, Seidenstoffe und Bronzeguß her. Erfunden hatten sie das Schießpulver, die ersten Rechenmaschinen (den Abakus), das Schleusentor, die Eisenketten-Hängebrücke, den ersten wirklichen Kurbelantrieb, das Achterstevenruder, den Flugdrachen, der einen Menschen tragen konnte, und die Hemmung, eine wesentliche Voraussetzung für die europäische Uhrwerksmechanik. Bezüglich des Transportwesens, der landwirtschaftlichen Produktivkraft, der Bevölkerungszahl waren die winzigen europäischen Nationen im Vergleich mit China kaum der Rede wert. Das Reich Ch'ien Lungs erstreckte sich vom Polarkreis bis zum Indischen

Ozean und 4 500 Kilometer ins Innere Asiens hinein. Es hatte eine Bevölkerung von 300 Millionen Menschen, die alle einer einzigen, zentralisierten Verwaltung unterstanden. Es war das größte und mächtigste Reich, das die Welt je gesehen hatte. Und doch waren nicht einmal fünfzig Jahre nach Ch'ien Lungs anmaßendem Ausspruch die Macht des chinesischen Kaiserreichs bereits zerstört, seine Armeen von einer Handvoll europäischer Truppen gedemütigt, seine Häfen unter der Kontrolle englischer, französischer, deutscher und amerikanischer Kaufleute, seine bäuerlichen Massen von Hungersnöten und Seuchen heimgesucht.

Die Hauptlast des Rassismus haben diejenigen zu tragen, die unter der Geringschätzung der vermeintlich Überlegenen zu leiden haben. Aber zahlen müssen irgendwann auch jene, die sich in ihrem falschen Überlegenheitsgefühl sonnen. Wenn die Menschen anfangen, in ihrer Hautfarbe oder der Form ihrer Nase eine Garantie ihrer unverbrüchlichen Machtstellung zu sehen, sind sie gewöhnlich schon dabei, sich ihr eigenes Grab zu schaufeln. In den dreißiger Jahren kannten die Amerikaner die Japaner nur als Produzenten von billigem Spielzeug, Papierfächern und Uhren, deren Federn bereits beim ersten Aufziehen kaputtgingen. Amerikanische Ingenieure erklärten allen Ernstes, die Japaner könnten sich anstrengen, wie sie wollten, mit den großen Industriemächten, vor allem den Vereinigten Staaten, würden sie nie gleichziehen können. Ihnen fehle jene angeborene Findigkeit, die den Amerikanern als „Yankee-Geist" galt. Mit welcher Überzeugung dieser oder jener Julius Caesar der amerikanischen Industrie die Behauptung vertrat, Japan könne nur nachmachen! Sie hätten sich beim besten Willen nicht vorstellen können, daß fünfzig Jahre später japanische Autoimporte die Autostadt Detroit in die Knie zwingen und daß japanische Mikroskope, Kameras, Digitaluhren, Taschenrechner, Fernsehapparate, Videorecorder und Dutzende andere Konsumgüter den Markt beherrschen würden.

Unbeeindruckt von diesen Wechselfällen halten manche Menschen Afrika steif und fest für einen Sonderfall, den sein genetisches Erbe dazu verurteile, ewig hinterherzuhinken. Lächerlicherweise neigen ausgerechnet die Japaner zur gleichen Ansicht. Einer ihrer Premierminister schrieb einmal in aller Öffentlichkeit den Niedergang Amerikas dem Umstand zu, daß es dort zu viele Menschen afrikanischer Abstammung gebe. Fehlt es im südlich der Sahara gelegenen

Afrika etwa am genetischen Rüstzeug, um eine Gesellschaft wie die amerikanische oder die japanische aufzubauen? Angesichts der Häufigkeit, mit der Völker, die in einer Periode am weitesten hinterherhinken, in einer anderen an die Spitze stürmen, verdienen rassische Faktoren meines Erachtens keine Berücksichtigung beim Versuch, das besondere Dilemma Afrikas zu erklären. Jedenfalls nicht, bevor die historischen Gründe für das Schneckentempo der afrikanischen Entwicklung gründlich erforscht worden sind.

500 n. Chr. hatten die feudalen Königreiche in Westafrika – Ghana, Mali, Sanghay – starke Ähnlichkeit mit den feudalen Königreichen Europas, mit dem einen Unterschied, daß die Afrikaner durch die Sahara von den technischen und bautechnischen Errungenschaften abgeschnitten waren, die das Römische Reich Europa hinterlassen hatte. In der Folgezeit hemmte dann der große Wüstengürtel die Wirksamkeit arabischer Einflüsse, die in Europa so wesentlich zur Wiederbelebung von Wissenschaft und Handel beitrugen. Während die Menschen, die ums Mittelmeerbecken lebten, mit Hilfe von Schiffen ihren Handel betrieben und ihre Kriege führten und so zu Seemächten wurden, waren ihre dunkelhäutigen Pendants südlich der Sahara hauptsächlich mit den Verkehrswegen durch die Wüste befaßt und konnten Seeabenteuern keinen Sinn abgewinnen. Als deshalb im 15. Jahrhundert die ersten portugiesischen Schiffe vor der Küste Guineas auftauchten, konnten sie sich in den Besitz der Häfen bringen und das Schicksal Afrikas für die folgenden 500 Jahre besiegeln. Nachdem sie ihre Goldminen erschöpft hatten, verlegten sich die Afrikaner auf die Jagd nach Sklaven als Tauschmittel gegen europäische Stoffe und Feuerwaffen. Das führte zu vermehrten Kriegen, Aufständen und dem Zerfall der feudalen Eingeborenenstaaten, womit die innerafrikanische politische Entwicklung zum Erliegen kam und weite Regionen des Landesinneren sich in ein Niemandsland verwandelten, dessen Haupterzeugnis in Menschen bestand, die für den Export auf die Zucker-, Baumwoll- und Tabakplantagen jenseits des Atlantik bestimmt waren.

Als der Sklavenhandel aufhörte, zwangen die Europäer die Afrikaner zur Landarbeit und zur Arbeit in den Minen. Gleichzeitig waren die Kolonialbehörden eifrig darauf bedacht, Afrika dadurch in Unterwerfung und Rückständigkeit zu erhalten, daß sie Stammeskriege anzettelten, das Bildungsniveau der Afrikaner so niedrig wie möglich hielten und vor allem die Kolonien daran hinderten, eine industrielle Infrastruktur zu entwickeln, die ihnen nach der Unabhängigkeit zur Konkurrenzfähigkeit auf dem Weltmarkt hätte verhelfen können. Bei solch einer Vorgeschichte wird man die Afrikaner statt als rassisch minderwertig vielmehr als Supermenschen ansehen müssen, wenn es ihnen vor Mitte des kommenden Jahrhunderts gelingen sollte, auch nur eine einzige entwickelte Industriegesellschaft auf die Beine zu stellen.

Falls jemand bezweifelt, daß der Kolonialismus so langlebige Auswirkungen haben könne, sei er an die unterschiedliche Entwicklung von Indonesien und Japan erinnert. Im 16. Jahrhundert wiesen diese beiden Inselkulturen viele gemeinsame agrargesellschaftlich-feudalstaatliche Züge auf. Indonesien wurde holländische Kolonie, während Japan sich den europäischen Kaufleuten und Missionaren verschloß und als Importe aus dem Westen nur Bücher zuließ, und hier vor allem technische Bücher, die über die Munitionsfabrikation, den Eisenbahnbau und die Produktion von Chemikalien informierten. Nach 300 Jahren engen Kontakts mit seinen europäischen Kolonialherren zog Indonesien als ein unterentwickelter, überbevölkerter, verarmter Klippschüler ins 20. Jahrhundert ein, wohingegen Japan bereit war, den Platz der entwickeltsten Industriemacht im Fernen Osten einzunehmen. Natürlich sind dabei auch noch andere Faktoren zu berücksichtigen, aber Rassenmerkmale gehören jedenfalls nicht dazu.

Gibt es bei den Rassen Intelligenzunterschiede?

Aber was muß man davon halten, daß in den Vereinigten Staaten Schwarze bei Intelligenztests schlechter abschneiden als Weiße? Beweist das nicht, daß Huxley recht hatte und die Schwarzen bei Auseinandersetzungen, die „mit dem Gehirn und nicht mit dem Gebiß" ausgetragen werden, von Natur aus benachteiligt sind?

Niemand bestreitet, daß im nationalen Durchschnitt Schwarze bei den standardisierten Intelligenztests durchweg um 15 Punkte niedriger liegen als Weiße. Hingegen wird von vielen Wissenschaftlern bestritten, daß durch die Tests natürliche, rassisch bedingte Unterschiede in der Intelligenz gemessen werden. Vielmehr dürfte es weitaus wahrscheinlicher sein, daß die Testergebnisse Ausdruck einer geringeren sozialen Motivierung der Schwarzen sind, hohe Intelligenzquotienten zu erzielen, wofür u.a. eine lange Geschichte der schlechteren schulischen Ausbildung, das Aufwachsen in kaputten Familien und die fehlende Begegnung mit intellektuell erfolgreichen Rollenvorbildern verantwortlich zu machen sind.

Selbst jene, die solche Tests als Meßinstrument für Intelligenz bejahen, räumen ein, daß 20% der Fünfzehnpunkte-Differenz eher auf Unterschiede des Milieus als des rassischen Erbmaterials zurückzuführen seien. Es ist wichtig zu sehen, wie sie zu diesem Prozentsatz kommen. Grundlage für ihn ist der Vergleich zwischen den Intelligenzquotienten eineiiger Zwillinge, die in früher Kindheit durch Adoption getrennt wurden und bei verschiedenen Pflegeeltern aufwuchsen. Ungeachtet der Tatsache, daß die Zwillinge getrennt aufgezogen wurden, haben die Intelligenzquotienten aller Paare die Tendenz, zu jeweils etwa 80% übereinzustimmen. Aber diese Zahl hat nur dann einen Wert, wenn man einigermaßen sicher sein kann, daß die Familien, in denen die Zwillingspaare aufwachsen, sich im Milieu nicht weniger voneinander unterscheiden als die Familien von Adoptivkindern, die keine eineiigen Zwillinge sind. Diese Bedingung ist nicht erfüllt, weil die zuständigen Adoptionsstellen sich normalerweise bemühen, Kinder bei Familien in Pflege zu geben, deren sozioökonomische, religiöse, ethnische und rassische Umstände denen der leiblichen Eltern der Kinder nach Möglichkeit entsprechen. Um eine solch enge Übereinstimmung sind sie besonders bei eineiigen Zwillingen bemüht.

Die Methode, beim Vergleich der Intelligenztestergebnisse rassisch verschiedener Gruppen mit Hilfe getrennt aufgewachsener Zwillinge zwischen Milieueinfluß und genetischem Faktor zu unterscheiden, weist sogar einen noch größeren Mangel auf, der sie meines Erachtens disqualifiziert. Wenn man zu messen versucht, welche Auswirkungen das soziale Milieu schwarzer Kinder auf deren Intelligenzquotienten hat, dann ist es nicht statthaft, statt dessen Messungen der Auswirkung des Milieus weißer Kinder auf deren Intelligenzquotienten zu benutzen. Da es keine Möglichkeit gibt, die Erfahrungen eines weißen Kinds, das in einer weißen Familie und Gemeinschaft aufwächst, mit den Erfahrungen eines schwarzen Kinds, das in einer schwarzen Familie und Gemeinschaft groß wird, gleichzusetzen, können Messungen des genetischen Einflusses, die aus der Untersuchung weißer Kinder gewonnen werden, nie und nimmer dem tatsächlichen Ausmaß und Umfang der Milieuunterschiede gerecht werden, denen schwarze und weiße Kinder in den Vereinigten Staaten ausgesetzt sind. Der einzige Weg, diesem unüberwindlichen Hindernis auszuweichen, bestünde darin, weiße Kinder in schwarzen Familien und schwarze Kinder in weißen Familien aufzuziehen und dann ihre Intelligenzquotienten zu vergleichen. Daß die Aufzucht weißer Kinder durch Schwarze eine Kuriosität darstellte, wäre dabei eine weitere Komplikation, der Rechnung getragen werden müßte. Und Schwarze, die in weißen Familien aufwüchsen, würden außerhalb der Familie nach wie vor die Wirkungen des Vorurteils gegen die Hautfarbe zu spüren bekommen. Es könnte also nötig sein, mittels irgendeines Verfahrens (sagen wir durch Anmalen der Gesichter) die Hautfarbe der Kinder zu verändern, um die Auswirkungen der Rassenzugehörigkeit auf den Intelligenzquotienten dingfest machen zu können. Aber wer bei Sinnen ist, würde ein solches Experiment nicht befürworten, und wer es dennoch täte, würde sich dem Vorwurf einer unmoralischen und gesetzeswidrigen Handlung aussetzen. Damit dürfte die Absurdität des Anspruchs deutlich sein, die Rolle des Mileufaktors bei Unterschieden im Intelligenzquotienten wissenschaftlich messen zu können. In aller Praxis ließen sich solche Messungen nur durchführen, wenn man das gesamte soziale Umfeld, in dem Schwarze und

Weiße leben müssen, nachhaltig veränderte. Wie der Verhaltensgenetiker Jerry Hirsch von der Washington University in St. Louis feststellt, ist der Versuch, rassisch bedingte Unterschiede in der Intelligenz zu messen, „undurchführbar und also müßig".

Wie die Unterentwicklung in Afrika sind auch die niedrigeren Intelligenzquotienten der amerikanischen Schwarzen das Ergebnis einer jahrhundertelangen systematischen Unterdrückung. Wer die Unterentwicklung Afrikas, beziehungsweise die Armut, Kriminalität und Suchtneigung unter den Schwarzen Amerikas einem angeborenen intellektuellen Mangel zuschreibt, macht sich einer Desinformation schuldig, die den Kampf der schwarzen Bevölkerung um die Gleichberechtigung nur noch erschweren kann. Ihrem Erbmaterial nach sind die Menschen afrikanischer Herkunft nicht weniger als jede andere große Unterart des Menschengeschlechts befähigt, an der Spitze des technischen, wissenschaftlichen und gesellschaftlichen Fortschritts mitzumarschieren. Auch ihr Tag wird kommen.

Eine andere Art von Auslese

Als die natürliche Auslese Körper, Gehirn und Verhalten unserer Vorfahren an die Schwelle des kulturellen Durchbruchs geführt hatte, begann die Kultur selbst, sich zu entfalten, gemäß ihren eigenen Ausleseprinzipien und auf Basis ihrer eigenen Grundmuster von Ordnung und Chaos, Zufall und Notwendigkeit. Während der folgenden 35 000 Jahre hörte die natürliche Auslese nicht auf, den menschlichen Körper an die Sonnenstrahlung, die Hitze, die Kälte, die Höhenlage, die Ernährungsbedingungen anzupassen, die er in seinem jeweiligen Lebensraum antraf. Aber diese natürlichen Veränderungen können unmöglich die ungeheuren Unterschiede zwischen dem kulturellen Instrumentarium moderner Industriegesellschaften und dem der vorhistorischen Zeit erklären. Für das Verständnis des Zusammenhangs zwischen den serpentinenförmigen Stanzlöchern auf Marshacks paläolithischem Plättchen und der Tastatur eines modernen PC sind Theorien, die sich auf die natürliche Auslese stützen, nutzlos und grundsätzlich irreführend. Wir, die wir Computer bauen und benutzen, sind von Natur aus nicht klüger als die Menschen der Eiszeit, die möglicherweise die Mondphasen beobachteten und aufzeichneten. Nichts in unserem Erbmaterial schreibt unserem Gehirn vor, Disketten statt Stichel und Steinplättchen zu verwenden. Und es findet sich auch nichts in unserem Erbmaterial, was uns vorschriebe, in einem hochgelegenen Appartement statt im Eingang einer Höhle zu wohnen oder für unsere Fleischversorgung Herden von Black Angus-Rindern zu halten statt Wildpferde zu jagen. Wir verfügen über Disketten und Haustiere, weil die kulturelle Auslese dafür sorgte, und nicht weil die natürliche Auslese dergleichen begünstigt hätte.

Ich möchte diesen Unterschied deutlicher herausarbeiten. Die natürliche Auslese funktioniert auf Grund von Veränderungen im Programm der Erbeigenschaften, die in den DNS-Molekülen im Kern der Körperzellen gespeichert sind. Wenn die Veränderungen im Programm und in den Körpermerkmalen und Verhaltensweisen, die dessen Steuerung unterliegen, zu einer im Endeffekt erhöhten Fortpflanzungsquote der betroffenen Individuen führen, dann werden sie sich in den nachfolgenden Generationen bevorzugt durchsetzen und Bestandteil des genetischen Programms der Gesamtbevölkerung werden.

Und wie geht die kulturelle Auslese vor sich? Als Ergebnis der natürlichen Auslese besitzt unser Körper eine Reihe spezifischer Triebe, Bedürfnisse, Instinkte, Toleranzschranken, Verletzlichkeiten und Grundmuster von Wachstum und Verfall, die in ihrer Gesamtheit ungefähr das ausmachen, was wir als menschliche Natur bezeichnen. Die menschlichen Kulturen sind organisierte Systeme sozial erworbenen Verhaltens und Denkens, die den Erfordernissen und Möglichkeiten der menschlichen Natur nachkommen bzw. Rechnung tragen. Die kulturelle Auslese steht im Dienst der menschlichen Natur. Sie funktioniert in der Form, daß sie Verhaltensweisen und Vorstellungen konserviert und durchsetzt, die den biologischen und psychologischen Bedürfnissen und Möglichkeiten der Menschen in einer bestimmten Gruppe oder Untergruppe am besten gerecht werden. Das soziale Leben erzeugt einen ständigen Strom von Spielarten in den Denk- und Verhaltensformen, und diese Spielarten unterliegen einer ständigen Überprüfung, inwieweit sie dem Wohlergehen förderlich sind oder schaden. Dieser Prüf- oder Testvorgang kann von bewußten Kosten/Nutzen-Überlegungen bei den Prüfenden begleitet sein oder auch nicht. Das Wichtige ist, daß sich manche Spielarten im Vergleich mit anderen als vorteilhafter erweisen und innerhalb der Gruppe (bzw. Untergruppe) oder durch die Generationen hindurch konserviert werden und sich verbreiten, während andere, die sich als weniger vorteilhaft herausstellen, nicht konserviert werden und sich nicht ausbreiten.

Ist der kulturelle Durchbruch geschafft und die kulturelle Auslese voll in Gang gekommen, hört der größere oder geringere Fortpflanzungserfolg auf, das Selektionskriterium für die Spielarten der Verhaltensweisen und Vorstellungen zu sein. Damit Kalender, Haustiere oder Disketten durch die kulturelle Auslese begünstigt werden, bedarf es keiner erhöhten Fortpflanzungsquote bei denjenigen, die diese Dinge erfinden und bekanntmachen. Bei einigen großen kulturellen Errungenschaften sorgt gerade der Umstand, daß sie die Fortpflanzungsrate senken, dafür, daß sie das Wohlergehen der Menschen fördern, die menschliche Natur befriedigen und deshalb von der kulturellen Auslese begünstigt werden – zum Beispiel bei den empfängnisverhütenden Mitteln. Der Fortpflanzungserfolg dient der kulturellen Auslese deshalb nicht als Motiv oder Anreiz, weil es in der menschlichen Natur keinen solchen Trieb zur erfolgreichen Fortpflanzung gibt (über diesen Punkt werde ich mich später noch ausführlicher verbreiten). Wenn natürlich die kulturelle Auslese einen kontinuierlichen Fall der Fortpflanzungsrate zur Folge hat, dann führt sie schließlich dazu, daß die Bevölkerung, deren Wohlergehen sie befördert, ausstirbt. Aber das hat nichts mit der Frage zu tun, ob die kulturelle Auslese nach dem Vorbild der natürlichen Auslese immer auf eine *Erhöhung* der Quote erfolgreicher Fortpflanzung hinarbeiten muß.

Wie ich im folgenden noch deutlich machen werde, wird das menschliche Fortpflanzungsverhalten während der vergangenen 300 Jahre absolut unbegreiflich, wenn man das heute gängige soziobiologische Axiom vertritt, daß die Menschheit immer danach strebt, die Zahl der Kinder und Blutsverwandten von einer Generation zur nächsten nach Möglichkeit zu vergrößern. In einer menschlichen Gesellschaft nach dem kulturellen Durchbruch kann die Reproduktionsquote steigen oder fallen, je nachdem, ob das eine oder andere den Trieben, Bedürfnissen, Instinkten, Toleranzschranken, Verletzlichkeiten und sonstigen bekannten biopsychologischen Faktoren der menschlichen Natur zupaß kommt. Wenn die Menschen tatsächlich danach trachten, sich möglichst erfolgreich fortzupflanzen, so nicht, weil sie von einem unwiderstehlichen Verlangen nach zahlreicher Nachkommenschaft erfüllt sind, sondern weil unter bestimmten Umständen eine zahlreiche Nachkommenschaft bedeutet, daß man mehr sexuelle Befriedigung, Freizeit, Nahrung, Reichtum, Verbündete, Unterstützung im Alter oder andere Vorteile erringt, die der Lebensqualität förderlich sind.

Mein nächster Schritt wird es sein, jene Faktoren der menschlichen Natur zu ermitteln, die als Prüf- und Testinstanz für die jeweiligen Verhaltens- und Vorstellungsweisen fungieren. Ungeachtet unserer vielgerühmten Sprachmacht und Bewußtseinskraft bleiben wir bei unseren großen kulturellen Unternehmungen an die irdischen Bedingungen gekettet, die unser spezifisches Menschsein uns auferlegt. Sollte es irgendwo im Universum intelligente, gepanzerte, asexuelle, soziale Wesen aus Silikon geben, die ihre Energie aus fotoelektrischen Zellen beziehen und sich durch Zellteilung vermehren, so bin ich sicher, daß diese Wesen weder dazu neigen, Rentiere auf Höhlenwände zu malen, noch sich damit vergnügen, Einkaufswagen durch Supermärkte zu schieben.

Atmen

Trainierte Menschen können ihren Atem unter Wasser dreizehn Minuten lang anhalten. Die meisten Menschen fangen schon nach zwei Minuten an, nach Luft zu ringen. Das Atmen ist von daher ein gutes Beispiel für ein biopsychologisches Triebbedürfnis, das Bestandteil der menschlichen Natur ist und als Rahmenbestimmung für die Auslese kultureller Alternativen dient. Großartige Theorien der Kulturentwicklung halten sich selten mit etwas so Selbstverständlichem auf, obwohl sich doch aus dem Bedürfnis nach Sauerstoff erklärt, warum das Drama der menschlichen Geschichte sich in der Hauptsache zwischen Meeresspiegel und 4 500 Meter Höhe abgespielt hat. In jüngster Zeit ist das Bedürfnis nach guter Atemluft stärker ins Blickfeld gerückt, oder vielmehr hat die Unfähigkeit, die Versorgung mit guter Atemluft sicherzustellen, das Bedürfnis seine Selbstverständlichkeit verlieren lassen. Ein beträchtlicher Teil der Lebensformen im heutigen Industriezeitalter unterliegen einer Auslese, die sich daran orientiert, ob sie zur Erhaltung der von der menschlichen Natur geforderten Luftqualität einen Beitrag leisten oder nicht.

In früheren Zeiten war Luft derart wohlfeil und überreichlich vorhanden, daß die Volkswirtschaftler sie als „Freigut" bezeichneten. Dadurch wurde die Tatsache verschleiert, daß die Auto-, Erdöl- und Versorgungsindustrien die Atmosphäre als Mülleimer benutzten, ohne dafür zu bezahlen und ohne Rücksicht auf die Folgen zu nehmen, die verschmutzte Luft für jene hatte, die sie zum Atmen brauchten. In Wirklichkeit hörte die Luft bereits auf, ein Freigut zu sein, als unsere Vorfahren anfingen, Rauch als Abfallprodukt ihrer Wärme- und Kochfeuer zu erzeugen. Um den Rauch loszuwerden, mußten sie Löcher in die Dächer machen und sich zum Bau von Schornsteinen und Fenstern bequemen. In den Anfängen der Industrialisierung waren die zusätzlichen Atembelastungen, die durch die neuen Verbrennungstechniken auf Basis fossiler Brennstoffe entstanden, im Vergleich zu deren Vorteilen noch gering. Aber bald schon erwies sich, daß die Aufnahmefähigkeit des Himmels für giftige Chemikalien begrenzt war, und mittlerweile spielt der Smog in unserer kulturellen Entwicklung eine zentrale Rolle. Den Kampf gegen ihn bezahlen wir mit Katalysatoren, Rauchreinigungsvorrichtungen, Filteranlagen und Luftreinigungsanlagen. Und wir bezahlen, um ihm zu entrinnen, Millionen Mark für den Bau von Häusern, die prekär an erdrutschgefährdeten Hängen kleben oder sind bereit, täglich 200 Kilometer zwischen Arbeitsstätte und relativ smogfreien Vororten hin und zurück zu pendeln.

Trotzdem hat das Bedürfnis nach Atemluft für die Kulturentwicklung keine so große Rolle gespielt wie andere Bedürfnisse. Durch die Industrialisierung hat das Bedürfnis nach Atemluft größere Bedeutung gewonnen, aber aus diesem Bedürfnis kann nicht begründet werden, warum die Industrialisierung als solche von der kulturellen Auslese begünstigt wurde. Und es läßt sich aus ihm auch keine der wesentlichen Etappen der Entwicklungsbahn begründen, die von den Sammlerhorden der Vorgeschichte bis zu den Agrarstaaten und Großreichen verläuft, die dem Aufstieg der modernen Industriesysteme vorausgingen. Ich halte es für wichtig, daß man versteht, warum das so ist. Einfach gesagt, konnte in der Vergangenheit niemand die Luft als Tauschmittel für Güter und Dienstleistungen benutzen, und sie ließ sich auch nicht auf Vorrat halten, austeilen und als Basis benutzen, um Macht über andere Menschen zu gewinnen. Sicher, man konnte Menschen den Zugang zu ihr abschneiden, indem man die Betreffenden erdrosselte, ersäufte oder hängte. Aber die Macht dazu erhielt man (und erhält man auch heute noch) durch die Verfügung über andere Lebensmittel und Vergütungen und nicht durch die Rationierung und den Verkauf der Luft selbst. Vorläufig sind wir noch sicher vor Tyrannen oder Glücksrittern, die sich den Markt für Atemluft unter den Nagel reißen wollen. Aber angesichts der mittlerweile erwiesenen Fähigkeit, die Atmosphäre über Klein- wie Großstädten zu verschmutzen und knapp werden zu lassen, sollte man nicht davon ausgehen, daß der ungehinderte Zugang zur Luft auch für künftige Generationen eine Selbstverständlichkeit bleibt. Wer weiß, ob nicht der Tag kommt, an dem Versorgungsbetriebe riesigen Ausmaßes unpünktlich zahlenden Kunden damit drohen, die Luftzufuhr in ihre Wohnungen abzudrehen. Im Laufe der kulturellen Entwicklung sind schon merkwürdigere Dinge vorgekommen.

Trinken

Wie die Atemnot ist auch der Durst Ausdruck eines unabweisbaren Körperbedürfnisses. Bei hohen Außentemperaturen, geringer Feuchtigkeit und großer körperlicher Anstrengung kann Flüssigkeitsmangel in wenigen Stunden zur Austrockung des Körpers führen. In feuchtem Klima läßt es sich länger durchhalten. Andress Mihaverz, ein Gefangener in Österreich, der in eine Arrestzelle gesteckt und dort aus Versehen steckengelassen wurde, war nach achtzehn Tagen ohne Wasser (und Nahrung) noch am Leben. Durst ist ein viel dringenderes Bedürfnis als Hunger. Dicke Menschen, die außer Flüssigkeiten nichts mehr zu sich nehmen, können erstaunlich lange überleben. Angus Barbieri aus Tayport/Fife in Schottland kam 382 Tage lang mit nichts als Tee, Kaffee, Wasser, Sodawasser und Vitaminen aus. Als er seine Abmagerungskur anfing, wog er 472 Pfund; als er damit aufhörte, 178 Pfund. Nach längerem Entzug nimmt das Verlangen nach Nahrung ab, das nach Flüssigkeit hingegen wird stärker.

Aber wie das Bedürfnis nach Luft hat auch der Durst für die kulturelle Entwicklung keine wesentliche Rolle gespielt, jedenfalls nicht bis in neuere Zeit. Trinken wurde erst zum Problem, als größere Städte entstanden und die Menschen Trockengebiete zu besiedeln begannen. Die meiste Zeit der Vorgeschichte und der Geschichte haben die Menschen in Gegenden gewohnt, in denen Trinkwasser fast ebenso reichlich vorhanden war wie die Luft zum Atmen. Das Wasser stürzte in Strömen vom Himmel, ergoß sich unzählige Bäche und Flüsse hinab und sammelte sich in zahllosen Teichen und Seen. Wasser gehörte nicht zu den Dingen, für die jemand Lebensmittel und Dienstleistungen im Austausch hergab. Jeder konnte es sich selber bschaffen. Hinzu kommt, daß die meisten Nahrungsmittel zum Großteil aus Wasser bestehen, so daß jemand, der gut mit Nahrung versorgt ist, gar nicht so leicht austrocknen kann. Deshalb hat das Trinkwasser keine so wichtige Rolle in der Kulturentwicklung gespielt wie das Wasser für die Nahrungsmittelproduktion – nämlich für die Bewässerung.

Trinkwasser ist nach wie vor reichlich genug vorhanden, um ungeschieden von dem Wasser, mit dem wir unser Geschirr und unsere

Wäsche waschen, die Toilette spülen und den Rasen sprengen, in unsere Wohnungen zu fließen. Wollen wir reines, sauberes und ungechlortes Wasser, so können wir es flaschenweise im Supermarkt zu einem Preis kaufen, der etwas niedriger liegt als der für Limonade. Noch ist der geladene Gast, der vorzugsweise mit fünf Litern Naturquellwasser als Mitbringsel für die Hausfrau anrückt, nicht in Sicht. Aber wenn die Industriegesellschaften mit der Verschwendung und Verschmutzung von Flüssen, Seen und Grundwasser so weitermachen, wird es garantiert dahin kommen, daß der Preis einer Flasche natürlichen, ungechlorten, nichtdestillierten, reinen Wassers dem einer guten Flasche Wein, wie man so sagt, das Wasser reichen kann. Und die Leute werden in den Feinkostläden auf die besten Sorten Jagd machen.

Mit der Nahrung ist es anders. Durch die ganze Geschichte und Vorgeschichte hindurch sind Nahrungsmittel immer gegen andere Güter und gegen Dienstleistungen austauschbar gewesen. Trinkwasser konnte Seltenheitswert nur in ein paar Dürrezonen erlangen; Lebensmittel konnten überall knapp werden. Die Nahrungserzeugung hat immer Mühe gekostet. Niemand hat jemals Nahrungsmittel für ein frei verfügbares Gut gehalten.

Essen

Im Zweiten Weltkrieg versuchten die Nazis, die Bevölkerung des Warschauer Ghettos den Hungertod sterben zu lassen. Lebensmittel, die an den Wachposten vorbeigeschmuggelt wurden, verschafften den Ghettobewohnern eine Ration von ungefähr 800 Kalorien pro Tag. Die Ärzte des Ghettos, die selber langsam verhungerten, beschlossen, eine Untersuchung der von ihnen so genannten Hungerkrankheit durchzuführen. Ein Teil ihrer Arbeit hat den Krieg überlebt und ist als einzigartiger Bericht über das menschliche Verhungern mit Todesfolge in die medizinische Literatur eingegangen. Die Ärzte hofften, ihre Beobachtungen könnten sich eines Tages für das Verständnis des klinischen Zustands anderer, vom Hungertod bedrohter Menschen nützlich erweisen. Sie berichten:

„Ständiger Durst und dauerhaft vermehrter Urinfluß ... sind die ersten Anzeichen, die auch schon nach einer kurzen Hungerperiode auftreten ... Andere frühe Beschwerden sind etwa Mundtrockenheit, Gewichtsabnahme und ein fortgesetztes Verlangen nach Essen.

Dauert der Hunger an, so werden diese Symptome schwächer. Die Patienten verspüren jetzt allgemeine Schwäche, fühlen sich unfähig zur geringsten körperlichen Anstrengung und sind arbeitsunlustig. Sie bleiben den ganzen Tag im Bett, decken sich zu, weil ihnen ständig kalt ist, wobei sie an der Nase und an den Gliedmaßen am heftigsten frieren. Sie werden apathisch und depressiv und können sich zu nichts aufraffen. Sie wissen nicht mehr, daß sie Hunger haben, aber wenn man ihnen Brot, Fleisch oder Süßigkeiten zeigt, werden sie höchst aggressiv, schnappen sich das Essen und schlingen es auf der Stelle herunter, selbst wenn sie dann dafür Schläge bekommen und zu schwach sind, um wegzulaufen. Gegen Ende der Hungerkrankheit klagen sie nur noch über völlige Erschöpfung."

In dem Maß, wie der Fettüberschuß schwindet, wird die Haut dunkler, trockener und faltig. Die Schamhaare und die Haare in den Achselhöhlen fallen aus. Die Frauen menstruieren nicht mehr und werden unfruchtbar. Die Männer werden impotent. Kommen Kinder zur Welt, so sterben sie binnen weniger Wochen.

„Die Lebensfunktionen kommen gleichzeitig zum Erliegen. Pulsschläge und Atemzüge werden langsamer, und es wird immer schwieriger, den Patienten zu erreichen, bis das Leben erloschen ist. Die Menschen schlafen im Bett oder auf der Straße ein und sind morgens tot. Sie sterben, während sie sich körperlich anstrengen, zum Beispiel auf der Suche nach Nahrung, und manchmal sterben sie sogar mit einem Stück Brot in den Händen."

Wie die Warschauer Studie zeigt, kann man zwar auf Basis einer Ernährung, die schließlich zum Tod führt, monatelang am Leben bleiben, aber es stellen sich ziemlich rasch körperliche und seelische Beeinträchtigungen ein. Der Hunger, den Gutgenährte empfinden, ist eine Sicherheitsvorrichtung, um auf künftige Gefahren hinzuweisen, und nicht etwa Anzeige einer unmittelbar vorhandenen Bedrohung. Sobald die letzte Nahrung den Magen verläßt, treffen die ersten Signale im Gehirn, und dort vor allem im zentralnervösen Bereich, dem Hypothalamus, ein und fordern dazu auf, wieder zu essen. Die Signale informieren darüber, daß der Magen leer ist, daß der Blutzuckerspiegel im Blut gefallen ist und daß die Aminosäurereserven des Körpers ihre Ausgewogenheit verlieren. Wir nehmen diese Signale als ein leichtes Unbehagen wahr, das sich, wenn es unbeachtet bleibt, zu einer unaufhörlichen, quälenden Zwangsvorstellung verstärkt. Um uns weiterer Pein zu entziehen, essen wir – wenn möglich. Aber das ist nicht alles. Das Essen muß nicht einfach nur ein Reflex zur Schmerzverminderung sein, wie wenn man die Hand von einer heißen Herdplatte wegreißt. Nahrung kann auch eine reiche Quelle lustvoller Riech-, Kau- und Geschmacksempfindungen sein, die uns fürs Essen belohnen, selbst wenn wir keinen Hunger haben.

Zuerst lebten unsere Vorfahren von Aas, gingen auf die Jagd und betätigten sich als Sammler; später gab es dann Ackerbau und Viehzucht, und heute hat man maschinisierte petrochemische landwirtschaftliche Fabriken. Aber gleichgültig, ob die Nahrung gesammelt, angepflanzt, geräubert, gejagt oder fabrikmäßig produziert wird, die Kosten für ihre Beschaffung sind hoch. Für die Nahrung hat die Menschheit seit je einen beträchtlichen Teil ihrer Zeit, ihrer Energie und ihres technischen Wissens aufgewendet. Und seit die Menschen mehrmals am Tag Nahrung brauchen und zu sich nehmen, ist sie nicht nur teuer, sondern auch hochgradig geeignet, gegen andere Güter und Dienstleistungen ausgetauscht zu werden. Später werde ich zeigen, wie sich eine spezifische Organisation des gesellschaftlichen Lebens der Menschen herausbildete, als man anfing, Nahrung gegen geschlechtliche Dienste zu tauschen. Aber so weit, daß ich diesen Teil der Geschichte erzählen könnte, bin ich noch nicht.

Warum wir zuviel essen

In einer Gesellschaft, in der die Hauptternährungskrankheit Fettleibigkeit ist, vergißt man leicht, was für schreckliche Folgen Mangel an Essen und Trinken für den menschlichen Körper haben kann. Und doch ist Fettleibigkeit bloß eine verkappte Form von Hunger. Das Schreckgespenst, das uns in Richtung Übergewicht drängt, ist nach wie vor das des Hungertods, weil unser Verlangen nach Nahrung und unsere Eßlust die Folge einer mindestens zwei Millionen Jahre langen Auslese zugunsten der Fähigkeit ist, nicht nur zu essen, sondern sich zu überfressen. Unser Magen zeugt davon. Im Leerzustand ein kleines Muskelsäckchen, kann er sich ohne weiteres so weit ausdehnen, daß er zwei bis drei Pfund Nahrung auf einmal fassen kann; ausladende Mahlzeiten mit 10 0000 oder mehr Kalorien stellen für ihn kein mechanisches oder physiologisches Problem dar. Überall in der Welt legen Feste und Bankette Zeugnis von der Begeisterung ab, mit der sich die Menschen, und sogar die Bestgefütterten, der Aufgabe der Völlerei verschreiben.

Gesunde Menschen, die infolge eines monatelangen Nahrungsentzugs stark an Gewicht verloren haben, können erstaunliche Mengen verdrücken. Nachdem die Teilnehmer an einer berühmt gewordenen experimentellen Hungerstudie, die von Anselm Keys durchgeführt wurde, wieder uneingeschränkt essen durften, stopften sie zuerst 10 000 Kalorien täglich in sich hinein. Aber wie ausgehungert Menschen anfänglich auch sein mögen, normalerweise stopfen sie sich nicht so konsequent voll, daß sie schließlich die gargantuanischen Dimensionen erreichten, die ihnen erlaubten, auf Jahrmärkten aufzutreten. Wir verfügen über einen fast unwiderstehlichen Drang zu essen, aber es gibt auch mindestens ein paar eingebaute Steuerungsmechanismen, die unseren Appetit zügeln und dafür sorgen, daß sich nicht zuviel überflüssiges Körperfett ansammelt. Bei einem anderen Experiment erklärten sich Strafgefangene bereit, sich solange vollzustopfen, bis sie ihr Körpergewicht um 20% erhöht hatten. Nachdem dieses Ziel erreicht war, durften sie soviel oder sowenig essen, wie sie wollten. Die meisten von ihnen fingen sofort an, nur noch ein paar hundert Kalorien täglich zu sich zu nehmen, bis sie wieder ihr ursprüngliches Gewicht erreicht hatten. Ein weiteres Zeichen dafür, daß unser Körper mit einer Art „Diätostat“ (in Analogie zum Thermostat) ausgerüstet sein muß, ist die Tatsache, daß der durchschnittliche Erwachsene im Laufe seines Lebens nur wenig an Gewicht zulegt. Im Alter zwischen 18 und 38 Jahren nehmen wir normalerweise nicht mehr als zehn oder zwanzig Pfund zu, während wir uns durch 20 Tonnen Lebensmittel hindurchfressen. Die Ernährungswissenschaftler schätzen, daß der Diätostat mit einer Toleranz von weniger als 1% arbeiten muß, um die Gewichtszunahme im Verhältnis zur konsumierten Nahrungsmenge so gering halten zu können. Das klingt zwar eindrucksvoll, aber zuverlässig hält der Diätostat die Menschen nicht davon ab, zuviel zu essen. Daß man bis zum Alter von 38 Jahren zehn oder zwanzig Pfund zugenommen hat, bedeutet häufig, daß man dann zehn oder zwanzig Pfund Übergewicht hat. Und dieselbe scheinbar geringe Abweichungstoleranz gestattet dann vielen von uns, bis zum Alter von 58 Jahren zwanzig bis vierzig Pfund Übergewicht anzusammeln. Den Statistiken des National Center for Health zufolge haben 24,2% der männlichen und 27,1% der weiblichen Erwachsenen zwanzig Prozent mehr Gewicht, als ihnen guttut. Das eigentlich Bemerkenswerte an der Fettleibigkeit unserer Tage ist, daß es sie nach wie vor gibt – trotz aller Moden und Schönheitsideale, die von fettleibigen Menschen nichts wissen wollen, trotz aller intensiven Aufklärungsbemühungen durch das öffentliche Gesundheitswesen, das Fettleibigkeit mit Herzgefäßerkrankungen in Zusammenhang bringt, und trotz milliardenschwerer Industrien, die sich der Fitneß, der Diätnahrung und der Gewichtskontrolle verschrieben haben. Wenn man bedenkt, daß die halbe Erwachsenenbevölkerung in den westlichen Nationen in der einen oder anderen Form auf Diät gesetzt ist, dann muß man wohl zu dem Schluß kommen, daß der eingebaute Diätostat unter heutigen Bedingungen nicht allzu gut funktioniert. Und der Grund dafür scheint nicht schwer zu erkennen: Fast während ihrer ganzen Zeit auf Erden sind die Menschen nicht durch ihren Diätostat vor Übergewicht bewahrt worden, sondern durch Nahrungsmangel.

Warum wir Festessen veranstalten

Verantwortlich für die Fettleibigkeit ist nicht schlicht und einfach die Neigung, sich zu überfressen. Aus keiner physiologischen Gesetzmäßigkeit folgt, daß überreichliches Essen notwendig zu Übergewicht führen muß. Überschüssige Nahrung könnte auch einfach ausgeschieden werden. Das Problem liegt in der außergewöhnlichen Effektivität, mit der unser Körper überschüssige Nahrung in Fett verwandelt, und in seiner Methode, dieses Fett in speziellen „Depots“ an Brust, Bauch, Hinterteil, Hüften und Schenkeln abzulagern. Durch die Umwandlung von überschüssiger Energie in Fettpolster konserviert der Körper 98% der Kalorien, die nicht für den unmittelbaren Stoffwechsel gebraucht werden. Und was die Sache noch schlimmer macht: Von einem Menschen zum anderen variiert die Kalorienzahl sehr stark, die zur Aufrechterhaltung des Stoffwechselgleichgewichts erforderlich ist. Bei gleichem Gewicht und gleicher Größe nehmen manche Menschen bei 2000 Kalorien pro Tag ab, während andere zunehmen. Noch größeres Unheil entsteht aus der Fähigkeit des Körpers, bei der Umwandlung von Nahrung in Energie an Effizienz zu gewinnen, wenn die Menge der verfügbaren Kalorien sinkt. Gerade Schlankheitskuren trainieren den Körper, bei der Energieumwandlung immer effektiver zu werden. Das bedeutet, daß Leute, die ständig Schlankheitskuren machen, sich bei jedem neuen Versuch wiederum erschwerten Bedingungen gegenübersehen. Das ist natürlich kein Problem für jene zwei Drittel der Weltbevölkerung, die sich gar nicht genug Essen leisten können, um dick zu werden, mag ihr Körper sich bei der Umwandlung von Nahrung in Energie auch noch so effektiv zeigen.

Die Fähigkeit, überschüssige Nahrungsenergie in Fettpolstern abzulagern, ist ein biologisches Erbe, das durch die Erfahrungen der gesamten frühmenschlichen und menschlichen Geschichte vor dem Industriezeitalter geprägt ist. Im Zentrum dieser Erfahrungen stand der Hunger. Nicht nur der Hungertod wie im Warschauer Ghetto, im Gefolge von Schlachten, Belagerungen und Plünderungen früherer Kriege oder wegen verheerender Stürme, Dürren, Fröste und Erdbeben, sondern auch der Hungertod auf Grund von periodisch auftretender Lebensmittelknappheit, zu der es immer dann kam, wenn jagdbares Wild oder Pflanzen, die sich sammeln und ernten ließen, jahreszeitlich bedingt knapp wurden. Unter unseren Vorfahren gab es nur wenige, die nicht mit alljährlichen Schwankungen zwischen Knappheit und Überfluß zu kämpfen hatten.

Auch heutige Jäger- und Sammlervölker oder bäuerliche Dorfgemeinschaften haben noch Hungerzeiten auszustehen. Je nach dem System der Nahrungsmittelproduktion kann es an verschiedenen Stellen im Jahr zu diesen Hungerphasen kommen. Bei den Eskimos fanden die Shakespearschen „Winter des Mißvergnügens" im Sommer statt, wenn man Seehunden nicht mehr an Eislöchern auflauern und sie harpunieren konnte, sobald sie an die Oberfläche kamen, um Luft zu schöpfen. Im Amazonasgebiet war es die Regenzeit, die den Hunger mitbrachte, weil dann die Flüsse zu breit und zu reißend wurden, um Fischfang treiben zu können, und weil die Beutetiere auf dem Land sich verstreuten und schwer zur Strecke zu bringen waren. Ackerbauvölker haben normalerweise ihre Hungerzeiten, wenn die Feldfrüchte reifen, aber noch nicht geerntet werden können. Das hat eine klassisch gewordene Untersuchung der Hungerzeit in Afrika nachgewiesen, die von dem Ethnologen Audrey Richards bei den Bemba in Sambia durchgeführt wurde. Die Bemba ernteten selten so viel von ihrem Grundnahrungsmittel, der Hirse, daß sie länger als neun Monate damit auskamen. Die restlichen drei Monate bis zur neuen Ernte reduzierten sie die gewohnten zwei Tagesmahlzeiten auf eine, verzichteten auf ihre Imbisse und aufs Hirsebier und lebten von Gurken, Pilzen und Raupen. Um ihren Kalorienverbrauch zu senken, saßen sie die meiste Zeit untätig herum, und an manchen Tagen blieben sie einfach im Bett, tranken Wasser und schnupften Tabak. Während der afrikanischen Hungerperioden sind Gewichtabnahmen von 8% oder mehr an der Tagesordnung.

Wenn eine Hungerzeit zu Ende ist, fangen die Leute nicht einfach wieder an, ihre normale Nahrungsmenge zu sich zu nehmen. Jahreszeitlich bedingte Ernten, egal ob von angepflanzten oder von wildwachsenden Früchten, gehen typischerweise mit rituellen Freßorgien einher. Dem Fasten folgt das Fest, geradeso wie bei Keys Versuchspersonen.

Verbesserte Methoden bei der Untersuchung von prähistorischen menschlichen Knochen und Zähnen haben neuerdings Belege dafür geliefert, daß unsere steinzeitlichen Vorfahren einem solchen Schema abwechselnder Fast- und Festzeiten mit gelegentlichen Einschüben längerer Hungerperioden folgten. Klinische Beobachtungen zeigen, daß bei Kindern und Erwachsenen schon nach einer Woche ernsthaften Nahrungsmangels die Langknochen ihrer Beine und Arme zu wachsen aufhören. Wenn das normale Wachstum weitergeht, unterscheidet sich die Dichte des Knochenmaterials an der Stelle, wo der Wachstumsprozeß unterbrochen war, von der im übrigen Knochen. Mit Hilfe von Röntgenstrahlen lassen sich Perioden unterbrochenen Wachstums in Form von querlaufenden Linien erkennen, die man „Harris-Linien" nennt. Die Archäologen machen sich diese Linien als Informationsquelle zunutze, um über den Ernährungszustand der vorgeschichtlichen Jäger- und Sammlervölker etwas zu erfahren. Die Linien berichten häufig von kurzen Hungerzeiten, denen Freßphasen folgten, bei denen das Knochenwachstum rasch voranschritt.

Die Zähne liefern weitere Hinweise auf Ernährungsprobleme bei den Menschen der vorgeschichtlichen Zeit. Längere Perioden von Unterernährung führen häufig zu Zahndefekten – streifenartigen Verfärbungen sowie kleinen Löchern und Unebenheiten im Zahnschmelz. Die Wissenschaftler nehmen an, daß diese Defekte die Folge von Unterernährungsperioden sind, die länger dauerten und gravierender waren als die Hungerphasen, die in den Harris-Linien resultierten. Ein wichtiger Befund ist, daß bei vorgeschichtlichen Jäger- und Sammlervölkern die Harris-Linien häufiger und Zahndefekte seltener auftreten als bei den späteren vorgeschichtlichen Dorfgemeinschaften, deren Subsistenzgrundlage der Ackerbau war. Das würde bedeuten, daß die Jäger und Sammler eher unter vorübergehenden Nahrungsverknappungen als unter langanhaltenden Hungersnöten zu leiden hatten, weil sie äußerst beweglich waren und ihre Ernährungssituation dadurch verbessern konnten, daß sie in Gegenden überwechselten, die weniger von der Dürre oder welcher Naturkatastrophe auch immer betroffen waren. Ackerbauern hingegen hatten normalerweise nur eine Hungerperiode pro Jahr. Aber von Zeit zu Zeit gab es eine Mißernte, und dann waren sie an ihre Dörfer und Felder gefesselt und mußten anhaltende Hungersnöte ertragen.

Ich bezweifle, daß unsere eiszeitlichen Vorfahren dauerhaft genug zunehmen konnten, um fett zu werden. Zum einen wurden ihre Fettreserven mehrmals im Jahr dadurch wieder abgebaut, daß Jagdtiere und verwertbare Wildpflanzen vorübergehend knapp wurden. Zum anderen dürfte das ständige Laufen, Rennen, Graben und Tragen, zu dem sie gezwungen waren, für den Verbrauch der meisten überschüssigen Kalorien gesorgt haben, die sie aufnahmen, wenn Nahrung reichlich vorhanden war. Aber was ist mit den eindrucksvollen eiszeitlichen Venusfiguren, die Frauen mit übergroßen Brüsten, Bäuchen, Schenkeln, Hüften und Hinterteilen darstellen? Ich wage zu behaupten, daß so dicke Frauen den Künstlern in natura nie unter die Augen kamen. Aber es mußte ihnen zwangläufig auffallen, daß füllige Frauen Hungerzeiten besser überstanden als knochige, und dementsprechend statteten sie ihre Idealfrau mit übermenschlichen Fettpolstern aus.

Wie auch immer, für die Teilnehmer an heutigen Festmählern spielt die ursprüngliche Bedeutung der Völlerei keine Rolle mehr. Am Erntedanktag zum Beispiel haben wir nicht mehr Monate hinter uns, in denen wir vor Hunger fast umkamen, und wir stehen nicht mehr vor der dringenden Notwendigkeit, unsere erschöpften Fettdepots neu aufzufüllen. Von den Kalorien her gesehen, stellen heutige Festtags-, Hochzeits-, Geburtstags- oder Jahrestagsessen nichts als eine Gelegenheit dar, Konsumniveaus, die eh schon zu hoch sind, noch weiter anzuheben. Uns tun die zusätzlichen Kalorien alles andere als gut, aber für unsere Vorfahren bot jedes Fest Gelegenheit, Fett zu speichern, und gespeichertes Fett ermöglichte es ihnen, die nächste Frost-, Dürre- oder Hungerperiode zu überstehen.

Warum wir dick werden

Wenn es stimmt, daß unsere Vorfahren kaum genug zu essen bekamen, um dick zu werden, dann wird klar, warum die Menschen heute so wenig Mühe damit haben. Die natürliche Auslese bekam gar keine Gelegenheit, sich gegen Menschen zu richten, die so viel aßen, daß sie fettleibig wurden und ihr Herz beziehungsweise ihre Arterien schädigten. Lange genug hat man den Opfern der Fettleibigkeit die Verantwortung für ihr Gebrechen zugeschoben. Sich zu überfressen ist kein Charakterdefekt, kein Ausdruck des Verlangens nach Rückkehr in den Mutterschoß, kein Sexersatz, kein Versuch, Armut zu kompensieren. Es ist vielmehr ein erblicher Mangel im Funktionsplan des menschlichen Körpers, eine Schwachstelle, die von der natürlichen Auslese nicht ausgemerzt werden konnte, – geradesowenig ausgemerzt werden konnte, wie die Neigung unserer S-förmigen Wirbelsäule, unter starker Belastung nachzugeben, die Tendenz unserer Fußwölbung, sich abzuplatten, die Eigenschaft unseres Gebisses, zu viele Zähne für unsere kleinen Kiefer auszubilden, die Anfälligkeit unseres Blinddarms, sich zu entzünden, die Tendenz des Babykopfs, zu groß für die Beckenöffnung der Mutter zu sein. Erregen oder amüsieren wir uns etwa über Menschen, die einen Bandscheibenvorfall, Plattfüße, verkeilte Weisheitszähne, Blinddarmentzündung, ein im Geburtskanal feststeckendes Baby haben? Kann man den Dicken einen Vorwurf daraus machen, daß für sie Essen genauso lustvoll und Hunger genauso schmerzlich ist wie für die Dünnen? Damit will ich natürlich nicht dafür plädieren, daß man den Kampf gegen die Fettleibigkeit durch Kalorien-Reduktion und durch mehr körperliche Betätigung aufgeben sollte. Was ich nur deutlich machen will, ist die Tatsache, daß für viele Menschen der Versuch, ihr Gewicht zu halten, ein unabsehbarer, lebenslanger Kampf mit minimalen Erfolgsaussichten ist.

Das bringt mich zu einem paradoxen Tatbestand: In der Vergangenheit waren es die Armen, die am ehesten zu wenig aßen; heute sind es in den entwickelten Ländern am ehesten die Armen, die zuviel essen. Seitdem sich in den Gesellschaften größere Rang- und Machtunterschiede herausbildeten, waren es stets die unteren Schichten, die am meisten unter der Nahrungsknappheit litten. Archäologische Ausgrabungen alter Grabstätten zeigen fast immer, daß diejenigen, die mit den reichsten Sammlungen von Juwelen, Gefäßen, Waffen und Rangabzeichen anderer Art beigesetzt wurden, größer waren als die Menschen in den schmuckloseren Gräbern. In Tikal in Guatemala zum Beispiel hatten die Männer der Oberschicht der alten Mayas eine durchschnittliche Körpergröße von 1,68 m, während die gewöhnlichen Männer im Durchschnitt nur 1,52 m groß waren, vermutlich, weil ihre Nahrung zuwenig Kalorien und Proteine enthielt. Den gleichen Klassenunterschied fand man auch im 19. Jahrhundert in England. Englische Schuljungen, die aus wohlhabenden Familien kamen und Eliteschulen besuchten, waren durchschnittlich knapp 13 cm größer als ihre ärmeren Kameraden, die auf normale Staats- oder Bezirksschulen gingen. Auch wenn die Angehörigen der Oberschichten nicht unbedingt fettleibig waren, waren die der ärmeren Schichten jedenfalls mit Sicherheit nicht nur kleiner, sondern auch magerer. Die Situation hat sich heute mindestens zum Teil genau umgedreht. Die Armen sind noch immer kleiner als die Reichen, aber jetzt sind sie außerdem dicker. Ich habe nicht vergessen, daß es bei vielen blutarmen, obdachlosen und seelisch beeinträchtigten Menschen in unserer Gesellschaft auch heute noch Hunger und Unterernährung gibt. Aber bei Erwachsenen der unteren Einkommensklassen, insbesondere bei schlechtbezahlten Angestellten des Dienstleistungssektors und bei Fabrikarbeitern, ist heute weitaus verbreiteter, daß zuviel gegessen wird. Für dieses Paradox gibt es mehrere Gründe. Auf sein Gewicht zu achten, setzt Kenntnisse über Kalorien und Ernährung und über die gesundheitsschädlichen Folgen der Fettleibigkeit voraus, die in den armen Schichten einfach nicht vorhanden sind. Jogging, Freizeitgymnastik und Sport sind zeitaufwendige und häufig kostspielige Betätigungen. Nahrungsmittel mit hohem Zucker- und Stärkegehalt sind billiger als kalorienarme, nährstoffreichere Fleisch- und Fischnahrung. Schließlich fehlt auch unterberzahlten Dienstleistungsangestellten und Gelegenheitsarbeitern beziehungsweise Sozialhilfeempfängern oder Menschen am Rande des Existenzminimums das Motiv, sich in Kleidung, Figur und Aussehen an jenen Normen zu orientieren, die für Leute aus der Mittelklasse, die es zu etwas bringen wollen, verbindlich sind. Heutzutage, wo Kalorien billiger sind als frische Luft, ist Dickleibigkeit mit dem Makel der Armut und des Versagens behaftet. Ein Julius Caesar unserer Tage würde sich nicht mehr wie bei Shakespeare mit dicken Männern zu umgeben suchen. Um in höheren Kreisen Vertrauen zu erwecken, muß man heute den „hungrigen“ Blick haben.

Angeborene Geschmacksrichtungen

Ein funktionierender menschlicher Körper besteht aus Tausenden von verschiedenen Proteinen, Fetten, Kohlenhydraten und anderen Molekülen. Der Körper selbst synthetisiert die meisten dieser Stoffe aus einer vergleichsweise kleinen Anzahl von Elementen, die man als „essentielle Nährstoffe" bezeichnet. Wenn es diese körpereigene chemische Hexenküche nicht gäbe, müßten wir uns gegenseitig auffressen, um uns mit all den Molekülen zu versorgen, die für die Aufrechterhaltung menschlichen Lebens nötig sind. Aber der Körper ist ein großer Chemiker, weshalb zwischen dem chemischen Profil der Organismen, die wir verzehren, und dem unseres eigenen Körpers nur eine geringe Affinität erforderlich ist. (Das ist gut so, denn eine Art, die sich nur von ihresgleichen nähren könnte, würde nicht lange existieren.) Neben Wasser und Luft müssen wir einundvierzig Stoffe von außerhalb aufnehmen: ein Kohlenhydrat, das sich in Glukose aufspalten läßt, ein Fett, das Linolsäure enthält, zehn von den fünfundzwanzig Aminosäuren, die als Bausteine der Proteine dienen, fünfzehn Mineralien, dreizehn Vitamine und irgendwelche Arten unverdaulicher Ballaststoffe, die nötig sind, um den unteren Teil des Darmtrakts sauberzuhalten.

Die Natur hat uns bemerkenswert freie Hand gelassen, uns diese essentiellen Nährstoffe aus allen möglichen Kombinationen pflanzlicher und tierischer Nahrung zu verschaffen. Wir sind nicht wie die Koalas, die nur Eukalyptusblätter, die Pandas, die nur Bambussprossen, die Seehunde, die nur Fisch, die Wale, die nur Plankton oder die Löwen, die nur Fleisch fressen. Unsere stärkste angeborene Vorliebe zielt wahrscheinlich auf Abwechslung in der Ernährung, darauf, sich nicht Mahlzeit für Mahlzeit und Tag für Tag mit einer einzigen Sorte pflanzlicher oder tierischer Nahrung zufriedenzugeben. Wir sind, kurz gesagt, Allesfresser.

Und doch kommen wir nicht völlig ohne Geschmacksvorlieben auf die Welt. Kleine Kinder verziehen das Gesicht und wenden sich ab, wenn sie Stoffe zu kosten bekommen, die bitter, sauer, scharf, gepfeffert oder salzig schmecken. Unter Gesichtspunkten der natürlichen Auslese betrachtet, ergibt das einen guten Sinn. Die meisten giftigen oder unbekömmlichen Pflanzen, Tiere und tierischen Produkte haben nämlich einen verräterischen bitteren, sauren, scharfen, pfeffrigen oder salzigen Geschmack. Aber diese angeborenen Vermeidungstendenzen sind, verglichen mit unseren allesfresserischen Neigungen, extrem schwach entwickelt. Im Zuge der Ausbildung spezifischer Ernährungsgewohnheiten konnten deshalb die Kräfte der kulturellen Auslese mühelos über den Einfluß jener angeborenen Abneigungen triumphieren.

Bis die Menschen erwachsen sind, haben normalerweise einige oder alle ihrer angeborenen geschmacklichen Abneigungen eine markante Umkehrung erfahren. Die Chinesen mögen ihren Tee kochend heiß und bitter. Die südamerikanischen Gauchos schlürfen ihr nicht minder bitteres Getränk, den Matetee, heiß aus einer gemeinsamen Schale. Die Amerikaner genießen ihre morgendliche Grapefruit eisgekühlt und in Bissen zerschnitten. Die Spanier beträufeln ihren Fisch mit Zitronensaft. Die Engländer mischen ihren Alkohol gern mit Chininwasser. Die Deutschen mögen ihr Fleisch mit scharfem Meerettich. Auch Saures findet man reichlich in den Küchen der Welt: Sauermilch, saure Sahne, Sauerkraut, Sauerteig, saure Äpfel. Ganz zu schweigen vom Essig, der gebraucht wird, um Fleisch und Fisch zu marinieren, Gemüse einzulegen und Salate anzumachen. Am bemerkenswertesten ist vielleicht die Verkehrung ins Gegenteil, die der kindlichen Abneigung gegen gepfefferte Speisen widerfährt. In großen Teilen von China, Mittelamerika, Indien, Südostasien und Afrika erwarten die Menschen von jeder Mahlzeit, daß sie ihnen eine feurige, scharfe Geschmacksfülle vermittelt, die auf der Zunge kribbelt oder brennt und das Wasser im Mund zusammenlaufen läßt. Läßt man den Malabar- oder Chilipfeffer weg, stehen sie empört vom Tisch auf. Was Kleinkinder verabscheuen, danach entwickeln Kinder oder Erwachsene eine Gier. Übrigens glaube ich, daß die weitverbreitete Sucht nach Salz auch dahin gehört. Kleinkinder lehnen Salz ab, während es Erwachsene heftig danach verlangt. Ich kenne aber wenigstens eine Kultur – die der Yanomami –, in der auch die Erwachsenen Salz gänzlich ungenießbar finden.

Soviel zu den angeborenen Geschmacksabneigungen! Aber was ist mit unseren Geschmacksvorlieben? Gibt es denn keine geschmacklichen Richtungen, die den Menschen von Natur aus liegen und die deshalb die kulturelle Auslese nur schwer zu unterdrücken vermag? Vielleicht. Kleinkinder zeigen von Geburt an eine starke Vorliebe für Süßes. Daß Menschen als Leckermäuler auf die Welt kommen, paßt gut zu der Süße der Muttermilch, der einzigen Nahrung, die unbedingt auf dem Speisezettel des Säuglings stehen muß. Muttermilch ist süß, weil sie einen bestimmten Zucker, die Laktose, enthält. Durch Laktase, ein Enzym, das sich im Verdauungssystem findet, wird die Laktose in die verdaulichen, kalorienreichen Formen Sukrose und Galaktose aufgespalten. Ein angeborener Hang zum Süßen hält uns also von möglicherweise schädlichen Stoffen fern und läßt uns zu unserer frühesten, bekömmlichen Nahrung zurückkehren.

Bis vor wenigen hundert Jahren waren Leckermäuler für ihren „Schuß" Süße noch auf Honig und reifes Obst angewiesen; beides war weder leicht zu besorgen noch billig. Es brauchte erst die Erfindung der industriellen Sukrosegewinnung aus Zuckerrohr und später auch aus Zuckerrüben, damit der Süßigkeitsteufel sich im Herzen des Menschengeschlechts einnisten konnte. In ihrer reinsten, kristallinen Form nennen wir die Sukrose Zucker; in nicht so reiner, flüssiger Form bezeichnen wir sie als Sirup oder als Melasse. Mit Kakao vermischt heißt sie Schokolade. Wie immer sie heißen mag, keine Küche scheint imstande, ihrem Reiz zu widerstehen. Nach dem Ethnologen Sydney Mintz ist „bis heute von keiner Gruppe, der Zucker vorher unbekannt war, berichtet worden, daß sie sich der Einführung von Zucker, süßer Kondensmilch, gesüßten Getränken, Süßigkeiten, Backwerk, Konfekt und sonstigen süßen Eßsachen widersetzt hätte". Aber ist es das Süße am Zucker oder sind es die billigen Kalorien, die der Zucker liefert, was dem Zuckerteufel eine so unaufhaltsame Verbreitung sichert? Die Ernährungswissenschaftler wettern gegen den Zucker wegen seiner „leeren" Kalorien, aber für die meisten Menschen sind Kalorien etwas keineswegs zu Verachtendes. Wie Mintz zeigt, hätte ohne die billigen Kalorien, die der Zucker lieferte, mochten diese nun leer sein oder nicht, die industrielle Arbeiterklasse ihre historische Aufgabe nie erfüllen können. In reichlichen Mengen in Tee, Kaffee und andere bitterschmeckende Aufgüsse eingerührt, wurde Zucker zum bevorzugten Muntermacher, um die Last der industriellen Plackerei erträglich werden zu lassen. Niemand muß während der morgendlichen Kaffeepause (oder mögen Sie lieber Tee?) ängstlich über die Schulter gucken. Der Chef hat nichts dagegen.

Schließlich könnte es auch Gin (oder Schlimmeres) sein, und der würde einen noch vor der nächsten Erfrischungspause in Schlaf (oder einen schlimmeren Zustand) versetzen.

Daß keine Kultur, der Zucker vorher unbekannt war, sich seiner Einführung widersetzt hat, heißt in meinen Augen nicht unbedingt, daß das Faible für Zucker bei Erwachsenen in der Hauptsache auf eine angeborene Vorliebe zurückgeht. Wie ich später noch erörtern werde, ist die universale Verbreitung einer kulturellen Eigenschaft kein Beweis dafür, daß diese ein Bestandteil der menschlichen Natur ist. Sie kann vielmehr einfach unter einer Vielzahl unterschiedlicher Bedingungen so nützlich sein, daß sie immer wieder kulturell ausgelesen wird. (Auch gegen Taschenlampen und Streichhölzer hat sich schließlich keine Kultur je gesträubt.)

Gefördert wurde die Verbreitung des Zuckers nicht zuletzt durch seine Brauchbarkeit als Energielieferant, wodurch das Koffein in Kaffee, Tee und Kakao einen zusätzlichen Wert bekam. Würde Zucker sich auch ohne diese Aufputschmittel so rasch ausgebreitet haben, bloß seines Geschmacks wegen? Heute, wo wir über synthetische Süßstoffe ohne Kalorien verfügen, können wir eine weitere interessante Frage stellen. Hätte die Neigung zu süßen Speisen sich so unaufhaltsam durchgesetzt, wenn im Zucker keine Kalorien wären?

Während die weltweite Zuckerorgie in Form von Zahnfäule, Altersdiabetes, Fettleibigkeit und Herzgefäßerkrankungen ihren Tribut fordert, begegnet man ersten Anzeichen einer Ablehnungsfront, die sich gegen Süßungsmittel, egal ob natürlichen oder synthetischen Ursprungs, bildet. Zur Zeit sind die ökonomischen und sozialen Faktoren, die den Zucker- und Süßstoffverzehr befördern, noch viel stärker als die Gegenkräfte. Aber auch so machen bereits viele Menschen die Entdeckung, daß sie ohne große Mühe dem hinterhältigen Eindringen von Süßungsstoffen in Salate, Hamburger, Gemüse und Brot Einhalt gebieten, süße Nachspeisen mit Nichtachtung strafen und ihren Kaffee oder Tee ungesüßt trinken können. Das läßt es möglich erscheinen, daß die kindliche Vorliebe für Süßes irgendwann einmal in eine allgemeine Ablehnung von Süßigkeiten durch Erwachsene umschlagen könnte. Kein Geschmack ist für die Ewigkeit.

Erworbene Geschmacksrichtungen

Wie kommen Kulturen dazu, spezifischen Kombinationen von Nahrungsmitteln und Geschmacksrichtungen den Vorzug zu geben? Sind Vorlieben für bestimmte Nahrungsmittel willkürlich, oder sind sie Resultat einer Auslese, die allgemeinen Prinzipien der Kulturevolution gehorcht? Diese Thematik hat mich weidlich beschäftigt, und ich bin zu der Überzeugung gelangt, daß die Küchen dieser Welt jeweils als praktische Lösungen der Aufgabe angesehen werden können, unter den gegebenen natürlichen und kulturellen Bedingungen ihre Bevölkerungen mit den lebenswichtigen Nährstoffen zu versorgen. Scheinbar willkürliche Unterschiede im Grundbestand traditioneller Ernährungsweisen haben gewöhnlich ernährungspraktische, ökologische oder ökonomische Ursachen. Das Faible für scharfes, gepfeffertes Essen zum Beispiel hängt mit drei Bedingungen zusammen: mit einem warmen Klima, mit einer hauptsächlich vegetarischen Ernährung, bei der Gemüse an die Stelle des Fleischs tritt, und mit einer knapp bemessenen Kalorienaufnahme bei wenig Abwechslung im Speiseplan. Da der Malabar- oder Chilipfeffer nur in frostfreien, warmen, feuchten Klimazonen gedeiht, läßt sich erwarten, daß der Geschmack an scharfem Essen auf die Tropen konzentriert ist. Hinzu kommt, daß Menschen, die ihre lebenswichtigen Nährstoffe primär aus einer Kombination von Hülsenfrüchten und Reis, Mais oder stärkehaltigen Wurzeln beziehen, stark zu Blähungen neigen. Es gibt wissenschaftliche Befunde, die den Volksglauben stützen, daß pfeffrige Soßen hier Abhilfe schaffen. Schließlich erzeugen bei Menschen, deren Speiseplan wenig Abwechslung bietet und die oft hungrig schlafen gehen müssen, scharfe Würzstoffe durch ihre anregende Wirkung auf die Speicheldrüsen ein Völlegefühl, das die Mahlzeit größer und abwechslungsreicher erscheinen läßt, als sie tatsächlich ist. Daß in Nordeuropa und im angelsächsischen Bereich diese Bedingungen fehlen oder nur in geringerem Maß vorhanden sind, läßt plausibel werden, warum dort die Küchen so fad sind.

Versucht man zu erklären, warum manche Gruppen Lebensmittel köstlich finden, die von anderen verschmäht werden, sollte man den wesentlichen Punkt nicht außer acht lassen, daß es außerordentlich unwirtschaftlich wäre, wenn die Menschen für alles irgend Eßbare gleich viel Geschmack entwickelten. Abhängig von der jeweiligen natürlichen und kultürlichen Umgebung gibt es stets Nahrungsquellen, die kostengünstiger sind als andere. Westliche Küchen zum Beispiel kultivieren ein ausgeprägtes Vorurteil gegen tierisches Kleinzeug wie Insekten, Regenwürmer und Spinnen, die in vielen nichtwestlichen Eßtraditionen allesamt auf Gegenliebe stoßen. Ich meine, daß der Schlüssel zum Verständnis dieser Diskrepanz darin zu suchen sein könnte, wie reichlich solches Kleinzeug im Vergleich zu anderen tierischen Nahrungsquellen vorhanden ist. Insekten, Würmer und Spinnen sind zwar nahrhaft, aber wegen ihrer geringen Größe und ihres sporadischen Vorkommens ist es ziemlich kostspielig, sie aufzuspüren und zu sammeln, setzt man ein Pfund von ihnen in Relation zu einem Pfund Fleisch von größeren Jagd- oder Haustieren wie Rehwild oder Rindern.

Eine einfache Formel erlaubt vorauszusagen, in welchem Maß unterschiedliche Kulturen Kleinzeug ablehnen oder akzeptieren werden. Die Variablen, die dabei in Rechnung gestellt werden müssen, sind die Häufigkeit, Dichte des Vorkommens und Größe der verfügbaren Insekten oder sonstigen eßbaren Kleinlebewesen, sowie die Häufigkeit, Dichte des Vorkommens und Größe der verfügbaren größeren Tiere. Je größer die Kleinlebewesen sind und je zahlreicher und konzentrierter sie vorkommen, um so wahrscheinlicher ist, daß sie als zum Verzehr geeignet gelten, vorausgesetzt, daß gleichzeitig größere Tiere selten und schwer zu fangen sind. Das erklärt die außerordentliche Beliebtheit, deren sich der Insektenverzehr bei den Eingeborenenvölkern des Amazonasgebiets und bei anderen Bewohnern tropischer Wälder erfreut; die Insekten sind hier groß und treten in dichten Schwärmen auf, während es nur wenige wirklich große Tierarten zum Jagen und außer dem Hund keine Haustiere gibt, die als alternative Fleischquellen zur Verfügung stünden. Das Umgekehrte gilt für Europa, wo es wenige große Insekten gibt, die in Schwärmen auftreten, hingegen reichlich Haustiere wie Rinder, Schweine, Schafe und Hühner. Mir scheint, daß dieser Erklärung der Vorzug gebührt vor der beliebten Vorstellung, Europäer und Amerikaner äßen keine Insekten, weil dieses Zeug Krankheiten übertrage und einen abscheulichen Anblick biete. Wenn Insekten Krankheiten übertragen können, so gilt das auch für Schweine, Rinder und Hühner. Außerdem lassen sich Insekten auf dieselbe Art keimfrei machen wie andere Nahrungsmittel: durch Kochen oder Braten. Und was die These betrifft, daß man Dinge nicht ißt, weil sie abstoßend aussehen, so sind die einzigen, die davon abgestoßen werden, diejenigen, die sie nicht essen.

In jahrelangen Bemühungen habe ich versucht zu zeigen, daß dieselbe Art von Gesetzmäßigkeit auch auf so scheinbar sinnlose Eßverbote wie das Verbot von Schweinefleisch im Alten Testament und im Koran anwendbar ist. Schweine brauchen Schatten, müssen ihre Haut feucht halten, um nicht einem Hitzschlag zu erliegen, geben keine Milch, ziehen keine Pflüge oder Wagen und können nicht von Gras leben. In den heißen trockenen biblischen Kernlanden schneiden sie deshalb, was ihre Nützlichkeit angeht, im Vergleich mit anderen Haustieren und vor allem den Wiederkäuern, den Rindern, Schafen und Ziegen, schlecht ab. In den bekannten Passagen im 3. Buch Mose verbieten die Priester der alten Israeliten nicht nur das Schweinefleisch, sondern auch das Fleisch praktisch aller anderen Landtiere, die keine Wiederkäuer sind. Als einzige Wiederkäuerart schließt die Verbotsliste das Kamel ein (das in Wirklichkeit gar kein echter Wiederkäuer ist). Daß diese durch kulturelle Auslese zustandegekommenen altehrwürdigen Verbote in ihrem Kern Ausdruck einer ökologisch sinnvollen, ökonomisch effizienten und ernährungspraktisch unbedenklichen Entscheidung kollektiver Weisheit sind, möchte ich mit folgender Bilanz beweisen:

	Kosten	*Nutzen*
Rinder	Futter (billiges Gras)	Zugkraft für Transport
	Herdenhaltung (wenig Arbeit)	Zugkraft für den Pflug
	Krankeiten (Brucellose, Milzbrand)	Fleisch
		Milch
		Dung
		Häute
Schweine	Futter (billige Abfälle)	Fleisch
	Herdenhaltung (viel Arbeit)	Dung
	Suhlen	Häute
	Schatten	
	Krankheiten (Trichinose, Milzbrand)	

Einigen der rätselhaftesten und scheinbar willkürlichsten kulturell bedingten Nahrungsvorlieben liegen Kompromisse zugrunde, die den Nutzen einer Tierart als Fleischquelle ins Verhältnis zu ihrem Nutzen als Lieferant anderer wichtiger Erzeugnisse oder Leistungen bringen. In manchen Milieus sind bestimmte Tiere lebendig einfach mehr wert als tot. Das gilt zum Beispiel für das Rind in Indien. Weil es fürs Pflügen wie auch als Milchquelle und als Lieferant für Dung gebraucht wird, der zum Düngen der Felder und als Brennmaterial dient, hat das Rind in Indien mehr Nutzen, wenn es bis ins hohe Alter am Leben bleibt, als wenn es geschlachtet und als Fleisch verkauft würde. Und wenn es dann schließlich nach lebenslanger harter Arbeit in die Knie geht, so verkommt außerdem sein Fleisch keineswegs, weil der Eigentümer, um den Kadaver loszuwerden, sofort den Angehörigen von Kasten Bescheid gibt, die sich auf den Verzehr toter Rinder spezialisiert haben.

Vielleicht ist dies der rechte Platz für eine weitere Bemerkung zu dem Problem, wie in der Kulturevolution nach dem Durchbruch natürliche und kulturelle Auslese in ihrem Verhältnis zueinander gewichtet werden müssen. Es scheint schlechterdings unmöglich, die Mannigfaltigkeit von enorm unterschiedlichen, gesellschaftlich erworbenen Vorlieben für bestimmte Geschmacksrichtungen und Nahrungsmittel auf eine strikte Steuerung durch genetische Dispositionen zurückzuführen. Niemand wird ernstlich daran denken, die Begeisterung der Mexikaner für scharfes Essen einem Chilipfeffer-Erbfaktor, den Abscheu der Juden und Muslime vor Schweinefleisch einem Antischwein-Erbfaktor, die Abneigung der Inder gegen Rindfleisch einem Rinderschutz-Erbfaktor oder den Widerwillen der Europäer und Amerikaner gegen Insekten einem Insektenekel-Erbfaktor zuzuschreiben. Ich könnte auch der Behauptung wenig abgewinnen, Ernährungsgewohnheiten würden im Normalfall ausgebildet, weil sie einer erfolgreicheren Fortpflanzung förderlich seien. Wenn, wie ich hoffe gezeigt zu haben, Vorlieben und Abneigungen auf dem Gebiet der Ernährung normalerweise Ergebnis einer wirksamen Befriedigung des Nahrungsbesbedürfnisses sind, warum ist es dann nötig, ihre kulturelle Auslese auch noch an das Kriterium einer erfolgreichen Fortpflanzung zu koppeln? Die jüngere Geschichte der westlichen Welt zeigt, daß die bestgenährten Menschen keineswegs zwangsläufig diejenigen mit dem zahlreichsten Nachwuchs sind. Ich will damit nicht behaupten, daß die natürliche Auslese und der Fortpflanzungserfolg nach dem kulturellen Durchbruch nie mehr einen Einfluß auf die Ernährungsgewohneiten gehabt hätten, wohl aber, daß solche Einflüsse zur Seltenheit wurden. Einer dieser seltenen Fälle ist die Abneigung gegen Milch. Diesen Fall möchte ich als nächstes präsentieren, als ein Beispiel dafür, wie auch noch nach dem kulturellen Durchbruch natürliche Auslese und kulturelle Auslese gelegentlich aufeinander einwirken können.

Eins zu Null für die Gene

Ostasiaten, Afrikaner und die indianischen Ureinwohner Amerikas mögen keine Milch mehr, wenn sie dem Kleinkindalter entwachsen sind, wohingegen die Nordeuropäer und ihre Abkömmlinge in Amerika, egal ob jung oder alt, Milch gern und in Mengen trinken. Um das zu verstehen, muß man genetische Unterschiede berücksichtigen.

Wie andere Säugetiere verlieren die meisten Menschen, während sie älter werden, die Fähigkeit, Laktase zu bilden, ein Enzym, das, wie bereits erwähnt, die Laktose – den Milchzucker – in die verdaulichen Substanzen Sukrose und Galaktose aufspaltet. Dieser Laktasemangel beim Erwachsenen ergibt durchaus einen Sinn, weil im Normalfall für den Menschen die einzige Laktosequelle die arteigene Milch war und die Muttermilch zwar für das Überleben der Kleinkinder, nicht aber für das der Erwachsenen eine entscheidende Rolle spielte.

Ehe ich fortfahre, muß ich erklären, warum die Milch nicht einen weniger komplexen und leichter verdaulichen Zucker enthält. Die Antwort liegt in der Tatsache, daß die Laktose nicht nur Energie liefert, sondern den Kleinkindern auch dabei hilft, das in der Milch enthaltene Kalzium zu verdauen. Wie wir bereits wissen, braucht der Körper dieses lebenswichtige Mineral für den Aufbau und die Festigung der Knochen. Erwachsene können ihren Kalziumbedarf aus pflanzlicher Nahrung, insbesondere aus grünem Blattgemüse, decken. Aber Kinder sind für ihre Kalziumversorgung auf die Muttermilch angewiesen. Ein anderer für die Kalziumverarbeitung wichtiger Faktor ist das Vitamin D, das, wie bereits erläutert, entweder durch den Verzehr von Seefisch und seefischfressenden Säugetieren aufgenommen oder aber im Körper selbst dadurch synthetisiert werden kann, daß die Haut dem Sonnenlicht ausgesetzt wird. Im Unterschied zu den Erwachsenen können die Kleinkinder ihr Vitamin D nur durch die Sonnenbestrahlung gewinnen, weil die Milch kein Vitamin D enthält. Der Beitrag, den die Laktose im Blick auf die Kalziumaufnahme der Kleinkinder leistet, wiegt deshalb schwerer als das Problem, das die Komplexität dieser Zuckerform darstellt.

Etwa vor 12 000 Jahren wurden im Vorderen Orient Tiere gezähmt, die sich melken ließen. Zum ersten Mal standen den Menschen größere Mengen von Milch zur Verfügung, die aus nichtmenschlichen Milchdrüsen stammten. Die ersten Menschen, die sich milchwirtschaftlich betätigten, stellten rasch fest, daß sie diese neue Nahrung in frischer Form nicht verdauen konnten. Sie war nur in gesäuerter Form für sie verdaulich oder wenn sie vorher zu Joghurt oder Käse verarbeitet wurde, weil durch die Fermentierung die Laktose in Sukrose umgewandelt wird und mithin den Erwachsenen die Bildung von Laktase als Voraussetzung für die Aufnahme von Tiermilch in ihren Speiseplan erspart bleibt.

Für die nahöstlichen Völker, die Milchwirtschaft betrieben, blieb der Verlust der Laktase als eines Mittels zur Kalziumaufnahme ohne Auswirkungen auf ihren Fortpflanzungserfolg, weil die Sonne sie mit dem nötigen Vitamin D versorgte und sie das erforderliche Kalzium aus grünen Blattgemüsen gewinnen konnten. Das erklärt, warum die Nachkommen von Völkern, die auf eine uralte milchwirtschaftliche Tradition zurückblicken, wie etwa Juden, Araber, Griechen, Sudanesen und Bewohner Südasiens, häufig nach dem Genuß von ein oder zwei Gläsern frischer Milch massive Darmbeschwerden verspüren. Erst als die Milchwirtschaft sich nach Nordeuropa ausbreitete, ging die Fähigkeit, auch im Erwachsenenalter Laktase zu bilden, mit markant besseren Fortpflanzungsquoten zusammen. Wie schon früher bemerkt, lebten die Milchwirtschaft treibenden nördlichen Völker in nebelverhangenen Gegenden und mußten sich den Großteil des Jahres über gegen die Kälte einmummeln. Über Fisch und Meeressäugetiere bekamen sie kein Vitamin D, und grünes Blattgemüse als alternative Kalziumquelle stand ihnen nicht zur Verfügung. Unter diesen Umständen waren Menschen, denen ihre genetische Ausstattung erlaubte, große Mengen *Frisch*milch zu verdauen, besser imstande, ein normales Knochenwachstum aufrechtzuerhalten und Verkrüppelungen wie der Rachitis oder der Osteomalazie zu entgehen. Deshalb waren sie in der Fortpflanzung relativ erfolgreicher als diejenigen, die ihr Kalzium aus Sauermilch, Joghurt und Käse bezogen. Binnen 4 000 oder 5 000 Jahren erreichte der Erbfaktor, der für die Laktaseproduktion beim Erwachsenen verantwortlich ist, in den Milchwirtschaft treibenden Völkern Nordeuropas einen Bevölkerungsanteil von 90%.

Ein interessanter Aspekt dieser Erklärung betrifft die unterschiedliche biologische, kulturelle und gastronomische Entwicklung, die Indien und China nahmen. Die Völker Indiens übernahmen schon früh die Milchwirtschaft und machten Milchprodukte zu einem grundlegenden Bestandteil ihrer Küche; aber da sie keinen Kalziummangel litten, konsumierten sie Milch hauptsächlich in fermentierter Form. Obwohl die Vorliebe für Milch und Milchprodukte beiden Kulturkreisen gemeinsam ist, ist deshalb in Indien die Laktasebildung im Erwachsenenalter relativ viel weniger verbreitet als in Nordeuropa. China andererseits hat sich die Milchwirtschaft nie zu eigen gemacht, und die Chinesen sehen in Milch ein ekelerregendes Drüsensekret, so daß für sie ein Glas dieser Flüssigkeit einem Glas Speichel vergleichbar ist. Über 90% der Chinesen und sonstigen ostasiatischen Völker ohne Milchwirtschaft produzieren als Erwachsene nicht genug Laktase, um Frischmilch verdauen zu können. Aber wohlgemerkt, die Frage, warum die Chinesen Milch ekelerregend finden, läßt sich nicht einfach damit beantworten, daß sie ihnen Bauchschmerzen macht. Hätten sie die Milchwirtschaft als Zweig ihrer Nahrungsmittelproduktion akzeptiert, so hätten die Chinesen wie die Bevölkerungen Südasiens ihren Laktasemangel leicht durch den Verzehr fermentierter Milchprodukte kompensieren können. Das eigentliche Problem ist deshalb, warum die Chinesen nie die Milchwirtschaft übernahmen. Die Antwort auf diese Frage ist in den unterschiedlichen ökologischen Bedingungen und Gegebenheiten des jeweiligen Lebensraums der Chinesen und der Inder zu suchen und fällt eher in den Bereich der kulturellen als der natürlichen Auslese.

Das Thema hier weiterzuverfolgen, würde uns zu weit abführen. Ich muß mich deshalb auf den Hinweis beschränken, daß China sich über den Handel mit den hirtennomadischen Stämmen Zentralasiens seine Zugtiere besorgte. Die chinesischen Bauern hatten deshalb keinen Grund, in ihren Dörfern Kühe zu halten. Wo keine Kühe sind, da gibt es auch keine Milch und keine Gerichte auf Milchbasis. Indien hingegen war durch den Himalaya und den Hindukusch von den Hirtennomaden getrennt. Um ihren Bedarf an Zugochsen zu befriedigen, mußten die indischen Dörfer Kühe züchten und halten. Das wiederum hat dazu geführt, daß Milchprodukte in der indischen Küche eine herausragende Rolle spielen und daß sich dort in der Erwachsenenbevölkerung der Erbfaktor für eine ausreichende Laktaseproduktion mit mittlerer Häufigkeit findet. Schließlich ist noch interessant, daß sich in Indien die Kühe von Küchenresten und anderen dörflichen Abfällen nähren. In China, wo es keine Kühe in den Dörfern gibt, wird diese ökologische Nische des Resteverwerters in der Hauptsache von Schweinen ausgefüllt, während in Indien Schweine höchstens von christlichen Kasten gehalten werden. Für die chinesische Küche spielen deshalb Schweinefleisch und Schweineschmalz dieselbe Rolle wie Milch und Butter für die indische Küche.

Aber erst einmal genug vom Thema Essen! Die Kultur wird in ihrer Entwicklung nicht nur vom Hunger bestimmt. Es ist an der Zeit, sich einem anderen großen Bedürfnis und Trieb zuzuwenden, dem die Kultur zu dienen hat.

Geschlechtslust

Als Motiv menschlichen Handelns und als bestimmende Macht in der Kulturentwicklung steht die Sexualität dem Hunger kaum nach. Wie der Hunger ist sie sowohl ein Trieb als auch eine Lustquelle. Im Falle eines akuten Mangels an sexueller Befriedigung leiden die Menschen unter einer inneren Spannung, die dringend nach Abfuhr verlangt. Aber die Abfuhr dieser Spannung erzeugt Lustempfindungen, die das Verlangen nach neuen Sexualhandlungen in uns weckt, selbst wenn wir keinen akuten Mangel leiden. Dessenungeachtet ist das Kräfteverhältnis zwischen Hunger und Lust beim Verlangen nach Nahrung ganz anders als beim Verlangen nach Sex. Die schädlichen Auswirkungen bei anhaltendem Mangel an sexueller Befriedigung sind nicht so gravierend wie bei anhaltendem Hungern. Der Entzug der Nahrung (wie auch der des Wassers oder der Atemluft) hat schwerste körperliche Qualen und ein zwanghaftes Verlangen zur Folge, dessen Nichtbeachtung das Leben kostet. Der Entzug der sexuellen Befriedigung hat vergleichsweise geringfügiges Unbehagen zur Folge und ein zwanghaftes Verlangen, dessen Nichtbefriedigung nur die Gefahr weiteren zwanghaften Verlangens heraufbeschwört. Als Ausleseprinzip in der Kulturentwicklung ist das sexuelle Bedürfnis weniger machtvoll als der Hunger, weil die Menschen am Rande des Hungertods ihren sexuellen Trieb und Lustanspruch verlieren. Umgekehrt ist es nicht so. Menschen ohne geschlechtliche Befriedigung verlieren nicht ihren Nahrungstrieb und Appetit. Unter Umständen essen sie sogar mehr, um ihre sexuelle Not zu lindern. Aber wenn die beiden Antriebe und Lustquellen frei miteinander wetteifern können, dann ist das Sexualbedürfnis ohne weiteres imstande, sich über das Verlangen nach Nahrung hinwegzusetzen. Wohlgenährten Menschen fällt es nicht schwer, die Freuden einer üppigen Tafel um des Vergnügens einer Schäferstunde willen zurückzustellen.

Besorgte Eltern, erzürnte Gatten, schnüffelnde Ordnungshüter und kirchliche Gebote mögen die Paarungsneigung der Menschen noch so sehr niederhalten und aus dem Konzept bringen, den Trieb und das Verlangen nach sexueller Befriedigung und Lust völlig zu ersticken, sind sie außerstande. Um auf sexuellem Gebiet ihren Willen durchzusetzen, kämpfen, töten, notzüchtigen die Menschen und setzen sie ihr Vermögen, ja selbst ihr Leben aufs Spiel. Der Sexualtrieb läßt sich auch durch den verunstaltenden Tripper, die in den Wahnsinn führende Syphilis, den juckenden Herpes, die tödliche AIDS-Gefahr nicht abschrecken. Viele haben mit ihm gerungen, um einer höheren spirituellen Existenz teilhaftig zu werden, aber ich bezweifle, daß es je ein junges gesundes menschliches Wesen gegeben hat, dem es gelungen ist, seine geschlechtlichen Empfindungen völlig zu unterdrücken. Schon der Apostel Paulus bekennt: „Ich sehe aber ein anderes Gesetz in meinen Gliedern, das da widerstreitet dem Gesetz in meinem Gemüte und nimmt mich gefangen in der Sünde Gesetz, welches ist in meinen Gliedern“ (Römer 7, 23).

Das Fehlen schädlicher körperlicher Folgen beim Verzicht auf die sexuelle Betätigung, die Bereitschaft der Menschen, um der Orgasmuserfahrung willen die größten Opfer zu bringen, ihr eintöniges, zwanghaftes Verlangen nach immer neuen Befriedigungserlebnissen und ihre Unfähigkeit, sich selber von diesem Drang abzubringen – all das deutet auf eine starke Ähnlichkeit zwischen dem Streben nach sexueller Lust und der Drogenabhängigkeit hin. Bei den Heroinsüchtigen zum Beispiel ist das Bedürfnis nach einem „Schuß“ häufig stärker als das Verlangen nach Nahrung, Schlaf und Geborgenheit. Daß zur Erzeugung einer sexuellen Euphorie nichts eingenommen werden muß, spricht nicht gegen die Vergleichbarkeit. Wir wissen, daß der Körper sich mit selbsterzeugten Erregungsstoffen versorgen kann, wenn er entsprechend stimuliert wird.

Mit Experimenten an Ratten und Hunden hat man nachgewiesen, daß bestimmte Teile des Gehirns als Lustzentren fungieren und daß die Tiere große Anstrengungen unternehmen, um zu erreichen, daß diese Zentren mit einem leicht stimulierenden elektrischen Strom versorgt werden. Wenn die in ihr Gehirn eingepflanzten Elektroden mit Schaltern verbunden werden, die von den Tieren selbst betätigt werden können, dann versetzen sich die Tiere stundenlang ununterbrochen in Erregung. Läßt man ihnen die Wahl zwischen einem Schalter fürs Lustzentrum und einem Schalter für Futter und Wasser, dann versetzen sie sich weiter in Erregung, bis sie vor Durst und Hunger sterben. Im Zusammenhang mit der Vorbereitung von Gehirnoperationen hat die Wissenschaft auch ähnliche Experimente am Menschen durchgeführt. Auch das menschliche Gehirn hat Zentren, die intensive Lustempfindungen erzeugen, wenn man sie elektrisch oder chemisch mit Hilfe von sogenannten Neurotransmittern aktiviert. Einige Patienten vergleichen diese Empfindungen mit denen beim Orgasmus. Aber ein Zentrum, das Menschen dazu bringt, den Schalter so zwanghaft zu betätigen wie die Ratten, hat die Wissenschaft bislang noch nicht ausfindig machen können.

1975 entdeckte eine Gruppe von Wissenschaftlern in den USA, in Schottland und in Schweden gleichzeitig einen Stoff namens Enkephalin, der sich im Gehirn mit denselben neuronalen Rezeptoren verbindet wie das Heroin und durch den Schmerzen betäubt und euphorische Gefühle erzeugt werden. Kurz danach entdeckten andere Wissenschaftler eine zweite Gruppe von körpereigenen opiumartigen Substanzen, die sie Endorphine nannten. Eine logische Folgerung aus diesen Entdeckungen wäre die Annahme, daß die konzentrierte Lust beim Orgasmus Resultat einer sturzbachartigen Überbrückung der Zwischenräume zwischen den Neuronen in den Lustzentren des Gehirns durch solche körpereigenen Opiate ist. Diese Annahme wurde 1977 überprüft, indem man einer menschliche Versuchsperson Naloxon verabreichte und sie dann mit dem Ziel eines Orgasmus masturbieren ließ. Naloxon ist ein chemisches Gegenmittel gegen Heroin und funktioniert in der Weise, daß es die Übertragung der Opiate in den Neuronenzwischenräumen blockiert. Die Forscher beobachteten bei der Versuchsperson jedoch keine Verminderung ihrer Fähigkeit zum Orgasmus, ebensowenig wie die Versuchsperson selbst eine Abnahme ihrer Lustempfindungen feststellen konnte.

Eine elektrische Reizung jenes Teils des Stammhirns, das als Septum cervicale bezeichnet wird, ruft beim Menschen Lustempfindungen hervor. Bei einer männlichen Versuchsperson wurden die elektrischen Vorgänge während des Orgasmus aufgezeichnet und ergaben ein Hirnstrommuster ähnlich dem bei epileptischen Anfällen und charakteristisch für die gleichzeitige Aktivierung sehr großer Neuronenmengen. Die Einspritzung des Neurotransmitters Acetylcholin in das Septum einer weiblichen Versuchsperson erzeugte intensive sexuelle Lustempfindungen, die in wiederholten Orgasmen kulminierten. All diese Experimente lassen zu viele Variablen unberücksichtigt, und deshalb bleibt die genaue Pharmakologie und Neurophysiologie der menschlichen Sucht nach sexuellen Wonnen eines der bestgehüteten Geheimnisse der Natur. Aber es wird schwerlich noch lange dauern, bis eine der großen pharmazeutischen Firmen so weit ist, daß sie Substanzen auf den Markt bringen kann, durch die sich die mentalen Empfindungen, wo nicht gar die körperlichen Erscheinungen des Orgasmus hervorrufen lassen.

Wären unsere orgastischen Entladungen nicht ein bloß periodisches Phänomen, könnten die sexuellen Bedürfnisse leicht über wesentliche lebenserhaltende Instinkte und Triebe den Sieg davontragen und uns in regelrechte Sexfixer verwandeln. Die natürliche Auslese hat dafür gesorgt, daß Besonnenheit die Regel und Euphorie die Ausnahme ist. Wir müssen Schmerz und Angst empfinden können, um uns wirksam mit der Welt außerhalb unserer Köpfe auseinanderzusetzen. Und so hat die natürliche Auslese sichergestellt, daß wir unsere größten Ekstasen nur als Lohn für die Reizung der Fortpflanzungsorgane und nicht als Belohnung dafür erleben, daß wir Finger oder Zehen reiben. Im Zuge der Kulturevolution haben wir gelernt, die von der Natur hergestellte Verbindung zwischen Geschlechtslust und Fortpflanzung zu unterlaufen. Stehen wir jetzt im Begriff, die natürliche Verknüpfung zwischen Geschlechtslust und Geschlecht aufzuheben?

Sexuelle Unwissenheit

Seit Adams und Evas Vertreibung aus dem Paradies ist in den abendländischen Kulturen Sexualität mit Sündhaftigkeit, Unreinheit und Tierischem verknüpft. Der „Mensch“ mag nach Gottes Ebenbild geschaffen sein, aber wie der heilige Augustin warnend sagt, kommt er nur „dem über ihm stehenden Gotte mit demjenigen Teile am nächsten, der seine niederen Teile, die er mit den Tieren gemein hat, überragt“. Selbst Sigmund Freud, der große Vorkämpfer der Libido, verbannte den Geschlechtstrieb ins „Es“, in die animalische Grundlage des menschlichen Seelenlebens. Aber sind wir wirklich unterhalb der Hüfte tierähnlicher als oberhalb? Ich behaupte nein. Unter den ungefähr 200 Arten lebender Primaten gibt es nicht eine einzige, von der sich sagen läßt, daß ihre Schamteile den menschlichen genau gleichen und daß bei ihr Spermienablage und Eisprung ganz genauso sind wie beim Menschen.

Das 1. Buch Mose läßt Adam und Eva ihre geschlechtliche Unschuld verlieren, nachdem sie vom Baum der Erkenntnis gegessen haben. Aber über etwas Wichtiges vergaß die Schlange sie aufzuklären: Wenn Adam in Eva eindrang, wußte er nicht, wann sie ihren Eisprung hatte. Und so ist es bis heute geblieben, mit Auswirkungen, die bis in die tiefsten Schichten unserer gesellschaftlichen Existenz hineinreichen. So schlau wir sonst auch geworden sind, unsere Kenntnisse in Geschlechtsdingen bleiben unvollkommen. Auch heute können wir nur mit Hilfe von medizinischen Beobachtungen und Untersuchungen sagen, ob bei der Frau das Ei zur Befruchtung bereit ist.

Was es bedeutet, daß die Natur hieraus eines ihrer bestgehüteten Geheimnisse macht, wird klar werden, wenn ich an ein paar bekannte und vielleicht weniger bekannte Tatsachen unseres Lebens erinnere.

Etwa alle achtundzwanzig Tage entläßt einer der beiden Eierstöcke im weiblichen Körper ein winziges Ei in den dazugehörigen linken oder rechten Eileiter. Wenn ein Sperma das Ei befruchtet, bevor es den Eileiter hinuntergewandert ist, nistet es sich in der dafür vorbereiteten schwammigen, blutreichen Schleimhaut an der Innenwand des Uterus ein. Wenn nicht, löst sich die Schleimhaut ab und führt zu der bekannten allmonatlichen Menstruation. Das Bemerkenswerteste an dem ganzen Zyklus ist die sehr kurze Lebensdauer, die Sperma und unbefruchtetes Ei haben. Wenn das Ei nicht binnen vierundzwanzig Stunden von einem Sperma befruchtet wird, verliert es seine Fruchtbarkeit. Und wenn das Sperma nicht binnen achtundvierzig Stunden nach seinem Ausstoß in die Vagina ins Ei eingedrungen ist, hört sein Schwänzchen auf, es vorwärtszutreiben, und es stirbt. Deshalb kann es im Normalfall nur dann zu einer Befruchtung kommen, wenn der Geschlechtsverkehr in dem Zeitraum zwischen achtundvierzig Stunden vor dem Eisprung und vierundzwanzig Stunden danach stattfindet. Dadurch wird die Möglichkeit, daß die Kopulation zu einer Schwangerschaft führt, auf ungefähr drei Tage von achtundzwanzig eingeschränkt. Gewöhnlich liegen diese entscheidenden zweiundsiebzig Stunden etwa in der Mitte des Menstruationszyklus, das heißt sie umfassen den zwölften, dreizehnten und vierzehnten Tag nach Beginn der Monatsblutung. (Aber verläßlich genug, um auf ihrer Basis Geschlechtsverkehr ohne Schwangerschaftsrisiko treiben zu können, sind diese Zahlen nicht. Der Zwischenraum zwischen Monatsfluß und Eisprung kann im Einzelfall bis zu fünf oder gar zehn Tagen vom Durchschnitt abweichen.) Bei den meisten Säugetierarten, bei denen die Fruchtbarkeit von Spermien und Eiern auf eine ähnlich kurze Phase beschränkt ist (anders als zum Beispiel bei den Fledermäusen, wo die Weibchen die Spermien der Männchen monatelang aufbewahren können), sendet das Weibchen eine Reihe von Signalen aus und legt bestimmte Verhaltensweisen an den Tag, um sich und seinem Geschlechtspartner zu bedeuten, daß ein befruchtbares Ei auf das Ejakulat wartet. Oder es kann auch umgekehrt sein, wie etwa bei den Mäusen: Der Eisprung erfolgt erst dann, wenn befruchtungsfähige Spermien vorhanden sind. „Läufigkeit" beim Weibchen, den Besitzern von unsterilisierten Hunden und Katzen wohlbekannt, ist eine der üblichsten Methoden der Natur, Kopulation und Eisprung zeitlich aufeinander abzustimmen. Das Weibchen wird nervös, winselt und strömt einen starken Geruch aus, der die Männchen in der Nachbarschaft anlockt.

Wie bei den Katzen und Hunden geht auch bei den Großaffen und Affen der Eisprung nicht ohne gewisse Veranstaltungen vor sich, die sicherstellen sollen, daß Spermien für die Befruchtung des Eis verfügbar sind. Ein Kapuzineraffenweibchen zum Beispiel verändert zum

Zeitpunkt des Eisprungs markant sein Verhalten. Es verzieht das Gesicht zu einer Grimasse, stößt ein deutlich hörbares, ständiges leises Pfeifen aus, das sich zu einem rhythmischen, heiseren Heulen steigert, während es stundenlang hinter einem Leitmännchen herzieht, ihm ganz nah auf den Pelz rückt, es am Hinterteil anfaßt oder schubst oder an einem Zweig in seiner Nähe rüttelt, um dann wegzulaufen.

Gerüche spielen bei mehreren Primatenarten ebenfalls eine wichtige Rolle. Bei den Rhesusaffen sondern die Weibchen, wenn der Eisprung naht, vaginale Fettsäuren ab, deren Duft die Männchen anlockt und für das Ansinnen der Weibchen empfänglicher macht. Bei anderen Arten wird die Tatsache, daß der Eisprung bevorsteht, mit Hilfe visueller Signale angezeigt, die an den perinealen (anal-genitalen) Hautzonen erscheinen. Bei den Schimpansinnen der gewöhnlichen Art treten beim Nahen des Eisprungs perineale rosafarbene Schwellungen auf, die Grapefruitgröße erreichen können und dann wieder verschwinden. Andere Körperregionen des Weibchens können ebenfalls „aufleuchten". Mantelpavianweibchen, die den Großteil ihrer Zeit auf dem Hintern sitzen und Grasbüschel aus der Erde ziehen, bilden zusätzlich zu den Schwellungen hinten, die oft schwer zu sehen sind, halskettenförmige Schwellungen auf der Brust aus.

Die auffälligsten Schwellungen scheinen bei Primatenarten aufzutreten, die wie die Schimpansen und Paviane bei der Paarung häufigen Partnerwechsel praktizieren. Um während des Eisprungs so viele Geschlechtspartner wie möglich anzulocken, sind die promiskuitiven Weibchen auf auffällige Signale angewiesen. Die Paarungen schaffen freundschaftliche Beziehungen zwischen Männchen und Weibchen und halten die Männchen davon ab, die Jungen der Weibchen zu belästigen (was sie, nach der soziobiologischen Theorie von der Bereitschaft, sich umfassend fit zu halten, vielleicht geneigt wären zu tun, wenn sie sicher sein könnten, daß die Jungen nicht von ihnen, sondern von anderen Männchen gezeugt sind). Schimpansenmännchen kämpfen selten heftig um ein Weibchen. Bis zu zwanzig Männchen warten geduldig bei einem einzigen Weibchen, bis sie an der Reihe sind. Das heißt nicht, daß die Männchen nicht um eine möglichst erfolgreiche Fortpflanzung miteinander konkurrieren. Im Gegenteil, sie wetteifern wild miteinander um den größten Erfolg bei der Begattung der Weibchen. Aber dieser Wettstreit wird ausgetragen, ohne daß der Konkurrent dabei bedroht, verstümmelt oder umgebracht werden muß. Im Vergleich mit anderen Großaffen haben die gewöhnlichen Schimpansen extrem große und schwere Hoden, und ihr Ejakulat enthält im Durchschnitt an die zehnmal mehr Spermien als das eines Gorillas oder Orang-Utans. Während ihrer zahlreichen promiskuitiven Paarungen pflanzen sich die Männchen mit der größten Spermienzahl und den lebenskräftigsten Spermien am erfolgreichsten fort. Die durchschnittliche Größe ihres Penis ist diesem ihrem Engagement im Spermienwettstreit angemessen. Im Verhältnis zur Körpergröße ist der Penis bei ihnen mehr als dreimal so lang wie beim Gorilla.

Ein anderes Paarungsmuster und Konkurrenzverhalten findet man bei den Gorillas und Orang-Utans, die beide darauf verzichten, den Eisprung mittels auffälliger geschlechtlicher Schwellungen anzuzeigen. Die Gorillamännchen, die doppelt so groß sind wie die Weibchen, halten sich Harems, die sie eifersüchtig bewachen, und lassen ihre brünstigen Weibchen von keinem anderen Männchen begatten. Für die Weibchen hätte es also keinen Nutzen, wenn sie beim Nahen des Eisprungs ein Feuerwerk an Signalen abbrennen würden, um möglichst viele Männchen anzulocken. Ihr einer Geschlechtspartner läßt sich auch durch weniger auffällige und ausgefallene Signale auf ihre Empfängnisbereitschaft aufmerksam machen. Orang-Utans halten keine Harems, aber trotzdem gilt für sie dasselbe Argument wie für die Gorillas. Sie leben monogam, was bedeutet, daß auch hier das Weibchen nur einen Geschlechtspartner anlocken muß und deshalb auf einen Reklamerummel zur Mobilisierung weiterer Freier verzichten kann. Da sowohl bei den Gorillas als auch bei den Orang-Utans die Männchen die Weibchen dadurch absolut mit Beschlag belegen, daß sie mögliche Rivalen in die Flucht schlagen beziehungsweise auf Distanz halten, brauchen sie um den Zugang zum Ei nicht mittels großer Hoden, einer hohen Spermienzahl und eines langen Penis zu konkurrieren.

Die weitestgehende weibliche Promiskuität im Verein mit der Bereitschaft der Männchen, sich friedlich mit demselben Weibchen zu paaren und sich auf einen Spermienwettstreit zu beschränken, findet man bei den Pygmäenschimpansen *(Pan paniscus)*. Was ich über das Geschlechtsleben dieser erstaunlichen Tiere berichten möchte, war bis vor wenigen Jahren unbekannt. In den undurchdringlichsten und abgelegensten Teilen des kongolesischen Regenwalds beheimatet, waren sie die letzten unter den Großaffen, die mit Hilfe moderner Feldforschungsmethoden von Primatologen in ihrem natürlichen Milieu beobachtet wurden. Weil sie genetisch den Hominiden mindestens ebenso nahestehen wie die besser bekannten gewöhnlichen Schimpansen *(Pan troglodytes)*, liefert die Kenntnis ihres einzigartigen Sexual- und Soziallebens neue Einsichten in die Rolle der Sexualität am Ursprung der menschlichen Gesellschaften. Im Unterschied zu den gewöhnlichen Schimpansen, deren Paarungstätigkeit einen Höhepunkt erreicht, wenn die perinealen Schwellungen am stärksten ausgebildet sind, paaren sich die Pygmäenschimpansen das ganze Jahr über und den gesamten Eisprungzyklus hindurch. In den sechsunddreißig bis zweiundvierzig Tagen, die der Zyklus dauert, gibt es eine Phase der stärksten Schwellung, die fünfzehn bis achtzehn Tage dauert. Aber wenn man den Tagesdurchschnitt nimmt, ist den gesamten Zyklus hindurch die Paarungsrate so ziemlich dieselbe, außer an ein paar Tagen, an denen die Schwellung besonders gering ist. Ich muß noch anfügen, daß bei den erwachsenen Pygmäenschimpansinnen die Schwellung nie so weit zurückgeht wie bei den gewöhnlichen Schimpansinnen, so daß die Weibchen praktisch ununterbrochen Signale aussenden, um Männchen anzulocken. Das hat zur Folge, daß sich Männchen und Weibchen den größten Teil des Monats hindurch und das ganze Jahr über mehrmals täglich paaren.

Im Vergleich mit anderen Affenarten lassen sich die Pygmäenschimpansen nur als Sexprotze bezeichnen. Der Penis des Männchens ist größer und auffälliger als der bei irgendeiner anderen Affenart und im Verhältnis zur Körpergröße länger als beim Menschen. Die Pygmäenschimpansin läßt sich nicht lumpen und hat die größte Klitoris aller Primatenarten. Diese bleibt den ganzen Zyklus hindurch deutlich sichtbar. Im Zustand sexueller Erregung wird die Klitoris doppelt so lang und Schaft und Spitze schwellen wie bei der Erektion des männlichen Glieds an. Die Vergrößerung der Klitoris scheint im Zusammenhang zu stehen mit einer einzigartigen Form von Homosexualität unter den Weibchen, die man als „Genitalreiben" bezeichnet hat: Zwei Weibchen umarmen sich frontal, starren sich in die Augen und reiben ihre Genitalien mit raschen seitlichen Bewegungen aneinander. Im allgemeinen schlingt das eine der beiden während des Reibens die Beine um die Hüfte des anderen. Gelegentlich benutzen weibliche Geschlechtspartner die erigierte Klitoris für dieselben Stoßbewegungen, die typisch für das Paarungsverhalten des Männchens sind. Auch bei den Männchen kommen Phasen solcher homosexuellen Scheinpaarungen vor, wenngleich weniger oft als bei den Weibchen. Homosexuelles Bespringen unter erwachsenen Männchen bei anderen Primatenarten läßt sich gewöhnlich als Versuch des rangniederen Männchens interpretieren, das ranghöhere zu besänftigen, oder aber aus der Absicht des ranghöheren erklären, das rangniedere einzuschüchtern. Bei den Pygmäenschimpansen findet man dergleichen Verhalten relativ selten; denn die Männchen, die auf den Spermienwettbewerb als Fortpflanzungsstrategie gesetzt haben, begegnen einander mit ungewöhnlicher Duldsamkeit.

Die Paarung findet erst statt, wenn beide Geschlechtspartner durch Mienenspiel und lautlich ihre Bereitschaft zu erkennen gegeben haben. Vor der Paarung starren sie sich fünfzehn Minuten lang in die Augen, und sie halten den Blickkontakt, während sie sich begatten. Und stärker als die anderen nichtmenschlichen Primaten wählen die Pygmäenschimpansen für die Begattung die frontale Stellung, das heißt sie kehren einander das Gesicht zu. Offensichtlich haben sie die Verbindung zwischen Paarung und Eisprung dadurch lösen können, daß sie an die Stelle der Eisprungsignale, mit deren Hilfe andere Affen sicherstellen, daß Ei und Sperma zusammenfinden, eine dauernde intensive Sexualbetätigung haben treten lassen. Inwieweit können uns die Pygmäenschimpansen ein Modell für frühmenschliche Zustände liefern?

Und jetzt zu etwas völlig anderem

Die natürliche Auslese hat eine einfache, aber ausgefallene Methode entwickelt, um beim Menschen sicherzustellen, daß an den drei entscheidenden Tagen Sperma und Ei zusammenfinden. Sie hat uns mit Sexualbedürfnissen und -gelüsten ausgestattet, die so stark sind, daß die Menschen sich bereit zeigen, über viele Jahre hinweg täglich geübte sexuelle Aktivitäten zu tolerieren, wo nicht gar anzustreben. Auf diese Weise erübrigt sich das Rätselraten beim Fortpflanzungsspiel: Um herauszufinden, wo die Gewinnkarte steckt, drehen wir einfach alle Karten um. Ich brauche wohl nicht eigens zu erwähnen, daß dies nicht bedeutet, daß Männer automatisch eine Erektion bekommen, wenn sie einer Frau begegnen oder daß Frauen jedem Mann in die Arme sinken, der mit ihnen geschlechtlich verkehren möchte. Wie wir alle wissen, verfügen Männer ebenso wie Frauen über ein beträchtliches Maß an Spielraum in bezug darauf, wen sie umwerben und wen sie zurückweisen beziehungsweise akzeptieren und wann, wo und wie oft das geschieht. Aber der entscheidende Punkt ist, daß für Frauen ebenso wie für Männer das Sexualleben eine zutiefst lustvolle Erfahrung ist und daß es, jedenfalls von der Geschlechtsreife an bis ins mittlere Lebensalter, keine physiologischen oder hormonellen Schranken gibt, die einen davon abhalten können, sich das ganze Jahr über ein oder mehrere Male am Tag geschlechtlich zu betätigen. Mehr sogar noch als die Pygmäenschimpansen verwenden also die Menschen diese verblüffende Schrotflinten-Technik, um ihr Dreitage-Ziel zu treffen. Und mit dieser Technik ersetzen sie die Einzelschuß-Methode anderer Arten, die sich im großen und ganzen nur dann paaren, wenn das Ei als Ziel vorhanden ist.

Obwohl das menschliche Ejakulat umfangreich ist, sind die Spermienzahlen kleiner als bei vielen anderen Primatenarten, und der Prozentsatz vollbeweglicher Spermien ist ebenfalls ungewöhnlich niedrig. Aber das ist eine trübe und ziemlich beunruhigende Geschichte; denn Untersuchungen zeigen, daß die Zahlen der menschlichen Spermien im allgemeinen und der beweglichen Spermien im besonderen seit 1950 scharf gesunken sind, was eine Folge der chemischen Verschmutzung von Luft, Nahrung und Wasser sein könnte. Ansonsten gehören die Menschen zu den geschlechtlich aktivsten Arten im gesamten Tierreich. Der Penis beim Menschen ist länger und dicker als bei allen anderen Primatenarten, und die Hoden sind schwerer als beim Gorilla oder beim Orang-Utan. Bei unserer Art nimmt das Werbeverhalten vor der Paarung mehr Zeit in Anspruch, und die Paarung selbst dauert länger als bei anderen Primaten. Die Fähigkeit des weiblichen Geschlechts zum Orgasmus ist hochentwikkelt, auch wenn sie nicht, wie man früher meinte, beispiellos ist. Die Häufigkeit des Geschlechtsverkehrs ist nicht so groß wie bei den Schimpansen, aber schließlich sehen sich die Menschen ja auch jeder Menge gesellschaftlicher Beschränkungen auf sexuellem Gebiet gegenüber. Diese Beschränkungen haben beim männlichen Geschlecht nächtliche Ergüsse – feuchte Träume – und bei beiden Geschlechtern Selbstbefriedigungsraten zur Folge, die charakteristisch fürs Menschengeschlecht sind und mit denen es höchstens Primaten in Gefangenschaft aufnehmen können. Im ganzen Tierreich gibt es nichts, was der Präokkupation des männlichen Teils der Menschheit mit dem Geschlechtsleben gleichkäme. Amerikanische Jugendliche zwischen zwölf und neunzehn Jahren geben an, sie dächten in ihren Wachzeiten durchschnittlich alle fünf Minuten an Sexuelles, und sogar noch mit fünzig denken amerikanische Männer mehrmals täglich daran. Wie ist es zu diesem eigentümlichen sexuellen Verhaltensmuster gekommen?

Da uns direkte Kenntnisse über die Fortpflanzungszyklen und Paarungsgewohnheiten bei Afarensis und Habilis fehlen, müssen wir diese Frage in der Weise angehen, daß wir im Verhalten der Pygmäenschimpansen nach möglichen Vorbildern oder „Modellen“ Ausschau halten. Durch den unerbittlichen Trend zur Wirtschaftlichkeit, dem die natürliche Auslese folgt, ist so ziemlich ausgeschlossen, daß die sexuellen Extravaganzen der Pygmäenschimpansen bloß dazu dienen, ein bißchen mehr Farbe ins Leben zu bringen. Die Fortpflanzung muß irgendeinen Nutzen von dieser verschwenderischen Art und Weise haben, für Treffsicherheit bei der Eibefruchtung zu sorgen. Wäre es möglich, daß dieser Nutzen in einer intensiveren gesellschaftlichen Zusammenarbeit der Geschlechter besteht, die ihrerseits ein stärkeres Zusammengehörigkeitsgefühl der Gruppe und entsprechend größere Geborgenheit für den Nachwuchs zur Folge hat und von daher also den stärker geschlechtlich orientierten männlichen und weiblichen Exemplaren eine bessere Fortpflanzungsquote ermöglicht?

Gewisse Unterschiede in der Gesellschaftsorganisation der gewöhnlichen Schimpansen und der Pygmäenschimpansen sprechen für diese These. Wie weiter oben bemerkt, gehen die Geschlechtsschwellungen der Schimpansinnen mit Promiskuität bei der Paarung und einer erhöhten Duldsamkeit der Männchen gegenüber den Weibchen und Jungen einher. Bei den gewöhnlichen Schimpansen sind diese Paarungsmuster gleichzeitig verbunden mit lockeren, wechselnden Gruppierungen erwachsener Männchen, die von sexuell empfänglichen Weibchen und ihren Jungen aufgesucht werden. Etwa ein Drittel ihrer Zeit verbringen die gewöhnlichen Schimpansen in diesen mehrere Männchen umfassenden Gruppen, denen sich vorübergehend Weibchen und Junge anschließen. Während eines weiteren Drittels leben sie in kleineren Gruppen, die nur aus Erwachsenen beiderlei Geschlechts bestehen. Und den Rest der Zeit verbringen sie in Gruppen, die nur Weibchen und Junge beziehungsweise nur Männchen umfassen. Demgegenüber ist bei den Pygmäenschimpansen die Sozialorganisation viel stärker gemeinschaftlich. Diese verbringen drei Viertel ihrer Zeit in Gruppen, die Erwachsene beiderlei Geschlechts, Halbwüchsige und Jungtiere umfassen, und Gruppen, die nur aus Männchen beziehungsweise nur aus Weibchen und Jungtieren ohne erwachsene Männchen bestehen, trifft man selten an. Kurz, eine Reihe von erwachsenen Männchen und Weibchen einschließlich Nachwuchs verbringen den Großteil der Zeit in Gemeinschaft, wandern, essen, lausen sich, paaren sich und schlafen zusammen.

Ich denke, es leuchtet ein, daß die natürliche Auslese das intensive Geschlechtsleben der Pygmäenschimpansen deshalb begünstigte, weil es das Zusammengehörigkeitsgefühl zwischen den beiden Geschlechtern und ihrem Nachwuchs erhöhte. Die gewöhnlichen Schimpansen entwickelten sich durch ihre promiskuitiven Paarungen und dadurch, daß sie die Spermienkonkurrenz an die Stelle der Brunftkämpfe treten ließen, ebenfalls in diese Richtung. Aber da ihr Paarungsverhalten durch das Auf und Ab der Geschlechtsschwellungen gesteuert wird, sind die Mütter (und ihre Jungen) häufig von den Vätern getrennt und müssen auf deren mögliche Hilfe bei der Nahrungsversorgung und der Verteidigung verzichten. Die Pygmäenschimpansinnen mit ihren praktisch andauernden Geschlechtsschwellungen und ihrer ständigen Sexualbereitschaft sind da, was männliche Unterstützung für sie und ihre Jungen betrifft, in einer viel besseren Position.

Für meine theoretische Annahme spricht noch eine andere bemerkenswerte Eigentümlichkeit im gesellschaftlichen Leben der Pygmäenschimpansen. Tatsache ist nämlich, daß die Männchen regelmäßig mit den Weibchen und den Jungen Nahrung teilen. Das gilt sowohl für die Kleintiere, die sie gelegentlich fangen, als auch für bestimmte große Früchte, die hin und her gereicht werden. Sueshi Karoda von der Versuchsanstalt für physische Anthropologie an der Universität von Kioto berichtet, daß bei den Pygmäenschimpansen eindeutig häufiger als bei den gewöhnlichen Schimpansen ranghöhere Männchen ihre Nahrung mit anderen teilen. Die Weibchen machen sich häufig an die Männchen heran, um von ihnen Nahrung zu nehmen oder zu erbetteln. Auch halbwüchsige Tiere nehmen oder erbetteln oft Nahrung von ranghöheren Männchen. Rangniedere Männchen sind tendenziell weniger großzügig. Wenn sie in den Besitz einer begehrten Frucht wie etwa einer Ananas gelangen, klettern sie, wenn möglich, an einen abgelegenen Ort. Ranghohe Männchen hingegen sind oft von Bettlern umringt und gezwungen, ihr Essen zu teilen. Bei den gewöhnlichen Schimpansen teilen Weibchen selten ihre Nahrung mit einem anderen als mit ihren Jungen. Demgegenüber teilen bei den Pygmäenschimpansen Weibchen häufig ihre Nahrung nicht nur mit ihren Jungen, sondern auch mit erwachsenen Mitgliedern der Gruppe. Sowohl bei den gewöhnlichen Schimpansen als auch bei den Pygmäenschimpansen ergattern die Weibchen begehrte Nahrung dadurch, daß sie mit ausgestrecktem Arm betteln. Aber die Pygmäenschimpansinnen machen außerdem etwas, was man bei anderen Arten, außer beim Menschen, selten beobachtet. Vor dem Betteln oder einfach anstelle des Bettelns paaren sie sich mit dem Besitzer der begehrten Nahrung. Karoda führt folgende Beispiele an: „Ein junges Weibchen näherte sich einem Männchen, das Zuckerrohr aß. Sie paarten sich rasch, woraufhin das Weibchen einen der beiden Zuckerrohrstengel nahm, die das Männchen in der Hand hielt, und wegging. In einem anderen Fall bot sich ein junges Weibchen einem Nahrungsbesitzer beharrlich an, der sie zuerst mit Nichtachtung strafte, sich dann aber mit ihr paarte und sein Zuckerrohr mit ihr teilte." Und Weibchen tauschen nicht etwa nur mit Männchen Liebesdienste gegen Nahrung aus. Fast bei der Hälfte der Fälle, wo sie mit anderen Weibchen Nahrung teilen, findet zuerst ein Genitalreiben statt, zu dem die Initiative von der Bittstellerin ausgeht.

Alle diese neuen Informationen über die Pygmäenschimpansen sind für unser Verständnis der möglichen Formen des Soziallebens bei den frühesten Hominiden von umwälzender Bedeutung. Aber ehe ich auf diesen Teil der Geschichte zu sprechen komme, möchte ich bewundernd bei einer anatomischen Eigenheit verweilen, die das weibliche Geschlecht nur beim Menschen und bei keiner anderen Primatenart aufweist.

Warum Frauen permanent vergrößerte Brüste haben

Bei nichtmenschlichen Primatenweibchen, die Menschenaffen eingeschlossen, bilden sich vergrößerte Brüste nur während der Stillzeit aus. Bei den Menschenfrauen entwickeln sich im Laufe der Pubertät vergrößerte, häufig schwer hängende Brüste, die in dieser Form erhalten bleiben, egal ob gestillt wird oder nicht. Ihre Größe ist hautpsächlich vom vorhandenen Fettgewebe abhängig, das nichts mit den Milchdrüsen zu tun und also auch keinen Einfluß darauf hat, wieviel Milch eine Frau während der Stillzeit produzieren kann.

Wie eben erwähnt, bilden sich die perinealen Geschlechtsschwellungen bei den Pygmäenschimpansinnen nach dem Eisprung und der Menstruation nur teilweise wieder zurück. Diese Schwellungen dienen nicht mehr nur wie bei den gewöhnlichen Schimpansen dem Zweck, die Männchen zu reizen und zu erregen, wenn der Eisprung bevorsteht. Vielmehr funktionieren sie in Übereinstimmung mit der fast permanenten sexuellen Bereitschaft der Pygmäenschimpansinnen als ein ständig verfügbares Stimulans für den männlichen Geschlechtstrieb.

Die Ausbildung von perinealen Schwellungen bei den Pygmäenschimpansinnen mit quasi Dauerfunktion kann zur Erhellung des Problems beitragen, warum unter allen Primatenweibchen nur die Menschenfrauen dauerhaft vergrößerte Brüste haben. Perineale Signale werden von Arten, die auf allen vieren gehen und laufen, leichter bemerkt als von Arten, die aufrecht gehen und auch beim Essen eine senkrechte Haltung einnehmen. Ich habe bereits die Mantelpaviane erwähnt, die ihr Futter in senkrechter Stellung aufnehmen und bei denen die Geschlechtsschwellungen nicht nur am Hinterteil, sondern auch auf der Brust auftreten. So gesehen, scheinen die hängenden Brüste der Menschenfrauen die Permanenz der perinealen Schwellungen bei den Pygmäenschimpansinnen mit der Auffälligkeit der „Halskette" bei den Mantelpavianweibchen zu vereinen.

Die These, daß geschwollene Brüste Ausdruck einer Verlagerung von Geschlechtssignalen sind, die von der hinteren zur vorderen Körperseite wandern, wurde zuerst von Desmond Morris in seinem

Buch *Der nackte Affe* vorgetragen. Morris wies darauf hin, daß die Schamhaare und die Richtung der äußeren Geschlechtsorgane bei Mann und Frau gut zur Einnahme einer senkrechten und frontalen Körperhaltung beim Geschlechtsverkehr passen.

Morris verfiel auch auf die Idee, daß die Brüste der Hominidenfrauen den anal-genitalen Schwellungen äffischer Vorfahren nachgebildet waren und daß diese Brüste ihre Wirksamkeit als Geschlechtssignale der Empfänglichkeit jener äffischen Vorfahren für visuelle Eindrücke verdankten. Den Clou des Ganzen bildete Morris Behauptung, die Lippen und Brüste einer Frau stellten eine Einheit dar, bei der die rotgeränderte Mundöffnung für die rotgeränderte Vaginaöffnung der Äffin stehe.

Aber man muß sich nicht zu so phantastischen Theoremen versteigen, um zu verstehen, warum die natürliche Auslese beim Menschen Brustsignale den perinealen Signalen vorzog. Ihre Fähigkeit, das männliche Geschlecht sexuell zu erregen, erwarben üppige Busen beim Menschen deshalb, weil es zwischen ihnen und einer erfolgreichen Fortpflanzung einen Zusammenhang gibt. Männer, die sich von üppigen Busen angezogen fühlten, hatten mehr Nachkommen als die, bei denen das nicht der Fall war. Und Frauen mit üppigem Busen hatten mehr Nachkommen als Frauen ohne. Diese vorteilhaften Konsequenzen im Blick auf den Fortpflanzungserfolg hatten ihren Grund darin, daß die weibliche Brust in der Hauptsache aus Fettablagerungen besteht. Während der Schwangerschaft brauchen Frauen pro Tag etwa 250 Kalorien zusätzlich, und während der Stillzeit brauchen sie etwa 750 Kalorien mehr. Großbrüstige Frauen verfügen im Zweifelsfall über große Fettpolster nicht nur in ihren Brüsten, sondern auch im übrigen Körper; und dieses Fett kann in Kalorien umgewandelt werden, wenn die Nahrungsaufnahme den Sonderanforderungen der Schwangerschaft oder der Stillzeit nicht gerecht wird. Gespeichertes Fett muß besonders vorteilhaft gewesen sein, als unsere frühesten Hominidenvorfahren in die Lebensräume der Steppe übersiedelten, wo sie sich mit einer weniger sicheren und schwankenderen Versorgungslage abfinden mußten, als waldbewohnende Großaffen sie gewohnt waren. Durch große Brüste wurde möglichen Geschlechtspartnern signalisiert, daß die Frauen in körperlich guter Verfassung und für die zusätzlichen Belastungen durch Schwangerschaft und Stillzeit gut gerüstet waren. Die natürliche

Auslese begünstigte also gleichzeitig Frauen, die dauerhaft vergrößerte, voluminöse Brüste hatten und Männer, die Frauen mit großen Brüsten sexuell anziehend fanden.

Gegen diese These ist kritisch eingewandt worden, daß große Brüste eher eine abkühlende als aufregende Wirkung auf die Männer hätten haben müssen, weil bei den Großaffen, wie gesagt, die weibliche Brust sich nur während der Stillzeit vergrößert und die Stillzeit wiederum den weiblichen Zyklus unterbindet und die Frauen vorübergehend steril werden läßt. Große Brüste hätten insofern als Signal gedient, daß die Frauen nicht empfängnisbereit waren, und Freier eher abschrecken als anziehen müssen. Aber dieser Einwand verfängt nicht bei Protohominiden, deren Paarungsverhalten dem der Pygmäenschimpansen ähnelte. Im Einklang mit ihrer durchgängig hochsexualisierten Lebensweise hören Pygmäenschimpansinnen, auch während sie trächtig sind oder Junge säugen, nicht auf, sich zu paaren. Wenn man zu dem Gewinn für die Fortpflanzung, den ständige Sexualbereitschaft bedeutete, noch deren gesellschaftliche Bindefunktion hinzunimmt, so läßt sich wohl eine Tendenz erwarten, die Sexualtätigkeit immer weiter in die Schwangerschaft hinein auszudehnen und zu einem immer früheren Zeitpunkt in der Stillzeit wieder aufzunehmen.

Vielleicht ist hier noch eine Mahnung zur Vorsicht im Blick auf die These von der sexuellen Anziehungskraft großer Brüste am Platz. Aus Sicht der Europäer und Afrikaner wirkt die Fixierung der amerikanischen Männer auf diesen Teil des weiblichen Körpers pathologisch. Von den mikronesischen Ulithi-Insulanern berichtet William Lessa, die dortigen Männer behaupteten, an nackten Frauenbrüsten nichts Aufregendes zu finden, und verstünden nicht, warum die Fremden so ein Aufhebens darum machten. Offenbar steckt in dem Kult um den weiblichen Busen eine starke kulturelle Komponente. In die Haut geritzte Verzierungen, Bemalungen und Büstenhalter können die männliche Erregung beim Anblick eines Busens weit über das natürliche Maß hinaus steigern. Dasselbe mag auch für die Praxis gelten, den Busen durch Kleidung zu verhüllen und seinen Anblick dem Gatten oder Liebhaber vorzubehalten. Wenn irgendein Teil des weiblichen Körpers dem Blick der Öffentlichkeit entzogen wird, so hat dies unter Umständen seine erotische Fetischisierung zur Folge. Chinesische Männer zum Beispiel wurden früher durch den Anblick der nackten Füße vornehmer Frauen erregt, weil diese ihre Füße normalerweise fest einbanden und dem Blick entzogen. Eine Mode kann auch dekretieren, daß weibliche Brüste sich klein machen sollen. In den zwanziger Jahren zum Beispiel war das Frauenideal beherrscht von einem flachbusigen, „knabenhaften“ Typ. Offenbar haben die Männer diese knabenhaften Frauen genauso heftig umworben wie in den fünfziger Jahren die großbusigen Frauen mit ihren ausgepolsterten Büstenhaltern. Von daher halte ich es für wahrscheinlich, daß die natürliche Signalwirkung großer Frauenbrüste heute nicht mehr so stark ist wie in den Anfängen der Menschheitsentwicklung vor dem kulturellen Durchbruch. Aber kehren wir zurück zu der Beziehung zwischen menschlicher Sexualität und Entwicklung des menschlichen Soziallebens.

Geben und Nehmen

Geben und Nehmen, kurz, Tausch, ist der Kitt, der die menschlichen Gesellschaften zusammenhält. Die Urform des Tauschens ist das Geben und Nehmen von Diensten, wie sie im Zusammenhang mit der Paarung geleistet werden: Sex gegen Sex. Die Primaten lesen sich auch gegenseitig mit großer Sorgfalt Parasiten und Schmutz vom Fell und von der Haut ab, – ebenfalls ein Austausch von Dienstleistungen. Aber abgesehen von der Abgabe von Muttermilch an den Säugling und von Ejakulat an die Vagina kommt der Austausch von Dienstleistungen gegen *Güter* selten vor. Die Pygmäenschimpansen sind hier die große Ausnahme; denn das Weibchen tauscht, wie weiter oben hervorgehoben, sexuelle Dienste gegen Nahrung. Und das ist von größter Bedeutung, weil es uns einen Hinweis darauf gibt, wie möglicherweise Afarensis und Habilis einen noch nie dagewesenen Grad von gesellschaftlicher Zusammenarbeit erreichen konnten, der die Gruppe für das Leben in der gefahrvollen Steppe tauglich machte. Bei einem regelmäßigeren Austausch von sexuellen Diensten gegen Nahrung dürften die Frauen imstande gewesen sein, einen beträchtlichen Teil ihres Nahrungsbedarfs von ihren männlichen Partnern zu erhalten. Außerdem machten die Frauen beim Wettstreit um die Gunst der tüchtigsten und großzügigsten Männer zwangsläufig die wohlbekannte Entdeckung, daß die Liebe durch den Magen geht, und verwöhnten ihren Favoriten mit ausgesuchten Leckerbissen – mit Ameisen, Termiten oder auch einer dicken Knolle (zur Behauptung, daß es ein Apfel war, kann ich mich leider nicht versteigen).

Die Bindekraft, die vom Gütertausch ausgeht, wächst, wenn es sich dabei um Güter handelt, die der jeweilige Empfänger braucht, aber nicht hat. Wir haben bereits bei den gewöhnlichen Schimpansen gesehen, daß die Männchen häufiger als die Weibchen Fleisch erbeuten, während die Weibchen öfter als die Männchen Insekten fangen. Es spricht alles dafür, daß bei Afarensis und Habilis ähnliche Tauschvorgänge wie bei den Schimpansen stattfanden: Vermutlich tauschten die Weibchen Insekten oder pflanzliche Nahrung, die sie gesammelt hatten, gegen Stücke von dem Aas oder Jagdwild, das die Männchen ergattert oder erbeutet hatten. Wenn der Umfang und die Formen des

Austauschs zunahmen, so hatte dies unvermeidlich zur Folge, daß sich partnerschaftliche Verhältnisse zwischen Untergruppen von Männern und Frauen herausbildeten. Sexuelle Dienste konnten die einzelnen wahllos allen im Trupp leisten – von diesem Tauschmittel hatten sie mehr als genug; hingegen konnten sie es sich nicht leisten, Nahrung wahllos zu verteilen, weil die Nahrungsmenge erheblich begrenzter war als die sexuelle Energie. Partnerschaften, durch die der Tausch von Nahrung in Gruppen organisiert wurde, die kleiner waren als die Gesamthorde, stellten dann die protokulturellen Anfänge der Familie dar. Um aber zu verhindern, daß die Gesamthorde dadurch auseinanderfiel, mußte zwischen diesen Protofamilien ein gewisses Maß von Austausch erhalten bleiben. In und zwischen den Protofamilien mußten die Geber darauf vertrauen können, daß sie auch etwas zurückerhielten, nicht notwendig genauso viel und nicht unbedingt sofort, aber doch dann und wann und ein bißchen was. Sonst hätten sie das Geben eingestellt.

Ich möchte darauf hinweisen, daß für keinen der Schritte zur Bildung eines gesellschaftlichen Zusammenhangs mittels Austauschbeziehungen eine strenge genetische Steuerung durch ein Reiz-Reaktions-Schema in Begriffen von Geben und Nehmen erforderlich ist. Unseren Vorfahren war die Neigung zum Tauschhandel, die Adam Smith und andere klassische Ökonomen für eine Naturanlage des Menschen hielten, genausowenig in die Wiege gelegt, wie der Hang, Faustkeile und Grabstöcke zu fertigen. Für die Ausdehnung der Tauschtätigkeit über das prototypische Geben und Nehmen beim Geschlechtsakt und bei der gegenseitigen Körperpflege hinaus war nichts weiter nötig als die Verallgemeinerung eines einfachen Verhaltensmusters: Afarensis und Habilis mußten nur lernen, daß Geben als Reaktion aufs Nehmen neues Nehmen möglich machte. Aber dieses Prinzip so zu verallgemeinern, daß mehr Bedürfnisse und Triebansprüche befriedigt und eine größere Zahl von Beteiligten wie auch längere Aufschübe zwischen Geben und Nehmen verkraftet werden können, während gleichzeitig der Überblick über die einzelnen „Kontostände" gewahrt bleibt, – das setzt in der Tat wesentliche Fortschritte in der Entwicklung des Gedächtnisses, der Konzentration und der allgemeinen Intelligenz voraus. Wirklich komplexe Tauschvorgänge und gesellschaftliche Einrichtungen wurden erst mit der Ausbildung der Sprache möglich: dank deren Fähigkeit zur Formalisierung langfristiger Rechte und Pflichten, die sich aus dem gewohnheitsmäßigen Güter- und Dienstleistungsaustausch der einzelnen ergaben.

Wenn aber der kulturelle Durchbruch erst einmal vollzogen war, konnten sich die Tauschbeziehungen rasch zu den verschiedensten Arten von ökonomischen Transaktionen entfalten: dem Austausch von Geschenken, dem Tauschhandel, dem Handelsverkehr, der Umverteilung, der Besteuerung, dem Gelegenheitskauf und -verkauf, der Besoldung, dem Lohnverhältnis. Und bis zum heutigen Tag ist es der Austausch, der Freundschaften knüpft, Ehen stiftet und die Basis von Familien, Gemeinschaften und politischen oder korporativen Organisationen höherer Ordnung bildet. Dem Austausch blieb es vorbehalten, durch ständige Wiederholung und Wiederanknüpfung, durch die Detaillierung und Kombination jeweils angemessener Prämien für unterschiedliche Triebe und Bedürfnisse, durch die Schaffung eines unglaublich komplexen Geflechts von Beziehungen zwischen den einzelnen, den Institutionen und den Gruppen dafür zu sorgen, daß wir Menschenwesen nicht nur die sexualisiertesten, sondern auch die sozialisiertesten Geschöpfe auf der ganzen Erde sind.

Wie viele Geschlechtspartner?

Ich wünschte, ich könnte mehr darüber berichten, welche Arten von Geschlechtsbeziehungen und Familienorganisationen in den Prägungsphasen des Gesellschaftslebens der Hominiden vorherrschend waren. Für die gesamte Spanne von vier oder fünf Millionen Jahren, die uns von Afarensis trennen, gibt es in dieser Frage keinerlei zuverlässiges Quellenmaterial. Und dasselbe gilt auch noch für die steinzeitlichen Jäger und Sammler der Spezies Sapiens nach dem kulturellen Durchbruch. Dieser Mangel an empirischen Belegen hat zahlreiche Wissenschaftler nicht davon abgehalten, Vermutungen über die Form der Paarbildung anzustellen, zu der die Hominiden von Natur aus bestimmt seien. Einer breiten Zustimmung können stets jene gewiß sein, die mit der Behauptung aufwarten, die frühesten Menschen seien monogam gewesen und hätten in Trupps oder Horden gelebt, die aus mehreren Kleinfamilien mit jeweils einem Elternpaar und seinen Kindern bestanden hätten. Für diese Ansicht wird geltend gemacht, daß die menschliche Sexualität mit ihrer Tendenz zur Personalisierung, zum Blickkontakt, zur frontalen Orientierung die Ausbildung starker Bindungen zwischen dem einzelnen Mann und der einzelnen Frau begünstigt. Solche Paarbildungen bieten angeblich die beste Gewähr dafür, daß der menschliche Nachwuchs in der langen Zeit seiner Unselbständigkeit angemessen versorgt und genährt wird. Manche Anthropologen machen dieses Kleinfamilienszenarium gern noch dadurch perfekt, daß sie zwischen Monogamie und häuslicher Existenz einen Zusammenhang herstellen. Weib und Kinder bleiben demnach im Umkreis des heimischen Herds, während der Gatte beziehungsweise Vater hinauszieht, um in größerer Ferne zu jagen, und abends heimgekehrt, um die Beute mit seinen Lieben zu teilen.

Ich bin ebenfalls der Ansicht, daß der Austausch von Nahrung und Sexualität die Ausbildung stärkerer Bindungen zwischen den beteiligten Männern und Frauen befördern muß. Aber daß diese Bindungen ausschließlich zur Paarbildung führen sollen, will mir nicht einleuchten. Was ist mit den heute gängigen Paarungsmustern? Beweisen sie nicht, daß andere Formen der Geschlechtsbeziehung und der Familienorganisation bestens geeignet sind, die sexuellen Bedürfnisse der Menschen zu befriedigen und die Aufzucht von Kindern zu gewährleisten? Die Vielweiberei ist in mehr Gesellschaften das Ideal als die Monogamie. Und sie findet sich bei Sammlervölkern ebenso wie in staatlich organisierten Gesellschaften. Hinzu kommt, daß infolge hoher Scheidungsraten und der Neigung zu Liebschaften, Verhältnissen und Seitensprüngen die meisten dem Namen nach monogamen Gesellschaften in der Praxis polygam sind. Seien wir realistisch. Eine der Familienformen, die sich heute am raschesten verbreitet, ist die Familie mit einem Elternteil, der im Normalfall die Frau ist. Die sexuellen Gewohnheiten, die mit dieser Art Familie einhergehen, entsprechen häufig einer Art Vielmännerei. In unseren großen Städten, in weiten Gebieten Südamerikas und der Karibik und in vielen Gegenden Afrikas und Indiens, in denen die Verstädterung voranschreitet, haben die Frauen zeitweilige oder besuchsweise anwesende Geschlechtspartner, die bei den Kindern der Frau Vaterrolle spielen und in bescheidenem Maß zu ihrem Unterhalt beitragen.

Angesichts der Häufigkeit, mit der man heute auf Familiengruppen trifft, die ohne exklusives Elternpaar auskommen, sehe ich nicht, wie jemand wagen kann, die These zu verfechten, unsere Vorfahren seien in monogamen Kleinfamilien großgeworden und die Paarehe sei naturgemäßer als andere Verbindungen.

Ebenso skeptisch bin ich gegenüber dem anderen Teil der Paarbildungstheorie, der von einer ursprünglichen häuslichen Existenz mit einer an den Herd gebundenen Frau und einem draußen auf der Jagd umherstreifenden Mann ausgeht. Ich halte es für viel wahrscheinlicher, daß bei Afarensis und Habilis Männer, Frauen und Kinder gemeinsam als Horde durch das Land streiften und daß die Frauen, soweit sie nicht Kleinkinder versorgten, sich an der Vertreibung von Aasfressern, am Kampf gegen Raubtiere und an der Jagd auf Wild aktiv beteiligten. Den Beweis dafür liefern mir die heutigen Marathonläuferinnnen. Im Wettstreit mit den Männern über diese zermürbende 42 Kilometer-Distanz schließen die schnellsten Läuferinnen langsam aber sicher die Kluft, die sie von den schnellsten Läufern trennt. Beim Marathonlauf von Boston liegt der Frauenrekord von 2:22:43 nur noch um 9% unter dem der Männer. Zu solch einer Leistung ist schwerlich ein Geschlecht fähig, dessen Vorfahrinnen zwei Millionen Jahre lang zu Hause blieben und sich um die Kinder kümmerten.

Meine Äußerungen sind durchaus nicht so zu verstehen, daß ich behaupte, unsere Vorfahren vor Homo sapiens hätten keinerlei monogame Paarbildung gekannt. Es geht mir einfach nur um die Feststellung, daß sie wahrscheinlich genausowenig wie die heutigen Menschen nach einem einzigen Schema Verbindungen eingingen und Kinder aufzogen. Setzt man voraus, daß sie imstande waren, auf potentiell konfliktträchtige soziale Konstellationen durch den Tausch von Dienstleistungen gegen Güter, von Gütern gegen Güter und von Gütern gegen Dienstleistungen vermittelnd einzuwirken, so läßt sich denken, daß jene Vorfahren ebenso viele verschiedene Formen der Geschlechterbeziehung und der Kinderaufzucht kannten wie wir heute oder wie die Menschen in der neueren Vergangenheit.

Wir wissen, daß die heutigen Formen der Geschlechterbeziehung und der Kinderaufzucht in ständiger Anpassung an das jeweilige Niveau der technologischen Entwicklung, der Bevölkerungsdichte, der beruflichen Beanspruchung von Männern und Frauen und der spezifischen Milieubedingungen begriffen sind. Vielweiberei zum Beispiel herrscht dort vor, wo es ein Übermaß an Land gibt und wo die Arbeitskräfte knapp sind, wo ein Mann also durch zusätzliche Frauen und Kinder seine wirtschaftlichen Verhältnisse verbessern kann. Bedingungen dieser Art findet man häufig in neubesiedelten Gebieten wie etwa bei den Mormonen in Utah, denen die Vielweiberei als ein Mittel diente, sich über ein weites und dünnbesiedeltes Gebiet im amerikanischen Westen die Herrschaft zu sichern. Am entgegengesetzten Ende des Spektrums stellt die Vielmännerei eine Anpassung an Situationen extremer Mittelknappheit dar. Sie findet sich zum Beispiel in Tibet, wo Ackerland so knapp ist, daß sich zwei oder drei Brüder in eine Frau teilen, um die Zahl der Erben ihres gemeinsamen Landbesitzes einzuschränken. Monogamie scheint bei mittleren Niveaus des Bevölkerungsdrucks und der Landknappheit vorzuherrschen. Im einzelnen Fall mögen noch viele andere Faktoren eine Rolle spielen. Religiöse und politische Strategien, die ihrerseits in bestimmten Bedingungen wurzeln, mögen sich für die eine oder andere Form der Geschlechterbeziehung stark machen. Über die Vorgänge, die zur Etablierung unterschiedlicher Formen der Verbindung zwischen den Geschlechtern führten, wird später noch mehr zu sagen sein. Fürs erste braucht man sich nur die Veränderungen vor Augen zu führen, denen Ehe und Kindererziehung in den industriellen Gesellschaften unterliegen, um sich klarzumachen, daß für die hohen Scheidungsraten, die sinkenden Geburtsraten und die Zunahme alleinlebender Personen nicht etwa rigide genetische Steuerungsmechanismen, sondern kulturelle Auslesebedingungen verantwortlich sind. Und genausowenig ist es eine Sache der genetischen Steuerung, wenn so merkwürdige Praktiken in Gebrauch kommen wie die Zusammenführung von Ei und Sperma in einem Laboratoriumsbehälter und die Einpflanzung des befruchteten Eies in den Uterus einer Leihmutter.

Kurz, die eine Spielart ist so „natürlich" wie die andere, weil jede ein gesellschaftlich konstruiertes Muster der Geschlechterbeziehung darstellt, das eher durch soziale und natürliche Umstände bedingt ist als durch spezifische genetische Informationen. Ein machtvolles sexuelles Triebbedürfnis und Lustverlangen liegt zweifellos in der menschlichen Natur, und ebenso zweifellos gehört zur menschlichen Natur die Fähigkeit, für diese arteigenen Bedürfnisse und Ansprüche unterschiedliche Befriedigungsformen zu finden. Hingegen liegt es nicht in der Natur des Menschen, nur promiskuitiv oder nur monogam oder nur polygam zu sein.

Gene gegen Inzest?

Warum sind rund um die Erde Leute peinlich berührt, angeekelt, entsetzt, außer sich, wenn sie erfahren, daß ein Vater mit seiner Tochter, eine Mutter mit ihrem Sohn oder ein Bruder mit seiner Schwester geschlafen hat? Ist denkbar, daß ein so weitverbreitetes und wirkmächtiges Tabu wie das gegen den Inzest ebenfalls nur Produkt der kulturellen und nicht der natürlichen Auslese ist? Jawohl, davon bin ich ziemlich überzeugt. Genauer gesagt, denke ich, daß die Inzestverbote im Grunde eine weitere Erscheinungsform des Tauschprinzips sind. Was ich damit meine, werde ich gleich erklären.

Die Theorie, daß die Ablehnung des Inzests strikter genetischer Steuerung unterliegt, argumentiert damit, daß wegen ihrer praktisch universalen Geltung die Verbote sexueller Beziehungen zwischen Mutter und Sohn, Vater und Tochter, Bruder und Schwester nicht aufs Konto der kulturellen Auslese gehen können. Das ist ein sehr windiger Schluß. Ein universaler Brauch kann genausogut Ergebnis der kulturellen wie der natürlichen Auslese sein. Alle heutigen Gesellschaften huldigen ausnahmslos dem Brauch, Feuer zu machen, Wasser zu kochen, Essen zuzubereiten. Folgt daraus, daß diese Praktiken genetisch gesteuert sind? Selbstverständlich nicht. Manche Kultureigenschaften sind einfach so nützlich, daß sie von einer Kultur zur anderen weitergereicht oder immer aufs neue erfunden werden. Deshalb beweist die weite Verbreitung der Inzesttabus vielleicht nur, daß sie extrem nützlich sind, und nicht, daß sie in der menschlichen Natur liegen.

Im übrigen ist das Inzesttabu nicht gar so universal. Im Altertum war es in mehreren König- und Großreichen den Herrschern gestattet, ihre leiblichen Schwestern zu heiraten. Auch wenn es nur spärliche Auskünfte darüber gibt, wie oft solche Eheschließungen tatsächlich stattfanden, steht doch die Tatsache als solche außer Zweifel. Im alten Peru heiratete Tupa Inka seine Vollschwester, sein Sohn Huayana Kapak heiratete ebenfalls eine Vollschwester und einer der Söhne, die Huayana Kapak von einer anderen Frau hatte, tat desgleichen. In der ägyptischen ptolemäischen Dynastie gehörte bei acht von dreizehn Pharaonen eine Voll- oder Halbschwester zu den Ehefrauen. Ähnliche

Formen von Geschwisterheirat waren auch im hawaiischen Herrscherhaus, bei den Kaisern des alten China und in verschiedenen ostafrikanischen Königreichen geduldet oder üblich.

Ehen zwischen Bruder und Schwester waren nicht auf Königshäuser beschränkt. Während der ersten nachchristlichen drei Jahrhunderte war im ägyptischen Volk diese Praktik weit verbreitet. Der Historiker Keith Hopkins, der diese Periode genau untersucht hat, berichtet, daß Ehen zwischen Bruder und Schwester als völlig normale Beziehungen galten und sich in Urkunden, die Familienangelegenheiten betreffen, beziehungsweise in Dokumenten, bei denen es um den Verkauf von landwirtschaftlichen Erzeugnissen, um Rechtsstreitigkeiten und um amtliche Eingaben geht, offen erwähnt finden.

In Gesellschaften, in denen der Bruch des Tabus im Fall der Entdeckung streng geahndet wird, fehlt uns außerdem die Möglichkeit, die tatsächliche Inzestrate festzustellen. In den USA berichten heute Psychiater, Sozialarbeiter und Justizbehörden von einem Anstieg des sexuellen Mißbrauchs von Kindern. Inzestuöse Beziehungen des Vaters zur Tochter, eine der häufigsten Formen sexuellen Mißbrauchs, werden mit bis zu dreißig oder vierzig Jahren Haft bestraft. Wenn die Menschen der Blutschande von Natur aus ablehnend gegenüberstehen, wie kommt es dann, daß sie sogar auf die Gefahr solcher drakonischer Strafen hin dieses Delikt doch immer wieder begehen? Stellt man die hochgradige Sexualisierung in Rechnung, durch die sich unsere Art ihrer ganzen Geschichte nach auszeichnet, unsere ständige geschlechtliche Ansprechbarkeit und Aktionsbereitschaft, die Häufigkeit von „Seitensprüngen" und anderen, durch Gesetz und öffentliche Moral untersagten sexuellen Beziehungen, spricht dann nicht viel dafür, daß Inzest etwas ist, wodurch viele Menschen in Versuchung geführt werden, wovor sie aber aus Angst vor Entdeckung, Strafe und öffentlicher Schande zurückschrekken?

Die Befürworter einer genetischen Grundlage für die Inzestscheu erkannten schon früh, wie unwahrscheinlich die Existenz von Erbfaktoren war, die beim Anblick von Geschwistern, Kindern oder Eltern sexuelle Regungen gezielt unterdrückten. Im Anschluß an Eduard Westermark plädierten sie statt dessen für eine angeborene Tendenz, sich von Angehörigen des jeweils anderen Geschlechts sexuell nicht angezogen zu fühlen, wenn man mit diesen während des Säuglingsalters und der Kindheit in engem körperlichem Kontakt zusammengelebt hat. Westermarks These genießt unter Soziobiologen hohe Wertschätzung, weil sie einen Ausweg aus dem Dilemma der vergleichsweise hohen Häufigkeit bietet, mit der geschwisterlicher Inzest mancherorts vorkommt, wie zum Beispiel im Ägypten der römischen Zeit. Bruder und Schwester brauchten nur in verschiedenen Häusern oder von verschiedenen Ammen beziehungsweise Betreuern aufgezogen worden zu sein, und schon konnten sie sich nach Westermarks These sexuell hinlänglich voneinander angezogen fühlen, um sich ehelich zu verbinden.

Hinter Westermarks These und anderen genetischen Erklärungen der Inzestscheu steht die Annahme, daß Inzucht die Wahrscheinlichkeit der Weitergabe von Erbschäden erhöht, die bei der Nachkommenschaft in pathologischen Erscheinungen resultieren, durch die deren Fortpflanzungsrate beeinträchtigt wird. Inzucht könnte auch einfach dadurch, daß sie die Zahl genetischer Variationsmöglichkeiten in einer bestimmten Bevölkerung vermindert, deren Fähigkeit beeinträchtigen, sich auf neue Krankheiten oder andere neu auftretende, milieubedingte Gefahren einzustellen. Demnach wären diejenigen, die nach der Westermarkschen Vorstellung mit „Triebabschaltung" reagiert hätten, vor der Inzucht bewahrt geblieben, hätten sich erfolgreicher fortgepflanzt und hätten allmählich jene verdrängt, die sich von Blutsverwandten sexuell angesprochen fühlten.

Dieser Teil des Arguments weist mehrere Schwachstellen auf. Es stimmt, daß in den großen Bevölkerungsgruppen unserer Tage der Inzest eine hohe Zahl von Totgeburten und Kindern mit angeborenen Krankheiten oder Schäden zur Folge hat. Aber in kleinen voragrarischen Gemeinschaften muß der Effekt der Inzuchtpraxis nicht der gleiche gewesen sein. Weil diese Gemeinschaften erblich belasteten oder geschädigten Kindern mit wenig Nachsicht begegnen, wirkt sich dort die Inzucht im Sinne einer allmählichen Ausmerzung schädlicher rezessiver Gene aus. Weil man sich um solche Kinder nicht kümmert und sie sterben läßt, werden die schädlichen Erbfaktoren nicht fortgepflanzt, und es bildet sich eine Bevölkerung, die mit solchen schädlichen Erbfaktoren viel weniger belastet ist als moderne Gesellschaften.

Als Beweis für die Richtigkeit der Westermarkschen These reicht die bloße Existenz der Inzestscheu nicht aus. Man muß zeigen, daß die geschlechtliche Begierde bei Leuten, die zusammen aufwachsen, nachläßt, und zwar unabhängig von etwaigen Normen, die den Inzest untersagen. Da sich dies experimentell nicht durchführen läßt, ohne daß man steuernd in das Leben menschlicher Subjekte eingreift, berufen sich die Befürworter der These immer wieder auf zwei Fallstudien, die angeblich die vorhergesagte Abnahme der sexuellen Begierde beweisen. Die erste dieser Studien betrifft eine taiwanesische Heiratsform, die unter dem Titel „eine Tochter adoptieren, eine Schwester heiraten" bekannt ist. Ein Ehepaar in fortgeschrittenem Alter adoptiert ein junges Mädchen aus einer anderen Familie. Es wird zusammen mit dem Sohn des Ehepaars aufgezogen und schließlich mit ihm verheiratet. Da der Sohn und seine Braut nach der Heirat bei den Eltern wohnen bleiben, erziehen diese die adoptierte Tochter zum Gehorsam ihnen gegenüber, damit später im Haus Eintracht herrscht. Untersuchungen haben gezeigt, daß diese Ehen, bei denen die Gatten eng zusammen aufgewachsen sind, weniger Kinder, mehr eheliche Untreue und höhere Scheidungsraten aufweisen als normale Ehen, bei denen die Gatten in getrennten Familien großgeworden sind. Aber diese Beobachtungen können die Westermarksche These schwerlich bestätigen. Die Taiwanesen haben ein ausdrückliches Bewußtsein davon, daß „eine Tochter adoptieren, eine Schwester heiraten" eine minderwertige, ja erniedrigende Form der Verehelichung ist. Normalerweise tauschen zur Besiegelung eines Ehebunds die Familien von Braut und Bräutigam als Zeichen dafür, daß die Jungverheirateten ihre Unterstützung haben, beträchtliche Werte aus. Im Fall von „eine Tochter adoptieren, eine Schwester heiraten" ist dieser Austausch unbedeutender oder unterbleibt ganz. Von daher gesehen, kann man nicht sagen, ob der Grund für die relative Unfruchtbarkeit dieser Paare wirklich sexuelles Desinteresse und nicht vielmehr Unmut und Enttäuschung darüber ist, daß man sich als Menschen zweiter Wahl behandelt fühlt.

Bei der zweiten Fallstudie, die in israelischen Kibbuzim durchgeführt wurde und zur Stützung der Westermarkschen These herangezogen wird, geht es um das angebliche sexuelle Desinteresse, das Jungen und Mädchen einander bezeigen, die bis zum sechsten Lebensjahr gemeinsam den Kindergarten besucht haben. Angeblich fand bei diesen Jungen und Mädchen eine so gründliche „Triebabschaltung" statt, daß bei Ehen zwischen Personen, die in Kibbuzim aufgewachsen waren, sich kein einziger Fall fand, wo die Beteiligten bis zum sechsten

Lebensjahr zusammen erzogen worden wären. Das wirkt eindrucksvoll, weist aber eine entscheidende Schwachstelle auf. Unter 2516 Eheschließungen waren 200, bei denen die Ehepartner beide im gleichen Kibbuz großgezogen worden waren, auch wenn sie nicht sechs Jahre lang zur selben Kindergartengruppe gehört hatten. Geht man davon aus, daß die Jungendlichen aus den Kibbuzim vor der Eheschließung alle ihren Militärdienst ableisten mußten und mit zehntausenden möglicher anderer Ehepartner in Berührung kamen, dann ist die Zahl von 200 Heiraten zwischen Leuten aus demselben Kibbuz weit größer, als nach dem Zufallsprinzip zu erwarten. Man muß sich nunmehr fragen, wie hoch die Wahrscheinlichkeit war, daß sich unter diesen 200 Ehen zwischen Leuten aus demselben Kibbuz keine fand, bei der die Partner zusammen aufgezogen worden wären. Da die Mädchen durchschnittlich drei Jahre jünger als ihre männlichen Partner waren, ließ sich nur mit sehr wenigen Ehen zwischen Leuten rechnen, die sechs Jahre lang in derselben Krippe und demselben Kindergarten aufgezogen worden waren. Tatsächlich scheint es sechs Fälle gegeben zu haben, wo die Ehepartner einen Teil ihrer ersten sechs Lebensjahre zusammen verbracht hatten. Da Westermark nichts darüber sagt, wie lange es dauert, bis die zusammen Aufgezogenen das Interesse aneinander verlieren, können diese fünf Fälle praktisch als eine Widerlegung seiner These gelten.

Der Mythos vom Großen Tabu

Inzesttheorien, die sich auf eine kulturelle Auslese berufen, stimmen eher mit der Empirie überein als jene, die von einer natürlichen Auslese ausgehen. Sie gehen zurück auf E. B. Tylor, einen der Begründer der britischen Ethnologie aus dem 19. Jahrhundert. Tylor vertrat die Ansicht, daß die wesentlichen Inzesttabus in der durch Jäger und Sammler bestimmten Phase der Kulturentwicklung entstanden, als die begrenzte Verfügbarkeit von pflanzlicher und tierischer Nahrung die Menschen zwang, in kleinen Horden (die Entsprechung zu den Trupps der Vorhominidenzeit) von ca. 20 bis 30 Mitgliedern zusammenzuleben. Untersuchungen heutiger Sammlervölker zeigen, daß es für solche Horden lebenswichtig ist, Paarungen innerhalb der Gruppe zu verhindern, nicht wegen der Gefahr von physischen Schäden bei der Nachkommenschaft, sondern deshalb, weil die Horden zu klein sind, um auf sich gestellt ihre biopsychischen Bedürfnisse und Triebansprüche befriedigen zu können, und weil ihnen die Vernichtung droht, wenn sie nicht zu ihren Nachbarn friedliche und kooperative Beziehungen unterhalten.

Eine endogame Horde – d.h. eine Horde, bei der nur die Mitglieder untereinander heiraten würden – sähe sich ununterbrochen mit feindlichen Nachbarn konfrontiert und auf ein Gebiet eingeschränkt, das sich im Fall von Dürrezeiten, Überschwemmungen oder anderen Naturkatastrophen unter Umständen als zu klein erwiese. Bei nur zwanzig bis dreißig Mitgliedern liefe die Horde außerdem Gefahr, nach einigen unglücklich verlaufenden Geburten nicht mehr genug Frauen zu haben, um eine neue Generation in die Welt setzen zu können. Horden, die sich zu Bündnissystemen zusammenschließen, können ein größeres Gebiet ausbeuten, verfügen über größere Fortpflanzungskapazitäten, leisten sich Beistand im Kampf gegen unbändige, streitlustige Nachbarn und helfen sich aus, wenn die Nahrung knapp ist. Wie ließen sich solche Bündnissysteme zustande bringen?

Da der Tausch von Gütern und Leistungen schon die Basis für die Eintracht innerhalb der Gruppen von Afarensis und Habilis bildete, bedeutete die Idee, den Austausch wertvoller Güter und Leistungen auch für die Schaffung von Bündnissen zwischen benachbarten Horden zu nutzen, keine große Neuerung. Was war die wirksamste Tauschform, die ihnen zur Verfügung stand? Praktisches Experimentieren brachte sie unausweichlich darauf, daß dies der Austausch ihres wertvollsten Gutes war, nämlich ihrer Söhne und Töchter, Brüder und Schwestern, die hingegeben wurden, um in der jeweils anderen Horde zu leben, zu arbeiten und sich fortzupflanzen. Aber eben weil menschliche Wesen so wertvoll sind, ist jede Gruppe versucht, Söhne und Töchter, Brüder und Schwestern sich zu erhalten, um im Genuß ihrer ökonomischen, emotionalen und sexuellen Leistungen zu bleiben. Solange der Personenaustausch reibungslos funktioniert, wird der Verlust eines Individuums durch den Gewinn eines anderen wettgemacht, und beide Parteien profitieren von dem Bündnis, das dadurch gestiftet wird. Längere Stockungen im Austausch aber, insbesondere wenn sich eine Gruppe weigerte, ihre Verpflichtungen zu erfüllen, müßten für alle Betroffenen verheerende Auswirkungen haben. Die Gefühle von Angst, Abscheu und Zorn, die der Inzest erregt, sind Niederschlag der Gefahren, die ein Zusammenbruch des Personenaustauschs für alle Mitglieder der Gruppe heraufbeschwört und dienen gleichzeitig den Menschen, die in enger Gemeinschaft aufgewachsen sind, als ein Mittel gegen die Versuchung, geschlechtlich miteinander zu verkehren.

Die Inzestscheu blieb auch während der Entwicklung komplexerer Gesellschaften nach der Erfindung des Ackerbaus von großem ökonomischem und sozialem Wert. Auch bei ackerbautreibenden Gruppen behält der Austausch von Ehepartnern zwischen den Sippen für deren wirtschaftliches und gesellschaftliches Wohlergehen eine wesentliche Bedeutung. Familien, die sich durch Heiraten miteinander verbinden, sind bei Rodungs-, Ernte-, Bewässerungs- und Erdarbeiten, die eine zeitweilige Konzentration von Arbeitskräften erfordern, im Vorteil. Außerdem ist es dort, wo das Überleben der Gruppe von Krieg bedroht ist, von entscheidender Wichtigkeit, eine große Mannschaft mobilisieren zu können. In kriegerischen, männerherrschaftlich organisierten Dorfgemeinschaften dienen Frauen häufig als Unterpfand bei der Herstellung von Bündnissen. Diese Bündnisse schließen kriegerische Auseinandersetzungen zwischen den durch Heiraten verbundenen Gruppen nicht unbedingt aus, aber wie nicht anders zu erwarten, wenn sich in den Reihen der Gegenpartei eigene Schwestern und Töchter befinden, vermindern sie die Wahrscheinlichkeit solcher Auseinandersetzungen.

Bündnisse auf der Basis exogamer Tauschpraktiken spielten auch in den politischen und militärischen Strategien der Führungsschichten in den Königreichen und Großreichen des Altertums eine wesentliche Rolle. Geschwisterehen in der königlichen Familie wurden damit gerechtfertigt, daß das inzestuöse Paar sich wegen seiner Macht und Erhabenheit über das eheliche Austauschprinzip hinwegsetzen dürfe. Die Pharaonen, Inkas und chinesischen Kaiser waren aber auch immer mit zahlreichen Frauen aus anderen fürstlichen Geschlechtern verheiratet, mit denen sie in zweiter beziehungsweise entfernterer Linie verwandt oder gar nicht verwandt waren, um mit möglichen rivalisierenden Anwärtern auf den Thron Bündnisse zu schließen oder zu erneuern.

Seit der Entwicklung des Gelds, des Kaufens und Verkaufens und anderer Formen des preis- und marktbestimmten Tauschs hat die Inzestscheu für die Herstellung von gruppenübergreifenden Bündnissen nicht mehr dieselbe Bedeutung wie in früheren Epochen. Heute kann man mit Geld alles (jedenfalls fast alles) kaufen, Freunde und Verbündete eingeschlossen. Sicher, die richtige Heirat kann immer noch der Schlüssel zum Erfolg in der Welt sein, aber um Frieden, Sicherheit und die angenehmen Seiten des Lebens genießen zu können, braucht eine Familie eher einen einträglichen Beruf oder ordentliche Einkünfte als die Scheu vor dem Inzest.

Ich muß hier darauf hinweisen, daß eine der Folgen des Inzests, die die Gemüter besonders stark in Wallung versetzt, mit dem Inzest als solchem gar nicht viel zu tun hat. Blutschande zwischen Mutter und Sohn beziehungsweise Vater und Tochter bedroht nicht nur die Aufrechterhaltung der Beziehungen zur Außenwelt, sondern ebensosehr auch die Grundlagen der Familienorganisation selbst. Schließlich sind diese zwei Inzestformen zugleich auch Formen von Ehebruch. Der Inzest zwischen Mutter und Sohn bedroht in ganz besonderem Maß die Institution der Ehe. Nicht nur „hintergeht“ die Frau ihren Mann, der Sohn „hintergeht“ gleichzeitig seinen Vater. Das erklärt vielleicht, warum die Blutschande zwischen Mutter und Sohn (wie beim Ödipus der griechischen Mythologie) die seltenste und am meisten gefürchtete und verabscheute Inzestform ist. Da Ehemänner häufiger einer doppelten Moral in sexuellen Dingen huldigen dürfen als Ehefrauen und nicht so leicht wie diese wegen Ehebruchs bestraft werden, ist es nur folgerichtig, daß Blutschande zwischen Vater und Tochter ein bißchen üblicher ist. Schließlich liefert diese Überlegung auch eine Erklärung für das vergleichsweise häufige Vorkommen von Paarungen zwischen Bruder und Schwester und für deren Legitimierung in führenden Schichten – diese Paarungen verstoßen nicht gegen Ehebruchsverbote.

Das große Tabu wird mit anderen Worten stark überschätzt. Es ist kein Gebilde aus einem Guß, sondern besteht aus einer Reihe von geschlechtlichen und partnerschaftlichen Vorlieben und Vermeidungshaltungen, die im Laufe der Kulturentwicklung dem selektiven Wandel unterworfen sind. In unserem Zeitalter sexueller Freizügigkeit und Experimentierfreudigkeit steht zum Beispiel der Geschlechtsverkehr zwischen Bruder und Schwester gerade im Begriff, zu einer sexuellen „Macke“ unter anderen zu werden, über die sich die Gesellschaft nicht weiter aufregt, vorausgesetzt, die inzestuösen Geschwister benutzen Empfängnisverhütungsmittel und lassen sich erbmedizinisch beraten. In Schweden steht er schon nicht mehr unter Strafe. Blutschande zwischen Vater und Tochter beziehungsweise Mutter und Sohn ist da noch etwas anderes, nicht nur weil es sich mit Ehebruch überschneidet, sondern weil wegen des Altersunterschieds der Verdacht mangelnder Freiwilligkeit, wo nicht gar der Vorwurf einer direkten Vergewaltigung oder Unzucht mit Minderjährigen ins Spiel kommt.

Viele Seiten lang haben wir nun einige der vielfältigen Weisen in Augenschein genommen, wie die Menschen ihren machtvollen sexuellen Trieben und Ansprüchen Befriedigung zu verschaffen suchen. Ich hoffe, es ist deutlich geworden, daß die Ursprünge und die weitere Entwicklung der Formen geschlechtlicher Partnerwahl sich besser verstehen lassen, wenn man sie unter dem Aspekt der kulturellen Auslese betrachtet, als wenn man sie strikt durch erbfaktorelle Bedingungen gesteuert sieht, deren Kriterium der Fortpflanzungserfolg ist. Lenken wir jetzt unser Augenmerk auf eine Frage von sogar noch grundsätzlicherer Bedeutung: Gehorchen die Menschen einem instinktiven Drang nach möglichst erfolgreicher Fortpflanzung?

Das Märchen vom Fortpflanzungszwang

Bei den nichtmenschlichen Primaten führt geschlechtliche Erregung normalerweise zum Koitus, und mit dem Koitus ist die Empfängnis praktisch garantiert. Nach der Verschmelzung von Spermium und Ei nimmt gewöhnlich die Trächtigkeit ihren unerbittlichen Lauf, bis die Wehen eintreten und die Niederkunft stattfindet. Danach zwingt der gebieterische Einfluß der Hormone die Mutter, ihr Junges zu säugen, zu umsorgen und vor Gefahren zu schützen.

Bei uns Menschen gibt es nicht mehr dieses System, das durch genetische Steuerung die Geschlechtstätigkeit mit der Geburt und der Aufzucht der Jungen verknüpft. Der Geschlechtsverkehr garantiert keine Empfängnis; die Empfängis führt nicht notwendigerweise zur Niederkunft; und die Niederkunft zwingt die Mutter nicht, das Neugeborene zu säugen und zu umsorgen. Die Kulturen haben systematische Techniken und Praktiken ausgebildet, mit deren Hilfe sich dieser Prozeß in jedem seiner Stadien abbrechen läßt. Mag man das nun gut finden oder nicht, wir sind ein für allemal befreit vom Fortpflanzungszwang, der das übrige Tierreich beherrscht. Anders als bei allen übrigen Lebewesen gehorcht deshalb bei uns die Auslese der Verhaltensformen nicht mehr ausschließlich dem Gesichtspunkt des größeren Fortpflanzungserfolgs; vielmehr ist Auslesekriterium ihre Fähigkeit, unseren Triebansprüchen und Bedürfnissen größere Befriedigung zu verschaffen, selbst wenn dadurch unsere eigene Fortpflanzungsrate und die unserer nächsten Angehörigen nicht erhöht oder sogar gesenkt wird.

Möglich war diese höchst folgenreiche Veränderung, weil die natürliche Auslese den heutigen Sapiens gar nicht mit einem Trieb oder Bedürfnis zur Fortpflanzung ausgestattet hat. Sie hat uns bloß mit einem machtvollen Geschlechtstrieb und sexuellen Verlangen versehen und mit einer im Körperinneren versteckten Stelle, wo der Fötus wachsen kann. In Abwesenheit eines starken Fortpflanzungstriebs oder -bedürfnisses konnte die kulturelle Auslese über all die psychologischen und physiologischen Mechanismen frei verfügen, die zuvor das Geschlechtsleben mit der Fortpflanzung verknüpft hatten.

Die Abkoppelung der Sexualität von den Fortpflanzungsfolgen vollzog sich bereits lange vor der Entwicklung technisch fortgeschrittener Empfängnisverhütungsmittel und Abtreibungsmethoden. Erst einmal machten sich Paare in der vorindustriellen Zeit die empfängnisverhütende Wirkung der Stillzeit zunutze, indem sie diese nach Möglichkeit ausdehnten, um die Intervalle zwischen den Geburten zu vergrößern. Sie verhinderten heimlich unzählige Geburten dadurch, daß sie Formen der Geschlechtstätigkeit praktizierten, die wie Masturbation, Homosexualität und Koitus interruptus keine Fortpflanzung zur Folge hatten. Des weiteren versuchten sie, wenn sich unerwünschte Schwangerschaften einstellten, den Fötus abzutreiben, indem sie giftige Tränke einnahmen, den Leib der Schwangeren mit Bändern oder Stricken einschnürten, auf einem quer über ihren Bauch gelegten Brett herumsprangen, bis Blut herausspritzte, oder mit spitzen Stökken in die Gebärmutter stießen. Da diese Methoden genauso gut die Mutter umbringen konnten wie den Fötus, war die Abtreibung in der Vergangenheit weit weniger verbreitet, als sie es heute ist. Dessenungeachtet kam George Devereux in einem Überblick über die Kulturen der Welt zu dem Ergebnis, daß 464 Gesellschaften die eine oder andere Form der Abtreibung praktizierten.

Nach meiner Ansicht ist die große Häufigkeit, mit der Geschlechtstätigkeit ohne Koitus, Empfängnisverhütung und Abtreibung vorkommen, ein eindeutiger Beweis dafür, daß Frauen keiner genetischen Steuerung unterliegen, die sie nach Schwangerschaft streben oder gegenüber dem Fötus einen Beschützerinstinkt entwickeln ließe. Aber was ist mit dem nächsten Stadium? Einen angeborenen Hang, ihre Brut zu säugen, zu behüten und zu umsorgen, haben menschliche Wesen doch wohl? Die Beweise, die gegen diese Annahme sprechen, mögen zwar weniger bekannt sein, aber leider sind sie genauso überzeugend. Tatsache ist, daß wegen des Risikos, das in den vorindustriellen Gesellschaften eine Abtreibung für die werdende Mutter bedeutet, die Frauen oft lieber das geborene als das ungeborene Kind umbringen. Ich möchte betonen, daß Kindsmord nicht nur auf direktem Weg begangen wird, etwa durch Erwürgen, Ertränken, Erfrierenlassen oder Kopfeinschlagen, sondern häufiger noch auf indirektem Weg, nämlich dadurch, daß man das Kind langsam verhungern, physisch und psychisch verwahrlosen oder „Unfälle" erleiden läßt.

Die Anthropologen haben erst neuerdings auf die Wahrscheinlichkeit aufmerksam gemacht, daß ein großer Teil der Todesfälle bei Kleinkindern und Kindern, in denen man früher die unvermeidliche Folge von Hunger und Krankheiten sah, in Wirklichkeit verkappte Formen von Kindsmord darstellen. Indirekte, heimliche und unbewußte Formen der Nahrungsverweigerung gegenüber Kleinkindern und Kindern sind außerordentlich häufig, zumal in Ländern der Dritten Welt, in denen die Verurteilung des Kindsmords mit der Verurteilung von Empfängnisverhütung und Abtreibung einhergeht. Wo dies der Fall ist, sehen sich Mütter, die unerwünschte Kinder loswerden wollen, unter Umständen genötigt, ihre Absicht nicht nur den anderen, sondern auch sich selbst zu verschleiern. Untersuchungen, die von Nancy Scheper-Hughes im Nordosten Brasiliens durchgeführt wurden, wo von 1000 Kleinkindern 200 im ersten Lebensjahr sterben, vermitteln einen Einblick in die komplizierten psychologischen Bedingungen, von denen die Entscheidung einer Mutter, ein bestimmtes Kleinkind aufzuziehen oder sterben zu lassen, abhängt. Scheper-Hughes stellte fest, daß die Frauen den Tod bestimmter Kinder als einen „Segen" beschrieben. Jedes Kind wurde von ihnen gewohnheitsmäßig einer groben Beurteilung im Blick auf seine Überlebensfähigkeit beziehungsweise Lebenstüchtigkeit unterzogen. Kinder, die den Müttern als aufgeweckt, intelligent, tatkräftig und körperlich gut entwickelt galten, wurden besser mit Essen und gesundheitlicher Betreuung versorgt als ihre Geschwister. Wenn den Müttern Kinder teilnahmslos und träge vorkamen oder die Mütter meinten, sie sähen „wie ein Gespenst" oder „tierisch" aus, wurden sie weniger gut versorgt, und entsprechend groß war die Wahrscheinlichkeit, daß sie schon im Laufe des ersten Lebensjahrs krank wurden und starben. Für die Mütter waren sie Kinder, die sterben wollten, deren Lebenswille nicht stark oder entwickelt genug war.

Wenn Kinder mit solchen Anzeichen fehlender Lebenskraft sterben, zeigen ihre Mütter keinen Kummer. Scheper-Hughes erzählten sie, bei so etwas sei nichts zu machen, und das Kind wäre, auch wenn jemand versucht hätte, seine Krankheit zu heilen, „nie ganz richtig geworden". Manche erklären den Tod des Kindes für „Gottes Wille", und andere sagen, ihr Kindchen sei in den Himmel gerufen worden, um dort ein „kleiner Engel" zu werden.

Ich selbst hatte im Laufe von Feldforschungsarbeiten in Nordostbrasilien zahlreiche Gelegenheiten, Leichenzüge zu beobachten, bei denen Kleinkinder zu Grabe getragen wurden. Die Straße entlang kam ein älteres Kind der Familie, das den kleinen offenen Holzkorb trug, in dem das Verstorbene zu sehen war; dann folgte eine Gruppe von hüpfenden, lachenden Kindern; den Schluß bildeten Vater und Mutter, händchenhaltend und dümmlich lächelnd.

Genaue Zahlen darüber, wie oft Menschen direkten und indirekten Kindsmord üben, um unerwünschten Nachwuchs loszuwerden, habe ich nicht. Joseph Birdsell schätzte, daß die australischen Aborigines bis zu 50% ihrer Neugeborenen umbrachten. Verschiedene Erhebungen über vorindustrielle Gesellschaften lassen darauf schließen, daß zwischen 53 und 76% von ihnen direkte Formen von Kindsmord praktizierten. Wie immer die exakten Zahlen aussehen mögen, wir wissen jedenfalls genug, um die Behauptung wagen zu können, daß menschliche Eltern nicht so „geschaltet" sind, daß sie alles in ihren Kräften Stehende tun, um die Lebensaussichten ihres Nachwuchses zu verbessern.

Die ersten europäischen Entdeckungsreisenden, die nach China kamen, waren entsetzt über die Vergeudung von kindlichem Leben. Als im 19. Jahrhundert die ersten offiziellen Statistiken verfügbar wurden, denen zufolge es in manchen Gegenden viermal mehr Jungen als Mädchen gab, war das Entsetzen sogar noch größer. Das größte Ungleichgewicht trat in Gegenden mit bäuerlicher Armut und Landmangel auf wie im unteren Tal des Yangtze und in Amoy in der Provinz Fukien. In diesen Gegenden zogen Eltern nicht mehr als zwei Töchter auf. Von 175 Säuglingen weiblichen Geschlechts, die von 40 Frauen in Swatow zur Welt gebracht worden waren, wurden 28 umgebracht. Eine Zusammenfassung von Erhebungen aus verschiedenen Gegenden ergibt, daß 62% der lebendgeborenen Mädchen gegenüber 40% bei den Jungen nicht das Alter von zehn Jahren erreichten. Im Durchschnitt der ganzen Provinz Fukien wurden 30 bis 40% der Säuglinge weiblichen Geschlechts ums Leben gebracht, wobei in einzelnen Dörfern die Rate des direkten oder indirekten Kindsmords bei weiblichen Lebendgeburten von 10 bis zu 80% reichen konnte.

Nordindien war ebenfalls ein Gebiet, wo unerwünschter Nachwuchs, zumal wenn er weiblichen Geschlechts war, systematisch umgebracht wurde. Offizielle Statistiken aus den Anfängen des 19. Jahrhunderts deuten daraufhin, daß es in bestimmten Kasten in

Gujarat viermal mehr Jungen als Mädchen gab, während in den Nordprovinzen das Verhältnis 3 zu 1 betrug. Die britische Kolonialverwaltung registrierte mit Erstaunen wiederholte Berichte von Kasten und Dörfern, in denen man kein einziges Kleinkind weiblichen Geschlechts das Säuglingsalter überleben ließ.

Die Europäer bekundeten blankes Entsetzen angesichts der Häufigkeit, mit der in Asien Kindsmord geübt wurde. Sie übersahen offenbar, daß die Praktik in Europa fast ebenso verbreitet war. Aller christlichen Moral zum Trotz brachten Eltern in Europa jede Menge unerwünschter Kinder ums Leben. Um nicht mit den Gesetzen in Konflikt zu geraten, zogen sie indirekte Methoden den direkten vor. Eine spezifisch europäische Form des indirekten Kindsmords war das Im-Schlaf-Erdrücken. Die Mütter nahmen ihre Säuglinge mit ins Bett und legten sich „versehentlich" auf sie, so daß sie erstickten. Häufig bediente man sich in Europa auch einer „Amme", um unerwünschte Säuglinge loszuwerden. Zum Säugen des Kindes nahmen die Eltern eine Ziehmutter in Dienst, die im Ruf einer Schlächterin stand. Der niedrige Lohn und die schlechten Lebensverhältnisse dieser Ziehmütter sorgten dafür, daß die Säuglinge nicht lange lebten. Zahlreicher Kinder entledigte man sich in Europa auch dadurch, daß man sie vor staatlichen Waisenhäusern aussetzte, deren Hauptfunktion offenbar darin bestand zu verhindern, daß sich in den Straßen und Kanälen Kinderleichen häuften. Um das Einsammeln der ausgesetzten Säuglinge zu erleichtern, brachte man in Frankreich am Eingang der Waisenhäuser drehbare Abstellkästen an. Die Aufnahmezahlen stiegen von 40 000 im Jahr 1784 auf 138 000 im Jahr 1822. Um 1830 waren in ganz Frankreich 270 Drehkästen in Gebrauch, und in den zehn Jahren von 1824 bis 1833 betrug die Zahl der preisgegebenen Kleinkinder 336 297. „Mütter, die ihre Säuglinge in den Kasten legten, wußten, daß sie diese fast ebensogut gleich in den Fluß hätten werfen können, so sicher waren sie zum Tode verurteilt." Zwischen 80 und 90% der Kinder in diesen Einrichtungen starben im ersten Lebensjahr.

Ganz wie heute die Befürworter einer Freigabe der Abtreibung die Ansicht vertreten, der Fötus sei noch kein menschliches Wesen, erklären gewöhnlich Gesellschaften, in denen der Kindsmord toleriert oder befürwortet wird, das Neugeborene für ein Wesen, dem noch die menschliche Qualifikation abgeht. Fast alle Gesellschaften haben Rituale, durch die sie einem Kleinkind oder Kind den Status eines

Mitglieds der menschlichen Familie verleihen. Sie taufen es, geben ihm einen Namen, ziehen ihm ein Kleidungsstück an oder zeigen sein Gesicht der Sonne oder dem Mond. In allen Kulturen, die direkt und systematisch Kindsmord praktizieren, wird das unerwünschte Kind umgebracht, bevor diese Zeremonien stattgefunden haben. Auf der Basis seiner eingehenden Untersuchungen von Geburtsregistern aus zwei japanischen Dörfern des 19. Jahrhunderts kommt William Skinner von der Stanford University zu der Schätzung, daß ein Drittel aller Ehepaare ihr erstes Kind umbrachten. Susan Hanley, eine andere Forscherin, konstatiert, daß der Kindsmord im vormodernen Japan so gang und gäbe war, daß man einer Familie nicht zur Geburt eines Kinds zu gratulieren pflegte, ehe man nicht sicher wußte, ob das Kind aufgezogen werden sollte oder nicht. Erfuhr man, daß dies nicht der Fall war, schwieg man; wenn ja, wurden die üblichen Glückwünsche und Gaben überbracht.

All das wäre nicht möglich, wenn das Band zwischen Eltern und Kind ein natürliches Resultat der Schwangerschaft und der Niederkunft wäre. Wie immer es um die hormonale Basis für die Mutter- und Vaterliebe stehen mag, offensichtlich gibt es keine natürliche Macht, die genug Einfluß auf die menschlichen Angelegenheiten hat, um die Kinder vor kulturell bestimmten Regeln und Zielvorstellungen zu schützen, die darüber entscheiden, unter welchen Bedingungen Eltern bemüht sind, ihre Kinder am Leben zu erhalten, und unter welchen nicht.

Ich habe einmal die Ansicht vertreten, die gleichmäßige, systematische, weltweite Abkoppelung des Geschlechtslebens vom Fortpflanzungszweck beweise hinlänglich, daß der Fortpflanzungserfolg weder für die kulturelle noch für die natürliche Auslese das bestimmende Kriterium sei. Aber die Soziologen halten diesen Beweis nicht für schlüssig und meinen sogar, er treffe überhaupt nicht den Punkt. Ihr Argument ist, daß dort, wo wegen Nahrungsmittelmangels nicht alle überleben und sich fortpflanzen könnten, die Eltern durch die Beseitigung einer bestimmten Zahl von Neugeborenen einfach nur einem Maximum an Kindern das Überleben und die Fortpflanzung ermöglichten. Auf dieses Argument werde ich gleich eingehen. Aber zuvor möchte ich andeutungsweise darstellen, wie nach meiner Meinung die kulturelle Auslese die Zahl der Kinder bestimmt, die Eltern behalten und großziehen wollen.

Wie viele Kinder?

In unserem modernen Industriezeitalter wissen Eltern gar nicht mehr, wie nützlich Kinder im Haus sein können. Aber in früheren Zeiten und in anderen Kulturen waren sich die Erwachsenen bewußt, daß sie eine bestimmte Zahl von Kindern in die Welt setzen mußten, wollten sie sich in ihrem Leben nicht außerordentlichen Härten aussetzen. Auch wenn das in den Industriegesellschaften anders ist, haben sonst die Kinder sich fast immer in einem ganz materiellen Sinn „bezahlt machen“ müssen. Vom brasilianischen Amazonas überliefert Thomas Gregor den folgenden eindrücklichen Ratschlag eines Dorfoberhaupts an seinen Sohn: „Mein Sohn Kupate, mach mehr Kinder. Stoß deinen Samen wie ein sich paarender Frosch tief hinein. Tu so, als wärest du ganz auf dich gestellt, ohne Sippengenossen. Mach Kinder, und sie werden dir später helfen. Wenn sie groß sind und du alt bist, werden sie Fische für dich fangen.“

In vorindustriellen bäuerlichen Familien fangen die Kinder schon als Kleinkinder an, im Haushalt mitzuhelfen. Mit sechs helfen sie beim Sammeln von Brennholz und holen Wasser fürs Kochen und Waschen; sie kümmern sich um jüngere Geschwister, pflanzen, jäten Unkraut und helfen bei der Ernte, mahlen und zerstoßen Getreide, schälen und schaben Knollen, bringen den Erwachsenen ihr Essen aufs Feld, wischen auf und machen Botengänge. Als Halbwüchsige können sie bereits kochen, arbeiten voll auf dem Feld mit, fertigen Töpfe, Behälter, Matten und Netze an, jagen, hüten Tiere und fischen und verrichten fast jede Erwachsenenarbeit, nur ein bißchen weniger effektiv. Untersuchungen, die der Ethnologe Benjamin White bei bäuerlichen Familien auf Java durchgeführt hat, zeigen, daß Jungen zwischen zwölf und vierzehn Jahren dreiunddreißig Stunden pro Woche nützlich arbeiten und Mädchen zwischen neun und elf Jahren ungefähr achtunddreißig Stunden. Alles in allem wird etwa die Hälfte der Gesamtarbeit der Familie von Kindern verrichtet. White stellte auch fest, daß auf Java die Kinder selbst sich am meisten um ihre Geschwister und deren Versorgung kümmern, womit sie die erwachsenen Frauen so weit entlasten, daß diese Erwerbstätigkeiten nachgehen können. Meade Caine, die im Auftrag des Population Council

Untersuchungen anstellte, kam in bezug auf den Nutzen der Kinderarbeit bei den Bauern Bangladeschs zu ähnlichen Ergebnissen. Jungen fangen dort mit zwölf an, mehr zu produzieren, als sie verbrauchen. Mit fünfzehn haben sie schon eine Vergütung für all die Jahre geschaffen, in denen sie versorgt werden mußten.

In früheren Zeiten gewannen die Kinder in dem Maß an Wert, wie die Eltern alt wurden und nicht mehr die Körperkraft hatten, sich durch Jagen, Sammeln oder Feldbau selbst zu ernähren. Wer in Ländern der Dritten Welt alt wird, sieht keinem sicheren Rentnerdasein entgegen und kann sich nicht auf Sozialfürsorge, Lebensmittelzuwendungen oder Ersparnisse verlassen. Als Stütze bleiben ihm nur seine Kinder.

Je schneller die Kinder aus dem Stadium, in dem sie mehr verbrauchen als erzeugen, in das Stadium, in dem sie mehr erzeugen als verbrauchen, überwechseln, um so mehr Kinder sind die Eltern bemüht aufzuziehen. Aber wenn sie sich den Beitrag, den der Nachwuchs zum elterlichen Wohlergehen leisten kann, im vollen Umfang zunutze machen wollen, müssen sie in Rechnung stellen, daß, auch wenn sie sich noch so große Mühe geben, jedes zur Welt kommende Kind großzuziehen, einige mit Sicherheit bereits im Kindesalter Unfällen und Krankheiten zum Opfer fallen werden. Deshalb findet man bei Ehepaaren die weitverbreitete Tendenz, über die angestrebte Idealzahl „hinauszuschießen" und die Geburtenziffer entsprechend der Säuglings- und Kindersterblichkeit zu erhöhen. Auf dem Land in Indien zum Beispiel haben Untersuchungen ergeben, daß bei vielen Ehepaaren drei Kinder als optimal gilt; aber da sie wissen, daß mehr als ein Drittel der Kinder sterben, bevor sie das Erwachsenenalter erreicht haben, verwenden diese Paare erst dann empfängnisverhütende Mittel oder andere Methoden, um den Geschlechtsverkehr von der Fortpflanzung zu trennen, wenn sie vier oder fünf Kinder haben. Deshalb braucht man keine Angst zu haben, daß Bemühungen um eine Senkung der Säuglings- und Kindersterblichkeit sich verschärfend auf das Bevölkerungsproblem auswirken. Gesündere Kleinkinder bedeuten weniger Geburten pro Ehepaar. Eine Verminderung des Bevölkerungswachstums läßt sich von einer Senkung der Sterblichkeitsziffern bei Säuglingen und Kindern allerdings nicht erwarten, weil bei gleichbleibenden sozialen Verhältnissen die Eltern nach wie vor die gleiche Kinderzahl anstreben.

Für die Eltern in der Dritten Welt spielt auch das Geschlecht der Kinder eine Rolle, weil Mädchen und Jungen jeweils unterschiedliche

Kosten machen und Vorteile bringen. Wo das männliche Geschlecht einen wesentlicheren Beitrag zur agrarischen Produktion leistet als das weibliche, da ziehen Ehepaare lieber Jungen als Mädchen groß. Wie ich später noch genauer zeigen werde, ist häufig schiere Körperkraft der Grund für die Bevorzugung. Männer sind zwar nur unwesentlich stärker als Frauen, aber unter Umständen können schon geringfügige Unterschiede in der Leistungskraft über Tod oder Leben entscheiden. Jungen werden besonders stark dort bevorzugt, wo es darum geht, steinharte Böden mit einem Handpflug zu bearbeiten, der von störrischen Tiergespannen gezogen wird. Das ist zum Beispiel in den Weizenanbaugebieten Nordindiens der Fall, wo die Ehepaare alles daransetzen, mindestens zwei Jungen großzuziehen, und durchaus zufrieden sind, wenn sie ohne Tochter bleiben. Aber um sicherzustellen, daß mindestens zwei männliche Kinder überleben, müssen sie eins mehr in die Welt setzen. Und da aller Wahrscheinlichkeit nach unter den Geburten auch einige weiblichen Geschlechts sind, können sie glatt fünf oder sechs Kinder gezeugt haben, ehe sie das gesteckte Ziel von drei Söhnen erreichen. In Südindien und in großen Teilen Südostasiens und Indonesiens ist das Hauptnahrungsmittel nicht Weizen, sondern Reis. Das Pflügen der Reisfelder läuft darauf hinaus, die Tiere im Schlamm herumzutreiben, während die wichtigen Arbeiten im Umsetzen der Pflänzchen und im Unkrautjäten bestehen, was beides von Frauen genauso gut wie von Männern verrichtet werden kann. Dehalb sind in diesen Gegenden Eltern nicht gegen weiblichen Nachwuchs voreingenommen und ziehen genauso viele Mädchen wie Jungen auf.

Die Landbevölkerung Japans hatte früher einmal das weltweit größte Geschick bei der Familienplanung. Im 19. Jahrhundert paßten die japanischen Bauern die Zahl und geschlechtliche Zusammensetzung ihres Nachwuchses haargenau der Größe und Fruchtbarkeit ihres Landbesitzes an. Das Ideal des Kleinbauern waren zwei Kinder, ein Junge und ein Mädchen, während Bauern mit größerem Besitz zwei Jungen und ein oder zwei Mädchen anstrebten. Aber das war noch nicht alles! Im Einklang mit dem bis heute beliebten Sprichwort „erst ein Mädchen, dann ein Junge“ suchten sie zuerst eine Tochter und dann einen Sohn zur Welt zu bringen. Nach G. William Skinner war das auf die Gewohnheit zurückzuführen, die Erziehung erstgeborener Söhne zum großen Teil deren älteren Schwestern aufzubürden. Außerdem erwartete man, daß auf diese Weise der erstgeborene Sohn den Hof zu einem Zeitpunkt vom

Vater übernehmen konnte, wo der letztere geneigt war, sich zur Ruhe zu setzen, und der erstere noch nicht durch allzu langes Warten frustriert war. Als weiterer Faktor spielte das Alter eine Rolle, in dem die Paare heirateten. Ein älterer Mann konnte es sich nicht leisten, mit dem Sohn noch zu warten; wenn also das erstgeborene Kind ein Junge war, mußte er sich trotzdem glücklich schätzen. Da die Eltern keine Möglichkeit hatten, das Geschlecht der Kinder vorherzubestimmen, ließen sich ihre detaillierten Vorstellungen in Sachen Familienplanung nur mit Hilfe systematisch geübten Kindsmords verwirklichen.

Nimmt der Wert der Kinderarbeit in der Landwirtschaft ab, so ist die vorhersehbare Folge eine sinkende Kinderzahl. Wenn gleichzeitig die Eltern den voraussichtlichen ökonomischen Gewinn aus ihren Investitionen in die Kinder dadurch erhöhen können, daß sie diese zur Schule schicken und die Qualifikation für ein Angestelltendasein erwerben lassen, sinken die Geburtenraten unter Umständen sehr rasch. Die Eltern ersetzen dann die Strategie der Aufzucht vieler bäuerlicher Hilfskräfte mit minimaler Schulbildung durch eine Strategie der Aufzucht von nur wenigen Kindern mit guter schulischer Ausbildung und der Aussicht auf gutbezahlte und einflußreiche gesellschaftliche Positionen. Dieses Verhalten wird durch zahlreiche Fallstudien belegt, von denen ich indes nur eine prototypische anführen will. In den sechziger Jahren wählten Forscher von der Harvard University ein Dorf namens Manupur im Staat Punjab in Nordwestindien für die Durchführung eines Versuchsprojekts aus, bei dem es darum ging, durch kostenlos zur Verfügung gestellte Empfängnisverhütungsmittel und Sterilisierungen die Geburtenrate zu senken. In einer Nachuntersuchung berichtete Mahmood Mamdani, daß die Dorfbewohner die Idee der Familienplanung ohne weiteres akzeptierten, aber von Sterilisierungen und Empfängnisverhütung erst etwas wissen wollten, wenn sie ihr Ziel zweier überlebensfähiger männlicher Nachkommen erreicht hatten. „Warum sollen wir 2500 Rupien für eine zusätzliche [gedungene] Arbeitskraft ausgeben?“ wollten sie wissen. „Warum nicht statt dessen ein Sohn?“ Als die Forscher fünfzehn Jahre später nach Manupur zurückkamen, stellten sie erstaunt fest, daß die Frauen Empfängnisverhütungsmittel benutzten, um eine erhebliche Reduzierug der Geburtenrate zu erreichen, und daß die Zahl der gewünschten Söhne pro Ehepaar beträchtlich zurückgegangen war. Der tiefere Grund für diesen Wandel war, daß nach Abschluß der ersten Studie das Dorf von einer Reihe von technologischen und öknomischen Veränderungen erfaßt worden war, die aus dem Punjab einen der am weitesten entwickelten indischen Bundesstaaten machte. Da in vermehrtem Umfang Traktoren, Bewässerungsbrunnen, chemische Unkrautvertilgungsmittel und Petroleumherde Verwendung fanden, waren Kinder als Arbeitskräfte für den bäuerlichen Betrieb weniger wichtig geworden. Sie wurden nicht mehr benötigt, um das Vieh zu weiden, Unkraut zu jäten und Kuhmist für die Feuerstelle zu sammeln. Gleichzeitig gingen den Dörflern von Manupur die Möglichkeiten einer Anstellung in gewerblichen oder staatlichen Betrieben und Büros auf. Einfach nur um ihre mechanisierten und von der Bank finanzierten Bauernhöfe bewirtschaften zu können, waren sie gezwungen, sich Schriftkenntnisse und mathematische Fertigkeiten anzueignen. Vielen Eltern war jetzt der Schulbesuch ihrer Kinder wichtiger als die körperliche Arbeit, die sie leisten konnten. Im Ergebnis stieg die Sekundarschülerquote bei Jungen von 63 auf 81% und bei Mädchen von 29 auf 63%. Und heute wollen die Eltern in Manupur mindestens einen Sohn in einem Schreibtischberuf haben, damit die Familie nicht völlig landwirtschaftsabhängig ist; manche denken sogar daran, ihre Söhne und Töchter auf die Universität zu schicken.

Zwischen den Fortpflanzungsraten in den Ländern der Dritten Welt und bei benachteiligten ethnischen und rassischen Minderheiten in den Industrieländern gibt es eine interessante Übereinstimmung. In beiden Fällen hat es den Anschein, als würden die Menschen ohne Rücksicht auf ihr eigenes Wohlergehen dazu getrieben, mehr Kinder in die Welt zu setzen, als sie sich leisten können. Aber ich bezweifle, daß es sich wirklich so verhält. In den USA zum Beispiel erwecken die großstädtischen Frauen mit ihren ständigen Schwangerschaften den Eindruck völliger Gleichgültigkeit gegenüber den eigenen Zukunftsaussichten. Ich glaube aber, der Schlüssel zum Verständnis ihres Verhaltens ist nicht in sexueller Haltlosigkeit, sondern darin zu suchen, daß sie durch ihre Schwangerschaft in den Genuß von Unterstützungen der Sozialfürsorge gelangen, die ihnen erheblich größere Vorteile bringen, als Frauen ihrer Schicht von der Mutterschaft normalerweise erwarten können. In New York bedeutet ein Kind für die von der Fürsorge unterstützte Mutter, daß sie Anspruch auf monatliche Unterhaltszahlungen, Wohngeld, kostenlose medizinische Versorgung und Schulgeld hat. Außerdem erhalten die Mütter in den Ghettos auch Unterstützung durch ein weitgespanntes Netz von Sippenangehörigen und zeitweiligen Lebensgefährten. Und anders als die Kinder der Mittelschicht fangen die Kinder im Ghetto schon mit zehn Jahren an, sich durch Einkünfte aus Gelegenheitsjobs, Bagatelldiebstählen und Rauschgifthandel zu „rentieren". Hinzu kommt, daß die von Sozialhilfe lebenden Frauen in den großstädtischen Ghettos fast genauso dringend Söhne haben wollen wie die indischen Bauernfamilien. Untersuchungen, die von Jagna Sharff in der Lower East Side von Manhattan durchgeführt wurden, zeigen, daß die Mütter Söhne als Schutz gegen Diebe, Straßenräuber und feindliche Nachbarn brauchen. Und da bei den jungen Männern im Ghetto Mord als Todesursache an erster Stelle steht, müssen die Frauen auch wie die indischen Bäuerinnen über die Sollzahl „hinausschießen", um ihr Ziel mit Sicherheit zu erreichen. Stellt man in Rechnung, wie hoffnungslos benachteiligt die Ghetto-Frauen mit ihrer schlechten Schulbildung beim Kampf um Stellen und Posten gegenüber den gebildeten Frauen aus der Mittelschicht sind, so dürften sie mit drei oder vier Kindern nicht schlechter dran sein als mit zwei oder drei. Ganz gewiß aber fahren sie unter den Bedingungen, unter denen sie leben, mit ein oder zwei Kindern besser, als wenn sie gar keins haben.

Natürlich ist das Leben, zu dem die Kinder verurteilt sind, die Garantie dafür, daß ebensosehr zur Schande wie zum großen Schaden der übrigen Gesellschaft das Ghetto unverändert bestehen bleibt. Aber irrational ist dabei das System und nicht das Verhalten der einzelnen Mutter im Ghetto. Nicht sie ist verantwortlich für das unwirksame Erziehungssystem, den Mangel an guten Jobs oder das Krebsgeschwür rassischer Diskriminierung. Nicht sie ist schuld daran, daß Kinder zu haben einträglicher ist, als keine zu haben. Die angeführten Beispiele zeigen, daß Eltern sich bei ihren Investitionen in die Aufzucht von Kindern danach richten, inwieweit die Kinder zu einer realen Verbesserung ihrer ökonomischen Verhältnisse beitragen. Daher braucht man nicht die Auswirkungen in Betracht zu ziehen, die eine bestimmte Neuerung auf das Gesamtniveau des Fortpflanzungserfolgs hat, um vorhersagen zu können, ob die Fortpflanzungsquote steigen oder sinken wird. Man braucht einzig und allein zu wissen, ob die Befriedigung der biopsychologischen Bedürfnisse, Triebe und Ansprüche der Eltern sich unter den neuen Bedingungen besser mit einer größeren oder einer geringeren Zahl von Kindern erreichen läßt. Bleibt natürlich noch die Möglichkeit, daß die natürliche Auslese es irgendwie geschafft hat, dafür zu sorgen, daß jede Korrektur in der Kinderzahl, die von den Menschen entsprechend den Vorgaben der kulturellen Auslese vorgenommen wird, auch immer im Einklang mit den Prinzipien der natürlichen Auslese den – aufs Ganze gesehen – bestmöglichen Fortpflanzungserfolg sicherstellt. Um diese Möglichkeit auszuschließen, braucht es eindeutige Beweise, daß in vielen Fällen sinkende durchschnittliche Kinderzahlen die Gesamtrate des Fortpflanzungserfolgs definitiv nicht verbessern, sondern mindern. Nach diesen Beweisen müssen wir nicht lange suchen.

Fehlanzeige in der Fortpflanzung

Die neuesten demographischen Vorgänge in jenen Teilen der Dritten Welt, die sich wie der Punjab modernisieren, erinnern stark an die massive Veränderung der Fortpflanzungsraten beim Übergang von der Agrar- zur Industriegesellschaft im 19. und 20. Jahrhundert. Für die sinkenden Fortpflanzungszahlen, die sich in den entwickelten Industriegesellschaften in Ost und West durchgesetzt haben, waren dieselben Veränderungen in der Kosten-Nutzen-Bilanz bei der Aufzucht von Kindern verantwortlich wie heute in Manupur. Inwiefern? Die Industrialisierung wirkte sich auf die Kinderaufzucht kostensteigernd aus. Es brauchte länger, bestimmte Fertigkeiten zu erwerben, die unbedingt nötig waren, um sich seinen Lebensunterhalt verdienen zu können. Die Eltern mußten also länger warten, bis sie aus ihrem Nachwuchs irgendwelchen wirtschaftlichen Nutzen ziehen konnten. Gleichzeitig kam es zu einem grundlegenden Wandel in der Art und Weise, wie die Leute sich ihren Lebensunterhalt verdienten. Man arbeitete nicht mehr im bäuerlichen Familienbetrieb oder im Familiengeschäft zusammen. Statt dessen ging man als einzelner Lohnarbeiter in die Fabrik oder ins Büro. Ob bei der Kinderaufzucht am Ende etwas heraussprang, hing von der Bereitschaft der Kinder ab, den Eltern in den gesundheitlichen und finanziellen Nöten beizustehen, von denen diese im hohen Alter heimgesucht wurden. Aber die höhere Lebenserwartung und die rasant wachsenden Kosten im Gesundheitswesen lassen solche elterlichen Erwartungen an die Kinder immer unrealistischer werden. Den Industrienationen bleibt gar nichts anderes übrig, als Alters- und Pflegeheime an die Stelle der in vorindustriellen Zeiten üblichen Versorgung alter Eltern durch ihre Kinder treten zu lassen. Kein Wunder, daß in manchen Industriegesellschaften die Fortpflanzungsrate unter die Marge von 2,1 Kindern pro Frau gefallen ist, die eine Bevölkerung davor bewahrt zu schrumpfen. Eine weitere Verschiebung des Schwergewichts der industriellen Wirtschaft von der Gütererzeugung zum Dienstleistungs- und Kommunikationssektor verschärft diesen Trend noch. Da ein modernes Mittelstandspaar erst Kinder bekommt, wenn beide Partner über ein Einkommen verfügen, wird spät geheiratet. Paare, die spät heiraten, geben sich mit einem Kind zufrieden, und immer mehr junge Leute wollen von den traditionellen Formen familiärer und sexueller Gemeinschaft nichts mehr wissen.

Während dieser ganzen Zeit des Übergangs von großen zu kleinen Familien, von hohen zu niedrigen Kinderzahlen und von hohem zu niedrigem Bevölkerungswachstum hat sich der Lebensstandard der Arbeiter- und Mittelschichten ständig verbessert. Von bestimmten ethnischen und rassischen Minderheiten abgesehen, gelangen heute mehr Menschen in den Genuß von Lebensnotwendigem wie Nahrung und Unterkunft und von Annehmlichkeiten wie Unterhaltung und Reisen als noch vor 200 Jahren. Es wäre deshalb mit Sicherheit falsch zu behaupten, daß der Aufschub beim Heiraten, die Verzögerung beim Kinderkriegen und das Absinken der Geburtsrate von vier oder mehr Kindern pro Mutter zu Anfang des letzten Jahrhunderts auf mittlerweile zwei oder weniger Kinder pro Mutter Methoden der Natur darstellen, für einen größtmöglichen Fortpflanzungserfolg zu sorgen. Wenn junge Leute im besten Fruchtbarkeitsalter die Universitäten und Fortbildungsschulen besuchen, statt Kinderzimmer einzurichten, wenn sie ihr Geld für Stereofernseher, luxuriöses Essen und schnelle Autos ausgeben, statt Kinderwagen, Babynahrung und Buggies zu kaufen, und wenn sie erst mit dreißig heiraten, dann kann man getrost davon ausgehen, daß sie auf etwas anderes reagieren als auf eine von der natürlichen Auslese vorgegebene Tendenz, so viele Kinder wie möglich aufzuziehen.

Wie es scheint, bekommen diejenigen, die sich die meisten Kinder leisten könnten, die wenigsten. Um diese umgekehrt proportionale Beziehung zu untersuchen, verglich der Bevölkerungswissenschaftler Daniel Vining die durchschnittliche Zahl der Kinder von Vätern, die im *Who's Who* aufgenommen sind, mit der durchschnittlichen Zahl der Kinder von weißen Frauen gleichen Alters in der Gesamtbevölkerung. Anfangend mit der Altersgruppe der Geburtsjahrgänge von 1875 bis 1879 stellte Vining fest, daß die durchschnittliche Kinderzahl der gebildetsten und erfolgreichsten Männer der Nation immer erheblich unter dem Durchschnitt bei den Frauen lag. Wo weiße Frauen des Jahrgangs 1875 3,5 Kinder pro Person hatten, da hatten die Männer aus dem *Who's Who* pro Person nur 2,23 Kinder. Für die Geburtsjahrgänge von 1935 bis 1939 betrug das Verhältnis 2,92 zu 2,30. Zu einem vergleichbaren Ergebnis kam Vining bei den Männern im japanischen *Who's Who.* Einen Untersuchungszeitraum von fast einem ganzen Jahrhundert hindurch hatten die gebildetsten und geachtetsten Männer Japans nur etwa 70% der durchschnittlichen Kinderzahl, die sich bei Frauen derselben Altersgruppe fand.

Der heutige Mittelstand aus dem Dienstleistungs- und Kommunikationssektor ist schwerlich die erste Gruppe von Menschen, bei der die Neigung zur Aufzucht von Kindern im umgekehrten Verhältnis zu den dafür vorhandenen Mitteln steht. Im 19. Jahrhundert traf man zum Beispiel in Indien in der Schicht der Radschputs und in anderen hochstehenden Krieger- und Landbesitzerkasten das denkbar größte Ungleichgewicht im Verhältnis von jungen Männern zu jungen Frauen. Den Berichten britischer Beamter zufolge brachten die Radschas von Mynpoorie, die Crème de la crème der indischen Aristokratie, systematisch jeden weiblichen Nachkommen um: „Wenn hier dem regierenden Haupt der Familie ein Sohn, ein Neffe, ein Enkel geboren wurde, so wurde das Ereignis durch das Abfeuern jeder Menge Artillerie der nahe gelegenen Stadt bekanntgemacht; aber Jahrhunderte waren vergangen, ohne daß man in diesen Mauern je ein Kleinkind weiblichen Geschlechts hätte lächeln sehen."

Die Soziobiologen haben mit dem rätselhaften Phänomen der Tötung der weiblichen Nachkommenschaft, das man in Führungsschichten häufiger antrifft, mittels der These fertig zu werden versucht, wohlhabende und einflußreiche Eltern erzielten dadurch, daß sie sich auf die Aufzucht des männlichen Nachwuchses beschränkten, im Endeffekt eine zahlreichere Nachkommenschaft. Dahinter steht die Überlegung, daß jeder männliche Angehörige der Führungsschicht sich Scharen von Frauen nehmen und mit ihnen massenhaft Kinder zeugen kann, wohingegen Frauen, mögen sie auch mit noch so vielen Männern geschlechtlich verkehren, nie mehr als äußerstenfalls an die zwölf Kinder zur Welt bringen können. Indem sie also die Söhne statt der Töchter aufziehen, sichern sich die Eltern aus der Führungsschicht den größtmöglichen Fortpflanzungserfolg. Aber wenn wirklich der Fortpflanzungserfolg das Auslesekriterium für das Fortpflanzungsverhalten der Radschas von Mynpoorie gewesen wäre, dann hätten Kinder von Töchtern eine willkommene Zugabe zu denen der Söhne sein müssen, da ja die Radschas als Angehörige der obersten Schicht es sich allemal leisten konnten, neben den Söhnen auch die Töchter mit dem Lebensnotwendigen zu versehen.

Die beste Erklärung für die in Führungsschichten geübte Praxis, Mädchen bei der Geburt umzubringen, liefert die kulturelle und nicht die natürliche Auslese. Ihre Wurzel hatte die Praxis in dem Bemühen der Männer dieser Führungsschichten, zu verhindern, daß ihre Ländereien und die übrigen Quellen ihres Reichtums und ihrer Macht unter zu viele Erben aufgeteilt wurden. Nicht das Kriterium der erfolgreichen Fortpflanzung bestimmte ihr Verhalten, sondern der Umstand, daß sie ihr gewohntes Leben im Luxus nicht gefährdet sehen wollten. Daß sie mit Konkubinen, Mätressen und Hofdamen jede Menge Kinder zeugten, stellte für die Radschput keine Bedrohung dar, weil diese Kinder über keine Machtmittel verfügten, durch die sie einem etwaigen Anspruch auf einen Anteil an den Ländereien Nachdruck verleihen konnten. Schwestern und deren Kinder männlichen Geschlechts hingegen bildeten eine solche Bedrohung, weil die Gatten dieser Schwestern im Zweifelsfall Angehörige der Herrscherkaste und also imstande waren, Anspruch auf einen Teil der Besitzungen zu erheben. Die Töchter und Schwestern umzubringen war die extremste in einer ganzen Reihe von Methoden der radschputischen Führungsschicht, um zu verhindern, daß ihr Reichtum und ihre Macht sich unter die Nachkommenschaft der weiblichen Linien aufsplitterte. Die üblichste Methode, den Anspruch einer Frau auf Grundbesitz zu unterlaufen, bestand darin, ihrem Mann eine als Mitgift bezeichnete Zahlung in Form von Juwelen, Gold, Seide oder Bargeld zu leisten, für die er alle künftigen Territorialforderungen aufgab. Bis zum heutigen Tag hat in Nordindien die Unlust, für Töchter oder Schwestern Mitgift zu zahlen, eine hohe Rate indirekter Tötungen bei Kindern weiblichen Geschlechts und ein Ungleichgewicht im Zahlenverhältnis von Jungen und Mädchen zur Folge. Die Radschputs gingen einfach nur einen Schritt weiter und beseitigten dadurch die Notwendigkeit von Mitgiftzahlungen, daß sie sich weigerten, Kleinkinder weiblichen Geschlechts aufzuziehen. (Über die Mitgift später mehr.)

Ich glaube, es führt kein Weg an der Schlußfolgerung vorbei, daß wir Menschen von Natur aus ebenso gut Verhaltensweisen annehmen können, die unsere Fortpflanzungsrate senken, wie solche, die sie steigern. Wenn eine größere Kinderzahl unserem biopsychologischen Wohlergehen förderlich ist, bekommen wir mehr Kinder; erhöht es unser biopsychologisches Wohlbefinden, weniger Kinder zu haben, so sinkt die Zahl. Lassen wir uns dabei nicht durch den Umstand durcheinanderbringen, daß während des Großteils der historischen und vorhistorischen Zeit Produktionsweisen herrschten, durch die im Zweifelsfall Menschen mit einer großen Kinderzahl begünstigt waren. Dieses traditionelle Verhältnis erfuhr mit der Industrialisierung eine Umkehrung. Große Kinderzahlen hinderten jetzt die Eltern daran, einen Zustand größtmöglichen biopsychologischen Wohlbefindens zu erreichen. Und so entschieden sich die Eltern im Normalfall dafür, weniger Kinder in die Welt zu setzen. Wer in diesen sinkenden Kinderzahlen eine Strategie sehen will, die in Wirklichkeit auf irgendeine künftige Erhöhung der Vermehrungsraten berechnet sei, verstellt sich das Verständnis für eines der grundlegendsten Phänomene im Leben der Moderne. Es gibt in der heutigen Welt Milliarden von Menschen, die es mehr nach einem doppelten Einkommen, einem Zweitwagen und einem zweiten Haus verlangt als nach einem zweiten Kind. Die kulturelle Auslese, nicht die natürliche, hat uns an diesen Punkt geführt, und beide werden uns weiterführen, auch wenn wir noch nicht wissen, wohin.

Vom Bedürfnis, geliebt zu werden

Wenn die Rate des Kinderkriegens ausschließlich davon abhinge, was die Kinder zu den elterlichen Bedürfnissen nach Luft, Wasser, Nahrung, geschlechtlicher Lust, körperlichem Wohlbehagen und persönlicher Sicherheit beitragen, dann wären in Japan und den westlichen Industrieländern die Fortpflanzungsraten mittlerweile auf Null gesunken. In Mark und Pfennig berechnet, haben Eltern heute praktisch keine Chance, das je wieder zurückzubekommen, was sie für Tagesschulen und Kindergärten ausgeben müssen, für Babysitter und Kinderärzte, für Stereoanlagen und modische Jeans, für Sommerlager und Kieferorthopäden, für Musikunterricht und Nachschlagewerke, für Dreiräder, Zweiräder und Autos und fürs Studium, von der achtzehnjährigen Vollpension ganz zu schweigen. Zählt man alles zusammen, so kommt man auf eine Rechnungssumme von mehr als 200 000 Mark. Und darin sind dann noch nicht einmal die Leistungen enthalten, die von den Eltern erbracht werden, wenn sie ihre Säuglinge füttern, baden, wickeln und Bäuerchen machen lassen, und auch keine Entschädigung für durchwachte Nächte und die Zerrüttungszustände am nächsten Tag. Auch hier wieder könnte man versucht sein, das egoistische Gen am Werk zu sehen, das die Menschen zwingt, sich wie die Lachse, die zum Laichen stromaufwärts ziehen, ohne Rücksicht auf eigene Verluste zu vermehren. Aber es sind nicht nur leibliche Eltern, die bereit sind, unter großen persönlichen Opfern Kinder aufzuziehen. Wie sollten wir uns die starke Nachfrage nach Adoptionen und den blühenden Schwarzmarkt erklären, auf dem verzweifelte Ehepaare große Summen für Adoptivkinder hinblättern? Wieso werden Adoptivkinder, die mit ihren Pflegeeltern keine Blutsverwandtschaft verbindet, mit derselben Hingebung großgezogen, wie sie Eltern ihrem „eigen Fleisch und Blut“ angedeihen lassen?

Zur Beantwortung dieser Frage scheint mir die Annahme eines weiteren elementaren biopsychologischen Bedürfnisses der menschlichen Natur unumgänglich. Was Kinder ausnehmend gut befriedigen, ist nicht ein elterliches Verlangen nach Fortpflanzung, sondern ein Bedürfnis nach intimen, liebevollen, gefühlsbetonten Beziehungen zu haltgebenden, anteilnehmenden, vertrauenswürdigen und einverständigen anderen Wesen. Kurz, wir brauchen Kinder, weil wir geliebt werden wollen. Eine lange Reihe von Untersuchungen, die in den fünfziger Jahren von Harry Harlow und seinen Mitarbeitern auf den Weg gebracht wurden, haben den experimentellen Befund erbracht, daß Primaten, die gut versorgt, aber isoliert aufgezogen werden, die Züge menschlicher Nervenbündel annehmen. Gott sei Dank hat noch niemand versucht, menschliche Kleinkinder in einsamer Abgeschiedenheit aufzuziehen, um zu sehen, wie sie auf den Mangel an Gesellschaft und emotionalem Zuspruch reagieren. Aber es gibt genug Beweismaterial aus der klinischen Psychologie, das zeigt, wie schwer es Menschen, die in den ersten Lebensjahren keine elterliche Zuwendung erfahren haben, fällt, sich zu normalen Erwachsenen zu entwikkeln. Bis in die späten achtziger Jahre war es allgemein gebräuchlich, mit Frühgeburten im Brutkasten sowenig wie möglich in Berührung zu kommen. Durch die Arbeit der Psychologin Tiffany Field fand man heraus, daß Frühgeburten, die dreimal täglich fünfzehn Minuten lang sanft massiert wurden, um 47% schneller an Gewicht zunahmen und das Krankenhaus sechs Tage früher verlassen konnten, als Frühgeburten, die man nicht so behandelte. Nach acht Monaten waren die massierten Kleinkinder immer noch schwerer als die anderen und schnitten bei Tests ihrer geistigen und motorischen Fähigkeiten besser ab als die nicht massierten Altersgenossen. Aber Liebe ist nicht selbstlos; wie jede andere Beziehung beruht sie auf Gegenseitigkeit. Und in der elterlichen Zuwendung an die Kinder ist die kulturell vermittelte Erwartung enthalten, daß man ein entsprechendes Quantum jener Liebe und Zuneigung zurückerhält, über die Kinder so reichlich verfügen.

An dieser Stelle muß ich meinem geschätzten Kollegen Melvin Konner von der Emory University widersprechen, der seine eigenen Erfahrungen mit den Mysterien moderner Elternschaft gemacht hat. In einem wortgewaltigen Abschnitt in *The Tangled Wing* fühlt sich Konner durch die ersten Monate des Zusammenlebens mit seiner zu Koliken neigenden neugeborenen Tochter an die Zeiten unerwiderter Jugendliebe erinnert:

„Man durchlitt jede nur denkbare Art emotionaler Kränkung, Vernachlässigung, Zurückweisung, Qual und Demütigung. Kaum hatte man es irgendwie geschafft, ein Stündchen lang Rückgrat zu beweisen, die Überzeugung zu gewinnen, daß man sein seelisches Gleichgewicht wahren konnte, schon bekam man wieder ein Bröckchen zugeworfen – ein Bäuerchen zur rechten Zeit, einen kurzen Blickkontakt – und stürzte zurück in den Schacht mit den gekachelten Wänden, wo man im Saft der eigenen Emotionen schmoren durfte. Dadurch wurde man dann für den nächsten Windelwechsel aufgebaut, wo fast im Wortsinn wieder Kübel Unrats über einem ausgegossen wurden."

Konner konnte verstehen, warum seine Frau, „von Hormonschüben geschüttelt und unter dem Druck geschwollener Brüste", ihren Säugling mit Liebe überhäufte; aber über seine eigenen positiven väterlichen Empfindungen war er baß erstaunt. Er konnte einfach nicht glauben, daß seine „verrückten Regungen" das Ergebnis „kultureller Lenkung" seien, daß er so empfinde, „nur weil jemand mich anweist, ein guter Vater zu sein".

Wie die verrückten Regungen und hormonalen Säfte, die nach der Geburt eines Kinds in Gang oder vielmehr in Fluß kommen, erklären sollen, warum die Fortpflanzungsraten nicht noch näher gegen Null gesunken sind, vermag ich nicht zu sehen. Was der Erklärung bedarf, ist die neun oder mehr Monate vor der Geburt des Kinds getroffene Entscheidung, die mit großer Umsicht aufgebauten Hindernisse zu beseitigen, die der Verhütung einer möglichen Schwangerschaft dienen. Mit der Aussicht auf zwanzig Jahre wirtschaftlicher Selbstaufopferung und ohne daß eine Empfängnis den Hormonspiegel bereits in Wallung gebracht hätte, wie sollen da die werdenden Eltern sich mit ihrer Elternschaft anfreunden, wenn nicht kraft der kulturell genährten Überzeugung, daß Kinder ihnen dabei behilflich sein können, ihr Bedürfnis nach Liebe zu befriedigen?

Und dabei darf ich auch nicht vergessen hervorzuheben, daß in einer Gesellschaft, deren unpersönliche Beziehungen von einem ebenso gleichgültigen Individualismus wie rücksichtslosen Kampf um Reichtum und Macht beherrscht werden, in deren unwirtlichen Straßen das Verbrechen grassiert und sogar Nachbarn grußlos aneinander vorbeigehen und in der die nächsten Verwandten und besten Freunde über die Erde verstreut leben, – daß in einer solchen Gesellschaft der Hunger nach Liebe groß ist. Und weil die Paare außerdem unter der Vereinsamung und entfremdenden Wirkung leiden, die vom Konsumdenken und von unpersönlichen, bürokratisierten Arbeitsplätzen ausgeht, möchte ich als zusätzlichen Anreiz für das Kinderkriegen die Erwartung erwähnen, daß ein Kind den Eltern dabei behilflich sein kann, einander die Liebe zu schenken, nach der sich beide sehnen.

Die Bereitschaft der betörten, vernarrten Eltern, die unersättlichen Bedürfnisse ihres Babys zu befriedigen, scheint mir unschwer nachvollziehbar. Sie, die sich der Aufgabe verschrieben haben, in einer kalten und lieblosen Welt einen Tempel der Liebe zu errichten, brauchen nicht mehr als ab und an ein Bröckchen Zuneigung, um sich den Glauben an künftige Liebesherrlichkeit zu erhalten. Sogar noch in der ungnädigsten Stimmung reagieren Säuglinge mit feuchtwarmen Saugbewegungen und Mundgeräuschen; sie greifen nach den Fingern, die man ihnen reicht, und suchen einen zu umschlingen. Schon kann man sich auf die innigen Umarmungen und heißen Küsse des Kleinkinds freuen, auf den Knirps, der sich einem an den Hals hängt, auf das Vierjährige, das, ins Bett gekuschelt, „ich hab dich lieb" flüstert, an das Sechsjährige, das einen aufgeregt erwartet oder einem entgegenrennt, wenn man von der Arbeit heimkommt. Und wenn man noch ein bißchen mehr Phantasie hat, kann man schon den dankbaren Sproß in Doktorhut und Talar vor sich sehen und sagen hören: „Habt Dank, Mutti und Vati. Euch verdanke ich alles."

Daß man auf viele der Entschädigungen für die Mühen der Elternschaft lange warten muß, bedeutet nicht, daß die Ökonomie der Liebe von Illusionen lebt. Wie bei allen anderen Tauschprozessen verlieren auch hier die Beziehungen ihre Haltbarkeit, wenn die Hoffnungen auf Vergütung ewig unerfüllt bleiben. Der Kleinfamilienschrein ist ein zerbrechliches Heiligtum. Die Menschen fahren nicht einfach damit fort, zu heiraten und Kinder zu kriegen, wenn die tatsächlichen Erfahrungen den Erwartungen kraß zuwiderlaufen. Die heutige Gesellschaft hat allen Grund, sich wegen der wachsenden Zahl von Ehepaaren Gedanken zu machen, denen ihr Nachwuchs eher ein Zankapfel als ein Freudenquell ist, und wegen Kindern, die unter dem zerstörerischen Einfluß eben der gesellschaftlichen Verhältnisse, durch die das Bedürfnis nach Liebe eine solche Verstärkung erfährt, zu Ungeheuern werden, die immer nur nehmen und nichts dafür geben, nicht einmal ein Bäuerchen oder einen freundlichen Blick. Die steigenden Scheidungszahlen deuten darauf hin, daß diese bösen Enttäuschungen immer häufiger werden. Wenn das so ist, dann kann man damit rechnen, daß irgendwann der Staat eingreift. Die Gesellschaft braucht Nachwuchs, auch wenn ihre erwachsenen Mitglieder darauf verzichten und sich ohne dieses Ziel sexuell betätigen können. Ich frage mich, wann es die ersten Unternehmen geben wird, die Ersatzmütter für das Austragen von Kindern organisieren, um ein vom Amt für Fortpflanzung vorgeschriebenes Plansoll zu erfüllen. Wird es für diejenigen, die keine Genehmigung zur Aufzucht echter menschlicher Kinder bekommen oder bekommen können, auch die Möglichkeit geben, Ersatzkinder aufzuziehen? Schon heute erzählen einem Haustierhalter mit Begeisterung, ihre Schoßtiere schenkten ihnen genauso viel Liebe, wie Menschen einander geben können, und das auch noch finanziell kostengünstiger und mit geringerem emotionalem Aufwand.

Warum gibt es Homosexualität?

Nach jüngsten Schätzungen liegt der Prozentsatz der erwachsenen männlichen Amerikaner, die mit einem anderen Mann Geschlechtskontakt gehabt haben, wobei der Kontakt von der flüchtigen Berührung bis zum Orgasmus reichen kann, bei 20,3%. Bedenkt man, auf wie viele verschiedene Weise die Menschen sexuelles Vergnügen und unerwünschte Fortpflanzung voneinander trennen, so kann das verbreitete Vorkommen der Homosexualität eigentlich nicht überraschen. Erstaunlicher müssen einem da die vielen Menschen vorkommen, die sich oder ihre Geschlechtspartner manuell befriedigen, Antibabypillen nehmen, Kondome oder spermabtötende Cremes verwenden, Abtreibungen vornehmen lassen und die absonderlichsten Turnübungen absovlieren, um ohne Koitus miteinander zu verkehren, wobei sie aber gleichzeitig homosexuelle Praktiken als „unnatürlich“ verdammen und verhöhnen. Und die wüsten Vorurteile gegen diejenigen, die Gefallen an homosexuellen Praktiken und lesbischen Geschlechtsbeziehungen finden, gewinnen auch nicht etwa durch die Verbindung zwischen homosexuellen Praktiken und AIDS an Vernünftigkeit. Ohne die Fortschritte in der Medizin würden auch heute noch Männlein und Weiblein mit lupenreiner heterosexueller Orientierung massenhaft an Syphilis sterben, einer Geschlechtskrankheit, die einmal eine weitaus gefährlichere Seuche war, als es AIDS heute ist.

Mit der Behauptung, daß die Homosexualität etwas genauso Natürliches ist wie die Heterosexualität, soll nicht gesagt sein, daß Männer und Frauen in ihrer Mehrzahl Angehörige des eigenen Geschlechts genauso aufregend und erotisch befriedigend finden wie die andersgeschlechtlichen. Im Gegenteil, ich werde in Kürze von Gesellschaften zu berichten haben, in denen die meisten Männer sich während eines beträchtlichen Teils ihres Lebens als Homosexuelle verhalten, ohne deshalb ihre Vorliebe für Frauen einzubüßen. Vieles spricht auch dafür, daß ein kleiner Prozentsatz von Männern und Frauen in jeder menschlichen Bevölkerung ihrer genetischen oder hormonellen Anlage nach gleichgeschlechtliche Beziehungen bevorzugen. (Aus anthropologischer Sicht allerdings läßt sich der Großteil homosexueller Praktiken nicht auf genetische oder hormonelle Faktoren zurückführen.) Ich behaupte also nicht, daß die Menschen in geschlechtlicher Hinsicht als unbeschriebenes Blatt auf die Welt kommen. Ich behaupte nur, daß bestimmte Vorlieben nicht notwendig mit entsprechenden Abneigungen zusammengehen. Man kann durchaus ein Steak mögen, ohne etwas gegen Kartoffeln zu haben. Ich sehe keinen Grund, warum Menschen mit einer Vorliebe für heterosexuelle Beziehungen immer auch dazu neigen müssen, gleichgeschlechtliche Beziehungen zu verabscheuen und zu meiden. Und das Umgekehrte gilt ebensosehr: Ich bezweifle stark, daß die kleine Gruppe von Menschen, die einen natürlichen Hang zu gleichgeschlechtlichen Beziehungen haben, mit einer ebenso natürlichen Abwehrhaltung gegen das andere Geschlecht zur Welt kommen. Ich bezweifle, mit anderen Worten, daß es beim Menschen überhaupt so etwas wie verbindliche, sexuelle Verhaltensweisen gibt, die nicht kulturell vorgegeben sind.

Warum sollte es die auch geben? Geschlechtstrieb haben wir mehr als genug! Schließlich sind wir frei von Brutzeiten und Hormonzyklen. Haben bei uns die Männchen nicht das größte Glied und die zweitgrößten Hoden unter allen Primaten? Haben unsere Weibchen nicht eine Klitoris, die an Auffälligkeit höchstens durch den Kitzler der allergeilsten Schimpansinnen übertroffen wird? Haben wir nicht eine beispiellos haarlose Haut, die erogener ist als jedes Großaffenfell? Wenn die Pygmäenschimpansen täglich heterosexuell miteinander verkehren und sich außerdem immer wieder anfallsweise in der Form genitalen Reibens und scheinkopulatorischen Stoßens homosexuell betätigen, warum soll dann Homo sapiens, der geschlechtlich aktivste und phantasiebegabteste unter den Primaten, weniger vielseitig sein? In Wahrheit ist eine Menge Schulung und Konditionierung, elterliches Mißfallen, gesellschaftliche Ächtung, Androhung höllischer Strafen, repressive Gesetzgebung und, neuerdings, AIDS nötig, um unsere blühende sexuelle Begabung so umzukrempeln, daß schon der bloße Gedanke an gleichgeschlechtlichen Verkehr unseren Abscheu erregt. Die meisten Gesellschaften – einer Statistik zufolge etwa 64% – machen sich nicht die Mühe, diesen Abscheu zu erzeugen, sondern tolerieren oder befördern sogar neben den heterosexuellen auch ein gewisses Maß an Formen gleichgeschlechtlicher Liebe. Wenn man heimlich geübte und nichtinstitutionalisierte Praktiken hinzunimmt, dann kann man mit Sicherheit sagen, daß homosexuelles Verhalten in geringerem oder größerem Maß in jeder menschlichen Gesellschaft vorkommt. Aber wie ich in Kürze zeigen werden, ist in den unterschiedlichen kulturellen Zusammenhängen das homosexuelle Verhalten genauso vielgestaltig wie das heterosexuelle. Ich meine, daß diese erstaunliche Vielfalt nicht nur Zeugnis ablegt von der Wandlungsfähigkeit menschlicher Sexualtriebe und -bedürfnisse, sondern von dem sogar noch größeren Einfallsreichtum menschlicher Kulturen, wenn es darum geht, sexuelle Lust und Fortpflanzung voneinander zu trennen.

Mann mit Mann

Die Heterosexuellen bei uns belegen den männlichen Homosexuellen vorzugsweise mit dem Stereotyp „weibisch". Aber historisch und ethnographisch gesehen, findet man die häufigste institutionalisierte Form von gleichgeschlechtlichen Beziehungen nicht bei Männern, die als Friseure und Dekorateure tätig sind, sondern bei Kriegern. In der Antike zum Beispiel wurden Krieger ganz regulär von jungen Knaben ins Feld begleitet, die ihnen als Geschlechtspartner und Bettgenossen dienten und dafür von ihnen in der Kriegskunst unterwiesen wurden. Theben, ein früher Stadtstaat nördlich von Athen, hatte eine Elitetruppe, die als die „Heilige Bande" bekannt war und deren Ruf unüberwindlicher Tapferkeit in der Unzertrennlichkeit und Hingabe der Kriegerpaare gründete, aus denen sie sich zusammensetzte.

Die Ethnologen sind in vielen anderen Teilen der Welt auf ähnliche Formen kriegerischer Homosexualität gestoßen. Die Azande, ein Volk im Südsudan, unterhielten eine ständige Streitmacht aus unverheirateten jungen Männern. Diese jungen Krieger „heirateten" Knaben und befriedigten mit ihnen ihre sexuellen Bedürfnisse, bis sie das für den Kauf einer Frau erforderliche Kontingent Rinder zusammenbringen konnten. Die homosexuelle „Heirat" mit dem Knaben nahm bestimmte Aspekte der späteren Heirat mit einer Frau vorweg. Der Junggeselle gab der Familie des bräutlichen Knaben einen symbolischen Brautpreis, der aus ein paar Speeren bestand. Der Knabe redete seinen älteren Partner mit „mein Gatte" an, nahm seine Mahlzeit getrennt von ihm ein, wie das auch die Frauen taten, sammelte Blätter für die tägliche Toilette seines „Eheherrn" und brachte ihm Wasser, Brennholz und zu essen. Tagsüber mußte der Knabe den Schild des Kriegers tragen, und nachts schliefen die beiden zusammen. Die bevorzugte Form des geschlechtlichen Verkehrs bestand darin, daß der Ältere sein Glied zwischen die Schenkel des Jungen steckte, während „die Jungen sich so gut als möglich dadurch befriedigten, daß sie ihre Geschlechtsorgane am Bauch oder an der Lendengegend ihres Partners rieben". Wurden die unverheirateten Krieger älter, so verließen sie das Kriegslager, gaben ihre Knabenfrauen auf, bezahlten den Brautpreis für eine echte Frau und bekamen Kinder. Währenddessen wurden die früheren Knabenfrauen als Krieger ins Korps aufgenommen, und jetzt waren sie an der Reihe, sich Knabenbräute in der Doppelfunktion von Geschlechtspartnern und Kriegsknappen zu nehmen.

Auf dem Hochland von Papua-Neuguinea sind homosexuelle Beziehungen zwischen den jüngeren Kriegern und den Knaben, die von ihnen zu Kriegern ausgebildet werden, Bestandteil eines komplizierten und langen Initiationszyklus, der aus verweichlichten Jugendlichen harte Krieger machen soll. Von den kriegerischen Sambia berichtet Gilbert Herdt, daß bei ihnen die Knaben noch vor der Pubertät von ihren Müttern getrennt werden, um zusammen mit den Jugendlichen unter und knapp über zwanzig in einem reinen Männerhaus zu wohnen. Etwa sieben Jahre lang praktizieren die Knaben mit den älteren Jugendlichen Fellatio. Nur wenn er Tag für Tag soviel und sooft wie möglich von dem Sperma schluckt, das seine älteren Kameraden in seinen Mund ejakulieren, kann ein Knabe ein tüchtiger Erwachsener und männlicher Krieger werden. Wie viele andere Stämme in Papua-Neuguinea glauben die Sambia nämlich, daß nur ihr Sperma die Männer zu Männern macht und daß man Sperma am besten dadurch erhält, daß man bei jemandem, der darüber verfügt, Fellatio praktiziert. Wenn die jungen Männer, die als Samenspender fungieren, etwa 25 Jahre alt sind, brechen sie ihre homosexuellen Beziehungen ab, verheiraten sich und benutzen ihr Sperma, um Kinder zu zeugen. Die Ehemänner bei den Sambias achten darauf, daß sie nicht zu oft mit ihren Frauen geschlechtlich verkehren, damit sie nicht der korrumpierenden Macht der Frauen verfallen und sich nicht selber durch die „Verschwendung“ von soviel kostbarer männlicher Substanz schwächen. Aber trotz ihrer verbreiteten homosexuellen Betätigung geben die Männer bei den Sambia, wenn sie voll erwachsen sind, nach eigenem Bekunden dem Geschlechtsverkehr mit Frauen den Vorzug vor dem oralen Verkehr mit anderen Männern, was ich oben bereits andeutungsweise als einen Hinweis darauf erwähnte, daß auf die Mehrzahl der Männer die Heterosexualität den von Natur aus stärkeren Reiz ausübt.

Sperma macht nicht nur aus Knaben Männer, es erzeugt auch Kinder und dient als Muttermilch. Die Männer bei den Sambia bilden einen festen Familienverband, dessen Mitglieder überzeugt davon sind, daß sie einander praktisch ohne weibliche Mitwirkung erzeugt und aufgezogen haben. Ich möchte davor warnen, in diesen androzentrischen Vorstellungen und ihrer Umsetzung in homosexuelle Betätigungen bloß das Ergebnis müßigen, primitiven Spintisierens zu sehen. Bei den Sambia und vergleichbaren Stämmen in Papua-Neuguinea zahlen sich der Gemeinschaftssinn, der in den Männerhäusern durchgesetzt wird, die Erziehung zu Härte und Männlichkeit, die Mitteilung des lebensspendenden Spermas am Ende auf dem Schlachtfeld aus. Darüber später mehr; vorher aber möchte ich noch eine Reihe weiterer Erscheinungsformen gleichgeschlechtlicher Beziehungen unter Männern anführen.

Es war die eigentümliche Leistung der griechischen Kultur, daß sie diese Form des homosexuellen Krieger-Knappen-Verhältnisses in den Dienst der Weitergabe von Kenntnissen stellte, die eher philosophischer als kriegerischer Natur waren. Fast alle berühmten griechischen Philosophen unterhielten homosexuelle Beziehungen zu jungen Schülern. Nach Platons Darlegungen im *Symposion* waren sie der Ansicht, daß der Verkehr mit Frauen nur zur körperlichen Fortpflanzung führe, der Verkehr mit Männern hingegen zur Fortpflanzung des geistigen Lebens. „Alle machten es so; und niemand fand etwas dabei", konnte Jeremy Bentham zum Entsetzen der viktorianischen Gelehrten feststellen, die der Gedanke, daß Sokrates, Platon, Xenophon und Aristoteles allesamt nur „Perverse" waren, erschauern ließ.

Tatsächlich spielte sich die männliche Homosexualität im klassischen Griechenland zum größten Teil in einem Zusammenhang ab, der mit Lehrer-Schüler-Verhältnissen, egal ob auf kriegerischem oder auf philosophischem Gebiet, kaum etwas zu tun hatte. Wie in China, in Byzanz und im mittelalterlichen Persien ergab sich auch in Griechenland die Homosexualität hauptsächlich aus der Tatsache, daß Menschen aus den unteren Schichten, das heißt Sklaven und gemeine Leute beiderlei Geschlechts, den mächtigen, männerherrschaftlich organisierten Gruppen, die in den antiken Staatswesen die Führungsschicht bildeten, als Lustobjekte dienen mußten. Männer aus dem Adel konnten sich jede hedonistische Lust und Laune, die ihnen in den Sinn kam, erfüllen. Wenn sie also ihrer Frauen und Konkubinen und Sklavinnen überdrüssig waren, vertrieben sie sich mit Knaben die Zeit, und falls jemand solche Ausschweifungen für tadelnswert hielt, hütete er sich jedenfalls, es laut zu sagen.

Den Erscheinungsformen der Homosexualität, wie man sie bei den

Azande, in Papua-Neuguinea und im alten Griechenland findet, ist eines gemeinsam: Niemand war der Ansicht, daß die Männer, die vor oder neben ihrer heterosexuellen Betätigung Homosexualität praktizierten, abnormen Regungen nachgaben, die ihnen in geschlechtlicher Hinsicht einen Sonderstatus verliehen. In all diesen Gesellschaften dürfen normale Männer bisexuell sein, ja, sie sollen es sogar sein. Bei vielen Formen institutionalisierter Homosexualität fällt allerdings der „Penetrierte" im Unterschied zum „Penetrierenden" (diese Begriffe sind genauer, als wenn man von „aktiv" und „passiv" redet) in eine besondere geschlechtliche Kategorie, die den Heterosexuellen als abartig und abweichend gilt. Diese Unterscheidung zwischen Penetrierenden und Penetrierten gibt es offenbar auch in einem gewissen Grad unter amerikanischen Männern. Sie spielt bei den infamen Schwulenverfolgungen durch Senator Joseph McCarthy und seinen Rechtsberater Roy M. Cohn eine Rolle. Beiden waren sexuelle Beziehungen zu anderen Männern ohne Frage vertraut. Aber aus ihrer Sicht waren sie nicht die ungeheuren Heuchler, die andere in ihnen sahen, sondern einfach nur Männer, die so potent waren, daß sie es sogar mit „Perversen" trieben und darin zugleich ein Mittel sahen, diesen ihre Verachtung zu bezeigen.

In anderen Kulturen gereicht der Umstand, daß ein Mann sich von anderen Männern penetrieren läßt, weder ihm noch den anderen zur Schande. Man sieht in ihm vielmehr einfach nur ein Mittelding, ein drittes Geschlecht, ein Wesen, das nicht Mann und nicht Frau ist. Weit entfernt davon, als „Perverse" verschrien zu sein, genießen Männer, die diesen Status erringen, häufig beträchtliches Ansehen und sind besonders wegen ihrer Fähigkeit geschätzt, als Vermittler zwischen der natürlichen Welt und den übernatürlichen Regionen zu fungieren. Männliche Schamanen in Sibirien zum Beispiel verstärken die Aura des Geheimnisvollen und Überirdischen, von der sie umgeben sind, noch dadurch, daß sie Frauenkleider tragen, weibliche Arbeiten verrichten und sich von ihren männlichen Klienten penetrieren lassen. In den afro-brasilianischen Besessenheitskulten, die als *macumba* und *condomble* bekannt sind, sind erfolgreiche charismatische Kultfiguren ebenfalls durchgängig Homosexuelle. Für ihre Klienten sollen sie verlorene Wertgegenstände und verschwundene Personen aufspüren, Unglücksursachen entdecken und Heilmethoden für Krankheiten herausfinden. Warum soll man von jemandem, der zu solchen Dingen imstande ist, erwarten, daß er sich wie alle anderen kleidet und benimmt?

Die indianischen Homosexuellen, die man unter dem Namen *berdache* kennt, bildeten ebenfalls eine Art von geachtetem Zwischengeschlecht zwischen Mann und Frau, das über schamanistische Kräfte und übernatürliche Fähigkeiten verfügte. Die *berdache* kleideten sich wie Frauen und leisteten erfolgreichen Kriegern als „Ehefrauen" sexuelle Dienste, zusammen mit deren wirklichen Frauen. Weil die *berdache* sich der Hausarbeit widmeten und in Perlen- und Federnstikkereien geschickt waren, wurde ihre Anwesenheit von ihren weiblichen Kolleginnen akzeptiert oder sogar begrüßt. Einen *berdache* zu haben, war für den Krieger ziemlich ehrenvoll und tat seiner Männlichkeit nicht den geringsten Abbruch. Viele *berdache* brachten es durch ihre übernatürlichen Begabungen zu Schamanen. Bei den Oglala und Tetons zum Beispiel verliehen sie jungen Männern und Frauen in der Pubertät, bei der Heirat und in anderen kritischen Lebenssituationen neue Namen. Bei den Krähenindianern fällten die *berdache* den ersten Baum für den Sonnentanz; bei den Cheyennes organisierten und leiteten sie den Skalptanz; und bei den Navajo, Creek und Yokut übernahmen sie bestimmte Funktionen bei Beerdigungen. Ein *berdache* konnte mehreren Kriegern zur gleichen Zeit dienen, und ein Krieger konnte zur gleichen Zeit mehr als einen *berdache* haben. Hingegen waren die *berdache* an ihresgleichen nicht interessiert. Und das Interesse der Krieger an gleichgeschlechtlichen Beziehungen war angeblich ausschließlich auf die *berdache* beschränkt.

Indien, ein unerschöpfliches Schatzhaus ethnographischer Beispiele, verfügt über jede Menge homosexueller heiliger Männer, *hijras* genannt. Dieses, anatomisch gesehen, männliche Zwischengeschlecht unterzieht sich der Kastration, um Aufnahme in eines der sieben „Häuser" der *hijra*-Gemeinschaft zu finden. Seine Vertreter ziehen sich wie Frauen an, reißen sich die Barthaare aus, statt sich zu rasieren, nehmen Frauennamen an, sitzen in öffentlichen Verkehrsmitteln in den für Frauen reservierten Abteilen und kämpfen für ihre Anerkennung als Frauen durch die staatlichen Behörden. *Hijras* angeln sich oft „Ehemänner", die Familie und Kinder haben, aber für das Vergnügen sexueller Praktiken, von denen Frauen keine Ahnung haben, zur Zahlung einer regelmäßigen finanziellen Unterstützung bereit sind. Weniger glückliche oder unternehmende *hijras* verdienen sich ihren

Lebensunterhalt durch Prostitution. Zum Teil stammen ihre Einkünfte auch aus der Bettelei, die sie am erfolgreichsten mittels der Drohung betreiben, ihre Gewänder zu heben und ihr verstümmeltes Geschlecht zu entblößen, falls keine Almosen gegeben werden. Aber den größten Teil ihres Lebensunterhalts verdienen sich die *hijras* traditionellerweise mit der Durchführung bestimmter Rituale, vor allem bei der Geburt eines Knaben. In das betreffende Haus gerufen, hebt der *hijra* das Neugeborene hoch, hält es im Arm und verfällt in Tanzbewegungen, während er das Geschlecht des Kindes untersucht, womit er auf das Kind und seine Familie Fruchtbarkeit, Wohlstand und Gesundheit herabbeschwört.

Schließlich gibt es den modernen Schwulen, eine Form von institutionalisierter Homosexualität, die es vor ihrem Auftreten in der heutigen westlichen Kultur vermutlich nirgends jemals gegeben hat. Das Einzigartige an den Schwulen ist, daß die heterosexuelle Mehrheit Amerikas alle Erscheinungsformen homosexuellen Verhaltens verurteilt und bis vor ein paar Jahren noch mit Hilfe des Kriminalrechts gegen Leute vorging, die sich auch nur eines einzigen homosexuellen „Vergehens" schuldig gemacht hatten. Dank der unablässigen Feindseligkeit und Verhöhnung, der sie ausgesetzt waren, haben sich die Schwulen zu einer eigenen Gemeinschaft entwickelt, die stark an eine Kaste oder ethnische Minderheit erinnert. In dieser Hinsicht ähneln sie den *hijras,* abgesehen davon, daß der Geschlechtsverkehr zwischen *hijras* und Nicht-*hijras* die letzteren nicht zu Homosexuellen macht, wohingegen in Amerika jeder Mann, egal ob verheiratet oder nicht, durch den Verkehr mit einem Schwulen kraft gesellschaftlicher Übereinkunft zu einem Geschöpf zwischen den Fronten wird, um das sich die Schwulengemeinschaft bemüht, während die Gemeinschaft der Heterosexuellen es aus ihren Reihen auszuschließen sucht.

Wie ist es zu alledem gekommen? Wie schon im vorletzten Kapitel bemerkt, braucht die Gesellschaft Nachwuchs, auch wenn ihre erwachsenen Mitglieder darauf verzichten und sich ohne dieses Ziel sexuell betätigen können. Angesichts der Aussicht schwindender Fortpflanzungsraten, die der Übergang von der agrargesellschaftlichen zur industriegesellschaftlichen Ökonomie heraufbeschwor, förderten diejenigen, die Arbeitskräfte brauchten, mit Macht eine Gesetzgebung, die jede Form von nicht der Fortpflanzung dienendem Geschlechtsverkehr untersagte und hart bestrafte. Dadurch sollte die sexuelle Betätigung zu einem Privileg gemacht werden, das von der Gesellschaft nur denen gewährt wurde, die es zur Erzeugung von Kindern nutzten. Als eklatanter Fall eines nicht der Fortpflanzung dienenden Geschlechtslebens geriet vorzugweise die Homosexualität in die Schußlinie der Befürworter hoher Geburtsziffern, zusammen mit der Masturbation, dem vorehelichen Verkehr, der Empfängnisverhütung und der Abtreibung.

Unsere Runde durch die Welt der Homosexualität ist indes erst halb vorbei.

Frau mit Frau

Weil unter den Ethnologen der männergesellschaftliche Blickwinkel vorherrscht, sind Einzelheiten über lesbische Praktiken kaum bekannt. Dennoch halte ich die Feststellung für richtig, daß die institutionalisierten Formen weiblicher Homosexualität nicht so weit ausgebildet sind wie die der männlichen. Warum das so ist, werde ich gleich erläutern.

Die Ethnologen berichten nur von einer kleinen Zahl weiblicher Initiationsriten, die lesbische Verhaltensweisen einschließen. Bei den Dahome in Westafrika zum Beispiel bereiteten sich halbwüchsige Mädchen auf die Ehe durch den Besuch von Initiationsschulen vor, die ausschließlich Frauen vorbehalten waren und wo diese lernten, wie man „sein Geschlecht dick werden läßt" und Geschlechtsverkehr praktiziert.

Da Frauen selten hauptamtlich im Kriegshandwerk tätig sind, haben sie wenig Gelegenheit, auf der Basis von gleichgeschlechtlichen erotischen Krieger-Knappen-Verhältnissen verschworene Kampfgemeinschaften zu bilden. Desgleichen hielt sie auch ihr zwangsweiser Ausschluß aus den klassischen griechischen Akademien von den homophilen Lehrer-Schüler-Verhältnissen der Philosophen fern. Und da die Männer in den Frauen ihr „Sexualobjekt" sahen, konnten offene lesbische Beziehungen zwischen hochgestellten Frauen und Sklavinnen beziehungsweise anderen Frauen aus niederen Schichten keine allzu große Verbreitung finden. Häufiger hingegen machen sich Frauen gesellschaftlich sanktionierte mannweibliche Geschlechterrollen zunutze, ziehen sich männlich an, tun männliche Dinge wie Jagen, Fallenstellen und In-den-Krieg-Ziehen und nutzen ihre Stellung zwischen den Geschlechtern zur Hebung ihres Rufs als Schamaninnen. Bei mehreren Eingeborenenstämmen im Westen Amerikas gingen diese geschlechtsunentschiedenen Frauen lesbische Verbindungen mit Frauen ein, die sie in aller Form „heirateten". Für die Mehrzahl der Kulturen, in denen solche unentschiedenen Geschlechterrollen akzeptiert waren, gibt es indes wenig Grund zu vermuten, daß lesbische Beziehungen zwangsläufig dazugehörten.

In mehreren Fällen wird von institutionalisierten lesbischen Beziehungen aus Gegenden berichtet, in denen die Männer als Wanderarbeiter unterwegs sind. Auf der Insel Carriacou in der Karibik, wo die Männer den Großteil des Jahres von zu Hause weg sind, nehmen die älteren verheirateten Frauen jüngere alleinstehende Frauen in ihren Haushalt auf und lassen sich von ihnen dafür, daß sie die Geldüberweisungen der abwesenden Männer mit ihnen teilen, sexuell trösten und emotional stützen. Ein ähnliches Schema gibt es in Südafrika, das man dort unter der Bezeichnung „Mama-Baby-Spiel“ kennt.

Eine der interessantesten Formen von institutionalisiertem Lesbianismus gab es während der zweiten Hälfte des 19. und in den Anfängen des 20. Jahrhunderts in mehreren Seide produzierenden Bezirken in der Gegend um das Perlflußdelta im Süden der chinesischen Provinz Kwangtung. Praktisch die ganze Arbeit in den Seidenraupenfabriken wurde von alleinstehenden Frauen geleistet. Obwohl sie schlecht bezahlt waren, ging es ihnen finanziell besser als ihren künftigen Männern. Da sie nicht bereit waren, sich mit der untergeordneten Stellung abzufinden, die durch die Ehe der chinesischen Frau zugewiesen wurde, bildeten die Seidenarbeiterinnen ehefeindliche Schwesternschaften, in denen sie wirtschaftlichen und emotionalen Rückhalt fanden. Nun unterhielten zwar die 100 000 Schwestern nicht durchweg lesbische Beziehungen, aber dauerhafte lesbische Ehen zwischen zwei oder manchmal drei Frauen waren verbreitet.

Auch wenn man bei den ethnographischen Berichten der zumeist männlichen Beobachter ein Moment von Blindheit in Rechnung stellt, scheint ausgemacht, daß es weniger institutionalisierte Formen von weiblicher als von männlicher Homosexualität gibt. Muß man daraus den Schluß ziehen, daß Frauen sich weniger häufig als Männer homosexuell betätigen? Vermutlich nicht. Wahrscheinlicher dürfte sein, daß die weibliche Homosexualität einfach nur in den Untergrund getrieben wurde beziehungsweise daß sie sich Ausdruck in nichtinstitutionalisierten Zusammenhängen verschaffte, die der Aufmerksamkeit entgehen. Auch wenn selten darüber berichtet wird, dürfte die Pubertätszeit überall auf der Welt den Mädchen Gelegenheit zu einem beträchtlichen Maß homosexuellen Experimentierens bieten. Erst kürzlich ist zum Beispiel bekanntgeworden, daß bei den !Kung in der Kalahari die jungen Mädchen sich mit ihresgleichen sexuell vergnügen, ehe sie es mit den Jungen tun.

Vielweiberei ist ein anderer Zusammenhang, in dem vermutlich lesbische Beziehungen gedeihen. Bei den Nupe, Haussa und Dahome in Westafrika und bei den Azande und Nyakusa in Ostafrika scheint die Praktik weitverbreitet gewesen zu sein. In den Harems des Nahen Ostens, wo die Nebenfrauen ihre Männer nur selten zu Gesicht bekamen, gingen trotz der harten Strafen, die solcher Ungehorsam gegen die Männer unter Umständen nach sich zog, viele Frauen lesbische Beziehungen ein.

Die heutige Lesbenbewegung liefert weitere Belege dafür, daß die institutionalisierte weibliche Homosexualität keine einfache Widerspiegelung ihres männlichen Pendants ist. Als Sozialbewegung bleibt das Lesbentum nicht nur hinter der Schwulenbewegung und ihrer Politik zurück, sondern steht auch im Schatten des politischen Programms der Frauenbewegung. Wie die Schwulen gehören auch die Lesben gesellschaftlich abgesonderten Gemeinschaften an, die ihren Mitgliedern bei wichtigen Alltagsgeschäften helfen und ihnen emotionale Geborgenheit und physischen Schutz gewähren. Aber die Solidargemeinschaft der Schwulen hat mehr Mitglieder, umfaßt ein breiteres Spektrum von Berufssparten und verfügt über größere politische Durchschlagskraft. Das hat ironischerweise seinen Grund darin, daß Männer ganz allgemein von Kindesbeinen an mehr Selbstvertrauen anerzogen bekommen und den besseren Zugang zu gutbezahlten Posten und Beschäftigungen haben. Das „Coming out", das Bekenntnis zur eigenen Homosexualität, mag deshalb für Lesben schwieriger sein als für Schwule, weil Lesben nicht bloß mit ihrer Ächtung als Perverse, sondern auch noch mit der Unterdrückung fertig werden müssen, die ihnen als Frauen widerfährt, wohingegen sich Schwule nur gegen ihre Ächtung als Perverse behaupten müssen. Wie Evelyn Blackwood bemerkt, hängt „die der Frau aufgezwungene Heterosexualität mit ihrem Mangel an ökonomischer Macht und der Beschränkung weiblicher Aktivitäten auf die häusliche Sphäre zusammen". Homosexualität, egal ob in ihrer schwulen oder lesbischen Spielart, rüttelt an den Grundfesten der bestehenden Familie. Hinzu kommt, daß der Lesbianismus eine Herausforderung für den Mann darstellt, der die Frau als „sein" Sexualobjekt in Anspruch nimmt. Das ist der Grund, warum Frauen unterschiedlicher geschlechtlicher Orientierung sich zum gemeinsamen Kampf gegen das männliche Klischee von dem, was weiblich ist, zusammenfinden.

Samen kontra Ei?

Wir wissen, daß Mann und Frau derselben menschlichen Spezies angehören, aber ihrem Aussehen, ihrer Sprechweise und ihrem Verhalten nach zu urteilen, könnte man fast das Gegenteil vermuten. Sind Mann und Frau fundamental verschiedene Geschöpfe? Sind weibliche Geschlechtsorgane beziehungsweise Körper und männliche Geschlechtsorgane beziehungsweise Körper jeweils Teil eines genetisch bedingten Ganzen, das festliegende Progamme für fundamental unterschiedliche Arten von geschlechtsspezifischem Denken und Verhalten umfaßt?

Der zentrale Punkt, um den sich heutige Theorien über angeblich angeborene geschlechtsbedingte Denk- und Verhaltensstrukturen drehen, ist die Vorstellung, daß Mann und Frau von Natur aus unterschiedliche und einander widerstreitende Fortpflanzungsstrategien verfolgen: daß einer Strategie des weiblichen Eis eine Strategie des männlichen Samens gegenüberstehe. Die Ei-Strategie verpflichte angeblich die Frauen dazu, in bezug auf den Geschlechtspartner wählerischer zu sein, sich mit weniger Geschlechtspartnern zu begnügen und auf die Säuglingspflege und Kinderaufzucht mehr Sorgfalt und Mühe zu verwenden als der Mann. Die Samenstrategie verpflichte die Männer, sich ohne Ansehen der Person mit möglichst vielen Frauen zu paaren und weniger Sorgfalt und Mühe auf die Kinderaufzucht zu verwenden. Diese beiden einander entgegengesetzten Strategien seien ihrerseits Ausdruck des Größen- und Mengenunterschieds zwischen weiblichen Eiern und männlichen Spermien. Frauen haben in ihrem Leben nur eine begrenzte Anzahl von Gelegenheiten, ihr Erbmaterial weiterzugeben. Sie haben einen festgelegten Vorrat an Eiern, von denen sie nur monatlich eines verwenden können. Sind sie geschwängert, so können sie frühestens achtzehn Monate später wieder ein Kind bekommen. Männer hingegen produzieren Spermien in zehnmillionenfachen Mengen. Da der Frau die Aufgabe zufällt, den Fötus zu hegen, sei es im Sinne einer erfolgreichen Fortpflanzung für die Männer von Vorteil, wenn sie mit ihren wohlfeilen kleinen Spermien eine Frau nach der anderen schwängerten. In der gleichen Zeit, in der eine Frau mit ihrem einen kostbaren monatlichen Ei einen einzigen Säugling zustande bringt, kann ein Mann, der dem Ruf seiner Gene folgt, ein Dutzend oder mehr Kinder in die Welt setzen. Was eine Frau von ihrem Geschlechtspartner wolle, sei deshalb nach dieser Ansicht das genaue Gegenteil dessen, was er von ihr wolle. Sie wolle, daß er bei ihr bleibe und für ihren und ihres Kindes Unterhalt sorge. Er hingegen wolle herumstreunen und so viele Frauen wie möglich verführen. So schreibt E. O. Wilson: „Für Männer zahlt es sich aus, draufgängerisch, zupackend, unbeständig und wenig wählerisch zu sein. Für Frauen ist es theoretisch vorteilhafter, züchtig zu sein und die Männer mit den besten Genen herauszufinden – diejenigen, die nach der Schwängerung am ehesten bei ihnen bleiben. Die Menschen gehorchen diesem biologischen Gesetz aufs genaueste." Die Strategien des weiblichen Eis und des männlichen Spermium sollen auch eine Erklärung für das Phänomen der Vergewaltigung von Frauen durch Männer liefern – die letzteren wollten sich auf diese Weise sämtlichen Vaterpflichten entziehen – und dafür, warum man Vielweiberei soviel häufiger antrifft als Vielmännerei – die Männer sträubten sich dagegen, ihr Sperma in eine einzige Schwangerschaft zu stecken, zumal wenn sie nicht einmal sicher sein könnten, daß sie der Vater seien.

Diese Reihe von theoretischen Annahmen basiert auf einer soziobiologischen Allgemeinthese, die ich bereits zurückgewiesen habe: nämlich der These, daß auch nach dem kulturellen Durchbruch in den menschlichen Gesellschaften das Kriterium des Fortpflanzungserfolgs über die Verteilung der vorhandenen Ressourcen entscheide. Ich habe aber noch spezifischere Gründe für meine Ablehnung der Ansicht, daß Mann und Frau einander widersprechende Naturen haben, die durch unterschiedliche Fortpflanzungsstrategien diktiert sein sollen. Vor allem gibt es nichts im Verhalten unserer nächsten Verwandten unter den Primaten, was die Vorstellung einer angeborenen weiblichen Zurückhaltung in geschlechtlichen Dingen stützt. Schimpansinnen, zumal Pygmäenschimpansinnen, streben genauso offen nach sexueller Befriedigung wie die Männchen. Sie kopulieren abwechslungshalber mit einem Männchen nach dem anderen und treiben es anschließend mit ihresgleichen. Dieses Verhalten gewinnt für die Beurteilung der menschlichen Situation noch zusätzlich an Bedeutung, wenn man die anatomische Grundlage für das gesteigerte Geschlechtsbedürfnis der Pygmäenschimpansinnen in Rechnung stellt –

die starke Ausbildung der Klitoris und die Fähigkeit der Weibchen, rasch hintereinander mehrere Orgasmen zu erleben. Wenn Frauen von Natur aus geschlechtsscheu sind, warum verfügen sie dann über die Anlage zu mehr Orgasmen, als ein einzelner Mann ihnen überhaupt verschaffen kann? Außerdem ziehen, wie bereits erwähnt, Millionen von Frauen ihre Kinder ohne Mann auf und haben zahlreiche Liebhaber nebst einer Reihe von zeitweiligen Lebensgefährten. Ähnliche, eine Art Vielmännerei betreibende, frauenzentrierte Haushalte sind in vielen Teilen der Welt vor allem unter den großstädtischen Armen verbreitet. Diese Haushalte entwickeln sich da, wo die Männer nur gerade so viel verdienen, daß sie für sich selber aufkommen können. Möglicherweise wird man geltend machen, daß den Frauen in diesen frauenzentrierten Familien wegen ihrer Armut gar nichts anderes übrig bleibt, als sich promiskuitiver zu verhalten als Frauen in monogamen Familien, und daß, wenn sie einen Mann fänden, der wohlhabend genug wäre, sie und ihre Kinder zu erhalten, sie den Tugendpfad erfolgreicher Fortpflanzung wandeln und zur Monogamie zurückkehren würden. Wenn die Frauen sich zwischen Vielmännerei in Armut und Monogamie in relativem Wohlstand entscheiden müssen, dann werden sie wohl, wie ich zugeben muß, sich der Disziplin der Einehe unterwerfen. Aber angenommen, wir schaffen gleiche Bedingungen! Angenommen, die Frauen können sich zwischen Monogamie im Wohlstand und Vielmännerei im Wohlstand entscheiden! Was dann? Nach der soziobiologischen Ansicht würden sie die Monogamie wählen. Ich glaube aber, daß die Frauen, wenn sie wirklich Wahlfreiheit hätten, sich für ebenso viele Geschlechtspartner entscheiden würden, wie die Männer das tun, wenn man ihnen dazu die Freiheit läßt. Von Natur aus sind Frauen mindestens ebenso disponiert, mit einer Vielzahl von Männern Geschlechtslust zu erleben, wie die letzteren interessiert daran sind, das Geschlechtsleben mit einer Vielzahl von Frauen auszuprobieren.

Wenn uns diese Wahrheit bislang verborgen geblieben ist, dann nur deshalb, weil die Frauen noch nie die Freiheit gehabt haben, sich so wie die Männer für ein Geschlechtsleben mit mehreren Partnern zu entscheiden. Und dieser Mangel an Entscheidungsfreiheit hat nichts mit Sexualstrategien zu tun, die dem Kriterium des Fortpflanzungserfolgs gehorchen, sondern ist vielmehr das Ergebnis einer im Zeichen doppelter Moral betriebenen Sexualpolitik, die den Männern im

Rahmen ihres Strebens nach Verfügugsgewalt über die produktiven und reproduktiven Kräfte der Frauen dazu diente, die Frauen unter der Knute zu halten und ihre Sexualität zu unterdrücken. Von wenigen Ausnahmefällen abgesehen, haben die Frauen nur dann mit einer Vielzahl von Geschlechtspartnern verkehren dürfen, wenn das einer Vielzahl von Männern in den Kram paßte. Das hat zur Folge, daß weibliche Promiskuität hauptsächlich eine Sache der Prostitution ist, das heißt die Sache von Frauen, die das Unglück haben, sich Männern wahllos hingeben zu müssen, nicht etwa, um ihr sexuelles Bedürfnis und Verlangen zu befriedigen – die professionelleren Prostituierten berichten übereinstimmend, daß sie nichts empfinden, wenn sie ihre Freier bedienen –, sondern um sich ein dürftiges Auskommen zu sichern. Während in den meisten staatlich organisierten Gesellschaften normale, geachtete Männer Ehebruch begehen, sich Geliebte halten und Prostituierte aufsuchen konnten, hatten normale, geachtete Frauen fast durchweg drakonische Strafen zu gewärtigen, wenn sie irgendwelche Neigungen zu promiskuitivem Verhalten oder zur Vielmännerei an den Tag legten.

Es ist der weibliche und nicht der männliche Körper, der den Gefahren und Schädigungen ausgesetzt ist, die mit Schwangerschaft, Niederkunft und Stillzeit einhergehen. Das spielt sicher bei der Tendenz der Frauen zu größerer Zurückhaltung in sexuellen Dingen eine Rolle. Wenn die Möglichkeit zur wirksamen Empfängnisverhütung oder zur fachkundig vorgenommenen Abtreibung fehlt, hat Promiskuität für Frauen ganz andere Auswirkungen als für Männer. Männer waren nie gezwungen, zwischen sexueller Lust und den Qualen abzuwägen, die am Ende einer Schwangerschaft stehen, oder sich vor dem Tod im Wochenbett zu fürchten. Organisationen, die sich mit der Familienplanung befassen, machen bei ihren Versuchen, in den Ländern der Dritten Welt Methoden der Empfängnisverhütung einzuführen, immer wieder die Erfahrung, daß die Frauen viel erpichter als ihre Männer auf eine Beschränkung der Kinderzahl sind. Nicht weil sie eine spezifisch weibliche, eiorientierte Fortpflanzungsstrategie verfolgen, sondern weil sie es satt haben und es leid sind, so oft schwanger zu werden und niederzukommen. Zu den im Wortsinn gravierenderen Auswirkungen, die in Gesellschaften ohne wirksame Empfängnisverhütung sexuelle Abenteuerlust für Frauen naturgemäß haben konnte, nehme man nun noch die kulturell erdachten, von

Männern gemachten Strafen hinzu, die Frauen erwarteten, wenn sich nachweisen ließ, daß ihre Schwangerschaft Ergebnis vorehelichen oder außerehelichen Geschlechtsverkehrs war. Wo Frauen für ein außereheliches Verhältnis, das zur Schwangerschaft führte, so ziemlich jede Strafe zu gewärtigen hatten und gemeinsam vergewaltigt, ausgepeitscht, gesteinigt oder verstoßen werden konnten, gehorchten sie da wirklich nur ihrem genetischen Programm, wenn sie weniger sexuelle Abenteuer suchten als die Männer? Wenn wir die natürlichen Grenzen der weiblichen Sexualität bestimmen wollen, können wir uns mit anderen Worten nicht damit begnügen, Frauen unter Bedingungen zu beobachten, unter denen sie durch kulturelle Schranken zur Züchtigkeit, Keuschheit und Monogamie angehalten werden; unter denen sie als gefallene Mädchen, als käufliche Frauen, als Huren, als Nymphomaninnen abgestempelt werden, wenn sie Geschlechtsverkehr mit verschiedenen Männern treiben; unter denen schließlich ihre außerehelich geborenen Kinder nicht für den Vater, wohl aber für sie selber eine moralische und ökonomische Belastung darstellen. Andernfalls handeln nämlich unsere vermeintlichen Einsichten in die weibliche Natur in Wahrheit von den Auswirkungen männlicher Vorherrschaft.

Weil sich männerherrschaftlich geprägte Einrichtungen und Wertvorstellungen praktisch überall finden, gibt es wenige oder keine Gesellschaften, in denen die sexuelle Freiheit der Frauen nicht stärker eingeschränkt ist als die der Männer. Aber für meine Beweisführung brauche ich auch gar keine Gesellschaften, in denen Männer und Frauen den genau gleichen Grad von sexueller Freiheit genießen. Es geht einfach nur um die Frage, ob Frauen sich mehr Geschlechtspartner suchen, wenn sie es dürfen.

Verstohlene Freuden

Bronislaw Malinowski beschrieb als erster Ethnologe die weibliche Sexualität in einer Gesellschaft, in der bestimmte Merkmale männlicher Vorherrschaft, die uns wohlvertraut sind, fehlten oder nur in stark abgeschwächter Form existierten. Seine klassisch gewordene Untersuchung *Das Geschlechtsleben der Wilden* berichtet von unverheirateten jungen Mädchen auf den melanesischen Trobriand Inseln, die genauso viele sexuelle Affären mit wechselnden Partnern hatten wie die jungen Männer. Das voreheliche Geschlechtsleben der jungen Mädchen war im wesentlichen nur dadurch eingeschränkt, daß sie nicht zu forsch vorgehen und sich nicht allzu offensichtlich um Partner bemühen durften. Soweit ihre Reize und ihre Schönheit Freier dazu brachte, sich um ihre Gunst zu bewerben, durften sie vorehelichen Geschlechtsverkehr treiben, vorausgesetzt, sie taten es mit Diskretion. Die Ablehnung allzu großer sexueller Forschheit bei jungen Frauen hatte laut Malinowski ihren Grund nicht darin, daß man häufig wechselnden Geschlechtsverkehr anstößig fand, sondern in der Überzeugung, daß mit schamlosen jungen Mädchen in erotischer Hinsicht etwas nicht stimmte. Und junge Männer, die ihre Geilheit zu unverhohlen zur Schau trugen, wurden aus dem gleichen Grund abschätzig beurteilt. Diskretion war offenbar die Devise. Aber Malinowski vermerkt, daß es augenscheinlich Mädchen gab, denen „ein maßvoller Geschlechtsverkehr" nicht genügte und die „jede Nacht eine Reihe von Männern brauchten". Diese Mädchen hielt Malinowski für „Nymphomaninnen". Ich frage mich allerdings, ob dieses Urteil von den Frauen der Trobriand Inseln geteilt wurde.

Margaret Mead zufolge erfreuten sich auch auf Samoa die jungen Frauen einer regen Geschlechtstätigkeit mit wechselnden männlichen Partnern. Heimliche Rendezvous, die durch Mittelspersonen arrangiert wurden, fanden „unter den Palmen" statt oder führten den wagemutigen Freier zu mitternächtlicher Stunde auf Schleichwegen in die Hütte des Mädchens. Mead schreibt: „Diese Verhältnisse sind gewöhnlich nur von kurzer Dauer, und sowohl das Mädchen als auch der Junge können mehrere Affären gleichzeitig haben." Hier ist der Hinweis am Platz, daß vor der Bekehrung der Samoaner durch christliche Missionare die sexuelle Freiheit der Mädchen wahrscheinlich viel größer war als zu der Zeit, da Margaret Mead ihre Feldforschung betrieb.

Ein deutlicheres Bild vom traditionellen Geschlechtsleben der Frauen in der Südsee vermittelt einem die Insel Mangaia. Hier konnten beide Geschlechter vor der Pubertät frei experimentieren und genossen ein intensives voreheliches Geschlechtsleben. Die Mädchen empfingen nächtliche Freier im elterlichen Haus, und die Jungen wetteiferten miteinander darum, wie viele Orgasmen sie schaffen konnten. Die Mädchen auf Mangaia waren an romantischen Liebesschwüren, an ausgedehntem Petting oder an zärtlichen Vorspielen nicht interessiert. Der Geschlechtsakt war nicht der Lohn für männliche Zuneigung, eher war umgekehrt Zuneigung der Lohn für die geschlechtliche Befriedigung:

„Geschlechtliche Intimität wird nicht auf dem Weg über erwiesene persönliche Zuneigung erreicht: Eher gilt das Umgekehrte. Dem ... Mädchen auf Mangaia gilt eine sofortige Demonstration von Manneskraft und Potenz bei ihrem Partner als die Probe aufs Exempel seines Verlangens nach ihr und ihrer eigenen Attraktivität. ... Aus geschlechtlicher Intimität kann sich persönliche Zuneigung entwickeln oder auch nicht; aber erstere ist Voraussetzung für die letztere – das genaue Gegenteil zur Idealvorstellung westlicher Gesellschaften."

Auf Samoa, Mangaia und den Trobriand-Inseln wird von erwachsenen Männern und Frauen erwartet, daß sie nach der Verheiratung mit ihren sexuellen Abenteuern aufhören. Aber allen Strafandrohungen zum Trotz werden überall auf der Welt die Ideale ehelicher Treue mit Füßen getreten. Und wegen der ungleichgewichtigen Machtverteilung zwischen den Geschlechtern hat auch hier wieder die ehebrecherische Frau bei Entdeckung mehr zu fürchten als ihr Komplize. Deshalb ist es außerordentlich schwierig, Untersuchungen über das außereheliche Geschlechtsleben von Frauen durchzuführen. Ich kenne nur eine einzige ethnologische Untersuchung, die tatsächlich eine Auflistung der jeweiligen Zahl von „Seitensprüngen" bei Männer und Frauen enthält. Sie wurde von Thomas Gregor in einem kleinen Dorf in Zentralbrasilien durchgeführt, das von Mehinacuindios bewohnt wird. In dem Dorf lebten siebenunddreißig Erwachsene, zwanzig

Männer und siebzehn Frauen. In der Zeit, die Gregor bei ihnen verbrachte, hatten sämtliche Männer mindestens eine Affäre, und von vierzehn der siebzehn Frauen galt das Gleiche.

Tatsächlich war bei den Frauen die Zahl der Seitensprünge größer als bei den Männern. Sie betrug 5,1 pro Person gegenüber 4,4 bei den Männern, und wenn man nur die Frauen berücksichtigt, die sich an dem Spiel beteiligten, belief sich die Punktezahl sogar auf 6,3 Seitensprünge pro Frau. (Die Frauen, die keine Affären hatten, waren, wie sich vermuten läßt, „die alten, die kranken und die extrem häßlichen", die laut Gregor bei den Männern kein sexuelles Interesse erregten.)

Zahl der Affären	Zahl der Personen, die Affären haben	
pro Person	Männer	Frauen
0	0	3
1	2	0
2	3	0
3	4	3
4	3	1
5	0	4
6	4	1
7	2	1
8	1	1
9	0	1
10	1	0
11	0	1
14	0	1
	–	–
	20	17

Wie Malinowski läßt auch Gregor seine Zahlen nicht als Beweis dafür gelten, daß Frauen genauso am Geschlechtsgenuß interessiert sind wie Männer. „Bei den Männern ist der Hauptbeweggrund für Seitensprünge das sexuelle Bedürfnis", schreibt er. „Den Frauen hingegen scheinen der gesellschaftliche Kontakt und die Geschenke, die ihnen im Lauf der Affäre gemacht werden, genauso wichtig wie der physische Aspekt der Beziehung." Aber wenn es um die Frage geht, was Frauen zum Geschlechtsverkehr treibt, ist den Aussagen von Männern, selbst wenn sie Ethnologen sind, nicht zu trauen. Eher vertraue ich da schon dem Bericht über außereheliche Affären bei den San, den uns Marjorie Shostak liefert und in dem sie als Frau eine Frau zu Wort kommen läßt. Wie Nisa, die Hauptperson der engagierten und tief bewegenden Untersuchung von Shostak, feststellt, „gehören Affären zu den gottgegebenen Dingen". Nisa hatte mehr als zwanzig. Sie ließ keinen Zweifel daran, daß ihre Beweggründe nicht ausschließlich sexueller Natur waren.

„Ein einzelner Mann kann einem nicht viel geben. Ein einzelner Mann gibt einem nur eine Sorte Essen. Aber wenn man Liebhaber hat, bringt einem der eine dies und der andere das. Einer kommt nachts mit Fleisch, ein anderer mit Geld, ein dritter mit Perlen."

Als Jäger und Sammler besuchen die !Kung sich häufig in ihren verschiedenen Lagern. „Eine Frau", sagt Nisa, „sollte überall einen Geliebten haben. Dann fehlt es ihr nicht an Perlen, Fleisch oder anderen Eßsachen."

Zunächst scheint Nisa mehr an Geschenken interessiert als am Geschlechtsverkehr. Aber bald schon enthüllt sie eine detaillierte Kenntnis der verschiedenen erotischen Befriedigungen, die die jeweiligen Liebhabern zu bieten haben, und läßt deutlich werden, daß sie von einem Mann erwartet, daß er sie befriedigt – „sie ihre Arbeit beenden läßt" –, und andernfalls auch durch Geschenke nicht zu bewegen ist, das Verhältnis fortzusetzen. Wie Nisa erklärt, ist „das sexuelle Verlangen der Frau immer in ihr vorhanden, und auch wenn sie einen bestimmten Mann nicht will, spürt sie doch das Verlangen in sich". Im übrigen bedeutet ein Liebhaber nicht, daß man nicht auch noch das Geschlechtsleben mit dem eigenen Mann genießen kann: „Eine Frau muß beide haben wollen, ihren Mann und ihren Liebhaber; dann ist es, wie es sein soll."

Wie alle herrschenden Gruppen kultivieren die Männer von der Natur ihrer weiblichen Untertanen ein Bild, das der Aufrechterhaltung des Status quo förderlich ist. Jahrtausendelang haben die Männer die Frauen nicht so gesehen, wie sie sein können, sondern nur so, wie sie nach der männlichen Vorstellung sein sollen.

Sind Männer aggressiver als Frauen?

Feministinnen und Chauvinisten neigen dazu, in einem Punkt übereinzustimmen: daß Männer von Natur aus aggressiver sind als Frauen. Für die Chauvinisten erklärt sich daraus gleichermaßen die Tatsache und die Zweckmäßigkeit der politischen Unterordnung der Frauen. Die Feministinnen hingegen sehen darin den Beweis, daß die Frauen statt der Männer an der Regierung sein und die Streitkräfte kontrollieren sollten. Die Grundvoraussetzung selbst gilt beiden Seiten als unzweifelhaft ausgemacht. Männer haben eine größere Dosis des männlichen Hormons Testosteron in ihrem Blut als Frauen. Deshalb seien sie aggressiver. Schließlich ist Testosteron ein Sekret der Hoden, und nicht zufällig sind Mut und Kampfgeist in vielen Sprachen mit dem männlichen Geschlechtsapparat assoziiert. (Frauen verfügen allerdings ebenfalls über Testosteron, das in kleinen Mengen von der Nebennierenrinde produziert wird.) Werden etwa nicht durch Kastration Bullen, die sich mit ihrer Angriffslust für den Stierkampf eignen, in Ochsen verwandelt, die zahm genug sind, um den Pflug zu ziehen? Ja, das stimmt. Aber bei den Primaten einschließlich der Menschen sind die Auswirkungen der Kastration nicht so eindeutig. Kastrierte Rhesusaffen unterscheiden sich in der Aggressivität nicht nennenswert von normalen Männchen. Und bei den Menschen vermindert oder beseitigt die Kastration zwar den Geschlechtstrieb und die Potenz, aber auf die Aggressivität hat sie, wenn überhaupt, nur geringe Auswirkungen. Männer wie Frauen können auch mit niedrigem Testosteronspiegel höchst aggressiv werden.

Experimente mit dem Ziel, die Aggressivität männlicher Gefängnisinsassen mittels physischer oder chemischer Kastration zu beeinflussen, haben nicht die gewünschten Ergebnisse gebracht. Die Behörden, die diese Experimente zuließen, hätten sich und allen Beteiligten viel Ärger ersparen können, hätten sie sich vorher mit der Geschichte des Eunuchentums vertraut gemacht. In China, im alten Rom, in Persien und in Byzanz wurden kastrierte männliche Jugendliche im frühen Alter in kaiserliche Dienste aufgenommen und stiegen zu verantwortlichen Positionen auf, in denen sie höchstes Vertrauen genossen. Weil sie im Ruf großen Kampfesmuts standen, machte man sie zu Befehlshabern der Palastwache und ließ sie in den Streitkräften Generals- oder Admiralsrang bekleiden. Bagoas, einer der berühmtesten Eunuchen der Geschichte, wurde Oberkommandierender der Persischen Armee. Er eroberte 343 v. Chr. Ägypten, brachte den König Artaxerxes mit all seinen Söhnen um, setzte Darius III. auf den Thron und versuchte, auch ihn umzubringen, als dieser sich nicht willfährig genug zeigte.

Der berühmteste Eunuch in der chinesischen Geschichte war Cheng Ho, ein Veteran aus den Mongolenkriegen, der das Oberkommando über die größte Seestreitmacht erhielt, die China bis zum heutigen Tag jemals besessen hat. Familienchroniken zufolge hatte Cheng Ho eine Körpergröße von 2,10 m, einen Leibesumfang von ca. 1.50 m, einen stechenden Blick und eine Stimme so laut wie eine Trompete. Unter seinem persönlichen Kommando segelte eine Armada, die aus 300 Schiffen mit 28 000 Mann Besatzung bestand, bis nach Indien, bekämpfte Piraten, schlug feindliche Armeen und sammelte Tribut ein.

Aber bestimmt erhöhen sich doch bei normalen Männern zu Beginn eines Aggressionsschubs die Testosteronwerte? Keineswegs! Normalerweise ist die Testosteronmenge am Ende einer Auseinandersetzung am größten, nicht am Anfang oder in der Mitte. Bei Affen, die miteinander um die Rangordnung kämpfen, sind nach ihrem Sieg die Testosteronwerte höher als vorher. Bei Affenmännchen, die von einer fremden Gruppe angegriffen und besiegt werden, kommt es zu einem schroffen Abfall der Testosteronwerte. Es besteht demnach zwar ein Zusammenhang zwischen der Ranghöhe der Affen und der Höhe ihres Testosteronspiegels, aber die letztere zur Ursache der ersteren zu erklären ist kaum sinnvoller als die Behauptung, der Blitz sei die Ursache des Gewitters.

Kommen wir nun zu den Menschen, so haben Untersuchungen von Ringkampfsportlern an den Universitäten ergeben, daß der Testosteronspiegel unmittelbar vor Beginn eines Kampfs niedriger ist als am Ende. Desgleichen weisen junge Männer direkt nach dem Gewinn von Tennis-Preisgeldern oder nach der Verleihung des Doktortitels erhöhte Testosteronwerte auf. Hingegen läßt sich unmittelbar vor einer Operation ein schroffes Absinken der Testosteronwerte beobachten, geradeso wie auch die Amerikaner im Vietnamkrieg, kurz bevor sie auf Patrouille gingen, weniger und nicht etwa mehr Testosteron im Blut hatten. Wenn die Höhe des Testosteronspiegels über den Grad der Aggressivität entscheidet, warum ist dann die Testosteronmenge im Blut zu Beginn einer Auseinandersetzung nicht wenigstens genauso groß wie an ihrem Ende?

Ich behaupte nicht, daß Testosteron das Aggressionsverhalten überhaupt nicht beeinflußt. Zwischen dem einen und dem anderen gibt es eine positive Rückkoppelung, aber die ist schwach, und es gibt viele Faktoren, die den Zusammenhang außer Kraft setzen, verzerren oder überlagern können. Um es mit den Worten von Irwin S. Bernstein und seinen Mitarbeitern am Yerkes-Forschungszentrum für Primaten zu sagen: „Mit der Ausbildung des äußeren Teils des Großhirns bei den Primaten verschwinden die hormonellen Einflüsse zwar nicht, können aber in ihrer Wirkung aufgehoben werden." Wenn das auf Affen zutrifft, dann noch mehr auf Menschen. Ich gestehe gern zu, daß es Männern dank ihres höheren Testosteronspiegels vielleicht ein bißchen leichter fällt als Frauen, aggressive Rollen zu übernehmen. Aber nach allem, was wir von den Primaten wissen, gibt es keine hormonellen Schranken, die, wenn die gesellschaftlichen Bedingungen von Frauen größere Aggressivität als von Männern verlangen, die ersteren von der Übernahme des aggressiven Geschlechtsparts abhalten und die letzteren daran hindern könnten, die stärker passive Rolle zu spielen. Solche Bedingungen sind in den Industriegesellschaften bereits in einem beträchtlichen Maß gegeben, wo in Doppelverdienerfamilien Männer Funktionen in der Säuglingspflege und der Kindererziehung übernehmen, die früher ausschließliche Aufgabe von reinen Hausfrauen waren, während gleichzeitig Frauen sich im aggressiven Kampf um begehrte Positionen in Wissenschaft und Wirtschaft gegen Männer durchzusetzen lernen. Interessant ist in diesem Zusammenhang, daß unabhängig von ihrem Alter Frauen in spezialisierten Berufen oder leitenden Positionen höhere Testosteronspiegel aufweisen als Büroangestellte oder reine Hausfrauen. Muß man daraus schließen, daß einige Frauen Managerinnen, Wissenschaftlerinnen oder Technikerinnen, weil sie einen höheren Testosteronspiegel haben, oder umgekehrt, daß sie einen höheren Testosteronspiegel haben, weil sie solche Berufe ausüben? Ich glaube nicht, daß es richtig ist, beiden Möglichkeiten die gleiche Wahrscheinlichkeit einzuräumen. Die Zahl von Frauen in lohnabhängigen Berufen hat außerordentlich stark zugenommen, und entsprechend stark ist auch die Zunahme der Zahl von Frauen in höheren Positionen. Läßt sich diese Zunahme dadurch erklären, daß man von einem allgemeinen naturbedingten Anstieg des Testosteronspiegels bei Frauen ausgeht? Sind die ungeheuren sozialen und ökonomischen Veränderungen, die zum Verschwinden der Fabrikschlotindustrien und der für sie typischen Familien des männlichen Brotverdieners führte, Ergebnis einer jähen Anhebung der Testosteronwerte, die das weibliche Geschlecht vermännlichte? Selbstverständlich nicht! Warum also sollten Unterschiede im Hormonhaushalt die weitere „Vermännlichung" weiblicher Verhaltensweisen verhindern können, wenn die postindustriellen Gesellschaften die Auslese solcher neuen Rollen weiterhin begünstigt?

Mädchen, die sich wie Jungen benehmen, und Jungen, die mit zwölf ihren Penis bekommen

Manche Wissenschaftler vertreten die Ansicht, daß ein männlicher Embryo, der im Mutterleib dem Hormon Testosteron ausgesetzt ist, in bestimmten Teilen seines Gehirns dauerhafte Veränderungen erleidet, die ihn sein Leben lang zur Gewalttätigkeit neigen lassen. Sie glauben, daß die von John Money und Anke Ehrhardt durchgeführten Untersuchungen an fünfundzwanzig Mädchen, die während ihres embryonalen Wachstums außergewöhnlich hohen Dosen männlicher Hormone ausgesetzt waren, diese Ansicht stützen. Alle untersuchten Mädchen kamen mit vergrößerter Klitoris zur Welt und waren nach ihrer eigenen Einschätzung und der ihrer Mütter als Kinder sehr viel jungenhafter als andere Mädchen. Sie „verausgabten sich in hohem Maß körperlich, insbesondere bei wilden Spielen im Freien und bei Sportarten, die normalerweise als das Vorrecht der Jungen gelten". Dies schrieben die Forscher der „vermännlichenden Wirkung auf das embryonale Gehirn" zu, die von den hohen Dosen männlicher Hormone ausgegangen sei, denen die Mädchen während der Zeit im Mutterleib ausgesetzt waren. Aber es gab auch gesellschaftliche Einflüsse, die mindestens genauso wichtig wie die hormonellen waren: Die Mädchen wurden von ihren Müttern wahrscheinlich nicht wie normale weibliche Wesen behandelt. Nicht nur dürfte die vergrößerte Klitoris die Mütter bewogen haben, die Mädchen mehr wie Jungen zu behandeln, es waren wahrscheinlich auch die Erinnerungen an die Zeit des jungenhaften Verhaltens und die Urteile darüber bei Mädchen und Müttern von den Erwartungen geprägt, die sich mit der Vorstellung eines jungenhaften Verhaltens von Mädchen verknüpfen. Als weiterer verunklarender Umstand kommt hinzu, daß alle Mädchen einer Operation – Klitorisektomie – unterzogen wurden, um die Klitoris zu verkleinern. Dieser Eingriff dürfte die Tendenz zu atypischem Verhalten noch weiter befördert haben. Wie Untersuchungen zeigen, sind Kleinkinder männlichen Geschlechts, die beschnitten wurden, aktiver, wacher und erregbarer als die nicht Beschnittenen; und die Klitorisektomie ist ein drastischerer Eingriff als die Beschneidung.

Andere Forscher meinen, daß die Vermännlichung von Verhaltensweisen einschließlich einer Tendenz zu erhöhter Aggressivität primär eine Sache der Pubertät und nicht so sehr des embryonalen Stadiums im Mutterschoß ist. Diese Ansicht stützt sich weitgehend auf Untersuchungen, die von der Endokrinologin Julianne Imperato-McGinley und ihren Mitarbeitern an neunzehn Personen aus drei benachbarten Dörfern in der Dominikanischen Republik durchgeführt wurden, bei denen es sich, genetisch gesehen, um männliche Personen handelte. Wegen eines erblich bedingten Testosteronmangels kamen diese Individuen mit weiblichen Genitalien zur Welt und wurden als Mädchen aufgezogen. Auf Grund der üblichen Testosteronausschüttung in der Pubertät bildeten sich bei ihnen keine Brüste aus, trat der Stimmbruch ein, senkten sich die Hoden und verwandelte sich die Klitoris in ein normales männliches Glied. Imperato-McGinley und ihren Mitarbeitern zufolge wurden aus siebzehn dieser Männer typische, aggressive, lateinamerikanische Machos, obwohl sie zwölf Jahre lang weibliche Kleidung getragen hatten und als Mädchen aufgezogen worden waren. Sie heirateten und zogen Kinder auf und erbrachten damit den Beweis, daß „der Einfluß des Testosterons überwog und die Wirkung der mädchenhaften Erziehung zunichte machte". Oder allgemeiner gefaßt: *Männer verhalten sich wie Männer, mag man sie auch noch so sehr auf weibliches Verhalten trimmen.*

Aber wie energisch war tatsächlich der Versuch, jene Kinder, die mit zwölf einen Penis bekamen, als Mädchen aufzuziehen? In einer typisch lateinamerikanischen, von männlichem Sexismus geprägten Gesellschaft wie der dominikanischen dürften wohl die Eltern die Hoffnung nicht aufgegeben haben, daß aus ihren „Mädchen" schließlich „Jungen" würden, wie das bei anderen Kindern mit demselben Gebrechen geschehen war. Würden Eltern von Halbwüchsigen, die sich anatomisch als normale männliche Wesen herausstellten, nicht alles in ihren Kräften Stehende unternehmen, damit aus ihnen Männer und nicht Frauen wurden? Die Umschulung war auch so schon schwierig genug. Manche mußten den Wechsel mit jahrelanger Desorientierung und seelischer Not bezahlen. Soweit ich das beurteilen kann, besteht die Lehre, die sich aus dem berühmten Beispiel der

Jungen, die mit zwölf einen Penis bekamen, ziehen läßt, nicht in der von Imperato-McGinley behaupteten Erkenntnis, daß der Einfluß des Testosterons die Wirkung der mädchenhaften Erziehung zunichte macht, sondern schlicht darin, daß Jugendliche ihr Verhalten ändern können, um sich in Übereinstimmung mit den Verhaltensnormen zu bringen, die ihre Kultur ihnen auf Grund ihrer sexuellen Anatomie vorschreibt. Ganz bestimmt stützt nichts an dieser Untersuchung die Ansicht, daß Männer primär deshalb eine größere natürliche Aggressivität als Frauen beweisen, weil sie in der Pubertät mit einer großen Dosis Testosteron überschwemmt werden.

Wenn ich recht damit habe, daß die kulturelle Auslese die Beziehung zwischen Testosteronspiegel und aggressivem Verhalten in weitestem Umfang außer Kraft setzen kann, was ist dann verantwortlich dafür, daß nahezu weltweit Männer ein höheres Aggressionspotential beweisen? Warum haben keine Kulturen den Spieß, wenn ich so sagen darf, herumgedreht und die größere Aggressivität den Frauen statt den Männern zugewiesen?

Ich verspreche, daß ich dafür eine Erklärung liefern werde. Aber zuerst muß ich noch einmal um Aufschub bitten, weil ich gern gewisse weitere Behauptungen über angeborene Unterschiede zwischen den Geschlechtern in den Diskussionszusammenhang einbeziehen möchte. Haben Männer und Frauen von Natur aus eine unterschiedliche Art zu denken? Ist dem einen Geschlecht mehr Sinn für Mathematik oder mehr Intelligenz angeboren als dem anderen?

Verstand, Mathematik und Sinne

Sind Männer schlauer als Frauen? Noch im 19. Jahrhundert zögerten die Wissenschaftler nicht mit der Antwort: Frauen hätten kleinere Gehirne als Männer, folglich müßten die Männer schlauer sein. Heute wissen wir es besser: Die Größe des menschlichen Gehirns richtet sich nach dem Körpergewicht. Gemessen am durchschnittlichen Körpergewicht ist das Gehirn bei Frauen eine Spur größer als bei Männern.

Wie steht es mit den Intelligenztests? Beim Stanford-Binet-Test, einem der verbreitetsten Tests, schneiden Männer und Frauen im Durchschnitt gleich gut ab. Aber das beweist nicht viel, und zwar weder in der einen noch in der anderen Richtung, weil der Stanford-Binet-Test genau auf dieses Ergebnis hin entworfen wurde. Schon frühzeitig erkannte die Psychologie, daß Männer bestimmte Fragen besser als Frauen und Frauen bestimmte andere Fragen besser als Männer beantworten. Statt daraus den Schluß zu ziehen, daß sich generell Intelligenz nicht mit einem einzigen Test messen läßt (ohne Frage der naheliegendste Schluß), stellten die Planer des Tests solange verschiedenen Sorten von Fragen zusammen, bis Männer und Frauen im Durchschnitt dieselben Punkzahlen erreichten.

Im Bemühen um einen Vergleich männlicher und weiblicher Begabungen konzentrierten sich Psychologen auf bestimmte Aspekte der Intelligenz. Auf Grund der unterschiedlichen Leistungen von Jungen und Mädchen bei Eignungstests sind viele Psychologen zum Beispiel zu dem Schluß gelangt, daß Männer von Natur aus bessere Mathematiker seien als Frauen. Forschungsergebnisse von Camilla Benbow und Julian Stanley scheinen dies zu bestätigen. Benbow und Stanley überprüften die Ergebnisse von 10 000 Kindern aus siebten und achten Klassen, die im mathematischen Teil des schulischen Eignungstests unter die obersten 3% gekommen waren, und stellten fest, daß die Durchschnittszahlen der Jungen durchweg höher lagen als die der Mädchen, und zwar auch, wenn beide die gleiche Anzahl von Mathematikkursen belegt hatten. In einer Anschlußuntersuchung, bei der die Testergebnisse von 40 000 Teilnehmern an einer Talentsuchaktion der Johns Hopkins University überprüft wurden, fanden Benbow und Stanley heraus, daß von 800 möglichen Punkten die männlichen Teilnehmer im Durchschnitt 416 und die weiblichen 386 Punkte erreicht hatten. Je höher die Punktzahl lag, um so größer war das Mißverhältnis zwischen Jungen und Mädchen. (Viermal so viele Jungen wie Mädchen erreichten mehr als 600 Punkte.)

Von zahlreichen Feministinnen, Gesellschaftswissenschaftlern und Mathematikern wurde bald darauf hingewiesen, daß Benbow und Stanley praktisch alle Unterschiede in der Sozialisation von Jungen und Mädchen außer acht gelassen hatten. Berücksichtigt hatten sie nur, wie viele Mathematikkurse die Kinder jeweils belegt hatten. Der umfassendere Kontext des familiären und gesellschaftlichen Lebens, in dem junge Leute ihren Ehrgeiz entwickeln, ihre Selbsteinschätzung gewinnen und Karrierevorstellungen ausbilden, scheint für die Forscher nicht zu existieren. Herkömmlicherweise halfen die Väter und nicht die Mütter den Kindern bei Mathematikhausaufgaben und bekräftigten damit effektvoll die Überzeugung, daß Mathematik eine männliche Domäne sei. Studienberater und Lehrer waren wie die Eltern traditionell geneigt, die Fähigkeit zu mathematischem Denken für eine geschlechtsspezifische Eigenschaft zu halten, die wichtig für männliche Karrieren, nicht hingegen für weibliche sei. In einer Untersuchung zu diesem Problem berichteten 42% der an einer Mathematikerlaufbahn interessierten Mädchen, daß ihnen Studienberater davon abgeraten hatten, höhere Kurse in Mathematik zu belegen. Um aus der Antwort zweier Mathematikprofessorinnen auf die Untersuchung von Benbow und Stanley zu zitieren: „Wer glaubt, daß Siebt- und Achtklässler frei von Milieueinflüssen sind, der lebt schwerlich in unserer Wirklichkeit." Und die Feminismusforscherin Ruth Bleier hebt hervor: „In einem Alter, in dem der Druck zur Anpassung an Geschlechterrollen und geforderte Verhaltensweisen groß ist, wollen viele Mädchen in den Augen einer Gesellschaft, die mathematische und naturwissenschaftliche Fertigkeiten mit ‚männlich' gleichsetzt, nicht als ‚unweiblich' gelten."

Aber funktionieren denn die Gehirne von Männern und Frauen nicht verschieden? Beim menschlichen Gehirn erfüllen die linke und rechte Hälfte einigermaßen unterschiedliche Aufgaben. Bei den meisten Menschen ist die linke Hirnhälfte aktiver, wenn es um sprachliche Dinge geht, während die rechte Hälfte mehr Aktivität bei dinglichen Vorstellungen und beim Nachdenken über räumliche Beziehungen entfaltet. Ist vielleicht das Gehirn bei Frauen so „geschaltet“, daß häufiger Gebrauch von der linken als von der rechten Hälfte gemacht wird und dies der Grund dafür ist, daß Frauen größere Fertigkeiten auf sprachlichem Gebiet haben? Und da das Vermögen zu Objektvorstellungen und zu räumlicher Anschauung mit mathematischen Fähigkeiten in Zusammenhang steht, – wäre es vielleicht möglich, daß bei Männern die mathematische Begabung deshalb größer ist, weil ihre „Schaltung“ sie stärkeren Gebrauch von ihrer rechten Hirnhälfte machen läßt? Nein, ich habe nichts gefunden, was diese Hypothesen stützen könnte. Niemand hat bisher nachweisen können, daß bei Frauen die linke Hirnhälfte entwickelter ist als bei Männern beziehungsweise daß männliche Gehirne entwickeltere rechte Hälften haben als weibliche. Außerdem ist an dieser Hypothese faul, daß die beiden Hirnhälften jeweils noch weitere funktionelle Spezialisierungen aufweisen, die im Gegensatz zu den geschlechtsspezifischen Fertigkeiten stehen, durch die sie sich angeblich auszeichnen. Die rechte Hirnhälfte ist nicht nur im „männlichen“ Bereich dinglicher Vorstellungen überlegen, sondern auch auf dem Gebiet ganzheitlichen und intuitiven Denkens, das gemeinhin als weibliche Spezialität gilt. Und auch bei der linken Hirnhälfte gibt es ein vergleichbares Durcheinander. Sie ist nämlich nicht nur an sprachlichen Leistungen, einer angeblich „weiblichen“ Domäne, stärker beteiligt, sondern auch an Leistungen, die logisch-analytische Fertigkeiten erfordern und vermeintlich Männersache sind.

Wenn man sich in die Details physiologisch begründeter geschlechtsspezifischer Unterschiede vertieft, verliert man leicht die Hauptsache aus dem Auge. Die Frage ist nicht, ob es im Blick auf Fähigkeiten, Toleranzen und Antriebe meßbare geschlechtsspezifische Unterschiede gibt, sondern ob diese Unterschiede groß genug sind, um dauerhafte Strukturen eines geschlechtsspezifischen Sozialverhaltens hervorzubringen. Selbst wenn man einräumt, daß beobachtete Unterschiede in den Punktzahlen von Intelligenz- und Eignungstests primär auf Unterschiede in der Gehirnstruktur zurückzuführen sind, bleibt bestehen, daß der Deckungsbereich bei männlichen und weiblichen Intelligenztestergebnissen nicht mit demjenigen übereinstimmt, den man bei der Geschlechterverteilung in mathematischen, naturwissenschaftlichen und technischen Berufen findet. Nehmen wir an, daß viermal mehr Männer als Frauen eine Punktzahl über 600 erzielen und daß dieses Ergebnis zur Hälfte auf geschlechtsspezifische Erbfaktoren zurückzuführen ist, dann müßte in mathematisch orientierten Berufen das Verhältnis von Männern und Frauen 2 zu 1 betragen, während es tatsächlich 9 zu 1 nahekommt. Offenkundig hat die kulturelle Auslese sich zwischen Veranlagung und Verhalten geschoben und eventuell vorhandene angeborene Unterschiede in ihrer Wirkung verstärkt.

Wenn man zugibt, daß die kulturelle Auslese imstande ist, erblich bedingte Unterschiede in einem solchen Ausmaß zu verstärken, dann muß man ihr, wie ich meine, auch das Vermögen einräumen, schroffe Leistungsunterschiede selbst dort zu produzieren, wo es gar keinen genetisch bedingten Hintergrund gibt, – was, wie sich meiner Meinung nach zu guter Letzt herausstellen wird, bei den mathematischen Fähigkeiten der Fall ist.

Soweit ich sehen kann, ist es auch keineswegs ausgeschlossen, daß kraft kultureller Auslese das genetisch benachteiligte Geschlecht dem genetisch begünstigten bei bestimmten Leistungen sogar den Rang abläuft. Nehmen wir den Gehörsinn. Gemessen an der Fähigkeit, reine Töne unterschiedlicher Wellenlänge aufzunehmen, scheinen Frauen ein schärferes Gehör als Männer zu haben. Die Ungleichheit zwischen den Geschlechtern scheint mit zunehmendem Alter größer zu werden. Bei Männern fängt das Gehör mit zweiunddreißig Jahren an, schlechter zu werden, bei Frauen mit siebenunddreißig. (Teilweise mag das natürlich darauf zurückzuführen sein, daß Männer beruflich größerem Lärm ausgesetzt sind, der ihr Gehör belastet.) Ungeachtet dieser stärkeren Beeinträchtigung des männlichen Gehörs zeigt ein Blick auf die Zusammensetzung jedes bedeutenderen Symphonieorchesters, daß die männlichen Musiker gegenüber den weiblichen weit in der Überzahl sind. Ich gebe zu, daß Genauigkeit des Gehörs nicht das einzige ist, was man braucht, um ein Musikinstrument spielen zu können, aber dieser Vorbehalt gilt ja auch dann, wenn das angeblich genetisch begünstigte Subjekt zugleich das sozial begünstigte ist, wie im Fall der Mathematik. Keine einzelne Erbanlage kann im entferntesten die Erklärung für wirkliches menschliches Verhalten liefern.

Frauen scheinen auch einen genaueren Geschmackssinn zu haben. Das Vorhandensein kleiner Mengen von Süßem, Saurem, Salzigem und Bitterstoffen merken sie eher als die Männer. Wenn es nur auf die Erbfaktoren ankäme, könnte man erwarten, daß die besten Chefköche Frauen wären. Warum sind dann mehr Männer als Frauen Chefkoch in Dreisternerestaurants?

Es gibt noch zwei andere Sinne, bei denen es kleine erbfaktorell bedingte geschlechtsspezifische Unterschiede geben mag. Die Männer schneiden bei Tests besser ab, bei denen es um die Genauigkeit des Gesichtssinns geht, während die Frauen sensibler auf Hautberührungen reagieren. Mir ist aber nicht bekannt, daß diese Unterschiede je bemüht worden wären, um allgemeine Aspekte männlichen und weiblichen Rollenverhaltens zu erklären; wir brauchen uns deshalb auch nicht mit der Frage aufzuhalten, wieviel davon der kulturellen und wieviel der natürlichen Auslese zuzuschreiben ist. Was den Geruchssinn betrifft, scheinen die Geschlechter trotz der gängigen Klischees, nach denen die Frauen den Männern hierin um eine Nasenlänge voraus sind, bei der Mehrzahl der Gerüche über die gleiche Wahrnehmungsfähigkeit zu verfügen.

Ich möchte nicht etwa den Eindruck erwecken, daß ich biologische Unterschiede zwischen den Geschlechtern für unwesentlich halte. Worauf ich nur den Finger legen möchte, ist der hypothetische und spekulative Charakter mancher angeblicher Unterschiede. Statt an so ungreifbare Dinge wie Erbfaktoren für geschlechtsspezifische Fortpflanzungsstrategien, Erbfaktoren für Funktionen rechter und linker Hirnhälften und Erbfaktoren für bestimmte sprachliche oder mathematische Fähigkeiten zu glauben, sollten wir uns lieber mit den anatomischen und physischen Gegebenheiten des männlichen und des weiblichen Körpers beschäftigen, dessen erblich bedingte, geschlechtsspezifische Unterschiede zweifelsfrei feststehen und für einfache Erklärungen kulturell ausgelesener Geschlechterrollen genutzt werden können.

Geschlechterverhältnis, Jagd und tödliche Gewalt

Männer sind im Durchschnitt 11,6 cm größer als Frauen. Frauen haben leichtere Knochen und mehr Fett als Männer und wiegen deshalb relativ zur Körpergröße weniger (Fett hat ein geringeres Gewicht als Muskeln). Frauen haben etwa zwei Drittel bis drei Viertel der männlichen Körperkraft, je nach den Muskeln, die verglichen werden. Am meisten differiert die Körperkraft im Bereich der Arme, der Brust und der Schultern. Daran, daß Männer bei Leichtathletikkämpfen den Frauen überlegen sind, ist deshalb nichts Erstaunliches. Im Bogenschießen zum Beispiel liegt der Handbogenrekord für Frauen um 15% niedriger als der für Männer. Bei Wettbewerben mit dem zusammengesetzten Bogen beträgt der Abstand 30%. Beim Speerwerfen sind es 20%. Zu diesen Unterschieden kommt eine zehnprozentige Differenz bei verschiedenen Laufdisziplinen über Kurz-, Mittel- und Langstrekken hinzu. Wie bereits erwähnt, sind es beim Marathonlauf 9%. Dasselbe gilt für 100-Meter-Sprints, während es auf den Mittelstrekken sogar 12% sind. Während in der Leichtathletik Trainingsprogramme und psychologische Motivationstechniken den Abstand geringer werden lassen, besteht wenig Aussicht, daß er bei Sportarten, die auf reiner Muskelkraft und Muskelbildung beruhen, jemals nennenswert abnehmen wird (es sei denn, eines Tages vielleicht, mittels genetischer Eingriffe).

Nach dem, was die Ethnologen über einfache Stammeshorden und Dorfgemeinschaften herausgefunden haben, dürfen wir mit ziemlicher Gewißheit annehmen, daß diese physiologischen Unterschiede zwischen den Geschlechtern verantwortlich dafür waren, daß in der Zeit unmittelbar nach dem Durchbruch die kulturelle Auslese immer wieder den Männern die Jagd auf große Tiere übertrug. Es gibt einige wenige Ausnahmen – die Agta auf den Philippinen zum Beispiel, bei denen manche Frauen auf die Wildschweinjagd gehen –, aber in 95% aller bekannten Fälle haben sich die Männer darauf spezialisiert, Großwild zu erlegen. Zu der Frage, ob die gleiche Arbeitsteilung auch schon bei den Arten, die Homo sapiens vorausgingen, und bei den protokulturellen Hominiden existierte, äußere ich mich nicht, weil sich vom Verhalten heutiger Jäger- und Sammlervölker nicht auf derart ferne Zeiten zurückschließen läßt. Die Männer wurden durch die kulturelle Auslese zur Pirsch auf Großwild bestimmt, weil sie dank ihrer Größe, ihres Gewichts und ihrer Muskelkraft durchschnittlich bessere Leistungen erbrachten als Frauen. Hinzu kommt, daß während der vielen Monate, in denen die Frauen wegen Schwangerschaften oder Stillzeiten unbeweglicher sind, die körperliche Überlegenheit der Männer in der Handhabung der Jagdwaffen sich noch beträchtlich vergrößert.

Aus den geschlechtsspezifischen anatomischen und physiologischen Unterschieden folgt nicht, daß die Frauen sich nicht in einem gewissen Maß an der Jagd beteiligen können. Aber im ganzen gesehen ist es rationaler, den Männern und nicht den Frauen die Großwildjagd zu übertragen, zumal die Frauen jederzeit imstande sind, kleinere Beutetiere zu jagen oder Wildfrüchte, Beeren und Knollen zu sammeln, die bei vielen Jäger- und Sammlervölkern für die Ernährung eine ebenso große Rolle spielen wie das Fleisch großer Tiere.

Ihre Auslese für die Großwildjagd bedeutet, daß die Männer mindestens seit der Altsteinzeit auf die Anfertigung und Handhabung von Waffen wie Speeren, Pfeil und Bogen, Harpunen, Keulen und Bumerangs spezialisiert waren – Waffen, mit denen man Menschen geradesogut wie Tiere verwunden und töten kann. Ich behaupte nicht, daß die Verfügung der Männer über diese Waffen automatisch zur männlichen Vorherrschaft und zur sexuellen Doppelmoral führt. Bei vielen Jäger- und Sammler-Gesellschaften mit geschlechtsspezifischer Arbeitsteilung zwischen männlichen Jägern und weiblichen Sammlern herrscht im Gegenteil fast Gleichberechtigung zwischen den Geschlechtern. In ihrem Feldforschungsbericht über die Montagnais-Naskapi, ein Jäger- und Sammlervolk in Labrador, bemerkt zum Beispiel die Ethnologin Eleanor Leacock: „Ich konnte bei ihnen einen Grad von geschlechtsunabhängiger gegenseitiger Achtung und Rücksichtnahme beobachten, wie ich ihn noch nirgends sonst erlebt hatte." Und Colin Turnbull, der die urwaldbewohnenden Mbuti in Zaire erforschte, stellte fest, daß bei ihnen ein hohes Maß an Kooperation und gegenseitigem Verständnis zwischen den Geschlechtern herrschte und daß die Frauen über eine beträchtliche Autorität und Macht verfügten. Ungeachtet seiner Geschicklichkeit im Umgang mit Pfeil und Bogen wähnt der Mann bei den Mbuti sich seiner Frau nicht überlegen. Er „sieht sich als Jäger, aber ohne eine Frau könnte er schließlich nicht jagen, und auch wenn Jagen aufregender ist als Treiben oder Sammeln, weiß er doch, daß er in der Hauptsache von den Nahrungsmitteln lebt, die von den Frauen gesammelt werden."

Marjorie Shostaks Biographie von Nisa zeigt, daß auch bei den !Kung, einer weiteren Jäger-und-Sammler-Gesellschaft, zwischen den Geschlechtern nahezu Gleichberechtigung herrscht. Shostak stellt fest, daß die !Kung männlichen Nachwuchs in keiner Weise dem weiblichen vorziehen. Die Kinder werden von beiden Elternteilen erzogen, und das mütterliche Wort hat in etwa dasselbe Gewicht wie das väterliche. Die Mütter spielen bei der Entscheidung über die künftigen Ehepartner der Kinder eine Hauptrolle, und nach der Verheiratung lassen sich die jungen Paare ebenso häufig in der Nähe der Familie der Frau wie in der Umgebung der Familie des Mannes nieder. Die Frauen verfügen über alle Nahrung, die sie finden, und entscheiden frei, was sie davon ins Lager mitbringen. „Alles in allem können die Frauen erstaunlich selbständig über ihr eigenes Leben und das ihrer Kinder bestimmen. Da sie im Bewußtsein ihrer eigenen Bedeutung für das Gemeinschaftsleben aufwachsen, werden aus den Frauen der !Kung differenzierte Erwachsene, die ebensoviel Kompetenz und Selbstbewußtsein wie Fürsorglichkeit und Bereitschaft zur Zusammenarbeit beweisen."

Trotzdem kann ich Eleanor Leacock und anderen feministischen Ethnologinnen nicht beipflichten, wenn sie behaupten, die Geschlechter spielten in Jäger-und-Sammler-Gesellschaften eine vollständig gleichberechtigte Rolle. Meinem Verständnis nach enthält das ethnographische Material Hinweise darauf, daß in praktisch allen diesen Gesellschaften die Männer im Bereich öffentlicher Beschlußfassung und Konfliktlösung gegenüber den Frauen einen geringfügigen, aber dennoch bezeichnenden Vorrang haben. Wie Shostak für die !Kung bemerkt, haben „Männer ... häufiger einflußreiche Positionen inne – als Sprecher für die Gruppe oder als Heiler –, und ihre irgendwie größere Autorität in vielen Lebensbereichen der !Kung wird von Männern und Frauen gleichermaßen anerkannt". Die Initiationsriten der Männer werden heimlich abgehalten, die der Frauen in der Öffentlichkeit. Wenn eine Frau während der Menstruation die Pfeile eines Jägers berührt, entwischt ihm die Beute; Männer hingegen entweihen nie, was sie berühren. Von einem perfekt ausgewogenen

Verhältnis der Geschlechterrollen sind die !Kung also noch einigermaßen entfernt.

Dasselbe gilt von den Mbuti. Turnbull schreibt, „daß die Jäger (das heißt die Männer) als die politischen Anführer des Lagers betrachtet werden und daß in dieser Hinsicht die Frauen den Männern fast, wenn nicht sogar ganz, gleichwertig sind". Aber „ein gewisses Quantum Prügel tut der Frau nach allgemeiner Ansicht gut", auch wenn „erwartet wird, daß die Frau sich wehrt", und Kinder „verbinden die Mutter mit Liebe" und „den Vater mit Autorität".

Richard Lee registrierte bei den !Kung vierunddreißig Fälle von Handgreiflichkeiten ohne tödlichen Ausgang. In vierzehn dieser Fälle handelte es sich um Angriffe von Männern gegen Frauen, nur in einem Fall griff eine Frau einen Mann an. Daß die Angriffshandlungen häufiger von den Männern ausgingen, hielt, wie Lee anmerkt, die Frauen nicht davon ab, „heftige Gegenwehr zu leisten und es den Männern in gleicher oder besserer Münze heimzuzahlen". Es mag allerdings sein, daß bei diesen Auseinandersetzungen die Gegenwart eines von der Regierung neu eingesetzten Gendarmen die Männer zwang, Zurückhaltung zu üben und keinen Gebrauch von ihren Waffen zu machen. Als er nachforschte und weiter in die Vergangenheit zurückging, erfuhr Lee, daß vor seinem Feldforschungsaufenthalt in etwa zweiundzwanzig Fällen Leute gewaltsam umgekommen waren. Unter den Mördern war keine Frau, unter den Opfern hingegen zwei. Lee zog aus alledem den Schluß, daß hier die Männer die Frauen nicht so ungeniert in die Rolle des Opfers drängen konnten, wie das in wirklich repressiven, männlich-chauvinistischen Gesellschaften möglich ist. Ich neige zu einer anderen Auffassung. Ich halte es für möglich, daß die Frauen der !Kung in der Vergangenheit, als es noch keine Gendarmen in greifbarer Nähe gab, ängstlicher waren und vor handgreiflichen Auseinandersetzungen mit den Männern zurückschreckten, weil sie wußten, daß sie in Todesgefahr gerieten, wenn die Männer zu ihren Speeren und vergifteten Pfeilen griffen.

Warum sind in Jäger-und-Sammler-Gesellschaften die Frauen zwar fast, aber nicht völlig den Männern gleichgestellt, was das öffentliche Ansehen und die Rolle bei der Bewältigung von Konflikten betrifft? Ich denke, der Grund dafür ist das Monopol der Männer auf die Anfertigung und Verwendung von Jagdwaffen, zusammen mit ihrer Überlegenheit in bezug auf Gewicht, Körpergröße und Muskelkraft.

Von Kindheit an darin geschult, große Tiere mit tödlichen Waffen zur Strecke zu bringen, können die Männer größere Gefahr bringen und entsprechend mehr Zwang ausüben als die Frauen, wenn zwischen den Geschlechtern Konflikte ausbrechen. „Ich bin ein Mann. Ich habe meine Pfeile. Ich habe keine Angst vor dem Tod", sagen die Jäger bei den !Kung, wenn Auseinandersetzungen einen kritischen Punkt erreichen. Wenn das die Reaktion von Männern ist, die für die Jagd auf Tiere ausgebildet sind, was werden dann erst Männer machen, die für die Jagd auf Menschen ausgebildet sind? Wie ergeht es den Frauen, wenn die Jäger sich gegenseitig jagen?

Weibliche Krieger?

Wo immer die Umstände eine Verstärkung kriegerischer Auseinandersetzungen zwischen Horden und Dorfgemeinschaften begünstigten, verstärkte sich damit zugleich die politische und häusliche Unterordnung der Frauen: Diese Theorie haben der Ethnologe Brian Hayden von der Simon Frazer University und seine Mitarbeiter am Beispiel von dreiunddreißig Jäger- und Sammlervölkern einer empirischen Prüfung unterzogen. Die Korrelation zwischen geringer gesellschaftlicher Stellung der Frauen und hohen Verlustziffern auf Grund von Kampfhandlungen war „unerwartet groß". Hayden und seine Mitautoren stellen fest: „Die Gründe dafür, daß in Gesellschaften mit ausgeprägt kriegerischen Neigungen die Männer absolut vorherrschend sind, scheinen relativ klar. Das Leben der Mitglieder der Gruppe hängt in stärkerem Maße von den Männern und ihren Ansichten über gesellschaftliche und politische Verhältnisse ab. In Kriegszeiten sind die Funktionen der Männer für das Überleben der Gesamtheit einfach von ausschlaggebenderer Bedeutung als die Tätigkeiten der Frauen. Hinzu kommt, daß die durch Krieg und Kampf geförderte Aggressivität und Gewalttätigkeit der Männer einen Widerspruch der Frauen gegen männliche Entscheidungen nicht nur sinnlos, sondern auch riskant werden läßt."

Männer und nicht Frauen wurden zu Kriegern ausgebildet und mithin auf größere Aggressivität, Furchtlosigkeit und die Bereitschaft getrimmt, andere Menschen ohne Gnade oder Gewissensbisse zu jagen und umzubringen. Männer wurden für die Rolle als Krieger ausgelesen, weil die gleichen anatomischen und physiologischen Besonderheiten, die ihre Auslese als Jäger von Tieren begünstigten, auch für ihre Auslese als Menschenjäger sprachen. Im Blick auf die Handhabung von Waffen, bei denen es auf Muskelkraft ankam, konnten die lächerlichen 10 oder 15%, um die Männer in leichtathletischen Disziplinen Frauen übertreffen, über Tod oder Leben entscheiden, während die Einschränkungen, denen die Frauen durch ihre Schwangerschaften unterworfen waren, im Krieg sogar ein noch gewichtigeres Handikap darstellten als bei der Jagd, zumal in Gesellschaften, die noch nicht über die wirksamen Empfängnisverhütungstechniken des Industriezeitalters verfügten.

Nein, ich habe nicht vergessen, daß in entwickelteren Gesellschaften Frauen Kampfbrigaden gebildet und im Verein mit Männern als Guerillas und Terroristen gekämpft haben und daß sie mittlerweile als Polizeioffiziere, Gefängniswärter und Absolventen von Militärakademien einigermaßen akzeptiert sind. Es stimmt, daß in der Russischen Revolution und an der russischen Front im Zweiten Weltkrieg ebenso wie in den Reihen des Vietkong und vieler anderer Guerillabewegungen Tausende von Frauen als Kampftruppen dienten. Aber das ändert nichts an der Bedeutung, die der Krieg für die Ausbildung einer geschlechtsspezifischen Rangordnung in Gesellschaften hat, die in Horden oder Dorfgemeinschaften zusammenleben. In allen eben genannten Fällen bestand die Kampfausrüstung aus Feuerwaffen und nicht aus Waffen, deren Handhabung Muskelkraft erfordert. Das gilt auch für das berühmte Kriegerinnenkorps, das im 19. Jahrhundert für das westafrikanische Königreich Dahome kämpfte. Das Heer von Dahome, eine Streitmacht von ca. 20 000 Menschen, bestand aus 15 000 Männern und 5 000 Frauen. Aber viele der Frauen waren unbewaffnet und verrichteten Dienst als Pfadfinderinnen, Trägerinnen, Trommlerinnen und Sänftenträgerinnen, statt unmittelbar am Kampf teilzunehmen. Die Elite der weiblichen Streitmacht, die zwischen 1 000 und 2 000 Frauen zählte, wohnte im königlichen Palast und diente dem König als Leibwache. In mehreren Schlachten hat den Berichten zufolge das Frauenkorps genauso heftig und erfolgreich gekämpft wie die männlichen Truppen. Aber ihre hauptsächlichen Waffen waren Musketen und Donnerbüchsen, nicht Speere oder Pfeil und Bogen. Dadurch verringerte sich das physische Ungleichgewicht zwischen ihnen und ihren Gegnern auf ein Minimum. Hinzu kam, daß der König von Dahome bei seinen weiblichen Soldaten Schwangerschaften als ein ernsthaftes Sicherheitsrisiko ansah. Auch wenn sie formell mit ihm verheiratet waren, verkehrte er geschlechtlich nicht mit ihnen. Und wenn welche schwanger wurden, klagte man sie des Ehebruchs an und richtete sie hin. Es liegt auf der Hand, daß die Bedingungen, die in Dahome einen wie immer begrenzten Rekurs auf weibliche Krieger möglich machte, bei kriegführenden Horden und Dorfgemeinschaften nicht vorhanden waren. Die Gruppen, aus denen die Horden und Dorfgemeinschaften bestanden, waren zu klein, um sich ein stehendes Heer halten zu können; ihnen fehlten eine zentrale

Führung und die ökonomischen Mittel, die es braucht, um eine stehende Armee, egal ob weiblich oder männlich, auszubilden, zu unterhalten, unterzubringen und in Zucht zu halten. Vor allem aber waren sie auf Pfeil und Bogen, Speere und Keulen angewiesen, statt über Feuerwaffen zu verfügen. Die Folge war, daß in den Gesellschaften mit Horden- und Dorfgemeinschaftscharakter die Frauen von den Männern um so stärker unterdrückt wurden, je häufiger es zu kriegerischen Auseinandersetzungen kam. Schauen wir uns ein paar Beispiele an.

Krieg und Sexismus

Zum Kriegführen braucht man bewaffnete Kampfeinheiten. Keiner der gewaltsamen Todesfälle, von denen Richard Lee berichtet, war Folge eines Angriffs solcher Kampfeinheiten, und deshalb liegen hier auch keine Kriegshandlungen vor. Zwei von Lees Informanten deuteten an, vor langer Zeit habe es einmal Angriffe von bewaffneten Gruppen gegeben, ehe die Gendarmerie des Protektorats Betschuanaland in der Gegend erschienen sei. Wenn das stimmt, können diese Vorfälle nicht sehr häufig beziehungsweise bedeutend gewesen sein, sonst hätten sich mehr Leute daran erinnert. Daß bei den !Kung organisierte Angriffe oder andere kriegsähnliche Erscheinungen praktisch fehlen, geht deshalb Hand in Hand mit der Gleichberechtigung der Geschlechter, die bei ihnen im großen und ganzen herrscht. Auch wenn die !Kung selten auf organisierte bewaffnete Gewalt zurückgreifen, sind sie doch keineswegs das Musterbild an Friedfertigkeit, als das sie in Elizabeth Thomas' Buch *The Harmless People* erscheinen. Die kurz vorher erwähnte Schätzung von Richard Lee, derzufolge sich in einem Zeitraum von fünfzig Jahren zweiundzwanzig Morde ereigneten, ergibt eine durchschnittliche Mordrate von 29,3 auf 100 000 Personen, was beträchlich unter den 58,2 für Detroit, aber ebenso beträchtlich über den 10,7 liegt, die das FBI als Rate für die gesamten USA angibt. Zugegeben, die Kalahari-Wüste ist nicht der Garten Eden, aber wie Lee feststellt, liegt die Mordrate der modernen Industrienationen viel höher, als die offiziellen Kriminalstatistiken ausweisen, was durch einen definitorischen Trick verschleiert wird: Tötungen, die von den modernen Staaten in Kriegszeiten begangen werden und den „Feind" betreffen, werden nicht als Morde gewertet. Die Todesopfer, die Kriegshandlungen unter den Soldaten und in der Zivilbevölkerung fordern, treiben die Mordrate moderner, staatlich verfaßter Gesellschaften in eine Höhe, die weit über dem Niveau der !Kung liegt, für die Krieg praktisch nicht existiert.

Es gibt viele Gesellschaften auf der Organisationsebene von Horden, die, anders als die !Kung, in einem bescheidenen Umfang Krieg führen und bei denen die Männerherrschaft entsprechend deutlicher ausgeprägt ist. Das galt besonders von den australischen Eingeborenenstämmen zu der Zeit, als die ersten europäischen Forscher mit ihnen zusammentrafen und sie beobachteten. Die Aborigines von Queensland in Nordwestaustralien zum Beispiel, die in Horden von 40 bis 50 Leuten organisiert waren und ihr Leben ausschließlich mit Sammeln und Jagen fristeten, schickten in regelmäßigen Abständen Trupps von Kriegern aus, um für die Missetaten feindlicher Horden Vergeltung zu üben. Aus Augenzeugenberichten wissen wir, daß es bei diesen Auseinandersetzungen zwischen den Gruppen zu Tötungen in bescheidenem Umfang kam und die Sache im Kochen und Verzehren von Gefangenen kulminierte, wobei dieser Genuß den männlichen Kriegern vorbehalten blieb und vornehmlich Frauen und Kinder die Opfer waren.

Im Einklang mit diesen kriegerischen Neigungen verfügten die Aborigines über ein gut entwickeltes, aber keineswegs extremes männerherrschaftliches System. Unter den älteren Männern war Vielweiberei verbreitet, und manche Männer hatten bis zu vier Frauen. Die Männer benachteiligten die Frauen bei der Nahrungsverteilung. Carl Lumholtz berichtet, daß ein Mann „oft die tierische Nahrung sich vorbehält, während die Frau für sich und ihr Kind in der Hauptsache auf Grünzeug angewiesen ist“. In geschlechtlichen Dingen herrschte eine Doppelmoral vor. Die Männer schlugen ehebrecherische Frauen oder brachten sie um, die Frauen hingegen konnten nichts dergleichen tun. Und die Arbeitsteilung zwischen den Geschlechtern war alles andere als ausgewogen. Darüber weiß Lumholtz folgendes zu berichten:

„[Die Frau] muß alle schwere Arbeit machen, muß mit ihrem Korb und ihrem Grabstock losziehen, um Früchte zu sammeln, Wurzeln auszugraben oder Raupen aus Baumstämmen herauszuhacken. ... [Sie] ist oft gezwungen, den ganzen Tag lang ihr Kleinkind auf den Schultern mit sich herumzutragen. Sie setzt es nur ab, wenn sie im Boden graben oder auf Bäume klettern muß. ... Wenn sie heimkommt, muß sie die Früchte, die sehr oft giftig sind, unter großem Aufwand klopfen, rösten und einweichen. Zu den Aufgaben einer Frau gehört es auch, die Hütte zu bauen und das Material dafür zu sammeln. ... Sie sorgt auch für Wasser und Brennstoff. ... Wenn sie von einem Platz zum nächsten wandern, muß die Frau das ganze Gepäck tragen. Den Mann sieht man deshalb immer vorne weg marschieren, mit nichts weiter beladen als ein paar leichten Waffen wie Speeren, Keulen oder

Bumerangs, während seine Frauen hinterherfolgen, schwer bepackt wie die Lastesel mit bis zu fünf Körben voll Vorräten. Häufig befindet sich in einem der Körbe ein Säugling, und ein größeres Kind wird unter Umständen auf den Schultern getragen."

Auf eine rücksichtslose Unterdrückung der Frauen deutet all das jedoch nicht hin. Was Lloyd Warner über die Rolle der Geschlechter bei den Murngin, einer anderen Gruppe von kriegerischen Jägern und Sammlern in Nordaustralien, bemerkt, galt wahrscheinlich genauso für die Aborigines in Queensland:

„Eine Frau verfügt über beträchtliche Unabhängigkeit. Sie ist nicht die mißhandelte Frau aus den Theorien der australischen Ethnologen älterer Generation. Sie weiß sich normalerweise zu behaupten. Bei den Murngin sind die Frauen stimmgewaltiger als die Männer. Häufig verweigern sie ihren Männern zur Strafe die Nahrung, wenn diese zu lange ausgeblieben sind und die Frauen sie verdächtigen, ein Stelldichein gehabt zu haben."

In dörflich organisierten Gesellschaften, die ihren Lebensunterhalt zum Teil aus rudimentären Formen von Landwirtschaft gewinnen, sind Kriegsneigung und Männerherrschaft häufig extremer ausgebildet als in Jäger- und Sammlergesellschaften, die in Horden zusammenleben. Ich möchte diesen Unterschied am Beispiel der Yanomami deutlich machen, einem oft untersuchten Volk im Grenzgebiet zwischen Brasilien und Venezuela. Die Jungen bei den Yanomami fangen schon in frühem Alter an, für den Krieg zu üben. Wenn kleine Jungen sich gegenseitig prügeln, werden sie, wie der Ethnologe Jacques Lizot berichtet, von ihren Müttern angetrieben, dem anderen keinen Schlag schuldig zu bleiben. Sogar wenn ein Kind bloß durch ein Malheur zu Boden geht, ruft die Mutter aus der Ferne: „Räch' dich, los, räch' dich!" Lizot sah, wie ein Junge von einem anderen gebissen wurde. Die Mutter des Gebissenen kam herbeigerannt, befahl ihm, mit Weinen aufzuhören, packte die Hand des anderen Jungen, steckte sie ihrem Sohn in den Mund und sagte: „Jetzt beiß du ihn!" Schlägt ein Kind ihren Sohn mit einem Stock, gibt die Mutter „ihrem Sohn den Stock in die Hand und führt ihm notfalls selber den Arm". Die Jungen der Yanomami lernen an Tieren Grausamkeit. Lizot beobachtete, wie mehrere männliche Jugendliche sich um einen verwundeten Affen scharten. Sie steckten ihre Finger in die Wunden und stachen ihm mit spitzen Stöcken in die Augen. Während der Affe qualvoll verendet, „begeistert sie jede seiner Zuckungen und regt sie zum Lachen an". Im späteren Leben behandeln die Männer auf dem Kriegspfad ihre Feinde auf die gleiche Weise. Bei einem Gefecht hatte ein Stoßtrupp einen Mann verwundet, der durch einen Sprung ins Wasser zu entkommen versuchte. Lizot erzählt, daß die Verfolger ihm ins Wasser nachsprangen, ihn ans Ufer schleppten, ihm mit den Spitzen ihrer Pfeile tiefe Wunden beibrachten, Stöcke durch seine Wangen bohrten und ihm mit dem Ende eines Bogens die Augen ausstachen.

Die beliebteste Art der Kriegführung bei den Yanomami ist der überraschende Überfall bei Tagesanbruch. Im Schutz der Dunkelheit schleicht sich der Angreifertrupp an das gegnerische Dorf heran und wartet auf die ersten Leute, die in der Morgendämmerung herauskommen. Sie töten so viele Männer wie möglich, nehmen die Frauen gefangen und sehen zu, daß sie wieder weg sind, ehe das ganze Dorf alarmiert ist. In anderen Fällen kommen sie dem Dorf so nahe, daß sie es mit einem Pfeilregen eindecken können, ehe sie wieder den Rückzug antreten. Zu einer tödlichen Form des Angriffs kommt es gelegentlich, wenn ein Dorf ein anderes in augenscheinlich friedlicher Absicht besucht. Kaum haben sich die Gäste niedergelassen und ihre Waffen abgelegt, schlagen ihre Gastgeber zu. Oder es kann auch andersherum laufen: Nichtsahnende Gastgeber sehen sich plötzlich dem Angriff ihrer scheinbar friedfertigen Gäste ausgesetzt. Diese Angriffe, Gegenangriffe und Überfälle fordern von den Yanomami einen gewaltigen Blutzoll – etwa 33% der Todesfälle unter den männlichen Erwachsenen sind Folge kriegerischer Auseinandersetzungen, was pro Jahr eine durchschnittliche Tötungsrate von 166 auf 100 000 Einwohner bedeutet.

Im Einklang mit diesen ausgeprägt kriegerischen Neigungen sind bei den Yanomami die Beziehungen zwischen Männern und Frauen entschieden hierarchisch und männerzentriert. Erst einmal praktizieren die Yanomami Vielweiberei. Erfolgreiche Männer haben normalerweise mehr als eine Frau; manche haben bis zu sechs gleichzeitig. Gelegentlich wird einer Frau ein zweiter Mann aufgezwungen, weil man dessen Bruder einen Gefallen tun will. Die Männer schlagen die Frauen, wenn sie ungehorsam sind, vor allem aber wegen Untreue. Bei häuslichen Auseinandersetzungen ziehen die Männer an den Stöckchen aus Rohr, die von den Frauen in den durchbohrten Ohrläppchen getragen werden. Der Ethnologe Napoleon Chagnon berichtet von einem Mann, der seiner Frau die Ohren abgeschnitten, und von einem anderen, der aus dem Arm seiner Frau ein großes Stück herausgehackt hatte. In anderen Berichten ist von Ehemännern die Rede, die mit Brennholzkloben auf ihre Frauen eindroschen, mit Macheten oder Äxten auf sie losgingen oder sie mit brennenden Holzscheiten versengten. Einer schoß seiner Frau einen Pfeil mit Widerhaken ins Bein; ein anderer zielte schlecht und schoß seiner Frau in den Bauch.

Bei den Yanomami sucht der Vater für seine Tochter schon einen Mann aus, wenn sie noch ein Kind ist. Aber solche Verlöbnisse können durch rivalisierende Freier angefochten und revidiert werden. Jacques Lizot und Judith Shapiro haben unabhängig voneinander Schilderungen geliefert, wie Möchtegern-Ehemänner ein Mädchen an den Armen packten und in entgegengesetzte Richtungen zogen, während sie vor Schmerzen kreischte.

Aber die Yanomami sind noch keineswegs die schlimmsten Streithähne und glühendsten Chauvis, die es auf der Welt gibt. Dieses zweifelhafte Privileg können gewisse dörfliche Gemeinschaften im Hochland von Papua-Neuguinea in Anspruch nehmen, deren zentrale Einrichtung der Nama ist, ein Initiationskult der Männer, der diesen gleichzeitig beibringt, wie man verbissen kämpft und wie man die Frauen kleinhält. Im Kulthaus, das nie eine Frau betreten darf, verwahren die Männer ihre heiligen Flöten, deren Ton die Frauen und Kinder in Schrecken versetzt. Nur die männlichen Initiierten erfahren, daß die Töne nicht von fleischfressenden übernatürlichen Vögeln, sondern von ihren eigenen Vätern und Brüdern erzeugt werden. Sie müssen schwören, jedes weibliche Wesen und Kind zu töten, das hinter das Geheimnis kommt, und sei's auch durch Zufall. In regelmäßigen Abständen lassen die Initiierten ihre Nasen bluten und lösen Brechreiz bei sich aus, um sich von den Verunreinigungen zu befreien, die der Kontakt mit Frauen verursacht. Nach ihrer Klausur im Kulthaus treten die Initiierten ins Erwachsenenleben ein. Sie bekommen eine Braut, der sie sogleich einen Pfeil in den Oberschenkel schießen, „um ihre kompromißlose Macht über sie ... zu demonstrieren". Die Frauen arbeiten in den Gärten, ziehen Schweine auf und erledigen alle schmutzige Arbeit, während die Männer tratschend herumhängen, Reden schwingen und sich bemalen, mit Federn schmücken und mit Muscheln behängen.

Daryl Feil von der University of Sydney berichtet:

„Für Ehebruch wurden die Frauen drakonisch bestraft. Es wurden ihnen brennende Stöcke in die Vagina gestoßen, oder sie wurden von ihren Männern umgebracht. Wenn sie ungefragt redeten oder sich erdreisteten, bei öffentlichen Versammlungen ihre Meinung zu äußern, schlug man sie mit dem Rohrstock. Bei ehelichen Auseinandersetzungen waren sie körperlichen Mißhandlungen ausgesetzt. Nie sah man, daß die Männer im Umgang mit Frauen Schwäche oder Nachgiebigkeit an den Tag legten. Um Frauen zu mißbrauchen oder zu mißhandeln, haben die Männer keinen besonderen Anlaß oder Grund nötig; dieses Verhalten ist etwas ganz Normales; in Ritual und Mythos erscheint es als Teil der naturgegebenen Ordnung."

Einen Extremfall unter den Extremfällen stellen die Sambia dar, jene Gruppe auf dem östlichen Hochland von Papua-Neuguinea, die ich bereits wegen ihres obsessiven Verhältnisses zum männlichen Samen und wegen ihrer homosexuellen Praktiken angeführt habe. Hier begnügen sich die Männer nicht damit, die Frauen vom heiligen Männerhaus fernzuhalten, sondern sie fürchten den Atem und die geschlechtlichen Ausdünstungen der Frauen so sehr, daß sie das ganze Dorf in separate Bereiche für Männer und Frauen unterteilen, einschließlich getrennter Pfade für beide Geschlechter. Die Männer der Sambia fallen verbal und physisch über ihre Frauen her, sehen in ihnen Feinde und verräterische Wesen und behandeln sie als unwürdige und minderwertige Geschöpfe. Für viele Frauen blieb Selbstmord der einzige Ausweg. Wie auf dem östlichen Hochland durchgängig der Fall, sahen sich die Männer der Sambia einer Vielzahl tödlicher Bedrohungen ausgesetzt. Sie konnten in einen Hinterhalt geraten, im Kampf niedergemetzelt werden oder in ihren Gärten einem Angriff mit der Hacke zum Opfer fallen. Die einzige Schutzvorkehrung dagegen war eine lebenslange Erziehung zu körperlicher Tüchtigkeit, Ausdauer und phallischer Kampfkraft. Die Hauptopfer dieser Erziehung waren die Frauen.

Was den Kriegszustand betraf, so herrschte er „allgemein, durchgängig und ununterbrochen“. Die Menschen lebten in Dörfern, die zu ihrem Schutz von Palisaden umgeben waren; aber die Überfälle und Gegenüberfälle grassierten derart, daß niemand ohne ängstliche Blicke über die Schulter essen oder ohne Furcht, erschossen zu werden, morgens zum Wasserlassen aus seinem Haus gehen konnte. Bei den Bena Bena waren die Überfälle so häufig, daß die bis an die Zähne bewaffneten Männer morgens ihre Frauen aus dem umfriedeten Dorf auf die Felder eskortierten und bei den Arbeitenden Wache hielten, bis es Zeit zur Heimkehr war. Zuverlässige Statistiken über die Raten der gewaltsamen Todesfälle bei diesen Gruppen kann ich nicht bieten. Der Blutzoll übertraf wahrscheinlich den bei den Yanomami; denn gelegentlich wurden ganze Dörfer mit einer Einwohnerschaft von 200 Leuten ausradiert. Wenn sich die Ziffern aus anderen Teilen des Hochlands von Neuguinea auf diese Gegend übertragen lassen, dann könnte die Mordrate bei den Sambia mehr als 500 auf 100 000 Einwohner betragen haben, was das Siebzehnfache der Rate bei den !Kung wäre.

Auf diese Umstände stützt sich meine Überzeugung, daß der Krieg das Schlüsselphänomen für das Verständnis und die Vorhersage von Veränderungen im Machtverhältnis zwischen den Geschlechtern ist – jedenfalls bei Gesellschaften, die in Horden und Dorfgemeinschaften organisiert sind. Aber diese Einsicht kann mich nicht recht befriedigen, weil mit ihr eine überaus wichtige Frage nur um den Preis ihre Antwort findet, daß eine ebenso wichtige neue aufgeworfen wird: Wenn der Krieg die Erklärung für die männerherrschaftliche Organisation bei Horden und Dorfgemeinschaften ist, was ist dann die Erklärung dafür, daß Horden und Dorfgemeinschaften so sehr zum Krieg neigen?

Wozu Krieg?

Für die Erklärung des Kriegs scheinen mir Theorien, die von der Annahme einer angeborenen Aggression ausgehen, ebenso unnütz wie für die Erklärung der Unterdrückung im Geschlechterverhältnis. Damit überhaupt so etwas wie Krieg oder Geschlechterunterdrükkung vorkommen kann, muß es zwar zweifellos angeborene Aggressionspotentiale in der menschlichen Natur geben, aber die kulturelle Auslese ist es, die über die Aktivierung oder Nichtaktivierung dieser bloßen Potentiale entscheidet und sie in die Kanäle bestimmter kultureller Erscheinungsformen leitet. (Oder sollen wir etwa annehmen, daß die !Kung San über Erbfaktoren für Friedfertigkeit und Gleichberechtigung verfügen, die Sambia hingegen über Kriegs- und Unterdrückungsgene?)

Kurzgefaßt lautet meine These, daß Horden und Dorfgemeinschaften deshalb Krieg führen, weil sie gezwungen sind, um die natürlichen Ressourcen wie Böden, Wälder und Wild, von denen ihre Nahrungsversorgung abhängt, miteinander zu konkurrieren. Diese Ressourcen werden knapp, weil sie entweder zu stark ausgebeutet werden oder weil die Bevölkerungsdichte zunimmt oder weil beide Faktoren in Kombination auftreten. Die Gruppen in der Region sehen sich dann regelmäßig vor der Alternative, entweder ihr Bevölkerungswachstum reduzieren oder ihren Lebensmittelverbrauch senken zu müssen. Da unsere heutigen Möglichkeiten der Empfängnisverhütung und Abtreibung fehlen, ist die Reduktion des Bevölkerungswachstums eine aufwendige Geschichte. Und qualitative oder quantitative Einschränkungen im Lebensmittelverbrauch sind unweigerlich der Gesundheit und Lebenskraft der betreffenden Bevölkerung abträglich und führen auf Grund von Unterernährung, Hunger und Krankheit zu einer höheren Todesrate.

Den Horden und Dorfgemeinschaften, die sich dieser Alternative gegenübersehen, bietet der Krieg eine verführerische Lösung ihres Problems. Wenn es einer Gruppe gelingt, ihre Nachbarn zu vertreiben oder diese zu dezimieren, dann stehen dem Sieger mehr Land, Bäume, Böden, Fisch, Fleisch und sonstige Lebensmittel zur Verfügung. Da auf der Ebene von Horden und Dorfgemeinschaften die Kriegsführung nicht von der Art ist, daß sie mit Sicherheit die gegenseitige Vernichtung der Gruppen zur Folge hat, können diese ohne weiteres die Gefahr von Verlusten auf dem Schlachtfeld für die Aussicht in Kauf nehmen, durch eine gewaltsame Senkung der Bevölkerungsdichte bei den Nachbarn die eigenen Lebensverhältnisse zu verbessern.

In seiner Untersuchung der Kriegstätigkeit bei den Mae Enga im westlichen Hochland von Papua-Neuguinea kommt Mervyn Meggitt zu der Schätzung, daß es in 75% der Kriegsfälle den angreifenden Gruppen gelingt, beträchtliche Teile des gegnerischen Gebiets zu erobern. „Geht man davon aus, daß es sich im Normalfall für den Angreifer rentiert, einen Krieg anzuzetteln, dann ist es nicht verwunderlich, wenn die Mae im großen und ganzen der Meinung sind, daß der Krieg den Verlust an Menschenleben lohnt", stellt Meggitt fest. Auf Basis ihrer Untersuchung einer sorgfältig ausgewählten, repräsentativen Reihe von 186 Gesellschaften kommen die Ethnologen Carol und Melvin Ember zu dem Ergebnis, daß vorindustrielle Gesellschaften zumeist in den Krieg ziehen, um die Auswirkungen unvorhergesehener (und nicht so sehr chronisch auftretender) Nahrungsmittelknappheit abzumildern oder abzufangen und daß der Sieger fast immer bei den Verlierern irgendwelche Vorräte erbeutet. Den menschlichen Gesellschaften fällt es schwer, in bezug auf unvorhersehbare, wenn auch immer wieder auftretende Ernteausfälle, die durch Dürren, Überschwemmungen, Stürme, Fröste oder Insektenschwärme verschuldet werden, Vorkehrungen zu treffen und die Bevölkerungszahl darauf einzurichten. Übrigens haben die Embers zur Frage der Verbreitung kriegerischer Handlungen folgendes zu bemerken: „Die meisten Gesellschaften, die der Ethnologie bekannt sind, haben Erfahrungen mit dem Krieg, das heißt mit Kampfhandlungen zwischen territorialen Gruppen (Horden, Dörfern und Ansammlungen solcher Horden und Dörfer). Und zu Kriegen kam es wahrscheinlich sogar noch erheblich öfter, als wir es in der heutigen Welt gewöhnt sind: In den Gesellschaften, die wir uns angeschaut haben und von denen Schilderungen aus der Zeit vor der Pazifizierung existieren, gab es mindestens alle zwei Jahre einmal Krieg."

Aber das Problem, die Bevölkerungszahl in Einklang mit den Ressourcen zu bringen, läßt sich nicht einfach dadurch lösen, daß man die Nachbarn dezimiert und sich ihre Vorräte aneignet. Bei der menschlichen Spezies ist die Fruchtbarkeit des Weibchens so groß, daß auch, wenn man die Bevölkerungsdichte eines Gebiets durch Überfälle um die Hälfte senkt, die betreffende Bevölkerung nur fünfundzwanzig Jahre ungestörter Fortpflanzung braucht, um die Bevölkerungszahl wieder auf den früheren Stand zu bringen. Der Krieg befreit deshalb nicht von der Notwendigkeit, das Bevölkerungswachstum mit Hilfe anderer aufwendiger Methoden, zum Beispiel durch Enthaltsamkeit, längere Stillzeiten, Abtreibung und Kindsmord unter Kontrolle zu halten. Er erzielt im Gegenteil seine wichtigsten demographischen Auswirkungen unter Umständen dadurch, daß er eine besonders kostspielige Praktik der Geburtenregelung – nämlich die Tötung weiblicher Nachkommen – nicht etwa erübrigt, sondern sogar häufiger werden läßt.

Ohne den Krieg und seine männerherrschaftlichen Tendenzen bestünde kein Anlaß, bei der Aufzucht von Kindern dem einen Geschlecht vor dem anderen den Vorzug zu geben, und die Tötungsraten für männliche und weibliche Nachkommen würden sich die Waage halten. Aber der Krieg belohnt das Streben nach einer möglichst großen Zahl künftiger Krieger, und das führt dazu, daß männliche Nachkommen bevorzugt werden und die Rate der direkten oder indirekten Tötung weiblicher Nachkommen steigt. In vielen hordenmäßig oder dorfgesellschaftlich organisierten Gesellschaften dürfte deshalb der wichtigste bevölkerungsregulierende Effekt des Kriegs nicht in den kurzfristigen Auswirkungen der Angriffshandlungen bestehen, sondern in den langfristigen Auswirkungen der Tötung weiblichen Nachwuchses und der schlechten Behandlung der Frauen ganz allgemein. Denn was bei der Geburtenkontrolle am meisten ins Gewicht fällt, ist nicht die Zahl der Männer – bei Vielweiberei sind ein oder zwei Männer schon ausreichend –, sondern die der Frauen.

Eine Stichprobenuntersuchung, die William Divale und ich an 112 Gesellschaften vorgenommen haben, liefert detaillierte Belege für die These, daß ein Leben im Kriegszustand hohe Tötungsraten bei weiblichen Kindern zur Folge hat. Nach unserer Feststellung standen vor der Unterdrückung von Kriegshandlungen durch die Kolonialmächte in der Altersgruppe bis 14 Jahre 127 Jungen 100 Mädchen gegenüber. Nach der Pazifizierung betrug das Verhältnis in derselben Altersgruppe 104 zu 100, was in etwa den Verhältnissen in modernen Gesellschaften entspricht.

Bei Völkern mit Horden- und Dorfgemeinschaftsstruktur ist mit anderen Worten der Krieg nicht nur ein Ventil, um Ängste und Frustrationen abzureagieren, die ein entstandener Bevölkerungsdruck hervorruft. Dadurch, daß er die Bevölkerungsdichte verringert und den Vermehrungsprozeß verlangsamt, trägt er vielmehr selber dazu bei, den Anstieg des Bevölkerungsdrucks in der betreffenden Region zu bremsen oder ins Gegenteil zu verkehren. Und nicht etwa ein genetisch bedingter Aggressionszwang, sondern diese ganzheitlich ökologischen und demographischen Vorteile sind der Grund, warum der Krieg in der Entwicklung der Horden und Dorfgemeinschaften immer wieder durch die Auslese begünstigt wurde.

Ich will nicht den Krieg verherrlichen, sondern nur deutlich machen, daß er unter bestimmten Bedingungen weniger verdammenswert ist als manche der Alternativen, die es zu ihm gibt. In der Art, wie ihn die Horden und Dorfgemeinschaften führten, war der Krieg ein kostspieliges und brutales Heilmittel gegen den Bevölkerungsdruck. Aber in Ermangelung einer wirksamen Empfängnisverhütung oder medizinisch kontrollierten Abtreibung war die Alternative nicht weniger kostspielig und brutal: Unterernährung, Hunger, Krankheit, kurz, ein karges und häßliches Leben für alle. Sicher, eine Bilanzierung der Wirkungen, die zugunsten des Kriegs ausfällt, hatte entschieden eher für die Sieger als für die Unterlegenen Geltung. Und vielleicht verlor sie zuzeiten auch allen Sinn, wenn die Auseinandersetzungen derart zunahmen und so erbarmungslos und verbissen geführt wurden, daß es gar keine Sieger mehr gab und mehr Menschen starben, als je der Unterernährung hätten zum Opfer fallen können. Aber kein System ist schließlich perfekt.

Ich möchte hier einen Augenblick innehalten, um ein paar begriffliche Probleme zu erörtern. Erstens muß ich klarstellen, daß Bevölkerungsdruck kein statischer Zustand ist, sondern ein Prozeß: Zwischen der Anstrengung, die Menschen unternehmen, um ihre Ernährung und ihre Versorgung mit sonstigen lebenswichtigen Dingen sicherzustellen, und dem Ergebnis dieser Anstrengung entwickelt sich ein zunehmend ungünstigeres Verhältnis. Der Prozeß beginnt in dem Moment, in dem die Menschen geringere Erträge erzielen, in dem also zum Beispiel Jäger feststellen, daß sie länger und mühsamer suchen müssen, um die gewohnte Zahl von Tieren zur Strecke zu bringen. Wenn die Menschen nichts unternehmen, um diesen Prozeß zu bremsen oder umzukehren, dann wird schließlich der Punkt erreicht, an dem ihr Lebensraum dauerhaft dadurch Schaden erleidet, daß Pflanzen und Tierarten verschwinden oder andere nicht erneuerbare Nahrungsquellen versiegen, wodurch sie gezwungen sind, sich nach anderen Subsistenzmöglichkeiten umzusehen.

Eine anderes Problem ist, inwieweit Hunger und Unterernährung einen zuverlässigen Gradmesser für den Bevölkerungsdruck bilden. Ein direktes Eins-zu-eins-Verhältnis darf man nicht erwarten. Dadurch, daß sie härter arbeiten und weniger Kinder aufziehen, können die Erwachsenen in Horden- und Dorfgemeinschaften das Auftreten klinischer Hunger- und Unterernährungssymptome vermeiden. In solchen Fällen sind unter Umständen die einzigen Indikatoren für den Bevölkerungsdruck die Mittel, die angewandt werden, um die Kinderzahl zu beschränken, wenn man einmal von der Annahme ausgeht, daß so aufwendige Praktiken wie Kindsmord, Abtreibung und geschlechtliche Enthaltung erst dann zum Einsatz kommen, wenn eine Gruppe sich, mindestens in einem gewissen Umfang, an der Untergrenze dessen bewegt, was sie zum Leben braucht. Wenn natürlich eine Gruppe Kindsmord, Abtreibung und längerdauernde geschlechtliche Enthaltung praktiziert und gleichzeitig akute Unterernährungs- und Hungersymptome zeigt, dann wird man davon ausgehen können, daß sie einem verstärkten Bevölkerungsdruck ausgesetzt ist.

Der letzte Punkt betrifft den Zusammenhang zwischen Bevölkerungsdruck und Bevölkerungsdichte. Der Soziologe Gregory Leavitt untersuchte eine Reihe von 133 Gesellschaften verschiedenen Typs und stellte einen ausgeprägten Zusammenhang zwischen Siedlungsgröße und Kriegstätigkeit fest. Aber man sollte sich vor der Annahme hüten, daß größere Siedlungen und mehr Menschen pro Quadratkilometer immer gleichbedeutend sind mit einem stärkeren Druck auf die lebenswichtigen Ressourcen. Diese Abhängigkeit hat nur solange Geltung, wie die Subsistenzweise der miteinander verglichenen Gesellschaften sich ähnelt. In den Niederlanden mit einer Bevölkerungsdichte von mehr als 600 Einwohnern pro Quadratkilometer ist, wenn man Hunger und Unterernährung als Maßstab zugrunde legt, der Bevölkerungsdruck geringer als in Zaire mit seinen 30 Einwohnern pro Quadratkilomneter oder sogar in bestimmten Jäger-und-Sammler-Gesellschaften mit nicht einmal einem Menschen pro Quadratkilometer. Bei Gruppen mit Kulturpflanzen und Haustieren ist die Bevölkerungsdichte gewöhnlich höher als bei Jäger- und Sammlervölkern. Beide aber können gleichermaßen unter Bevölkerungsdruck geraten, wenn auch bei unterschiedlicher Besiedlungsdichte.

Wegen dieser Vorbehalte und Schwierigkeiten kann ich exakte Meßwerte für den jeweiligen Bevölkerungsdruck in den verschiedenen Gesellschaften nicht anbieten. Wir müssen uns mit Annäherungswerten zufriedengeben. Aber die gehäuften Anzeichen von Belastungen und Spannungen, die sich bei Horden und Dorfgemeinschaften finden, sind ein starker Hinweis auf die Anstrengungen, die es sie kostet, Bevölkerungszahl und Nahrungsvorräte im Gleichgewicht zu halten, – und der Krieg ist Teil dieser Anstrengungen. Wie gut paßt diese Erklärung für den Krieg in das Bild der Gesellschaften, die wir behandelt haben?

Fleisch, Nüsse und Kannibalen

Die !Kung San scheinen unter Bevölkerungsdruck, so wie ich ihn definiert habe, am wenigsten zu leiden. Ihre Hauptnahrungsquelle sind die protein- und fettreichen Nüsse der Mongongobäume, von denen sich überall in ihrem wasserarmen Gebiet Baumgruppen finden. Mongongos gibt es so viele, daß sogar am Ende des Jahres noch Nüsse auf der Erde liegen, die nicht verbraucht wurden. Aber auf die Ernte wilder Nußsorten ist bekanntermaßen kein Verlaß, weil sie von Insektenschwärmen, Krankheitsbefall und Unbilden der Witterung bedroht sind, so daß die Fülle sich in kurzer Zeit als Schein herausstellen kann. Da die !Kung keine festen Siedlungen haben, können sie von Baumgruppe zu Baumgruppe und von Wasserloch zu Wasserloch wechseln, auf der Suche nach größerem Wild, um mit dem Fleisch ihre pflanzliche Grundnahrung zu ergänzen. Warzenschweine, Spießböcke, Kudus und Gnus sind die häufigsten Großtierarten, die in ihrem Lebensraum vorkommen. In den beiden letzten Monaten vor der Nußernte kann es passieren, daß die !Kung ihren Gürtel enger schnallen und sich im Essen einschränken müssen, aber meistens ist ihr Speiseplan gut ausgewogen, höchstens ein bißchen kalorienarm. Ansonsten regulieren sie die Größe ihrer Familien hauptsächlich durch Ausdehnung der Stillzeiten und gehen den aufwendigeren Alternativen der sexuellen Enthaltsamkeit, der Abtreibung oder des Kindsmords (außer bei Zwillingen) aus dem Weg. In diesem Fall paßt alles zusammen: Es gibt praktisch keinen Krieg, die Geschlechterrollen sind unterschiedlich, aber gleichberechtigt, und Lebensmittelknappheit und andere Anzeichen für Bevölkerungsdruck sind relativ selten.

Und doch ist, wie ich bereits eingeräumt habe, die Kalahari kein Garten Eden, selbst wenn die durch Bevölkerungsdruck hervorgerufenen Beeinträchtigungen nicht stark genug sind, um zu kriegerischen Handlungen zu führen. Tatsächlich wird das scheinbare Wohlbefinden der !Kung von einer dunklen Wolke überschattet. Obwohl die !Kung keinen Kindsmord praktizieren, zeigen demographische Unterlagen, daß etwa die Hälfte ihrer Kinder vor Erreichen des Erwachsenenalters stirbt. Für diese hohe Todesrate unter der Jugend müssen teilweise

Ernährungsfaktoren verantwortlich sein. Vielleicht ist die bereits erwähnte verlängerte Stillzeit schuld, die bis zu vier Jahren dauern kann. Eine zu große Abhängigkeit von der Muttermilch kann bei Kleinkindern zu Eisenmangelanämie führen und vielleicht auch zur Unterversorgung mit Kalorien. Wenn das der Fall ist, dann ist die Geburtenregelung, die von den !Kung mittels Stillzeit praktiziert wird, kostspieliger, als es auf den ersten Blick scheint. Aber wie groß ist der Bevölkerungsdruck, unter dem die !Kung stehen, verglichen mit stärker kriegerischen Jägern und Sammlern wie den Aborigines von Queensland?

Wie bei den !Kung wurden auch bei den Aborigines von Queensland die Kleinkinder mehrere Jahre lang gesäugt. Außerdem übten die Frauen während der Stillzeit auch noch sexuelle Enthaltsamkeit. Die Folge war, daß, von Männern mit mehreren Frauen abgesehen, beide Geschlechter gezwungen waren, viele Monate hintereinander auf Geschlechtsverkehr zu verzichten. Im Unterschied zu den !Kung praktizierten sie auch direkten Kindsmord, speziell bei Säuglingen weiblichen Geschlechts. Zusammen mit der Vielweiberei hatte die Tötung weiblichen Nachwuchses zur Folge, daß junge Männer spät oder gar nicht heiraten konnten. Sodann scheint es für die Aborigines von Queensland schwieriger als für die !Kung gewesen zu sein, eine angemessene Ernährung sicherzustellen. Während eines Teils des Jahres bewohnten sie zu vierzig bis fünfzig Personen strohgedeckte Hütten in festen Siedlungen, die kleinen Dörfern glichen. Auch sie bezogen den Großteil ihrer Kalorien aus Nüssen – keine Mongongos, sondern wilde Walnüsse und Mandeln –, und was ich oben zur Unzuverlässigkeit von Nüssen als Grundnahrungsmittel gesagt habe, gilt auch für diesen Fall. Aber der Regenwald, der ihren Lebensraum bildete, war viel schlechter mit tierischen Nahrungsquellen ausgestattet als das offene Land, das die !Kung bewohnen, vielleicht infolge einer allzu intensiven jägerischen Ausbeutung. Sie aßen Schlangen, Käferlarven, Ratten, Opossums, gelegentlich ein Baumkänguruh und Fisch, wenn die Jahreszeit es erlaubte. Aber genug Fleisch, vor allem fettes Fleisch, hatten sie offenbar nie. Dieses Problem belastete die Frauen stärker als die Männer, weil diese, wie erwähnt, bei der Verteilung der Jagdbeute die Frauen und Kinder häufig ausschlossen.

Das vielsagendste Symptom dafür, daß die Aborigines von Queensland unter Bevölkerungsdruck standen, war ihre Neigung,

Frauen und Kinder gegnerischer Gruppen zu fangen und aufzuessen. Menschen sind die teuerste und gefährlichste Quelle, um sich tierische Fette und Proteine zu verschaffen. Das ist der Grund, warum Gesellschaften, die über genug alternative Proteinquellen in Gestalt von Jagdwild oder Haustieren verfügen, davor zurückschrecken, ihre Feinde aufzuessen, selbst wenn als Nebenprodukt von Kriegshandlungen Leichen anfallen. Aber wenn kein anderes Großwild verfügbar ist, kann Kannibalismus zu einer schier unwiderstehlichen Versuchung werden. Die Menschen sind nicht nur große Tiere, sondern auch wie die meisten ihrer Haustiere erheblich fetter als Wildtiere. Tatsächlich schätzten die Aborigines von Queensland am meisten das Fett, in das die Nieren eingelagert sind, und ihre erklärte Vorliebe für den Verzehr von Frauen und Kindern mag auch darin begründet gewesen sein, daß sie an fettreicheren Portionen interessiert waren, als die Leiber ausgewachsener Männer ihnen bieten konnten. Die weitere Erörterung der Menschenfresserei und ihrer besonderen Aspekte verschiebe ich auf einen spätere Abschnitt. Erst einmal ist es an der Zeit, sich genauer mit der Frage zu befassen, warum eine geringe Versorgung mit tierischer Nahrung normalerweise auf Bevölkerungsdruck hindeutet und einen Anreiz bildet, die Nachbarn zu überfallen.

Kurze Abhandlung über fettes Fleisch

Menschen sind Allesfresser – sie essen sowohl pflanzliche als auch tierische Nahrung. Aber praktisch alle menschlichen Gruppen wie auch die meisten unserer Verwandten unter den Primaten (erinnert sei an den Wutanfall von Worzle) machen ein Riesenspektakel um die Produktion, die Verteilung und den Verzehr von Fleisch und anderer tierischer Nahrung. (Sogar Vegetarier wie die indischen Brahmanen oder Dschaini schätzen Milch und Butter höher als pflanzliche Nahrung.) Das bedeutet nicht, daß die Menschen genetisch auf die Suche nach fleischlicher Nahrung und ihren Verzehr programmiert sind, so wie Löwen oder Adler und andere echte Fleischfresser sich zum Fleischgenuß getrieben fühlen. Plausibler ist die Annahme, daß unsere arteigene Physiologie und unsere Verdauungsprozesse uns dazu disponieren, auf dem Erfahrungsweg eine Vorliebe für tierische Nahrung zu entwickeln. Wir und unsere Primatenverwandten sind solcher Nahrung besonders zugetan, weil sie von außergewöhnlichem Nährwert ist.

Fleisch ist eine ergiebigere Quelle für essentielle Aminosäuren, die Bausteine der Proteine, als jede pflanzliche Nahrung. Die Proteine wiederum sind wesentlich für alle Aufbau- und Regulierungsfunktionen des Körpers. Hinzu kommt, daß Fleisch auch ein hervorragender Lieferant für die Vitamine A und E sowie den ganzen B-Komplex einschließlich des B-12 ist, das aus pflanzlicher Nahrung überhaupt nicht gewonnen werden kann. Desgleichen enthält Fleisch auch alle anderen Vitamine sowie sämtliche lebenswichtigen Mineralien. Noch mehr fällt vielleicht ins Gewicht, daß Fleisch eine Quelle für Fette ist, die sich aus Pflanzen schwer gewinnen lassen und die für die Absorption und den Transport der Vitamine A, D, E und K unabdingbar sind.

Die Gier nach Fleisch und die Aufregung, die Fleisch hervorruft, ist zum großen Teil Ausdruck der einzigartigen ernährungspraktischen Vorteile, die vorindustrielle Völker aus dem Verzehr eines Nahrungsmittels ziehen, das häufig gleichzeitig hochwertiges Protein und große Fettmengen in konzentrierter Form liefert. Das Vordringlichste für den Körper eines hungrigen Menschen ist die Verwandlung jeglicher Nahrung, die er aufnimmt, in Energie. Bekommt er nichts als mageres Fleisch, so verwendet der Körper das im Fleisch enthaltene Protein für die Energiezufuhr statt für körperliche Aufbau- und Regulierungsfunktionen. Eine Methode, das fleischliche Protein „aufzusparen", besteht darin, das Fleisch zusammen mit kalorienreicher stärkehaltiger Nahrung zu essen, eine Praxis, die überall auf der Welt befolgt wird, zum Beispiel wenn Steak mit Kartoffeln, Huhn mit Reis, Spaghetti mit Fleischklößchen und Schweinebraten mit Knödeln gegessen wird. Bei den Yanomami besteht die proteinsparende Kombination aus Fleisch und Kochbananen. Kenneth Good hat mir erzählt, daß die Yanomami sich kategorisch weigern, Fleisch zu essen, wenn nicht Kochbananen dabei sind, während sie Kochbananen ohne Fleisch essen. Die allerbeste proteinsparende Kombination aber besteht in fettem Fleisch, da Fett doppelt so viele Kalorien pro Gramm enthält wie Stärke. Schon allein aus diesem Grund läßt sich erwarten, daß fettes Fleisch (beziehungsweise bei Völkern, die Milchwirtschaft betreiben, Milch mit hohem Fettgehalt) in vorindustriellen Gesellschaften hoch im Kurs steht.

Aber Fleisch hat als Fettquelle noch einen anderen Vorzug, der nicht mit dem Problem der Proteinersparnis für körperliche Aufbau- und Regulierungszwecke zusammenhängt. Wie bereits in einem früheren Zusammenhang bemerkt, ist es für Menschen, die Hungerszeiten und anderen Schwankungen in der Nahrungsmittelversorgung ausgesetzt sind, lebenswichtig, daß sie in Zeiten des Überflusses Kalorien in Körperfett umsetzen können, um in schlechten Zeiten davon zu zehren. Der Aufbau von Fettreserven kostet den Körper Kalorien. Wenn die Nahrung, die in Fett umgewandelt werden soll, aus Stärke besteht, dann geht fast ein Drittel des Kalorienwerts für die Bildung und Speicherung der Fettpolster drauf. Wenn hingegen die Quelle für das zu bildende Körperfett selber Fett ist, dann gehen nur 3% der aufgenommenen Kalorien bei dem Prozeß verloren.

In einer Welt voll von Leuten, die nichts anderes im Kopf haben, als abzunehmen und ihre Cholesterinwerte zu senken, macht Fleisch nicht mehr den Eindruck einer Nahrungsquelle, um die es sich lohnt zu kämpfen. Aber die Menschen vor dem Industriezeitalter standen nicht in der Gefahr, zuviel Cholesterine und gesättigte Fette aufzunehmen, und ihre Arterien waren nicht von Verkalkung bedroht. Die

Tiere, die sie jagten, waren im allgemeinen viel magerer als die durch Mastanlagen geschleusten Rinder von heute, und fleischlose Mahlzeiten bildeten eher die Regel als die Ausnahme. Wenn die heutigen Staaten notfalls in den Krieg ziehen, um ihre Autotanks mit Benzin füllen zu können, ist es dann verwunderlich, daß Horden und Dorfgemeinschaften in den Krieg ziehen, um ihre Vorratskammern mit Fleisch füllen zu können?

Und nun zum Bevölkerungsdruck bei den Yanomami.

Jagdkriege

Das Problem, genug tierische Fette und Proteine zu bekommen, scheint der tiefere Grund für die intensive Kriegstätigkeit und die Männerherrschaft bei den Yanomami zu sein. Im Unterschied zu den !Kung und den Aborigines von Queensland betreiben die Yanomami in rudimentärer Form Landwirtschaft. Sie machen jeweils durch Brandrodung ein paar Morgen Urwald urbar und bauen dann in der stickstoffreichen Asche Kochbananen und Bananen an. Protein- und ölhaltige Früchte wie etwa Kokosnüsse wachsen nur wild im Urwald und sind folglich auch nur in Abständen oder saisonbedingt zu haben, weshalb sie schlecht als Fleischersatz taugen.

Entgegen der landläufigen Ansicht, daß es im Amazonasgebiet von Großwild wimmelt, sind dort jagdbare große Tiere selten, viel seltener als in der offenen Savanne. Wovon es im Regenwald wirklich wimmelt, sind Insekten und Würmer, die auch von den Eingeborenen pflichtschuldigst gegessen werden, allerdings nur zu bestimmten Notzeiten im Jahr, wenn sich andere Fleischquellen nicht auftreiben lassen. Wie ich bei meiner Erörterung erworbener Geschmacksrichtungen angedeutet habe, spiegelt die Vorliebe für größere Tiere, die man bei Horden und Dorfgemeinschaften durchgängig antrifft, wider, wie kostspielig es ist, durch den Fang und die Zubereitung Tausender verstreuter kleiner Lebewesen eine Portion zusammenzubringen, die dem Nährwert eines einzigen großen Tieres entspricht. Obwohl sie nicht an Unterernährung leiden, bringen die Yanomami weibliche Nachkommen in hoher Zahl um, was für das Lebensalter von 0 bis 14 Jahren dazu führt, daß auf 130 Jungen nur etwa 100 Mädchen kommen. Man kann annehmen, daß diese Praktik Bestandteil ihres Versuchs ist, sinkenden Jagderträgen Rechnung zu tragen oder entgegenzuwirken, und daß sie Zeichen für einen beträchtlichen Grad von Bevölkerungsdruck ist, ungeachtet der großen Urwaldflächen, die den Yanomami zur Verfügung stehen.

In dem Maß, wie die Dörfer der Yanomami größer werden, muß das Wild in immer entfernteren Gebieten aufgespürt werden, und der Fleischverbrauch pro Kopf der Dorfbewohner sinkt. Kriegerische Überfälle zwischen den Dörfern tragen dadurch, daß sie die ortsansässige Bevölkerung zerstreuen und dezimieren, zu einer Verlangsamung oder kurzzeitigen Umkehrung dieses Rückgangs bei.

Kenneth Good, der die Yanomami über ein Jahrzehnt lang untersucht hat, meint, daß bei ihnen das Problem einer regelmäßigen Fleischversorgung geradezu eine fixe Idee ist. Trotz ihres „Fleischhungers" essen sie Fleisch im Durchschnitt nur ein oder zweimal wöchentlich. Außerdem stellte Good fest, daß in der Umgebung der Dörfer die Jagdausbeute rasch abnimmt, was häufige Jagdausflüge in entfernte Gebiete nötig macht, die manchmal das gesamte Dorf zu ausgedehnten Wanderungen zwingt. Ohne diese langen Zeiten der Abwesenheit der Dorfbewohner wäre das Wild im Umkreis des Dorfs rasch vollständig ausgerottet.

Mehrere Amazonasforscher haben der Theorie widersprochen, daß die Verringerung des Wildbestands die Ursache für die Kriegsneigung der Yanomami ist. Sie machen geltend, daß bei den Yanomami keine klinischen Zeichen von Unterernährung zu erkennen sind. Sie haben außerdem nachgewiesen, daß in mindestens einem Dorf, in dem fünfunddreißig Personen leben, die tägliche Prokopf-Proteinaufnahme fünfundsiebzig Gramm für jeden Erwachsenen beträgt, was weit mehr ist als die von der Organisation für Ernährung und Landwirtschaft empfohlene Menge. Sie haben auch nachgewiesen, daß offenbar Yanomamidörfer mit geringem Proteinverzehr (sechsunddreißig Gramm) pro Kopf der Erwachsenen nicht häufiger Krieg führen als Dörfer mit hohem Proteinverzehr (fünfundsiebzig Gramm).

Aber wie Goods Untersuchungen zeigen, kann es irreführend sein, wenn man von einer durchschnittlichen Tagesmenge der Fleischproduktion ausgeht. Wegen der Schwankungen in der Zahl und Größe der erbeuteten Tiere ist den größeren Teil der Zeit über wenig oder kein Fleisch vorhanden, und das Fehlen klinischer Anzeichen für Unterernährung darf, wie ich bereits warnend angemerkt habe, nicht als Beweis dafür gelten, daß kein Bevölkerungsdruck besteht. Die Tatsache, daß sowohl Dörfer mit hohem als auch Dörfer mit niedrigem Fleischverbrauch pro Einwohner sich kriegerisch betätigen, belegt ebenfalls nicht, daß es keinen Bevölkerungsdruck gibt. In kriegerische Auseinandersetzungen verwickeln sich zwangsläufig Dörfer auf unterschiedlichem Wachstumsniveau und mit unterschiedlich verringertem Wildbestand, wobei vorzugsweise bevölkerungsreichere Gruppen mit niedrigerem Fleischverzehr kleinere Gruppen mit höherem Fleischverzehr aufs Korn nehmen werden.

Im Gegensatz zu der Erklärung der Kriegstätigkeit aus den Jagdbedingungen vertritt Napoleon Chagnon die These, die Männer bei den Yanomami führten Krieg, um eine möglichst erfolgreiche Fortpflanzung zu erreichen. Ein Krieger kann nicht nur weibliche Gefangene nach Hause bringen und zu Frauen nehmen, sondern er kann auch durch sein kriegerisches Auftreten die Leute im eigenen Dorf einschüchtern, früher heiraten, mehr Frauen und Liebschaften haben und folglich mehr Kinder zeugen. Wenn ich einmal von meinen bereits geäußerten Vorbehalten gegen den Fortpflanzungserfolg als ein für die kulturelle Auslese maßgebendes Kriterium absehe, ist die Schwachstelle dieses Arguments die hohe Zahl von Tötungen weiblicher Nachkommen bei den Yanomami, wobei es sich ja um eine überaus wirksame Methode zur Verringerung, und nicht etwa zur Erhöhung, des Fortpflanzungserfolgs handelt. Die beste Methode für die Männer der Yanomami, ihr Verlangen nach Frauen zu befriedigen, bestünde doch wohl darin, mehr Mädchen als Jungen aufzuziehen. Warum tun sie genau das Gegenteil? Weil sie bei ihrem Bemühen, dem Urwaldmilieu eine ernährungspraktisch angemessene Versorgung mit Lebensmitteln abzugewinnen, den Punkt abnehmender Erträge erreicht haben und deshalb gezwungen sind, ihr Bevölkerungswachstum einzuschränken. Es ist dieser Zwang, der ihnen einen so kriegerischen Charakter verleiht, und ihr kriegerischer Charakter ist es, der so perfekte Chauvis aus ihnen macht.

Schauen wir uns an, ob diese Logik auch für die Papuas mit ihrem sogar noch ausgeprägter kriegerischen und sexistischen Gebaren Geltung hat.

Hungrige Papuas

Auf den ersten Blick könnte man meinen, die kriegslustigen Papuas müßten weniger der Gefahr sinkender Erträge ausgesetzt sein als die Yanomami; denn ihren Bedarf an pflanzlicher Nahrung und an tierischen Proteinen und Fetten decken sie aus Süßkartoffeln, die sie anbauen, und aus Schweinen, die sie als Haustiere halten. Aber die Bevölkerungsdichte bei den Gruppen auf dem Hochland ist weit größer als irgendwo im Amazonasgebiet (dort sind es zwanzig Einwohner auf den Quadratkilometer, hier nicht einmal einer), und dadurch wird das Verhältnis zwischen den verfügbaren Nahrungsquellen und dem Bedarf an tierischen Fetten und Proteinen noch prekärer als bei den Yanomami. Hinzu kommt, daß die Papuas sich nicht nur mit dem Problem sinkender Erträge konfrontiert sehen, sondern auch mit einer ernsthaften Verschlechterung der naürlichen Lebensgrundlagen. Wie die Yanomami legen die Papuas ihre Gärten auf Waldflächen an, die sie durch Brandrodung freimachen, wobei die Asche als Dünger für die Anpflanzung dient. Wenn sie keine Bäume mehr haben, die sie verbrennen können, sind sic auch nicht mehr imstande, ihre Pflanzen anzubauen und sich und ihre Schweine zu ernähren (jedenfalls nicht, solange sie nicht zu einer sehr viel intensiveren und komplexeren Form des landwirtschaftlichen Anbaus übergehen). Ihre Bevölkerungsdichte ist so groß geworden, daß sie ihnen nicht mehr erlaubt, dem zu Asche verbrannten Wald, der als Dünger dient, zwischen den einzelnen Ernten genug Zeit zur Regeneration zu lassen. Das hat dazu geführt, daß über weite Strecken Grasland an die Stelle der Wälder getreten ist. Es steht außer Zweifel, daß die verbissenen Kriege, die diese Menschen gegeneinander führen, hauptsächlich auf die gewaltsame Aneignung von Landflächen zielt, die sich für den landwirtschaftlichen Anbau eignen. Anzeichen für Protein- und Kalorienmangel findet man reichlich, was dafür spricht, daß hier der Bevölkerungsdruck höher ist als in den vorher behandelten Fällen. Kinder, Frauen und alte Männer sind besonders unterernährt, da sie hauptsächlich von den faserreichen, proteinarmen Süßkartoffeln leben müssen und nur unregelmäßig Schweinefleisch zu essen bekommen.

Außerdem wandten diese Gruppen aufwendige Methoden an, um

ihre Vermehrung einzuschränken. Bei den Gahuka-Gama zum Beispiel, wo die Familien im Durchschnitt nur ein Kind hatten, waren die Männer fest davon überzeugt, daß ihre Frauen im Falle einer Schwangerschaft entweder den Fötus abtreiben oder das Neugeborene umbringen würden. Die benachbarten Bena Bena praktizierten Kindstötung bei weiblichen Neugeborenen und gaben als Grund dafür direkt an, daß Mädchen keine Krieger werden könnten. Erinnern wir uns auch, daß viele der Gruppen auf dem östlichen Hochland den heterosexuellen Verkehr für lange Perioden im Jahr untersagten und den Männern während ihrer kultischen Rituale statt dessen eine homosexuelle Betätigung vorschrieben.

Was die Papuas durch den Süßkartoffelanbau und die Schweinezucht gewannen, das büßten sie an Wildtieren und Pflanzen ein, die ihnen vormals die Wälder geboten hatten. Obwohl sie über das Schwein als Haustier verfügten, waren sie deshalb womöglich noch stärker als die Yanomami von der Sucht nach einer regelmäßigen Fleischversorgung besessen. Den Männern ging es dabei besser als den Frauen und Kindern, weil sie ein Monopol auf Schweinefleisch hatten. Frauen und Kinder mußten ihren Fleischhunger mit Insekten, Fröschen und Mäusen stillen. Kein Getier und Gewürm blieb verschont. Die Hebammen aßen sogar die Plazenta von Neugeborenen, und bei den Frauen der Foré war die Gier nach Fleisch so groß, daß sie darauf verfielen, die Leichen verstorbener Angehöriger auszugraben und das halbverweste Fleisch zu essen. Sie aßen auch die Maden, die sie als großen Leckerbissen betrachteten. Und vielleicht ist das die Erklärung dafür, warum sie die Leichen erst in Verwesung übergehen ließen, ehe sie sie aßen. Braucht man sich da zu wundern, daß diese Leute bereit waren, ihre Nachbarn kaltzumachen, um deren Land in ihren Besitz zu bringen?

Da ich in früheren Schriften mißverstanden worden bin, was die Beziehung zwischen Krieg und Sexismus angeht, möchte ich hier betonen, daß die Formel „je mehr Krieg, um so mehr Männerherrschaft" für Gesellschaften gilt, die in Horden und Dorfgemeinschaften leben, nicht aber für Gesellschaften unter der Herrschaft von Häuptlingen und für Staatswesen. Im Unterschied zu Horden und Dorfgemeinschaften setzen sich Gesellschaften unter der Herrschaft von Häuptlingen kriegerisch mit weit entfernt lebenden Feinden auseinander. Dadurch wird die Stellung der Frauen eher gestärkt als geschwächt. Und in staatlich organisierten Gesellschaften erfährt die Mehrzahl der Männer nicht mehr die Ausbildung und führt nicht mehr die Waffen, die bei den Yanomami und den Sambia aus den Männern so furchtbare Gegner machen. Aber befassen wir uns zuerst mit den Auswirkungen, die das Kriegführen über größere Entfernungen hinweg auf die Rangordnung der Geschlechter hat.

Wo Frauen Herr im Haus sind

Was den Frauen in Papua-Neuguinea oder bei den Yanomami das Leben so beschwerlich macht, ist unter anderem der Umstand, daß diese Gesellschaften patrilokal organisiert sind. Das heißt die Frauen verlassen, wenn sie heiraten, ihr Dorf oder Zuhause, wo ihre Eltern und Brüder leben, und ziehen zu den väterlichen Verwandten ihres Mannes. Dadurch werden die Frauen von ihren engsten Verwandten getrennt, die keine Möglichkeit haben, sich für sie einzusetzen, wenn sie schlecht behandelt werden. Die Frauen in patrilokalen Ortschaften sind doppelt benachteiligt, weil sie normalerweise aus verschiedenen Dörfern kommen und deshalb nicht nur den Verwandten ihres Mannes, sondern sich auch gegenseitig fremd sind, während die Männer zusammen aufgewachsen sind und sich bestens kennen. In der Patrilokalität dieser Dörfer kommt die überragende Rolle zum Ausdruck, die der Krieg spielt; denn kriegerischer Erfolg hängt davon ab, daß sich funktionierende Kampfgruppen, Gruppen von Männern bilden lassen, die eine gemeinsame Ausbildung durchlaufen haben, sich gegenseitig trauen und Grund haben, denselben Gegner zu hassen und zu bekämpfen. Welche bessere Methode kann es geben, Kampfgruppen mit diesen Eigenschaften zu bilden, als sie aus Vätern, Söhnen, Brüdern, Onkeln und Neffen väterlicherseits bestehen zu lassen, die am selben Ort zusammenleben?

Aber damit sie auch nach ihrer Heirat weiter zusammenleben können, müssen diese in der väterlichen Linie miteinander verwandten Männer ihre Frauen zu sich nach Hause holen, statt ihrerseits in die Familien ihrer Frauen überzusiedeln. Einen Nachteil allerdings hat die Sache. Der Erfolg bei Überfällen hängt nicht nur davon ab, daß der Stoßtrupp gut eingespielt ist, sondern auch von seiner Größe. Kleine Dorfgemeinschaften können ihre Streitmacht nur dadurch vergrößern, daß sie sich mit benachbarten Dörfern verbünden.

Evolutionsgeschichtlich betrachtet, kann man in kriegerischen Bündnissen teils die Ursache und teils die Wirkung jener Entwicklung sehen, in deren Verlauf sich politische Einheiten, die aus einer einzelnen Dorfgemeinschaft bestehen, allmählich in größere und komplexere Häuptlingsherrschaften verwandeln, die mehrere Dörfer umfassen. Im Zuge dieses Transformationsprozesses verschwinden bündnisfreie Dorfgemeinschaften in immer weiterer Ferne, so daß es tagelange Märsche braucht, um auf sie zu stoßen. Kampfeinheiten, die sich aus mehreren Dörfern rekrutieren und Hunderte von Männern umfassen können, unternehmen jetzt monatelange Streifzüge, um je nach Gelegenheit in abgelegenen menschenleeren Gegenden zu jagen, mit fernen Dörfern Handel zu treiben oder die Kornspeicher und Vorratshäuser des Feindes zu plündern.

Aber diese langen Abwesenheiten von den eigenen Feldern, Saaten und Vorratshäusern lassen ein Problem entstehen: Wer kümmert sich um die Angelegenheiten zu Hause? Seiner Frau kann man nicht trauen, da sie, wie gesagt, aus einem anderen Dorf kommt und eher ihrem eigenen Vater, Bruder und der sonstigen väterlichen Verwandtschaft als ihrem Ehemann und dessen Sippe verpflichtet ist. Die Frau, der jemand am meisten trauen kann, ist die eigene Schwester, denn nur mit ihr verbindet ihn ein gemeinsames Interesse am väterlichen Grund und Besitz. Männer, die Wochen und Monate von zu Hause weg sein müssen, weigern sich deshalb immer wieder, ihre Schwester in eine patrilokale Ehe zu geben, und lassen sie nicht heiraten, es sei denn der künftige Ehemann willigt ein, bei ihr zu wohnen, statt sie bei sich wohnen zu lassen. Eine wachsende Zahl von Brüdern und Schwestern verfährt nach diesem Muster, und allmählich macht die Patrilokalität dem genauen Gegenteil Platz: der Matrilokalität. Durch mehrere Generationen hindurch regelmäßig befolgt, führt das Prinzip der matrilokalen Heirat dazu, daß eine kontinuierliche Reihe von Müttern, Schwestern und Töchtern am selben Ort zusammenleben. Die Ehemänner sind jetzt die Außenseiter; sie sind es, die sich isoliert fühlen und sich einer geschlossenen Front aus Angehörigen des anderen Geschlechts gegenübersehen, die ihr ganzes Leben gemeinsam verbracht haben. Wo Matrilokalität herrscht, da bringen deshalb die Frauen tendenziell die ganze häusliche Lebenssphäre unter ihre Gewalt. Die Männer spielen eher eine Gastrolle, als daß sie sich wirklich zu Hause fühlten, und Ehescheidungen kommen häufig vor und sind für die Frauen genauso leicht wie für die Männer. Wenn ein Mann seine Frau schlecht behandelt oder wenn sie ihn satt hat, schicken sie, ihre Schwester, ihre Mutter und ihre Tanten mütterlicherseits ihn zu seiner eigenen mütterlichen Familie zurück. Und die

Tatsache, daß er so oft unterwegs ist, macht es nur um so leichter, die Scheidung zu vollziehen.

Die Auswirkungen der Matrilokalität auf die Stellung der Frauen bleiben nicht auf die häusliche Sphäre beschränkt. In dem Maß, wie die Männer die Sorge für die Landwirtschaft den weiblichen Mitgliedern der Sippe überlassen, gewinnen diese die Möglichkeit, Einfluß auf politische, militärische und religiöse Belange zu nehmen.

Ich darf diese allgemeinen Überlegungen an einem bestimmten Beispiel illustrieren. Von ihren umfriedeten Dörfern im Norden des Staates New York aus schickten die Irokesen Streitmächte von bis zu 500 Mann los, um Ziele zu überfallen, die so weit entfernt lagen wie das heutige Quebec oder Illinois. Bei der Rückkehr in seine Heimat gesellte sich der Irokesenkrieger wieder seiner Frau und seinen Kindern an ihrer Herdstelle im dörflichen Langhaus zu. Geleitet wurde diese Gemeinschaftssiedlung von einer älteren Frau, die eine enge mütterliche Verwandte seiner eigenen Frau war. Diese Matrone organisierte die Arbeit der Bewohnerinnen des Langhauses daheim und auf den Feldern. Ihr oblag es, die geernteten Nahrungsmittel zu speichern und bei Bedarf Vorräte auszuteilen. Wenn die Männer nicht auf irgendwelchen Streifzügen unterwegs waren – die sie nicht selten ein ganzes Jahr fernhielten – schliefen und aßen sie in den von Frauen geleiteten Langhäusern, hatten aber praktisch keinen Einfluß auf das Leben und die Arbeit ihrer Frauen. Wenn ein Mann anmaßend war oder sich nicht einfügte, konnte ihm die Matrone jederzeit befehlen, seine Decke zu nehmen und sich zu trollen, wobei er seine Kinder zurücklassen mußte, die in der Obhut der Mutter und der übrigen Frauen des Langhauses blieben.

Wenden wir uns dem öffentlichen Leben zu, so bildete die höchste politische Macht bei den Irokesen der Ältestenrat, der aus gewählten männlichen Oberhäuptern der verschiedenen Dörfer bestand. Die Matronen der Langhäuser ernannten die Mitglieder dieses Rats und konnten verhindern, daß von ihnen abgelehnte Personen im Rat einen Sitz einnahmen. Aber sie selbst gehörten dem Rat nicht an. Statt dessen nahmen sie auf dem Umweg über ihre hauswirtschaftliche Macht Einfluß auf seine Entscheidungen. Sie konnten die Vorräte, die Wampumgürtel, den Federschmuck, die Mokassins, und die Felle und Pelze zurückhalten, die sie in Verwahrung hatten, wenn eine vorgeschlagene Unternehmung nicht nach ihrem Sinn war. Wenn die

Frauen die Bärenfelltaschen der Krieger nicht mit dem Gemisch aus getrocknetem Mais und Honig füllten, von dem sie sich unterwegs ernährten, konnten diese nicht in die Ferne auf Abenteuer ausziehen. Auch religiöse Feste konnten nicht stattfinden, wenn die Frauen nicht die erforderlichen Vorräte herausrückten. Sogar der Ältestenrat trat nicht zusammen, wenn die Frauen beschlossen, kein Essen für diese Gelegenheit bereitzustellen. Aber alles in allem sind matrilokale Gesellschaften wie die irokesische weit entfernt davon, die Männer so unter der Knute zu halten, wie das die wüsten Chauvis in den Hochlanddörfern von Papua-Neuguinea mit den Frauen machen. Ihre Herrschaft in den Langhäusern und ihre Rolle in der landwirtschaftlichen und handwerklichen Produktion nutzten die Irokesenfrauen nicht dazu aus, ihre Männer zu demütigen, herabzusetzen und auszubeuten. Und was die öffentliche Sphäre betrifft, so kann ich äußerstenfalls feststellen, daß die Frauen fast genauso viel Macht hatten wie die Männer, allerdings nur auf indirektem Weg. Wie kommt das?

Warum resultiert Matrilokalität nicht in einer genau spiegelbildlichen Umkehrung der patrilokalen Verhältnisse? Woher kommt diese Asymmetrie? Warum gibt es Patriarchate, aber keine Matriarchate?

Eine Antwort, die ich nicht akzeptieren kann, ist, daß ihre weibliche Natur die Frauen daran hindere, mit den Männern das zu machen, was die Männer mit ihnen gemacht haben. Diese Vorstellung (die übrigens Gemeingut der Soziobiologen und mancher radikaler Feministinnen ist) wird durch das Verhalten widerlegt, das Frauen in matrilokalen Gesellschaften bei der Behandlung feindlicher Gefangener unter Beweis stellen. Die Tupinamba in Brasilien zum Beispiel quälten, zerstückelten und aßen ihre Kriegsgefangenen. Dieser Brauch erfüllte mehrere Funktionen: Er war eine Art von psychologischer Kriegsführung, um den Gegner zu demoralisieren; er härtete künftige Krieger ab, die lernten, wie man anderen Menschen Schmerzen und Qualen zufügt; und er schreckte davon ab, sich dem Feind zu ergeben, weil dieser vermutlich genauso grausam mit seinen Gefangenen verfuhr. Die Frauen beteiligten sich mit Begeisterung an diesen tödlichen Folterungen, verhöhnten den gefesselten Gefangenen, stießen brennende Stöcke gegen sein Genitale und verlangten heulend nach Stücken seines Fleischs, wenn er schließlich den Geist aufgab und zerlegt wurde, um gegessen zu werden. Ich bezweifle deshalb stark, daß „weibliche" Unfähigkeit zu Grausamkeit und Rücksichtslosigkeit der Grund dafür ist, daß es keine Matriarchate gibt. Solange die Männer das Monopol auf Waffen und kriegshandwerkliche Fertigkeiten hatten, fehlten den Frauen die geeigneten Mittel, sie in einer den patriarchalen Verhältnissen entsprechenden Weise zu beherrschen, kleinzuhalten und auszubeuten. Es war mangelnde Macht und nicht Mangel an „Männlichkeit", was die Frauen daran hindert, den Spieß umzudrehen. Denn ebenso wie der Krieg die Bedingungen schuf, die zur Matrilokalität führten, legte er fest, in welchem Umfang matrilokale Matronen die Männer unterwerfen konnten, ohne auf dem Schlachtfeld an ihre Stelle zu treten.

Hoch mit den Frauen, nieder mit den Frauen

Evolutionsgeschichtlich gesehen, entwickelten sich aus Horden- und Dorfgemeinschaften und aus egalitären Häuptlingsgesellschaften (wie der irokesischen) immer wieder stratifizierte Häuptlingsherrschaften und Staatswesen, deren auszeichnende Charakteristika die Existenz von Führungsschichten und eine politische Zentralisierung waren. Ich werde diese Umwandlungsvorgänge später genauer unter die Lupe nehmen und zu erklären versuchen, wie es zu ihnen kam. Aber jetzt muß ich erst noch einmal etwas zu dem damit einhergehenden Auf und Ab in der Stellung der Frauen sagen. Stratifizierte Gesellschaften, also solche mit hierarchischer Schichtung, haben viel größere Streitkräfte und führen auf viel größerer Skala Krieg als klassenlose Gesellschaften, aber für die Frauen sind die Folgen der Kriegstätigkeit weniger spürbar und normalerweise auch weniger unerfreulich, als das in patrilokalen Horden und Dorfgemeinschaften der Fall ist. Den entscheidenden Unterschied macht, daß Kriegführen zur Sache eines spezialisierten Soldatenstands wird. Die Mehrzahl der Männer wird nicht mehr von Kindesbeinen an darin ausgebildet, ihresgleichen umzubringen oder auch nur Tiere zu töten (da es, außer in fürstlichen Jagdreservaten, kaum noch Jagdtiere gibt). Statt dessen sehen sie sich auf die Stellung waffenloser Bauern reduziert, denen professionelle Krieger nicht weniger Angst einjagen als ihren Frauen und Kindern. Unter diesen Umständen treten andere Bestimmungsgründe für Geschlechterverhältnis und Geschlechterrollen in den Vordergrund. Ich will damit nicht sagen, daß der Krieg nicht auch weiterhin einen Bedarf an aggressiven Männern schuf, die für die Ausbildung zu Kriegern taugten. Nur hatten es jetzt die meisten Frauen nicht mehr mit Ehemännern zu tun, deren Gewaltpotential auf dem Schlachtfeld aktualisiert worden war. Es waren deshalb andere gesellschaftliche Bedingungen, die über die Stellung der Frauen entschieden.

Schaut man sich die Verhältnisse in vorindustriellen Häuptlingsherrschaften und Staatswesen an, so waren zum Beispiel in den waldreichen Gebieten Westafrikas die Umstände dem weiblichen Geschlecht und seiner gesellschaftlichen Rolle günstig. Bei den Yoruba, den Ibo, den Igbo und den Dahome hatten die Frauen ihre eigenen Felder und bauten ihre eigenen Feldfrüchte an. Sie beherrschten die lokalen Märkte und konnten durch den Handel beträchtlichen Reichtum anhäufen. Um heiraten zu können, mußten die Männer in Westafrika einen Brautpreis zahlen – Eisenhacken, Ziegen, Stoff und in jüngerer Zeit auch Bargeld –, was an sich schon ein Hinweis darauf war, daß der Bräutigam und seine Familie ebenso wie die Familie der Braut in der letzteren eine höchst wertvolle Person sahen, die ihre Eltern und Verwandten nur dann bereit waren, aus dem Haus zu geben, wenn sie für das verlorene wirtschaftliche Potential und Fortpflanzungsvermögen eine angemessene Entschädigung erhielten. Tatsächlich war für die Westafrikaner viele Töchter zu haben gleichbedeutend mit Reichtum.

Eine doppelte Moral gab es nicht. Die Männer praktizierten zwar Vielweiberei, aber um das tun zu können, mußten sie ihre Hauptfrau zu Rate ziehen und deren Erlaubnis einholen. Die Frauen ihrerseits hatten beträchtliche Bewegungsfreiheit durch ihre Fahrten zu den Marktstädten, wo sie häufig Seitensprünge machten. Hinzu kam, daß in vielen westafrikanischen Häuptlingsherrschaften und Staatswesen auch Frauen einen Brautpreis zahlen und andere Frauen „heiraten" konnten. Bei den Dahome (von deren weiblichen Kriegern bereits die Rede war) baute ein weiblicher Ehemann seiner „Frau" ein Haus und besorgte ihr einen Beischläfer, um sie zu schwängern. Eine ehrgeizige Frau konnte dadurch, daß sie sich mittels Brautpreis mehrere solcher „Ehefrauen" kaufte, Herrin über ein florierendes Anwesen werden und Reichtum und Einfluß erwerben.

Auch außerhalb der häuslichen Sphäre errangen Frauen eine bedeutende soziale Stellung. Sie gehörten zu Frauenklubs und Geheimgesellschaften, nahmen an dörflichen Ratsversammlungen teil und brachten Massen auf die Beine, um dafür zu sorgen, daß Geschlechtsgenossinnen nicht von Männern mißhandelt wurden.

Bei den Igbo in Nigeria traten die Frauen zusammen, um über Angelegenheiten zu beraten, die ihre Interessen als Händlerinnen, Bäuerinnen oder Ehefrauen berührten. Ein Mann, der gegen die Marktregeln der Frauen verstieß, seine Ziegen die Ernte einer Frau auffressen ließ oder ständig seine eigene Frau mißhandelte, setzte sich der Gefahr massenhafter Vergeltungsmaßnahmen aus. Der Missetäter wurde unter Umständen mitten in der Nacht von einer Frauenmenge, die an seine Tür trommelte, aus dem Schlaf gerissen. Sie führten unanständige Tänze auf, sangen Spottlieder auf seine Manneskraft und benutzten seinen Hof als Latrine, bis er versprach, sich zu bessern. Sie nannten das „auf einem Mann sitzen".

Die obersten Herrscher dieser westafrikanischen Häuptlingsherrschaften und Staatswesen waren fast immer Männer. Aber ihre Mütter und Schwestern und sonstigen weiblichen Verwandten hatten Ämter inne, die ihnen beträchtliche Macht nicht nur über Frauen, sondern auch über Männer verliehen. In gewissen Königreichen der Yoruba leiteten weibliche Verwandte des Königs die religiösen Kulte und verwalteten die königlichen Anwesen. Wer ein Ritual veranstalten, ein Fest abhalten oder kommunale Arbeitstrupps mobilisieren wollte, mußte sich erst an diese mächtigen Frauen wenden, ehe er Zutritt zum König erhielt.

Bei den Yoruba gab es das Amt einer „Mutter aller Frauen", einer Art Königin über sämtliche Frauen, die deren Meinung in der Regierung vertrat, Hof hielt, Streitigkeiten schlichtete und entschied, welche Haltung die Frauen einnehmen sollten, wenn es um die Eröffnung und Durchführung von Märkten, die Erhebung von Steuern und Abgaben, die Erklärung von Kriegen und andere Fragen von öffentlichem Interesse ging. Und in mindestens zwei Königreichen der Yoruba, in Ijesa und Ondo, war das Amt der „Herrscherin über die Frauen" möglicherweise mit genauso viel Macht ausgestattet wie das Amt des „Herrschers über die Männer". Jedem Häuptlingsrang unterhalb des „Herrschers über die Männer" entsprach ein weiblicher Häuptlingsrang unterhalb der „Herrscherin über die Frauen". Beide traten zu getrennten Beratungen mit ihrem jeweiligen Häuptlingsrat zusammen, um Staatsgeschäfte zu erörtern, berichteten einander dann, was ihre Gefolgschaft ihnen empfohlen hatte, trugen diese Informationen zu ihrem Häuptlingsrat zurück und holten dessen Zustimmung oder Ablehnung ein, ehe sie zur Tat schritten. Leider berichtet meine Quelle nicht, was passierte, wenn die beiden Parteien sich nicht einigen konnten. Ich habe den Verdacht, daß die männliche Seite, die ja das Heer kontrollierte, ihren Willen durchsetzte, wenn es hart auf hart ging. Aber dennoch bleibt das Ausmaß von Gleichberechtigung zwischen den Geschlechtern in Westafrika eindrucksvoll, vergleicht man es mit den Verhältnissen in anderen agrarischen Häuptlingsherrschaften und Staatswesen.

Nehmen wir zum Beispiel Nordindien. Die dort übliche hohe Rate von Tötungen weiblicher Kinder und Bevorzugung männlicher Nachkommen, die ich in „Fehlanzeige in der Fortpflanzung" erörtert habe, findet man in Westafrika nicht. Ein anderer auffälliger Gegensatz ist, daß in Nordindien ein Mann mit vielen Töchtern in ihnen keine Goldgrube, sondern eine wirtschaftliche Katastrophe sah. Statt einen Brautpreis zu bekommen, mußte der nordindische Vater jedem Tochtermann eine Mitgift zahlen, die aus Juwelen, Stoff oder Bargeld bestand. In jüngerer Zeit sind enttäuschte oder einfach habgierige Männer dazu übergegangen, zusätzliche Mitgiftzahlungen zu verlangen. Und das wiederum resultierte in einer ganzen Reihe von „brennenden Bräuten", das heißt von Ehefrauen, die von ihren Männern mit Petroleum übergossen und angesteckt wurden, weil sie die verlangten zusätzlichen Entschädigungen nicht liefern konnten, wobei das Ganze dann als selbstverschuldeter Unfall beim Kochen ausgegeben wurde. Und da wir gerade vom Verbrennen reden: Die Kultur Nordindiens ist immer besonders unfreundlich mit Witwen umgesprungen. In früheren Zeiten gab man der Witwe Gelegenheit, sich ihrem toten Mann auf seinem Scheiterhaufen beizugesellen. Angesichts eines Lebens in völliger Abgeschiedenheit und ohne alle Aussicht auf eine Wiederverheiratung und außerdem Eßtabus unterworfen, die sie an den Rand des Hungertods brachten, gaben viele Frauen dem Drängen des Priesters der Familie und der Verwandten des Mannes nach und zogen den Feuertod der Witwenschaft vor. Der Unterschied zu der Behandlung, die in Westafrika Witwen erfuhren, springt ins Auge. Die westfrikanischen Witwen heirateten häufig den Bruder ihres verstorbenen Mannes – ein Brauch, den man als Levirat bezeichnet –, und nur selten waren ihre Zukunftsaussichten so düster wie in Nordindien.

Woraus erklären sich diese Unterschiede?

Hacken, Pflüge und Computer

Das Auf und Ab in der Stellung, die in Häuptlingsherrschaften und Staatswesen die Frauen einnehmen, spiegelt den Umfang wider, in dem es den Männern jeweils gelingt, auf Grund ihrer größeren Muskelkraft und körperlichen Überlegenheit technische Prozesse unter ihre Kontrolle zu bringen, die gleichermaßen für den Krieg und die Produktion von entscheidender Bedeutung sind. Wo Männer und Frauen die gleiche Eignung beweisen, wesentliche militärische und produktive Funktionen zu erfüllen, da kommt es zu einer Gleichstellung der Frauen. Werden hingegen wesentliche Aspekte der Produktion oder der Kriegstätigkeit von Männern effektiver wahrgenommen als von Frauen, ist die Stellung der Frauen niedriger.

Der Unterschied zwischen der gesellschaftlichen Position der Frauen in Westafrika und in Nordindien illustriert dieses Prinzip. In den beiden Regionen herrschte eine sehr unterschiedliche Art der Landwirtschaft und der Arbeitsteilung – eine, zu der beide Geschlechter gleich gut befähigt waren, und die andere, bei der die Männer körperlich entscheidend im Vorteil waren. In Westafrika ist das wichtigste landwirtschaftliche Gerät nicht wie in Nordindien ein von Ochsen gezogener Pflug, sondern eine kurzstielige Hacke. Die Westafrikaner verwendeten keine Pflüge, weil es in ihrem feuchten, schattenreichen Lebensraum wegen der Tsetsefliege schwierig war, Zugvieh zu halten. Außerdem trocknen in Westafrika die Böden nicht aus und werden nicht steinhart wie im regenarmen Nordindien, so daß die Frauen mit einfachen Hacken die Felder genauso gut bestellen konnten wie Männer und bei der Anpflanzung, der Ernte und dem Verkauf ihrer Feldfrüchte nicht auf männliche Hilfe angewiesen waren. In Nordindien fiel der Beitrag, den das weibliche Geschlecht zur Landwirtschaft leisten konnte, weniger günstig aus. Die Männer monopolisierten den ochsengezogenen Pflug, und dieses Ackergerät war für das Aufbrechen der steinharten Böden unentbehrlich. Ihr Monopol errangen die Männer aus haargenau denselben Gründen, aus denen sie ein Monopol auf Jagd- und Kriegswaffen errangen: Ihre größere Körperkraft verlieh ihnen eine um 15 bis 20% höhere Effektivität als den

Frauen. Dieser Vorteil konnte nicht selten über Tod oder Leben entscheiden, zumal in besonders ausgedehnten Dürreperioden, wenn es um der Nutzung der Bodenfeuchtigkeit willen beim Eindringen in die Erde auf jeden Zentimeter und bei der Fertigstellung der Furche auf jede Minute ankam. Wie Morgan D. Maclachlan von der University of South Carolina bei seiner Untersuchung der geschlechtsspezifischen Arbeitsteilung in einem Dorf im nordindischen Staat Karnataka festgestellt hat, ist die Frage nicht, ob Frauen lernen können, einen ochsengezogenen Pflug zu führen, sondern ob in der Mehrzahl der Familien die Betreuung der Männer mit dieser Aufgabe größere und zuverlässigere Ernten erbringt. Maclachlan stellte fest, daß ein normaler Pflug etwa 40 Pfund wiegt und daß ein Gespann aus kleinen Ochsen eine Zugkraft von etwa 180 Pfund ausübt. Bis zum Ende eines Arbeitstags muß der Pflüger sein sperriges Gerät über eine Distanz von fast dreißig Kilometern hin und her bewegen und darauf achten, daß die Furchen gerade verlaufen und eine gleichmäßige maximale Tiefe haben. Maclachlan zufolge kommen Jugendliche, denen die Kraft ausgewachsener Männer fehlt, eine Zeitlang ganz gut mit dieser Aufgabe zurecht, aber nach ein paar Stunden beginnt der Pflug zu schwanken und aus der Furche zu springen, und die Furchen selbst fangen an abzudriften.

Welchen Einfluß unterschiedliche Formen von Landwirtschaft auf das Machtverhältnis zwischen den Geschlechtern haben, kann man gerade in Indien mit aller Deutlichkeit sehen. In den südlichsten Staaten fehlen die meisten der schroff männerherrschaftlichen Züge, die sich im Norden finden. In diesen Staaten, insbesondere in Kerala, das für sein stark frauenzentriertes Familienleben und dementsprechende Geschlechterrollen bekannt ist, sind die Regenfälle ergiebiger und die Dürrezeiten viel kürzer als im Norden, und die wichtigste Feldfrucht ist nicht der Weizen, sondern Reis, der auf handtellergroßen Feldern angebaut wird. Das wichtigste Tier auf dem Bauernhof ist nicht das Rind, sondern der Wasserbüffel, und seine wichtigste Aufgabe besteht nicht darin, den Pflug zu ziehen, sondern durch ständiges Umherwandern auf dem Feld die Erde aufzuwühlen und in einen Schlammpfuhl zu verwandeln, in dem er bis zu den Knien versinkt. Die Tiere auf dem Feld herumführen können Frauen und Kinder genauso gut wie die Männer. Dasselbe gilt für das Verziehen der Reispflanzen, bei dem man sich viel bücken muß und manuelle Geschicklichkeit braucht, um die Büschel von Setzlingen herauszuziehen, zu vereinzeln und wieder in den Schlamm zurückzustecken.

Daß ein Zusammenhang zwischen der Subsistenz auf Reisbasis und der Entwicklung ausgewogener Geschlechterbeziehungen besteht, bezeugen auch weite Regionen südlich und östlich von Kerala. Die agrarischen Staaten von Sri Lanka, Südostasien und Indonesien basieren alle auf dem „nassen" Reisanbau, bei dem die Frauen mindestens genauso wichtige Aufgaben erfüllen können wie die Männer, und genau in diesen Ländern genießen Frauen sowohl in der Öffentlichkeit als auch im häuslichen Bereich traditionell ein ungewöhnlich hohes Maß an Freiheit und Einfluß.

Reicht etwas so Simples wie das Monopol der Männer aufs Pflügen aus, um zu erklären, warum Mädchen bei der Geburt getötet werden, Mitgift gezahlt werden muß und Witwen ihren verstorbenen Männern bei der Bestattung auf den Scheiterhaufen folgen? Vielleicht nicht, solange man nur auf die unmittelbaren Folgen der Einführung des Pflügens im landwirtschaftlichen Bereich selbst blickt. Aber evolutionsgeschichtlich betrachtet, zog diese männliche Spezialität einen ganzen Rattenschwanz weiterer Spezialisierungen nach sich, die, zusammengenommen, in der Tat eine plausible Erklärung für fast alle Besonderheiten der unterdrückten Stellung bieten können, die in Nordindien und in anderen vorindustriellen Gesellschaften mit ähnlichen Formen von Landwirtschaft die Frauen einnehmen. Indem sie pflügen lernten, lernten die Männer auch Ochsen anspannen und führen. Nach der Erfindung des Rades waren es deshalb die Männer, die Ochsen vor Wagen spannten und die Fertigkeit erwarben, mit Fahrzeugen auf Rädern umzugehen, die von Tieren gezogen wurden. Das wiederum führte dazu, daß ihnen die Aufgabe zufiel, die Feldfrüchte zum Markt zu bringen, und von da war es nur ein kleiner Schritt bis zur Beherrschung des Handelsverkehrs sowohl auf lokaler als auch auf überregionaler Ebene. In dem Maß, wie der Handelsverkehr an Bedeutung zunahm, wurde es nötig, Buch zu führen, und den im Handel tätigen Männern blieb diese Buchführung überlassen. Als deshalb Schreiben und Rechnen erfunden wurde, waren die ersten Schreiber und Buchhalter Männer. Die Konsequenz war, daß sich die Männer zum schriftkundigen Geschlecht entwickelten; sie lasen, schrieben und konnten rechnen. Und daraus erklärt sich, warum

Männer und nicht Frauen sich als die ersten bekannten Philosophen, Theologen und Mathematiker der Geschichte hervortaten.

Hinzu kam, daß all diese indirekten Folgen des Umgangs mit dem Pflug noch durch das fortdauernde gesellschaftliche Übergewicht verstärkt wurde, das seine Kriegstätigkeit dem Mann verlieh. Kraft ihrer Verfügung über die Streitkräfte konnten Männer die höchsten Staatsfunktionen unter ihre Kontrolle bringen, einschließlich der Religion. Und der fortdauernde Bedarf an kriegerischen Männern ließ in allen bekannten Staaten und Reichen die Pflege eines aggressiven Mannestums zu einem gesellschaftspolitisch zentralen Anliegen werden. Und das ist der Grund, warum in der Frühzeit der Moderne überall da, wo der von Tieren gezogene Pflug für die Lebensmittelversorgung der Menschen eine wesentliche Rolle spielte, Politik, Religion, Kunst, Wissenschaft, Recht, Industrie, Handel und Streitkräfte von Männern beherrscht wurden.

Wenn durch diese Überlegungen die Ausbildung sogenannter patriarchaler Institutionen erklärt werden kann, dann müßte sich durch sie auch erklären lassen, warum in den fortgeschrittenen Industriegesellschaften unserer Tage jene Institutionen ihren Wert einbüßen. Ich meine, das ist auch der Fall. Nimmt nicht das Bewußtsein weiblicher Rechte in dem Maß zu, wie die strategische Bedeutung männlicher Muskelkraft abnimmt? Wozu sollen noch 10 oder 15% mehr Muskelkraft gut sein, wenn die entscheidenden Produktionsprozesse in automatisierten Fabriken ablaufen oder die Menschen in computerisierten Büros an ihren Schreibtischen sitzen? Die Männer kämpfen fortwährend um die Erhaltung ihrer alten gechlechtsbezogenen Privilegien, finden sich aber aus einer Bastion nach der anderen vertrieben, und zwar durch Frauen, die nicht weniger leistungsstark und preiswerter als Männer die Nachfrage nach Arbeitskräften für den Dienstleistungs- und Informationssektor befriedigen. Dank der Fähigkeit, sich unabhängig von Ehemännern oder anderen männlichen Wesen ihren Lebensunterhalt zu verdienen, streben die Frauen in den heutigen fortgeschrittenen Industriegesellschaften stärker sogar noch als die Marktfrauen Westafrikas einer Gleichberechtigung der Geschlechter entgegen. Aber es gibt ein letztes Hindernis für die völlige Gleichberechtigung zwischen den Geschlechtern. Trotz der schwindenden Bedeutung, die nackter Gewalt beim Kriegführen zukommt, sind Frauen in den Streitkräften dieser Welt nach wie vor vom Kampfeinsatz ausgeschlossen. Lassen sich Frauen ebensogut wie Männer für den bewaffneten Kampf mit Interkontinentalraketen, High-Tech-Bomben und computergesteuerter Artillerie schulen? Ich sehe keinen Grund, der dagegen spricht. Nur müssen die Frauen entscheiden, ob sie Chancengleichheit auf dem Schlachtfeld oder etwas anderes wollen – das Ende von Kriegen und das Ende der gesellschaftlichen Notwendigkeit, aggressive Kämpfer zu züchten, egal ob männlich oder weiblich.

Im übrigen täten die Männer gut daran, dem Verlust ihrer sexistischen Privilegien nicht nachzuweinen. Wie ich gleich erklären werde, zahlen die Männer für ihr tolles Rambo-Image einen höheren Preis, als sie ahnen.

Wieso leben Frauen länger als Männer?

Warum überleben die Frauen überall in der industrialisierten Welt die Männer um vier bis zehn Jahre? Auch wenn die Lebenserwartung für beide Geschlechter im Laufe dieses Jahrhunderts gestiegen ist, haben doch Frauen viel mehr dabei gewonnen als Männer. Noch im Jahr 1920 übertraf die Lebenserwartung weißer Amerikanerinnen bei der Geburt die der weißen Amerikaner nur um 8 Monate. Inzwischen sind es 6,9 Jahre. Frauen weißer Hautfarbe gewannen 23 Lebensjahre dazu, die entsprechenden Männer nicht einmal 17 Jahre. 1920 lebten männliche Schwarze in Amerika länger als weibliche. Heute leben unter den Schwarzen in den Vereinigten Staaten die Frauen 8,4 Jahre länger als die Männer.

Vier bis zehn Jahre sind für die Männer, die sie nicht erleben, kein Pappenstiel; und die meisten Frauen haben dabei auch nichts zu lachen. Das kürzere Leben der Männer verdirbt jüngeren geschiedenen und verwitweten Frauen ihre Heiratsaussichten und zwingt gesunde ältere Frauen dazu, ein Gutteil ihres Lebens mit der Pflege kränkelnder Ehemänner zu verbringen. Die Diskrepanz in der Langlebigkeit hat in wachsendem Maß die Entstehung einer Subkultur altjüngferlicher, verwitweter und geschiedener Frauen zur Folge, die in ihrem Lebensstil darauf eingerichtet sind, sich Männer zu teilen oder ganz ohne sie auszukommen.

Mein Briefkasten ist jeden Tag voll mit Hilferufen für bedürftige, kranke, obdachlose und hungrige Menschen, die Opfer aller möglichen Diskrepanzen sind – Opfer einer Diskrepanz zwischen den Generationen, den Klassen, den Rassen und, jawohl, auch zwischen den Geschlechtern, was Löhne und Berufschancen betrifft. Aber bislang habe ich noch keinen dringenden postalischen Aufruf erhalten, in dem gefordert würde, die Lebensspanne der Männer an die von Frauen anzugleichen. Die Menschen sind offenbar der Ansicht, dieses Problem lasse sich nicht lösen, weil die Natur uns so geschaffen habe. Da sie das biologisch stärkere Geschlecht seien, lebten die Frauen halt auch länger.

Sein allem Anschein nach naturgegebenes Unvermögen, sich so

energisch an das Leben zu klammern wie die Frau, stellt der Mann schon im frühesten embryonalen Zustand unter Beweis. Bei der Empfängnis stehen 115 männliche Föten 100 weiblichen gegenüber, aber schon bei der Geburt ist auf Grund von intrauterinen Todesfällen das Verhältnis auf 105 zu 100 gesunken. Männliche Neugeborene legen noch dieselbe Schwäche an den Tag, denn bei ihnen ist die Säuglingssterblichkeit größer als bei den weiblichen Neugeborenen. Ist das nicht ein unwiderleglicher Beweis dafür, daß Männer über eine geringere angeborene Lebenskraft verfügen als Frauen? Nein, nicht solange es auch andere Erklärungen für diese Phänomene gibt. Es läßt sich erwarten, daß männliche Föten und Geburten deshalb, weil sie im Durchschnitt größer als die weiblichen sind, den Körper der Mutter während der Schwangerschaft und bei der Niederkunft stärker beanspruchen. Auch wenn die genaue Ursache für die Anfälligkeit männlicher Embryonen im dunkeln liegt, sind schwere Geburten mit Verletzungsfolgen ein wesentlicher Grund für die höheren Totgeburten- und Säuglingssterblichkeitsziffern bei Jungen. Untersuchungen zeigen, daß in Europa, den Vereinigten Staaten und in Neuseeland die geschlechtsspezifischen Unterschiede in den Sterblichkeitsraten von Embryonen im letzten Stadium der Schwangerschaft und von Neugeborenen sich im Laufe dieses Jahrhunderts abgeflacht haben, was wahrscheinlich verbesserten Techniken in der Gynäkologie und der Geburtshilfe zuzuschreiben ist.

Dann ist da die Sache mit den X- und Y-Chromosomen. Alle dreiundzwanzig verschiedenen Chromosome im menschlichen Zellkern existieren in genau entsprechenden Paaren, nur nicht die Chromosome, die mit X und Y bezeichnet werden. Frauen haben ein Paar X-Chromosome, aber kein Y; Männer haben ein X- und ein Y-Chromosom. Weil ihr X-Chromosom mit einem anderen X-Chromosom gepaart ist, sind Frauen weniger der Gefahr ausgesetzt, Schaden zu erleiden, wenn ein X-Chromosom ein mangelhaftes Gen enthält, weil das andere Chromosom mit normalem Gen als „Sicherheitskopie“ fungieren und den Defekt überlagern kann. Männer mit einem defekten Gen in ihrem X- bzw. Y-Chromosom verfügen nicht über diese Rückversicherung. Deshalb leiden Männer häufiger an Erbkrankheiten, die vom X-Chromosom herrühren. Progressive Muskeldystrophie zum Beispiel wird durch ein defektes Gen im X-Chromosom verursacht. Die Männer leiden häufiger an dieser Krankheit als die Frauen, weil sie kein paariges X-Chromosom haben, das gegebenenfalls an die Stelle des mangelhaften treten könnte. Im Blick auf die Wirkungsweise der Gene im X- und Y-Chromosom ist noch vieles ungeklärt, aber bei unserem heutigen Erkenntnisstand ließen sich durch diesen geschlechtsspezifischen Unterschied bestenfalls ein oder zwei Wochen Differenz in der Lebenserwartung begründen.

Erwähnt werden muß auch die Möglichkeit, daß Östrogen, das weibliche Geschlechtshormon, einen Schutz gegen Herzerkrankungen bietet, indem es im Blutstrom das Niveau von Fetten geringer Dichte und Cholesterin senkt, wohingegen männliche Geschlechtshormone wie das Testosteron das Gegenteil bewirken. Leider sind aber die Östrogene ein zweifelhafter Segen, weil sie Brustkrebs befördern, die häufigste Krebsform mit Todesfolge, an der die Frauen in den Vereinigten Staaten und in anderen Industriegesellschaften leiden. Außerdem beweisen zahlreiche Untersuchungen, daß cholesterinhaltige Nahrung und nicht männliche Hormone die Hauptursache dafür sind, daß im Blut zuviel Cholesterin und Fette geringer Dichte auftreten.

Die männlichen und weiblichen Hormone wirken sich wahrscheinlich auch unterschiedlich aufs Immunsystem aus. Wenn man weiblichen Mäusen männliche Hormone verabreicht, senkt das ihre Antikörperproduktion; und wenn man männliche Mäuse kastriert, führt das zu einer Erhöhung der Antikörperproduktion. Aber falls beim Menschen die Frauen wirklich ein stärkeres Immunsystem als die Männer haben sollten, ist auch das wiederum kein reiner Segen. Rheumatoide Arthritis, Lupus (eine entstellende Hauterkrankung) und Myasthenia pseudoparalytica (eine gesteigerte Ermüdbarkeit der Muskulatur) sind Krankheiten, die ihre Ursache in Hyperimmunreaktionen haben und bei Frauen drei- bis zehnmal häufiger auftreten als bei Männern. Kurz, es gibt zwar genetisch bedingte geschlechtsspezifische Dispositionen, die Einfluß auf die unterschiedliche Lebenserwartung von Männern und Frauen haben könnten, aber die Vorteile sind nicht alle auf seiten der Frau.

Wie die Gewichtung der angeborenen Faktoren zugunsten einer höheren Lebenserwartung des einen oder des anderen Geschlechts am Ende ausfallen würde, bleibt unklar. Aber selbst wenn diese Bilanz zugunsten der Frauen ausfallen sollte, kann sie uns die bestehende Diskrepanz in der Lebenserwartung nicht verständlich machen. Denn die Veränderungen in der Lebensdauer von Frauen, durch die jene Diskrepanz allererst entstanden ist, sind ausschließlich Folge kultureller Veränderungen. Diese bestehen in allgemeinen Fortschritten auf dem Gebiet des öffentlichen Gesundheitswesens, in deren Verlauf die weibliche Geschlechterrolle eine Aufwertung erfuhr, die Zahl der Schwangerschaften abnahm und die medizinische Versorgung während der Schwangerschaft, bei der Niederkunft und im Wochenbett besser wurde. Wir wissen, daß ohne diese durch kulturelle Auslese zustandegekommenen Verbesserungen die Lebensdauer der Frauen viel kürzer geblieben wäre, als sie es heute ist, und vielleicht sogar kürzer als die der Männer.

Mindestens ein Dutzend Länder in der Dritten Welt, zu denen Indien, Bangladesch, Pakistan, Indonesien und Persien gehören, haben von Geburt an gleiche Lebenserwartungen für Männer und Frauen, oder die Männer sind leicht im Vorteil. Und es mag sein, daß es noch ähnliche Fälle gibt, die nicht bekannt sind, weil die Statistiken für die Dritte Welt dazu neigen, die Lebenserwartung weiblicher Neugeborener zu hoch zu veranschlagen. Nimmt man zum Beispiel die weitverbreitete Vernachlässigung, die in Südasien Töchtern widerfährt, so kann man damit rechnen, daß Eltern weibliche Säuglinge, die in den ersten Lebensmonaten sterben, erst gar nicht registrieren lassen. Weibliche Kinder mit extrem kurzen Lebensspannen tauchen deshalb wahrscheinlich weniger zuverlässig in den Lebensstatistiken auf als diejenigen, die das Säuglingsalter überstehen. Die durchschnittliche Lebenserwartung von Frauen könnte tatsächlich also erheblich kürzer sein, als die offiziellen Statistiken ausweisen. Demgegenüber dürften sich Eltern in der Dritten Welt eher an den frühen Tod männlicher Kinder erinnern und ihn bei der statistischen Erhebung zu Protokoll geben.

In Südasien, wo die Differenz in der Lebenserwartung eher zugunsten der Männer ausfällt, ist die Sterblichkeit im Zusammenhang mit Schwangerschaften und Geburten allein schon für 25% der Todesfälle bei Frauen unter fünfundvierzig Jahren verantwortlich und für 33 bis 100% der Rate, um welche die Sterblichkeit bei den Frauen höher liegt als bei den Männern.

Kehren wir zu der höheren Lebenserwartung der Frauen in den entwickelten Ländern zurück und fragen wir uns, ob diese sich aus irgendwelchen genetischen Veränderungen erklären läßt, denen die

Frauen ausgesetzt waren. Die Antwort ist ein kategorisches Nein. Folglich sind alle Unterschiede in der Lebenserwartung der Frauen in unterentwickelten und in entwickelten Ländern sowie alle Veränderungen in der Lebenserwartung der Frauen seit Beginn des Jahrhunderts der kulturellen Auslese zuzuschreiben. Wenn dies so ist, dann darf unsere vordringlichste Frage nicht sein, ob Männer von Natur aus kürzer leben als Frauen, sondern warum durch die kulturelle Auslese die durchschnittliche Lebenszeit der Männer nicht mindestens um dieselbe Zahl von Jahren verlängert worden ist wie die der Frauen. Wie ich als nächstes zeigen möchte, ist dieses Versäumnis nicht etwa Konsequenz dessen, daß die Männer die Obergrenze der ihnen biologisch möglichen Lebenszeit erreicht hätten, sondern Konsequenz des den Männern von der Kultur aufgenötigten Sexismus.

Der Männlichkeitswahn und sein heimlicher Preis

Läßt sich die Unfähigkeit der Männer, ihre Lebenserwartung ebenso schnell zu erhöhen wie die Frauen, gleichfalls vollständig auf veränderbares gesellschaftliches und gesundheitliches Verhalten zurückführen? Ich sehe keinen Grund, warum nicht! Die Männer rauchen mehr als die Frauen, essen mehr fettes Fleisch, trinken mehr Alkohol, nehmen mehr harte Drogen, setzen sich größeren industriellen Gesundheitsbelastungen und Arbeitsrisiken aus, fahren schneller und rücksichtsloser, besitzen mehr Schußwaffen und andere tödliche Instrumente und bilden häufiger ein spannungsgeladenes Konkurrenzbewußtsein aus. Die Folge ist, daß sie öfter an Herzattacken, sonstigen Herzkranzgefäßerkrankungen und Schlaganfällen sowie an Lungenkrebs und Leberzirrhose sterben, öfter Auto- und Industrieunfällen zum Opfer fallen und öfter ermordet werden oder Selbstmord begehen. Untersuchungen zeigen, daß allein die gesundheitlichen Folgen des Rauchens genügen, um die Diskrepanz in der heutigen Lebenserwartung der Geschlechter weitgehend zu erklären.

Diese Leidensgeschichte hat ihre bittere Ironie darin, daß sie eine direkte Konsequenz der vom Männlichkeitswahn geprägten traditionellen Geschlechterrolle des Mannes ist. Werden unsere jungen Männer etwa nicht in dem Glauben erzogen, daß es männlich ist, jede Menge Fleisch zu essen, zwei Päckchen Zigaretten pro Tag zu rauchen, ihre Kumpels unter den Tisch zu trinken, Schmerzen nicht zu scheuen, Risiken in Kauf zu nehmen, schnell zu fahren, schnell in Harnisch zu sein und keine Furcht zu zeigen? Dabei kommt mir der Gedanke, ob nicht das merkwürdige Stillschweigen, mit dem die Diskrepanz in der Lebenserwartung übergangen wird, seinerseits eine unbeabsichtigte Folgeerscheinung des Männlichkeitswahns und der Kluft ist, die dieser zwischen den Geschlechtern aufreißt. Verhalten sich die Männer einfach nur „männlich", indem sie beschlossen haben, auf alles Jammern und Wehklagen zu verzichten? Die Schuld müssen die Männer ausschließlich bei sich selbst suchen. Von den Frauen kann man nicht erwarten, daß sie die Initiative ergreifen und das kulturelle Geheimrezept für ihre Langlebigkeit aufdecken. Für Feministinnen, denen die Frau als Opfer des Männlichkeitswahns gilt, ist die größere Langlebigkeit der Frauen ein politisch unliebsamer Umstand. Seit wann leben geknechtete Leibeigene, Tagelöhner, Sklaven, Koloniale, Parias oder Proletarier länger als ihre Unterdrücker? Und natürlich graulen sich auch nicht alle Frauen vor dem frühen Abgang ihrer Gatten, zumal wenn es sich bei diesen um Chauvis mit guter Lebensversicherung handelt.

Gleichgültig, wie man es sich erklärt, daß die Diskrepanz in der Lebenserwartung als gesellschaftliches Problem heruntergespielt wird, wichtig scheint mir, daß sie von Frauen und Männern als das gesehen wird, was sie ist: kein Preis, den die Männer dafür zahlen, daß sie mit XY-Chromosomen zur Welt kommen, sondern ein Preis, den sie dafür zahlen, daß sie einem kulturell fabrizierten Bild von wahrer Männlichkeit gerecht werden müssen.

Ich meine, es dürfte jetzt klar sein, daß die verschiedenen Arten und Grade von geschlechtsspezifischer Unterordnung in der Hauptsache Folge der kulturellen und nicht der natürlichen Auslese sind. Läßt sich dasselbe von Rangunterschieden ganz allgemein sagen? Sind es Erbfaktoren, die uns zwingen, stets in Gruppen zu leben, die in Hoch und Nieder, Mächtig und Schwach unterteilt sind? Und wenn nicht, warum steht dann unser ganzes Leben im Zeichen hierarchischer Ordnungen?

Hat es je ein Leben ohne Häuptlinge gegeben?

Können Menschen leben, ohne daß welche regieren und andere regiert werden? Die Begründer der politischen Wissenschaften verwarfen diese Möglichkeit. „Als Haupttriebfeder des Menschen sehe ich den unstillbaren und nagenden Hunger nach Macht und abermals Macht, der erst im Tode endet", erklärte Thomas Hobbes. Wegen der angeborenen Sucht des Menschen nach Macht war laut Hobbes das vorstaatliche (bzw. nachstaatliche) Leben „ein Krieg, den jeder einzelne gegen jeden führt" – „einsam, arm, kümmerlich, roh und kurz". Hat Hobbes recht? Sind die Menschen tatsächlich von einer unbezwinglichen Machtgier besessen, die unvermeidlich zu einem Krieg aller gegen alle führt, wenn nicht ein starker Herrscher für Ordnung sorgt? Nach den Horden- und Dorfgesellschaften zu urteilen, die bis in unsere Tage überlebt haben, ist den Großteil ihrer Vorgeschichte hindurch die menschliche Spezies ziemlich gut ohne jedes etablierte Oberhaupt zurechtgekommen, ganz zu schweigen von dem allmächtigen, leviathanischen König und Gottmenschen, den Hobbes für nötig hielt, um unter seinen zerstrittenen englischen Landsleuten die Ordnung zu wahren.

Die modernen Staaten mit ihren demokratischen Regierungsformen haben die in Erbfolge herrschenden Leviathane abgeschafft, aber einen Weg zur Beseitigung jener Ungleichheiten in Reichtum und Macht, zu deren Aufrechterhaltung ein enorm kompliziertes Strafrechtssystem erforderlich ist, haben sie nicht gefunden. Und doch verlief auch noch 30 000 Jahre nach dem kulturellen Durchbruch das menschliche Leben ohne Könige, Königinnen, Ministerpräsidenten, Präsidenten, Parlamente, Senate, Kabinette, Gouverneure, Bürgermeister, Polizeibeamte, Friedensrichter, Vollstreckungsbeamte, Generäle, Rechtsanwälte, Gerichtsdiener, Richter, Staatsanwälte, Protokollführer, Streifenwagen, grüne Minnas, Gefängnisse und Strafanstalten. Wie brachten es unsere Vorfahren fertig, sich ohne all das auch nur aus dem Haus zu trauen?

Zum Teil liegt die Antwort in der Kleinheit der Bevölkerungseinheiten. Bei einer Horde, die nicht mehr als 50, oder einer Dorfgemeinschaft, die nicht mehr als 150 Menschen umfaßte, kannte jeder jeden aufs genaueste, so daß die Verpflichtungen, die der gegenseitige Austausch schuf, ausreichten, um den Zusammenhalt zu gewährleisten. Die Menschen gaben in der Erwartung, daß sie dafür nehmen konnten, und sie nahmen im Bewußtsein, daß sie dafür geben mußten. Da die Ausbeute beim Jagen und Sammeln und der Ertrag bei den rudimentären Formen von Ackerbau stark vom Zufall abhing, brauchte, wer an einem Tag Glück hatte, vielleicht schon am nächsten die Unterstützung der anderen. Um gegen die unvermeidlichen schlechten Tage gewappnet zu sein, war es deshalb das beste, Großzügigkeit zu beweisen. Um es mit den Worten des Ethnologen Richard Gould zu sagen: „Je größer die Ungewißheit, um so größer die Bereitschaft zu teilen." Gegenseitigkeit erfüllt in kleinen Gemeinschaften die Funktion der Sparkasse.

Beim Austausch, der auf dem Prinzip der Gegenseitigkeit beruht, klären die Betreffenden nicht, wieviel oder was sie wiederbekommen oder wann sie es zurückhaben wollen. Dadurch würde die Transaktion in ihrer besonderen Qualität beschmutzt und einem bloßen Tauschhandel oder Kaufen und Verkaufen angenähert. Die Unterscheidung überlebt auch noch in Gesellschaften, in denen andere Austauschformen herrschen, sogar in kapitalistischen. Zwischen engen Verwandten und Freunden findet in der Tat ein Geben und Nehmen statt, das zwanglos, frei von Berechnung und erfüllt von Großzügigkeit ist. Halbwüchsige müssen für ihr Essen zu Hause oder für die Benutzung des Autos der Familie kein Geld auf den Tisch legen, Ehefrauen legen ihren Männern keine Rechnung vor, wenn sie ihnen eine Mahlzeit gekocht haben, und Freunde machen sich an Geburtstagen und an Weihnachten Geschenke. Allerdings ist in vielen Fällen die Uneigennützigkeit durch die Erwartung des Schenkenden getrübt, daß seine Großzügigkeit mit Dankesbekundungen honoriert wird. Wo Gegenseitigkeit wirklich das Alltagsleben beherrscht, da ist es Brauch, daß die Großzügigkeit als etwas Selbstverständliches behandelt wird. Wie Robert Dentan während seiner Feldforschung bei den Semai in Zentralmalaysia entdeckte, bedankt sich dort nie jemand für das Fleisch, das er von einem anderen Jäger bekommt. Nachdem er den ganzen Tag über hat schuften müssen, um ein erlegtes Schwein durch die Dschungelhitze nach Hause zu schaffen, läßt der Jäger es zu, daß seine Beute in gleich große Teile aufgeteilt wird, die er dann an die ganze Gruppe verteilt. Wer sich für einen empfangenen Anteil bedankt, zeigt, wie Dentan erläutert, daß er zu jenen kleinlichen Menschen gehört, die mit Berechnung geben und nehmen. „Sich in diesem Zusammenhang zu bedanken, ist sehr unhöflich, denn man gibt damit erstens zu erkennen, daß man die Größe des Geschenks abgeschätzt hat, und zweitens, daß man nicht erwartet hat, der Schenkende werde so großzügig sein." Wer die Aufmerksamkeit auf seine Großzügigkeit lenkt, deutet an, daß die anderen in seiner Schuld stehen und daß er von ihnen Gegenleistungen erwartet. Egalitären Völkerschaften ist der geringste Hinweis darauf, daß man großzügig behandelt worden ist, zuwider.

Richard Lee berichtet, wie ihm ein bezeichnender Vorfall diesen Aspekt der Gegenseitigkeit deutlich werden ließ. Um den !Kung eine Freude zu machen, beschloß er, einen Ochsen zu kaufen und als Geschenk für sie schlachten zu lassen. Nachdem er mehrere Tage lang in bäuerlichen Bantudörfern nach dem fettesten Ochsen der ganzen Gegend gesucht hatte, erstand er ein, wie ihm schien, perfektes Exemplar. Seine Freunde indes versicherten ihm im Vertrauen, er habe sich übers Ohr hauen lassen und ein absolut wertloses Tier gekauft. „Wir essen es natürlich", sagten sie, „aber satt machen wird es uns nicht – wir werden mit knurrenden Mägen heimgehen und uns ins Bett legen." Aber als Lees Ochse geschlachtet wurde, stellte sich heraus, daß er in eine dicke Fettschicht gehüllt war. Später erklärten ihm seine Freunde, warum sie sein Geschenk heruntergemacht hatten, obwohl sie doch besser als er wußten, wie es unter der Haut des Tiers aussah:

„Jawohl, wenn ein junger Mann viel Fleisch macht, dann sieht er sich schon als ein Häuptling oder großer Mann, und uns übrige sieht er als seine Diener oder Untergebenen. Das können wir nicht hinnehmen, von Angebern wollen wir nichts wissen, denn irgendwann bringt ihre Überheblichkeit sie dazu, jemanden zu töten. Also sagen wir immer, ihr Fleisch ist nichts wert. Auf diese Weise kühlen wir sie ab und bringen ihnen Bescheidenheit bei."

Lee sah jeden Abend kleine Gruppen von Männern und Frauen mit den Tieren oder wilden Früchten und Pflanzen heimkehren, die sie zur Strecke gebracht oder gesammelt hatten. Sie teilten alles gleichmäßig unter sich auf und teilten sogar mit Genossen, die im Lager geblieben waren und den Tag über geschlafen oder sich um ihre Werkzeuge und Waffen gekümmert hatten.

„Nicht nur innerhalb der Familien wird die Tagesausbeute in einen Topf geworfen, das ganze Lager – Besucher ebenso wie Bewohner – partizipiert an der gesamten vorhandenen Nahrung. Die Abendmahlzeit jeder einzelnen Familie besteht aus Nahrungsportionen von sämtlichen anderen ansässigen Familien. Die Lebensmittel werden entweder im Rohzustand verteilt oder von denen, die sie erbeutet haben, zubereitet und dann verteilt. Zwischen den Feuerstellen der einzelnen Familien wandern ständig Nüsse, Beeren, Wurzeln und Melonen hin und her, bis jeder Lagerbewohner den ihm zustehenden Anteil erhalten hat. Am nächsten Morgen verlassen die Nahrungssucher in anderen Zusammensetzung das Lager, und wenn sie am Ende des Tags zurückkehren, wiederholt sich die Verteilung der Lebensmittel."

Was Hobbes entging, ist die Tatsache, daß es in kleinen vorstaatlichen Gemeinschaften im Interesse aller liegt, wenn jedermann freien Zugang zum natürlichen Lebensraum der Gemeinschaft hat. Stellen wir uns vor, ein !Kung mit Hobbesscher Machtgier ginge herum und erklärte seinen Lagergenossen: „Von jetzt an gehört das ganze Land mit allem, was darauf ist, mir. Ihr dürft es benutzen, aber nur mit meiner Erlaubnis und unter der Bedingung, daß ich mir bei allem, was ihr fangt, sammelt und anbaut, als erster mein Teil aussuchen darf." Seine Lagergenossen, die ihn für völlig übergeschnappt halten würden, hätten nichts eiligeres zu tun, als ihre Siebensachen zu packen, dreißig oder vierzig Kilometer weiter weg zu wandern, dort ein neues Lager aufzuschlagen und ihr gewohntes Leben auf der Basis egalitärer Gegenseitigkeit wiederaufzunehmen, während der Möchtegern-König mit seinem unnützen Herrschaftsanspruch zurückbliebe.

Soweit es bei diesen einfachen, in Horden oder Dorfgemeinschaften organisierten Gruppen überhaupt so etwas wie eine politische Führung gibt, wird sie von Individuen ausgeübt, die man als Anführer bezeichnet und die über keine Macht verfügen, den anderen ihren Willen aufzuzwingen. Kann aber ein Anführer ohne Macht sein und trotzdem Anführer?

Wie verhält sich ein Anführer?

Wenn ein Anführer etwas befiehlt, verfügt er über keine klaren körperlichen Zwangsmittel zur Bestrafung von Ungehorsam. Will er sich also im „Amt" halten, tut er gut daran, möglichst wenig Befehle zu erteilen. Im Gegensatz dazu steht und fällt die politische Macht wirklicher Herrscher mit ihrem Vermögen, jede irgend absehbare Zusammenrottung von ungehorsamen Individuen und Gruppen zu vertreiben oder zu vernichten. Bei den Eskimo läßt sich die Gruppe von einem besonders versierten Jäger leiten und unterwirft sich seinem Urteil im Hinblick auf die Wahl der Jagdgründe. Aber in allen anderen Fragen hat die Meinung des Anführers nicht mehr Gewicht als die jedes anderen Mannes. Ganz ähnlich hat auch bei den !Kung jede Horde ihren anerkannten „Anführer", der in den meisten Fällen ein Mann ist. Diese Männer haben größeres Rederecht als andere und werden mit ein bißchen mehr Ehrerbietung angehört, aber über förmliche Macht verfügen sie nicht, und sie können nur überreden, nicht etwa Befehle erteilen. Als Lee die !Kung fragte, ob sie „Anführer" im Sinne starker Häuptlinge hätten, antworteten sie ihm: „Natürlich haben wir Anführer! Wir sind doch alle Anführer ... jeder von uns ist sein eigener Anführer."

Den Anführer zu spielen, kann ein frustrierendes und beschwerliches Geschäft sein. Bei brasilianischen Indiogruppen wie den Mehinacu im brasilianischen Xingu-Nationalpark erinnern einen die Anführer an eifrige Gruppenführer in Pfadfindercamps. Morgens als erster auf den Beinen, steht der Anführer mitten auf dem Dorfplatz und sucht seine Leute durch lautes Rufen auf Trab zu bringen. Wenn etwas erledigt werden muß, ist er derjenige, der mit der Arbeit den Anfang macht und sich am eifrigsten betätigt. Nicht nur bei der Arbeit, sondern auch in Sachen Großzügigkeit geht er mit gutem Beispiel voran. Nach einem Fischfang oder einer Jagd gibt er mehr von der Beute ab als irgendein anderer; und wenn seine Gruppe mit anderen Gruppen Handel treibt, achtet er darauf, daß er nicht die besten Stücke für sich behält.

Am Abend steht er mitten auf dem Dorfplatz und hält seine Leute zu gutem Betragen an. Er ermahnt sie, ihren Geschlechtstrieb zu zügeln, eifrig in ihren Gärten zu arbeiten und oft im Fluß zu baden. Er sagt ihnen, sie sollen nicht tagsüber schlafen oder nachtragend gegeneinander sein. Dabei vermeidet er sorgfältig, wegen irgendwelcher Missetaten direkte Anschuldigungen gegen diesen oder jenen zu erheben.

Robert Dentan berichtet über ähnliche Führungsstrukturen bei den Semai in Malaysia. Obwohl von außen Versuche unternommen wurden, die Position der Oberhäupter bei den Semai zu stärken, war der Anführer nichts weiter als der Angesehenste in einer Gruppe Gleichrangiger. Der Anführer, um es in Dentans Worten zu sagen,

„sorgt eher durch Schlichtung als durch Zwang für Frieden. Er muß persönliches Ansehen genießen ... Andernfalls fallen die Leute von ihm ab oder hören allmählich auf, ihn zu beachten ... Außerdem weiß ein guter Anführer meistens die allgemeine Stimmung bei anstehenden Problemen gut einzuschätzen und richtet seine Entscheidungen danach, so daß er eher ein Sprachrohr der öffentlichen Meinung als ihr Bildner ist."

Von einem angeborenen Zwang des Menschen, Rangordnungen auszubilden, möchte ich also nichts mehr hören. Wer das menschliche Leben kurz nach dem kulturellen Durchbruch beobachtet hätte, wäre unschwer zu dem Schluß gelangt, die menschliche Spezies habe, außer in bezug auf geschlechts- und altersspezifische Differenzierungen, einen unausrottbaren Hang zum Egalitarismus. Daß später einmal die Welt in Adlige und Gemeine, Herren und Sklaven, Milliardäre und obdachlose Bettler zerfallen würde, hätte damals in völligem Widerspruch zur menschlichen Natur geschienen, wie sie sich in den Verhältnissen jeder menschlichen Gesellschaft auf Erden kundtat.

Wie man mit Schmarotzern fertig wird

In den Tagen des Tauschs auf Gegenseitigkeit und der egalitären Anführer waren Individuen, Familien oder sonstige Gruppierungen unterhalb der Größenordnung der Horde oder der Dorfgemeinschaft selbst außerstande, die Verfügung über den Zugang zu Flüssen, Seen, Küsten, Meeren, Pflanzen und Tieren oder zu Erdböden und dem, was darunter lag, an sich zu reißen. Anderslautende Berichte haben einer näheren Überprüfung nicht standgehalten. Die Ethnologen nahmen früher einmal an, daß bei kanadischen Jäger- und Sammlervölkern Familien und sogar Individuen private Jagdgebiete besäßen, aber wie sich herausgestellt hat, standen diese Formen von Privatbesitz im Zusammenhang mit dem kolonialen Pelzhandel und hatten ursprünglich nicht existiert.

Bei den !Kung behauptet eine Kerngruppe von Leuten, die in einem bestimmten Gebiet geboren sind, daß sie im Besitz der Wasserstellen und der Jagdrechte seien, aber für diejenigen, die sich zu Besuch bei ihnen aufhalten oder irgendwann mit ihnen zusammenleben, bleibt dieser Anspruch folgenlos. Da zwischen benachbarten Horden Heiratsverbindungen bestehen, halten sich häufig !Kung monatelang bei der anderen Horde zu Besuch auf, und dazu brauchen sie nicht nur keine Erlaubnis, sondern sie können sich auch frei aneignen, was sie zum Leben brauchen. Angehörige von weit entfernt lebenden Horden müssen zwar um Erlaubnis bitten, wenn sie das Gebiet einer anderen Horde benutzen wollen, aber die wird ihnen von den „Besitzern“ selten verweigert.

Daß es kein Privateigentum an Grund und Boden und an sonstigen lebenswichtigen Nahrungsquellen gab, bedeutet, daß es bei den vorgeschichtlichen Jäger- und Sammlergemeinschaften, die in Horden und kleinen Dörfern zusammenlebten, wahrscheinlich eine Art Kommunismus gab. Vielleicht sollte ich betonen, daß dies die Existenz von Privateigentum nicht ausschließt. Die Angehörigen einfacher Gesellschaften, die hordenförmig oder dorfgemeinschaftlich organisiert sind, verfügen über bewegliches Eigentum wie Waffen, Kleider, Behältnisse, Schmuck und Werkzeuge. Aber warum sollte ein anderer diese Dinge stehlen wollen? Menschen, die im Busch kampieren und viel umherziehen, haben keine Verwendung für überflüssige Besitztümer. Und da die Gruppe nur aus einigen Dutzend Leuten besteht und jeder jeden kennt, lassen sich gestohlene Gegenstände auch nicht unbemerkt benutzen. Wenn man etwas haben möchte, tut man besser daran, offen darum zu bitten; denn nach dem Prinzip der Gegenseitigkeit können solche Bitten nicht abgeschlagen werden.

Ich möchte nicht den Anschein erwecken, als wäre in den egalitären Horden und Dorfgemeinschaften das Leben völlig ohne Meinungsverschiedenheiten in Eigentumsfragen verlaufen. Wie in jeder gesellschaftlichen Gruppe suchten auch hier Außenseiter und Unzufriedene das System zum eigenen Vorteil und zum Schaden der anderen auszunutzen. Das machte sie zwangsläufig zu Schmarotzern, zu Leuten, die beständig mehr nahmen, als sie gaben, und auf der faulen Haut lagen, während die anderen arbeiteten. Aber trotz fehlender Justiz fand solch ein Verhalten schließlich seine Strafe. Nach einer weitverbreiteten Glaubensvorstellung bei Völkern, die in Horden oder Dorfgemeinschaften leben, lassen sich Tod und Unglück auf die Machenschaften übelwollender Zauberer zurückführen. Diese Missetäter ausfindig zu machen, ist Sache der Schamanen, die während der Trance, in die sie zum Wahrsagen verfallen, empfänglich bleiben für die öffentliche Meinung. Wer beliebt ist und die entschiedene Unterstützung seiner Familie genießt, braucht keine Angst zu haben, daß der Schamane ihn beschuldigen wird. Aber zänkische, kleinliche Leute, die weniger geben, als sie nehmen, oder die aggressiv sind und kein Blatt vor den Mund nehmen, die sollten sich vorsehen.

Vom Anführer zum Großen

Gegenseitigkeit war nicht die einzige Form, in der die egalitären Horden und Dorfgemeinschaften Austausch praktizierten. Die Menschen verfielen schon vor langer Zeit auch auf andere Arten des Gebens und Nehmens. Eine wichtige Rolle bei der Ausbildung von gesellschaftlichen Rangunterschieden, zu der es während der Entwicklung von Häuptlingsherrschaften und Staatswesen kam, spielte dabei die als Umverteilung zu bezeichnende Austauschform.

Umverteilung findet statt, wenn die Menschen einer angesehenen Person wie zum Beispiel einem Anführer Nahrungsmittel und andere Dinge von Wert übergeben, damit diese alles zu einem gemeinsamen Fonds vereinigt, in einzelne Portionen aufteilt und neu ausgibt. In seiner ursprünglichen Form war das Verfahren wahrscheinlich an jahreszeitlich bedingte Jagden und Ernten gebunden, bei denen es zu einem Überangebot an Nahrung kam. Wie von den australischen Aborigines vorgeführt, nutzten benachbarte Horden die Zeit, in der die Wildsamen erntereif und Jagdtiere im Überfluß vorhanden waren, um zusammenzukommen und ihre *Corroborees* abzuhalten. Hier bot sich Gelegenheit zum Singen, zum Tanzen und zu einer rituellen Erneuerung des Gruppenzusammenhalts. Weil mehr Menschen ins Lager kamen und größere Mengen von Fleisch und anderen Leckerbissen mitgebracht wurden, ließ sich vielleicht auf den üblichen Wegen eines Austauschs auf Gegenseitigkeit nicht mehr sicherstellen, daß jeder gerecht behandelt wurde. Vielleicht übernahmen Stammesälteste die Aufgabe, die Portionen zusammenzustellen und auszuteilen, mit denen die Leute beköstigt wurden. Diese ansatzweise mit Umverteilungsfunktionen betrauten Anführer trennt erst ein kleiner Schritt von den emsigen „Gruppenführern“, die ihre Gefährten und Sippengenossen anfeuern, sich bei der Jagd und der Ernte stärker einzusetzen, damit sie alle größere und bessere Feste feiern können. Ihrer Berufung treu arbeiten diese Anführer mit beginnender Umverteilungsfunktion nicht nur eifriger als ihre Gefolgsleute, sie sind auch großzügiger im Austeilen als alle anderen und begnügen sich selber mit den kleinsten und am wenigsten begehrten Portionen. Ursprünglich verstärkte deshalb die Umverteilung nur die politische und ökonomische Gleichheit, die mit dem Austausch auf Gegenseitigkeit einherging. Die Umverteiler ernteten für ihre Tätigkeit einfach nur gesellschaftliche Bewunderung, die sich daran bemaß, wieviel größer die Feste waren, die sie ausrichteten, wieviel mehr als alle anderen sie persönlich beisteuerten und wie gering die Ansprüche waren, die sie aus ihrem Einsatz für die Gemeinschaft herleiteten. All das schien ursprünglich nur eine unschuldige Ausdehnung des Grundprinzips der Gegenseitigkeit. Wie wenig Ahnung hatten unsere Vorfahren, auf was sie sich da einließen!

Wenn es gut ist, einen Anführer zu haben, der Feste gibt, warum dann nicht gleich mehrere Anführer, die Feste geben? Oder besser noch, warum nicht ihre Stellung als Anführer abhängig machen von ihrer Fähigkeit, Feste auszurichten und abzuhalten? Bald schon gibt es da, wo die Umstände das zulassen beziehungsweise begünstigen – was ich damit meine, werde ich noch erklären –, mehrere Möchtegern-Anführer, die miteinander im Wettstreit liegen, wer die üppigsten Feste veranstaltet und die meisten Nahrungsmittel und andere Dinge von Wert umverteilt. Auf diese Weise nahm die Gefahr Gestalt an, vor der Richard Lees !Kung-Gewährsleute gewarnt hatten: junge Leute, die danach strebten, „groß" zu werden.

Eine beispielhafte ethnologische Untersuchung über Männer mit Macht und Einfluß hat Douglas Oliver bei den Siuai, einem dorfgemeinschaftlich organisierten Volk, durchgeführt, das auf der Insel Bougainville der Solomon-Inseln im Südpazifik lebt. In der Sprache der Siuai wird ein Großer als *mumi* bezeichnet. Für jeden Jungen bei den Siuai ist es das höchste Ziel, ein *mumi* zu werden. Er beginnt seine Karriere, indem er heiratet, hart arbeitet und seinen eigenen Fleischverzehr und Verbrauch von Kokosnüssen einschränkt. Beeindruckt von seiner Entschlossenheit, geloben seine Frau und seine Eltern, ihm bei der Ausrichtung seines ersten Fests zu helfen. Bald vergrößert sich der Kreis derer, die ihn unterstützen, und er fängt an, ein Versammlungshaus zu bauen, in dem seine männliche Gefolgschaft herumlungern kann und in dem Gäste bewirtet und beköstigt werden können. Zur Einweihung des Versammlungshauses gibt er ein Fest, und wenn das ein Erfolg ist, wächst der Kreis von Leuten, die bereit sind, für ihn zu arbeiten, noch weiter, bis er von sich als von einem *mumi* reden hört. Daß seine Feste immer aufwendiger werden, bedeutet, daß er seiner Gefolgschaft immer größere Opfer abverlangen muß. Sie murren zwar darüber, daß sie so hart arbeiten müssen, aber solange ihr *mumi* seinen Ruf als „großer Wohltäter“ damit aufrechterhält oder mehrt, bleiben sie ihm treu.

Schließlich kommt die Zeit für den neuen *mumi,* seine älteren Kollegen in die Schranken zu fordern. Das geschieht in Form eines *Muminai*-Fests, bei dem Buch geführt wird über all die Schweine, Kokosnußkuchen und Sago-Mandel-Puddings, die vom gastgebenden *mumi* und seinen Gefolgsleuten an den zu Gast weilenden *mumi* und dessen Gefolgsleute verschenkt werden. Wenn die Gäste sich nicht innerhalb eines Zeitraums von ungefähr einem Jahr mit einem Fest revanchieren, das mindestens so aufwendig ist wie das des Herausforderers, dann kommt das einer großen gesellschaftlichen Demütigung des betreffenden *mumi* gleich, und man braucht auf seinen Sturz als *mumi* nicht lange zu warten.

Dem Ober-*mumi,* der als Sieger aus dem festlichen Wettstreit hervorging, stand lebenslange harte Arbeit und Abhängigkeit von den Launen und Gelüsten seiner Anhänger bevor. *Mumi* zu sein, verlieh nicht die Macht, andere zum Gehorsam zu zwingen, und es führte auch nicht dazu, daß der eigene Lebensstandard den der anderen übertraf. Da ja das Wesen der *mumi*-Funktion im Verschenken bestand, verzehrten große *mumis* weniger Fleisch und sonstige Köstlichkeiten als normale Menschen. Bei den Kaoka, einer anderen Gruppe auf den Solomon-Inseln, über die uns H. Ian Hogbin berichtet, gibt es das Sprichwort: „Der Veranstalter des Fests bekommt die Knochen und das trockene Gebäck; das Fleisch und das Fett kriegen die anderen.“ Bei einem großen Fest, an dem 1100 Gäste teilnahmen, verteilte der gastgebende *mumi* namens Soni zweiunddreißig Schweine nebst einer riesigen Menge von Sago-Mandel-Puddings. Soni selbst und etliche aus seiner engsten Gefolgschaft litten Hunger. „Wir essen Sonis Ruhm“, sagten sie.

Die großen Wohltäter

Nichts ist charakteristischer für den Übergang von der Gegenseitigkeit zur Umverteilung als die Bereitschaft, Prahlsucht als ein Attribut des Anführers zu akzeptieren. In krasser Verletzung des Gebots der Bescheidenheit, das den Austausch auf Basis der Gegenseitigkeit bestimmt, gehört zum Austausch auf Umverteilungsbasis dazu, daß der Umverteiler öffentlich als ein großzügiger Mensch und gewaltiger Wohltäter gefeiert wird.

Bei den Kwakiutl von Vancouver Island wurde während ihrer *potlatch* genannten Feste, die vom Wettstreit der Häuptlinge um den Ruhm der größten Freigebigkeit geprägt waren, die Prahlsucht auf die Spitze getrieben. Offenbar hingerissen vom Bewußtsein ihrer eigenen Bedeutung äußerten die Umverteilungs-Häuptlinge der Kwakiutl Dinge wie die folgenden:

„Ich bin der große Häuptling, der die Leute beschämt ...
Ich lasse die Gesichter vor Neid erblassen. Das, was ich ständig in dieser Welt vollbringe, veranlaßt die Leute, sich vor Scham zu verstecken.
Ich, der wieder und wieder [Fisch]-Tranfeste für alle Stämme veranstaltet ... bin der eine große Baum. Ihr seid meine Untergebenen, Stämme ...
Ich bin der erste, der euch Besitztümer gibt, Stämme.
Ich bin euer Adler, Stämme!
Bringt euren Zähler der Besitztümer, Stämme, auf daß er vergeblich versuchen möge, die Besitztümer zu zählen, die der große Kupfermacher, der Häuptling, veschenken wird."

Umverteilung ist keine ökonomische Willkür, kein mutwillig angenommenes Verhalten, denn die Karriere des Umverteilers gründet in dessen Fähigkeit, die Produktion zu erhöhen. Für das Umverteilungsmodell entscheiden sich Gesellschaften nur dann, wenn die Bedingungen dafür vorhanden sind, daß die erforderliche zusätzliche Arbeitsanstrengung sich wirklich auszahlt. Denn Leute zur Arbeit anzutreiben, kann auch nachteilige Auswirkungen auf die Produktion haben. Bei einfachen Jäger- und Sammlergesellschaften wie den !Kung laufen diejenigen, die den Tierfang und das Sammeln von Wildpflanzen intensivieren, Gefahr, die Wildbestände zu dezimieren und das Reservoir an Pflanzen zu erschöpfen. Einen Jäger bei den !Kung zu ermuntern, sich als *mumi* in Szene zu setzen, hieße, ihn und seine Gefolgsleute dem Hungertod in die Arme treiben. Hingegen setzen Ackerbau treibende Völker wie die Siuai und die Kaoka ihre Nahrungsquellen nicht so leicht der Gefahr des Raubbaus aus. Oft lassen sich größere Flächen kultivieren, die Anpflanzungen sorgfältiger hegen und pflegen und durch zusätzliche Bewässerung und Düngung die Ernteerfolge verbessern, ohne daß man deshalb gleich Gefahr läuft, den Boden zu erschöpfen.

Aber zuviel Gewicht auf den formalen Unterschied zwischen den Produktionsweisen des Jagens und Sammelns und des Pflanzens sollte ich besser nicht legen. Die Kwakiutl trieben keinen Ackerbau, trotzdem war ihre Produktion in hohem Maß steigerungsfähig. Zum großen Teil bezogen sie ihre Nahrung aus den gewaltigen Lachs- und Kerzenfisch-Schwärmen, die alljährlich die Ströme hinaufwanderten, und solange sie nur ihre einheimischen Schöpfnetze zum Fang verwendeten, war Raubbau an diesen Arten keine große Gefahr. In ihrer ursprünglichen Form waren *potlatche* deshalb ein wirksames Mittel, die Produktion zu erhöhen. Wie die Kwakiutl gab es viele Gesellschaften ohne Ackerbau, die dennoch feste Gemeinschaften mit deutlichen Rangabstufungen bildeten. Wie die Kwakiutl kannten manche sogar Gemeine, die sehr tief standen und deren Stellung denen von Sklaven ähnelten.

Die Mehrzahl dieser nichtegalitären Jäger- und Sammlergemeinschaften scheint an den Meeresküsten und Flußufern entstanden zu sein, wo Muschelbänke, massierte Fischschwärme oder Kolonien von Meeressäugetieren zum Bau fester Siedlungen anregten und wo sich durch Mehrarbeit die wirtschaftlichen Erträge des Lebensraums erhöhen ließen.

Aber im ganzen sind es die Ackerbau treibenden Völker, die im Blick auf eine Erhöhung der Produktion den größten Spielraum hatten. Und insgesamt gilt, daß die Unterschiede in Rang, Reichtum und Macht um so größer waren, je mehr die landwirtschaftliche Basis des Umverteilungssystems Ertragssteigerungen erlaubte. Aber ehe ich erzähle, wie es kam, daß diejenigen, denen der *mumi* diente, zu

Dienern des *mumi* wurden, möchte ich noch eine andere Frage behandeln. Wenn schon die Funktion des *mumi* gut für die Produktion war, warum war sie dann gut für den *mumi?* Weshalb sollte sich jemand derart krummlegen, nur um mit seiner Freigebigkeit prahlen zu können?

Warum wir nach Ansehen gieren

Weiter oben habe ich die These vertreten, daß wir ein angeborenes Bedürfnis nach Liebe, Anerkennung und emotionaler Zuwendung haben. Um in der Liebeswährung Lohn zu empfangen, ist der Mensch sogar bereit, seine Befriedigungsansprüche in bezug auf andere Bedürfnisse und Triebe einzuschränken. Ich behaupte nun, daß eben jenes Bedürfnis auch den unermüdlichen Bemühungen von Anführern und *mumis* um eine Beförderung des Wohlergehens ihrer Mitmenschen zugrunde liegt. Die Gesellschaft vergilt ihnen ihre Bemühungen nicht mit Nahrung, sexueller Befriedigung oder erhöhtem körperlichem Wohlbefinden, sondern mit Anerkennung, Bewunderung und Achtung – kurz, mit dem Ansehen, das sie gewinnen.

Persönlichkeitsunterschiede bringen es mit sich, daß manche Menschen stärker nach Zuneigung verlangen als andere (eine Tatsache, die in ihrer Gemeinplätzigkeit auf alle unsere Bedürfnisse und Triebe zutrifft). Es spricht deshalb einiges dafür, daß Anführer und *mumis* Leute mit einem besonders ausgeprägten Geltungsdrang sind (vermutlich auf Grund einer Mischung aus Kindheitserfahrungen und erblicher Anlage). Zusätzlich zu ihren besonderen organisatorischen, rednerischen und schönrednerischen Fähigkeiten zeichnet egalitäre Anführer ein großes Verlangen nach Lobeserhebungen aus, die ihnen ihre Mitmenschen bereitwillig als Belohnung dafür zuteil werden lassen, daß sie körbeweise Leckerbissen bekommen und in größerer Sicherheit, gesünder und unterhaltsamer leben können.

Ursprünglich war offenbar die Methode, gesellschaftlich nützliche Dienste mit erhöhtem Ansehen zu belohnen, geradeso wie die Umverteilungpraxis gegen die Entstehung von Rangunterschieden auf der Basis von Reichtum und Macht gerichtet. Wäre Soni bestrebt gewesen, das Fleisch und Fett für sich zu behalten, oder hätte er versucht, seinen Willen durch Befehle statt durch Bitten durchzusetzen, so hätten die Leute ihre Bewunderung und ihre Unterstützung einem glaubwürdigeren Großen zuteil werden lassen. Aber die Freigebigkeit des Großen ist nicht naturgemäß eine Folge des Ansehens, das er genießt, sondern entspringt der Struktur egalitärer Gesellschaften.

In dem Maß, wie sich Rangunterschiede in weiter entwickelten Häuptlingsherrschaften und Staatswesen ausbilden, verknüpft sich der Anspruch auf Anerkennung und Unterstützung mit der Ansammlung von Reichtum und der Konzentration von Macht. Reich und mächtig zu sein verträgt sich mit der Erwartung, geliebt und bewundert zu werden, vorausgesetzt, man führt sich nicht eigensüchtig und tyrannisch auf. Oberhäuptlinge und Könige rechnen mit der Liebe ihrer Untertanen und bekommen diese auch häufig; aber im Unterschied zu den *mumis* nehmen sie ihren Lohn in jeder nur denkbaren Form in Empfang, in der er von Menschen gewährt wird.

Wer heute darüber nachdenkt, welche Rolle gesellschaftliches Ansehen in den menschlichen Verhältnissen spielt, wandelt in den Spuren von Thorstein Veblen, dessen Klassiker *Theorie der feinen Leute* als ätzender Kommentar zu den Torheiten des Konsumdenkens nichts von seiner Überzeugungskraft eingebüßt hat. Angesichts der Häufigkeit, mit der normale Konsumenten sich bemühen, es den Angehörigen der Oberschicht in der Aneignung, Zurschaustellung und Verschwendung von Luxusgütern und kostspieligen Dienstleistungen gleichzutun, prägte Veblen das Wort vom „demonstrativen Konsum“. Werbeagenturen und deren Klienten haben dies dankbar aufgegriffen und ihre Verkaufsstrategien entsprechend angelegt, um schicke Standorte für Büro- und Wohnhäuser, Maseratis in limitierter Stückzahl, Haute-couture-Kleider und hochrangige Weine oder Delikatessen an den Kunden zu bringen.

Aber Einspruch erheben muß ich gegen Veblens Versuch zu erklären, *warum* Menschen einen solchen Wert auf Kleider, Juwelen, Häuser, Möbel, Speisen und Getränke, Teinttönungen und sogar Körpergerüche legen, die an den Lebensstil gesellschaftlich hochstehender Personen erinnern. Veblens Antwort ist, daß uns nach Ansehen verlangt, weil wir ein angeborenes Bedürfnis haben, uns als überlegen zu erweisen. Dadurch, daß wir die feinen Leute nachahmen, hoffen wir, dieses Bedürfnis befriedigen zu können. In Veblens eigenen Worten: „Mit Ausnahme des Selbsterhaltungstriebs gehört wohl der Wettbewerb zu den stärksten, regsten und hartnäckigsten der eigentlich wirtschaftlichen Motive.“ Dieser Hang ist Veblen zufolge so stark, daß er uns immer wieder zu albernen, verschwenderischen und unlustbereitenden Verhaltensweisen verleitet. Als Beispiele nennt Veblen das Schnüren der Füße im traditionellen China und das bis in seine Zeit hinein übliche Tragen von Korsetts – Praktiken, die den Frauen auf demonstrative Weise ihre Arbeitsfähigkeit nahmen und sie eben damit prädestinierten, der Oberschicht anzugehören. Er kolportiert auch die (augenscheinlich apokryphe) Geschichte von „einem gewissen König von Frankreich", der so sehr Scheu trug, „sich mit niederer Arbeit zu beschmutzen", daß er in Ermangelung des Dienstboten, dessen Aufgabe es war, den Stuhl seines Herrn zu verrücken, „geduldig vor dem Kaminfeuer sitzen blieb und es geschehen ließ, daß seine königliche Person zu Tode geröstet wurde".

Veblens universaler Trieb, die feinen Leute zu imitieren, setzt die universale Existenz einer Klasse von feinen Leuten voraus, was den Tatsachen widerspricht. Die !Kung, Semai und Mehinacu kommen ganz gut ohne einen ausgeprägten Hang aus, sich ihre Überlegenheit zu beweisen. Statt damit zu renommieren, wie großartig sie sind, machen sie sich und ihre Leistungen eigens klein, um sich gegenseitig ihrer Gleichheit zu versichern. Was den Nachahmungsinstinkt betrifft, der die Menschen dazu bringt, idiotische Konsumgewohnheiten auszubilden, so können Verhaltensweisen, die aus einer Perspektive albern anmuten, aus einer anderen durchaus ökonomisch und politisch sinnvoll sein. Keine Frage, daß wir durch demonstrativen Konsum ein Bedürfnis befriedigen, uns überlegen fühlen zu können, koste es was es wolle. Aber daß wir solche Bedürfnisse hegen, ist sozial bedingt und hat Beweggründe und Konsequenzen, die über die bloße Prätention oder Illusion von Überlegenheit hinausgehen. Entwicklungsgeschichtlich gesehen handelt es sich hierbei um einen integrierenden Bestandteil des Entstehungsprozesses herrschender Klassen und führender Kreise und um ein praktisches Mittel, sich Zugang zu diesen Schichten zu verschaffen und die Zugehörigkeit zu ihnen zu erhalten.

Warum wir demonstrativ konsumieren

Demonstrativer Austausch, demonstrative Zurschaustellung und demonstrative Vernichtung von Wertgegenständen – all das steckt in Veblens Begriff vom demonstrativen Konsum – stellen kulturell bedingte Strategien dar, um Macht und Reichtum zu erringen und aufrechterzuerhalten. Sie entwickelten sich, weil sie in symbolischer Form den Beweis dafür lieferten, daß Oberhäuptlinge und Könige Menschen höheren Ranges *waren* und deshalb zu Recht reicher und mächtiger waren als die normalen Sterblichen. Großzügige Umverteiler wie Soni brauchen ihre Gefolgsleute nicht mit einem aufwendigen Lebensstil zu beeindrucken; da sie über keine Macht verfügen, müssen sie für diese auch keine Rechtfertigung liefern, und wenn sie dergleichen versuchten, würde man nur aufhören, sie zu bewundern. Aber Umverteiler, die zuerst und in großem Maßstab sich selber Zuwendungen machen, haben immer Ideologien und Rituale nötig, um ihre Aneignung von gesellschaftlichem Reichtum zu rechtfertigen.

In den entwickelteren Häuptlingsherrschaften und frühen Staatswesen bestand die wirksamste ideologische Rechtfertigung herrscherlicher Vorrechte darin, eine göttliche Abstammung geltend zu machen. Die Oberhäuptlinge von Hawaii, die Herrscher im alten Peru, im chinesischen Reich und in Japan wie auch die ägyptischen Pharaonen behaupteten unabhängig voneinander alle, direkte Abkömmlinge der Sonne, des Schöpfers des Universums, zu sein. Im Einklang mit Abstammungs- und Erbregeln, die den größtmöglichen Gewinn aus dieser Verwandtschaftsbeziehung verhießen, wurden die regierenden Herrscher zu rechtmäßigen Eigentümern der Welt, die ihr strahlender Ahnherr geschaffen und ihnen hinterlassen hatte. Nun kann man nicht erwarten, daß Götter und enge Verwandte der Götter sich wie normale Sterbliche präsentieren und aufführen (es sei denn, sie ergreifen die Partei der normalen Sterblichen gegen die Reichen und Mächtigen). Vor allem ihr Konsumniveau muß ihrer himmlischen Herkunft entsprechen und so weit über dem ihrer Untertanen liegen, daß deutlich wird, welch unüberbrückbare Kluft zwischen ihnen besteht. Dadurch daß sie bestickte Gewänder aus feinstem Tuch, juwelengeschmückte Turbane, Hüte und Kronen trugen, auf geschnitzten Thronen saßen, nur erlesenste Gerichte aßen, die ihnen in kostbarem Geschirr aus edlem Metall gereicht wurden, zu Lebzeiten in prächtigen Palästen und nach ihrem Tod in nicht weniger prächtigen Mausoleen und Pyramiden residierten, durch all das kultivierten die Hohen und Mächtigen einen Lebensstil, der darauf angelegt war, Untertanen und etwaige Rivalen mit Ehrfurcht und Schrecken zu erfüllen.

Eine große Rolle beim demonstrativen Konsum spielt eine bestimmte Sorte beweglicher Besitztümer, die von den Archäologen als Preziosen bezeichnet werden – Goldpokale, Jadefigürchen, juwelenbesetzte Szepter, Schwerter und Kronen, Seidenroben und Gewänder, Armbänder aus Elfenbein, Halsketten aus Diamanten, Ringe mit Rubinen und Saphiren, Perlenohrringe und anderer edler Schmuck. Warum wurde diesen Dingen ein so großer Wert beigemessen? Wegen ihrer natürlichen Eigenschaften wie etwa ihrer Farbe, ihrem Härtegrad, ihrem Glanz, ihrer Haltbarkeit? Ich glaube nicht. Wie wir von den Dichtern wissen, läßt sich genausoviel Schönheit in einem Grashalm, einem Baumblatt oder einem Kiesel am Strand entdecken. Und doch hat nie jemand demonstrativen Konsum mit Blättern, Grashalmen oder Kieseln betrieben. Preziosen gewannen ihren Wert als Zeichen konzentrierten Reichtums und gesammelter Macht, als eine wirkliche materiale Verkörperung und Manifestation der Fähigkeit gottähnlicher Menschen, gottähnliche Dinge zu vollbringen. Damit etwas zur Kostbarkeit werden konnte, mußte es selten oder für normale Menschen außerordentlich schwer zu finden sein, mußte es untertage oder im Wasser verborgen liegen, nur in weit entfernten Gegenden erhältlich oder erst nach langen und gefahrvollen Reisen zu bekommen sein, oder es mußte Resultat der gesammelten Arbeit, Kunstfertigkeit und Ingeniosität großer Handwerker und Künstler sein.

Während der Shang- und der Chou-Dynastie im alten China protegierten die Kaiser zum Beispiel mit Begeisterung metallverarbeitende Handwerker, deren herausragende Leistung in der Herstellung kunstvoll gefertigter Bronzegefäße bestand. Im Jahr 552 v. Chr. schrieb der Gelehrte Tso Ch'iu-ming folgende lobenden Worte zum Sinn und Nutzen dieser bronzenen Meisterwerke: „Wenn die Starken die Schwachen unterworfen haben, verwenden sie den erbeuteten

Reichtum zur Anfertigung von Ritualgefäßen und zum Guß von Inschriften, um die Tat aufzuzeichnen, den Nachkommen kundzutun, Klarheit und Tugend ins rechte Licht zu setzen und diejenigen in den Schatten zu stellen, die ohne Riten sind."

Mit dem demonstrativen Konsum erfanden die Menschen auf kulturellem Weg noch einmal die leuchtenden Federn, lauten Brüllgeräusche, wilden Tänze, gebleckten Zähne und imposanten Geweihe, mit deren Hilfe die Individuen natürlicher Arten einander einzuschüchtern pflegen. Ich habe gelesen, daß bei den Grillen die überlegenen Männchen am lautesten zirpen. Bringt man sie zum Schweigen, indem man ihre Beine mit Wachs bestreicht, paaren sie sich immer noch häufiger als ihre Rivalen, wenden aber sehr viel mehr Zeit an Paarungskämpfe. „Es lohnt sich, mit anderen Worten, die Rivalen über die eigene Stärke zu informieren, weil man sonst viel Zeit darauf verschwenden muß, sie diese Stärke spüren zu lassen", stellt Adrian Forsyth fest.

In vorindustriellen Zeiten waren Preziosen Anzeigen, Aufmerksamkeit erregende Plakate, Warnschilder, deren Botschaft lautete: „Wie du siehst, sind wir außergewöhnliche Wesen. Die größten Künstler und Handwerker arbeiten auf unser Geheiß. Wir schicken Bergleute ins Innere der Erde, Taucher auf den Grund des Ozeans, Karawanen durch die Wüste und Schiffe über das Meer. Unterwirf dich unserem Befehl, denn wer solch kostbare Dinge sein eigen nennen kann, der hat auch die Macht, dich zu zerstören."

Bis auf den heutigen Tag spielen Preziosen bei der Ausbildung und Aufrechterhaltung von gesellschaftlichem Rang eine entscheidende Rolle. Aber wie wir gleich sehen werden, hat sich ihre Botschaft verändert.

Warum gibt es Yuppies?

Demonstrativer Konsum ist in unseren heutigen Konsumgesellschaften etwas anderes als der demonstrative Konsum in den alten Staatswesen und Königreichen. In Ermangelung besonderer, durch Abstammung ausgezeichneter Klassen ermuntern die heutigen Marktgesellschaften jeden, der es sich leisten kann, zum Erwerb von Pretiosen. Da die modernen herrschenden Klassen ihren Reichtum und ihre Macht der Konsumsteigerung verdanken, wird jedermann dazu angetrieben, seinen konsumtiven Nachahmungstrieb bis zum äußersten auszuleben. Je mehr Maseratis und Diorkleider, um so besser, natürlich nur unter der Bedingung, daß neue, noch exklusivere Marken kreiert werden, sobald die alten gar zu große Verbreitung gefunden haben. In den früheren Staatswesen und Königreichen hingegen wurde jeder Versuch von seiten der Gemeinen, die herrschende Klasse ohne deren Zustimmung nachzuahmen, als ein gefährlicher Subversionsakt gewertet. Um so etwas garantiert auszuschließen, verhängte die Führungsschicht Gesetze, die den Gebrauch von Luxusgütern betrafen und den Versuch der Gemeinen, es in dieser Hinsicht ihren Herren gleichzutun, zum Verbrechen erklärten. Einige der detailliertesten Konsumbeschränkungen, die sich daraus ergaben, findet man im Zusammenhang mit dem indischen Kastensystem. Die herrschenden Radschputs in Nordindien zum Beispiel verboten den Männern der niederen Chamar-Kaste, Sandalen und Kleidung zu tragen, die bis über die Hüfte beziehungsweise unter die Knie reichte. Die Chamarmänner durften auch ihre Haare nicht schneiden und keinen Schirm tragen. Die Chamarfrauen mußten barbusig gehen, durften keine Safrancreme für kosmetische Zwecke verwenden, sich nicht mit Blumen schmücken und durften im Haushalt nur irdenes Geschirr benutzen. (Jeder, der immer noch zweifelt, daß die unser Leben gestaltende und umgestaltende Macht die Kultur ist, möge über folgendes Phänomen nachdenken: Während im Westen Frauen einen Akt der Befreiung darin sahen, sich öffentlich barbusig zeigen zu können, haben in Indien die Frauen ihre Emanzipation in der Weise durchgesetzt, daß sie sich weigerten, barbusig in der Öffentlichkeit zu erscheinen.)

Nehmen wir ein weiteres Beispiel für Konsumbeschränkungen, das aus einem weniger vertrauten politischen Zusammenhang stammt. Nach Diego Duran, einem großartigen frühen Gewährsmann für das vorkolumbianische Mexiko, durften Gemeine dort keine Baumwollkleider, Federn oder Blumen tragen; sie durften auch keinen Kakao trinken und keine Delikatessen verzehren. Bei den alten Formen von demonstrativem Konsum bestand mit anderen Worten eines der Hauptanliegen in der Verhinderung jeden Versuchs des Pöbels, es den Herrschenden gleichzutun.

Das Nachahmungsbedürfnis, das Veblen als ökonomisches Motiv gleich hinter dem Überlebenstrieb plaziert, wurde erst dann zu einem wichtigen ökonomischen Faktor, als die herrschenden Klassen aufhörten, aus inzüchtigen, auf ihre Abstammung pochenden, elitären Gruppen zu bestehen. Veblens Vorstellung von der Rolle der Nachahmung paßt ziemlich genau auf die Verhältnisse in den kapitalistisch-parlamentarischen Demokratien Europas, die aus den feudalen Königsherrschaften hervorgingen und deren handeltreibende beziehungsweise industrielle Oberschichten in der Tat ihren neuerworbenen Reichtum in Landsitze, Grabmäler und Preziosen steckten, um zu demonstrieren, daß sie ihren vormaligen Herren das Wasser reichen konnten. Aber wenn Veblen das bürgerliche Streben nach gesellschaftlichem Ansehen als ein Tun karikiert, das die Menschen zu albernen, nutzlosen Konsumformen verführt, kann ich ihm nicht folgen. Die aufkommenden kapitalistischen Führungsschichten waren nicht daran interessiert, die Aristokratie zu zerschlagen, sondern in ihre Reihen aufgenommen zu werden, und um das zu erreichen, blieb ihnen gar nichts anderes übrig, als die aristokratischen Konsumgewohnheiten nachzuäffen.

Ist hier also, scheinbaren Veränderungen zum Trotz, alles beim alten geblieben? Im Gegenteil, die neuen kapitalistischen Führungsschichten haben das überkommene Verhältnis zwischen dem Besitz von Preziosen und der Erhaltung von Reichtum und Macht über den Haufen geworfen. In den kapitalistischen Gesellschaften ist die Okkupation der oberen gesellschaftlichen Ränge nicht mehr mit dem Anspruch auf den ausschließlichen Besitz seltener und ausgefallener Dinge verknüpft. Wie kurz zuvor erwähnt, sind Macht und Reichtum Ergebnis von Austauschprozessen auf dem freien Markt. Von einigen wenigen Ausnahmen (etwa den englischen Kronjuwelen?) abgesehen, ist alles käuflich. Nicht nur gibt es heute keine Gesetze, die es normalen Menschen verbieten, teure Autos, Landsitze, Rennpferde, Yachten, jede Art Edelsteine, Edelmetalle und seltene Parfüme, Meisterwerke der Kunst oder des Kunsthandwerks, die neuesten Kreationen der Haute couture und der Haute cuisine käuflich zu erwerben, der Reichtum und die Macht der oberen Schichten nimmt im Gegenteil in eben dem Maß zu, wie solche Käufe getätigt werden.

Und das bringt mich auf das bittere Los der vielgeschmähten Yuppies, der vielleicht gierigsten und beutehungrigsten Konsumenten, die es je gegeben hat. Yuppies werden vielgeschmäht, weil ihre Jagd nach Reichtums- und Statussymbolen nicht einem schrägen Hang zur Nachahmung um jeden Preis entspringt. Vielmehr ist sie in einer Gesellschaft, in der Reichtum und Macht auf dem Massenkonsum basieren, ein von oben verordneter unerbittlicher Zwang für den, der Erfolg haben will. Nur Leute, die ihre Loyalität gegenüber dem Konsumethos beweisen, finden in einer Konsumgesellschaft Aufnahme in die höheren Kreise. Für junge Leute, die es nach oben zieht (und auch schon für diejenigen, die nur nicht sozial absteigen wollen), ist demonstrativer Konsum weniger der Lohn als der Preis für den Erfolg. Designer-Mode, italienische Sportwagen, CD-Platten, Hi-Fi-Komponentensysteme, häufige Einkaufstrips nach London oder Paris, Wochenenden „auf der Insel", Essen im Coq d'or – da muß man mithalten, wenn man die richtigen Leute kennenlernen oder die richtige Karriere machen will. Wenn das bedeutet, daß man sich mittels Kundenkreditkonten schwer verschulden, aufs Heiraten verzichten und in kinderfreien, teuren Eigentumswohnungen leben muß, statt ein Reihenhäuschen in einem Vorort zu bewohnen, wie könnte man seine Loyalität gegenüber dem Herrn, dem man dient, wohl besser unter Beweis stellen? Aber kehren wir zurück in die Welt vor der Entstehung herrschender Klassen oder gleißender Konsumpaläste.

Vom Großen zum Häuptling

Die schiefe Bahn (oder war es ein Aufstieg?) in Richtung gesellschaftlicher Schichtung gewann überall dort an Gefälle, wo sich die zusätzliche Nahrung, die der inspirierte Fleiß der Umverteiler hervorbrachte, bis zu den *Muminai*-Festen, *potlatches* oder sonstigen Umverteilungsgelegenheiten als Vorrat aufbewahren ließ. Je konzentrierter und reichlicher die Ernte ausfiel und je weniger leicht verderblich sie war, um so eher verlieh sie ihren Verwaltern Macht über die Leute. Selbst wenn die anderen über eigene Nahrungsvorräte verfügen mochten, waren doch die des Umverteilers am größten. In Zeiten des Mangels kamen dann die Leute zu ihm, damit er ihnen zu essen gab, und er wiederum ließ diejenigen, die über besondere Fertigkeiten verfügten, sich dadurch revanchieren, daß sie für seinen persönlichen Gebrauch Kleider, Tonwaren, Kanus anfertigten oder ihm ein schönes Haus bauten. Schließlich kam es so weit, daß die Umverteiler nicht mehr selber auf dem Feld arbeiten mußten, um die Stellung eines Großen zu erringen und auszubauen. Daß er die Ernteüberschüsse verwaltete, von denen er nach wie vor einen Teil erhielt, um ihn für Gemeinschaftsfeste und andere gemeinschaftliche Vorhaben wie etwa Handelsfahrten oder Kriegszüge zu verwenden, reichte zur Befestigung seiner Stellung aus. Und in zunehmendem Maß betrachteten die Leute seine Stellung als ein festes Amt, ein heiliges Vermächtnis, etwas, das von einer Generation zur nächsten nach Erbfolgeregeln weitergegeben wurde. Der Große war zum Häuptling geworden; sein Machtgebiet bestand nicht mehr nur aus einem kleinen, unabhängigen Dorf, sondern umfaßte eine große politische Gemeinschaft, eine Häuptlingsherrschaft.

Kehren wir in den Südpazifik zurück und schauen uns die Verhältnisse auf den Trobriand-Inseln an, so können wir eine Ahnung davon bekommen, wie sich dieses Bild einer zunehmend geschichteten Gesellschaft herauskristallisierte. Die Trobriander hatten Häuptlinge in Erbfolge, die über mehr als ein Dutzend Dörfer mit mehreren Tausend Einwohnern herrschten. Nur die Häuptlinge durften als Zeichen ihrer hohen Stellung bestimmten Muschelschmuck tragen, und gewöhnlichen Menschen war es verboten, in einer Position zu stehen oder zu sitzen, in der sie den Kopf des Häuptlings überragten. Malinowski berichtet, daß er gesehen habe, wie im Dorf Bwoyatalu alle Bewohner „wie vom Wirbelsturm dahingerafft" von ihren Veranden sanken, als ein langezogener Warnschrei ihnen das Nahen eines bedeutenden Häuptlings kundtat.

Yamswurzeln waren das Grundnahrungsmittel der Trobriander; die Häuptlinge festigten ihre Stellung dadurch, daß sie umfangreiche Mengen davon, die ihnen zur Erntezeit von ihren Schwagern zum Geschenk gemacht wurden, speicherten und umverteilten. Ähnliche „Gaben" erhielten auch gewöhnliche Ehemänner, aber die Häuptlinge praktizierten Vielweiberei, und da sie bis zu zwölf Frauen hatten, bekamen sie mehr Yamswurzeln als irgend sonst jemand. Ihren Yamsvorrat stellten die Häuptlinge auf Gerüsten zur Schau, die sie eigens zu diesem Zweck neben ihren Häusern errichteten. Gewöhnliche Männer taten das auch, aber das Yamsgestell eines Häuptlings überragte alle anderen. Sie brauchten ihre Yamsvorräte, um Gäste zu bewirten, üppige Feste abzuhalten und Kanubauer, Handwerker, Zauberer und die Dienerschaft der Familie zu verköstigen. In früheren Zeiten lieferte der Yamsvorrat auch den Proviant für ausgedehnte Handelsreisen zu befreundeten Gruppen und für Kriegszüge gegen Feinde.

Die Methode, Häuptlingen in erblichen Ämtern Nahrungsmittel zum Geschenk zu machen, damit diese sie dann als Vorrat halten, zur Schau stellen und umverteilen konnten, war keine auf die Südsee beschränkte Besonderheit. Von geringfügigen Abweichungen abgesehen, findet sich die gleiche Methode wieder und wieder auf mehreren Kontinenten. Auffällige Parallelen gab es zum Beispiel 18 000 Kilometer von den Trobriand-Inseln entfernt in den Häuptlingsherrschaften, die im Südosten der Vereinigten Staaten im Schwange waren. Ich denke insbesondere an die Cherokee, die Ureinwohner im Gebiet des heutigen Tennessee, wie sie der Naturforscher William Bartram im 18. Jahrhundert schildert.

In der Mitte der wichtigsten Siedlungen der Cherokee stand ein großes rundes Haus, das einem Häuptlingsrat als Versammlungsort für die Diskussion gemeinsamer Angelegenheiten diente und in dem Umverteilungsfeste abgehalten wurden. Der Häuptlingsrat hatte ein Oberhaupt, das im Umverteilungssystem der Cherokee die wichtigste

Rolle spielte. Zur Erntezeit wurde auf jedem Feld ein großes Trockengerüst errichtet, das die Bezeichnung „Kornspeicher des Häuptlings" trug. „Dorthin bringt und legt jede Familie eine bestimmte Menge, entsprechend seiner [sic] Fähigkeit oder Neigung, oder auch gar nichts, wenn er das vorzieht." Die Häuptlingskornspeicher dienten als „ein öffentliches Schatzhaus, ... zu dem man [im Fall einer Mißernte] seine Zuflucht nehmen konnte", als Nahrungsquelle, „um Fremde oder Reisende zu beköstigen", und als Kriegsreserve, „wenn sie auf Expeditionen gegen den Feind ausziehen". Obwohl jedes Mitglied der Gemeinschaft „ein Recht auf ungehinderten und öffentlichen Zugang" genoß, mußten die gewöhnlichen Leute sich damit abfinden, daß die Vorräte tatsächlich dem obersten Häuptling gehörten, dessen „ausschließliches Recht und Vermögen" es war, „Tröstungen und Wohltaten an die Bedürftigen auszuteilen".

Dank solch freiwillig geleisteter Abgaben konnten die Häuptlinge und ihre Familien jetzt einen Lebensstil kultivieren, durch den sie sich zunehmend von ihrer Gefolgschaft abhoben. Sie konnten sich größere und prächtigere Häuser bauen, konnten sich üppiger verköstigen und kleiden und konnten die sexuelle Gunst und die persönlichen Dienste mehrerer Frauen genießen. Ungeachtet dieser unheilverkündenden Vorzeichen leisteten die Menschen in den Häuptlingsherrschaften aus freien Stücken mehr Arbeit bei der Durchführung gemeinschaftlicher Projekte als jemals zuvor. Sie hoben Gräben aus, warfen Erdwälle auf und umgaben ihre Dörfer mit langen Palisadenreihen aus Baumstämmen. Sie häuften aus Geröll und Erde ganze kleine Berge auf, um sie als Plattform und Podest für den Bau von Tempeln und großen Häusern für ihren Häuptling zu benutzen. In Teamarbeit und bloß mit Hilfe von Hebestangen und Rollen bewegten sie Felsstücke von fünfzig Tonnen Gewicht und darüber und arrangierten sie in schnurgeraden Reihen und tadellosen Kreisen zu heiligen Bezirken, in denen sie in gemeinschaftlichen Ritualen den Wechsel der Jahreszeiten feierten. Freiwillig geleistete Arbeit schuf die megalithischen Steinreihen von Stonehenge und Carnac, errichtete die mächtigen Standbilder auf der Osterinsel, modellierte die riesigen Steinköpfe der Olmeken im Gebiet von Vera Cruz, übersäte Polynesien mit Ritualstätten auf großen steinernen Plattformen und füllte die Täler des Ohio, des Tennessee und des Mississippi mit Hunderten von Erdhügeln, deren größter bei Cahokia in der Nähe von East St. Louis ein mehr als fünf

Hektar großes Gebiet bedeckte und über dreißig Meter hoch war. Erst als es zu spät war, merkten die Leute, daß ihre angeberischen Häuptlinge die Absicht verfolgten, das Fleisch und das Fett für sich zu behalten und für ihre Gefolgschaft nichts übrigzulassen als Knochen und trocken Brot.

Die Macht: Wurde sie ergriffen oder verliehen?

Die Macht, zu befehlen und Gehorsam zu erzwingen, die den Anführern der Mehinacu oder der Semai noch so fern lag, bildete sich wie die Macht der Männer über die Frauen in den Kriegen aus, die von den Großen und Häuptlingen geführt wurden. Ohne den Krieg wäre das Herrschaftspotential, das im Umverteilungsmechanismus verborgen lag, nie ans Licht gekommen.

Die Großen waren gewalttätige Männer, und das galt in noch stärkerem Maß von den Häuptlingen. Die *mumis* waren genauso berühmt für ihre Fähigkeit, Leute zum Kampf anzuspornen, wie für ihre Fähigkeit, sie zur Arbeit anzutreiben. Bereits lange vor Douglas Olivers Feldforschungstätigkeit hatten die Kolonialbehörden das Kriegführen unterbunden, aber die Erinnerung an die *mumis* als Anführer im Krieg war immer noch lebendig. So erklärte etwa ein alter Mann: „In den guten alten Zeiten gab es größere *mumis* als heute. Damals waren sie wilde und unerbittliche Anführer im Kampf. Sie verheerten die ganze Gegend, und die Wände ihrer Versammlungshäuser waren gepflastert mit den Schädeln der von ihnen Erschlagenen." In Lobliedern bezeichnen die mittlerweile befriedeten Siuai ihre *mumis* als „Krieger" und als „Töter von Menschen und Schweinen". Olivers Informanten erzählten ihm, die *mumis* hätten in den Tagen, in denen noch Kriege geführt wurden, mehr Macht gehabt. Unter den kriegerischen *mumis* hätten sich sogar welche ein oder zwei Gefangene gehalten und diese gezwungen, in ihren Gärten zu arbeiten. Und die Leute hätten „fürchten müssen, bestraft zu werden, wenn sie den Mund aufmachten und abschätzige Reden über ihre *mumis* führten".

Aber die Macht der *mumis* kam über die Anfänge nicht hinaus, wie die Tatsache zeigt, daß sie ihre Gefolgsleute mit Geschenken, Fleisch und Frauen eingeschlossen, verwöhnen mußten, um sie bei der Stange zu halten. „Wenn der *mumi* uns nicht mit Frauen versorgte, waren wir böse ... Die ganze Nacht lang konnten wir kopulieren, ohne genug zu kriegen. Mit dem Essen war es genauso. Das Versammlungshaus war vollgestopft mit Essen, und wir aßen und aßen und bekamen nie genug. Das waren wunderbare Zeiten." Außerdem mußte der *mumi*, der einen Kriegsgzug unternehmen wollte, bereit sein, für jeden seiner Männer, der im Kampf fiel, eine Abfindung zu zahlen und für das Begräbnisfest jedes Gefallenen ein Schwein zur Verfügung zu stellen.

Die Häuptlinge bei den Kwakiutl waren ebenfalls Anführer im Krieg, und durch ihre Prahlereien und *potlatch*-Feste veranlaßten sie Männer aus benachbarten Dörfern, sie als Kampfgefährten auf Handelsfahrten und Kriegszüge zu begleiten. Die Häuptlinge der Trobriander waren nicht weniger scharf aufs Kämpfen. Malinowski berichtet, daß sie systematisch und unablässig Kriegszüge unternahmen und in ihren Kanus übers offene Meer zu Inseln vordrangen, die Hunderte von Kilometern weit weg waren, um dort Handel zu treiben oder, falls nötig, auch zu kämpfen. Die Cherokee unternahmen gleichfalls alljährlich ausgedehnte Streifzüge und Handelsfahrten, die unter der Aufsicht des Häuptlingsrats organisiert wurden. Wie man der angeführten Stelle bei Bartram entnehmen kann, verwendeten die Häuptlinge der Cherokee ihre Nahrungsvorräte, um die Teilnehmer an diesen Expeditionen zu verproviantieren.

Ich behaupte nicht, daß die Kriegszüge direkt zu der neuen Form von Rangordnung führten, die ein Staatswesen verkörpert. Anfänglich, als die Häuptlingsherrschaften noch klein waren, konnten die Häuptlinge ihre Leute noch nicht mit Waffengewalt zum Gehorsam zwingen. Wie in den Horden- und Dorfgesellschaften verstand sich auch hier noch praktisch jeder Mann aufs Kämpfen und verfügte in ungefähr gleicher Weise über die erforderlichen Waffen und Fertigkeiten. Hinzu kam, daß innerer Zwist eine Häuptlingsherrschaft in Gefahr brachte, einem Angriff der äußeren Feinde zum Opfer zu fallen. Aber in dem Maß, wie die Häuptlingsherrschaften sich gebietsmäßig ausdehnten und volkreicher wurden und wie die zur Umverteilung anstehenden Nahrungsvorräte und sonstigen Dinge von Wert sich entsprechend vermehrten, wuchs die Gelegenheit, aus den gewohnheitsmäßigen Schranken, die der Macht gesetzt waren, auszubrechen. Indem sie denjenigen, die sich im Kampf am willigsten, loyalsten und tüchtigsten erwiesen, größere Anteile zuwiesen, konnten die Häuptlinge den Anfang mit der Ausbildung einer durch Ordnungskräfte und ständige Streitmacht gestützten Adelsklasse machen. Untertanen, die sich vor ihrer Tributpflicht gegenüber dem Häuptling drückten, die nicht genug produzierten oder die sich weigerten, Fronarbeit zur Errichtung von Monumenten und anderen öffentlichen Bauten zu leisten, riskierten Leib und Leben.

Eine der Theorien, die sich mit der Entstehung des Staats befassen, verwirft die Vorstellung, daß es die gewalttätigen Machenschaften der Häuptlinge und ihrer Streitmacht waren, mit deren Hilfe die herrschenden Klassen das gemeine Volk unterwarfen. Nach Ansicht dieser Theorie unterwarf sich vielmehr das Volk friedlich und freiwillig aus Dankbarkeit für die Dienste, die ihm die herrschenden Klassen leisteten. Zu diesen Dienstleistungen gehörten Verpflegung in Zeiten von Hungersnöten, Schutz gegen feindliche Angriffe sowie der Bau und die Instandhaltung von landwirtschaftlichen Infrastrukturen, zum Beispiel von Dämmen, Bewässerungssystemen und Entwässerungskanälen. Außerdem hätten die Menschen geglaubt, daß die rituellen Handlungen, die Häuptlinge und Priester vollzogen, von wesentlicher Bedeutung für den Bestand der Gemeinschaft seien. Schließlich sei auch deshalb kein Gewaltregiment nötig gewesen, um die Leute zum Gehorsam gegenüber Befehlen von oben zu bewegen, weil die Priesterschaft die Göttlichkeit der Herrscher bezeugt habe.

Ich vertrete in diesem Punkt die Ansicht, daß es sowohl freiwillige Unterwerfung als auch gewaltsame Unterdrückung gab. Die fortgeschritteneren Häuptlingsherrschaften und ansatzweise entwickelten Staatswesen, von denen wir durch ethnographische Berichte und aus archäologischen Quellen Kenntnis haben, zählen zu den gewalttätigsten Gesellschaften, die es je gegeben hat. Unablässige Kriegshandlungen, bei denen aufrührerische Dörfer oft zur Gänze niedergemetzelt wurden und Folterung und Opferung von Kriegsgefangenen an der Tagesordnung waren, begleiteten die Entwicklung der fortgeschritteneren Häuptlingsherrschaften im vorrömischen keltischen Europa, im Griechenland Homers, im Indien der vedischen Zeit, im China der Shang-Dynastie und in Polynesien vor der Ankunft der Weißen. Die Mauern von Jericho bezeugen, daß im Nahen Osten schon 6000 Jahre vor unserer Zeitrechnung Krieg geführt wurde. Befestigte Städte tauchen in Ägypten in vordynastischer und nachdynastischer Zeit auf, und die frühesten ägyptischen Monumente aus dem Gerzean und der 1. Dynastie (3330–2900 v. Chr.) verherrlichen die militärischen Großtaten von „Einheitsstiftern“ mit so kriegerischen Namen wie „Skorpion“, „Kobra“, „Speerstoßer“ und „Kämpfer“. Zahlreiche Kriegskeulen und ein Messer mit Darstellungen von Schlachtszenen wurden an der vordynastischen Fundstätte von Hierkanpolis ausgegraben. Man sieht Männer mit Messern, Streitkolben und Keulen aufeinander losgehen; Boote tragen kämpfende Männer, während sich andere Menschen im Wasser winden.

Nur in einem wichtigen Fall scheinen Zeugnisse dafür zu fehlen, daß bei der Fortentwicklung von der Häuptlingsherrschaft zum Staatswesen kriegerische Auseinandersetzungen eine Rolle spielten, nämlich auf der Hochebene von Susa im südwestlichen Iran. Aber das besagt erst einmal nichts weiter, als daß keine Befestigungen, Kriegsgerät und kein einschlägiges Bildmaterial gefunden wurden. Auf Grund einer ähnlichen Fehlanzeige wurde lange Zeit bestritten, daß für die Entwicklung der Maya-Staaten der Krieg ein Faktor gewesen sei, eine Position, die neuere Funde und die Interpretation von Steininschriften mittlerweile als völlig unhaltbar erwiesen haben. Angesichts der zentralen Bedeutung, die der Krieg für die Entwicklung fortgeschrittener Häuptlingsherrschaften und früher Staatswesen hat, halte ich es für höchst unwahrscheinlich, daß bei der Etablierung und Konsolidierung ihrer Herrschaft über das einfache Volk die frühesten Oberklassen auf Gewalt oder die Androhung von Gewalt verzichteten. Das soll nicht heißen, daß die Bildung stratifizierter Gesellschaften einzig und allein das Ergebnis ständiger Gewaltandrohung ist.

Der Archäologe Antonio Gillman vertritt die Ansicht, daß in der europäischen Bronzezeit „die Ausbildung einer Führungsschicht nichts mit dem 'Gemeinwohl' zu schaffen hat und daß die Vorteile, die dem gemeinen Mann aus den Verwaltungs- und Umverteilungstätigkeiten der Herrschenden erwuchsen, auch billiger zu haben gewesen wären". Diese Bemerkungen regten einen Kommentator zu einer Art Mafiatheorie in Sachen Staatsbildung an, mit dem Bild von „...einer ebenso geknechteten wie fleißigen Bauernschaft, die sich nicht traut, einer Bande modisch gekleideter Halsabschneider die Zahlung von Schutzgeldern zu verweigern, weil sie sonst fürchten muß, daß ihren Zugochsen die Kniescheiben zertrümmert, ihre Barken entführt oder ihre Olivenbäume mit Mörtel überzogen werden". Ich sehe keinen Grund dafür, warum nicht sowohl das einfache Volk als auch die Führungsschichten Vorteil aus den Verwaltungs- und Umverteilungsaktivitäten des Staats ziehen sollten, wenn ich es auch für ausgemacht halte, daß die Vorteile für die Führungsschichten größer waren als die für das einfache Volk.

Ob mittels Peitsche, Zuckerbrot oder Religion, viele Häuptlingsherrschaften fühlten sich berufen, aber nur wenige schafften den Übergang zu einem Staatswesen. Statt sich zu unterwerfen, zu arbeiten und Steuern zu zahlen, versuchten viele Gemeine, sich dem Kommando durch die Flucht in Niemandsland oder menschenleere Gebiete zu entziehen. Andere setzten sich zur Wehr und versuchten, der Kriegsmacht die Stirn zu bieten, womit sie anderen Häuptlingen eine Gelegenheit boten, einzufallen und die Macht an sich zu reißen. Welche Gründe die Rebellionen auch immer im einzelnen haben mochten, die überwiegende Mehrzahl der Häuptlingsherrschaften, die den Versuch unternahmen, einer Klasse von Gemeinen Ernteabgaben, Steuern, Fronarbeit und andere gewaltsame Formen einer Umverteilung zum Nachteil der letzteren aufzuzwingen, kehrten entweder zu stärker egalitären Umverteilungspraktiken zurück oder gingen zugrunde. Warum waren einige erfolgreich, während die anderen scheiterten?

An der Schwelle zum Staat

Die ersten Staatswesen entwickelten sich aus Häuptlingsherrschaften, aber nicht alle Häuptlingsherrschaften konnten sich zu Staatswesen entwickeln. Für den Übergang waren zwei Bedingungen erforderlich. Die Bevölkerung mußte nicht nur zahlreich sein (etwa 10 000 bis 30 000 Leute umfassen), sie mußte auch „räumlich eingeschränkt" sein, das heißt sie durfte über nicht viel brachliegendes Land im Umkreis verfügen, das diejenigen, die keine Lust hatten, sich besteuern, zwangsverpflichten und herumkommandieren zu lassen, als Rückzugsgebiet nutzen konnten. Die „Einschränkung" war mehr als bloß eine Frage der verfügbaren Landmenge; sie war auch eine Frage der Qualität der Böden und der Ergiebigkeit der Nahrungsquellen, eine Frage also, ob die flüchtigen Gruppen in ihrem Rückzugsgebiet einen Lebensstandard aufrechterhalten konnten, der nicht entscheidend niedriger lag als das Versorgungsniveau, mit dem sie unter der drückenden Herrschaft ihrer Häuptlinge rechnen konnten. Wenn die einzigen Orte, wohin eine Dissidentengruppe fliehen konnte, hohe Berge, Wüsten, tropische Urwälder oder sonstige unerwünschte Lebensräume waren, dann hatten sie wenig Anreiz, sich abzusetzen.

Die zweite Bedingung hatte mit der Beschaffenheit der Nahrung zu tun, die den zur Umverteilung bestimmten zentralen Vorrat bildete. Wenn das Vorratshaus des Häuptlings mit leicht verderblichen Knollen wie Yamswurzeln oder Süßkartoffeln gefüllt war, dann waren die Möglichkeiten zur Zwangsausübung viel begrenzter, als wenn der Speicher Reis, Weizen, Mais oder andere kultivierte Getreidesorten enthielt, die sich von einer Ernte bis zur nächsten sicher aufbewahren ließen. Häuptlingsherrschaften, denen die räumliche Einschränkung fehlte oder die nicht über haltbare Vorräte verfügten, erreichten häufig die Schwelle zum Königreich nur, um infolge des massenhaften Exodus oder Aufstands unzufriedener Untertanen wieder zu zerfallen.

Hawaii in der Zeit vor der Ankunft der Europäer ist ein Beispiel für eine Gesellschaft, die an die Schwelle zum Königreich gelangte, ohne sie je richtig zu überschreiten. Sämtliche Inseln des hawaiischen Archipels waren unbesiedelt, bis irgendwann zu Anfang des 1. Jahrtausends v. Chr. polynesische Seefahrer in hochseetauglichen Kanus dort an Land gingen. Das Herkunftsgebiet dieser ersten Ansiedler waren vermutlich die Marquesasinseln ungefähr 3 000 Kilometer südöstlich. Falls sie von dort kamen, waren sie wahrscheinlich schon mit gesellschaftlichen Verhältnissen, in denen Große eine Rolle spielten, oder mit einfachen egalitären Häuptlingsherrschaften vertraut. Tausend Jahre später, als die ersten Europäer mit ihnen in Berührung kamen und sie beobachteten, lebten die Hawaiianer in hochgradig stratifizierten Gesellschaften, die alle Merkmale staatlich organisierter Gesellschaften aufwiesen, abgesehen davon, daß Rebellionen und Machtübernahmen ebenso häufig vorkamen wie Kriegszüge gegen äußere Feinde. Die Bevölkerungszahl dieser Staatswesen oder Protostaaten schwankte zwischen 10 000 und 100 000 Personen. Jeder Staat war in mehrere Bezirke unterteilt, und jeder Bezirk bestand aus mehreren Dorfgemeinschaften. An der Spitze der politischen Hierarchie stand ein König oder Möchtegern-König, der *ali'i nui* genannt wurde. Oberhäuptlinge, die man als *ali'i* bezeichnete, regierten die Bezirke, und deren Bevollmächtigte, rangniedere Häuptlinge mit dem Titel *konohiki,* verwalteten die dörflichen Gemeinschaften. Der größte Teil der Bevölkerung bestand aus Gemeinen, die das Fischen, den Ackerbau und die handwerkliche Produktion besorgten.

Irgendwann, ehe die ersten Europäer erschienen, hatte das hawaiische Umverteilungssystem den Rubikon überschritten, der die unverhohlene Besteuerung von einer nicht mehr ausgewogenen Geschenkpraxis trennt. Nahrungsmittel und handwerkliche Erzeugnisse wurden bei den Gemeinen abgeschöpft, gingen an die Bezirkshäuptlinge und von dort weiter an den *ali'i nui.* Die *konohiki* hatten dafür zu sorgen, daß ihr Dorf genug produzierte, um den Bezirkshäuptling zufriedenzustellen, der seinerseits den *ali'i nui* zufriedenstellen mußte. Der *ali'i nui* und die Bezirkshäuptlinge verwendeten die Nahrungsmittel und handwerklichen Erzeugnisse, die ihnen durch das Umverteilungssystem zuflossen, um ihr Gefolge aus Priestern und Kriegern zu beköstigen und zu versorgen. Zu den Untertanen floß davon höchstens tröpfchenweise etwas zurück, sieht man einmal von Dürrezeiten und Hungersnöten ab, wo die fleißigsten und ergebensten Dörfer damit rechnen konnten, vom *ali'i nui* und den Bezirkshäuptlingen Notrationen gewährt zu bekommen. Wie David Malo, ein hawaiischer Häuptling aus dem 19. Jahrhundert, bemerkte, stellten die Vorratsspeicher für den *ali'i nui* ein Mittel dar, die Zufriedenheit der Untertanen zu sichern, damit sie ihm die Treue hielten: „Wie die Ratte die Speisekammer nicht verläßt, so werden auch die Leute den König nicht verlassen, solange sie meinen, daß in seinem Vorratshaus Lebensmittel sind."

Wie hatte sich dieses System entwickelt? Archäologische Funde zeigen, daß mit wachsender Bevölkerung die Siedlungen sich allmählich von einer Insel auf die andere ausbreiteten. Fast tausend Jahre lang blieben die Hauptsiedlungsgebiete in Küstennähe, wo Yamswurzeln, Süßkartoffeln und Taroknollen, die auf den fruchtbarsten Stückchen Land angebaut wurden, durch Nahrung aus dem Meer ergänzt werden konnte. Im 15. Jahrhundert begannen die Siedlungen sich schließlich in die höhergelegenen Ökozonen im Landesinneren auszudehnen, wo die Böden schlecht waren und nur unzureichend Regen fiel. Als die Bevölkerung noch weiter wuchs, wurden die Wälder im Landesinneren abgeholzt oder niedergebrannt, und große Gebiete fielen der Erosion zum Opfer oder versteppten. Eingeklemmt zwischen Ozean und unfruchtbaren Berghängen hatte die Bevölkerung keine Möglichkeit mehr, sich den Häuptlingen, die es zum König bringen wollten, zu entziehen. Die genannte Bedingung räumlicher Einschränkung begann zu greifen. Den Rest der Geschichte kennen wir durch mündliche Überlieferung und Legenden. Nach 1600 führten verschiedene Bezirke unablässig Krieg gegeneinander, mit dem Ergebnis, daß einzelne Häuptlinge zeitweilig ganze Inseln unter ihre Herrschaft brachten. Diese *ali'i nui* übten zwar große Macht über die Gemeinen aus, aber ihre Beziehungen zu den Oberhäuptlingen, Priestern und Kriegern blieben, wie schon angedeutet, außerordentlich labil. Unzufriedene Parteien schürten Rebellionen oder zettelten Kriege an und zerstörten die zerbrechliche politische Einheit, bis eine neue Koalition von Möchtegern-Königen ein weiteres, ebenso unsicheres Bündnissystem ins Leben rief. 1778 fuhr James Cook in den Hafen von Waimea ein und schuf damit die Voraussetzung für den Verkauf von Feuerwaffen an die hawaiischen Häuptlinge. Der *ali'i nui*, Kamehameha I., sicherte sich das Monopol auf den Kauf dieser neuen Waffen und setzte sie postwendend gegen seine mit Speeren bewaffneten Rivalen ein. Nachdem er sie ein für allemal niedergeworfen hatte, machte er sich 1810 als erster zum König über die gesamte hawaiische Inselgruppe.

Bleibt die Frage, ob die Hawaiianer es bis zu einer stabilen staatlich organisierten Gesellschaft gebracht hätten, wären sie für sich geblieben. Ich bezweifle das. Sie verfügten über eine intensive Landwirtschaft, große Ernteüberschüsse, ausgetüftelte hierarchisch geordnete Umverteilungssysteme, Besteuerung, Arbeitszuteilungen, und sie führten äußere Kriege. Aber etwas fehlte: eine Erntefrucht, die sich vom einen Jahr bis zum nächsten vorrätig halten ließ. Yamswurzeln, Süßkartoffeln und Taroknollen waren kalorienreiche, aber wenig haltbare Früchte. Sie ließen sich nur einige Monate aufbewahren. Auf die Vorratshäuser der hawaiischen Häuptlinge war deshalb nicht zu bauen, wenn es darum ging, große Scharen von Gefolgsleuten in Notzeiten zu erhalten, zu denen es auf Grund von Dürreperioden oder infolge der Verwüstungen durch langdauernde Kriege kam. Mit David Malo gesprochen, war die Speisekammer zu häufig leer, um den Häuptlingen zu erlauben, sich zum König aufzuschwingen.

Und nun ist es Zeit zu erzählen, was anderswo passierte, wo die Speisekammer voll war.

Die ersten Staaten

Zum ersten Mal geschah es im Vorderen Orient, daß aus einer Häuptlingsherrschaft ein Staat wurde, genauer gesagt in Sumer, im Süden von Iran und Irak, zwischen 3500 und 3200 v. Chr. Warum im Vorderen Orient? Vermutlich, weil diese Gegend besser als andere frühe Zentren der Staatsbildung mit wilden Grassorten und mit Tierarten versehen war, die sich für die Domestizierung eigneten. Die wilden Vorformen von Weizen, Gerste, Schaf, Ziege, Rind und Schwein, sie alle gediehen in den Hochlandregionen der Levante und auf den Ausläufern des Zagros-Gebirges und begünstigten dadurch einen zeitigen Übergang von Wirtschaftsformen auf Sammlerbasis zu einer seßhaften, dörflichen Lebensweise.

Was die Menschen am Ende der Eiszeit veranlaßte, ihre Jäger-und-Sammler-Existenz aufzugeben, bleibt unter Archäologen umstritten. Aber es liegt nahe anzunehmen, daß im Zuge der Erwärmung der Erde nach 12 000 v. Chr. eine Kombination aus Umweltveränderungen und Raubbau am Wildbestand zum Aussterben einer ganzen Reihe von Großwildarten führte und daß dies die Attraktivität der alten Subsistenzweise stark minderte. In verschiedenen Gebieten der Alten und der Neuen Welt suchten die Menschen das Verschwinden der Großwildarten dadurch zu kompensieren, daß sie ihre Nahrungssuche auf eine breitere Palette von Pflanzen und Tieren ausdehnten, wozu auch die Wildformen der uns heute vertrauten Getreidearten und Haustiere gehörten.

Im Vorderen Orient, der während der Eiszeit nie einen so reichen Großwildbestand aufgewiesen hatte wie andere Gegenden, verlegten sich vor mehr als 13 000 Jahren die Jäger und Sammler auf eine Ausbeutung der Standorte wilder Weizen- und Gerstensorten. In dem Maß, wie ihre Abhängigkeit von diesen Pflanzen wuchs, waren sie gezwungen, ihre nomadische Lebensweise einzuschränken, weil die Körner alle zur gleichen Zeit reif wurden und für den Rest des Jahres auf Vorrat gehalten werden mußten. Da die Wildkornernte nicht von einem Lager zum anderen mitgeschleppt werden konnte, wurden Gruppen wie die des Natufian, einer Kultur, die sich etwa 10 000 v. Chr. in der Levante entwickelte, seßhaft, bauten Vorratshäuser und errichteten dauerhafte Siedlungen. Von der festen Ansiedlung in der Nähe von Wildweizen- und Wildgerstestandorten bis zur gezielten Vermehrung derjenigen Pflanzen, bei denen die Körner besonders groß waren und nicht schon bei der leisesten Berührung vom Halm fielen, war es nur ein kleiner Schritt. Und in dem Maß, wie die wilden Standorte bebauten Feldern wichen, wurden Schafe und Ziegen in die Nachbarschaft der Menschen gelockt, die bald erkannten, daß es praktischer war, die Tiere einzupferchen, zu füttern und im Blick auf die Auslese nützlicher Eigenschaften zu züchten, als sie einfach nur so lange zu jagen, bis es keine mehr gab. Und so begann die Periode, die von den Archäologen als Neolithikum, Jungsteinzeit, bezeichnet wird.

Die frühesten Siedlungen durchliefen rasch die Stadien der Unterordnung unter Anführer und Große und entwickelten sich zu einfachen Häuptlingsherrschaften. Jericho zum Beispiel, in einer Oase im heutigen Westjordanien gelegen, bedeckte bereits 8000 v. Chr. eine vier Hektar große Fläche und hatte 2000 Einwohner, und um 6000 v. Chr. umfaßte Çatal Hüyük in der Südtürkei ein 13 Hektar großes Gebiet und hatte 6000 Einwohner. Seine Ruinen bergen eine umwerfende Vielzahl von Kunstwerken, gewebten Stoffen, Wandmalereien, Wandplastiken. Auf Wandmalereien – den frühesten, die man in Häusern gefunden hat – sieht man einen Bullen, Jagdszenen, tanzende Männer und Geier abgebildet, die sich auf menschliche Leiber stürzen, ausgeführt in den Farben Rot, Rosa, Malve, Schwarz und Gelb. Die Bewohner von Çatal Hüyük pflanzten Gerste und drei Weizensorten an. Sie hielten Schafe, Rinder, Ziegen und Hunde und wohnten in Verbundhäusern, die sich auf einen Innenhof hin öffneten. Türen gab es nicht; hinein kam man nur durch Öffnungen oben im Flachdach.

Wie bei allen Häuptlingsherrschaften der Fall, standen offenbar auch die neolithischen Dörfer unter der ständigen Drohung räuberischer Überfälle aus der Ferne. Jericho war von Gräben und Mauern umgeben (lange vor der biblischen Zeit), und auf einer der Mauern erhob sich ein kreisrunder Wachturm. Andere frühe neolithische Siedlungen wie Tell-es-Sawwan und Maghzaliyah im Irak waren ebenfalls ummauert. Ich muß anmerken, daß zumindest einer der Archäologen die These vertritt, die ersten in Jericho gebauten Mauern hätten weniger der Verteidigung gegen bewaffnete Überfälle als dem Schutz gegen Erdrutsche gedient. Aber der Turm mit seinen engen

Sehschlitzen war eindeutig für Verteidigungsaufgaben konstruiert. Und daß die Mauern um Tell-es-Sawwan und Maghzaliyah den hölzernen Palisaden entsprachen, die in Gegenden mit reichlich Wald typisch für Siedlungen der Häuptlingsherrschaftsperiode sind, duldet ebenfalls keinen Zweifel. Hier lebten keine friedlichen, harmonisch gestimmten, arglosen Landleute, die sich nur um die Bestellung ihrer Felder kümmerten und ihre Herden hüteten. Bei Çayönü in der Südtürkei, nicht weit von Çatal Hüyük, grub James Mellaart eine große Steinplatte aus, über die einst menschliches Blut geflossen war. Und in der Nähe fand er mehrere Hundert menschliche Schädel ohne das übrige Skelett. Und warum sonst, wenn nicht zum Schutz gegen fremde Räuber, hätten die Bewohner von Çatal Hüyük ihre Häuser ohne ebenerdigen Eingang bauen sollen?

Wie alle häuptlingsherrschaftlichen Gesellschaften betätigten sich auch die des Neolithikums im Fernhandel. Bevorzugte Artikel für diesen Austausch mit weit weg liegenden anderen Siedlungen waren Obsidian, ein vulkanischer Glasfluß, der für die Herstellung von Messern und anderen Schneidinstrumenten verwendet wurde, und Tonwaren. Çatal Hüyük scheint ein Zentrum für die Domestikation und Züchtung von Rindern gewesen zu sein, die „exportiert“ und gegen eine Vielzahl von handwerklichen Produkten und Rohstoffen ausgetauscht wurden, unter anderem fünfundfünfzig verschiedene Mineralien.

Auch der Grad von Spezialisierung innerhalb der neolithischen Siedlungen und zwischen ihnen spricht dafür, daß viel Handel getrieben und sonstiger Austausch praktiziert wurde. In Beidha in Westjordanien war ein Haus schwerpunktmäßig mit der Anfertigung von Schmuckketten befaßt, während andere sich auf die Feuersteinbearbeitung verlegt hatten und wieder andere auf das Schlachten von Tieren. In Çayönü hatte sich eine Gruppe von Häusern auf Schmuckkettenherstellung spezialisiert. In Umm Dabajioua im Nordirak hatte sich offenbar die ganze Siedlung der Gerberei verschrieben, während die Bewohner von Yarim Tepe und Tell-es-Sawwan auf die Massenanfertigung von Töpferwaren spezialisiert waren.

Es gibt auch Hinweise auf Umverteilungspraktiken und gesellschaftliche Rangunterschiede. In Bougras in Syrien zum Beispiel befindet sich neben dem größten Haus im Dorf eine Art Vorratsspeicher, und in Çatal Hüyük und Tell-es-Sawwan unterscheiden sich die

Grabkammern nach der Größe und nach der Menge der Grabbeigaben, die den einzelnen Toten mitgegeben wurden.

In den frühesten Zentren des Ackerbaus und der Viehzucht waren die Menschen für die Bewässerung ihrer Felder noch vom Regen abhängig. Als der Bevölkerungsdruck größer wurde, fingen sie an, mit künstlichen Bewässerungssystemen zu experimentieren und die trokkeneren Teile von Sumpfgegenden zu entwässern und zu bepflanzen. Sumer, das in den regenlosen, aber sumpfigen und überschwemmungsgefährdeten Deltaregionen des Zweistromlands von Euphrat und Tigris lag, wurde auf diese Weise besiedelt. Ursprünglich angewiesen auf die Uferzonen natürlicher Wasserläufe, wurden die Sumerer bald völlig abhängig von der künstlichen Bewässerung ihrer Weizen- und Gerstenfelder, womit sie sich endgültig in der Falle verfingen und die letzte Bedingung für den Übergang in staatliche Verhältnisse erfüllten. Angesichts wachsender Ansprüche auf Steuerzahlungen und öffentliche Arbeitsleistungen, die ihre Möchtegernkönige erhoben, stellten die einfachen Leute in Sumer fest, daß es ihnen nicht mehr freistand, sich dem Druck durch einen Exodus zu entziehen. Wie sollten sie ihre künstlich angelegten Kanäle und ihre bewässerten Felder, Gärten und Obsthaine, die Frucht der Arbeit von Generationen, mitnehmen? Um fern von den Flüssen leben zu können, hätten sie eine hirtennomadische Lebensweise annehmen müssen, wozu ihnen alle erforderlichen Fertigkeiten und technischen Mittel fehlten.

Wann und wo genau der Übergang in Sumer stattfand, können die Archäologen nicht sagen. Aber um 4350 v. Chr. begannen über die größeren Siedlungen Lehmziegelbauten emporzuragen, die mit Rampen und Terrassen versehen waren, Zikkurat genannt wurden und zugleich als Festung und Tempel dienten. Wie die Erdhügel, Grabmäler, Megalithen und Pyramiden, die man überall auf der Erde findet, zeugen die Zikkurats von der Existenz entwickelter Häuptlingsherrschaften, die imstande waren, den Einsatz von größeren Mengen dargebrachter Arbeitskraft zu organisieren. Sie waren die Vorläufer des über 100 Meter hohen großen Turms von Babylon und des biblischen Turms von Babel. Um 3500 v. Chr. gab es in Uruk im Irak Straßen, Häuser, Tempel, Paläste und Festungsanlagen auf einer Fläche von mehreren Hundert Hektar. Vielleicht vollzog sich der Übergang hier. Wenn nicht, dann fand er in Lagasch, Eridu, Ur oder

Nippur statt, die allesamt um 3200 v. Chr. unabhängige Königreiche bildeten.

Von denselben internen Spannungen beherrscht, durch die auch Häuptlingsherrschaften in den Krieg getrieben wurden, waren die sumerischen Königreiche doch in einer wesentlichen Hinsicht im Vorteil. Nur Staaten verfügten über genügend verwaltungstechnisches Know-how und militärische Macht, um aus unterworfenen Völkern Arbeitsleistungen und Subsistenzmittel herauszupressen. Indem sie die besiegten Völkerschaften zu einer landbearbeitenden Klasse zusammenfaßten, entfesselten die Staaten eine wachsende Woge territorialer Expansion. Je volkreicher und produktiver sie wurden, um so mehr Macht gewannen sie, noch weitere Völker und Gebiete zu unterwerfen und auszubeuten. Nach 3000 v. Chr. errang abwechselnd das eine oder andere der sumerischen Königreiche die Vorherrschaft über ganz Sumer. Aber bald schon bildeten sich am Euphrat weiter stromaufwärts andere Staaten. 2350 v. Chr. eroberte einer von ihnen unter seinem König Sargon I. das gesamte Mesopotamien, einschließlich Sumers und der Gebiete zwischen Euphrat und Mittelmeer. Die nächsten 4300 Jahre lang löste ein Reich das andere ab: Es folgten einander Babylonier, Assyrer, Hyksos, Ägypter, Perser, Griechen, Römer, Araber, Osmanen, Briten. Die Menschheit hatte einem Raubtier zum Leben und zur Macht verholfen, das ganze Erdteile verschlang. Wird sie je imstande sein, dieses Raubtier, ihre eigene Schöpfung, so zu zähmen, wie sie die Wildformen von Schaf und Ziege zähmte?

Warum wir religiös wurden

Das gesellschaftliche Leben der Menschen läßt sich nicht verstehen, wenn man es unabhängig von den tiefsitzenden Glaubens- und Wertvorstellungen betrachtet, die zumindest auf kürzere Sicht unserem Umgang miteinander und mit der Welt der Natur Beweggründe und Antrieb liefern. Ich darf deshalb meine Geschichte der politischen und ökonomischen Entwicklung unterbrechen, um mich gewissen Fragen zu stellen, die sich auf die religiösen Überzeugungen und Verhaltensformen der Menschen beziehen.

Zuerst einmal: Gibt es irgendwelche Vorformen von Religion bei den nichtmenschlichen Tierarten? Die Antwort lautet nur dann ja, wenn man von einem Religionsbegriff ausgeht, der weit genug ist, um „abergläubische" Reaktionen mit zu umfassen. Die Verhaltenspsychologen kennen schon lange das Phänomen, daß Tiere Reaktionen ausbilden können, die sie irrtümlicherweise mit einer Belohnungssituation verbinden. So wird zum Beispiel eine Taube in einen Käfig gesetzt, in den ein automatischer Futterspender in unregelmäßigen Abständen Nahrungskügelchen wirft. Wenn die Nahrung zufällig gespendet wird, während der Vogel sich kratzt, fängt er an, sich schneller zu kratzen. Wird die Nahrung gespendet, während er mit den Flügeln schlägt, fährt der Vogel mit Flügelschlagen fort, als könne er dadurch den Futterapparat beeinflussen. Bei den Menschen findet man vergleichbare Formen von Aberglauben, man denke etwa an die kleinen Rituale von Tennisspielern vor dem Aufschlagen, wenn sie den Ball soundsoviel Mal auf der Erde aufspringen lassen, sich die Hand trockenreiben oder die Bespannung des Schlägers befingern. Nichts von alledem hat mit der Frage, ob sie den Punkt machen werden, das mindeste zu tun, wiewohl durch die ständige Wiederholung sichergestellt ist, daß sie jedesmal, wenn sie den Punkt machen, vorher das Ritual ausgeführt haben. Desgleichen könnten auch manche geringfügigeren Formen phobischen Verhaltens beim Menschen auf Assoziationen zurückgehen, die sich eher einem zufälligen Zusammentreffen als einem empirischen Zusammenhang verdanken. Ich kenne einen Herzchirurgen, der sich während des Operierens nur noch mit Unterhaltungsmusik berieseln läßt, seit ihm ein Patient gestorben ist, während klassische Musik gespielt wurde.

Der Aberglaube wirft die Frage nach dem kausalen Zusammenhang auf. Wie eigentlich wirken die Handlungen und Dinge, die durch abergläubische Vorstellungen in Verbindung gebracht werden, aufeinander ein? Eine akzeptable, wenn auch eher ausweichende Antwort besteht darin, dem ursächlichen Tun oder Objekt eine innere Kraft zuzuschreiben, durch die es die beobachtete Wirkung erzielt. In abstrahierter oder verallgemeinerter Form kann diese innere Kraft oder Macht die Erklärung für viele außergewöhnliche Ereignisse und für Erfolge oder Mißerfolge im Leben liefern. In Melanesien nennen die Menschen diese Kraft *mana.* Fischhaken, mit denen man große Fische fängt, Werkzeuge, mit denen sich komplizierte Schnitzereien ausführen lassen, Kanus, mit denen man heil durch Stürme segelt, oder Krieger, die viele Feinde umbringen, sie alle verfügen über besonders geballte Ladungen von *mana.* In unseren westlichen Kulturen kommen die Vorstellungen von Glück und Charisma der Idee des *mana* ziemlich nahe. Ein Hufeisen besitzt in gesammelter Form eine Kraft, die Glück bringt. Ein charismatischer Führer zeichnet sich dadurch aus, daß er von einer großen Überzeugungskraft durchdrungen ist.

Aber sind abergläubische Vorstellungen, *mana,* Glück und Charisma religiöse Vorstellungen? Ich meine nein. Wenn wir nämlich Religion mit dem Glauben an irgendwelche innewohnenden Kräfte oder Mächte gleichsetzen, werden wir nur zu bald Schwierigkeiten haben, Religion und Physik voneinander zu unterscheiden. Schließlich sind auch die Schwerkraft und die Elektrizität unsichtbare Kräfte, die wir mit beobachtbaren Wirkungen in Zusammenhang bringen. Es ist zwar richtig, daß die Physiker über die Schwerkraft viel mehr wissen als über das *mana,* aber eine ganz genaue Kenntnis der Art und Weise, wie die Schwerkraft ihre Wirkung erzielt, haben sie auch nicht. Und könnte man nicht die Ansicht vertreten, daß es sich bei abergläubischen Vorstellungen und Begriffen wie *mana,* Glück und Charisma gleichfalls einfach nur um Kausaltheorien handelt, die physikalische Kräfte und Potentiale betreffen, von denen wir halt vorläufig noch nicht allzu viel wissen?

Sicher, die wissenschaftliche Forschung hat für die Schwerkraft mehr experimentelle Nachweise geliefert als für das *mana,* aber das

Ausmaß der experimentellen Verifizierung, der eine Theorie unterworfen wird, kann nicht darüber entscheiden, ob es sich bei ihr um eine religiöse oder um eine wissenschaftliche Anschauung handelt. Wenn es sich so verhielte, dann wäre jede experimentell ungeprüfte oder unzureichend überprüfte Theorie eine religiöse Überzeugung (wie auch jede wissenschaftliche Theorie, die sich als falsch erweist, während die Wissenschaft sie noch für wahr hält!). Manche Astronomen vertreten die Theorie, daß sich im Zentrum jeder Milchstraße ein schwarzes Loch befindet. Soll man hier von einem religiösen Glauben sprechen, weil andere Astronomen solch eine Theorie zurückweisen oder sie für nicht hinlänglich überprüft halten?

Es ist nicht die Qualität der Überzeugung, wodurch ein religiöser Glaube sich von einer wissenschaftlichen Annahme unterscheidet. Vielmehr ist, wie als erster Edward Tylor geltend gemacht hat, die Grundlage alles spezifisch Religiösen im menschlichen Denken der Animismus, das heißt der Glaube, daß die Menschen sich die Erde mit einer Klasse außergewöhnlicher, körperloser und zumeist unsichtbarer Wesen teilen, die von Seelen und Gespenstern bis zu Heiligen und Feen, Engeln und Cherubim, Dämonen, Dschinns, Teufeln und Göttern reichen.

Wo immer die Menschen an eines oder mehrere dieser Wesen glauben, da gibt es Religion. Tylor behauptete, animistische Glaubensvorstellungen fänden sich in jeder Gesellschaft, und ein Jahrhundert ethnologischer Forschung hat bis jetzt noch kein einziges Gegenbeispiel zu Tage gefördert. Der problematischste Fall ist der Buddhismus, den Tylors Kritiker als eine Weltreligion ohne Götter- oder Seelenglaube dargestellt haben. Aber die normalen Gläubigen außerhalb der buddhistischen Klöster haben die atheistischen Konsequenzen der Lehren von Gautama nie akzeptiert. Selbst in den Klöstern machte der Hauptstrang des Budhhismus aus Buddha rasch eine oberste Gottheit, die eine Reihe von Inkarnationen durchlaufen hatte und über ein Pantheon von niederen Gottheiten und Dämonen herrschte. Und so, wie sie sich von Indien nach Tibet, Südostasien, China und Japan verbreiteten, waren die verschiedenen Zweige des Buddhismus voll ausgebildete animistische Religionen.

Warum ist der Animismus universal? Tylor hat ausführlich über diese Frage nachgedacht. Seine Überlegung war, daß eine Glaubensvorstellung, die praktisch zu allen Zeiten und an allen Orten ständig neu in Erscheinung trat, kein bloßes Phantasieprodukt sein konnte. Sie mußte vielmehr in Beobachtungen und Erfahrungen gründen, die ebenso omnipräsent und universal waren. Was waren das für Erfahrungen? Tylor verwies auf Träume, Trancezustände, Erscheinungen, Schattenbilder, Spiegelungen und den Tod. Wenn wir träumen, bleibt der Körper im Bett; aber ein anderer Teil von uns steht auf, spricht mit den Leuten und reist in ferne Gegenden. Trancezustände und drogenbedingte Visionen vermitteln ebenfalls die lebhafte Vorstellung von einem anderen Selbst, das vom eigenen Körper unterschieden und getrennt ist. Schattenbilder und Spiegelbilder im Wasser deuten auf das Gleiche hin, sogar im hellen Licht des normalen Wachzustands. Die Vorstellung von einem inneren Wesen – einer Seele – verleiht all diesen Phänomenen Sinn. Die Seele ist es, die umherwandert, während wir schlafen, die in den Schattenbildern steckt, die uns von der Oberfläche des Teichs anblickt. Vor allem aber erklärt die Seele das Geheimnis des Todes: Ein lebloser Körper ist ein Körper, der seiner Seele auf Dauer beraubt ist.

Übrigens liegt in der Vorstellung von der Seele nichts, was uns anzunehmen zwingt, daß jeder Mensch nur eine hat. Die alten Ägypter hatten zwei, und das gilt auch für viele westafrikanische Gesellschaften, bei denen sich sowohl die patrilinearen als auch die matrilinearen Vorfahren in der Persönlichkeit des einzelnen niederschlagen. Die Jívaro in Ekuador haben drei Seelen. Die erste Seele – *mekas* – gibt dem Körper Leben. Die zweite Seele – *arutam* – muß durch ein rauschmittelinduziertes visionäres Erlebnis an einem heiligen Wasserfall errungen werden. Sie verleiht ihrem Besitzer Tapferkeit und Unverletzlichkeit im Kampf. Die dritte Seele – *musiak* – bildet sich im Kopf eines sterbenden Kriegers und sinnt darauf, seinen Tod zu rächen. Die Dahome behaupten, Frauen hätten drei Seelen und Männer vier. Beide Geschlechter haben eine Ahnenseele, eine persönliche Seele und eine *mawn*-Seele. Die Ahnenseele schützt das Leben des einzelnen, die persönliche Seele ist verantwortlich dafür, was der einzelne mit seinem Leben anfängt, und die *mawn*-Seele ist ein Stück vom Schöpfergott *Mawn*, das den einzelnen göttlicher Leitung teilhaftig werden läßt. Die vierte, den Männern vorbehaltene Seele befähigt diese dazu, in der Familie und in der Sippe Führungpositionen zu übernehmen. Aber den Rekord in der Seelenzahl scheinen die Fang in Gabun zu halten. Sie haben sieben: eine Gehirnseele, eine Herzseele, eine Namensseele, eine Lebenskraftseele, eine Körperseele, eine Schattenseele und eine Geisterseele.

Warum haben wir im Westen nur eine Seele? Darauf habe ich keine Antwort. Vielleicht gibt es auch keine. Ich halte es für möglich, daß viele Einzelheiten religiöser Glaubensvorstellungen und Praktiken sich historisch bestimmten Ereignissen und einmaligen individuellen Entscheidungen in einer einzelnen Kultur verdanken und unter Kosten-Nutzen-Gesichtspunkten keine erkennbaren Vor- oder Nachteile haben. Während der Seelenglaube als solcher den allgemeinen kulturellen Ausleseprinzipien unterliegt, kann es sein, daß die Frage, warum man an eine oder mehrere Seelen glaubt, sich nicht im Rahmen dieser Prinzipien beantworten läßt. Aber seien wir nicht zu sehr darauf bedacht, jede Einzelheit im menschlichen Leben, deren Verständnis Schwierigkeiten bereitet, gleich als ein für allemal irrational abzustempeln. Haben wir etwa nicht die Erfahrung gemacht, daß oft beharrliches Nachforschen Antworten zutage fördert, die zuvor unerreichbar schienen?

Die Entwicklung der Geisterwelt

Zu allen Arten von Geisterwesen, die wir in den heutigen Religionen finden, gibt es in den Religionen der vorstaatlichen Gesellschaften Gegenstücke oder genaue Vorbilder. Die Veränderungen, die in den animistischen Glaubensvorstellungen seit dem Neolithikum stattgefunden haben, betreffen Akzentverschiebungen und den Grad der Ausarbeitung der jeweiligen Vorstellung. Zum Beispiel glaubten hordenförmig oder dorfgemeinschaftlich organisierte Völker vielfach an Götter, die auf Berggipfeln oder im Himmel selbst lebten und die das Vorbild abgaben für die späteren Vorstellungen eines höchsten Wesens oder anderer mächtiger Himmelsgottheiten. Bei den australischen Aborigines schuf der Himmelsgott die Erde und ihre natürlichen Gegebenheiten, lehrte die Menschen jagen und Feuer machen, gab ihnen ihre gesellschaftlichen Normen und zeigte ihnen, wie man mit Hilfe der Initiationsriten aus Kindern Erwachsene macht. Die Namen dieser Art von höchsten Wesen – Baiame, Daramulum, Nurunderi – durften nur Initiierte in den Mund nehmen. Desgleichen glaubten auch die Selk'nam auf Feuerland an „den einen da oben". Den Yaruro von Venezuela galt eine „große Mutter" als Schöpferin der Welt. Die Maidu von Kalifornien glaubten an einen großen „Töter im Himmel". Bei den Semang in Malaysia war es Kedah, der alles geschaffen hatte, einschließlich des Gottes, der die Erde und die Menschen schuf. Die Bewohner der Andamaneninseln hatten Puluga, dessen Haus im Himmel ist, und die Winnibago hatten den „Macher der Erde".

Auch wenn die vorstaatlichen Völker gelegentlich zu diesen großen Geistern beteten oder sie sogar mit Hilfe von Trancezuständen aufsuchten, lag doch das Schwergewicht der animistischen Glaubensvorstellungen anderswo. Tatsächlich mieden die meisten der frühen Schöpfergottheiten den Kontakt mit den Menschen. Nachdem sie das Universum geschaffen hatten, zogen sie sich von den Geschäften dieser Welt zurück und überließen die übrigen, niederen Gottheiten, die animistischen Wesen und die Menschen ihrem Geschick. Rituell gesehen, waren die wichtigste Gruppe animistischer Wesen die Ahnen der Horden, Dorfgemeinschaften, Klans oder sonstigen Sippenverbände, deren Angehörige sich durch eine gemeinsame Abstammung verbunden glaubten.

Daß die Menschen, die in Horden und Dorfgemeinschaften leben, ein kurzes Gedächtnis in bezug auf den einzelnen Toten haben, ist bereits erwähnt worden. Statt die Jüngstverstorbenen zu ehren oder nach ihrem Wohlwollen zu streben, belegen die egalitären Kulturen häufig die Namen dieser Verstorbenen mit einem Bann und sind bemüht, ihre Geister fernzuhalten beziehungsweise zu meiden. Bei den Washo, einem indianischen Sammlervolk, das im Grenzgebiet zwischen Kalifornien und Nevada lebte, waren die Seelen der Toten böse, weil sie ihrer Körper beraubt waren. Sie waren gefährlich und mußten gemieden werden. Die Washo verbrannten deshalb die Hütte des Toten sowie seine Kleider und seine persönliche Habe und verlegten klammheimlich ihr Lager an einen Ort, wo sie hofften, daß die Seele des Toten sie nicht finden würde. Die Dusun auf Nordborneo verfluchen die Seele eines Verstorbenen und raten ihr, sich vom Dorf fernzuhalten. Widerstrebend sammelt die Seele die Habseligkeiten auf, die an der Grabstelle zurückgelassen wurden, und macht sich auf den Weg ins Land der Toten.

Aber dieses Mißtrauen gegenüber den kürzlich Verstorbenen erstreckt sich nicht auch auf die ältesten Toten beziehungsweise auf die Ahnengeister im allgemeinen. Im Einklang mit ihrer Abstammungsideologie gedenken die Völker, die in Horden und Dorfgemeinschaften leben, ihrer gemeinsamen Ahnengeister und suchen sie sich günstig zu stimmen. Viel von dem, was wir als Totemismus kennen, ist eine Art von diffusem Ahnenkult. Indem sie entsprechend den Abstammungsregeln den Namen eines Tiers, zum Beispiel des Känguruhs oder des Bibers, beziehungsweise eines Naturphänomens, zum Beispiel der Wolken oder des Regens, annehmen, bringen die Menschen ihre gemeinsame Verpflichtung gegenüber den Begründern ihres Sippenverbands zum Ausdruck. Diese Verpflichtung umfaßt häufig Rituale, deren Ziel es ist, die Vermehrung des tierischen oder natürlichen Totems zu befördern, zu beschirmen und sicherzustellen und damit denn auch für die Gesundheit und das Wohlergehen der in Gestalt des Totems verehrten menschlichen Ahnen zu sorgen. Die australischen Aborigines zum Beispiel glaubten, daß sie von tierischen Ahnen abstammten, die in der Traumzeit am Anfang der Welt das

Land durchzogen und verstreute Erinnerungszeichen an ihre Wanderungen zurückließen, ehe sie zu Menschen wurden. Alljährlich vollzogen die Nachkommen eines bestimmten totemistischen Vorfahren dessen Traumzeitwanderung nach. Sie gingen von Platz zu Platz, sangen, tanzten und besahen sich heilige Steine, die entlang der Fährte, auf der das erste Känguruh oder die erste Mottenlarve gewandelt war, in Verstecken aufbewahrt wurden. Ins Lager zurückgekehrt, verkleideten sie sich als ihr Totem und ahmten dessen Verhalten nach. Die Mottenlarvenmänner bei den Arunta zum Beispiel schmückten sich mit Schnüren, Nasenknochen, Rattenschwänzen und Federn, bemalten ihre Körper mit dem heiligen Muster der Mottenlarve und bauten eine Reisighütte, die wie der Kokon der Mottenlarve geformt war. Sie gingen in diese Hütte und sangen von der Wanderung, die sie gemacht hatten. Dann kamen die Anführer, gefolgt von den übrigen, schlurfend und im Gleitschritt heraus, in Imitation ausgewachsener Mottenlarven, die sich entpuppen.

In den meisten dorfgemeinschaftlich organisierten Gesellschaften wacht eine unbestimmte Schar von Ahnengeistern streng über die Nachkommen und ist jederzeit bereit, sie zu bestrafen, wenn sie Blutschande begehen oder sich über bestimmte Eßtabus hinwegsetzen. Wichtige Unternehmungen – Jagden, Gartenarbeiten, Schwangerschaften, Kriegszüge – brauchen für ihr Gelingen den Segen der Ahnen, und den erlangt man gewöhnlich dadurch, daß man zu Ehren der Ahnen Feste abhält, nach der Devise, daß auch bei den Ahnen das Wohlwollen durch den Magen geht. Überall auf dem Hochland von Papua-Neuguinea zum Beispiel ist man überzeugt davon, daß die Geister der Ahnen genauso gern Schweinefleisch essen wie die lebenden Menschen. Wenn ein Kriegszug bevorsteht oder wenn wichtige Ereignisse im Leben des einzelnen wie Hochzeit oder Tod feierlich begangen werden müssen, werden ganze Schweineherden geschlachtet, um die Ahnen günstig zu stimmen. Aber in Übereinstimmung mit einer politischen Organisation, die sich auf der Ebene eines durch einflußreiche Männer praktizierten Umverteilungssytems bewegt, beansprucht niemand für seine Ahnen eine Sonderbehandlung.

In dem Maß, wie die Bevölkerung zahlreicher wird, größerer Reichtum zu erben ist und der innergesellschaftliche Wettstreit zwischen verschiedenen Sippenverbänden zunimmt, tendieren die Menschen dazu, im Zusammenhang mit Erbansprüchen auf Ländereien und andere Besitztümer bestimmten Verwandten nach deren Tod mehr Aufmerksamkeit zuteil werden zu lassen. Die Dobuans, die auf den Admiralitätsinseln im Südpazifik leben und Yamswurzeln anbauen und Fischfang betreiben, haben dem Anschein nach Ansätze eines spezifischeren Ahnenkults ausgebildet. Wenn das Oberhaupt einer Dobuanfamilie starb, säuberten seine Kinder seinen Schädel, hängten ihn am Gebälk ihres Hauses auf und versorgten ihn mit Essen und Trinken. Sie redeten ihn mit „Herr Geist" an, erbaten seinen Schutz gegen Krankheit und Unheil und holten mittels Orakel seinen Rat ein. Wenn Herr Geist nicht spurte, drohten ihm seine Erben mit dem Rausschmiß. Tatsächlich zog Herr Geist immer den kürzeren. Der Tod seiner Kinder bewies am Ende, daß er zu nichts mehr nutze war. Also warfen die Enkel, wenn sie an der Reihe waren, Herrn Geist in die Lagune und ersetzten ihn durch den Schädel ihres eigenen Vaters als Symbol des neuen Schutzheiligen der Familie.

Als sich dann die Häuptlingsherrschaften entwickelten, stellten die Herrschenden Fachleute an, deren Aufgabe es war, die Namen ihrer edlen Ahnen im Gedächtnis zu bewahren. Um sicherzustellen, daß die sterblichen Überreste dieser Vornehmen nicht wie der Schädel von Herrn Geist weggeworfen wurden, ließen die Oberhäuptlinge aufwendige Grabmäler erbauen, die in anschaulicher Form die Verbindung zu den vergangenen Generationen aufrechterhielten. Als schließlich mit der Bildung von Staatwesen und Königreichen die Seelen der Herrscher emporstiegen, um im Himmel an der Seite der höchsten Gottheiten ihren Platz einzunehmen, wurden die mumifizierten sterblichen Überreste zusammen mit erlesenem Mobiliar, seltenem Geschmeide, goldbeschlagenen Streitwagen und anderen Preziosen in gewaltigen Grabkammern und Pyramiden bestattet, die nur ein echter Gott hatte errichten können. Aber diesen Teil der Geschichte habe ich bereits erzählt.

Die wesentlichen animistischen Rituale

In ältesten Zeiten ging der Glaube an die Existenz von Geistern vielfach mit der Hoffnung einher, auf diese Geister so weit Einfluß nehmen oder Zwang ausüben zu können, daß sie den Menschen zu einem längeren, gesünderen und befriedigenderen Leben verhalfen. Jede Kultur, die wir kennen, verfügt über ein Repertoire von Techniken, um solche Hilfe zu erlangen. In den einfachen Horden- oder Dorfgesellschaften sind diese Techniken und ihre Anwendung den meisten Erwachsenen vertraut, ganz entsprechend dem ungehinderten und egalitären Zugang, den die letzteren auch zu den natürlichen Ressourcen haben.

Bei den Eskimos brauchte ein Mann einen Jagdgesang, eine Mischung aus Sprechgesang, Gebet und magischer Beschwörung, die er von seinem Vater oder seinen Onkeln väterlicherseits erbte oder irgendeinem berühmten Jäger abkaufte. Diesen Gesang intonierte er halblaut, während er sich für die Tagesgeschäfte fertigmachte. Um den Hals trug er einen kleinen Beutel, der voll war mit kleinen Tierschnitzereien, Krallen- und Fellstückchen, Kieseln, Insekten und anderen Dingen, von denen jedes einem persönlichen „Hilfsgeist“ entsprach, der den Jäger vor feindlichen Geistern schützte und ihm bei der Jagd behilflich war. Eine ähnlich individualisierte Beziehung zu Schutzgeistern war früher für einen Großteil Nordamerikas typisch. Bei den Crow-Indianern in den Prärien des Mittelwestens brauchte ein Mann einen „Schutzgeist“, um als Krieger, Jäger oder Liebhaber erfolgreich zu sein. Einen solchen Geist zu gewinnen war nicht leicht: Er mußte einem erscheinen und seine Identität kundtun. Mangels halluzinogener Hilfsmittel und im Einklang mit einem Kodex, der persönliche Tapferkeit und Unempfindlichkeit gegen Schmerzen hochhielt, suchte der junge Crow die Erscheinung mit Hilfe selbstauferlegter Martern herbeizuführen. Er ging allein ins Gebirge, zog sich nackt aus und verzichtete auf Essen und Trinken. Wenn das noch nicht genügte, hackte er sich ein Stück vom vierten Finger der linken Hand ab. Da sie von Kindesbeinen an darauf getrimmt waren, mit dem Kommen der Erscheinung zu rechnen, war bei den meisten der jungen Crow ihre

Bemühung auch von Erfolg gekrönt. Ein Büffel, eine Schlange, ein Hühnerhabicht, ein Donnervogel, ein Zwerg oder ein geheimnisvoller Fremder nahm sich ihrer an, lehrte sie einen geheimen Gesang und verhieß ihnen Erfolg in der Schlacht, beim Pferdefang oder bei der Bewältigung irgendeiner anderen Lebensaufgabe.

Ungeachtet des Gewichts, das bei den Horden und Dorfgemeinschaften auf die Eigeninitiative in religiösen Dingen gelegt wird, räumen alle uns bekannten Gesellschaften dieses Typs ein, daß bestimmte Individuen, die man als Schamanen kennt, über eine besondere Fähigkeit verfügen, sich der Hilfe aus der Geisterwelt zu versichern. (Das Wort Schamane stammt von den Tungusisch sprechenden Völkern in Sibirien.) Schamanen sind Experten darin, durch Träume und Trancezustände mit der Welt der Geister Verbindung aufzunehmen und in Verkehr zu treten. Um sich in Trance zu versetzen, nehmen sie halluzinogene Mittel ein, tanzen zum monotonen Schlag einer Trommel oder schließen einfach nur die Augen und konzentrieren sich. Ihre Körper werden starr, und sie fangen an zu schwitzen, zu stöhnen und zu zittern, während sie in die Geisterwelt überwechseln und ihre Schutzgeister um Hilfe bei der Krankenheilung, bei der Wahrsagerei, beim Auffinden verschwundenener Personen und bei der Abwehr böser Mächte ersuchen.

Wir wissen, daß die Schamanen überall auf der Welt über jede Menge Zaubertricks verfügen, die sie einsetzen, um bei ihren Klienten Eindruck zu schinden. Die sibirischen Schamanen hielten ihre Seancen in verdunkelten Zelten ab, deren Ecken durch lange Lederriemen, die unsichtbar unter den Decken auf dem Boden entlangliefen, mit den Zehen des Schamanen verbunden waren. Wenn der Schutzgeist eintraf, brauchten die Schamanen nur mit den Zehen zu wackeln, um das Zelt in heftige Schwankungen zu versetzen. Die Geister sprachen dann mit hoher Stimme, die unter dem Zeltdach zu schweben schien, denn sibirische Schamanen waren geübte Bauchredner. Zu anderen Täuschungsmanövern kam es im Zusammenhang mit dem in vorindustriellen Gesellschaften weitverbreiteten Glauben, daß Krankheiten die Folge von schädlichen Objekten sind, die durch Zauberer in den Körper von Menschen praktiziert werden. Die Schamanen suchten mit Unterstützung ihrer Hilfsgeister diese Objekte gewöhnlich dadurch zu entfernen, daß sie den Mund gegen die Haut des Betroffenen preßten und saugten. Zur Vorbereitung der Entfernungsaktion versetzten sich die nord- und südamerikanischen Schamanen mittels Tabaksqualm, den sie in mächtigen Zügen einatmeten und dann auf den Patienten bliesen, in einen Rauschzustand. Aus Leibeskräften schnaufend, keuchend und saugend weicht der Medizinmann schließlich zurück und spuckt oder würgt triumphierend einen Knochensplitter, einen Dorn oder eine tote Spinne aus, wohl wissend, daß nichts davon je im Körper des Patienten gewesen ist.

Michael Harner, ein moderner Verfechter des schamanischen Verfahrens, behauptet, an der Saugbehandlung sei nichts Betrügerisches. Die Schamanen nähmen das schädliche Objekt in den Mund, weil es zur Entfernung seines *spirituellen* Pendants beitrage, das sich in der Tat im Körper des Patienten befinde und schuld an der Krankheit sei. Indem sie das eingedrungene Objekt ausspuckten oder auswürgten, bedienten sich also die Schamanen bloß eines materiellen Symbols zur Darstellung einer geisterweltlichen Realität. Vielleicht verhält es sich so. Aber ich gebe einer etwas anderen Interpretation den Vorzug. Die moderne Medizin vertritt die These, daß Kranke, die fest davon überzeugt sind, sich auf dem Weg der Besserung zu befinden, stärkere immunologische Reaktionen zeigen und größere Aussicht haben zu gesunden, als diejenigen, die ihren Zustand für hoffnungslos halten. Kein Zweifel, daß sowohl die Schamanen als auch die Patienten glauben, daß Krankheiten durch eingedrungene Objekte verursacht werden. Damit aber aus diesem Glauben therapeutischer Nutzen gezogen werden kann, muß der Patient davon überzeugt werden, daß der Schamane das Objekt erfolgreich entfernt hat. Deshalb begünstigte die kulturelle Auslese die Verwendung von Täuschungsmanövern und Taschenspielertricks, um den für die Heilwirkung erforderlichen Nachweis zu erbringen, selbst wenn aus Sicht des Schamanen die eigentliche therapeutische Leistung in der Entfernung unsichtbarer Objekte aus der Geisterwelt bestand.

Auch nach dem Entstehen von Häuptlingsherrschaften und Staatswesen blieb der Schamanismus ein wichtiger Bestandteil des religiösen Lebens. Tatsächlich hat er seine Anziehungskraft für breite Volksschichten nie verloren, und sogar heute noch machen zahlreiche Menschen von ihm Gebrauch, um zwischen den Lebenden und den Toten eine Verbindung herzustellen. Shirley MacLaines Methode, „auf Wellenlänge" zu kommen – das heißt sich unter Anleitung von „Hilfsgeistern" auf eigene frühere Inkarnationen einzustimmen –, ist nur eine unter Hunderten von modernen schamanistischen Spielarten.

Behaupte ich also, daß die heutigen religiösen Rituale mehr oder minder die gleichen sind wie zu Anfang? Keineswegs. Der Aufstieg von Häuptlingsherrschaften und Staatswesen führte zur Entstehung neuer Ebenen des religiösen Glaubens und Handelns, die dem Entwicklungsstand zentralisierter Gesellschaften entsprachen. Zusammen mit den fortgeschrittenen Häuptlingsherrschaften und Staatswesen bildeten sich klerikale Einrichtungen, die von geschulten, vollberuflichen Fachleuten betrieben wurden – es traten die ersten Kirchen und die ersten Priester auf den Plan. Anders als die Schamanen hielten sich die Priester von der normalen Bevölkerung getrennt, studierten Astronomie, Kosmologie und Mathematik, führten Buch über den Ablauf der Jahreszeiten und andere wichtige kalendarische Ereignisse und legten den Willen der vergöttlichten Ahnen der Herrschenden und der Götter selbst aus. Aber es gab auch Kontinuität. Lange Zeit blieben die Rituale der klerikalen Fachleute dieselben wie jene, die in einfachen Ahnenkulten für die Vorfahren zelebriert worden waren. Wie Herr Geist und die schweinefleischsüchtigen Ahnen auf Neuguinea wollten auch die Götter der frühen Priesterreligionen zu essen haben. Aufgabe der ersten Priester war es, dafür zu sorgen, daß sie ordentlich zu essen bekamen.

Tausch mit den Göttern

Die Beziehungen der Menschen zu den Göttern waren immer durch eine enorme Vielzahl von Gefühlen, Motiven und Erwartungen bestimmt. Aber es wäre schiere Heuchelei zu leugnen, daß seit Beginn des animistischen Denkens ein Beweggrund, der allen anderen Regungen zugrunde liegt, von entscheidender Bedeutung gewesen ist: Die Menschen haben stets von den Göttern und anderen Geisterwesen erwartet, daß sie ihnen in der einen oder anderen Hinsicht Vorteil bringen. Mit Ruth Benedicts Worten gesagt, war „die Religion zuerst und vor allem ein Mittel zum Erfolg". In den allermeisten Fällen war der erstrebte Nutzen höchst handgreiflich und diesseitig: Genesung, Erfolg in Handelsgeschäften, Regen, um verdorrende Felder zu bewässern, ein Sieg in der Schlacht. Bitten um Unsterblichkeit, Wiederauferstehung und ewige himmlische Glückseligkeit mögen weniger materialistisch scheinen, aber immerhin werden auch hier die Götter als Lieferanten von Gütern und Dienstleistungen vorgestellt. Selbst wenn die erstrebten Vergünstigungen in nichts weiter bestehen als im Beistand der Götter bei dem Bemühen, gemäß dem göttlichen Willen zu denken und zu handeln oder Seelenfrieden zu erlangen, – es bleibt eine Dienstleistung, was wir erstreben, mögen unsere Motive auch noch so erhaben sein. Hat es je eine Religion gegeben, die sich nicht ebensosehr dafür interessierte, was die Götter für die Menschen, wie dafür, was die Menschen für die Götter tun konnten? Ich glaube nicht.

An den praktischen Zielen ihres Umgangs mit den Göttern ließen die Priesterreligionen in den alten Häuptlingsherrschaften und Staatswesen durchaus keinen Zweifel. Die Menschen erwarteten Güter und Dienstleistungen von der Geisterwelt, und es war die primäre Aufgabe der priesterlichen Fachleute – der erklärte Zweck all ihres Wissens und Wirkens – diese Erwartungen zu befriedigen.

Bei ihrem Bemühen um göttlichen Beistand und Segen verfügen die klerikalen Experten über eine begrenzte Zahl von Verfahrensmöglichkeiten. Tatsächlich sind sie im großen und ganzen gezwungen, die gleichen Strategien anzuwenden, mit deren Hilfe die Menschen untereinander Güter und Dienstleistungen zu erlangen suchen. Man kann es mit einer aggressiven Vorgehensweise probieren, indem man den Göttern für den Fall, daß sie nicht spuren, Repressalien androht. Oder aber man kann sich darauf einlassen, den Göttern im Tausch gegen die gewünschten Vergünstigungen Güter und Dienstleistungen zu überlassen, die für sie von Wert sind. Oder man appelliert an die Barmherzigkeit und Großzügigkeit des überlegenen Tauschpartners und verspricht ihm dafür Liebe und Hingabe. Schließlich bleibt als Äußerstes noch das Opfer, worin ich eine Bekundung der Liebe und Dankbarkeit sehe, die durch einen Akt der Selbstschädigung untermauert wird, etwa dadurch, daß man sich selbst verstümmelt, ein Wesen, das man liebt, umbringt, oder ein Stück Eigentum, dem man Wert beimißt, zerstört.

Nur wenige Priesterreligionen springen mit ihren Gottheiten auf so forsche und rachsüchtige Weise um wie die Dobuans mit Herrn Geist. Wenn in den Priesterreligionen Götter schlecht behandelt werden, dann von seiten verstimmter Laien. Von bäuerlichen Gegenden in Mexiko zum Beispiel ist bekannt, daß Dörfler die Standbilder ihrer Schutzheiligen auspeitschten, wenn diese es versäumten, Regen fallen zu lassen oder Krankheit fernzuhalten. Aber von den klerikalen Amtsinhabern werden derartige Handlungen mißbilligt. Der Grund, warum die Kirchen selbst auf solche drakonischen Maßnahmen gegen widerspenstige Götter verzichten, dürfte darin zu suchen sein, daß die Maßnahmen ja nur bei kleineren und relativ schwachen Gottheiten erfolgversprechend sind. Wie aber sollten Götter, die nach dem Muster von Herrn Geist bereits bei so lächerlichen Drohungen und Bestrafungen klein beigeben, jene großen Dinge vollbringen können, die in den Priesterreligionen von ihnen erwartet werden?

Denen, die sich um den Beistand der Hochgötter der Priesterreligionen bemühten, ist stets der Tausch als eine angemessenere Vorgehensweise erschienen. Aber Tausch setzt voraus, daß die Menschen etwas haben, was die Götter wollen. Was kann das sein? Eine gängige Antwort ist, daß die göttliche Wertschätzung den gleichen Dingen gilt wie die menschliche. Deshalb rangierten früher in praktisch allen Priesterreligionen Essen und Trinken, ohne die Menschen nicht leben können, an der Spitze der Liste göttlicher Bedürfnisse. Tatsächlich scheinen viele frühe Praktiken des Austauschs mit den Göttern auf der stillschweigenden Annahme zu basieren, daß die Götter sich in erster Linie deshalb die Mühe machten, Menschen zu erschaffen, weil sie diese als Nahrungsbeschaffer brauchten. Wie das babylonische Gilgamesch-Epos berichtet, litten die Götter zusammen mit den Menschen Hunger, als eine große Flut die Erde überschwemmte. In der biblischen Version von der Sintflut finden sich noch Spuren dieser wechselseitigen Abhängigkeit. Als das Wasser fällt, bringt Noah „von allerlei reinem Vieh und von allerlei reinem Geflügel" dem Herrn Brandopfer dar, der den „lieblichen Geruch" riecht und verspricht, nie mehr eine Sintflut zu schicken.

Um es klipp und klar zu sagen: Die frühen Priesterreligionen sahen Menschen und Götter in einen Nahrungskreislauf eingebunden. Ohne den Beistand der Götter konnten die Menschen nie und nimmer ihre Ernährung sichern. Um indes diesen Beistand zu erlangen, mußten sie den Göttern zu essen geben. Luden sie sich so aber die Bürde auf, ewig hungrige Götter mit Nahrung zu versorgen, verschärften sie dann nicht dem Anschein nach bloß die eigene Ernährungssituation, statt sie zu verbessern? Nein. Aus diesem Dilemma gab es nämlich einen einfachen Ausweg. Nahrung, die man für die Geisterwesen bereitstellte, verschwand ja nicht plötzlich: Wie jedes normale Essen, das man stehen läßt, verkam sie. Offensichtlich verzehrten die Götter als Geister, die sie waren, nur den spirituellen Bestandteil der Nahrung, die man ihnen darbrachte. Der stoffliche Teil konnte demnach unter der Aufsicht der klerikal und politisch Verantwortlichen verteilt und als eine Nahrung verzehrt werden, deren Genuß den Menschen von den Göttern erlaubt worden war. Klingt das vertraut? Das sollte es eigentlich, denn was ich beschreibe, ist die spirituelle Seite jener auf Umverteilung berechneten Tauschsysteme, deren Bedeutung für die Ausbildung politischer Rangordnungen ich bereits erörtert habe.

In dem Maß, wie die Beziehungen zwischen den Herrschenden und dem einfachen Volk sich hierarchisierten, verlor die per Tausch vollzogene Umverteilung mehr und mehr ihre materielle Ausgewogenheit, und was einmal als Geschenke der Menschen an ihre Ahnen angefangen hatte, endete als Zwangsabgaben – Naturalsteuern –, die von Kirche und Staat erhoben wurden. Aber kann man sagen, daß die einfachen Leute, von deren Abgaben die klerikalen Eliten lebten, ein schlechtes Geschäft dabei machten? Nicht, wenn die Priester recht hatten mit ihrer Behauptung, daß die Menschen verhungern müßten und die Erde mitsamt allem, was sich auf ihr befand, zu Schaden käme, falls die Götter von den Priestern nicht beizeiten mit Nahrung versorgt würden.

Fleischopfer

Auch wenn die Götter Allesfresser sind und pflanzliche Nahrung und Getränke (zumal alkoholische Getränke) durchaus mögen, steht doch überall, wo man einen Blick auf frühe religiöse Praktiken erhaschen kann, Fleisch im Zentrum des Tauschzirkels, der die Welt der Menschen mit der Geisterwelt verbindet. Das ist eine direkte Folgerung aus dem Prinzip, daß Götter und Menschen dieselben Dinge schätzen. Da Fleisch für die Menschen diejenige Nahrung ist, die das höchste Ansehen genießt und allgemein am meisten begehrt ist, gilt dasselbe auch für die Götter. Die Folge war, daß das Schlachten von Tieren und religiöse Rituale im Zuge der Entwicklung priesterlicher Institutionen sich eng miteinander verschränkten. In weiten Gebieten Europas, Asiens, Afrikas und Ozeaniens lief der Priesterberuf darauf hinaus, daß man über die erforderliche Kenntnis, Fähigkeit und Berechtigung verfügte, auf gottgefällige Weise Tiere zu schlachten. Die Massai, Nuer, Dinka und andere ostafrikanische Völker durften Haustiere, insbesondere Rinder, nur essen, wenn diese von fachkundigen Leuten rituell geschlachtet worden waren. Außerdem wurden Tiere nicht einfach dann geschlachtet, wenn irgend jemand Lust hatte, Fleisch zu essen, sondern nur bei bestimmten festlichen Gelegenheiten wie Geburten, Hochzeiten, Begräbnissen und dem Abschluß der Pubertätsunterweisung, wenn das Fleisch unter den Mitgliedern der Gemeinschaft verteilt werden konnte und alle etwas davon hatten. Heilige Texte, die auf bestimmte Glaubensvorstellungen und relgiöse Praktiken im alten Iran und in Indien hindeuten, lassen vermuten, daß im Zentrum der frühesten Priesterreligionen erstaunlich ähnliche Umverteilungsrituale standen. Im Yasna, dem ersten Teil des parsischen Avesta, einem heiligen Text aus dem alten Iran, gibt es eine Stelle, die folgendermaßen lautet: „Die Kuh schilt den Priester, der opfern soll, aber das Opfern versäumt. 'Mögest du kinderlos werden und verfolgt von Schmach, du, der du mich nicht austeilst, wenn ich gekocht bin, sondern mich für dein Weib oder deinen Sohn oder deinen eigenen Bauch mästest!'"

Wie diese Stelle andeutet, konnten im alten Iran Rinder nur

gegessen werden, wenn sie rituell geschlachtet worden waren; und das rituelle Schlachten stand in einem unauflöslichen Zusammenhang mit der Austeilung von Fleisch. Gräber in Indien, die aus der wedischen Zeit stammen, deuten auf ähnliche rituelle Beschränkungen hin. Das rituelle Schlachten von Haustieren und das Verteilen von Fleischportionen nach einem bestimmten Schlüssel fiel in die Zuständigkeit der Brahmanen, der Angehörigen der Priesterkaste. Die Menschen aßen ausschließlich Fleisch von Tieren, die von den Brahmanen rituell geschlachtet, den Göttern und Ahnen dargebracht und an geladene Gäste verteilt worden waren. Wie der Indoiranist Bruce Lincoln versichert, fand im indo-iranischen Raum das rituelle Schlachten in Gegenwart von Göttern statt, die zu diesem Anlaß herbeizitiert wurden und die nicht bloß als billigende Zuschauer, sondern als aktive Konsumenten spiritualisierten Fleischs anwesend waren. Und mit Hymnen und Gebeten machten die leitenden Priester deutlich, was als Gegenleistung von den Göttern erwartet wurde. „Es ist überwältigend, wie durchgängig ihre Bitten sich um weltliche Güter drehen – Reichtum, Erfolg und Wohlergehen."

Das keltische Europa vor der Römerzeit hatte ebenfalls seine Kaste von priesterlichen Fachleuten, die als Druiden bekannt sind. Julius Caesar stellt fest, in die Verantwortung der Druiden seien religiöse Angelegenheiten, die Deutung aller Art heiliger Vorgänge und „öffentliche und private Opfer" gefallen. Andere Quellen lassen deutlich werden, daß die druidischen Rituale sich um die Schlachtung und Verteilung von Haustieren, insbesondere von Rindern und Pferden drehte, dies unzweifelhaft auf dem Hintergrund der Vorstellung, derzufolge die Götter als Gegenleistung für ihre materiellen Wohltaten mit Nahrung versorgt werden mußten. Schließlich gibt es, wie jedermann, der das Alte Testament gelesen hat, weiß, die Leviten, die Nachkommen Aarons und designierten erblichen Priester im alten Israel, die für das rituelle Schlachten von Haustieren im Zusammenhang mit Opfern und Umverteilungsprozessen zuständig waren. Wie die Ostafrikaner heute noch konnten auch die Israeliten „Rindfleisch oder Lamm nur im Gefolge einer rituellen Handlung essen". Das 3. Buch Mose legt in allen Einzelheiten dar, wo, wann und wie geschlachtet werden durfte, wobei es häufig das Geschlecht des Tieres, sein Alter, seine Farbe und seinen physischen Zustand vorschreibt. Das Buch erwähnt mindestens sieben Arten von Opfern:

„Brandopfer“, „Dankopfer“, „Sündopfer“, „Schuldopfer“, „Hebeopfer“, „Schwingopfer“ und „Gelübdeopfer“.

Abgesehen vielleicht von den „Brandopfern“ entzogen die Opferhandlungen das Fleisch nicht dem Verzehr, auch wenn die Tiere stets geschächtet wurden und das Blut dazu diente, den Altar zu besprengen. Die Leviten behielten offenbar einen beträchtlichen Teil des Tieropfers für den eigenen Verzehr zurück. Im 4. Buch Mose stellt der Herr explizit fest, daß die Leviten „von allem Hochheiligen“, das ihm zum Opfer gebracht wird, das, „was nicht angezündet wird“, essen dürfen, vorausgesetzt, sie essen es „an einem hochheiligen Ort“ (18, 9–10). Ebenfalls nach dem 4. Buch Mose (7. Kapitel) wurden bei der Einweihung der ersten Stiftshütte in einem Zeitraum von 12 Tagen 36 Farren (Jungstiere), 144 Widder und Lämmer und 72 Ziegenböcke und Zicklein rituell geschlachtet. In dem Maß, wie die Israeliten von halbnomadischen Häuptlingsherrschaften zu staatlich organisierter Seßhaftigkeit übergingen, nahm der Umfang der Tieropfer zu. Bei der Einweihung des ersten Tempels in Jerusalem brachte König Salomon 22 000 Ochsen und 120 000 Schafe als „Dankopfer“ dar (die Zahlen scheinen übertrieben). Da man das viele Fleisch ja offenbar nicht verwesen ließ, verschleiert die Schilderung der Festlichkeit als einer Opferhandlung das eminent praktische Ergebnis, das im Einklang mit den überall in der alten Welt üblichen Umverteilungsfesten das Ereignis hatte. Tatsächlich war möglicherweise Salomons Umverteilungsfest nur ein schwacher Abglanz dessen, was wahrhaft große Wohltäter ihren Getreuen bieten konnten. Als der assyrische König Assurnasirpal seinen Palast in Kalach fertiggebaut hatte, schmiß er für 16 000 Einwohner der Stadt, 1 500 Personen königlichen Geblüts, 47 074 Männer und Frauen aus den übrigen Landesteilen und 5 000 ausländische Gesandte eine Party. Die zusammen mehr als 69 000 Gäste blieben zehn Tage lang und verzehrten in dieser Zeit 14 000 Schafe und 10 000 Schläuche Wein. Aber die Zeit der großen Wohltäter ging ihrem Ende entgegen.

Menschenopfer

Die frühen Priesterreligionen brachten den Göttern häufig Menschen zum Opfer. Aber nur selten betrachteten sie Menschenfleisch als eine den Göttern angenehme Nahrung, und bei den Festen, die freigebige Könige veranstalteten, wurden auch nicht die Überreste von Menschen wie Tierfleisch verteilt. (Zu der einen großen Ausnahme, von der wir Zeugnis haben, komme ich gleich.) Soweit die Priesterreligionen Menschenopfer brachten, handelte es sich oft um echte Opfer, deren Ziel es war, das Wohlwollen der Götter nicht durch ausgewogene Tauschaktionen und Nahrungszirkel zu gewinnen, sondern dadurch, daß man sich selber einen außergewöhnlichen Schaden zufügte. Das Darbringen von Kindern ist beispielhaft für das ganze Genre. Im Alten Testament verlangt Jahwe von Abraham, ihm als Zeichen seines Gehorsams seinen einzigen Sohn Isaak zum Opfer zu bringen. In letzter Sekunde lenkt Gott ein, und Isaak wird verschont. Nicht so bei den Kindsopfern, die während der Regierungszeit der drei abtrünnigen Könige Agaz (2. Buch Könige, 16,3), Manassa (ebd., 21,6) und Ahab (1. Buch Könige, 16,34) gebracht werden. In benachbarten Königreichen wurden ebenfalls Kinder als Schlachtopfer verwendet. Archäologische Ausgrabungen in Gezer deuten zum Beispiel darauf hin, daß die Kanaaniten der biblischen Zeit Kinder umbrachten und in die Fundamente von Tempeln und Palästen einmauerten. In einem frühen assyrischen Dokument ist davon die Rede, daß Kinder im Zuge ihrer Opferung verbrannt wurden.

Andere Zeugnisse deuten darauf hin, daß auch bei den Israeliten selbst Kindsopfer ursprünglich nichts Ungewöhnliches waren. Nach Jeremiah 7,30–31 bauen „die Kinder Juda" „die Altäre des Thopheth im Tal Ben-Hinnom, daß sie ihre Söhne und Töchter verbrennen, was ich nie geboten noch in den Sinn genommen habe". Das Thopheth war ein Bezirk unmittelbar südlich von Jerusalem, wo Eltern ihre Kleinkinder und Kinder den Priestern übergaben, damit diese sie zu Ehren des Baal lebendig verbrannten, wie wir aus 2. Könige, 17,16–17, erfahren: „... aber sie verließen alle Gebote des Herrn ... und dienten Baal und ließen ihre Söhne und Töchter durchs Feuer gehen...". Weitere Erwähnungen von Thopheths finden sich in 2. Könige 23,10 und in Jeremiah 32,35, wo sie offenbar mit dem Moloch-Kult in Zusammenhang stehen.

Das Jerusalemer Thopheth wurde von König Josiah abgerissen, der im 7. Jahrhundert v. Chr. regierte. Aber andere Völker im Mittelmeerraum und im Vorderen Orient erbauten Thopheths noch lange, nachdem die Hebräer damit aufgehört hatten. Die Phönizier, die mit ihren kanaanitischen Vorfahren viele kulturellen Merkmale gemeinsam hatten, bauten Thopheths in ihren Koloniegründungen auf Sizilien, Sardinien und in Tunesien. In Karthago in der Nähe des heutigen Tunis bauten sie das größte Thopheth von allen, wo sie die verkohlten Überreste ihrer Opfer in besonderen Urnen unter Steinmarkierungen beisetzten. Die Karthager opferten mindestens 600 Jahre lang Kinder, bis die Römer die Stadt 146 v. Chr. zerstörten. Die Archäologen Lawrence Stager und Samuel Wolff schätzen, daß allein im Zeitraum zwischen 400 und 200 v. Chr. 20 000 Urnen im karthagischen Thopheth beigesetzt wurden, womit letzteres der größte Friedhof für Menschenopfer wäre, der je entdeckt wurde. Das macht aus den Karthagern noch keineswegs die eifrigsten Menschenopferer aller Zeiten. Wie wir sehen werden, wurden sie von anderen noch übertroffen, die sich aber nicht die Mühe machten, die Überreste zu bestatten.

Kriegsgefangene waren eine andere Gruppe, aus der gewöhnlich Schlachtopfer rekrutiert wurden. Da feindliche Krieger sich nur in kostspieligen und gefährlichen Kämpfen gefangennehmen ließen, waren sie hervorragend geeignet, den sakrifiziellen Eifer ihres Besitzers unter Beweis zu stellen. Inschriften aus dem frühen Mesopotamien zeugen von der Häufigkeit, mit der die Tempelpriester Kriegsgefangene zum Opfer brachten. Ähnliche Praktiken gab es wahrscheinlich bei den Griechen und Römern der Frühzeit. Aus Homers Schilderung der Kämpfe um Troja erfahren wir, daß der griechische Held Achilles zwölf gefangene Trojaner auf dem Scheiterhaufen seines gefallenen Waffengefährten Patroklus verbrannte. Und noch bei der großen Seeschlacht von Salamis, die 480 v. Chr. zwischen Griechen und Persern ausgefochten wurde, befahl Themistokles, der Feldherr der Griechen, drei persische Gefangene zu opfern, um den Sieg zu erlangen. Aber in ihrer klassischen Zeit verwarfen die Griechen und Römer normalerweise das Menschenopfer als etwas, das sich nur für die Religion der „Barbaren“ schickte. Sie dachten dabei an Völker wie die Skythen, die am Unterlauf der Donau und an den Küsten des Schwarzen Meers lebten und die nach Herodot jedem Hundertsten der Gefangenen, die sie auf dem Schlachtfeld machten, die Kehle aufschlitzten. Die Kelten im nördlichen und westlichen Europa schlachteten häufig Kriegsgefangene, obwohl sie es vorzogen, das Opfer in einen Korb aus Weidengeflecht zu stecken und anzuzünden. Bei anderen Gelegenheiten schlitzten sie den Gefangenen den Bauch auf oder stachen sie so tot, daß die Druiden aus dem Zustand der Eingeweide oder aus der Stellung der Glieder, nachdem die Zuckungen aufgehört hatten, weissagen konnten.

Über die Opferung von Kriegsgefangenen in China zur Zeit der Shang-Dynastie (2. Jahrhundert v. Chr.) wissen wir ziemlich genau Bescheid. Die Shang-Priester benutzten hitzebedingte Risse auf Schulterblättern von Rindern und Schildkrötenpanzern, um aus ihnen das Orakel zu lesen. Sie ritzten in den Knochen oder Panzer die Fragen, auf die sie eine Antwort haben wollten, legten ihn ins Feuer und deuteten dann das Muster von Rissen, das durch die Hitze entstand. Eine immer wiederkehrende Frage auf diesen „Orakelknochen" war, ob – und wenn ja, wie viele – Rinder, Schafe, Ziegen und Kriegsgefangene geopfert werden mußten, um die Ahnen des Königs zufriedenzustellen: „Soll das Ritual des Königs mit der Opferung von zehn Kriegsgefangenen aus Chiang vollzogen werden? Oder sollen es zwanzig sein? Oder dreißig?" lauteten die Fragen etwa. Auf einem Knochen wird gefragt, ob nicht 400 Gefangene eine angemessene Zahl wären. Zieht man die Summe aus allen Zahlenangaben, bei denen es um die Opferung von Kriegsgefangenen aus Chiang geht, so kommt man zu dem Ergebnis, daß die Shangpriester mit Hilfe ihrer Orakelknochen über das Schicksal von mindestens 7 000 solcher Gefangener entschieden, wobei Chiang keineswegs der einzige Ort war, der Kriegsgefangene lieferte. Durch archäologische Befunde findet das, was die Orakelknochen erzählen, seine Bestätigung. Mehr als sechshundert Kriegsgefangene wurden in Hsiao t'un zur Einweihung einer einzigen königlichen Residenz umgebracht.

Am verbreitetsten waren Menschenopfer im Zusammenhang mit dem Tod und der Bestattung von Königen oder königlichen Personen. Wenn während der ältesten ägyptischen und sumerischen Dynastien ebenso wie im alten China, in Peru oder in afrikanischen Königreichen wie Uganda und Dahome Monarchen starben, konnten ihre Frauen,

Konkubinen, Köche, Stallknechte und andere Gefolgsleute damit rechnen, im Zuge der feierlichen Beisetzung des Großen rituell umgebracht zu werden. Daß bei der östlichen Chou-Dynastie in China (770–221 v. Chr.) dieser Brauch herrschte, ist archäologisch nachgewiesen. In Leigudum in Suixian in der heutigen Provinz Hubei fand man einundzwanzig Frauen im Alter zwischen dreizehn und fünfundzwanzig Jahren zusammen mit einem einzigen fünfundvierzigjährigen Mann in einem Einzelgrab bestattet. Noch im 3. Jahrhundert v. Chr., während der Ch'in-Dynastie, wurde der Fürst mit Gefolge beerdigt. Der zweite Ch'in-Kaiser zum Beispiel befahl, daß alle kinderlos gebliebenen Konkubinen seines Vaters ihrem Herrn ins Grab folgen sollten.

Der sakrifizielle Sinn dieser Rituale besteht im Verzicht des neuen Herrschers auf die persönlichen Besitztümer, die dem alten Herrscher am teuersten waren. Statt sie für den eigenen Gebrauch zurückzubehalten, schickt der neue Herrscher diese Besitztümer seinem Vorgänger hinterher, damit sie ihm im Himmel die gleichen Dienste wie auf Erden leisten können. Auf diese Weise hofft er, das Wohlwollen der erhabenen Ahnengottheiten zu gewinnen, von deren Beistand sein eigener Erfolg abhängt. Gleichzeitig ist natürlich die Tatsache, daß der König von seinen Frauen und Gefolgsleuten in den Tod begleitet wird, ein weiterer Beweis dafür, daß Könige keine normalen Sterblichen sind. Nicht nur genießen sie während ihrer Herrschaft die Dienste eines ungeheuren Gefolges von Dienern, Frauen und Konkubinen, sie können auch die ganze Gesellschaft mit ins Grab nehmen, nebst den weltweit teuersten und schönsten Kleidern, Juwelen, Möbeln und sonstigen handwerklichen Erzeugnissen. Noch ein weiterer, weltlicher Nutzen des Brauchs, das Gefolge mit dem König in den Tod zu schicken, sei vermerkt. Kann irgend etwas die Frauen und Dienerschaft des Königs stärker ermuntern, pfleglich mit ihm umzugehen, als das Bewußtsein, daß sein Tod auch der ihre ist?

Wie schon gesagt, sind die Götter der frühen Priesterreligionen nicht scharf auf Menschenfleisch. Deshalb waren Menschenopfer selten von festlichen Fleischverteilungen begleitet. Die Götter nahmen Menschenopfer an, aber nicht im Rahmen des Nahrungsaustauschs. Warum nicht? Wenn die frühen priesterlichen Götter fast durchweg Fleisch von Tieren schätzten, warum aßen sie dann nicht auch Menschenfleisch? Nun, da die Götter das mochten, was auch die

Menschen mochten, war ihre Ablehnung von Menschenfleisch einfach nur Ausdruck der Tatsache, daß die Menschen keinen Geschmack daran fanden, ihresgleichen zu essen. Das bringt uns zu der Frage, warum in entwickelten Häuptlingsherrschaften und frühen Staatswesen der Verzehr von Feinden verpönt war.

Die Götter, die kein Menschenfleisch mochten

Ich wünschte, ich könnte sagen, das weitverbreitete Kannibalismusverbot sei Ausdruck eines moralisch motivierten Bemühens um den Schutz menschlichen Lebens. Aber der kriegerische Charakter der entwickelten Häuptlingsherrschaften und frühen Staatswesen spricht entschieden gegen diese Version. Das Schlachten von Tieren auf dem Altar ist zu einem großen Teil nur das Vorspiel zur Menschenschlächterei auf dem Schlachtfeld. Nirgends findet sich auch nur der leiseste Hinweis darauf, daß die Krieger deshalb, weil ihnen verboten war, einander aufzuessen, weniger bereit gewesen wären, sich gegenseitig abzuschlachten. Um zu erklären, warum die Götter der frühen Priesterreligionen nicht geneigt waren, Menschenfleisch als Speiseopfer anzunehmen, müssen wir uns deshalb nach einem profaneren Grund umsehen.

Ehe ich mich daran mache, diese Erklärung zu geben, möchte ich klarstellen, daß die Menschen keine naturgegebene Abneigung dagegen haben, Fleisch der eigenen Art zu verzehren. Ich kann dem Leser versichern, daß es keine große Mühe macht, auch bei uns Fälle zu finden, in denen Menschen Kannibalismus praktizierten, ohne durch übergroßen Hunger, etwa auf Grund einer Belagerung oder im Anschluß an einen Schiffsbruch oder einen Flugzeugabsturz, dazu getrieben worden zu sein. Wie Karen Gordon-Grube von der Freien Universität Berlin gezeigt hat, waren die Ethnologen so sehr mit dem Nachweis von institutionalisiertem Kannibalismus unter den „Primitiven“ beschäftigt, daß sie dabei eine gutbelegte kannibalistische Tradition übersehen haben, die sich bei ihnen zu Hause findet. Vom 16. bis zum 18. Jahrhundert empfehlen medizinische Lehrbücher in England und auf dem europäischen Kontinent die Einnahme von „Mumie“, – „einem medizinischen Präparat aus den Überresten eines einbalsamierten, getrockneten oder auf andere Weise ‚präparierten‘ menschlichen Körpers, wobei es sich im Idealfall um den Körper eines Menschen handelte, der eines plötzlichen und möglichst auch gewaltsamen Todes gestorben war". Die Londoner Apotheken hatten dieses Allheilmittel auf Lager, aber für besonders hochwertige Erzeugnisse wurde man von den Ärzten an einen Mumienladen verwiesen.

Viele absolut zuverlässige Berichte, zu denen auch Augenzeugenberichte wie der von Lumholtz über die Aborigines im australischen Queensland zählen, bezeugen die Tatsache, daß in Häuptlingsherrschaften wie auch in Horden- und Dorfgesellschaften Kannibalismus weitverbreitet war. Von den verschiedenen Formen, die der Kannibalismus annehmen kann, gehört im Blick auf die Entwicklung der Priesterreligionen die des Kriegskannibalismus zu den interessantesten: Hier werden, häufig im Anschluß an eine als öffentliches Schauspiel zelebrierte Folterung der Opfer, die Körper von Kriegsgefangenen aufgegessen. Wie bereits erwähnt, sind uns durch jesuitische Missionare detaillierte Augenzeugenberichte dieses Brauchs bei Eingeborenenvölkern Nord- und Südamerikas überliefert, und daß er auch in Neuguinea praktiziert wurde, ist durch Ethnologen und andere Forscher bezeugt. Da in Europa und Asien Horden und Dorfgemeinschaften wie auch Häuptlingsherrschaften schon vor Tausenden von Jahren durch Gesellschaften mit staatlicher Organisation verdrängt wurden, gibt es für vorstaatlichen Kriegskannibalismus in diesen Gebieten keine Augenzeugenberichte. Deshalb ist man in der Frage, ob vorstaatliche Völker im eurasischen Raum einander aufgegessen haben oder nicht, auf archäologische Funde angewiesen.

Die Archäologen haben an Fundstätten aus der europäischen und asiatischen Frühzeit viele vom Rumpf getrennte Schädel und zerbrochene Knochen gefunden. Das Problem war aber zu entscheiden, ob diese Knochen von Kriegskannibalismus kündeten oder ob es sich nur um Einwirkungen von Raubtieren und Nagern beziehungsweise um Zeugnisse einer rituellen Behandlung der Körper verstorbener Angehöriger handelte. Diese Unklarheiten gelang es, an einer der Fundstätten zu beseitigen, nämlich in der Fontebregona-Höhle in Südostfrankreich, wo im 5. und 4. Jahrtausend v. Chr. dörflich organisierte Gruppen lebten. Die Ausgräber von Fontebregona stießen auf mehrere getrennte Haufen von durcheinandergeworfenen und zertrümmerten menschlichen Knochen, wobei jeder Haufen die Überreste von sechs oder sieben Menschen enthielt. Die Analyse unter dem Mikroskop hat ergeben, daß die Knochen zerbrochen worden waren, um an das Mark zu kommen, und daß sie mit genau den gleichen Werkzeugen und auf genau die gleiche Weise vom Fleisch befreit worden waren wie die Tierknochen, die ganz in der Nähe in derselben Höhle gefunden wurden. Hinzu kommt, daß die vertikale und horinzontale Verteilung der Knochen in dem Haufen darauf hindeutet, daß die betroffenen Individuen bei ein und derselben Gelegenheit getötet und zerlegt wurden. Schließlich ist es denkbar unwahrscheinlich, daß die Knochenreste von Begräbnisritualen stammen, die für verstorbene Angehörige abgehalten wurden, weil die Haufen nicht vergraben, sondern zusammen mit ähnlichen Ansammlungen von Tierknochen in der Höhle verstreut waren. Eine plausible Erklärung für die Haufen wäre, daß bei Mensch und Tier sowohl das Entbeinen des Fleischs als auch das Herausholen des Marks aus den Knochen auf einem Tierfell geschah, das auf dem Höhlenboden ausgebreitet wurde, und daß anschließend der ungenießbare Abfall auf die Seite gekippt wurde und einen einzigen Haufen bildete.

Nachdem ich nun ein paar von den Gründen angeführt habe, die für die Annahme sprechen, daß bei kriegführenden Horden, Dorfgemeinschaften und Häuptlingsherrschaften Kannibalismus eine weit verbreitete Erscheinung war, möchte ich zu der Frage zurückkehren, warum die Priesterreligionen, die man in frühen Gesellschaften mit staatlicher Organisation findet, gewöhnlich den Kannibalismus mit einem Bann belegten, nicht aber den Krieg. Meiner Meinung nach ist der ausschlaggebende Punkt bei der Sache die Fähigkeit politisch entwickelterer Gesellschaften, unterworfene Bevölkerungen als Arbeitskräfte nutzbar zu machen. Diese Fähigkeit wiederum hängt mit der größeren Produktivkraft der Bauern und sonstigen Arbeiter in diesen Gesellschaften zusammen. Je mehr deshalb die Bevölkerung eines Staatswesens wächst, um so größer wird das Mehrprodukt, das sie erzeugt, und je breiter die steuer- und tributpflichtige Basis wird, um so mächtiger wird die herrschende Klasse. Würden Kriegsgefangene in großem Umfang umgebracht und aufgegessen, so würde dadurch das Interesse der herrschenden Klasse an der Verbreiterung ihrer Basis aus Steuer- und Tributpflichtigen beeinträchtigt. Da Kriegsgefangene dazu dienen können, Überschüsse zu produzieren, ist es weit sinnvoller, die Produkte ihrer Arbeit zu verzehren, als das Fleisch ihrer Leiber, insbesondere, wenn zu den Überschüssen das Fleisch und die Milch von Haustieren gehören (worüber die Mehrzahl der

Horden- und Dorfgesellschaften nicht verfügt). Demgegenüber sind Horden und Dorfgemeinschaften nicht imstande, ein größeres Mehrprodukt zu erwirtschaften, haben keine militärische und politische Organisation, die ihnen erlaubt, unterworfene Völkerschaften unter einer Zentralgewalt zusammenzufassen, und kennen keine herrschende Klasse, die sich als Nutznießer der Steuereintreibung anbietet. Für Gesellschaften, die in Horden und Dorfgemeinschaften leben, besteht deshalb das kriegerische Verfahren, das dem Sieger am meisten Vorteile bringt, in der Dezimierung oder Vertreibung benachbarter Gruppen, um den Bevölkerungsdruck und seine Auswirkungen auf die Nahrungsmittelversorgung zu vermindern. Wegen ihrer geringen Produktivkraft können diese Gesellschaften aus der Gefangennahme von Feinden keine langfristigen Vorteile ziehen. Da die Gefangenen normalerweise nicht zur Mehrproduktion eingesetzt werden können, bedeutet ihre Heimführung als Sklaven einfach nur, daß man mehr Mäuler zu stopfen hat. Unter diesen Umständen ist das Töten und Aufessen der Gefangenen die vorhersehbare Lösung; wenn die gefangene Arbeitskraft nicht zur Schaffung eines Mehrprodukts verwendet werden kann, sind die Gefangenen als Nahrung wertvoller denn als Nahrungserzeuger.

Ich beeile mich hinzuzufügen, daß keine menschliche Gruppe den Kannibalismus außerhalb des Kriegszusammenhangs für ein kosteneffizientes Verfahren erachten wird. Der Fang und die Haltung von Menschen ist kostspieliger und mühsamer als der jeder anderen Tierart. Aber wenn die Horden und Dorfgemeinschaften sowieso Krieg führten (aus Gründen, die ich oben diskutiert habe), warum sollten sie sich dann nicht gegenseitig aufessen, wenn sich die Gelegenheit dazu bietet?

Die Götter, die Menschenfleisch aßen

Die große Ausnahme, die ich oben erwähnte, war die präkolumbianische Religion der Azteken. Anders als die Gottheiten der übrigen Priesterreligionen verlangten die Götter des aztekischen Staatswesens nach Menschenfleisch, insbesondere nach den Herzen frisch geschlachteter Menschen. Dem Glauben der Azteken zufolge würden die Götter die Welt zerstören, wenn ihr Verlangen nicht befriedigt wurde. Menschen zu opfern wurde deshalb zur wichtigsten Aufgabe der aztekischen Priesterschaft. Die Mehrzahl der Geopferten waren Gefangene, die von Kriegsexpeditionen nach Tenochtitlán, der Hauptstadt der Azteken, zurückgebracht wurden. Man zwang das Opfer, die abgeflachten Pyramiden hinaufzusteigen, die den heiligen Bezirk der Stadt überragten, und oben wurde es von vier Priester ergriffen, die es an Armen und Beinen packten und rückwärts mit dem Gesicht nach oben auf einen Steinaltar drückten. Ein fünfter Priester öffnete nun mit einem Obsidianmesser den Brustkorb des Opfers, riß das Herz heraus und beschmierte damit, während es noch schlug, das in der Nähe aufgestellte Standbild der Gottheit, der das Opfer gebracht wurde. Dann wurde die Leiche von Gehilfen die Stufen hinuntergerollt. Andere Gehilfen schnitten ihr den Kopf ab, durchbohrten diesen in Querrichtung mit einem hölzernen Stab und deponierten ihn neben den Köpfen früherer Opfer auf einem hohen Gittergestell oder Schädelgerüst.

Um jeden Zweifel darüber auszuschließen, was nun folgte, darf ich aus Bernaradino de Sahagúns *Historia General de las cosas de la Nueva España* zitieren, der von skrupulöser Wahrheitsliebe erfüllten, grundlegendsten Quelle über die aztekische Religion, die wir besitzen:

„Nachdem sie ihnen das Herz herausgerissen und das Blut in ein Kürbisgefäß geschüttet hatten, das dem Besitzer des Geschlachteten übergeben wurde, machten sie sich daran, den Leichnam die Pyramidenstufen hinunterzurollen. Auf einem kleinen Platz unten ließ man ihn liegen. Dort ergriffen ihn ein paar alte Männer, Quaquacuitlin genannt, und schleppten ihn zu ihrem Stammestempel, wo sie ihm die Gliedmaßen abhackten und ihn aufteilten, um ihn zu essen."

Immer wieder versichert Sahagún, daß es das übliche Los für die Leiche des Opfers war, verzehrt zu werden:

„Nachdem sie geschlachtet und ihnen die Herzen herausgerissen worden waren, wurden sie behutsam weggenommen und die Stufen hinuntergerollt. Unten angekommen, schnitt man ihnen die Köpfe ab, steckte einen Stab hindurch und trug die Körper zu den Häusern, die *calpulli* genannt werden, wo man sie aufteilte, um sie zu essen ... und sie nahmen ihre Herzen heraus und trennten ihre Köpfe ab. Und später teilten sie den Körper vollständig auf und aßen ihn ..."

Diego Duran, ein weiterer wichtiger Chronist, gibt Aufschluß darüber, bei welcher Gelegenheit die „Besitzer", das heißt die Krieger, von denen die Opfer gefangengenommen und nach Tenochtitlán geführt worden waren, deren Leichname aßen.

„Sobald das Herz herausgerissen war, wurde es der Sonne dargebracht und der Sonnengott mit Blut bespritzt. Zur symbolischen Einleitung des Sonnenuntergangs wurde die Leiche die Stufen der Pyramide hinuntergestürzt. Nach dem Opfer feierten die Krieger ein großes Fest mit viel Tanz, Zeremoniell und Kannibalismus."

Läßt sich im mindesten daran zweifeln, daß die Menschenopfer der Azteken das genaue Gegenstück zu den Umverteilungsfesten bildeten, die so viele andere frühe Priesterreligionen mit Tieropfern statt mit der Darbringung von Menschen bestritten?

Die kannibalischen Umverteilungsfeste der Azteken bescherten den Kriegern zum Lohn für erfolgreiche Kämpfe ein beträchtliches Fleischquantum. Teilnehmer an der Expedition von Cortez rechneten aus, daß sich auf dem größten Schädelgerüst im Zentrum von Tenochtitlán die Köpfe von 136 000 Schlachtopfern befanden. Aber es war ihnen unmöglich, die Zahl einer anderen Gruppe von Opfern zu schätzen, deren Köpfe zu zwei großen Türmen aufgeschichtet waren, die ausschließlich aus Hirnschalen und Kieferknochen bestanden, und ebensowenig zählten sie die Schädel, die auf fünf kleineren

Gerüsten zur Schau gestellt waren, die sich ebenfalls im Umkreis des Zentrums befanden. Einem meiner Kritiker zufolge kann das Hauptgerüst nicht mehr als 60 000 Schädel umfaßt haben. Selbst wenn diese niedrigere Zahl stimmt, bleibt der Umfang des in Tenochtitlán praktizierten Menschenopfers und Kannibalismus einmalig in der menschlichen Geschichte.

Warum aßen die Azteken und ihre Götter die Kriegsgefangenen auf, statt sie als Bauern und Sklaven arbeiten zu lassen, wie das andere staatlich organisierte Gesellschaften taten? Meine Antwort ist, daß es im Unterschied zu praktisch allen anderen staatlichen Gesellschaften die Azteken nie geschafft hatten, jene Tierarten zu zähmen, deren sich die anderen für ihre priesterlichen Umverteilungsfeste bedienten. Das heißt es fehlten ihnen Wiederkäuer wie Schafe, Ziegen, Rinder, Lamas oder Alpakas, die sich von Gras und Laub ernähren, das für Menschen unverdaulich ist. Und sie hatten auch keine Schweine, die in Ostasien als Resteverwerter eine so große Rolle spielen. Statt dessen waren ihre Hauptfleischquellen im Haustierbereich Truthahn und Hund, die sich beide unter vorindustriellen Bedingungen schlecht für eine massenhafte Fleischerzeugung eignen. Weder Truthähne noch Hunde können von Gras oder anderen Pflanzen mit hohem Zelluloseanteil leben und müssen deshalb mit pflanzlicher Nahrung gefüttert werden, die auch die Menschen selber verzehren. Als Fleischfresser sind Hunde besonders ungeeignet für die Erzeugung tierischen Fleischs in größerem Maßstab. Welchen Sinn hat es, Fleisch an Hunde zu verfüttern, um Fleisch für Menschen zu bekommen? Die Azteken bemühten sich tatsächlich, Hunderassen zu züchten, die sich mit *gekochter* pflanzlicher Nahrung mästen ließen; aber daß sie dies taten, beweist nur, wie groß ihre ungestillte Gier nach Fleisch war.

Auf das Gleiche verweist auch der Eifer, mit dem die Aztekten jede sich bietende Gelegenheit nutzten, um eine erstaunliche Vielzahl von kleinen, unergiebigen, natürlichen Nahrungsquellen für tierische Fette und Proteine auszubeuten, unter anderem Schlangen, Frösche, Käfer, Libellenlarven, Grashüpfer, Ameisen, Würmer, Kaulquappen, Steinfliegen und die Eier der Steinfliege. Natürlich aßen sie auch größeres Wild wie Rehe, Fische und Wasservögel, sooft sie dieser Tiere habhaft werden konnten, aber wenn man die gesamte Fleischausbeute aus allen natürlichen Nahrungsquellen auf die anderthalb Millionen Menschen umrechnet, die in einem Umkreis von 40 Kilometern um

Tenochtitlán lebten, kann die Tagesration pro Kopf nicht mehr als ein paar Gramm betragen haben. Infolgedessen sah, was den Verzicht auf den Verzehr von Kriegsgefangenen anging, die Kosten-Nutzen-Rechnung bei den Azteken anders aus als in den sonstigen frühen staatlichen Gesellschaften. Als Nebenprodukt von Kriegen wurden auch hier Gefangene „erzeugt“, aber ihre Brauchbarkeit als Sklaven und Bauern war stark eingeschränkt. Sie am Leben zu erhalten, trug zur Lösung des dringenden Problems der spärlichen tierischen Nahrungsquellen nichts bei, weil es keine Möglichkeit gab, zusätzliche Arbeitskraft in den Dienst einer Verbesserung der Fleischversorgung zu stellen. Im Unterschied zu den Herrschenden in anderen frühen staatlichen Gesellschaften hatte die aztekische Führungsschicht keinen Beweggrund, die Kriegsgefangenen am Leben zu erhalten. Indem sie diese Gefangenen als Fleischquelle für ihre Umverteilungsfeste verwendeten, konnten sie die Rolle großer Wohltäter, die sich der Loyalität ihrer Gefolgschaft würdig erwiesen, viel effektiver spielen, als wenn sie die Gefangenen zur Erzeugung von mehr pflanzlicher Nahrung eingesetzt hätten.

Ich behaupte also, daß der Hunger der aztekischen Götter auf Menschenfleisch eine getreue Widerspiegelung des Fleischhungers der Azteken selbst darstellt. Manche meiner Kritiker haben sich schwer damit getan, den Gedanken zu akzeptieren, daß ein ganzes religiöses Glaubenssystem durch etwas ihrer Meinung nach so Rohes und Gemeines bestimmt sein könne, wie das Verlangen nach Fleisch für Umverteilungsfeste. Vielleicht ist einer der Gründe für diese Haltung die Tatsache, daß in einer Zeit industriell betriebener Landwirtschaft Fleisch kein Luxusartikel mehr ist. In den meisten entwickelten Ländern sehen sich die Menschen eher der Gefahr ausgesetzt, zuviel tierisches Fett und Protein als zuwenig zu sich zu nehmen. Aber für Gesellschaften wie die Yanomami, für die Fleischhunger Ausdruck einer dezidierten physiologischen Mangelsituation war, galt dies nicht. Zu den meisten sogenannten vegetarischen Ernährungsweisen gehören Milch, Käse und Joghurt, alles Dinge, die in der azktekischen Küche augenscheinlich fehlten, weil die Azteken kein Milchvieh besaßen. Echter Vegetarismus, der meinem Verständnis nach nicht nur Fleisch, sondern auch Eier, Milchprodukte, Fisch und Geflügel ausschließt, ist eine lebensgefährliche Diät. Gewiß, ein gesunder Erwachsener kann durch den ausschließlichen Verzehr großer Getreidemengen alle wesentlichen Aminosäuren aufnehmen. Aber bei solch einer Diät kommen die Mineralien (zum Beispiel Eisen) und die Vitamine (zum Beispiel Vitamin A) zu kurz. Außerdem sind die Proteinniveaus, die sich durch den ausschließlichen Genuß von Getreide beziehungsweise einer Kombination aus Getreide und Hülsenfrüchten erreichen lassen, zwar für normale Erwachsene ausreichend, nicht hingegen für Kinder, schwangere oder stillende Frauen und für Menschen, die an Infektionskrankheiten parasitärer oder viraler Natur und an körperlichen Verletzungen durch Unfälle und Verwundungen leiden. Daß die Menschen dem Verzehr menschlichen Fleischs einen so hohen Wert beimaßen, war demnach keine Folge willkürlicher religiöser Glaubensvorstellungen. Vielmehr war ihr religiöser Glaube (das heißt die Gier ihrer Götter nach Menschenfleisch) Ausdruck der Bedeutung, die tierische Nahrungsmittel für die menschliche Ernährung haben, und Folge der Tatsache, daß in ihrem Lebensraum Fleisch, abgesehen von Menschenfleisch, knapp war.

Kritiker, die bei der Vorstellung die Nase rümpfen, daß Hunger nach Fleisch das für die Entwicklung des kannibalischen Reichs der Azteken maßgebende Auslesekriterium gewesen sein könnte, mögen einmal darüber nachdenken, welches Gewicht die Regierungen der Ostblockstaaten dem Prokopfverbrauch ihrer Bevölkerungen an tierischen Erzeugnissen, insbesondere an Fleisch, beimessen. Als die polnische Regierung 1981 eine zwanzigprozentige Verringerung der subventionierten Fleischrationen verkündete, mußte das Kriegsrecht verhängt werden, um die Ordnung wiederherzustellen. Der Grund, warum die Sowjetunion ihren Getreidebedarf ohne Hilfe von außen nicht decken kann, ist darin zu suchen, daß sie 186 Millionen Tonnen als Tierfutter verwendet, gegenüber 126 Millionen Tonnen, die für Brot und Getreideerzeugnisse aufgewendet werden. Es ist unwahrscheinlich, daß die Verantwortlichen in der Sowjetunion ihrer Bevölkerung sagen, sie solle weniger Fleisch essen, weil weniger Fleisch gut für die Gesundheit sei. Im November 1988 erklärte Michael Gorbatschow vor dem Zentralkomitee der Sowjetunion: „Wenn wir 80 Kilogramm Fleisch pro Jahr auf den Tisch der Konsumenten bringen könnten, wären alle unsere anderen Probleme weniger akut, als sie es derzeit sind. Es ist keine Übertreibung zu sagen, daß der Mangel an Fleischerzeugnissen ein Problem ist, um das sich die ganze Nation sorgt."

Ähnliche Gedanken müssen zweifellos auch den aztekischen Königen durch den Kopf gegangen sein, wenn sie sahen, wie ihre Untertanen den grünlichen Schleim der Steinfliegeneier vom See Texcoco abseihten, und sich überlegten, wie sie ihr Gefolge bei der Stange halten konnten. In der Sowjetunion ist der Prokopfverzehr an tierischem Fett und Protein bereits hoch genug, um den Richtwert der Weltgesundheitsbehörde fast um das Doppelte zu übersteigen. Die Azteken hingegen erreichten vermutlich nur die Hälfte dieses Richtwerts, selbst wenn man all ihre kannibalischen Feste in Rechnung stellt. Daß sie eine ordentliche Dosis Perestroika in Sachen Ernährung dringender brauchten als der heutige Durchschnittsbewohner Moskaus, liegt auf der Hand.

Die religiöse Verwerfung des Tötens

In den letzten tausend Jahren vor Christi Geburt traten vom Mittelmeerraum bis zum Ganges charismatische Führer auf, die Kritik an den alten priesterreligiösen Lehren und Praktiken übten und neue Religionen und Philosophien ins Leben riefen, die den Priester in der Rolle eines rituellen Menschen- oder Tierschlächters verurteilten und bestritten, daß man durch Nahrungsopfer die Gunst der Götter gewinnen konnte. Sich auf die eine oder andere Form transzendenter Offenbarung oder meditativer Erleuchtung berufend, behaupteten diese neuen Führer, die Götter seien durch materielle Lockmittel nicht zu gewinnen. Was die Götter beziehungsweise ihre Propheten statt dessen verlangten, war ein Leben, das dem Vollbringen guter Werke geweiht war, das heißt der Aufgabe, seinen Mitmenschen und allen lebenden Wesen Liebe und Freundlichkeit zu bezeigen. Dafür, daß man sich der Armen und Schwachen annahm und seine Begierden und anderen egoistischen Neigungen zügelte, durfte man großen Lohn erwarten. Aber diesen Lohn empfing man erst nach dem Tod in der Form himmlischer Unsterblichkeit oder ewigen Friedens, statt ihn bereits auf Erden in der Form von Nahrung und anderen materiellen Gütern zu erhalten.

Der Parsismus, die Religion des alten Iran, ist die älteste historisch überlieferte Glaubenslehre, die das Töten verwirft. Sie wurde entweder im 11. oder im 7. Jahrhundert v. Chr. von dem Propheten Zarathustra gegründet, dem eine Offenbarung über Ahura Masda, den „Herrn des Lichts", zuteil geworden war. Ahura Masda stand ein für gute Taten, Wahrheit, gute Regierung, Sanftmut, Gesundheit und Unsterblichkeit. Aber Ahura Masda war kein absoluter Herrscher. Sein Gegenspieler war Ahriman, der für böse Gedanken, Lügen, schlechte Regierung, Aufruhr, Krankheit und Tod stand. Ahura Masda und Ahriman waren in einen gewaltigen Kampf verstrickt. Den Menschen steht es frei, die Partei der einen oder anderen Seite zu ergreifen. Wer sich für Ahura Masda entscheidet, muß dem Genuß von Rauschmitteln entsagen, die rituellen Tierschlachtungen einstellen und ganz allgemein mit dem Blutvergießen aufhören. Nach dem

Tod kommen die Tugendhaften in Ahura Masdas Himmel; die übrigen stürzen in Ahrimans Hölle. Der Masdaismus, die ältere Form des von Zarathustra gegründeten Parsismus, wurde während der Regierung der persischen Könige Darius (522–486 v. Chr.) und Xerxes (486–465 v. Chr.) zum herrschenden Glauben der Iraner. Aber mit dem Niedergang des Persischen Reichs verloren die Lehren Zarathustras ihre Kraft, zu einer Weltreligion zu werden.

Der nächste historisch überlieferte religiöse Bilderstürmer kam Mitte des 6. Jahrhunderts in Bihar im Nordosten Indiens als Adliger zur Welt. Sein eigentlicher Name war Prinz Wardhamana, aber bekannt wurde er als Mahawira, „der große Held", nachdem er siegreich aus anhaltenden inneren Kämpfen hervorgegangen war, in denen er geistige Vollkommenheit unabhängig von und im Gegensatz zu den wedischen Traditionen zu erlangen gesucht hatte, die in seinem Volk herrschend waren. In Anerkennung der spirituellen Triumphe, die er über freiwillig erduldete körperliche Qualen davongetragen hatte, erwarb er sich außerdem auch noch den Ehrentitel Dschina, „Eroberer", wovon sich Dschainismus, der Name der Religion, die er gründete, herleitet.

Mahavira übernahm die Idee von der Wiedergeburt, wie sie die wedische Religion propagiert, aber er widersetzte sich den Ritualen der brahmanischen Priester und stellte die Kastenunterschiede in Frage, die den wedischen Glaubensvorstellungen entsprachen. Ziel der Lehren Mahawiras war die Reinigung und Befreiung der menschlichen Seele von den verderblichen Einflüssen der Leidenschaften und Begierden, damit der einzelne auf der obersten Stufe körperlicher Reinheit wiedergeboren werden konnte. Der Pfad der Befreiung beginnt mit fünf Gelübden: nicht zu töten, zu lügen, zu stehlen, Unzucht zu treiben oder übermäßige Reichtümer anzuhäufen. Das Tötungsverbot trieb der Dschainismus weiter als die mit ihm konkurrierenden Religionen. Weil das Leben aller lebendigen Wesen schützenswert ist, trugen die Dschaini-Mönche Gazemasken, um zu verhindern, daß sie versehentlich Fliegen oder Mücken einatmeten, und fegten mit Wedeln ihren Weg von Ameisen und Insekten frei. Diejenigen Eingeweihten, die schon eine Reihe von vorbereitenden Inkarnationen hinter sich hatten, mußten schwierigere Bedingungen erfüllen: sie mußten absolut keusch leben und sich Selbstkasteiungen unterziehen, wozu das Ertragen von Hunger, Durst, Kälte, Insektenstichen und großer Hitze gehörte. In modifizierter Form wird der Dschainismus noch immer von etwa zwei Millionen Menschen in Indien praktiziert und findet nach wie vor viel Anerkennung wegen der Förderung, die er Wohltätigkeitseinrichtungen wie Altersheimen für Kühe und versiegelten Schutzräumen für Insekten zuteil werden läßt.

Wie Mahawira war auch Gautama Siddharta, der Begründer des Buddhismus, ein Adliger aus Bihara im Gangestal, wo er im 6. Jahrhundert v. Chr. zur Welt kam. Auch er fastete und kasteite sich als junger Mann, um seine Seele vom Kreislauf der Wiedergeburten zu erlösen. Die Erleuchtung *(bodhi)* wurde ihm erst zuteil, als er mit seinen Selbstquälereien aufhörte und meditierend unter einem Baum saß. Gleichfalls wie Mahawira sagte Gautama der alten vom Kastendenken besessenen, Tieropfer übenden wedischen Religion den Kampf an und entwarf einen Plan – den „edlen, achtteiligen Pfad“ –, mit dessen Hilfe der einzelne ins Nirwana gelangen und Erlösung vom Kreislauf der Wiedergeburten und den damit verknüpften Leiden und Enttäuschungen erlangen konnte. Der achtteilige Pfad fordert sowohl geistige als auch körperliche Disziplin und umfaßt ethische Vorschriften wie etwa die Forderung, sich des Lügens, der Wollust, der üblen Nachrede zu enthalten, keine Tiere und Menschen zu töten, nicht zu stehlen und nichts zu unternehmen, was anderen Schaden bringt. Gute Taten zusammen mit tiefer Meditation bringen einen dem Nirwana im gegenwärtigen oder nächsten Leben näher, Übeltaten und böse Gedanken entfernen einen vom Nirwana.

Sowohl der Dschainismus als auch der Buddhismus verbreiteten sich ursprünglich durch die Gründung von Mönchsgemeinschaften, aber die buddhistischen Klöster übten größere Anziehungskraft aus, weil sie nicht die Selbstkasteiungen und physischen Leiden auferlegten, die Mahawira verlangte. Was Buddha seinen Jüngern empfahl, war ein „Mittelweg“ zwischen der eitlen Lebenslust der Weden und der ebenso eitlen Selbstkasteiung der Dschainis.

Teils infolge des Konkurrenzdrucks, den der Dschainismus und der Buddhismus ausübten, teils in Reaktion auf bestimmte objektive Bedingungen, auf die ich gleich zu sprechen kommen werde, entwikkelte sich unterdes die wedische Religion allmählich in Richtung auf den heutigen Hinduismus. Statt die rituelle Schlachtung von Tieren und Verteilung von Fleisch weiter zu betreiben, wurden die Brahmanen mit der Zeit die allereifrigsten Schützer animalischen Lebens. Das Schlachten von Rindern und den Verzehr von Rindfleisch zu unterbinden, wurde eines der Hauptanliegen aller hinduistischen Kasten, und Ahimsa, die Achtung vor jeglichem lebenden Wesen, entwickelte sich zur zentralen ethischen Forderung des Hinduismus ganz ebenso wie des Dschainismus und des Buddhismus.

Nach meiner Zählung war das Christentum mindestens die fünfte, historisch bekannte Religion mit Anspruch auf ethische Erneuerung, Erlösung und Jenseitigkeit, die auf der Weltbühne erschien. Aber diese Zahl basiert auf einer überaus vorsichtigen Schätzung. In den mehr als 600 Jahren zwischen Zarathustra und Jesus muß es viele ähnliche religiöse Bewegungen gegeben haben. Allein in Nordindien mag es ein Dutzend Bewegungen gegeben haben, die ansatzweise mit dem Dschainismus und dem Buddhismus konkurrierten und von denen wir nur deshalb nichts wissen, weil ihre Begründer außerhalb des schwachen Lichtkegels lebten und starben, in den die Geschichte jene weit entfernten Zeiten taucht. Nicht nur ähnelte das Christentum stark den anderen vier bekannten früheren Liebes- und Barmherzigkeitsreligionen, die das Töten verwarfen, seine Beziehung zur jüdischen Religion hatte auch große Ähnlichkeit mit dem Verhältnis, in dem jene früheren Religionen zu ihren indoiranischen Vorgängern und deren auf Tieropfer und festliche Umverteilung ausgerichteten diesseitigen Interessen standen. Es mag sein, daß die jüdische Religion die christliche Ethik in stärkerem Maß hat vorausahnen lassen als die Religionen, die dem Erlösungsglauben in Indien und im Iran vorhergingen – sogar die goldene Regel des „Du sollst deinen Nächsten lieben wie dich selbst“ findet sich bereits im Alten Testament (3. Buch Mose, 19,18). Aber daß die jüdische Religion von Haus aus eine jenseitsorientierte, tötungsfeindliche Erlösungsreligion gewesen sei, läßt sich beim besten Willen nicht behaupten. Die Israeliten glaubten, daß sie mit zahlreicher Nachkommenschaft gesegnet, frei von Krankheit, siegreich über ihre Feinde und mit Getreide, Wein, Öl, Rindvieh und Schafen in Hülle und Fülle versehen sein würden, wenn sie nur Gehorsam gegenüber Jahwes Geboten bewiesen. Fielen sie hingegen von Jahwe und seinen Geboten ab, so würden sie die Plagen heimsuchen, von denen einst die Ägypter betroffen waren (5. Buch Mose, 7,13–23). Über die Erlösung der Seele oder auch nur ein Leben nach dem Tod weiß das Alte Testament nichts zu sagen. Im übrigen war trotz des Gebots „Du sollst nicht töten" die alttestamentarische jüdische Religion mit ihren imperialen Ansprüchen und ihrer Besessenheit von Schlachtritualen schwerlich als tötungsfeindliche Religion zu bezeichnen. Und der Gegensatz zur frühen christlichen Religion wird auch nicht dadurch geringer, daß die jüdischen Priester bereits vor Beginn der christlichen Ära angefangen hatten, auf umfangreiche Tieropfer zu verzichten. Paulus war es, der im Unterschied zu den levitischen Priestern seine jüdischen Landsleute ermahnte, die Tieropfer zu unterlassen: „Denn es ist unmöglich, durch das Blut von Ochsen und Böcken Sünden wegzunehmen" (Hebräer, 10,4). Nachdem Gott seinen einzigen Sohn geopfert hatte, bedurfte es keiner weiteren blutigen Opfer mehr. Fortan war denen, die sündlos lebten, das ewige Leben gewiß. „In diesem Willen sind wir geheiligt ein für allemal durch das Opfer des Leibes Jesu Christi" (Hebräer, 10,10).

Paulus versäumte, darauf hinzuweisen, daß die Abschaffung der Tieropfer definitiv auch dem Fleischverzehr im Rahmen jener Umverteilungsfeste ein Ende bereitete, die den materialen Boden für den Nahrungskreislauf der alten Hebräer gebildet hatten. Nicht, daß jene Umverteilungsfeste keine Spuren hinterließen. Die frühen christlichen Gemeinden hielten Feste ab, bei denen das Brot, das sie aßen, und der Wein, den sie tranken, als symbolisches Äquivalent des Leibes und Blutes Christi galten. Das wichtigste Sakrament des Christentums, das Abendmahl, entstand aus der weiteren Vergeistigung dieser frühen christlichen Gemeinschaftsessen. Das Fest wurde ganz und gar symbolisch, als nur noch der Priester den Wein trank, während er Brotstücke austeilte, deren Nährwert gleich Null war. Und damit bin ich bei einer wichtigen Frage angelangt: Lassen sich Gründe dafür angeben, warum es mit den alten Religionen und ihrem durch Umverteilung praktizierten Nahrungskreislauf zu Ende ging? Warum traten allenthalben Religionen an ihre Stelle, die Liebe und Barmherzigkeit predigten und die sich zu den künftigen Weltreligionen entwikkeln sollten?

Die Entstehung tötungsfeindlicher Religionen

Tötungsfeindliche Religionen entstanden als Reaktion auf das Unvermögen der frühen Staatswesen, auch tatsächlich für jene weltlichen Segnungen zu sorgen, die ihre Könige und Priester versprachen. Sie entstanden in einer Zeit, in der diese Staaten von grausamen und verlustreichen Kriegen verwüstet wurden, in der durch Ressourcenerschöpfung, Bevölkerungswachstum und Verstädterung die Nahrung so knapp wurde, daß es Mühe bereitete, eine kontinuierliche Fleischversorgung für die Umverteilungsfeste zu gewährleisten, und in der gesellschaftliche Rangunterschiede sich verfestigten und in den unteren Schichten Armut weitverbreitet war. Sehen wir zu, ob diese Bedingungen in den einzelnen Fällen gegeben waren oder nicht.

Ich muß zugeben, daß ziemlich unklar ist, was für soziale Verhältnisse bei der Entstehung des Parsismus herrschten. Die Wissenschaft datiert Zarathustras Geburt mit Hilfe der Tatsache, daß die ältesten überlieferten parsischen Hymnen in einer iranischen Sprache abgefaßt sind, die lange nach 1100 v. Chr. außer Gebrauch kam. Das entspräche einem Zeitraum der iranischen Geschichte, in dem das assyrische Reich seine Kontrolle über den Iran einbüßte und neue Königreiche wie das der Meder darin wetteiferten, das entstandene Machtvakuum auszufüllen. Der Name Zarathustra bedeutet „Mann des alten Kamels“, während der seines Vaters „Mann des grauen Pferds“ bedeutet. Das verrät uns, daß Zarathustras Familie aus einem hirtennomadischen Milieu irgendwo im Grenzgebiet der Staaten kam, die miteinander im Kampf um die Vorherrschaft über den Iran lagen. Nachdem ihm seine Offenbarung zuteil geworden war, reiste Zarathustra von Königreich zu Königreich, bis er einen königlichen Gönner fand, der seine neue Religion unterstützte. Das einzige, was wir sagen können, ist also, daß Zarathustra in einer Zeit großer politischer Unruhen und sozialer Umwälzungen lebte, zu denen es im Zusammenhang mit dem Kampf gegen die assyrische Herrschaft und mit dem Übergang von einer hirtennomadischen zu einer stärker seßhaften, agrarischen Existenzform kam.

Über die sozialen Verhältnisse in Indien zur Zeit der Entstehung des Buddhismus, des Dschainismus und eines tötungsfeindlichen Hinduismus kann ich mehr berichten. In wedischen Zeiten (1500–500 v. Chr.) war die vorherrschende politische Organisationsform im Gangestal die der entwickelten Häuptlingsherrschaft; die Besiedlung war spärlich und die Bevölkerung auf kleine Dörfer verteilt; die Ebene des Ganges bedeckten dichte Wälder; Futter für Haustiere war im Überfluß vorhanden und bei der Aufzucht von Rindern gab es keinen Konflikt zwischen dem Interesse an Zugvieh fürs Pflügen und Fleischvieh für die Umverteilungsfeste. Um 600 v. Chr. war die vorherrschende politische Organisationsform der Staat, bewegte sich die Bevölkerungszahl bereits im Millionenbereich, waren Städte und Großstädte aus dem Boden geschossen, war die gesamte Ebene des Ganges abgeholzt, herrschte Mangel an Weideland und Viehfutter, waren Ochsen zu selten und kostspielig geworden, um sie bei üppigen Umverteilungsfesten zu verspeisen, kämpfte ein Dutzend neuer Staaten um die Hegemonie über die Region und wurde unablässig Krieg geführt.

Ihrer Bewaldung beraubt, verwandelte sich die Ganges-Ebene jedesmal in ein staubgefülltes Becken, wenn die Monsunregen ausblieben. Wie im *Mahabarata*, dem indischen Gegenstück zur homerischen *Ilias*, nachzulesen, beschworen Dürrezeiten Hungersnöte und Wirren in einem bis dahin unbekannten Ausmaß herauf:

„Seen, Brunnen und Quellen vertrockneten ... Opfer kamen außer Gebrauch. Ackerbau und Viehzucht wurden aufgegeben. Märkte und Geschäfte waren menschenleer... Feste wurden nicht mehr gefeiert. Überall sah man Knochenhaufen und hörte man Lebewesen schreien. Die Städte waren entvölkert, die Dörfer niedergebrannt. Die Menschen flohen aus Furcht voreinander oder vor Räubern, Waffen und Königen. Andachtsstätten lagen verlassen. Die Alten wurden aus ihren Häusern vertrieben. Rinder, Ziegen, Schafe und Büffel kämpften und starben in großer Zahl. Die Brahmanen starben schutzlos. Herden und Pflanzen siechten dahin. Die Erde sah aus wie Bäume an einer Leichenverbrennungsstätte. In jenem schrecklichen Zeitalter, als alle Gerechtigkeit aufhörte, fingen die Menschen an, ... sich gegenseitig aufzufressen."

Ein klares Bild haben wir auch von den sozialen und politischen Bedingungen, unter denen sich die Geburt des Christentums vollzog. Als römische Kolonie zeigte das Palästina des 1. Jahrhunderts n. Chr. die typischen Symptome kolonialer Mißwirtschaft. Jesus lebte in einer Zeit der Guerillakämpfe, die das Ziel verfolgten, die römische Herrschaft abzuschütteln und jene Juden zu entfernen, die als Marionetten Roms hohe Regierungsämter und religiöse Positionen bekleideten. Diese Aufstände waren ebensowohl Ausdruck nationaler wie sozialer Unzufriedenheit, da die Hohenpriester, die großen Landbesitzer und die reichen Kaufleute in orientalischer Pracht lebten, während Arbeits- und Landlosigkeit an der Tagesordnung waren und die kleinen Bauern und Sklaven Opfer von Mißhandlungen waren. Die ganze Kolonie stöhnte unter der Last von Zwangsabgaben, korrupter Verwaltung, Zwangsarbeit und galoppierender Geldentwertung. Und wie in Indien ließ auch hier der Mangel an Haustieren die Fortsetzung der Praxis ritueller Schlacht- und Umverteilungsfeste zum Problem werden.

Viele verschiedene Anzeichen deuten darauf hin, daß die Römer und ihre Schützlinge in den oberen Schichten der jüdischen Gesellschaft in Jesus einen gefährlichen Revolutionär sahen, der auf den Sturz des Römischen Reichs aus war. Wie auch immer, als Paulus und die anderen frühen Missionare das christliche Evangelium verkündeten, war jedenfalls das Reich, das sie verhießen, keines auf Erden, sondern eines im Himmel. Weder weltliche Reichtümer noch irdische Leiden spielten eine Rolle, weil diejenigen, die von Menschenliebe erfüllt waren, friedfertig lebten und an Jesus glaubten, ewiges Leben als Lohn erhalten würden. Die angespannten sozialen Verhältnisse, die im Lande Jesu herrschten, nahmen auch in anderen Teilen des Römischen Reichs überhand, einschließlich der Stadt Rom selbst. Man mußte kein Sklave oder Kleinbauer sein, um Schrecken oder ein Gefühl der Bedrohung zu empfinden, wenn man sah, wie korrupt, grausam, durch Klassengegensätze zerrissen und von unablässigen Kriegen heimgesucht die römische Gesellschaft des 2. und 3. Jahrhunderts n. Chr. war. Unter diesen Umständen übte die christliche Verheißung einer Erlösung im Jenseits auf Menschen aus vielen verschiedenen Ländern und sozialen Schichten eine starke Anziehungskraft aus.

Aber meinen Bericht darüber, wie die Religionen der Liebe und

Barmherzigkeit zu Weltreligionen avancierten, kann ich damit noch nicht abschließen. Mochten diese Glaubensbewegungen auch einen noch so großen Reiz auf die einzelnen ausüben, die es nach einem Ausweg aus irdischer Zwietracht und Not verlangte, keine von ihnen hätte sich als Weltreligion hervorgetan, wären sie nicht zugleich imstande gewesen, kriegerische Eroberungen zu unterstützen und zu befördern und krassen Formen politischer Unterdrückung und Herrschaft als Mittel zu dienen und Vorschub zu leisten.

Wie sich die tötungsfeindlichen Religionen ausbreiteten

Auch hier wieder würde ich gerne erklären können, das Aufkommen der Weltreligionen zeuge von einer angeborenen Neigung des Menschengeschlechts, sich höhere und humanere Prinzipien auf dem Gebiet geistiger Glaubensvorstellungen und ethischer Verhaltensweisen zu eigen zu machen. Aber die historischen Leistungen der wichtigsten Liebes- und Barmherzigkeitsreligionen widerstreiten solch einer Ansicht aufs entschiedenste. Keine der Religionen, die das Töten verwerfen, hat einen erkennbar mäßigenden Einfluß auf die Häufigkeit und Grausamkeit von Kriegen gehabt, und sie alle sind an Vorgängen beteiligt gewesen, durch die das Prinzip des Verzichts aufs Töten und der Achtung für das Leben in verheerender Weise pervertiert wurde. Tatsächlich hätten ohne ihre Fähigkeit, Kriegslüsternheit und strenge staatliche Gewaltausübung zu unterstützen und zu befördern, die Weltreligionen gar nicht bis heute überlebt.

Worin bestand für die kriegerischen Begründer von Reichen und Dynastien der Reiz jener Liebes- und Barmherzigkeitsreligionen? Keine Frage, daß als einzelne Menschen die Könige und Herrscher sich ehrlich Gedanken darum machten, wie es ihrer Seele in einem Leben nach dem Tod ergehen werde. Aber als Staatsoberhäupter waren sie natürlich auch interessiert daran, Gesetz und Ordnung im Inneren aufrechtzuerhalten und ihre äußeren Feinde niederzuringen. In bezug auf dieses zweifache Ziel hatten die tötungsfeindlichen Religionen zahlreiche Vorzüge. Daß staatliche Expansion auf der Möglichkeit basierte, unterworfene Völkerschaften als Arbeitskräfte und Quelle von Reichtum nutzbar zu machen und dem Staatskörper einzuverleiben, habe ich bereits hervorgehoben. Religionen, die das Töten verwarfen, gaben dem Gegner die Zuversicht, daß er die Gefangennahme überleben konnte, und erhöhten damit seine Bereitschaft, sich unter das fremde Joch zu fügen. Zugleich war für die herrschenden Klassen die ideologische Strategie, statt der materiellen Belohnungen Seelenheil zu versprechen, äußerst bequem. Wenn das Leben auf

Erden allemal beschwerlich war und wenn Armut und Leid der Erlösung nicht nur nicht im Wege standen, sondern sogar die Aussichten auf ewige Glückseligkeit vergrößerten, dann war die herrschende Klasse von der Notwendigkeit entbunden, für Wohlstand und Zufriedenheit zu sorgen, um den eigenen Herrschaftsanspruch zu legitimieren. Angesichts der ökologischen und ökonomischen Krisen, die das Bevölkerungswachstum und die Überintensivierung der Produktion in den Ursprungsländern der neuen Religionen begleiteten, war diese Entlastung doppelt angenehm.

Mittlerweile außerstande, die Rolle der großen Wohltäter zu spielen oder höchstens noch im engsten Kreis ihrer Anhänger dazu in der Lage, standen die herrschenden Klassen nur zu bereitwillig von ihren Versuchen ab, Götter und gemeines Volk durch Tieropfer und Umverteilungsfeste mit Nahrung zu versorgen. Und was die Tatsache anging, daß der Gebrauch von todbringenden Waffen und blutigen Kampfwerkzeugen eine flagrante Verletzung der heiligsten Gebote der tötungsfeindlichen Religionen darstellte, so konnte man sich immer auf den Zwang zur Selbstverteidigung berufen oder behaupten, einen gerechten, guten und heiligen Krieg zu führen. Als man erst einmal entdeckt hatte, daß die Tötung von Menschen im Dienste des Staats mit Lehren von der Heiligkeit allen Lebens, sogar des Lebens von Schmetterlingen und Kühen, durchaus vereinbar war, zeigte sich, daß die Anhänger des neuen Glaubens den normalen Soldaten um einiges überlegen waren, weil sie mit der Überzeugung in die Schlacht gingen, daß ihre Seelen himmlischen Lohn empfangen würden, wenn sie fielen.

Nehmen wir den Buddhismus. Nach einer Anfangsphase friedlicher Missionierung und Ausbreitung durch die Gründung von Klostergemeinschaften sah sich der Buddhismus in Süd- und Südostasien in den Staatenbildungsprozeß verstrickt. In Sri Lanka traten kriegerische buddhistische Könige bereits im 2. Jahrhundert v. Chr. in Erscheinung, wo sie die verhaßten Hindu-Streitkräfte aus Tamil Nadu vertrieben. Darauf folgten tausend Jahre Kleinkrieg, bis die Entwicklung in der Regierung des buddhistischen Königs Parakrama Bahu gipfelte, der sich flugs daranmachte, das südliche Indien und Burma zu erobern, was ihm allerdings nicht gelang. Wenn das restliche Südostasien erstmals ins Licht der Geschichte tritt, sehen wir eine Reihe von buddhistischen Staaten, an deren Spitze heilige Könige stehen und die in ständigem Streit miteinander liegen, weil sie sich gegenseitig zu unterwerfen suchen. Im 10. Jahrhundert griffen die Khmer Kambodscha und Vietnam an, und im 14. Jahrhundert unternahmen die Thai den Versuch, die Malaiische Halbinsel zu unterwerfen, um nur ein paar der Kriege zu nennen, die unter den Auspizien der buddhistischen Religion in Südostasien angezettelt wurden.

Im Norden von Indien spielte der Buddhismus eine wichtige Rolle bei der Gründung des tibetischen Staatswesens. Bis zum 8. Jahrhundert hatten buddhistische Lamas („Älteste") riesige befestigte lamaistische Klöster gebaut, von denen aus sie das politische, ökonomische und militärische Leben Tibets beherrschten; und nicht lange, so hatten sie mit ihrer Kriegsmacht an der Westgrenze Chinas ein eigenes Reich errichtet. 1259 n. Chr. besiegten mongolische Streitkräfte unter dem Oberbefehl von Kublai Khan die Tibeter. Aber der große Khan war von dem politischen, religiösen und militärischen System der Tibeter so beeindruckt, daß er zum Buddhismus übertrat. In der Folge konzentrierte er sich darauf, die Eroberung Chinas erfolgreich abzuschließen, mit der sein Großvater Dschingis Khan begonnen hatte. Als er das geschafft hatte, gründete er die Yüan-Dynastie und herrschte als Buddhist über ein Reich, das sich vom Chinesischen Meer bis zur arabischen Wüste erstreckte.

Übrigens waren die Mongolen nicht die ersten buddhistischen Herrscher Chinas. Während der kurzlebigen Sui-Dynastie (589–618 n. Chr.) herrschten in Nordchina Kaiser, die den Buddhismus zur Staatsreligion erhoben. Wen, der Begründer der Dynastie, verglich Kriegswaffen mit „Weihrauch- und Blumenopfern". Er war überzeugt davon, daß Buddhisten ausgezeichnete Soldaten abgaben, weil ihrem Glauben zufolge der Tod in der Schlacht sie nur dem Paradies näherbringen konnte.

Das Auf und Ab des Buddhismus und des Hinduismus in Indien steht in engem Zusammenhang mit dem Kriegsglück der konkurrierenden Staaten, die sich zu der einen oder der anderen dieser tötungsfeindlichen Religionen bekannten. Seinen Zenit in Indien erreichte der Buddhismus unter der Herrschaft von Asoka (273–237 v. Chr.). Nachdem dieser ganz Indien von Norden bis Süden erobert hatte, nahm er den Buddhismus an und erhob ihn in der Tat zur Reichsreligion. Seine Dynastie endete 185 v. Chr., als ein hinduistischer General den regierenden buddhistischen Herrscher ermordete.

Die Restauration des Hinduismus war nur von kurzer Dauer. Einer nach dem anderen, Griechen, Skythen, Baktrier und Perser, führten Angriffe gegen das hinduistische Indien und krönten jedesmal ihre Siege mit dem Übertritt zum Buddhismus. Der Hinduismus gewann erst wieder mit der Gründung der Gupta-Dynastie durch Chandragupta I. (320 n. Chr.) an Boden. Dieser befahl seinen Armeen, überall in Indien die Autorität der Brahmanen wiederherzustellen.

In Südindien gediehen vom 7. Jahrhundert an auch kriegerische hinduistische Staaten, unter ihnen die mächtigen Tscholas, deren Armeen bis ins Gangestal und nach Osten bis Sumatra vordrangen. Mittlerweile sahen sich die Buddhisten in Indien ihrer politischen und militärischen Basis mehr und mehr beraubt, und gegen 900 n. Chr. fand sich die von Gautama begründete Religion, die Millionen von Menschen in so entfernten Ländern wie Japan und Korea angenommen hatten, aus ihrem Mutterland vertrieben.

Was ist mit dem Christentum? Wie der Buddhismus verbreitete auch es sich zuerst durch friedliche Missionsarbeit. Menschen aus allen sozialen Schichten waren von der neuen Religion fasziniert, aber seine gemeinschaftsorientierten und karitativen Aspekte übten eine ganz besondere Anziehungskraft auf die „Mühseligen und Beladenen" aus. Obwohl die Christen bereit waren, „dem Kaiser zu geben, was des Kaisers ist", hatten die Römer Mühe, sie von den Aufrührern zu unterscheiden, die in den Kolonien für soviel Unruhe sorgten. Schließlich beteten die Christen einen Juden an, den die Römer wegen Beteiligung an einem Guerillakrieg ans Kreuz geschlagen hatten. Nero führte 64 n. Chr. einen Schlag gegen die Christen, und in den folgenden 250 Jahren kam es schubweise immer wieder zu Verfolgungen. Diese Pogrome konnten die Ausbreitung des Christentums verlangsamen, aber nicht aufhalten. Die meisten römischen Kaiser waren viel zu sehr damit beschäftigt, größere Gefahren zu bestehen, die ihrer Herrschaft durch permanente Aufstände und die Machtansprüche barbarischer Feldherrn drohten, um sich mit einer durchgreifenden Kamapagne gegen religiöse Sektierer aufhalten zu könnnen. Nachdem 303 n. Chr. Diokletian einen besonders grausamen, aber erfolglosen Versuch unternommen hatte, die Christen auszurotten, verlegte sich Rom auf eine radikal neue Strategie, nämlich auf die staatliche Übernahme christlicher Glaubensvorstellungen, um mit ihrer Hilfe dem Reichsgedanken wieder einen Sinn zu verleihen.

Entwickelt und eingeführt wurde diese neue Strategie von Kaiser Konstantin I. Während er 312 n. Chr. in einer Schlacht in der Umgebung von Rom mit seinen Rivalen um die Herrschaft über das Reich kämpfte, sah Konstantin ein die Sonne überlagerndes Lichtkreuz mit der Inschrift „In hoc signo vinces“ (In diesem Zeichen wirst du siegen). Seine Bekehrung veränderte praktisch auf Anhieb die Zukunftsaussichten der neuen Religion von Grund auf. Nicht nur unterband Konstantin die Verfolgung der Christen, er konfiszierte mehr noch die Tempelschätze und Güter der alten römischen Götter und Göttinnen und übereignete sie den christlichen Bischöfen, damit diese neue Kirchen bauen konnten (häufig aus den Steinen der alten Tempel). Außerdem richtete er kaiserliche Stiftungen ein, deren Aufgabe es war, die Christen für die erduldeten Leiden und für ihre Aufwendungen bei der Armenspeisung zu entschädigen. Konstantin veränderte die ganze Rechtsstruktur des Römischen Reichs, um sie christlichen Grundsätzen anzupassen. Er erlaubte Personen, die im Zölibat lebten, Erbschaften zu machen, verbot die Ehescheidung, erklärte die wilde Ehe für unstatthaft, untersagte Gladiatorenkämpfe und verbot Tieropfer. Eine von Konstantins wichtigsten Handlungen war seine Legalisierung von Vermächtnissen an die Kirche. Robin Lande Fox hat darauf hingewiesen, daß dies ein besonders heikler Punkt war, „weil der Geistliche im Augenblick des Todes in besonderer Eigenschaft zugegen war“. Als Gegenleistung stimmten die christlichen Bischöfe zu, daß es Christenpflicht war, Militärdienst zu leisten, wenn der Kaiser rief.

Der Beitrag, den der römische Staat zur Erhaltung der Kirche leistete, bestand mindestens ebensosehr in der Unterdrückung von Fraktionsbildungen innerhalb der christlichen Glaubensgemeinschaften wie in der Unterdrückung der mit dem Christentum konkurrierenden Religionen. Zur Zeit der Bekehrung von Konstantin war das Christentum von häretischen Spaltungen heimgesucht und zerrissen von Streitigkeiten in Fragen der Glaubenslehre und der Rechtsprechung. Es gab die Gnostiker, die keine Kirche brauchten, um sich von ihren Sünden zu befreien. Basilides, Valentius, Marcion, Montanus – sie alle behaupteten von sich, Verkünder der wahren apostolischen Lehre zu sein. Eines der bedeutendsten Unternehmen Konstantins bestand deshalb in der Einberufung des Konzils von Nicäa 325 n. Chr., das den doktrinellen Streit darüber entscheiden sollte, ob Jesus, der Sohn, wesensgleich mit Gott, dem Vater, war oder nicht. Dreihundert Bischöfe nahmen teil und schufen die Grundlage für Konzilien im vierten, fünften und sechsten Jahrhundert, auf denen Probleme der Trinitätslehre und der Lehre von der Person Christi so entschieden wurden, daß es zu keinen dauerhaften Spaltungen kam, die der Einheit der Kirche hätten verderblich werden können.

Gegen Ende der Regierung Konstantins bestand das Gros des kaiserlichen Regierungsapparats aus Christen. Seine Nachfolger ahndeten auch weiterhin jede Art von heidnischem Kult, egal, ob öffentlich oder privat ausgeübt, mit strengen Strafen, zerstörten den Großteil der verbliebenen Tempel, und schlossen Heiden von der Staatsverwaltung, dem Militärdienst, der Rechtsprechung und den Lehrberufen aus. Schließlich befahl Justinian 529 allen, die sich noch weigerten, das Christentum anzunehmen, ihr Eigentum abzuliefern und ins Exil zu gehen. Der Zorn der neuen, tötungsfeindlichen, kaiserlichen Religion traf mit nicht geringerer Härte auch das Judentum und die anderen, rivalisierenden tötungsfeindlichen Religionen.

Zu Anfang des 5. Jahrhunderts untersagten die Römer den Juden und Samaritanern den Bau von Synagogen und schlossen sie vom Dienst in der Regierung, beim Militär und in der Rechtsprechung aus. Ähnliche Maßnahmen ergriffen sie auch, um die Verbreitung des Manichäismus zu verhindern, einer konkurrierenden tötungsfeindlichen Religion, die im 3. Jahrhundert v. Chr. von dem persischen Propheten Mani gegründet worden war, der sich als der letzte Prophet in der Linie Adam, Enoch, Zarathustra, Gautama und Christus betrachtete. Leider standen keine Kriegsheere bereit, um Manis Sache zu vertreten, und deshalb ist sein großartiger ökumenischer Traum von einer Vereinigung der tötungsfeindlichen Religionen Europas und Asiens bis heute unerfüllt geblieben.

Ein chinesisches Rätsel

Konfuzius, der bekannteste Moralphilosoph und politische Denker Chinas, wurde im selben Jahrhundert geboren wie Gautama und Mahavira. Wie seine indischen Zeitgenossen reiste auch Konfuzius von einem kriegführenden Staat zum anderen und predigte einen „achtfachen Weg" der Liebe zu den Menschen, der Güte, der kindlichen Pietät und staatsbürgerlichen Loyalität, der Aufrichtigkeit, der Ehrfurcht vor den Ahnen und Hochachtung der Bildung sowie der zwischenstaatlichen Friedfertigkeit. Konfuzius hat möglicherweise als erster die goldene Regel formuliert, jedenfalls in ihrer negativen Fassung: „Was du nicht willst, das man dir tu, das füge auch keinem andern zu."

Diese Liebes- und Friedensbotschaft war für die kriegführenden Fürsten, an die sie primär adressiert war, kein leicht verdaulicher Brocken. Mong Tze, Konfuzius' berühmtester Schüler (das Verhältnis zwischen beiden ist gelegentlich mit dem zwischen Jesus und Paulus verglichen worden), verstieg sich sogar zu der Erklärung, daß der gerechten Behandlung der kleinen Leute in der Weltordnung größere Bedeutung zukomme als dem Wohlstand und Ruhm des Herrschers. „Mong Tze sprach: Das Volk ist am wichtigsten, die Götter des Landes und Kornes kommen in zweiter Linie, und der Fürst ist am unwichtigsten." Mong Tze war möglicherweise der erste in der menschlichen Geschichte, der Kriegstreiber als Verbrecher brandmarkte: „Wie erst, wenn einer für einen solchen Fürsten harte Kriege führt! Wenn er Krieg führt um Länder, so daß die Getöteten den Anger füllen! Wenn er Krieg führt um Städte, so daß die Getöteten die Stadt erfüllen! Das heißt die Erde dazu bringen, daß sie Menschenfleisch frißt. Dieser Frevel kann selbst durch den Tod nicht gesühnt werden."

Dabei waren Konfuzius und Mong Tze keineswegs die radikalsten unter den frühen reformerischen Moralphilosophen Chinas. Konfuzius' weniger bekannter Zeitgenosse Mo Tze vertrat Grundsätze, die eine überraschende Ähnlichkeit mit zentralen christlichen Moralgeboten haben. Während er die Notwendigkeit einer Rangordnung im gesellschaftlichen Leben verwarf und sogar bestritt, daß Eltern vor allen anderen einen Anspruch auf die Zuneigung ihrer Kinder hätten, verkündete er ein alle Menschen umfassendes unterschiedsloses Liebesgebot. „Parteilichkeit sollte durch Universalität ersetzt werden." Der neue Weg ist der einer universalen Liebe und gegenseitigen Aufopferung. Im Falle der kindlichen Pietät, die in der Ethik des Konfuzius eine so große Rolle spielt, ist es nach Mo Tze zum Beispiel wichtiger, die Eltern der anderen zu lieben, als die eigenen. Denn nur dann können auch die eigenen Eltern vor dem bösen Willen anderer sicher sein:

„Ich frage mich, wird ein pietätvoller Sohn, der für das Wohl seiner Eltern sorgt, wollen, daß auch andere Menschen seine Eltern lieben und ihnen nützen, oder wird er wollen, daß jene sie hassen und schädigen? Unter dem Gesichtspunkt dessen, was wir bisher gesagt haben, wird er doch wohl wollen, daß die anderen Menschen seine Eltern lieben und ihnen nützen. Doch welche Aufgabe habe ich zuvor zu erfüllen, um das zu erreichen? Soll ich vorher die Eltern anderer lieben und ihnen nützen, so daß später diese mich dadurch belohnen, daß sie meine eigenen Eltern lieben und ihnen nützen; oder soll ich etwa zunächst die Eltern anderer hassen, so daß später diese mich entlohnen, indem sie meine Eltern lieben und ihnen nützen? – Sicherlich muß ich mich doch zunächst so verhalten, daß ich die Eltern anderer liebe ... Wenn wir alle pietätvolle Söhne sein wollen, müssen wir dann nicht unbedingt zuvor die Eltern anderer lieben und sie unterstützen?"

Konfuzius und seine Anhänger waren empört über das allgemeine Liebesgebot Mo Tzes, und insbesondere Mong Tze protestierte heftig gegen die Forderung nach einem unparteiischen Verhältnis zu den eigenen Eltern. Den väterlichen beziehungsweise herrscherlichen Ansprüchen auf besondere Zuneigung die Anerkennung zu verweigern, heiße, Menschen „in den Zustand der Tiere" zurückkehren zu lassen. Den „verkehrten Reden", die universale Unparteilichkeit befürworteten, dürfe man nicht erlauben, sich noch irgendwo hören zu lassen. Zu den Beziehungen zwischen höheren und niederen Menschen hatte Mong Tze im Blick auf das Gebot universaler Liebe folgendes zu sagen: „Der Edle ist freundlich zu Tieren, aber er liebt sie nicht. Er liebt die Menschen, aber er ist nicht anhänglich an sie. An die Nächsten ist er anhänglich und liebt die Menschen. Er liebt die Menschen und ist freundlich zu den Tieren."

Mo Tzes Glaube an das Prinzip der allgemeinen Menschenliebe brachte ihn dazu, sein Leben lang für die Abschaffung des Kriegs zu kämpfen. Wie ein Pazifist unserer Tage versuchte Mo Tze nachzuweisen, daß das Motiv für den Krieg Habgier war und daß der Sieg zwar einigen wenigen Reichtum und Ruhm einbringen konnte, die große Menge aber dabei ins Elend gestürzt wurde. Sobald Mo Tze und seine Schüler erfuhren, daß Krieg drohte, eilten sie in den aggressionslustigen Staat und versuchten, den kriegerischen Fürsten von dem geplanten Angriff abzubringen. Aber Mo Tze war kein unbedingter Pazifist. Er war ein Gegner einseitiger Abrüstung, und sein Plädoyer für eine starke Verteidigung hat einen unheimlich modernen Klang. Der Friede ließ sich nur erhalten, wenn die kleineren Staaten Vorräte anlegten, ihre äußeren und inneren Befestigungswälle gut instand hielten und im Innnern für harmonische gesellschaftliche Beziehungen sorgten.

Auf Grund ihres Engagements für eine starke Verteidigung als Abschreckungsmittel gegen den Krieg wurden Mo Tze und seine Schüler zu Fachleuten auf dem Gebiet der Kriegstechnik und waren sehr gefragt bei Staaten, die sich gegen angriffslustige Nachbarn in Verteidigungszustand versetzen wollten.

Wie schon angedeutet, standen auch die Konfuzianer dem Krieg stark ablehnend gegenüber. Aber die Moisten gingen in ihrer Ablehnung weiter. Sung Tze, ein Moist und Zeitgenosse Mong Tzes, plädierte praktisch dafür, Konflikte dadurch zu vermeiden, daß man die andere Wange hinhielt: „Kommt man zur Einsicht, daß es keine Schande ist, beleidigt zu werden, dann werden die Menschen nicht mehr streiten. Alle Menschen betrachten es als eine Schande, beleidigt zu werden, und daher zanken sie. Wenn sie wissen, daß es keine Schande ist, beleidigt zu werden, dann werden sie nicht streiten." Und damit komme ich zu einem der größten Rätsel in der Menschheitsgeschichte. Ungeachtet der engen Parallelen zwischen den chinesischen und den indischen Moralprinzipien des 6. und 5. Jahrhunderts läßt sich doch von keinem der chinesischen Reformer sagen, er habe eine radikal neue Religion begründet. Ein Einfluß dieser Reformer auf die chinesischen Vorstellungen über die menschliche Seele, das Leben nach dem Tod, die richtige Durchführung von Ritualen und das Streben nach Erlösung ist praktisch nicht zu entdecken.

Wo immer Konfuzius und seine Anhänger auf Dinge zu sprechen kommen, die Götter und Ahnen betreffen, werden sie seicht, zögerlich und häufig unverblümt agnostisch. Im *Lun-Yü*, den *Gedanken und Gesprächen des Konfuzius*, bekommen wir direkt zu hören: „Worüber der Meister nicht sprechen mochte, waren außerordentliche Erscheinungen, geheimnisvolle Kräfte, Gesetzlosigkeit und Götter." Als sein Schüler Tze-lu „fragte, wie man Geistern und Göttern dienen solle, sprach der Meister: 'Solange du noch nicht den Menschen dienen kannst, wie sollst du dann den Geistern dienen können?' Als jener fragte: 'Darf ich nach dem Tode fragen?' antwortete er: 'Solange du noch nicht das Leben kennst, wie willst du den Tod kennen?'" Bei einer anderen Gelegenheit bat jemand Konfuzius um eine Erklärung für das „große Opfer" (Ahnenopfer). Obwohl er für die Beibehaltung solcher Riten war, „antwortete der Meister: 'Ich kenne keine. Wer eine Erklärung weiß, würde das ganze Reich so überschauen', und zeigte dabei auf seine flache Hand." Insgesamt gewinnt man den Eindruck, daß Konfuzius religiösen Fragen reichlich gleichgültig gegenüberstand. Gefragt, „was Weisheit sei, antwortete der Meister: 'Sich ernsthaft seinen Pflichten für seine Mitmenschen widmen, die Religion achten, aber sich von ihr fernhalten, das könnte man wohl Weisheit nennen.'" Und er hat sich auch nie bemüßigt gefühlt, deutlich zu machen, ob der „Himmel" für ihn eine unpersönliche kosmische „Naturkraft" oder eine animistische personale Gottheit war, die an den menschlichen Angelegenheiten Anteil nahm.

Sicher, Mo Tze hatte ein weit größeres Interesse als Konfuzius, seine Moralprinzipien im Willen eines persönlichen Gottes zu begründen, der an den menschlichen Angelegenheiten Anteil nahm. Der Himmel ist es, der Gerechtigkeit wünscht und Ungerechtigkeit verabscheut, und er ist es, der will, daß alle Menschen einander lieben. Aber der Großteil der Argumente, die Mo Tze für die allgemeine Menschenliebe vorbringt, basiert auf der pragmatischen Überlegung, daß Unparteilichkeit Krieg und Leiden verhindere. Und mit seiner Annahme eines persönlichen Gottes vollzog Mo Tze auch keinerlei Bruch mit der chinesischen Überlieferung. Verschiedene Inschriften und Texte aus der Zeit der Shang-Dynastie zeigen, daß ein Glaube an „Ti" oder „Shang Ti" (Gott des Himmels) schon lange vor dem 6. Jahrhundert v. Chr. ein wichtiger Bestandteil der chinesischen Religion war. Die Sinologen stimmen durchweg darin überein, daß

„... die Religion der Shang ... unlösbar verquickt [war] mit der Entstehung und Begründung des Shangstaats. Man glaubte, daß Ti, der oberste Gott, reiche Ernten und göttlichen Beistand in der Schlacht gewährte, daß die Ahnen des Königs als Fürsprecher bei Ti fungieren konnten und daß der König mit seinen Ahnen in Verbindung treten konnte. Der Ahnenkult bei den Shang stellte deshalb eine machtvolle psychologische und ideologische Stütze für die politische Herrschaft der Shangkönige dar."

An Mo Tzes Vorstellung vom Himmel als einer persönlichen Gottheit war also nur der ethische Gehalt des himmlischen Willens neu. Was in Mo Tzes Religion vollständig fehlt, sind die kosmischen Wundererscheinungen, die gedankenvollen Kontemplationen und die leidenschaftliche Anbetung, zu denen in den Weltreligionen Indiens und des Westens die Existenz eines höchsten Wesens führt. Wie Konfuzius akzeptierte auch Mo Tze Opfer an die Toten als etwas Notwendiges, aber ob es (außer im Himmel) Geister und Gespenster gab, dessen war er sich nicht unbedingt sicher. Er vertrat die Ansicht, daß die Durchführung der Opferrituale nichts schaden konnte, da die geopferten Nahrungsmittel ja nicht einfach weggeworfen, sondern (wie stets von mir betont) gegessen wurden und gegen ein gutes Festessen schließlich nichts einzuwenden ist. In Mo Tzes eigenen Worten gesagt:

„Und wenn die Geister und Seelen wirklich nicht existierten, dann würden wir Wein, Most und Hirse bei den Opferfesten nur vergeuden. Aber selbst wenn wir dies dabei vergeuden, so ist das doch nicht so, als würden wir es in Kloaken und Gräben schütten und verkommen lassen. Die anderen Familienangehörigen und die Leute aus der Nachbarschaft kommen alle zusammen und trinken und essen, so daß, selbst wenn es keine Geister und Seelen gäbe, man dadurch eine fröhliche Gesellschaft zusammenbringen würde und so ein gutes Verhältnis zu den Nachbarn im Orte erlangt."

Diese Passage zeigt, daß Mo Tze bereits 2 500 Jahre vor Ethnologen wie mir einen Begriff vom praktischen Zusammenhang zwischen Nahrungsmitteln als Opfergaben und festlicher Umverteilung hatte. Aber in seiner pragmatischen Einstellung gegenüber Leben und Tod scheint ihn sein Genie verlassen zu haben, und er ist offenbar

Konfuzius' Rat gefolgt, die Religion zu achten, aber sich von ihr fernzuhalten. Wie dem auch sei, falls Mo Tze mit seiner Lehre der Gründung einer neuen Religion nahegekommen sein sollte, blieb das jedenfalls ohne große Auswirkungen auf das folgende religiöse Leben der Chinesen. Seit der Han-Dynastie setzte sich der Konfuzianismus als offizieller philosophischer und ethischer Staatsglaube durch, und Mo Tzes Lehren wurden verworfen. Erst in neuerer Zeit hat die Wissenschaft ihn als den ebenbürtigen Rivalen des Konfuzius zur Kenntnis genommen und sein Andenken einer unverdienten Vergessenheit entrissen.

Ist es reiner Zufall, daß Chinas große Moralreformer keine charismatischen Religionsführer waren und daß bis auf den heutigen Tag der Ahnenkult die Hauptreligion des chinesischen Volks und des chinesischen Staats geblieben ist? Der Buddhismus ist die einzige unversalistische Weltreligion, die je in China Fuß gefaßt hat, und auch er hat das nur geschafft, weil er den Ahnenkult zu einer der Hauptmethoden machte, sich auf dem Weg ins Nirwana Verdienst zu erwerben. Und auch so hatte der Staat noch Angst vor seiner Verbreitung unter den Volksmassen, und abgesehen von zwei kurzen dynastischen Episoden, von denen oben bereits die Rede war, hat der Buddhismus den Ahnenkult als Staatsreligion nie verdrängen können. Ließ man ihnen freie Hand und gab ihnen das Recht, Mönchs- und Nonnenklöster zu gründen, so war es den Buddhisten ein leichtes, Anhänger unter den chinesischen Massen zu gewinnen, von denen viele durch die schamanistischen Tendenzen des Taoismus und die dürre Pragmatik des konfuzianischen Ahnenkults in geistlicher Hinsicht unbefriedigt waren. Aber jedesmal, wenn buddhistische Tempel und Klöster sich vervielfachten und die Zahl der Bekehrten anschwoll, griff der Staat ein, um die weitere Verbreitung der Religion zu verhindern. 845 n. Chr. unternahm schließlich die T'ang-Dynastie eine umfassende Anstrengung, den Buddhismus seiner materiellen Grundlage zu berauben. Der Staat konfiszierte Millionen Morgen Land im Besitz der Klöster, zerstörte 40 000 geweihte Orte, schleifte 4 600 Tempel und zwang 260 500 Mönche und Nonnen zur Rückkehr in die Reihen des erwerbstätigen Laienstands. Von diesem Angriff hat sich der chinesische Buddhismus nie mehr erholt.

Um auf Konfuzius, Mo Tze und Mong Tze zurückzukommen, so bleibt die Frage, warum deren Moralanschauungen nie Grundlage einer geistlichen Kirche, geschweige denn einer Weltreligion wurden. Unterschieden sich die Verhältnisse in den frühen chinesischen Staaten von denen anderswo? Waren diese Staaten kulturell homogener und stärker zentralisiert als die in Indien oder im Westen und konnten sie deshalb auf eine über den Ahnenkult hinausführende universalistische Religion verzichten? Oder gab es einen anderen tiefgreifenden Unterschied? Ehrlich gesagt, ich weiß es nicht.

Die Zukunft von Glauben und Unglauben

Die Menschheit glaubt seit mindestens 35 000 Jahren an animistische Wesen. Kann man davon ausgehen, daß diese Glaubensvorstellungen in dem Maß verschwinden, wie die agrarischen und vorindustriellen Gesellschaften sich industrialisieren und wie die industrialisierten Gesellschaften immer kompliziertere Techniken der Produktion, der Reproduktion und der Informationsverarbeitung entwickeln?

Eines ist klar. Auch wenn man in einigen Industriegesellschaften mehr Atheisten findet, als es jemals zuvor gab, sind doch Menschen mit religiösen Überzeugungen allenthalben häufiger anzutreffen, als von Sozialtheoretikern einst vorhergesagt. Umfragen in Westeuropa zeigen, daß im Durchschnitt etwa zwei Drittel der Bevölkerung an die Existenz irgendeiner Art von göttlichem Wesen glaubt. In der Reihe der Industriegesellschaften stellen die Vereinigten Staaten das eine Extrem und die Sowjetunion das andere dar. Bloß 4% der Amerikaner erzählen den Meinungsforschern, sie glaubten nicht an einen Gott oder einen universalen Geist; nur 13% behaupten, die Religion spiele in ihrem Leben keine Rolle; und nur 9% glauben, daß mit der Erschaffung beziehungsweise Entwicklung des Menschengeschlechts Gott nichts zu tun hatte. Demgegenüber sind in der Sowjetunion diejenigen, die sich als Ungläubige bezeichnen, im Landesdurchschnitt leicht in der Überzahl. Aber nur 30% der Russen, jener Volksgruppe, die vom Sowjetsystem am meisten profitiert hat, bekennen sich zu einem Glauben an Gott. Unter den anderen Volksgruppen, insbesondere in Gegenden, in denen der Islam herrscht, mögen die Gläubigen noch in der Überzahl sein. Im gesamten Landesdurchschnitt erklären sich 45% der Bevölkerung für gläubig.

Verglichen mit dem Prozentsatz der Gläubigen in Westeuropa scheint die relative Zahl der Gläubigen in der Sowjetunion in keinem Verhältnis zu den Anstrengungen zu stehen, die der Sowjetstaat unternahm, um die Religion auszumerzen. Die offizielle sowjetische Politik hatte sich immer von Marx' Ansicht leiten lassen, daß die Religion billiges „Opium" sei, das von den herrschenden Klassen ausgeteilt werde, um die Volksmassen um ihren Verstand zu bringen.

Sobald sie eine wissenschaftliche Einsicht in die natürlichen und kulturellen Erscheinungen erwürben, würden sie automatisch ihre abergläubischen Vorstellungen und ihre religiösen Überzeugungen und Praktiken fahrenlassen. So jedenfalls dachte Marx. Um die Entwicklung des Atheismus voranzutreiben, hatte der Sowjetstaat seit seiner Gründung 1917 seine Kontrolle über die Lehrpläne an den Schulen dazu benutzt, atheistischen Weltanschauungen Vorschub zu leisten. Er hat Organisationen wie die Liga Militanter Atheisten finanziell gefördert, deren Ziel es war, die Gläubigen lächerlich zu machen, und er hat Sonderausstellungen in Museen veranstaltet, deren Thema die Geschichte religiöser Kriege, Massenmorde und Inquisitionen war. Hinzu kommt, daß bekennende Gläubige nicht in die kommunistische Partei eintreten durften und von daher grundsätzlich bei der Zulassung zu den besten Universitäten und Instituten, bei der Bewerbung um gutbezahlte Stellen und bei der Suche nach gutem Wohnraum im Nachteil waren. Wieso gibt es dann aber noch mindestens 100 Millionen Menschen in der Sowjetunion, die es ablehnen, sich dreist zum Atheismus zu bekennen?

Zum Teil liegt die Antwort in der Unfähigkeit des sowjetischen Systems, den Atheisten qualitativ bessere Lebensverhältnisse zu gewährleisten als den Gläubigen. Denn ungeachtet aller Vorteile, die Nichtgläubige angeblich genießen, zeigen sowjetische Untersuchungen, daß der Lebensstandard von Gläubigen und von Nichtgläubigen nur um wenige Prozentpunkte differiert. Zu der Gruppe der Gläubigen gehören mehr alleinstehende Frauen und mehr Ruheständler, Behinderte und Landbewohner, aber ihr Lebensstandard erfährt eine wesentliche Aufbesserung durch zahlreiche Fürsorgeprogramme, mit deren Hilfe die Sowjetunion die schlimmsten Auswüchse der Armut beseitigt. Wie Glasnost, Gorbatschows Kampagne für mehr Öffentlichkeit, hat deutlich werden lassen, funktioniert die sowjetische Wirtschaft außerordentlich ineffektiv, was die Konsumgüterproduktion betrifft. Wie chronische Engpässe in der Versorgung mit Fleisch, Gemüse und Obst, ein grassierender Mangel an anständigem Wohnraum und die weite Verbreitung minderwertiger Waren und Dienstleistungen zeigen, hat es das sowjetische System nicht vermocht, die Nichtgläubigen so zu belohnen, daß sich die psychologischen Kosten, die der Atheismus erfordert, rentiert hätten.

Die traditionelle marxistische Religionstheorie ist in dieser Hinsicht irreführend, weil sie sich anzuerkennen weigert, daß animistische Glaubensvorstellungen eine Befriedigung gewähren, auf die ohne irgendeine Art von kompensatorischem Nutzen die Menschen ungern verzichten. Die Religion mag gelegentlich als „Opium" funktionieren, aber in dieser Eigenschaft wurde sie bereits genutzt, lange ehe es überhaupt herrschende Klassen gab. Selbst in staatlich organisierten Gesellschaften müssen die herrschenden Klassen nicht immer die einzigen Nutznießer sein. Der Animismus kann allen Menschen etwas geben, gleichgültig, ob diese in Horden und Dorfgemeinschaften oder in Häuptlingsherrschaften und Staatswesen leben, und egal, ob sie Kapitalisten oder Kommunisten, Unterdrücker oder Unterdrückte sind. Wer läßt sich etwa nicht gern versichern, daß sein Leben ein Ziel und einen Sinn hat und mit dem körperlichen Tod nicht zu Ende ist? Warum sollten die Menschen diese tröstlichen Vorstellungen nur deshalb aufgeben, weil sie sich ihren Lebensunterhalt mit Hilfe von Technologien des Computerzeitalters verdienen? Der Glaube an Gott und an ein Leben nach dem Tod beißt sich nicht mit einer erfolgreichen Verrichtung der meisten industriellen Tätigkeiten. Man kann sogar in diesem allgemeinen Sinne gläubig sein und dabei Hervorragendes auf naturwissenschaftlichem, medizinischem, technischem Gebiet leisten. Zu Schwierigkeiten und Konflikten kommt es nur auf der Ebene spezifischerer Glaubensvorstellungen, etwa wenn ein Geologe sich zwischen einem religiösen Dogma entscheiden muß, das die Welt vor nicht mehr als 10 000 Jahren begonnen haben läßt, und einer auf Strahlungsmessungen basierenden Zeitrechnung, die sich über Milliarden Jahre erstreckt, oder wenn Biologen zwischen der Darwinschen Evolutionstheorie und der biblischen Schöpfungsgeschichte wählen müssen oder wenn Ärzte sich entscheiden müssen, ob sie einen Darmverschluß durchs Gebet oder durch einen chirurgischen Eingriff heilen sollen. Da die meisten Menschen sich ihren Lebensunterhalt verdienen, ohne mit solchen Entscheidungen konfrontiert zu werden, bleiben animistische Anschauungen sogar in hochtechnisierten städtischen Gesellschaften attraktiver als die atheistischen.

Offensichtlich braucht es weniger institutionellen Druck, um eine Nation von Gläubigen auf die Beine zu stellen als eine Nation von Nichtgläubigen. Ich möchte allerdings nicht den Eindruck erwecken, als könne man die extreme Unbeliebtheit des Atheismus in den Vereinigten Staaten verstehen, ohne gesellschaftlichen Druck am

Werk zu sehen. Anders als in der Sowjetunion sind in den Vereinigten Staaten Gläubige und Nichtgläubige gleichermaßen frei, für ihre Überzeugung zu missionieren. Aber der Atheismus in den Vereinigten Staaten wird seit langem mit dem „gottlosen Kommunismus“ in Verbindung gebracht und trägt deshalb das Stigma eines Anliegens, das offiziell mit den Feinden Amerikas in Zusammenhang steht. Wer in den Vereinigten Staaten die Religion öffentlich verwirft oder durch den Kakao zieht beziehungsweise andere offen zu seinen atheistischen Ansichten bekehren will, läuft Gefahr, das Mißfallen seiner Arbeitgeber oder Vorgesetzten zu erregen und in Bundesstaaten, in denen fundamentalistische Glaubensvorstellungen vorherrschen, der sozialen Ächtung zu verfallen oder sich sogar physischen Mißhandlungen auszusetzen. Gleichzeitig gewährt das amerikanische Steuersystem trotz aller gesetzmäßigen Trennung von Kirche und Staat religiösen Einrichtungen indirekte Unterstützung. Spenden an Kirchen sind steuerlich abzugsfähig, und die Baulichkeiten, der Grundbesitz und das Einkommen der Kirchen sind von der Besteuerung befreit. Nicht ohne Grund berufen sich die Fundamentalisten auf das Motto des Staatssiegels der Vereinigten Staaten „In God We Trust“ („In Gott setzen wir unser Vertrauen“) und auf die Worte des Treueids „One Nation under God“ („Eine Nation unter Gott“), um zu beweisen, daß Gebete in öffentlichen Schulen ein verfassungsmäßig garantierter Teil des amerikanischen Lebens sind.

Wenn ich recht damit habe, daß in den Vereinigten Staaten zwischen Angst vor dem Kommunismus und Angst vor dem Atheismus ein Zusammenhang besteht, dann könnte das Ende des Kalten Krieges zu einer Angleichung der Gläubigenzahlen in den Vereinigten Staaten und der Sowjetunion führen. Würde die Sowjetunion im Zuge einer Liberalisierung des öffentlichen Lebens den Kirchen das Recht zu missionieren einräumen, wüchse die Zahl der Gläubigen bestimmt. Und umgekehrt würden die Amerikaner, wenn sie nicht mehr in beständiger Furcht davor lebten, von den gottlosen Kommunisten ihrer Heimstätten und ihrer Kirchen beraubt zu werden, sich möglicherweise erlauben, ihrer Kritik an animistischen Glaubensvorstellungen und Ritualen Ausdruck zu geben. In beiden Ländern würde sich dann eine Situation entwickeln, die dem in Westeuropa üblichen Kräfteverhältnis zwischen Gläubigen und Ungläubigen viel näher käme. Aber abgesehen von dieser kurzfristigen

Spekulation, kann ich meiner Kristallkugel praktisch keine weiteren Prognosen entnehmen. Langfristig gesehen, kann ich höchstens sagen, daß die Zukunft der Religion nicht von immanenten Qualitäten des Glaubens beziehungsweise Unglaubens abhängen wird, sondern von dem relativen Wert, den Glaube oder Unglaube in bezug auf die spezifischen politischen und ökonomischen Systeme hat, die im Computerzeitalter die Gesellschaften schließlich ausbilden mögen. Vielleicht ist es deshalb für uns an der Zeit, uns wieder der unerledigten Frage zuzuwenden, ob die Auslese der politischen und ökonomischen Syteme der Menschheit Resultat vorhersagbarer Vorgänge ist.

Hat sich die Geschichte wiederholt?

Kurz nach dem Übergang in Sumer begannen sich auch in anderen Teilen der Welt Staaten zu bilden: im Niltal etwa um 3200 v. Chr., im Industal etwa um 2200 v. Chr., in Nordchina etwa um 2200 v. Chr. und in Mexiko und Peru etwa um 300 v. Chr.

Nehmen wir an, Sumer wäre nie besiedelt worden und Uruk, Eridu, Ur und die anderen sumerischen Orte hätte es nie gegeben. Würde der Staat mit all dem, was er für die Beziehungen der Menschen zueinander bedeutet, auch dann entstanden sein, an anderen Stellen der Erde? Weil die zeitliche Reihenfolge, in der die frühesten Staaten in Erscheinung traten in etwa ihrer räumlichen Entfernung vom Vorderen Orient entspricht, nahmen Archäologen und Historiker früherer Generationen an, das wiederholte Auftreten von Staatswesen sei einfach nur die Folge einer als Diffusion bezeichneten geographischen Ausbreitung. Keine Frage, daß die Entstehung von Staaten in Sumer den Prozeß der Staatsbildung in benachbarten Häuptlingsherrschaften beschleunigte, indem er für die letzteren die Ausbildung zentralisierter staatlicher Strukturen zu einer Überlebensfrage werden ließ. Aber die sumerischen Streitkräfte bedrohten zu keiner Zeit jene Zentren im Niltal und im Tal des Indus, in denen sich die dortige frühe Staatsbildung vollzog, geschweige denn die entsprechenden Gegenden in China und Amerika.

Wie sonst noch konnten dann die Vorgänge in Sumer die frühe Staatsbildung anderswo beeinflussen? Vielleicht trugen reisende Händler, die mit der sumerischen Staatskunst vertraut waren, Schilderungen von ihr in weitentfernte Gebiete, etwa so, wie Krankheitserreger von einer Weltgegend in die andere geschleppt werden. Aber warum sollte die Kunde von Sumer einem Oberhäuptling bei seinem Streben nach einer dauernden Hegemonie über seine Gefolgschaft eine irgendgeartete Hilfe sein können? Den Häuptlingen auf Hawaii schwebte offenbar die *Idee* des Königtums und der Schaffung dauerhafter erblicher Gesellschaftsklassen vor, denn sie versuchten wiederholt, ihrer Gefolgschaft staatsähnliche Einrichtungen aufzuzwingen. An ihrer Unfähigkeit, den nächsten Schritt zu vollziehen, war indes nicht schuld, daß sie von Sumer oder irgendwelchen anderen Staatswesen keine Kenntnis hatten.

Die Verfechter der These von einem einzigen Ursprung des Staats stehen vor einem eigentümliche Dilemma. Wenn es unwahrscheinlich ist, daß Häuptlingsherrschaften mehr als einmal die Schwelle zum Staatswesen überschritten, dann muß es genauso unwahrscheinlich sein, daß andere Entwicklungsschritte wie die Kultivierung von Pflanzen oder die Zähmung von Tieren oder auch der Übergang vom Anführer zum Großen beziehungsweise vom Großen zum Häuptling sich mehr als einmal ereignen konnten. Führt man diese Überlegungen mit letzter Konsequenz zu Ende, so landet man bei dem als „Diffusionismus" bekannten Standpunkt, der praktisch auf eine Leugnung der Möglichkeit hinausläuft, daß Menschenansammlungen unter ähnlichen Umständen auch auf ähnliche Weise denken und handeln beziehungsweise daß die Geschichte sich je wiederholt.

Während der Diffusionismus die chronologische Reihenfolge des Erscheinens der ersten Staaten und Reiche plausibel machen kann, kann er die Entwicklungsfolge, die in jeder einzelnen Region dem Erscheinen des Staats vorausgeht, nicht überzeugend erklären. In jeder der Regionen sind die ersten Staaten die Krönung einer archäologisch nachweisbaren Abfolge, die mit lokalen Jäger- und Sammlergemeinschaften beginnt und über die Kultivierung von Pflanzen und die Domestizierung von Tieren, eine wachsende Bevölkerungsdichte und Siedlungsgröße bis zu festen Dörfern und einander bekriegenden Häuptlingsherrschaften mit öffentlichen Großbauten fortschreitet. Wenn alle Staaten, ausgenommen die sumerischen, durch Diffusion statt durch jeweils eigene Entwicklungsprozesse entstanden wären, so wäre diese wiederkehrende Abfolge unerklärlich. Denn die Diffusionstheorie würde ja bedeuten, daß es nur ein einziges aktives Zentrum kultureller Auslese gab und daß in der ganzen restlichen Welt Dummköpfe saßen, die solange an ihrer gewohnten Lebensweise stur festhielten, bis die vom Vorderen Orient wellenförmig ausstrahlenden Neuerungen sie auf Trab brachten. Aber daß die ursprüngliche Entwicklungsfolge bei ihrer Ausbreitung von einem Gebiet ins nächste unversehrt erhalten bleiben konnte, läßt sich mit zunehmender räumlicher Entfernung zwischen Neuerern und Nachahmern immer weniger vorstellen.

Da das entscheidende Ereignis, das in der Entwicklung des Vorderen Orients zur Staatsbildung führte, die Kultivierung von Getreide und die Zähmung von Schafen und Ziegen war, steht und fällt die Glaubwürdigkeit der diffusionistischen Erklärung mit der Frage, ob sich in den anderen Zentren der Staatsbildung der gleiche Komplex als Grundlage der jeweiligen Entwicklungsfolge ausmachen läßt. Während im Falle Ägyptens und des Industals dieses Kriterium die Diffusionstheorie nicht ausschließt, kommt es im Falle Chinas ihrer Wiederlegung ziemlich nahe.

Datierungen archäologischer Fundstätten mit Hilfe von Strahlenmessungen deuten darauf hin, daß im Tal des Huang Ho (Gelber Fluß) in Nordchina die Menschen schon mindestens vor 8000 Jahren v. Chr. Dörfer bewohnten und zwei kultivierte Sorten von Hirse anbauten. Und in Südchina war bereits vor 7000 Jahren der Anbau von Reis, der langkörnigen ebenso wie der rundkörnigen Art, weitverbreitet. In der Nähe des heutigen Pan P'o, in den semiariden Hochlandsregionen, die an den Oberlauf des Huang Ho angrenzen, pflanzten die Dörfer Hirse an, züchteten Schweine und Hunde, begruben ihre Toten in klar umgrenzten Friedhöfen, fertigten bemalte Tongefäße und experimentierten mit Vorformen von Schriftzeichen, wie sie etwa von 4000 v. Chr. an dann in China in Gebrauch kommen.

Die Hirsearten, die man in Nordchina gefunden hat, gehen auf Wildformen zurück, die in China wie in Europa wuchsen. Eine der Arten wurde auch in der Nähe von Argissa in Griechenland kultiviert. Kann die chinesische Hirse von hier stammen? Nicht, wenn man als Maßstab die Zeit zugrunde legen kann, die andere neolithische Getreidearten brauchten, um per Diffusion nach China zu gelangen. Vom Weizen zum Beispiel, einer der beiden Grundgetreidearten im Vorderen Orient des Neolithikums, gab es in China keine Wildformen. Die Chinesen fingen etwa um 1300 v. Chr. an, Weizen anzubauen, über 6000 Jahre, nachdem er im Vorderen Orient kultiviert worden war. Wenn der Weizen 6000 Jahre brauchte, um durch ganz Asien zu diffundieren, wie hätte dann die Hirse, die eine weniger ergiebige Feldfrucht war, die lange Reise nach China in weniger als 1000 Jahren schaffen sollen? Ebenso fatal für den Diffusionismus erweist sich die Frage, warum sich die Hirse und nicht der ertragsmäßig ergiebigere Weizen hätte verbreiten sollen. Die These, daß die Hirse sich aus dem Vorderen Orient verbreitet haben müsse, ignoriert außerdem die Tatsache, daß die ostasiatischen Völker selbst imstande waren, Pflanzen zu kultivieren, die in Europa unbekannt waren, insbesondere den Reis und die Sojabohne, zwei höchst nahrhafte und ergiebige Feldfrüchte, die erst in jüngerer Zeit den Weg nach Europa fanden. Was die Haltung und Aufzucht von Tieren betraf, waren die Chinesen wahrscheinlich nicht weniger tüchtig. Wilde Vorformen des Hausschweins gab es im Paläolithikum sowohl in China als auch im Vorderen Orient, und domestizierte Arten treten zusammen mit den frühesten Reissorten in Erscheinung. Knochen, die man an derselben Fundstätte gefunden hat, sind möglicherweise die ältesten Zeugnisse für die Zähmung des Wasserbüffels, einer weiteren Art, die im Fernen Osten beheimatet war und nicht zum neolithischen Komplex des Vorderen Orients gehört.

Im Blick auf den Staatsbildungsprozeß in China gelangt K. C. Chang auf Grund der archäologischen Befunde zu dem Schluß, daß mindestens schon 2500 v. Chr. in mehreren Regionen Chinas Häuptlingsherrschaften existiert haben müssen, die deutliche Rangunterschiede kannten, Krieg führten, spezialisierte Handwerke hatten und über Fachleute für die Religionsausübung verfügten. Nach Chang traten die ersten Staaten etwa 2200 v. Chr. in Erscheinung, in einem Zeitraum, der mit der sogenannten Hsia-Dynastie verknüpft ist. Staaten mit dem Umfang von Reichen fingen 500 Jahre später an zu entstehen, als frühester der Staat der Shang-Dynastie, dessen Zentrum im Nordosten der Provinz Honan im unteren Huang-Ho-Becken lag. Die Shang-Kultur besaß Fahrzeuge mit Rädern, Pferde, Rinder, ein Schriftsystem und verfügte über eine entwickelte Bronzebearbeitungstechnik. Die Hauptstadt in der Nähe des heutigen Anyang war von einem riesigen Erdwall umgeben und umfaßte Wohnbezirke, in denen spezialisierte Handwerker lebten. In den königlichen Gräbern finden sich Hinweise auf Menschenopfer. Das Leben in diesem frühen Königreich war trotz der grundsätzlich eigenständigen Entwicklung der chinesischen Zivilisation dem Leben der frühen dynastischen Zeit im Zweistromland und in Ägypten bemerkenswert ähnlich.

Je weiter entfernt und je stärker isoliert voneinander zwei Zentren der frühen Staatsentwicklung sind und je weniger kultivierte Pflanzen- und Tierarten sie gemeinsam haben, um so geringer ist die Wahrscheinlichkeit, daß die Entwicklung im einen Zentrum von der im anderen beeinflußt wurde. Ich gebe zu, daß China und der Vordere Orient auf dem Landweg nicht so unerreichbar für einander waren, daß eine Wechselwirkung zwischen beiden absolut ausgeschlossen werden kann. Der Weizen, wie gesagt, verbreitete sich tatsächlich nach China, auch wenn er das Land erst erreichte, als die chinesischen Häuptlingsherrschaften die Schwelle zum Staat bereits überschritten hatten. Und daß die kultivierte Hirse zu einem früheren Zeitpunkt auf dem gleichen Weg nach China gelangt sein könnte, bleibt immerhin eine entfernte Möglichkeit. Die ideale Gelegenheit nachzuweisen, daß bei der kulturellen Auslese wesentliche Entwicklungsfolgen sich unabhängig voneinander wiederholen, böte die Untersuchung der Entwicklung menschlicher Gesellschaften, die auf entfernten Planeten unter erdähnlichen Bedingungen existierten. Wenn auf ihnen allen dieselben Abfolgen zu beobachten wären, dann hätten wir den Beweis, daß die Geschichte sich wirklich wiederholt. Die meisten Menschen sind sich dessen nicht bewußt, aber *eine* solch andere Welt wurde tatsächlich vor einiger Zeit entdeckt. Auch wenn außerhalb der ethnologischen Fachzirkel die Sache keine große Publizität erlangt hat, scheint doch vormals die menschliche Spezies in zwei verschiedenen Welten gelebt zu haben, die während der ganzen Zeit, die es brauchte, damit sich aus Horden und Dorfgemeinschaften Staaten entwickelten, in keinem praktisch relevanten Kontakt miteinander standen. Nachdem etwa 12 000 Jahre vergangen waren, gelang es den Bewohnern der einen Welt, mit Hilfe primitiver Vorläufer der heutigen Raumschiffe die Bewohner der anderen aufzuspüren. Was sie vorfanden, waren Zivilisationen und Kulturen, die bei aller Verschiedenheit im Detail ihrer Struktur und organisatorischen Anordnung nach den unseren erstaunlich ähnelten. Hier hatte sich die Geschichte tatsächlich in größtem Maßstab wiederholt.

Wie die zweite Welt begann

Wann genau die zweite Welt besiedelt wurde, ist schwer zu sagen. Manche Archäologen glauben, daß dies vor 20 000 oder mehr Jahren geschah, andere wiederum meinen, die Besiedlung reiche nicht viel weiter als bis 10 000 v. Chr. zurück. Die Frage, wie es dazu kam, ist leichter zu beantworten: Großwildjäger, die in Nordostsibirien lebten, folgten Herden von urzeitlichen Elefanten, Mammuts, Rentieren und Pferden über die Bering-Brücke, einem großen Landsockel, der während der letzten Eiszeit Sibirien und Alaska verband und der heute unter der Beringsee liegt. Bei einer Wanderungsgeschwindigkeit von durchschnittlich 15 Kilometern pro Jahr muß die Hauptwanderungswelle die Südspitze Südamerikas gegen 9000 v. Chr. erreicht haben. Wir wissen, daß die ursprünglichen Amerikaner keine „Ureinwohner" gewesen sein können, sondern in die zweite Welt eingewandert sein müssen, weil sich in der westlichen Hemisphäre nie irgendwelche Spuren von Australopithecinen oder Hominiden aus der Zeit vor Homo sapiens, ja nicht einmal von lebenden oder ausgestorbenen Großaffen gefunden haben. Großwildjäger tragen keine Boote mit sich herum, sie müssen also über Land gekommen sein. Außerdem waren vor 12 000 Jahren seetüchtige Fahrzeuge noch nicht erfunden, da damals noch so viel Wasser in den polaren Eiskappen gebunden war, daß ein Großteil des Gebiets der Beringsee trockenlag. Schließlich wissen wir, daß sie aus Asien, statt aus Europa oder Afrika gekommen sein müssen, weil die Indianer Amerikas mehr rassische Merkmale mit den Nordasiaten gemeinsam haben als mit den Nordeuropäern oder Afrikanern.

Die Ansicht, daß die zweite Welt bereits lange vor dem Ende der letzten Eiszeit besiedelt war, wird durch eine Reihe archäologischer Fundstätten gestützt – eine Felsenhöhle in Pennsylvania, Feuerstellen im peruanischen Hochland, Holzhäuser im südlichen Peru und eine weitere Felsenhöhle in Brasilien – deren mit Hilfe von Strahlenmessungen festgestellte Datierungen allesamt auf ein Alter hinweisen, das sich zwischen 33 000 und 13 000 Jahren bewegt. Aber viele Archäologen bleiben skeptisch, weil sie schon oft erlebt haben, wie vergleichbare Behauptungen zu Fall kamen. Ich brauche in diesem Streit nicht Partei zu ergreifen, weil sein Ausgang nichts mit der Frage zu tun hat, ob die Besiedler der zweiten Welt unabhängig von den Bewohnern der ersten den Ackerbau erfanden und Häuptlingsherrschaften ausbildeten. Worauf es ankommt, ist, daß niemand behaupten kann, die ursprünglichen Siedler seien als Bauern oder Hirtennomaden gekommen, egal, ob sie nun vor 30 000 oder vor 12 000 Jahren eintrafen. Außerdem blieben noch lange, nachdem die ursprünglichen Siedler sich über Nord- und Südamerika ausgebreitet und auf der Grundlage von Ackerbau Staaten gebildet hatten, weite Gebiete beiderseits der Beringstraße, die auf der einen Seite bis zum Amur und auf der anderen bis nach Kalifornien reichten, von Jäger- und Sammlervölkern statt von Ackerbauern besiedelt. Wie hätte die Kenntnis des Ackerbaus über dieses weite Areal hinweg, in dem niemand Ackerbau trieb, weitergegeben werden sollen?

Wenn die Technik des Ackerbaus nicht auf dem Weg über Sibirien und Alaska gekommen sein konnte, vielleicht war sie dann über den Pazifischen Ozean aus Polynesien oder sogar direkt aus Indonesien oder China in seetüchtigen Kanus oder in Dschunken, die der Sturm verschlagen hatte, nach Amerika gelangt? Oder könnte sie nicht direkt aus Europa oder Afrika gekommen sein, in Booten, die vom Sturm über den Atlantik getrieben worden waren? Sicher, wenn da nicht ein großes Problem wäre: Die Menschen der ersten Welt hatten von den Nahrungspflanzen der zweiten nicht die geringste Ahnung. Sie hatten noch nie Getreidearten wie Mais, Amarant oder Quinoa gesehen; oder Hülsenfrüchte wie schwarze Bohnen, grüne Bohnen und Limabohnen; oder Frucht- und Gemüsesorten wie Avokados, Kürbis, Melonen und Tomaten; oder Knollenfrüchte wie Maniok, Kartoffeln und Süßkartoffeln; oder Würzmittel wie Chilipfeffer, Kakao und Vanille; oder Rausch- und Anregungsmittel wie Koka und Tabak. Wenn Ozeanfahrer von der ersten Welt den Ackerbau nach der zweiten gebracht hatten, wo kamen dann all diese merkwürdigen Nahrungspflanzen her? Warum Mais, Amarant und Quinoa statt Weizen, Gerste und Reis?

Die gängige Antwort der Diffusionisten darauf ist, die Seefahrer hätten nicht die Früchte mitgebracht – sondern einfach nur die Kenntnis, daß man Pflanzen anbauen könne. Woraufhin die ursprünglichen Besiedler sich darangemacht hätten, so viele einheimische

Getreidesorten und Knollen zu züchten wie möglich. Diese Theorie könnte eine gewisse Glaubwürdigkeit beanspruchen, wenn die ursprünglichen Einwanderer nur ein paar Jahrzehnte oder auch Jahrhunderte gebraucht hätten, um ihre Pflanzen zu kultivieren, wie man erwarten könnte, wenn ihnen durch die Eröffnungen der Wohltäter von jenseits des Ozeans plötzlich ein Licht aufgesteckt worden wäre. Aber der Vorgang der Kultivierung der einheimischen amerikanischen Nutzpflanzen erstreckte sich über Jahrtausende, in deren Verlauf die Völker der zweiten Welt ihre Abhängigkeit vom Jagen und Sammeln langsamer abbauten, als dies die Bewohner des Vorderen Orients getan hatten. So dauerte es zum Beispiel 2000 Jahre, bis eine Kornfrucht namens *teosinte,* die noch heute wild auf dem mexikanischen Hochland wächst, in voll kultivierte Maissorten überführt war. Vor 3000 v. Chr. waren die Maiskolben noch nicht einmal zweieinhalb Zentimeter lang und hatten nur wenige Reihen winziger Körner, die zur Reifezeit leicht abfielen. Zweitausend Jahre danach hatten die Kolben ihren heutigen Umfang erreicht, und die größer gewordenen Körner saßen so fest, daß die Pflanze sich ohne menschliche Mitwirkung nicht mehr aussäen konnte (sogar wenn man die Kolben kocht, fallen die Körner nicht herunter, wofür diejenigen, die gern Maiskolben abnagen, dankbar sind).

Schließlich wird die diffusionistische Erklärung für den Ackerbau in der zweiten Welt vollends durch die Tatsache widerlegt, daß zwischen 7000 und 5000 v. Chr. Sammlervölker auf der mexikanischen Hochebene bereits in jahreszeitlich bedingter Ergänzung ihrer Wildpflanzennahrung kleine Mengen von Bohnen, Kürbissen, Amarant, Chilipfeffer und Avokados anbauten. Da zu dieser Zeit die Chinesen gerade erst begannen, eine jungsteinzeitliche Lebensweise anzunehmen, und die Westeuropäer und Westafrikaner damit noch nicht einmal angefangen hatten, hätten Seefahrer, die über den Pazifik oder den Atlantik herüberkamen, den Völkern der zweiten Welt gar nichts bringen können, was diese nicht bereits wußten. Und das gilt nicht nur für den Ackerbau, sondern auch für die großen politischen Veränderungen, die durch den Ackerbau möglich wurden.

Der Entwicklungsgang in der zweiten Welt

Wie in der ersten brachten auch in der zweiten Welt klimatische Veränderungen und sinkende Jagderträge die frühen Siedler dazu, ihre Nahrungspalette zu erweitern. In Mexiko hatte diese Umorientierung unterschiedliche Folgen für die Völker der tiefgelegenen Küstenregion und der Hochebene im Landesinneren. Dank der reichen Vegetation und Tierwelt in den Fluß- und Küstengebieten konnten die Menschen entlang der Meeresküste in der Gegend von Tabasco, Vera Cruz und Belize sich bereits tausend oder mehr Jahre, ehe sie den Ackerbau zu ihrer Hauptnahrungsquelle erhoben, in festen Siedlungen niederlassen. Die ersten Häuptlingsherrschaften in der zweiten Welt entwickelten sich wahrscheinlich im Rahmen dieser Dörfer. Im Gegensatz dazu wurden die Menschen im hochgelegenen Landesinneren erst nach 3000 v. Chr. seßhaft, als sie über verbesserte Maissorten verfügen konnten. Der Unterschied läßt sich daraus erklären, daß die Völker an der Küste imstande waren, von ihren festen Siedlungen aus Fischbestände und andere hochkonzentrierte maritime tierische Fett- und Proteinquellen zu nutzen, wohingegen die Hochlandsvölker trotz ihres Vorsprungs bei der Kultivierung von Pflanzen mobil bleiben mußten, um die verstreuten Rehe, Kaninchen, Ziesel, Ratten, Vögel und Insekten aufspüren zu können, die Teil ihrer breiten Palette von Beutetieren waren.

In dem Maß, wie die besten Fluß- und Küstengegenden sich mit Siedlungen füllten, fingen die Tieflandbewohner an, der Landwirtschaft größere Aufmerksamkeit zu schenken, und erweiterten ihren Speiseplan um Kürbisse und Pfeffersorten. Zwischen 3000 und 2000 v. Chr. kam Mais hinzu, den sie von den Züchtungszentren auf der Hochebene übernahmen. Fortgeschrittene Häuptlingsherrschaften traten zuerst in zwei Gegenden in Erscheinung: in der Region Tabasco-Vera Cruz, dem Heimatland der Olmeken, und in der Region Yukatan-Belize, dem Heimatland der Maya.

Die Olmekenhäuptlinge organisierten öffentliche Bauten, zu denen gemeißelte Steinmonumente, Erdhügel und Pyramiden gehörten. Der Basalt für drei Meter hohe runde, gemeißelte Köpfe, Steinsäulen,

Altäre und Gräber mußte aus Steinbrüchen herangeschafft werden, die fünfundsiebzig Kilometer entfernt waren. Die Olmeken legten ihre Siedlungen in der Nähe von natürlichen Uferbänken an, deren fette Böden sich gut für den Maisanbau eigneten. Aber sie betrieben auch weiter Fischfang, sammelten Muscheln und gingen auf die Jagd. Etwa um 400 v. Chr. wurden sie vom Untergang ereilt. Gruppen, die wir nicht kennen, zerschlugen die Steinsäulen, stürzten die Steinköpfe und verunstalteten und begruben die Altarsteine. Von was für einem Ereignis zeugen diese Schändungen? Wahrscheinlich von Aufständen des gemeinen Volks, das entschlossen war, weitere Machtzusammenballungen zu verhindern, und das lieber auf Möchtegern-Könige und den Zugang zu fetten Böden verzichtete, ehe es sich immer höheren Forderungen nach Fronarbeit und Abgaben fügte.

Bei den Maya nahm die Entwicklung eine andere Richtung. Kurz nach dem Untergang der Olmeken gelang es den Häuptlingsherrschaften der Maya, die Schwelle zu Staatswesen zu überschreiten. Diese wurden von religiösen Zentren aus regiert, die etwa einen Tag Fußmarsch weit voneinander entfernt lagen. Jedes Zentrum umfaßte reich verzierte Gebäude mit zahlreichen Räumen auf Plattformen, die um einen gepflasterten Platz herum symmetrisch angeordnet waren. Entlang der Hauptachse jedes dieser Zentren stellten die Maya Steinsäulen und Statuen auf, in die sie mit Hilfe ihres besonderen Systems von Schriftzeichen Berichte über die Geschichte des Königreichs, über große Siege und andere Heldentaten einritzten, all dies mit akkuraten Zeitangaben, die sie mittels sorgfältiger astronomischer Beobachtungen errechneten. Vergleichbar den Zikkurats in Mesopotamien ragten über jedes Zentrum stumpfe Pyramiden empor, die mit Steinplatten belegt und von Tempeln gekrönt waren, zu denen lange Fluchten von Stufen hinaufführten. Der Großteil der Bevölkerung lebte verstreut in Häuserhaufen, die sich in der Nähe der Felder befanden, und besuchte das Zentrum nur an Markttagen oder um wichtigen öffentlichen Zeremonien beizuwohnen oder um auf Geheiß der Oberherrn Fronarbeit zu leisten.

In Reaktion auf das Bevölkerungswachstum wechselten die Maya von der Brandrodung zu intensiveren landwirtschaftlichen Anbauformen über. Sie bauten Entwässerungskanäle, hoben das Niveau der feuchten Böden an, um dauerhafte Felder zu schaffen, ernteten die Wasserpflanzen und Tiere, die in den Kanälen gediehen und pflanzten

Obstbäume, die sie mit Hausabfällen düngten. Im Verein mit der großflächigen Zerstörung des ursprünglichen Waldbewuchses ließen diese langfristig angelegten Investitionen den kleinen Leuten wenig Chancen, sich den gesteigerten Forderungen ihrer Herrscher nach Frondienst und Steuern zu entziehen.

Nach 800 n. Chr. trat im Kernland der Maya eine abrupte Veränderung ein. Alle Bautätigkeit kam zum Erliegen, die Menschen blieben den Zentren fern, und in der Region begann eine Periode fortlaufenden Bevölkerungsschwunds. Befunde aus unterschiedlichen Zusammenhängen deuten darauf hin, daß es zu diesem Zusammenbruch kam, weil die Mayastaaten ihre landwirtschaftliche Produktion über das erträgliche Maß hinaus gesteigert hatten. Das Verschwinden der Bewaldung, das die Hauptschwierigkeiten schuf, führte zur vermehrten Auswaschung und Abtragung der Böden und senkte wahrscheinlich die Niederschlagsmenge über der gesamten Halbinsel von Yukatan. Die Erosion der Berghänge und die geringere Niederschlagsmenge führten ihrerseits dazu, daß die Wasserbecken und Entwässerungskanäle verschlammten. Nicht nur wurde dadurch die Anhebung der Pflanzterrains schwieriger und weniger ertragreich, es verschwand auch die reiche Wasserflora und -fauna aus den Entwässerungskanälen. Diese ökologischen Veränderungen verstärkten die Konkurrenz zwischen den verschiedenen Zentren und erzeugten allgemeine Unzufriedenheit. Kriege, Aufstände und die Unterbrechung des Handelsverkehrs bereiteten schließlich dieser klassischen Phase der Mayazivilisation das Ende.

Auf dem mexikanischen Hochland erlaubten die besseren Möglichkeiten zur Intensivierung des Landbaus und die höhere Produktivität den Häuptlingsherrschaften, sich zu Staatswesen zu entwickeln, die weit größer und mächtiger waren als die der Maya und die sich schließlich zu politischen Systemen imperialen Ausmaßes entfalteten. Die größten Staaten bildeten sich im Becken von Mexiko, einer Region, die im großen und ganzen dem Gebiet der heutigen Hauptstadt Mexico City mit ihren ausgedehnten Vororten entspricht. Landwirtschaft treibende Dörfer entwickelten sich hier relativ spät, zwischen 1400 und 1200 v. Chr. Die ersten Dörfler trieben Ackerbau auf Basis einer Form von Brandrodung, auf mittlerer Höhe entlang den Hängen rund um das Becken, wo sich ein Maximum an Niederschlag mit einem Minimum an Frostschäden vereinen ließ. Mit zunehmender Bevölkerungsdichte mußten auch die nördlichen Randgebiete des Beckens besiedelt werden, die am ungünstigsten waren, weil dort der geringste Niederschlag fiel. Hier, im Tal von Teotihuacán, knapp vierzig Kilometer nordöstlich des Zentrums der heutigen Hauptstadt, entstand das erste Großreich der zweiten Welt.

Die Begründer von Teotihuacán lösten das Wasser- und Frostproblem dadurch, daß sie nie versiegende Quellen nutzten, die von Regen- und Schneewasser gespeist wurden, das durch das hochgelegene vulkanische Gestein durchsickerte. Gegen 500 n. Chr. bedeckte das Stadtzentrum von Teotihuacán ein Gebiet von 20 Quadratkilometern und beherbergte 100 000 Menschen. Die Stadt war nach Plan errichtet, wie die gitterförmige Anlage der Straßen und Gassen, die Märkte in den einzelnen Distrikten und die Viertel, die bestimmten Handwerkszünften zugewiesen waren, beweisen. In der Mitte erhob sich ein Komplex von öffentlichen Bauten und Monumenten, im Vergleich mit dem die Bauten von Tikal, dem größten Zentrum der Maya, zwergenhaft erscheinen und die olmekischen Stätten kleinkariert wirken. Das zentrale Monument, die sogenannten Sonnenpyramide, zählt nach wie vor zu den größten Bauwerken der Welt. Mit einer Höhe von über 70 Metern und einer Seitenlänge von mehr 230 Metern war sie größer als die Zikkurat von Babylon.

In dem Maß, wie mit wachsender Ausdehnung der Stadt der Bedarf an Brenn- und Bauholz wuchs, wurden die umliegenden Berge entwaldet. Das Regenabflußsystem änderte sich, und die Quellen lieferten weniger Wasser. Öffentliche Unzufriedenheit und feindliche Streikräfte machten dem Staat wahrscheinlich den Garaus. 750 n. Chr. wurde die Stadt geplündert, in Brand gesteckt und von ihren Bewohnern verlassen.

Aber im Unterschied zum Kernland der Maya entvölkerte sich das Becken von Mexiko nach dem Fall von Teotihuacán nicht. Neue Staaten entstanden und gingen unter, bis die Entwicklung ihren Höhepunkt im Reich der Azteken fand, deren Hauptstadt Tenochtitlán gleichfalls über 100 000 Einwohner umfaßte und mit ihren Gärten, Dämmen, Märkten, Pyramiden und Tempeln die damalige Welt in Staunen versetzte. Die Landwirtschaft wurde sogar noch intensiver und effektiver betrieben als in Teotihuacán. Umfassende Hochwasserschutzbauten, Entsalzungsanlagen und Entwässerungseinrichtungen machten es möglich, das ganze Jahr über auf „schwimmenden Gärten“ Früchte anzubauen. Bei diesen „schwimmenden Gärten“ handelte es sich, genauer gesagt, um erhöhte Felder, die aus dem Schlamm und Unrat der Seeufer aufgehäuft und durch ein System von Entwässerungs- und Transportkanälen miteinander verbunden waren.

Ungeachtet der Produktivität der Chinampa-Landwirtschaft (Chinampas nennt man diese Art von Feldern), vermute ich, daß auch die Azteken nicht dem Zusammenbruch und Untergang entronnen wären, von dem alle ihre Vorgänger betroffen worden waren. Ihre Angewohnheit, besiegte Streitkräfte zusammenzutreiben und zu Fuß nach Tenochtitlán zu verfrachten, um sie dort zu opfern und aufzuessen, ist eine schlechte Grundlage für die Schaffung langlebiger Reiche und vielmehr Symptom einer Gesellschaft, die massiv unter Bevölkerungsdruck und der Erschöpfung ihrer natürlichen Ressourcen litt. Aber die Azteken ereilte ein einzigartiges Schicksal. 1519 n. Chr. wurde ihr Reich von einer kleinen Schar von Eindringlingen aus der anderen Welt erobert, die in undurchdringliche Rüstungen gehüllt waren und auf riesigen Tieren ritten, die in der zweiten Welt bereits 10 000 Jahre zuvor durch die Jagd ausgerottet worden und seitdem der dortigen Bevölkerung nicht mehr vor Augen gekommen waren.

Die Pharaonen der Anden

Der zivilisatorische „Brennpunkt" der zweiten Welt lag weit von den Azteken entfernt im Süden, in den Hochtälern der Anden und entlang der Pazifikküste Südamerikas. Wir wissen, daß dieses weitere Zentrum früher Staatsbildung nicht völlig frei war von mexikanischen Einflüssen. Der Mais zum Beispiel hat sich mit an Sicherheit grenzender Wahrscheinlichkeit von Norden nach Süden verbreitet. Aber in landwirtschaftlicher Hinsicht waren die Südamerikaner selbst außerordentlich innovativ und hatten bereits meherere Bohnen- und Kartoffelsorten sowie Quinoa, ein Hochlandsgetreide, kultiviert, bevor sie anfingen, Mais anzubauen. Als Viehzüchter liefen sie den Azteken den Rang ab. Sie nutzten Lamas und Alpakas – Tiere, die in Mexiko unbekannt waren – als Fleischvieh und Wollieferanten, und sie nährten sich von Meerschweinchen, die sie als Abfallverwerter im Haus hielten.

Wie in Mittelamerika entstanden die ersten dauerhaften Siedlungen in den Küstenregionen und gingen der Einführung von Kulturpflanzen und Haustieren voraus. Entlang der Küste von Peru lebten die Häuptlingsherrschaften, die um 2000 v. Chr. für die ersten großen künstlichen Hügel und gemauerten Bauwerke sorgten, vom Fang von Sardinen, die sich in großen Schwärmen in Küstennähe aufhalten. Später, als die Bevölkerung anwuchs, wanderten die Siedlungen weg vom Ozean die Flußtäler hinauf, wo sie vom Maisanbau auf bewässerten Feldern abhängig wurden. Umgeben von Wüste, Ozean und steilen Gebirgshängen begannen ungefähr 350 v. Chr. diese Häuptlingsherrschaften in den Flußtälern die Schwelle zum Staat zu überschreiten.

Unterdes hatte sich eine ähnliche Folge von Entwicklungen, die eine Landwirtschaft auf Bewässerungsbasis einschloß, in den abgegrenzten Flußtälern und Seeuferregionen des Andenhochlands vollzogen. Zu Reichsbildungen kam es, als es den Herrschern gelang, die Staaten in den Tälern an der Küste und im Gebirge zu einem einheitlichen System zusammenzufassen. Das gelang als ersten den Chimú, deren riesige, von Lehmmauern umgebene Hauptstadt Chan-

Chan an der Küste lag. Die Inka, deren Hauptstadt Cuzco im Hochland lag, absorbierten die Chimú und schufen 1438 n. Chr. ein Reich, das sich über 3 000 Kilometer erstreckte und in dem sechs Millionen Menschen lebten.

Bedenkt man, daß ihre einzige Möglichkeit, Dinge dokumentarisch festzuhalten, darin bestand, in Bündel von Schnüren, die *quipus* genannt wurden, Knoten zu schlagen, so muß der Vergleich mit den frühen großstaatlichen Systemen der ersten Erde zugunsten der Staatskunst der Inka ausfallen. Es gab drei Ebenen von grundlegenden Verwaltungseinheiten: Dörfer, Bezirke und Provinzen, von denen jede ihre bestellten Beamten hatte, die eine Befehlsfolge unterhielten, die direkt nach Cuzco zurückführte. Die Beamten mußten dafür sorgen, daß Recht und Ordnung aufrechterhalten blieben und die Steuern eingetrieben wurden. Außerdem waren sie verantwortlich für die Planung und Durchführung öffentlicher Bauten sowie für die Aushebung der dazu nötigen Arbeitskräfte. Die dörflichen Ländereien wurden ebenfalls in drei Teile aufgeteilt, von denen der größte den bäuerlichen Familien vorbehalten blieb, während der Ertrag des zweiten und dritten Teils der Priesterschaft und dem Staat zufiel und in besonderen Vorratshäusern aufbewahrt wurde. Die Verteilung dieser Vorräte stand im ausschließlichen Ermessen der Zentralverwaltung. Desgleichen gingen die regierungsamtlichen Konskriptoren direkt in die Dörfer, wenn für den Bau von Straßen, Brücken, Kanälen, Befestigungen und anderen öffentlichen Bauten Arbeitskräfte gebraucht wurden. Dank des Umfangs des Verwaltungssystems und der Bevölkerungsdichte konnten die Baumeister der Inka über riesige Arbeitsheere verfügen. Beim Bau der Festung Sacsahuaman in Cuzco waren 30 000 Menschen damit beschäftigt, mächtige Steinquader, von denen manche bis zu 200 Tonnen schwer waren, zu brechen, zu transportieren und aufzustellen. Arbeitskontingente dieser Größenordnung waren im mittelalterlichen Europa eine Seltenheit, im alten Ägypten, Vorderen Orient und China hingegen an der Tagesordnung.

Die Inkaherrscher waren die Pharaonen der zweiten Welt, Erstgeborene unter den Erstgeborenen, Abkömmlinge der Sonne und himmlische Wesen von beispielloser Heiligkeit. Als Götter auf Erden genossen sie eine Macht und ein Luxusleben, von dem sich der arme Mehinacu-Häuptling in seinem bemitleidenswerten täglichen Ringen um Achtung und Gehorsam nie etwas hätte träumen lassen. Gewöhnliche Sterbliche durften einem Herrscher nicht von Angesicht zu Angesicht begegnen. Seine Audienzen hielt er verborgen hinter einem Wandschirm ab, und wer ihm nahte, tat das mit einer Last auf dem Rücken. Auf Reisen ruhte er in einem reich verzierten Tragsessel, der von speziell ausgebildeten Mannschaften getragen wurde. Ein Heer von Auskehrern, Wasserträgern, Holzhackern, Köchen, Kleiderbesorgern, Schatzmeistern, Gärtnern und Jägern sorgte im Palast von Cuzco für sein Wohl. Wenn Angehörige seines Personals sich eines Vergehens schuldig machten, konnte das die Zerstörung ihres ganzen Heimatdorfs zur Folge haben.

Seine Mahlzeiten aß der Herrscher von Gold- und Silbergeschirr in Räumen, deren Wände mit kostbaren Metallen bedeckt waren. Seine Kleider waren aus der allerfeinsten Vikunjawolle gefertigt, und da er keine Kleidung zweimal trug, gab er bei jedem Wechsel die abgelegten Kleider an Mitglieder der königlichen Familie weiter. Er genoß die Dienste einer großen Zahl von Konkubinen, die aus den schönsten Mädchen des Reichs methodisch ausgelesen wurden. Damit die heilige Abstammung vom Sonnengott erhalten blieb, mußte er, wie bereits ausgeführt, eine eigene Voll- oder Halbschwester zur Frau nehmen. Bei seinem Tod wurden während einer großen Trink- und Tanzorgie seine Frau, seine Konkubinen und zahlreiche Gefolgsleute erdrosselt, um sicherzustellen, daß es ihm im jenseitigen Leben an nichts fehlte. Sein Leichnam wurde dann ausgeweidet, in Stoff gehüllt und mumifiziert. Frauen mit Fächern warteten diesen Mumien ununterbrochen auf und standen bereit, die Fliegen zu verscheuchen oder etwaigen Wünschen nachzukommen, die der tote Herrscher vielleicht äußern würde.

Warum die erste Welt die zweite eroberte

Nachdem er 1519 in Vera Cruz gelandet war, zog Hernando Cortez auf seinem Weg nach Tenochtitlán durch kultivierte Landschaften, die ihm in geradezu unheimlicher Weise vertraut vorkamen. Er kam durch Städte, Landstädte und Dörfer mit Straßen und Plätzen und mit Häusern für Arm und Reich; er traf Menschen, die üppige, bewässerte Felder bestellten, während andere in Körben Lebensmittel und handwerkliche Erzeugnisse wie etwa Obsidianmesser, gutgearbeitete Töpferware, Federschmuck oder Häute und Felle transportierten. Unterwegs begegnete er Männern und Frauen in einer vertrauten Vielzahl von gesellschaftlichen Rangunterschieden: Potentaten, aristokratischen Kaufleuten, Maurern, Steinmetzen, Richtern, Priestern, Soldaten, Sklaven. Viele trugen farbenprächtige gewebte Kleider und waren mit erlesenem Geschmeide geschmückt, das ihrem hohen Rang entsprach. Und er kam an Palästen, Pyramiden und anderen steinernen Bauten vorbei, deren Umfang, Höhe und Ebenmaß von großer architektonischer und bautechnischer Fertigkeit zeugten. Aber es gab zugleich bestimmte Dinge, die im Spanien des 16. Jahrhunderts alltägliche Erscheinungen waren und hier merkwürdig fehlten. Die Menschen auf den Feldern benutzten Stöcke und hölzerne Spaten. Wo waren die Pflüge und Zugochsen? Und es waren weit und breit keine einzige Ziege und nicht ein Schaf zu sehen. Ebensowenig gab es Anzeichen für die Existenz eines Karrens, eines Frachtwagens oder überhaupt eines Fahrzeugs mit Rädern. Was die Waffen betraf, so hatten die Soldaten Pfeile und Speere mit Steinspitzen. Von stählernen Schwertern oder Donnerbüchsen wußten sie nichts. Und Pferde waren ihnen so absolut unbekannt, daß sie anfänglich Pferd und Reiter für ein zusammenhängendes Lebewesen hielten.

Das soziale Leben in den beiden Welten hatte sich im wesentlichen parallel entwickelt, aber auf dem amerikanischen Kontinent ging der Veränderungsprozeß definitiv langsamer vor sich. Die Reaktionsweisen menschlicher Gruppen fallen tendenziell ähnlich aus, wenn die Rahmenbedingungen einander ähneln. Aber natürlich gleichen sich die Rahmenbedingungen selten ganz genau. Die beiden Welten waren

Zwillinge, aber keine eineiigen Zwillinge. Nach dem Aussterben größerer Tierarten gegen Ende der letzten Eiszeit war die zweite Welt zwar mit kultivierbaren Pflanzen gut versehen, hingegen schlecht ausgestattet mit zähmbaren Tierarten. Nichts überlebte, was dem Schaf, der Ziege, dem Schwein, dem Rind, dem Esel, dem Wasserbüffel oder dem Pferd entsprochen hätte und was sich hätte einsperren und mit den landwirtschaftlichen Überschüssen füttern lassen. Sicher, die Vorfahren der Inka konnten Lamas und Alpakas zähmen, aber das waren empfindliche Tiere, angepaßt an die Lebensbedingungen in den höchsten Tälern der Anden. Man konnte sie nicht wie Schafe, Ziegen und Kühe melken, sie nicht wie Esel oder Pferde schwere Lasten tragen beziehungsweise wie Ochsen Wagen oder Pflüge ziehen lassen. Und Meerschweinchen waren auch kein adäquater Ersatz für Schweine. Außerdem war keines der Tiere der zweiten Welt, die sich zur Zähmung eigneten, im Gebiet des mexikanischen Hochlands beheimatet, wo die wilden Vorformen des Mais wuchsen. Ich denke, das erklärt, warum die Bewohner des Hochlands noch lange nach der Kultivierung ihrer wichtigsten Nahrungspflanzen eine halbnomadische Lebensweise beibehielten. Im Vorderen Orient konnten die seßhaft gewordenen Dörfler sowohl über pflanzliche Nahrung als auch über tierisches Fett und Protein verfügen, weil die Kultivierung von Pflanzen und die Zähmung von Haustieren sich zur gleichen Zeit vollzogen. Durch die Seßhaftigkeit erhöhte sich die Ergiebigkeit der Pflanzkulturen, was wiederum die Neigung zur Seßhaftigkeit verstärkte. Im mexikanischen Hochland hingegen sprach die Notwendigkeit, den Speiseplan durch tierische Nahrung zu ergänzen, gegen einen Verzicht aufs Jagen. Anders als im Vorderen Orient ging deshalb im mittelamerikanischen Hochland die Entwicklung von Dörfern der ersten Kultivierungsphase nicht voraus, sondern folgte ihr erst nach einem Zwischenraum von mehreren Tausend Jahren. Dadurch wiederum verzögerte sich dort die Entstehung von Häuptlingsherrschaften auf landwirtschaftlicher Basis und das Auftreten der ersten Staatswesen an den für imperiales Wachstum geeigneten Standorten.

Den Mexikanern gelang schließlich die Zähmung des Truthahns, der Moschusente, der Honigbiene und haarloser Hunde, die wegen ihres Fleischs gezüchtet wurden, aber in der Zeit des beginnenden Ackerbaus spielten diese Arten noch keine Rolle, und auch später fielen sie nie sonderlich ins Gewicht.

Manche Ethnologen haben sich gegen die Vorstellung gewandt, die Indios der vorgeschichtlichen Zeit hätten wenig Auswahl an zähmbaren Tierarten gehabt, und werfen die Frage auf, warum sie nicht Tapire, Pekaris, Antilopen oder Rotwild zu Haustieren gemacht hätten. Tapir und Pekari sind Dschungelarten des Tieflands, die an feuchte Lebensräume gewöhnt sind und einer Bevölkerung, die in den trockenen Hochlandtälern Mais und Amarant anbaute, schwerlich hätten von Nutzen sein können. Was das Rotwild und die Antilope betrifft, so sind diese ja auch nirgends sonst mit Erfolg gezähmt worden, und deshalb sehe ich nicht ein, warum man das von den Mexikanern verlangen sollte. Ohnehin aber hätten diese Arten noch schlechtere Last-, Zug- oder Milchtiere abgegeben als die Lamas und Alpakas.

Daß bestimmte Tierarten ausgestorben waren, verzögerte nicht nur das Aufkommen einer seßhaften, dorfgebundenen ackerbaulichen Lebensweise, sondern nahm außerdem der zweiten Welt die Möglichkeit zu einer mit Zugtieren betriebenen Pflugwirtschaft und beraubte sie der Fähigkeit, die gleiche Bandbreite landwirtschaftlicher Systeme wie in der ersten Welt auszubilden. (Die Inka verwendeten tatsächlich eine Art Pflug, der mit Menschenkraft gestoßen und gezogen wurde.) Das Wichtigste aber war vielleicht, daß das Fehlen von Zugtieren die Entwicklung von Fahrzeugen mit Rädern verhinderte. Den Mexikanern machte es keine Mühe, das Rad zu erfinden, aber sie verwendeten es nur bei Spielzeugen für ihre Kinder. Ohne Zugtiere gab es für sie wenig Anreiz, Karren mit Rädern zu bauen. Menschen vor Wagen zu spannen, stellt gegenüber dem Tragen von Lasten auf Kopf oder Rücken keinen großen Gewinn dar, zumal wenn man die Kosten für den Bau von Straßen in Rechnung stellt, die breit und eben genug sind, um einem Ochsenkarren, wie er in der ersten Welt üblich war, zu genügen. Die Inka legten tatsächlich ein umfangreiches Straßennetz an, aber nur für menschliche Fußgänger und Lamas, was ihnen eine Menge Kosten ersparte, weil sie steile Hänge mit Stufen statt mit Serpentinen überwinden konnten.

Es ist höchst auffällig, daß die großen Städte der zweiten Erde primär Verwaltungs- und keine Handelszentren waren. Nicht, daß es in ihnen keine Märkte, Handwerker oder Kaufleute gegeben hätte, aber abgesehen von Preziosen waren die meisten Dinge, mit denen gehandelt wurde, Nahrungsmittel aus der unmittelbaren Umgebung der Städte oder Artikel, die in der Stadt selbst hergestellt worden waren. Der Produktion von Lebensmitteln und Gütern für den Export waren durch das Fehlen von Fahrzeugen enge Schranken gezogen. Symptomatisch für die vergleichsweise geringe Entwicklung des kommerziellen Verkehrs war das Fehlen einer allgemeinen Geldwährung. Sieht man davon ab, daß in Mexiko Händlerkasten in begrenztem Umfang Kakaobohnen als Zahlungsmittel verwendeten, so gab es in der zweiten Welt keinerlei Landeswährungen. Daß es keinen Fernhandel in größerem Umfang und keine Münzwährung gab, wirkte sich hinderlich auf die Entstehung jener spezifischen Kaufmannsschichten aus, die bei der Entwicklung der klassischen imperialen Zentren im eurasischen Raum eine wichtige Rolle spielten.

Daß man sich für Räder nicht interessierte, wirkte sich hemmend auf den technischen Fortschritt in vielen anderen Bereichen aus. Ohne Räder konnte es auch keine Flaschenzüge, Getriebe oder Zahnräder geben, jene technischen Vorrichtungen, die den Menschen der ersten Welt den Bau von Maschinen erlaubte, mit denen sie Mehl mahlen, spinnen, die Zeit messen und schwere Lasten heben konnten, einschließlich der Anker und Segel auf ihren seetüchtigen Schiffen – Vorrichtungen, auf deren Grundlage sich dann im Zeitalter der Dampfmaschinen und Verbrennungsmotoren die Entwicklung des Maschinenbaus vollzog.

Hätten die Bewohner der zweiten Welt irgendwann Räder, Zahnräder, Getriebe, Flaschenzüge und komplizierte Maschinen selber entwickelt und dann ihre eigene industrielle Revolution durchlaufen? Ein guter Grund dafür, diese Frage zu bejahen, ist die Tatsache, daß sie auf metallurgischem Gebiet bereits mehrere wesentliche Fortschritte gemacht hatten. Nachdem sie wie ihre Kollegen in der ersten Welt mit dem Kaltschmieden von Kupferblechen den Anfang gemacht hatten, waren sie dazu übergegangen, Kupfer, Gold, Silber und verschiedene Legierungen zu schmelzen und zu gießen, unter anderem auch Bronze, das sie gerade begonnen hatten, für Messer und Keulenköpfe zu verwenden, als die Spanier mit ihrer stählernen Bewaffnung und Rüstung eintrafen. Eine erstaunliche Leistung der metallurgischen Fachleute in der zweiten Welt war ihre eigenständige Erfindung jener Gießtechnik, die man als Gießen in verlorenen Formen bezeichnet. Um eine Form für das herzustellende Objekt zu haben, fertigten sie zuerst ein Wachsmodell davon an. Dann stellten sie das Modell in einen Gießgraben oder -kasten, umgaben es mit festgestampftem Sand und gossen oben durch eine kleine Öffnung geschmolzenes Metall auf das Modell. Das Metall ließ das Wachs augenblicklich verdampfen und füllte den entstandenen Hohlraum mit einer metallenen Nachbildung des Wachsmodells. Wer es in seinen metallurgischen Fertigkeiten so weit gebracht hatte, dem muß man wohl zubilligen, daß er es auch noch weiter hätte bringen können, vielleicht nicht so schnell wie in der ersten Welt, aber im wesentlichen in derselben Richtung. Die Erfindung der Schrift und der Zahlenkunde durch die zweite Welt sowie ihre astronomischen und mathematischen Leistungen sprechen ebenfalls dafür, daß sie früher oder später auf wissenschaftlichem und technischem Gebiet mit der ersten Welt gleichgezogen hätte. Die vorkolumbianischen mexikanischen Kalender waren genauer als ihre ägyptischen Entsprechungen, und die Maya hatten einen wesentlichen mathematischen Fortschritt vollzogen, den nicht einmal die Griechen und Römer geschafft hatten – sie hatten ein Zeichen für die Nullmenge, um das Fehlen einer Basiszahl oder ihrer Exponenten anzuzeigen. Aber nichts von alledem ändert etwas daran, daß die Bewohner der ersten Welt einen Vorsprung hatten. Sie waren es, die über seetüchtige Schiffe, Schießpulver, Musketen, Stahlschwerter und einen Panzer auf vier Beinen verfügten. Die Armeen der Inka und der Azteken kämpften tapfer, aber ohne die Spur einer Chance. Keine der beiden Seiten wußte, daß über ihr Schicksal schon lange zuvor entschieden worden war, als die Bewohner der ersten Welt sich von der Jagd abgewandt und damit begonnen hatten, Schafe und Ziegen zu zähmen und sich in agrarischen Dörfern anzusiedeln, während die Bewohner der zweiten Welt, die über keine zähmbaren Tierarten verfügten, noch 5 000 Jahre lang die Jagd weiterpflegten.

Das Unbehagen in der Kultur und der erkennende Geist

Die Geschichte der zweiten Welt zeigt, daß die kulturelle Entwicklung nicht in der Form eines chaotischen Durcheinanders von widersprüchlichen und einmaligen Ereignissen verläuft, sondern in geordneten, wiederkehrenden Prozessen, die gleichermaßen durch Kontinuität und Wandel bestimmt sind. Statt kulturelle Spielarten zu produzieren, die sich durch unendliche Verschiedenartigkeit auszeichnen, führt die kulturelle Evolution vielmehr zur Ausbildung von Trends, die eine ausgeprägte Parallelität und Konvergenz an den Tag legen. Und selbst wo sie Vielfalt hervortreibt, tut sie das in geordneter Weise, nämlich in Reaktion auf erkennbare Zwänge, die ein bestimmter Lebensraum den Produktions- und Reproduktionsstrategien der Menschen auferlegt. Die Geschichte der zweiten Welt macht deshalb die Einheit deutlich, die den physischen und kulturellen Unterschieden in der menschlichen Spezies zugrunde liegt, und beweist die universale Gültigkeit der Prinzipien der kulturellen Auslese. Sie widerlegt die zur Zeit beliebte Geisteshaltung, die in jeder einzelnen Kultur etwas Einzigartiges und Unvergleichliches sehen will. Weil Kulturen überall auf der Welt dem gleichen System von grundlegenden menschlichen Bedürfnissen, Neigungen und Trieben dienen, tendieren die Menschen überall dazu, unter ähnlichen Bedingungen ähnliche Entscheidungen zu treffen. Ich finde diese Ansicht über die Verschiedenheit der Kulturen weit vielversprechender als den radikalen Relativismus von Kollegen, die es für unmöglich halten, daß durch Fortschritte in der Erkenntnis der menschlichen Lebensbedingungen die kulturellen Differenzen überwunden werden können. Nur wenn die Aussicht auf ein wechselseitiges Verständnis über die Grenzen der eigenen Kultur hinweg besteht, können wir auf eine globale Aussöhnung und auf ein Ende der Drohung gegenseitiger Zerstörung hoffen.

Weniger optimistisch gestimmt, darf ich darauf hinweisen, daß die wesentlichen kulturellen Entwicklungsprozesse nicht von der Fähigkeit der Menschheit zeugen, über ihr Schicksal auf bewußte und intelligente Weise selber zu entscheiden. Das ist ein paradoxer Befund angesichts der Tatsache, daß wir allein unter allen Lebewesen Gehirne haben, die über einen „Geist“ verfügen, der mit Bewußtsein Informationen verarbeitet, Entscheidungen trifft, Verhaltensweisen plant und die Erreichung künftiger Ziele intentional vorwegnimmt. Der Kulturwandel schien deshalb auch immer ein Vorgang, den Menschen bewußt dadurch vollzogen, daß sie zwischen alternativen Möglichkeiten eine Wahl trafen. Aber wenn man rückblickend die Entscheidungen unserer Vorfahren mit den Veränderungen vergleicht, die dadurch hervorgerufen wurden, so zeigt sich, daß es zwischen beidem eine Diskrepanz gibt und daß alle wichtigen Schritte in der kulturellen Entwicklung ohne ein begleitendes Bewußtsein von ihrer tatsächlichen Bedeutung vollzogen wurden.

Die Menschen, die an den Wandlungsprozessen beteiligt waren, die aus Sammlerhorden Pharaonenreiche machten, trafen bewußte Entscheidungen und waren ebenso intelligent, aufgeweckt und gedankenreich wie die heutigen Menschheitsgenerationen. Sie entschieden sich, ob sie diese oder jene Tätigkeit den Tag über oder auch eine Saison lang weiterverfolgen, ob sie eine bestimmte Tierart jagen oder nicht jagen, ob sie das Lager abbrechen oder dableiben, ob sie ein bestimmtes Kind aufziehen oder sterben lassen, einem Anführer gehorchen oder den Gehorsam verweigern, ein bestimmtes Dorf überfallen oder in Ruhe lassen, für den einen oder den anderen Umverteiler arbeiten oder dieses Jahr mehr Yamswurzeln als das letzte anpflanzen sollten. Aber die Entscheidung, Sammlerhorden mit egalitären Geschlechterrollen und gegenseitigem Austausch in seßhafte bäuerliche Dorfgesellschaften mit Geschlechterherrschaft und Umverteilungsmechanismen zu überführen, – diese Entscheidung trafen sie nicht. Die Verwandlung von Patrilokalität in Matrilokalität oder von egalitären in stratifizierte Umverteilungsformen oder von interner in externe Kriegsführung ist niemals Sache einer bewußten Wahl gewesen. Alle großen Veränderungen in der menschlichen Geschichte und Vorgeschichte waren Folge bewußter Entscheidungen, aber die bewußten Entscheidungen betrafen nicht die großen Veränderungen selbst.

Die Erschöpfung natürlicher Ressourcen, die in der kulturellen Entwicklung eine wesentliche Rolle gespielt hat, liefert ein schlagendes Beispiel für diese Art von bewußtlosem Bewußtsein. Die Sammler und Jäger der Eiszeit haben nicht absichtlich die Ausrottung von Mammuts, Riesenbisons, Wildpferden und anderem Großwild betrieben; die Fore und die Sambia haben nicht mit Absicht die Wälder Neuguineas in Steppe verwandelt, und die Maya haben ihre Entwässerungskanäle nicht absichtlich verschlämmt. Das Abhängigwerden von eingeschränkten Lebensbedingungen ist ebenfalls ein solches unbeabsichtigtes Resultat. Die Sumerer verfolgten nicht die Absicht, sich selber in der Falle ihrer stratifizierten Siedlungen zu fangen, als sie sich ihren von Wüste umgebenen üppigen, bewässerten Lebensraum schufen. Und die Begründer von Teotihuacán hatten nicht vor, sich selber an die Kette ihres aus Quellen gespeisten Bewässerungssystems zu legen.

Das 20. Jahrhundert scheint eine wahres Eldorado solcher unbeabsichtigter, unerwünschter und unvorhergesehener Veränderungen zu sein. Das Automobil, eigentlich nur als eine Maschine gedacht, die den Menschen ermöglichen sollte, schneller als mit dem Pferdewagen von einem Ort zum anderen zu gelangen, hat zu einer grundlegenden Umwälzung der Siedlungsmuster und kommerziellen Verkehrsformen der Industriegesellschaften geführt. Die Umwandlung von Ackerland in Vorortsiedlungen, die verwüsteten Straßenlandschaften und die zu neuen Zentren des gesellschaftlichen Lebens avancierten Einkaufszonen hat niemand angestrebt oder vorhergesehen. Und auch niemand hat vorhersehen können, wie den Leuten zumute ist, wenn sie in ein Verkehrschaos geraten, was für Angst und Anspannung es ihnen bereitet, wenn sie, ohne zu wissen, warum, in einem kilometerlangen Stau steckenbleiben oder zwei Stunden später die deformierten Wracks und das Blut auf der Straße zu sehen bekommen. Und garantiert hat niemand gewollt, daß man mittlerweile mit dem motorisierten Fahrzeug länger braucht, um zur Arbeit zu fahren oder von einer Seite der Stadt auf die andere zu gelangen, als früher mit der Pferdekutsche.

Wußten unsere Eltern etwas von der Massierung industrieller Gift- und Schadstoffe in allen lebensnotwendigen natürlichen Substanzen, Flüssigkeiten und Gasen? Und während sie ihre Autos wie Schoßtiere pflegten und striegelten, machten sie sich da jemals Gedanken darüber, was aus den Abgasen wurde, die den Motoren entströmten? Sie versprachen sich von der Chemie ein besseres Leben, und das bekamen sie auch in Gestalt von neuen Geweben, Kunststoffen und

Legierungen. Womit sie nicht rechneten, war, daß die Chemie ihnen auch eine Verschlechterung ihres Lebens bescheren würde in Form von krebserregenden Müllkippen und Deponien und von Flüssen, Seen und Meeren, die von polychlorierten Biphenylen und verseuchten Fischen nur so strotzen. Sie wollten Elektrizität, aber sie wollten nicht, daß sich durch den Einsatz fossiler Brennstoffe das Regenwasser in Säure verwandelte, die den Wald sterben läßt und die Gebirgsseen verseucht. Und sie wollten auch nicht, daß die Gase aus den Kühlaggregaten der Kühlschränke die vor Hautkrebs schützende Ozonschicht in der Atmosphäre zerstören, während andere Industrieabgase drohen, zum Abschmelzen der polaren Eiskappen zu führen und Städte unter einem dreißig Meter höheren Meeresspiegel zu begraben.

Die politischen und ökonomischen Ereignisse des 20. Jahrhunderts zeigen dasselbe Schema unerwarteter, unvorhergesehener und unerwünschter Konsequenzen: Auf den größten Krieg aller Zeiten folgte ein Krieg zur weltweiten Rettung der Demokratie, und dem wiederum folgte eine Welt voller Militärdiktaturen. Die große Revolution, die der Arbeiterklasse ein kommunistisches Utopia bringen sollte, hat ihr Geheimpolizei, überbelegte Wohnungen und lange Warteschlangen vor den Geschäften beschert. Und in den Vereinigten Staaten, die nicht zurückstehen wollen, betteln ein Vierteljahrundert, nachdem die Regierung der Armut den Krieg erklärt hat, mehr obdachlose Amerikaner in den Straßen als jemals zuvor.

Niemand will die Armut, am wenigsten die Bettler selbst, aber dennoch besteht sie fort. Niemand will Rezessionen, Börsenkräche oder den Zusammenbruch bäuerlicher Familienbetriebe, aber trotzdem kommt es zu diesen Dingen. Eine große Zahl von verheirateten Müttern fing in den sechziger Jahren an, sich eine Arbeit zu suchen, um das Einkommen ihrer Männer aufzubessern. Dreißig Jahre danach hat die Vergößerung und Auffüllung des Arbeitskräftereservoirs durch Frauen die Lohnrate so gesenkt, daß man sich ohne Zweiteinkommen eine anständige Behausung gar nicht mehr leisten kann, während anständige Kinder zu einem unerschwinglichen Luxus geworden sind. Wie wurde all das entschieden? Haben Frauen je gewollt, daß die Familienform, die sich am raschesten ausbreitet, aus Mutter und Kindern besteht, die in Armut und ohne Vater leben?

Gewiß, ein paar Lichtblicke gibt es, wie etwa die Ausrottung und

Heilbarkeit der Pocken und anderer Ansteckungskrankheiten, die höhere Lebenserwartung, ein erhöhter Lebensstandard in Teilen von Asien sowie die Beseitigung von Handelsschranken und die Beendigung jahrhundertealter Kriegsgegnerschaften in Westeuropa. In anderen Bereichen hingegen bleiben die Bemühungen um grundlegende Veränderungen eklatant erfolglos. In den achtziger Jahren waren große Teile Afrikas und Südasiens von einigen der schlimmsten Hungersnöte der Geschichte betroffen, und dies direkt unter den Augen der Vereinten Nationen und anderer internationaler Organisationen. In absoluten Zahlen betrachtet, gibt es am Ende des 20. Jahrhunderts mehr analphabetische, verarmte und unterernährte Menschen als am Anfang. Und in immer mehr Ländern werden die Reichen ständig reicher, während die Armen fortlaufend ärmer werden. Rekordzahlen in der internationalen Verschuldung bedrohen die Solvenz des internationalen Bankensystems, mit Konsequenzen, die niemand vorherzusagen wagt. Die Sucht nach Rauschmitteln hat Ende des 20. Jahrhunderts die Zerstörung von mehr Existenzen, den Tod von mehr Menschenleben und mehr Diebstahlsdelikte zur Folge als je zuvor in der Geschichte oder Vorgeschichte. Todesschwadronen, Geheimpolizei und die Folterung von Gefangenen sind stärker im Schwange denn je, und ethnische, religiöse oder rassische Gruppen schlachten sich gegenseitig massenhafter ab als jemals zuvor: Protestanten und Katholiken bekämpfen sich in Nordirland, Juden und Palästinenser in Israel, Christen und Muslime in Beirut, Schiiten und Sunniten in Saudiarabien, Hindus und Muslime in Indien, Sikhs und Hindus im Pundschab, Tamilen und Ceylonesen in Sri Lanka, Hutus und Watussis in Burundi, Schwarze und Weiße in Südafrika, Weiße und Schwarze in den Vereinigten Staaten, Armenier und Aserbeidschaner in der UdSSR, Iraker und Kurden im Irak, Basken und Spanier in Spanien.

Haben die Gebrüder Wright sich je vorgestellt, daß künftig das Wunder des Flugs erst würde stattfinden können, nachdem die Passagiere sich einer Durchleuchtung mit Röntgenstrahlen und Metalldetektoren und einer Leibesvisitation unterzogen haben? Oder daß unschuldige Menschen nur deshalb ums Leben kommen würden, weil sie gerade in einem Straßencafé sitzen, in einem Nachtklub tanzen, an einem Flugschalter anstehen oder sich auf einer Kreuzfahrt erholen? Guerillakämpfe und regelrechte Kriege in Hülle und Fülle:

Irak gegen Iran, Libanon gegen Israel, Kontras gegen Sandinisten, Argentinien gegen Großbritannien, Vereinigte Staaten gegen Granada, Äthiopien gegen Eritrea, Vietnam gegen Kambodscha, Sowjetunion gegen Afghanistan – ganz zu schweigen von den Guerillabewegungen in Angola, Mozambique, Namibia, Ekuador und auf den Philippinen. Kaum ist der eine Konflikt zu Ende, fängt schon der nächste an: Nichts berechtigt zu der Hoffnung auf ein Nachlassen des Gemetzels. Praktisch jede Industriemacht, egal ob im Osten oder im Westen, produziert die modernsten Waffen, um sie an Dutzende von Ländern zu verkaufen, die sich gegenseitig fürchten und hassen. Ausgenommen sind höchstens Atombomben.

Im Lichte all dieser unbeabsichtigten Katastrophen frage ich mich, ob wir einer bewußten Steuerung der kulturellen Entwicklung irgend näher sind als unsere Vorfahren zu Beginn des Steinzeitalters. Wie sie sind wir damit beschäftigt, Entscheidungen zu treffen, aber geht es bei diesen Entscheidungen um die großen Veränderungen, die wir vollziehen müssen, wenn die Menschheit überleben soll?

Wird die Menschheit überleben?

Wird das Experiment, das die Natur mit Geist und Kultur durchführt, im Atomkrieg enden? Niemand kennt die Antwort, aber es gibt gute Gründe, pessimistisch zu sein. Die Vorräte an Atomwaffen sind groß genug, um die ganze Menschheit ein für allemal zu vernichten und einen Großteil der uns bekannten Pflanzen- und Tierwelt zu zerstören. Militärstrategen glauben, daß dieses Potential nie gebraucht werden wird, weil keine Großmacht eine andere weder mit nuklearen noch mit konventionellen Waffen angreifen werde, solange sie wisse, daß ein Atomkrieg die Vernichtung beider Seiten zur Folge hat. Was mich am meisten beunruhigt, ist die Gelassenheit, mit der normale Bürger und ihre gewählten Regierungen der Vorstellung begegnen, die Menschheit müsse lernen, mit der Drohung der gegenseitigen Vernichtung zu leben, weil dies die billigste und beste Methode sei, die Gefahr eines Angriffs der einen auf die andere Atommacht geringzuhalten. Welche praktischen, moralischen oder ethischen Prinzipien erlauben es einer kleinen Gruppe von Experten, die Zukunft der Menschheit darauf zu verwetten, daß Atomwaffen nie zur Anwendung kommen werden? Diese Wette ist gänzlich ohne die Zustimmung der meisten von denen abgeschlossen worden, die umkommen werden, wenn die Experten sich mit ihrer Option geirrt haben. Selbst die Bürger der Supermächte haben nie direkt darüber abstimmen können, ob sie bereit sind, für die Aufrechterhaltung des Friedens durch nukleare Abschreckung das Risiko globaler Vernichtung in Kauf zu nehmen.

Aus evolutionärer Sicht ist die Krise, in der wir uns befinden, unabweislich die Krise des Staats als einer Form von räuberischer politischer Organisation, die ihre Entstehung, Erhaltung und Ausbreitung dem Schwert verdankt. Falls dies so ist, werden wir mit hoher Wahrscheinlichkeit das nächste Jahrhundert oder auch nur halbe Jahrhundert nicht überleben, wenn es uns nicht gelingt, über das unersättliche Bedürfnis des Staats nach Souveränität und herrschaftlicher Macht hinauszugelangen. Und der einzige Weg, das zu erreichen, könnte sehr wohl darin bestehen, daß man über den Staat selbst hinausgelangt, indem man gezielt neue Instrumente zur Aufrechterhaltung von Recht und Ordnung auf einer globalen Basis schafft und die Souveränität der bestehenden Staaten in einer weltweiten Föderation untergehen läßt, deren Mitglieder in eine Abrüstung einwilligen, die nur mehr lokale und regionale Polizeikräfte mit konventioneller Ausrüstung erlaubt.

Wie stehen die Chancen, daß die kulturelle Evolution sich von ihrer selbstzerstörerischen Bahn abbringen läßt? Wenn man sieht, wie Falken im Ruf nüchterner Realisten stehen, während Tauben als weltfremde Phantasten gelten, muß einem ein globaler Frieden sehr viel weniger wahrscheinlich vorkommen als ein globaler Krieg. Aber die Wege der kulturellen Evolution haben die Menschheit nicht ohne jedes praktische Fundament gelassen, um über den Staat hinauszugelangen. Satellitenübertragungen und Jumbo-Jets haben den Grund dafür gelegt, daß die Bevölkerungen der einzelnen Regionen über die Vorgänge in entfernten Weltgegenden auf dem laufenden gehalten werden können, was eine notwendige Voraussetzung für die Schaffung eines Bewußtseins von Weltgemeinschaft ist, das die traditionellen Formen des Nationalismus, Ethnozentrismus, Rassismus und Sektierertums zu ersetzen und zu überwinden vermag. Fortschritte im Verkehr und in der Telekommunikation lassen auch die Einrichtung eines Weltparlament am Ausgang des 20. Jahrhunderts machbarer erscheinen als am Beginn. Dank der gleichen technischen Fortschritte haben Industrie und Handel einen zunehmend weltumspannenden Umfang gewonnen und akzeptieren immer weniger die nationalen Schranken, die dem freien Güter- und Dienstleistungsverkehr im Wege stehen. Man muß auch bedenken, daß die größten und erfolgreichsten Wirtschaftsunternehmen Geschäftsstellen und Produktionsstätten in einem Dutzend Länder unterhalten. Von den supranationalen Gesellschaften als aktiven Vertretern weltweiter ökonomischer Interessen und Perspektiven läßt sich, soweit sie nicht im Waffengeschäft engagiert sind, Unterstützung bei künftigen Versuchen erwarten, über den Nationalstaat hinauszugelangen.

Schließlich können diejenigen, die meinen, das Überleben der Menschheit hänge von der Überwindung des Staats ab, auch einige Zuversicht aus Untersuchungen über die fortschreitende Fusion selbständiger politischer Einheiten von der Vorgeschichte bis zur Gegenwart schöpfen. Robert Carneiro vom American Museum of

Natural History schätzt, daß die Zahl der autonomen politischen Einheiten auf der Welt ungefähr um 1000 v. Chr. ihren Höchststand erreichte. Damals gab es möglicherweise an die 500 000 verschiedene Horden, Dorfgemeinschaften und Häuptlingsherrschaften. Mit der weltweiten Ausbreitung von Staaten und Reichen fiel die Zahl der autonomen Einheiten bis 500 n. Chr. auf 200 000. Zwischen 500 n. Chr. und heute beschleunigte sich der Konzentrationsprozeß, und die Zahl nahm weiter ab auf weniger als 200 Einheiten. Allein in Deutschland gab es 1648 noch 900 souveräne Staaten! Durch Verlängerung der Kurve dieser fortschreitenden Abnahme der Zahl selbständiger Einheiten kommt Carneiro zu dem Ergebnis, daß es nach 2300 n. Chr. nur noch einen einzigen, erdumspannenden Staat geben werde. Leider allerdings ist, wie Carneiro hervorhebt, das Hauptmittel zur Verringerung der Zahl selbständiger Einheiten bislang stets der Krieg gewesen. Den Übergang von irgendeiner kleinen Restzahl zur Eins stellt er sich deshalb als das Ergebnis eines letzten Kriegs vor, den zu überleben die Menschheit irgendwie schaffen müsse. Da ich es für praktisch ausgeschlossen halte, daß die Menschheit einen weiteren Weltkrieg überleben wird, bleibt nur die Hoffnung, daß es gelingt, den Weg zur Einheit mit friedlichen Mitteln zu vollenden.

Wenn wir Geist und Kultur auf Erden bewahren wollen, müssen wir unbedingt ein klareres Verständnis der Schranken gewinnen, die uns durch die Natur gesteckt sind. Wir müssen aber auch der Bedeutung des kulturellen Durchbruchs und des großen Unterschieds zwischen biologischer und kultureller Entwicklung inne werden. Wir müssen uns von der Vorstellung frei machen, daß wir eine von Natur aus aggressive Art sind, für die der Krieg etwas Unvermeidliches ist. Wie die Empirie beweist, müssen wir als unwissenschaftlich die Behauptung verwerfen, es gebe höhere und niedere Rassen und die Rangunterschiede innerhalb der Gesellschaften und zwischen ihnen sei Folge der natürlichen Selektion, statt Ergebnis eines langen kulturellen Entwicklungsprozesses. Wir müssen erkennen, wie wenig wir nach wie vor imstande sind, die kulturelle Auslese zu steuern, und wir müssen uns bemühen, sie durch eine objektive Erforschung des menschlichen Seins und wiederkehrender historischer Vorgänge in den Griff zu bekommen.

Danksagung

Ich bin Marjorie Shostak und Melvin Konner dankbar dafür, daß sie auf meine Fähigkeit vertrauten, ein Buch zu schreiben, das, um es mit ihren Worten zu sagen, „alles zusammenbringt". Allein das Bewußtsein, daß jemand solch ein Buch für möglich und mich für fähig hielt, es zu schreiben, hat mich einige schwierige Phasen überstehen lassen. Ich bin auch vielen Kollegen und Freunden zu Dank verpflichtet, die mich mit Informationen, Hinweisen und Zuspruch versorgt haben, vor allem Barbara Miller, Linda Wolfe, Leslie Lieberman, Otto von Mering, Shirley von Mering, Maxine Margolis, Jerry Milanich, Gerald Murray, Carol Bernard, Russ Bernard, Charles Wagley, Cecilia Wagley, Murdo Macleod, Sheena Macleod, Ronald Cohen und Bill Keegan.

Ich möchte mich außerdem bei David Price für seine Arbeit an der Bibliographie und für seine wichtigen Anregungen bedanken, bei Phyllis Durell für das Tippen des Manuskripts und bei Ray Jones und Delores Jenkins für ihren großzügigen und unerschrockenen bibliothekarischen Beistand.

Es war mir ein Vergnügen, mit dem Verlag Harper & Row an diesem Projekt zusammenzuarbeiten, inbesondere mit Carol Cohen und Eric Wirth. Ein Vergnügen war es mir auch, von Murray Curtin vertreten zu werden, der sowohl ein großartiger Buchagent als auch ein treuer und aufopferungsvoller Freund ist. Schließlich danke ich Madeline Harris dafür, daß sie mir geholfen hat, einen weiteren unerfüllbaren Traum Wirklichkeit werden zu lassen.

Quellen

Am Anfang (13–14)
Darwin 1966, S. 2. *Zweifüßigkeit:* Lovejoy 1988; Lewin 1988c; Marzke, Longhill und Rasmussen 1988. *Gehen auf den Handknöcheln und andere Fortbewegung auf der Erde:* Jolly 1985, S. 47–51; Tuttle 1969.

Die Geburt einer Schimäre (15–17)
Darwin 1966, S. 209. *Pithecanthropus:* Day 1968, S. 337ff.

Aufstieg und Fall von Dawsons Frühmensch (19–21)
Der Schwindel von Piltdown: Weiner 1955; Blinderman 1986.

„Lucy in the Sky with Diamonds" (23–26)
Australopithecus: Dart 1925; Broom und Schepers 1946; Johanson und White 1979. *Afarensis und LSD:* Johanson und Edey 1981, S. 18. *Afarensis:* Day 1986, S. 251ff. Zu Größenunterschieden bei Afarensis siehe Zihlman und Lowenstein 1985. *Zu Datierungsfragen:* Boaz 1988; Ward und Hill 1987. *Fußspuren:* M. Leakey 1979; White und Suwa 1987.

Der Stammbaum des Lebens (27–28)
Hominidenherkunft: Ciochon 1985; Fleagle u.a. 1986; Kinzey 1987; Simons 1985; Miyamoto, Slightom und Goodman 1987. *Molekulardatierung:* Sarich 1974; Lewin 1987a. *Auseinandersetzung darüber:* Lewin 1987e, 1988a, 1988b. *Lücke zwischen 14 und 4 Millionen Jahren:* Simons 1985; Pilbeam 1985; Hill und Ward 1988.

Das Rätsel des geschickten Menschleins (29–31)
Entdeckung von Homo habilis: L. Leakey, Tobias und Napier 1964; L. Leakey und Goodall 1969. *Kleine weibliche Habilis:* Johanson 1987; Lewin 1987c. *Datierungen von Omo:* Toth und Schick 1986, S. 22. *Werkzeuge von Hadar:* J. Harris 1983.

Die Geburtsstunde der Technik (33–38)
Geier: Van Lawick-Goodall 1968. *Säugetiere:* Beck 1980. *Schimpansen von Gombe:* Van Lawick-Goodall 1986. *Zitat S. 35:* McGrew 1977, S. 278. *Schimpansen der Elfenbeinküste:* Boesch und Boesch 1984. *Weitere Nußknacker:* Whitesides 1985. *Werfen von Gegenständen:* Teliki 1981. *Zähneputzen:* McGrew und Tutin 1973; Menzel, Savage-Rumbaugh und Lawson 1985. *Andere Schimpansen:* Nishida 1973. *Mechanischer Leopard:* Kortlant 1967.

Werkzeuge wofür? (39–40)
Zum Vergleich der Werkzeugverwendung bei Schimpansen und des Werkzeuggebrauchs primitiver menschlicher Sammler und Jäger siehe McGrew 1987.

Fleisch (41–44)
Über Affen und Insekten: Redford u.a., o.J. *Paviane:* Hamilton 1987; Harding 1975. *Junge als Schimpansenfutter:* Nishida und Kawanaka 1985. *Jagdstil der Schimpansen:* Boesch und Boesch 1989; Teliki 1981, S. 332. *Gesamtjagdausbeute in Gombe:* Van Lawick-Goodall 1986, S. 304–305. *Worzles Koller:* ebd., S. 373–374.

Afrikanische Genesis – revidierte Fassung (45–47)
Schimpansen im Kampf mit Großkatzen: Hiraiwa-Hasegawa u.a. 1986; Andrey 1961. *Werkzeuge aus Knochen:* Dart und Craig 1959. *Hyänen:* Brain 1981.

Steinbrecher, Metzger, Aasfresser, Jäger (49–52)
Australopithecinen als Steinbrecher: Lewin 1988d; Toth und Schick 1986. *Aasfresserei versus Jagd:* Lewin 1984; Shipman 1986; Bunn und Kroll 1986; Blumenschine 1987; Binford 1988. Siehe auch O'Connell, Hawkes und Jones 1988; Stahl 1984.

Das Geheimnis des H. Erectus (53–55)
Werkzeuggebrauch bei Erectus: G. Isaac 1984, S. 12. Hirngröße: Beals, Smith und Dodd 1984. *Feuer-Kontroverse:* Binford und Stone 1986; S. James 1989; Lanpo 1989. *Evolutionärer Stillstand:* Holt 1987; Eldredge und Tattersall 1982; Gould und Eldredge 1977.

Hitze, Haare, Schweiß und Marathonläufe (57–62)
Fialkowski 1986, 1987. *Der Mensch als Läufer:* Carrier 1984; Devine 1985. *Tarahumara-Zitat:* Devine 1985, S. 555. *Nganasan-Zitat:* ebd., S. 559. Schweiß und Haare: Newman 1970; Robertshaw 1985; Kushlare 1985. Vgl. Ebliny 1985. *Körperbau von Erectus:* Trinkhaus 1983. *Bergmannsche Regel:* Weiss und Mann 1985, S. 489–492.

Das Gehirn fängt an zu denken (63–64)
Parallelverarbeitung: Gibson 1989; C. Smith 1985. *Kampfdelphine:* Booth 1988; Eagan 1989; Ridgway 1989. Siehe auch Jerison 1973.

Rudimentäre Kulturen (65–68)
Termitenfang: Van Lawick-Goodall 1986; McGrew 1977, S. 282. *Schimpansen von Mahale:* Nishida 1973. *Affen von Kioto:* Itani 1961; Itani und Nishimura 1973; Miyadi 1967.

Aufbruch in die Sprache (69–73)
Zitate: Bickerton 1981, S. 15, 19.

Primitive Sprachen? (75–76)
Pflanzenbezeichnungen: Witowski und Brown 1978. *Wörter für Körperteile:* Witowksi und Brown 1985. *Zitat:* Sapir 1921, s. 234.

Affensignale (77–81)
Schleppen von Zweigen: Ingmanson 1989. *Schimpansenunterhaltung:* Van Lawick-Goodall 1986. *Viki:* Hill 1978. *Washoe:* Gardner und Gardner 1971,

1973. *Sarah:* Premack 1971, 1976. *Lana:* Rambough 1977. *Lucy und Loulis:* Fouts und Fouts 1985. *Koko:* Patterson 1981. *Zweifler:* Terrace 1981; Sebeok und Umiker-Sebeok 1980. *Videobänder:* Reiss 1985; Dehavenon 1977. *Gehirn und Sprache:* Bradshaw 1988, S. 631.

Der Triumph der Lautgebung (83–85)
Darwin-Zitat: P. Lieberman 1985, S. 663. *Pharynx und Larynx:* P. Lieberman 1984; Crelin 1987; Laitman 1985. *Ursprung der Sprache:* S. Parker 1985; Marshack 1976. Siehe hingegen Liberman und Mattingly 1989.

Über den Neandertaler (87–90)
Frage der Spezies: Lewin 1989b. *Anatomie des Neandertalers:* Stringer 1984, S. 68; Mellars und Stringer 1989; Jacobs 1985. *Neandertalerbegräbnis:* Gargett 1989a; 1989b; Chase und Dibble 1987. *Sprache:* P. Lieberman 1985; Laitman 1985. Siehe hingegen Arensberg u.a. 1989. *Symbolismus:* Mellars 1989; Marshack 1989. *Blumen:* Solecki 1971. *Sprache und komplexes Verhalten:* B. F. Skinner 1984. Siehe auch Trinkhaus 1986.

Das Schicksal des Neandertalers und die Entstehung unserer Art (91–94)
Klasies River Mouth: Singer und Wymer 1982. *Quafzeh:* Valladas u.a. 1980. *Außerhalb Afrikas:* Stringer und Andrews 1988a, 1988b; Stringer 1984, 1988; Cann u.a. 1987; Lewin 1987a, 1987c, 1987e, 1988a, 1988b. *Multiregionale Alternative:* Wolpoff 1988a, 1988b; Spuhler 1988. *Kultur des Neandertalers verglichen mit der von Sapiens:* White 1982; Binford 1982. *Technik von Homo sapiens im Nahen Osten im wesentlichen aus dem mittleren Paläolithikum:* Mellars 1989, S. 370. Vgl. Brooks und Yellen 1989.

Die alles überschattende Kultur (95–98)
Tierfigürchen: Mellars 1989, S. 363. *Venusstatuetten:* Fagan 1983. *Schmucksteine:* Soffer 1985, S. 457. *Oberes Paläolithikum:* Gamble 1986. *Paläolithische Kunst:* Conkey 1983. Jochim 1983; Pfeiffer 1982. *Wunschliste:* Rice und Patterson 1986. *Intichiuma:* Spencer und Gillin 1968, S. 170ff. *Malereien und Knochenplättchen:* Marshack 1985. Vgl. Davidson und Noble 1989. Zu Randall White siehe Lewin 1989a.

Ahnen (99–102)
Leidenschaft für die Genealogie: Shoumatoff 1985, S. 253. Haley 1976. *Zum Irrtum, genealogisch weit zurückzureichen:* Wachter 1980. *Gene und Juden:* Montagu 1974, S. 362ff.

Wie alt sind die Rassen? (103–108)
Bündel von Merkmalen: Molnar 1983. *Rassen in Brasilien:* M. Harris 1970. *Blutgruppen und Verteilung:* Birdsell 1972, S. 435ff. *PTC:* Weiss und Mann 1985. *Anpassungsfähigkeit von Blutgruppen:* Molnar 1983, S. 172ff; Cavalli-Sforza u.a. 1988. *Kritik:* O'Grady u.a. 1989.

Wie unsere Haut ihre Farben bekam (109–112)
Haut: Montagna 1985. *Hautkrebs:* Ariel 1981. *Melanin und Sonnenstrahlung:*

Malkenson und Keane 1983. *Rachitis und Osteomalazie:* Molnar 1983, S. 162ff. *Kleinkindervorhaut:* Webb, Kline und Holick 1988. *Viehzüchter:* Bogucki 1987. *Tempo des Wechsels der Hautfarbengene:* Ammermann und Cavalli-Sforza 1984.

Warum Afrika hinterherhinkt (113–117)
Huxley 1901. Kroeber 1948, S. 202. Siehe M. Harris 1958 zu einer Fallstudie über die Auswirkungen des Kolonialismus in Afrika. *Japan und Indonesien:* Geertz 1963. Vgl. B. White 1983.

Gibt es bei den Rassen Intelligenzunterschiede? (119–121)
Rassischer I.Q.: Jensen 1969. *Zwillinge:* Kamin 1974. Hirsch 1981, S. 36. *Kritik von Rassentheorien:* Lewontin, Rose und Kamin 1984; Montagu 1974; Goleman 1988.

Eine andere Art von Auslese (123–126)
Mehr über die allgemeinen Prinzipien der kulturellen Auslese findet sich in M. Harris 1979.

Atmen (127–128)
Russel u.a. 1987, S. 44.

Trinken (129–130)
Flüssigkeitsdiät: Russel u.a. 1987, S. 41. *Durst:* Rolls u.a. 1986.

Essen (131–133)
Warschauer Ghetto: Winick 1979, S. 14ff; Fliederbaum 1979. *Mehr über den Hungertod:* Keys 1950; Aubert und Frapa 1985; Young und Scrimshaw 1971; Sorokin 1975.

Warum wir zuviel essen (135–136)
Keys 1950. *Diätostat:* Martin und Mullen 1987. Statistik des National Center for Health 1987, S. 6.

Warum wir Festessen veranstalten (137–140)
Stoffwechselanpassungen: Waterlow 1986; Sims und Danforth 1987; Miller und Parsonage 1975; Dreon u.a. 1988. *Hungerzeiten in Afrika – Bemba:* Richards 1939; *anderswo:* Jenike 1989. *Chronische Verknappungen:* Konner 1983, S. 369; Speth 1987. *Hypoplasien und Harris(kein Verwandter von mir)-Linien:* Goodman, Thomas, Swedlund und Armelagos 1988. Wichtige Teile dieses Abschnitts finden sich bei Konner 1982 vorweggenommen.

Warum wir dick werden (141–143)
Tikal: Haviland 1967. *Englische Schuljungen:* Harris und Ross 1987, S. 76.

Angeborene Geschmacksrichtungen (145–148)
Essentielle Nährstoffe: L. Lieberman 1987, S. 225. *Kindliche Abneigungen:* Steiner 1979; Cowart 1981. *Pfeffer:* Rozin und Schiller 1980. *Zucker:* Mintz 1985, S. 15. *Salz:* Denton 1982. *Abneigung der Yanomami gegen Salz:* Kenneth Good, mündliche Mitteilung.

Erworbene Geschmacksrichtungen (149–153)
Verminderte Blähungen: Rozin und Schiller 1980. *Insekten:* Dufour 1986. *Kühe:* Vaidyanathan, Nair und Harris 1982.

Eins zu Null für die Gene (155–158)
Ausführlich dargestellt findet sich der Sachverhalt in M. Harris 1988, S. 137–163, 279–280.

Geschlechtslust (159–162)
Geschlechtstrieb: Cicala 1965; Singer und Toates 1987; Efron 1985. *Spielarten sexueller Praxis:* Gregerson 1982; W. Williams 1986. *Hirnreizung:* Valenstein 1973; Routtenberg 1980. *Reizung des Septums:* Rancour-Laferriere 1985. *Epilepsie und Orgasmus:* Remillard u.a. 1983. *Endorphine:* Davis 1984. *Endorphin-Versuch:* Goldstein und Hansteen 1977. Siehe auch Changeux 1985; Heath 1964; Persky 1987.

Sexuelle Unwissenheit (163–168)
Augustin, Buch 11, Kap. 2. *Fortpflanzungsphysiologie beim Menschen:* Keeton 1972, S. 311. *Andere Arten:* Forsyth 1986. *Verhaltensmuster bei Primaten:* Jolly 1985. *Großaffen:* Graham 1981. *Gorillas:* Fossey 1982. *Schimpansen:* Van Lawick-Goodall 1986. *Spermenwettbewerb:* Small 1988; R. Smith 1984. *Hoden:* Harcourt u.a. 1981. *Pygmäenschimpansen:* Savage-Rumbaugh und Wilkerson 1978; Susman 1984. *Genitalreiben:* Thompson-Handler, Malenky und Badrian 1984, S. 355. Badrian und Badrian 1984; Karoda 1984.

Und jetzt zu etwas völlig anderem (169–173)
Thompson-Handler, Malenky und Badrian 1984. *Menschliches Sperma:* Small 1988, S. 87; Kurland 1988, S. 90. *Veränderungen in der Spermenzahl:* W. James 1980. *Sexuelle Gedanken:* Shanor 1978. *Sex gegen Nahrung:* Karoda 1984, S. 17.

Warum Frauen permanent vergrößerte Brüste haben (175–178)
Morris 1967. *Brüste und Fortpflanzungserfolg:* Mascia-Lees, Relethford und Sorger 1986. Cant 1981. *Pygmäenschimpansen:* Badrian und Badrian 1984, S. 336. Lessa 1966, S. 78.

Geben und Nehmen (179–181)
Zum Zusammenhang zwischen der Entwicklung von Austauschsystemen und der Entwicklung von politischen Systemen siehe die Abschnitte anschließend an „Hat es je ein Leben ohne Häuptlinge gegeben?“.

Wie viele Geschlechtspartner? (183–186)
Zu Monogamie und trautem Heim: Lovejoy 1981; Silk 1987. *Dagegen:* Zihlman 1981. *Faktische Vielmännerei:* Sharff 1980, 1981. *Datenbasis für Heiratsmuster:* Murdock 1937. *Gründe für Wandel der Familienstruktur:* m. Harris 1981, S. 77ff.

Gene gegen Inzest? (187–191)
Königshäuser: Bixler 1981, 1982. Hopkins 1980. Westermark 1894. *Auswirkungen bei großen Bevölkerungen:* Adams und Neil 1967. *Bei kleinen Bevölkerungen:* Livingstone 1969. *Adoption in Taiwan:* Wolf und Huang 1980. *Kibbuz:* Shepher 1983. *Zurückweisung:* Hartung 1985.

Der Mythos vom Großen Tabu (193–196)
Tylor 1888, S. 267. *Über Bündnisse, Frieden und Krieg:* Tefft 1975; Kang 1979; Podolefsky 1984; Leavitt 1989; Hayden 1987. *Abschwächung des Tabus:* Y. Cohen 1978; Leavitt 1989.

Das Märchen vom Fortpflanzungszwang (197–202)
Devereux 1967. *Kindsmord, direkter und indirekter:* Divale und Harris 1976; Scrimshaw 1983. *Brasilien:* Scheper-Hughes 1984, 1987; Birdsell 1972, S. 356. *China:* Dickeman 1975. *Indien:* Nag, White und Peet 1978; Miller 1981, 1987a; Krishnaji 1987. *Europa:* M. Harris 1977, S. 183–184. *Zitat S. 201:* Langer 1972, S. 98. *Japan:* Hanley 1977, S. 182; Hanley und Yamamura 1977; G. W. Skinner 1987. Siehe auch Mull und Mull 1987.

Wie viele Kinder? (203–209)
Gregor 1985, S. 167. B. White 1976, 1982. Cain 1977. Zum Kosten/Nutzen-Ansatz siehe M. Harris und Ross 1987 und Weil 1986. B. Miller 1981, 1987a; G. W. Skinner 1987. Mamdani 1973. *Rückkehr nach Manupur:* Nag und Kak 1984. Sharff 1980, 1981. Siehe auch Hayden 1986.

Fehlanzeige in der Fortpflanzung (211–215)
Vining 1985. *Radschput-Quote:* B. Miller 1981, S. 53. Zum soziobiologischen Ansatz siehe Dickeman 1975 und Daly und Wilson 1978.

Vom Bedürfnis, geliebt zu werden (217–221)
Harlow 1960, 1964. Konner 1982, S. 292–293.

Warum gibt es Homosexualität? (223–224)
Fay, Turner, Klassen und Gagnon 1989. Herdt 1988. Zur obligatorischen Homophilie siehe Whitman und Mathy 1986.

Mann mit Mann (227–233)
Griechen: Dover 1980. *Azande:* Evans-Pritchard 1970. *Sambia:* Herdt 1984a, 1984b. *Mehr zu den Griechen:* Bentham 1978. *Brasilien:* Fry 1986. *Nicht-Männer:* Callendar und Kochem 1986. *Berdache:* D. Greenberg 1986; W. Williams 1985. *Hijras:* Nanda 1986. *Gesetze gegen nicht der Fortpflanzung dienenden Sex:* Bullough 1976.

Frau mit Frau (235–237)
Dahome: Herskovits 1938. Blackwood 1986, S. 13–14. Lockard 1986. Sankar 1986. Gay 1986.

Samen kontra Ei? (239–243)
E. O. Wilson 1978. S. 125. Barash 1977. Vgl. Kitchen 1985. *Weibliche*

Sexualität bei Primaten: Small 1988. *Unterdrückte weibliche Sexualität bei Menschen:* Hrdy 1981. *Zur Geschichte weiblicher Prostitution:* Bullough und Bullough 1978.

Verstohlene Freuden (245–248)
Malinowski 1929, S. 488–489. Zu Malinowskis Androzentrismus siehe Weiner 1976. Mead 1928, S. 51. *Tabelle bezüglich der Affären:* Gregor 1985, S. 36. *Zitat:* ebd., S. 36. *San-Zitate:* Shostak 1981, S. 271, 288.

Sind Männer aggressiver als Frauen? (249–252)
Kastrierte Affen: A. P. Wilson 1969. *Kastrierte Häftlinge:* Bremer 1959. *Zu Bagoas: Encyclopaedia Britannica,* Bd. 2. Zu *Cheng Ho:* Goodrich 1976, S. 174ff. *Testosteronspiegel bei Affen:* Rose u.a. 1975; Mason u.a. 1969. *Rangstellung und Testosteron:* Bernstein u.a. 1983, S. 551. *Ringer:* Elias 1981. *Krieg:* Mazur 1983. *Chirurgische Eingriffe:* Fausto-Sterling 1985, S. 147. *Zitat:* Bernstein u.a. 1983, S. 558–559. *Beruf und Testosteron:* Purifoy und Koopmans 1980. Siehe hingegen Konner 1988 und Mazur 1983.

Mädchen, die sich wie Jungen benehmen, und Jungen, die mit zwölf ihren Penis bekommen (253–255)
Money und Ehrhardt 1972; Imperato-McGinley u.a. 1974. Imperato-McGinley u.a. 1979. Reinisch und Karow 1977. Ich habe mich an die Kritik gehalten, die Bleier 1984 und Fausto-Sterling 1985 vorgetragen haben. Zu den Auswirkungen der Beschneidung siehe Richards, Bernal und Brackbill 1976.

Verstand, Mathematik und Sinne (257–261)
Benbow und Stanley 1983. *Entmutigte Mädchen:* Haven 1972; Tobias 1978. *Zitate S. 258:* Bleier 1984, S. 104. *Gehör:* M. Baker 1987, S. 6ff. *Geschmack:* ebd., S. 13.

Geschlechterverhältnis, Jagd und tödliche Gewalt (263–267)
Männliche Domäne: Murdock 1937. *Körpergröße:* Gray und Wolfe 1980, S. 442. *Stärke:* Percival und Quinkert 1987, S. 136. *Angaben über Rennvermögen:* Boehm, Benag, Smith und Matthews 1987. Vgl. Drinkwater 1986. *Agta:* Estioko-Griffin und Griffin 1981, 1985. Leacock 1975, 1981. *Zitat:* Leacock 1983, S. 116. *Zitat:* Turnbull 1982, S. 153. *Zitat:* Shostak 1981, S. 246. *Kleiner männlicher Vorsprung:* Begler 1978. *Mbuti-Zitate:* Turnbull 1965, S. 127, 287, 271. Lee 1979, S. 453. *Zweiundzwanzig Tötungen:* ebd., S. 382. *Couragierte Frauen:* ebd., S. 377. *Keine Angst vor dem Tod:* Shostak 1981, S. 307.

Weibliche Krieger? (269–271)
Zitat: Hayden, Deal, Cannon und Casey 1986. Zu verschiedenen Berichten über Guerillas und weibliche Soldaten in Uniform siehe Goldmann 1982.

Krieg und Sexismus (273–279)
Überfälle: Lee 1979, S. 382. Thomas 1959. *FBI:* Knauft 1987, S. 458. *Überfälle in Queensland:* D. Harris 1987, S. 374. *Lumholtz-Zitate:* ebd., S. 375, 377. Warner 1958, S. 91. Vgl. Gale 1974. Zur Beziehung zwischen Krieg und

Stellung der Frauen bei Jägern und Sammlern siehe Hayden, Deal, Cannon und Casey 1986. *Yanomami:* Chagnon 1974, 1983. *Mütter bei den Yanomamis:* Lizot 1985, S. 74. *Verwundeter Affe:* ebd., S. 153. *Gefangener:* ebd., S. 155. *Getötete Männer:* Chagnon 1988, 1989. Shapiro 1971. *Geschlechterverhältnis in Neuguinea:* Gelber 1986. *Nama:* Read 1984. Langness 1967. *Bräute in den Schenkel schießen:* Langness 1974. *Unnachgiebigkeit:* Feil 1987, S. 201. *Bestrafung:* ebd., S. 203. *Sambia:* Herdt 1984a, 1984b, 1987. *Krieg:* Fiel 1987, S. 69. *Tötungsrate:* Knauft 1987, S. 458.

Wozu Krieg? (281–286)
Kulturelle Gründe: Robarchek und Dentan 1987. *Kriegsbeute:* Meggitt 1977. Ember und Ember 1988. Divale und Harris 1976, 1978. Leavitt 1977. Zur sozialen Steuerung von Gewalt bei nichtmenschlichen Primaten siehe Waal 1983, 1988.

Fleisch, Nüsse und Kannibalen (287–289)
Über Probleme mit Nüssen: Ford 1979. *Lebensunterhalt und Gesundheit bei den !Kung:* Konner 1982, S. 370–376. Pennington und Harpending 1988. *Verlängerte Stillzeit:* Frisch 1984. *Ernährung in Queensland:* D. Harris 1987; Jones und Bowler 1980. *Kannibalismus:* ebd., S. 368ff. *Zusammenhang zwischen Hunger und Kannibalismus:* Morren 1986, S. 54–55; Lindenbaum 1979.

Kurze Abhandlung über fettes Fleisch (291–293)
Vorliebe für Fleisch: Abrams 1987; Harris 1988, S. 13–43. *Proteinsparen:* L. Lieberman 1987. *Kalorien aus Fett und die Bildung von Fett:* Dreon u.a. 1988; Brody 1988.

Jagdkriege (295–297)
Good 1987. *Fortpflanzungserfolg:* Chagnon 1988. Chagnon und Hames 1979. *Widerlegung:* M. Harris 1984; Baksh 1985. Vgl. Vickers 1988. Siehe auch Sponsel 1986.

Hungrige Papuas (299–301)
Zur positiven Beziehung zwischen ökologischem Druck und Krieg in Neuguinea siehe Ember 1982. *Verwandlung von Wald in Steppe:* Sorenson 1972. *Unterernährung:* Dennet und Connell 1988, S. 272. *Gabuka-Gama:* Read 1982, 1984. *Bena Bena:* Langness 1972, S. 263. Siehe auch Buchbinder 1977 und Rappaport 1987, S. 468–470. *Maden:* Lindenbaum 1979, S. 20.

Wo Frauen Herr im Haus sind (303–307)
Zur Theorie der Matrilokalität und äußeren Kriegsführung siehe Divale 1974. Bei seiner Ablehnung eines Zusammenhangs zwischen Krieg und Unterordnung der Frauen versäumt Whyte 1978, S. 130, diese Theorie zu berücksichtigen. Vgl. Hayden, Deal, Cannon und Casey 1986, S. 458. *Krieg bei den Irokesen:* Gramby 1977. *Irokesenmatronen:* Brown 1975. Trigger 1978. *Weibliche Natur:* Di Leonardo 1985; Salter 1980; Pierson 1987. *Tupinamba:* Staden 1929. Zu Berichten über die Folterung von Kriegsgefangenen bei den Irokesen siehe M. Harris 1988, S. 230ff.

Hoch mit den Frauen, nieder mit den Frauen (309–312)
Subsistenz und Männerherrschaft: Schlegel und Barry 1986, S. 147. *Sinn des Brautpreises:* Schlegel und Eloul 1988, S. 301; Bossen 1988. *Sinn der Mitgift:* Kaplan 1984. *Entwicklung stratifizierter Gesellschaften:* Carneiro 1981, 1988. *Frauen in Westafrika:* Hart 1985, S. 263; Sudarkasa 1973. Herskovits 1938. *Auf dem Mann sitzen:* Van Allen 1972. *Ijesa und Ondo:* Awe 1977. *Indien:* B.Miller 1981, 1987b. *Verbrennen:* Sharma 1983; Crossette 1989. *Witwen in Afrika:* Potash 1986. Siehe auch Sanday 1981 und Schlegel 1977.

Hacken, Pflüge und Computer (313–317)
Hacken und Pflüge: Goody 1976; Maclachlan 1983, S. 98ff. *Südostasien und Indonesien:* Tanner 1974; Bacdayan 1977; Potter 1977; Peletz 1987.

Wieso leben Frauen länger als Männer? (319–323)
Größe der Kluft, Sterblichkeit der Föten und Krankheiten im Zusammenhang mit dem X-Chromosom: Holden 1987; Metropolitan Life Insurance Company 1988a, 1988b. Die meisten Informationen und Argumente in diesem Abschnitt beziehe ich aus Waldron 1976, 1982. *Zur umgekehrten Kluft in der Lebenserwartung in Indien:* Karkal 1987.

Der Männlichkeitswahn und sein heimlicher Preis (325–326)
Bericht des Gesundheitsamts der USA von 1989; Miller und Gerstein 1983.

Hat es je ein Leben ohne Häuptlinge gegeben? (327–330)
Hobbes 1965, S. 77, 99. R. Gould 1982, S. 76. *Zitat:* Dentan 1968: S. 49. *„Viel Fleisch“*: Lee 1969a, S. 62. *Abgeben von Nahrung:* Lee 1969b, S. 58.

Wie verhält sich ein Anführer? (331–332)
Alle sind Anführer: Lee 1979, S. 348. *Mehinacu:* Gregor 1969, S. 88–89. Dentan 1968, S. 68.

Wie man mit Schmarotzern fertig wird (333–334)
Landbesitz: Speck 1915. Leacock 1975; Knight 1974. *Verfügung über das Land bei den !Kung:* Lee 1979, 335ff. *Zur Funktion der Schamanen:* Dole 1966; Knauft 1987, S. 456.

Vom Anführer zum Großen (335–337)
Grundlegende Gedanken zur Umverteilung: Polanyi 1957; Sahlins 1963. *Australische Camps:* McKnight 1986. *Mumis:* Oliver 1955. *Soni:* Hogbin 1964, S. 66.

Die großen Wohltäter (339–341)
Große bei den Kwakiutl: B. Isaac 1988, S. 11. *Produktivität der Kwakiutl:* Mitchell und Donald 1988. *Jäger-Sammler-Komplex:* Reitz 1988; Price und Brown 1985; Testart 1982, 1988; Hayden, Eldridge, Eldridge und Cannon 1985; Woodburn 1982a.

Warum wir nach Ansehen gieren (343–345)
Zitat: Veblen o. J., S. 115. *Schmale Taille:* ebd., S. 108. *Gerösteter König:* ebd., S. 58.

Warum wir demonstrativ konsumieren (347–349)
Forsyth 1986, S. 40. *Zitat aus Tso Ch'iu-ming:* Chang 1983, S. 100.

Warum gibt es Yuppies? (351–353)
Hutton 1963, S. 205. Duran 1964.

Vom Großen zum Häuptling (355–358)
Trobriand-Häuptlinge: Malinowski 1935; Brunton 1975.

Die Macht: Wurde sie ergriffen oder verliehen? (359–363)
Mumis im Krieg: Oliver 1955, S. 411, 399. *Wunderbare Zeiten:* ebd., S. 415. *Krieg bei den Kwakiutl:* Ferguson 1984; Coupland 1988. *Konflikt- gegen Konsensversion in Sachen Staat:* R. Cohen und Service 1978; R. Cohen 1984; Haas 1982. *Gewalt in entwickelten Häuptlingsherrschaften und frühen Staatswesen in Europa:* M. Green 1986; Kristiansen 1982. *Wedisches Indien:* Lincoln 1981. *Jericho:* Kenyon 1981. *Ägypten:* Hoffman 1979, S. 290–291. *Mayas:* Webster 1985; Marcus 1983. *Zitat:* Gilman 1981. *Erwiderung:* Lethwaite 1981, S. 14. Siehe auch Gibson und Geselowitz 1987.

An der Schwelle zum Staat (365–368)
Räumliche Beschränkung: Carneiro 1970, 1988. *Häuptlingsherrschaften:* Carneiro 1981; Roosevelt 1987. *Frühere Große:* R. Green 1986, S. 53. *Hawaii:* R. Green 1986; Hommon 1986; Kirch 1984; Earle 1987, 1989. *Ratten:* Malo 1951, S. 195.

Die ersten Staaten (369–373)
Aussterben von Tierarten: Martin 1984. *Breites Spektrum:* M. Cohen 1977; Unger-Hamilton 1989. *Natufian:* Henry 1985. *Ursprung des Ackerbaus:* Rindos 1984. *Zähmung von Tieren:* Moore 1985. *Çatal Hüyük:* Mellart 1967, 1975. *Frühes Neolithikum:* Stevens 1986; Voigt 1986. *Sumer:* Fagan 1983. *Abfolge von Reichen:* Garraty und Gay 1972; Pareti 1965.

Warum wir religiös wurden (375–379)
Mana: Codrington 1891. Tylor 1871. *Andere Definitionen von Religion:* Wax 1984. *Buddhistische Götter:* Pardue 1967; Johnson 1988. *Mehrere Seelen:* Rivière 1987. *Leben nach dem Tod:* Van Baaren 1987. Siehe auch Lester 1975. *Geringe Betonung des Lebens nach dem Tod bei manchen Jägern und Sammlern:* Woodburn 1982b.

Die Entwicklung der Geisterwelt (381–384)
Schöpfergottheiten: Sullivan 1987. *Totemismus:* Wagner 1987. *Washo:* Downs 1966, S. 59. *Dusun:* T. Williams 1965, S. 43. *Mottenlarvenmänner:* Spencer und Gillin 1968, S. 170. *Schweinefleisch und Ahnen:* Rappaport 1987. *Dobuans:* Fortune 1965.

Die wesentlichen animistischen Rituale (385–388)
Eskimo: Rasmussen 1929; Wallace 1966. *Crow:* Lowie 1948. *Schamanen:* Winkelman 1986; Harner 1982.

Tausch mit den Göttern (389–392)
Benedict 1938, S. 632. *Gilgamesch:* Tigay 1982, S. 225. 1. Buch Mose, 8,21. „Die Abhängigkeit der Götter von den Menschen im Blick auf die Nahrung ist ein Axiom des religiösen Denkens im alten Mesopotamien." (Tigay 1982, S. 229)

Fleischopfer (393–395)
Ostafrika: Lincoln 1981, S. 13ff. *Yasna:* ebd., S. 157. *Zitat:* ebd., S. 68. *Salomons Fest:* 1. Könige 8,63. *Assurnasirpal:* Fagan 1983, S. 298.

Menschenopfer (397–401)
Thophets: Stager und Wolff 1984. *Karthago:* ebd., S. 32. Herodot, Buch IV, 62. *Kelten:* M. Green 1986. *Orakelknochen der Shang:* K. Chang 1980, S. 229. *Hsiao-t'un:* ebd., S. 194. *Östliche Chou:* Xequin 1985, S. 176. *Qin:* ebd., S. 252.

Die Götter, die kein Menschenfleisch mochten (403–406)
Vorkommen von Kannibalismus: M. Harris 1988, S. 216ff. Siehe auch oben die Hinweise darauf in „ Fleisch, Nüsse und Kannbialen". *Gutes altes England:* Gordon-Grube 1988. *Kannibalismus als Subsistenzform:* Dornstreich und Morren 1974. *Fontebregona:* Villa u.a. 1986. *Kriegsgefangene:* Gelb 1973.

Die Götter, die Menschenfleisch aßen (407–412)
Schicksal der Kriegsgefangenen bei den Azteken: Hassig 1988, S. 118–121. Sahagún 1951. Duran 1964. *Kritiker:* Ortiz de Montellano 1983. *Gorbatschow:* Gumbel 1988.

Die religiöse Verwerfung des Tötens (413–417)
Verwerfung der Schlachtopferreligionen: Hardy 1988. *Parsismus:* Gnoli 1987. *Dschainismus und Buddhismus:* Hardy 1988; Eliade 1982; Pareti 1965; Garraty und Gay 1972.

Die Entstehung tötungsfeindlicher Religionen (419–422)
Indien: Lincoln 1981; Bose 1961. *Christentum:* Brandon 1968a, 1968b.

Wie sich die tötungsfeindlichen Religionen ausbreiteten (423–428)
Pareti 1965; Garraty und Gay 1972. *Buddhismus:* Pardue 1967; Johnson 1988; Eliade 1982. *Christentum:* Fox 1987. *Zitat:* ebd., S. 624. *Kirchenspaltungen:* Pagels 1981. *Manichäismus:* Davies 1987.

Ein chinesisches Rätsel (429–435)
Konfuzius 1953, XV/XXIII. Mong Dsi 1982, S. 199. *Kriegstreiber:* ebd., S. 119. *Zitate von Mo Tze:* Mo Ti 1975, S. 147, 156. *Zitate von Mong Tze:* Mong Dsi 1982, S. 109, 196. *Zitat Sung Tze:* Mo Ti 1975, S. 114. *Konfuzius' Desinteresse am Leben nach dem Tod:* Konfuzius 1953, VII/XX, XI/XI, III/XI, VI/XX. *Hochgott:* Loewe 1982,S. 127. *Zitat über Shang:* Keightly 1978, S. 212. *Mo Tze über Nahrungsopfer:* Mo Ti 1975, S. 28. *Buddhismus in der T'ang-Zeit:* Pardue 1967, S. 178.

Die Zukunft von Glauben und Unglauben (437–441)
Gläubige in den USA: Gilbert 1988. *Gläubige in der Sowjetunion:* Fletcher 1981, S. 212. *Geringe Quote von Gläubigen in Frankreich und England:* Hastings und Hastings 1988, S. 468–477.

Hat sich die Geschichte wiederholt? (443–447)
Vertreter des Diffusionismus: Perry 1923; E. G. Smith 1933. *Chinesische Hirse:* Zhiman 1988, S. 757. Te-Tzu Chang 1983, S. 78. K. Chang 1980, 1983, 1984; Pearson 1983. Zur chinesischen Erfindungsgabe siehe auch Needham u.a. 1986.

Wie die zweite Welt begann (449–451)
Beringstraße: Fladmark 1986. *Sibirische Kulturen:* Yi und Clark 1983. *Wanderungsgeschwindigkeit:* Greenberg, Turner und Zegura 1986; Turner 1989. *Frühe Datierungen:* Bryan 1985; Dillehay 1984; Guidon 1985. Vgl. Dinacauze 1984; Haynes 1988. *Ackerbau:* R. Ford 1979. *Mais:* Beadle 1981. *Chronologie:* MacNeish 1978.

Der Entwicklungsgang der zweiten Welt (453–457)
Olmeken: Coe 1968. *Mayas:* Marcus 1983, 1984; Hammond 1982. *Zusammenbruch der Mayas:* Webster 1985; Tainter 1988, S. 152–178. *Teotihuacán:* Sanders, Santley und Parsons 1979; Sanders und Webster 1988; Kurtz 1987. *Azteken:* Fagan 1984; Hassig 1985, 1988. N. Davies 1983. Fagan 1984.

Die Pharaonen der Anden (459–461)
Chan Chan: Mosely 1982. *Inka:* Mason 1957; C. Morris 1976; D'Altroy und Earle 1985.

Warum die erste Welt die zweite eroberte (463–467)
Cortés 1971. Hassig 1988. Fagan 1984. *Mögliche zähmbare Tierarten:* Hunn 1982. *Metallbearbeitung:* Hosler 1988. *Verwaltungszentren:* Sanders und Webster 1988.

Das Unbehagen in der Kultur und der erkennende Geist (469–474)
Zu weiteren unbeabsichtigten Folgen der Überindustrialisierung siehe M. Harris 1981.

Wird die Menschheit überleben? (475–477)
Falken und Tauben: Ferguson 1984, S. 12. Carneiro 1978.

Literaturverzeichnis

Abrams, H. L. 1987. „The Preference for Animal Protein and Fat: A Cross-Cultural Survey." In *Food and Evolution: Toward a Theory of Human Food Habits,* Hgg. Marvin Harris und Eric Ross, 207–223. Philadelphia.

Adams, M., u. J.V. Neil. 1967. „The Children of Incest." *Pediatrics* 40: 55–62.

Ammerman, A. J., und L. L. Cavalli-Sforza. 1984. *The Neolithic Transition and the Genetics of Population in Europe.* Princeton.

Ardrey, Robert. 1961. *African Genesis: A Personal Investigation into the Animal Origins and Nature of Man.* New York

Arensburg, B., et al. 1989. „A Middle Paleolithic Human Hyoid Bone." *Nature* 338: 758–760.

Ariel, I. 1981. *Malignant Melanoma.* New York.

Aubert, Claude, und Pierre Frapa. 1985. *Hunger and Health.* Emmaus, Penn.

Augustinus, Aurelius. 1978. *Vom Gottesstaat.* München/Zürich.

Awe, Bolanlie. 1977. „The Iyalode in Traditional Yoruba Political System." In *Sexual Stratification: A Cross-Cultural View,* Hg. Alice Schlegel, 144–160. New York.

Bacdayan, Albert S. 1977. „Mechanistic Cooperation and Sexual Equality Among the Western Bontoc." In *Sexual Stratification: A Cross-Cultural View,* Hg. Alice Schlegel, 270–291. New York.

Badrian, A., und N. Badrian. 1984. „Social Organization of *Pan paniscus* in the Lomako Forest, Zaire." In *The Pygmy Chimpanzee,* Hg. R. Susman, 325–346. New York.

Baker, Mary Anne. 1987. „Sensory Functioning." In *Sex Differences in Human Performance,* Hg. M. Baker, 5–36. New York.

Baker, Susan. 1980. „Psychosexual Differentiation in the Human." *Biology of Reproduction* 22: 66–72.

Baksh, Michael. 1985. „Faunal Foods as a ‚Limiting Factor' on Amazonian Cultural Behavior: A Machiguenga Example." *Research in Economic Anthropology* 7: 145–175.

Barash, David P. 1977. *Sociology and Behavior.* New York.

Bartram, William. 1958. *Travels of William Bartram.* New Haven.

Beadle, G. 1981. „The Ancestor of Corn." *Scientific American* 242(1): 96–103.

Beals, K., C. Smith und S. Dodd. 1984. „Brain Size: Cranial Morphology, Climate and Time Machines." *Current Anthropology* 25: 301–330.

Beck, Benjamin. 1980. *Animal Tool Behavior: The Use and Manufacture of Tools by Animals.* New York: Gatland Publishing.

Begler, Elsie. 1978. „Sex, Status and Authority in Egalitarian Society." *American Anthropologist* 80: 389–405.

Benbow, C. P., und J. C. Stanley. 1983. „Sex Differences in Mathematical Reasoning Ability: More Facts." *Science* 222: 1029–1031.

Benedict, Ruth. 1934. *Patterns of Culture.* Boston: Houghton Mifflin. (Dt. *Urformen der Kultur.* Hamburg 1957.)
– 1938. „Religion." In *General Anthropology,* Hg. F. Boas, 627–665. Boston.
Bentham, Jeremy. 1978. „Offenses Against One's Self: Pederasty." *Journal of Homosexuality* 3: 389–405.
Bernstein, Irwin, et al. 1983. „The Introduction of Hormones, Behavior, and Social Context in Non-Human Primates." In *Hormones and Aggressive Behavior,* Hg. Bruce Svare, 535–561. New York.
Bickerton, Derek. 1981. *Roots of language.* Ann Arbot.
– 1984. „The Language Biogram Hypothesis." *Behavioral and Brain Sciences* 7: 173–221.
Binford, Lewis R. 1982. „Comment on R. White: Rethinking the Middle/ Upper Paleolithic." *Current Anthropology* 23: 177–181.
– 1988. „Fact and Fiction About the *Zinjanthropus* Floor: Data, Arguments and Interpretations." *Current Anthropology* 29: 123–151.
Binford, Lewis R., und Nancy Stone. 1986. „Zhoukoudian: A Closer Look." *Current Anthropology* 27: 453–475.
Birdsell, J. B. 1972. *An Introduction to the New Physical Anthropology.* New York.
Bixler, Ray. 1981. „Incest Avoidance as a Function of Environment and Heredity." *Current Anthropology* 22: 639–654.
– 1982. „Comment on the Incidence and Purpose of Royal Sibling Incest." *American Ethnologist* 9: 580–582.
Blackwood, Evelyn. 1986. „Breaking the Mirror: The Construction of Lesbianism and the Anthropological Discourse on Homosexuality." In *Anthropology and Homosexual Behavior,* Hg. Evelyn Blackwood, 1–18. New York.
Bleier, Ruth. 1984. *Science and Gender: A Critique of Biology and Its Theories of Women.* New York.
Blinderman, Charles. 1986. *The Piltdown Inquest.* Buffalo, N. Y.
Blumenschine, Robert. 1987. „Characteristics of an Early Hominid Scavenging Niche." *Current Anthropology* 28: 383–407.
Boaz, Noel T. 1988. „Status of *Australopithecus afarensis.*" *Yearbook of Physical Anthropology* 31: 85–113.
Boehm, David, J. Benagh, C. Smith und P. Matthews, Hgg. 1987. *Guinness Sports Record Book 1987–1988.* New York.
Boesch, Christophe, und Hedwige Boesch. 1984. „Mental Map in Wild Chimpanzees: An Analysis of Hammer Transports for Nut Cracking." *Primates* 25(2): 169–170.
– 1989. „Hunting Behavior of Wild Chimpanzees in the Tai National Park." *American Journal of Physical Anthropology* 78: 547–573.
Bogucki, Peter. 1987. „The Establishment of Agrarian Communities on the North European Plain." *Current Anthropology* 28: 1–24.
Booth, William. 1988. „The Social Lives of Dolphins." *Science* 240: 1273–1274.

Bose, A. N. 1961. *The Social and Rural Economy of Northern India.* Calcutta.
Bossen, Laurel. 1988. „Toward a Theory of Marriage: The Economic Anthropology of Marriage Transactions." *Ethnology* 27: 127–144.
Bourguignon, Erika. 1980. „Comparisons and Implications: What Have We Learned?" In *A World of Women: Anthropological Studies of Women in the Societies of the World,* Hg. Erika Bourguignon et al., 321–342. New York.
Bradshaw, John. 1988. „The Evolution of Human Lateral Asymmetries: New Evidence and Second Thoughts." *Journal of Human Evolution* 17: 615–637.
Braidwood, Linda, und R. Braidwood. 1986. „Prelude to the Appearance of Village-Farming Communities in Southwestern Asis." In *Ancient Anatolia: Aspects of Change and Cultural Development,* Hg. J. V. Canby et al., 3–11. Madison, Wis.
Brain, C. K. 1981. *The Hunters or the Hunted.* Chicago.
Brandon, S. 1968a. *Jesus and the Zealots.* New York.
– 1968b. *The Trial of Jesus of Nazareth.* London.
Bremer, J. 1959. *Asexualization.* New York.
Brody, Jane E. 1988. „It's Not Just the Calories, It's Their Source." *New York Times,* July 12, C 3.
Brooks, A. S., und J. E. Yellen. 1989. „An Archaeological Perspective on the African Origins of Modern Humans." *American Journal of Physical Anthropology* 78: 197.
Broom, R., und G. W. H. Schepers. 1946. „The Southern African Ape-Men, the Australopithecinae." *Transvaal Museum Memoires* 2: 1–272.
Brown, Judith K. 1975. „Iroquois Women: An Ethnohistoric Note." In *Toward an Anthropology of Women,* Hg. Rayna Reiter, 235–251. New York.
Brunton, Ron. 1975. „Why Do the Trobriands Have Chiefs?" *Man* 13: 1–22.
Bryan, Allan, Hg. 1985. *New Evidence for the Pleistocene Peopling of the Americas.* Orono, Maine: Center for the Study of Early Man.
Buchbinder, G. 1977. „Nutritional Stress and Post-Contact Population Decline Among the Maring of New Guinea." In *Malnutrition, Behavior and Social Organization,* Hg. L. S. Greene, 109–141. New York.
Bullough, Verne. 1976. *Sex, Society, and History.* New York.
Bullough, Verne, und Bonnie Bullough. 1978. *Prostitution: An Illustrated and Social History.* New York.
Bunn, H. T., und E. M. Kroll. 1986. „Systematic Butchery by Plio/Pleistocene Hominids at Olduvai Gorge, Tanzania. *Current Anthropology* 27: 431–452.
– 1988. Reply to Binford 1988. *Current Anthropology* 29: 135.
Cain, Meade. 1977. „The Economic Activities of Children in a Village in Bangladesh." *Population and Development Review* 3: 201–227.
Callender, Charles, und Lee Kochems. 1986. „Men and Not-Men: Male Gender-Mixing Statuses and Homosexuality." In *Anthropology and Homosexual Behavior,* Hg. Evelyn Blackwood, 165–178. New York.
Campbell, Bernard. 1985. *Human Evolution: An Introduction to Man's Adaptation.* Hawthorne, N. Y. (Dt.: *Entwicklung zum Menschen: Seine physischen wie seine Verhaltensanpassungen.* Stuttgart 1979.)

Cann, R., et al. 1987. „Mitochondrial DNA and Human Evolution." *Nature* 352: 31–36.
Cant, J. G. 1981. „Hypothesis for Evolution of Human Breasts and Buttocks." *American Nutritionist* 117: 199–204.
Carneiro, Robert. 1970. „A Theory of the Origin of the State." *Science* 169: 733–738.
– 1978. „Political Expansion as an Expression of the Principle of Competitive Exclusion." In *Origins of the State,* Hg. R. Cohen und E. Service, 205–223. Philadelphia: ISHI.
– 1981. „Chiefdom: Precursor of the State." In *The Transition of Statebood in the New World,* Hg. Grant Jones und Robert Kautz, 37–75. New York.
– 1988. „The Circumscription Theory: Challenge and Response." *American Behavioral Scientist* 31: 497–511.
Carrier, David. 1984. „The Energetic Paradox of Human Running and Hominid Evolution." *Current Anthropology* 25: 483–495.
Cavalli-Sforza, L. L., et al. 1988. „Reconstruction of Human Evolution: Bringing Together Genetic, Archaeological, and Linguistic Data." *Proceedings of the National Academy of Sciences* 85: 6002–6011.
Chagnon, Napoleon A. 1968. *The Fierce People.* New York.
– 1974. *Studying the Yanomamo.* New York.
– 1983. *Yanomamo: The Fierce People.* 3. Aufl. New York.
– 1988. „Life Histories, Blood Revenge, and Warfare in a Tribal Population." *Science* 239: 985–992.
– 1989. Letter to the editor. *Anthropology Newsletter* 30(1): 24.
Chagnon, Napoleon, und R. Hames. 1979. „Protein Deficiency and Tribal Warfare in Amazonia: New Data." *Science* 203: 910–913.
Chang, K. C. 1980. *Shang Civilization.* New Haven.
– 1983. *Art, Myth, and Ritual: The Path to Political Authority in Ancient China.* Cambridge, Mass.
– 1984. „China." *American Antiquity.* 49: 754–756.
Chang, Te-Tzu. 1983. „The Origins and Early Culture of the Cereal Grains and Food Legumes." In *The Origins of Chinese Civilization*, Hg. David Keightley, 65–94. Berkeley.
Changeux, Jean-Paul. 1985. *Neuronal Man: The Biology of Mind.* Übers. v. Laurence Garey. New York.
Chase, P., und H. Dibble. 1987. „Middle Paleolithic Symbolism." *Journal of Anthropological Archaeology* 6: 263–296.
Cicala, George. 1965. *Animal Drives: An Enduring Problem in Psychology.* Princeton.
Ciochon, Russel. 1985. „Hominoid Cladistics and the Ancestry of Modern Apes and Humans." In *Primate Evolution and Human Origins*, Hg. R. L. Ciochon und J. G. Fleagle, 345–362. Menlo Park, Calif.
Codrington, R. 1891. *The Melanesians.* Oxford.
Coe, M. 1968. *America's First Civilization.* New York.

Cohen, Mark. 1977. *The Food Crisis in Prehistory.* New Haven.
Cohen, Mark und George Armelagos, Hgg. 1984. *Paleopathology and the Origin of Agriculture.* New York.
Cohen, Ronald. 1984. „Warfare and State Formation: Wars Make States and States Make Wars." In *Warfare, Culture and Environment,* Hg. Brian Ferguson, 329–355. Orlando, Fla.
Cohen, Ronald, und Elman Service, Hgg. 1978. *Origins of the State.* Philadelphia: ISHI.
Cohen, Yehudi. 1978. „The Disappearance of the Incest Taboo." *Human Nature* 1: 72–78.
Conkey, M. W. 1983. „On the Origins of Paleolithic Art: A Review and Some Critical Thoughts." In *The Mousterian Legacy.* BAR S164, Hg. E. Trinkaus, 201–227. Oxford: British Archaeological Reports.
Cortés, Hernán. 1971. *Letters from Mexico.* New York.
Coupland, Gary. 1988. „Prehistoric Economic and Social Change in the Tsimshian Area." In *The Prehistoric Economics of the Pacific Northwest Coast,* Hg. Barry Isaac, 211–243. Greenwich, Conn.
Cowart, B. 1981. „Development of Taste Perception in Humans." *Psychological Bulletin* 90: 43–73.
Crelin, E. S. 1987. *The Human Vocal Tract.* New York.
Crossette, Barbara. 1989. „India Studying the ‚Accidental' Deaths of Hindu Wives." *New York Times,* 15. Jan., 4.
D'Altroy, T., und T. K. Earle. 1985. „Staple Finance, Wealth Finance, and Storage in the Inka Political Economy." *Current Anthropology* 26: 187–206.
Daly, Martin, und Margo Wilson. 1978. *Sex Evolution and Behavior: Adaptations for Reproduction.* North Scituate, Mass.
Dart, Raymond A. 1925. „*Australopithecus africanus:* The Man-Ape of South Africa." *Nature* 115: 195–199.
Dart, Raymond, und D. Craig. 1959. *Adventures with the Missing Link.* New York.
Darwin, Charles. 1871. *The Descent of Man.* London. (Dt. *Die Abstammung des Menschen.* Stuttgart 1966.)
Davidson, Iain, und William Noble. 1989. „The Archaeology of Perception: Traces of Depiction and Language." *Current Anthropology* 30: 125–155.
Davies, J. G. 1987. „Manicheism." In *The Encyclopedia of Religion,* Bd. 9, 161–171. New York.
Davies, N. 1983. *The Ancient Kingdoms of Mexico.* New York.
Davis, Joel. 1984. *Endorphins: New Waves in Brain Chemistry.* Garden City, N. Y.
Day, Michael. 1986. *Guide to Fossil Man.* 4. Aufl. Chicago.
Dehavenon, A. L. 1977. *Rank Ordered Behavior in Four Urban Families: A Comparative Video-Analysis of Patterns of Superordination in Two Black Families.* Dissertation, Columbia University.
Denner, G., und J. Connell. 1988. „Acculturation and Health in the Highlands of Papua New Guinea." *Current Anthropology* 29: 273–299.

Dentan, Robert. 1968. *The Semai: A Non-Violent People of Malaya.* New York.
Denton, D. A. 1982. *The Hunger for Salt.* New York.
Devereux, George. 1967. „A Typological Study of Abortion in 350 Primitive, Ancient, and Pre-Industrial Societies." In *Abortion in America,* Hg. H. Rosen, 95–152. Boston.
Devine, John. 1985. „The Versatility of Human Locomotion." *American Anthropologist* 87: 550–570.
Dickeman, M. 1975. „Demographic Consequences of Infanticide in Man." *Annual Review of Ecology and Systematics* 6: 100–137.
Di Leonardo, Micaela. 1985. „Morals, Mothers and Militarism: Anti-Militarism and Feminist Theory." *Feminist Studies* 11(3): 599–617.
Dillehay, T. D. 1984. „A Late Ice Age Settlement in Southern Chile." *Scientific American* 25(4): 547–550.
Dinacauze, D. 1984. „An Archaeological Evaluation of the Case for Pre-Clovis Occupations." *Advances in World Archaelogical Theory* 3: 275–323.
Divale, William. 1974. „Migration, External Warfare, and Matrilocal Residence." *Behavior Science Research* 9(1): 75–133.
Divale, William, und Marvin Harris. 1976. „Population, Warfare and the Male Supremacist Complex." *American Anthropologist* 78: 521–538.
– 1978. „The Male Supremacist Complex: Discovery of a Cultural Invention." *American Anthropologist* 80: 668–671.
Dixon, A. F. 1983. „Observation on the Evolution and Behavioral Significance of ‚Sexual Skin' in Female Primates." *Advances in the Study of Behavior* 13: 63–106.
Dole, Gertrude. 1966. „Anarchy Without Chaos." In *Political Anthropology,* Hg. M. J. Swartz, V. Turner und A. Tuden, 73–88. Chicago.
Dornstreich, M. und G. Morren. 1974. „Does New Guinea Cannibalism Have Nutritional Value?" *Human Ecology* 2: 1–12.
Dover, K. J. 1980. *Greek Homosexuality.* New York. (Dt.: *Homosexualität in der griechischen Antike.* München 1983).
Downs, James F. 1966. *The Two Worlds of the Washo: An Indian Tribe of California and Nevada.* New York.
Dreon, Darlene M., et al. 1988. „Dietary Fat: Carbohydrate Ratio and Obesity in Middle-Aged Men." *American Journal of Clinical Nutrition* 47: 995–1000.
Drinkwater, Barbara L. 1986. *Female Endurance Athletes.* Champaign, Ill.
Dufour, Darna. 1986. „Insects as Food: A Case Study from the Northwest Amazon." *American Anthropologist* 89: 383–397.
Duran, Diego. 1964. *The Aztecs: The History of the Indies of New Spain.* New York.
Eagan, Timothy. 1989. „Navy Unmoved by Critics, Presses Plan for Dolphins to Guard Subs." *New York Times,* 9. April, 1.
Earle, Timothy. 1987. „Chiefdoms in Archaeological Perspective." *Annual Review of Anthropology* 16: 279–308.
– 1989. „The Evolution of Chiefdoms." *Current Anthropology* 30: 84–88.

Ebliny, J. 1985. „The Mythological Evolution of Nudity." *Journal of Human Evolution* 14: 33–41.
Efron, Arthur. 1985. *The Sexual Body: An Interdisciplinary Perspective.* New York: Institute of Mind and Behavior.
Ehrhardt, Anke A. 1975. „Prenatal Hormonal Exposure and Psychosexual Differentiation." In *Topics in Psychoendocrinology,* Hg. Edward Sachar, 67–82. New York.
– 1985. „The Psychology of Gender." In *Gender and the Life Course.* Hg. Alice S. Rossi, 81–95. Hawthorne, N. Y.
Ehrhardt, Anke A., und H. F. L. Meyer-Bahlburg. 1981. „Effects of Prenatal Sex Hormones on Gender-Related Behavior." *Science* 211: 1312–1318.
Eldredge, Niles, und Ian Tattersall. 1982. *The Myths of Human Evolution.* New York.
Eliade, Mircea. 1982. *A History of Religious Ideas: From Gautama Buddha to the Triumph of Christianity.* Chicago.
Eliade, Mircea, Hg. 1987. *The Encyclopedia of Religion.* New York.
Elias, Michael. 1981. „Serum Cortisol, Testosterone, and Testosterone-Binding Globulin Responses to Competitive Fighting in Human Males." *Aggressive Behavior* 76: 215–224.
Ember, Melvin. 1982. „Statistical Evidence for an Ecological Explanation of Warfare." *American Anthropologist* 84: 645–649.
Ember, Melvin, und Carol Ember. 1988. „Fear of Disasters as an Engine of History: Resource Crisis, Warfare and Interpersonal Aggression." Referat anläßlich der multidisziplinären Tagung „What Is the Engine of History?", Texas A & M University, 27.–29. Okt. 1988.
Estioko-Griffin, Agnes, und P. B. Griffin. 1981. „Woman the Hunter: The Agata." In *Woman the Gatherer,* Hg. Frances Dahlberg, 121–151. New Haven.
– 1985. „Women Hunters: The Implications for Pleistocene Prehistory and Contemporary Ethnography." In *Women in Asia and the Pacific,* Hg. M. Goodman, 61–81.
Evans-Pritchard, E. E. 1970. „Sexual Inversion Among the Azande." *American Anthropologist* 72: 1428–1434.
Fagan, Brian. 1983. *People of the Earth: An Introduction to World Prehistory.* Boston.
– 1984. *The Aztecs.* New York.
Fausto-Sterling, Ann. 1985. *Myths of Gender: Biological Theory of Women and Men.* New York.
Fay, Robert, Charles Turner, Albert Klassen und John Gagnon. 1989. „Prevalence and Patterns of Same-Gender Sexual Contact Among Men." *Science* 243: 338–348.
Feil, Daryl. 1987. *The Evolution of Highland Papua New Guinea Societies.* New York.
Ferguson, Brian R. 1984a. „Introduction: Studying War." In *Warfare, Culture and Environment,* Hg. Brian Ferguson, 1–61, Orlando, Fla.

– 1984b. „A Reexamination of the Causes of Northwest Coast Warfare.“ In *Warfare, Culture, and Environment*, Hg. Brian Ferguson, 267–328. Orlando, Fla.
– o. J. „Game Wars: Ecology and Conflict in Amazonia.“ Unveröfftl. Ms.
Fialkowski, Konrad. 1986. „A Mechanism for the Origin of the Human Brain: A Hypothesis.“ *Current Anthropology* 27: 288–290.
– 1987. „On the Origins of the Human Brain: Preadaptation vs. Adaptation.“ *Current Anthropology* 28: 540–543.
Field, Tiffany. 1987. „Interaction and Attachment in Normal and Atypical Infants.“ *Journal of Consulting and Clinical Psychology* 55: 853–890.
Fladmark, Knut. 1986. „Getting One's Berings.“ *Natural History*, Nov., 8ff.
Fleagle, John G., et al. 1986. „Age of the Earliest African Anthropoids.“ *Science* 234: 1247–1249.
Fletcher, William. 1981. *Soviet Believers: The Religious Sector of the Population.* Lawrence, Kans.
Fliederbaum, Julian, et al. 1979. „Clinical Aspects of Hunger and Disease in Adults.“ In *Hunger Disease: Studies by the Jewish Physicians in the Warsaw Ghetto.* Hg. Myron Winick, 11–36. New York.
Ford, C. S., und F. A. Beach. 1951. *Patterns of Sexual Behavior.* New York. (Dt.: *Das Sexualverhalten von Mensch und Tier.* Berlin 1960.)
Ford, R. 1979. „Gathering and Gardening: Trends and Consequences of Hopewell Subsistence Strategies.“ In *Hopewell Archaelogy: The Chillicothe Conference*, Hg. D. S. Brose und N. Greber, 234–238. Kent, Ohio.
Forsyth, Adrian, 1986. *A Natural History of Sex.* New York.
Fortune, Reo. 1965. *Manus Religion.* Lincoln, Neb.
Fossey, D. 1982. „Reproduction Among Free-living Mountain Gorillas.“ *American Journal of Primatology, Supplement* I: 97–104.
Fouts, R., und D. Fouts. 1985. „Signs of Conversation in Chimpanzees.“ In *Sign Language of the Great Apes*, Hg. B. Gardner, R. Gardner, und T. van Cantforts. New York.
Fox, Robin L. 1987. *Pagans and Christians.* San Francisco.
Frisch, R. 1984. „Body Fat, Puberty and Fertility.“ *Science* 199: 22–30.
Fry, Peter. 1986. „Male Homosexual and Spirit Possession in Brazil.“ In *Anthropology and Homosexual Behavior*, Hg. Evelyn Blackwood, 137–153. New York.
Gale, F., Hg. 1974. „Women's Role in Aboriginal Society.“ Australian Aboriginal Studies, no. 36. Canberra.
Gamble, C. 1986. *The Paleolithic Settlement of Europe.* New York.
Gardner, B. T., und R. A. Gardner. 1971. „Two-Way Communication with a Chimpanzee.“ In *Behavior of Non-Human Primates.* Vol. 4, Hg. A. Schrier und F. Stollnitz, 117–184. New York.
– 1973. „Early Signs of Language in Child and Chimpanzee.“ *Science* 187: 752–753.
Gargett, Robert. 1989a. „Grave Shortcomings: The Argument for Neandertal Burial.“ *Current Anthropology* 30: 157–190.

– 1989b. „Reply.“ *Current Anthropology* 30: 326–330.
Garraty, John, und Peter Gay, Hg. 1972. *The Columbia of the World.* New York.
Gay, Judith. 1986. „‚Mummies and Babies‘ and Friends and Lovers in Lesotho.“ In *Anthropology and Homosexual Behavior,* Hg. Evelyn Blackwood, 97–116. New York.
Geertz, C. 1963. *Agricultural Involution.* Berkeley.
Geisser, Franz. Mo Ti – *Der Künder der allgemeinen Menschenliebe.* Bern 1947.
Gelb, I. 1973. „Prisoners of War in Early Mesopotamia.“ *Journal of Near Eastern Studies* 32: 70–98.
Gelber, M. 1986. *Gender and Society in New Guinea Highlands: An Anthropological Perspective on Antagonism Toward Women.* Boulder, Colo.
Gibson, K. R. 1989. „Brain Size Revisited: Implications of Parallel Distributed Processing Models of Brain Function.“ *American Journal of Physical Anthropology* 78: 228.
Gibson, O. Blair, und Michael N. Geselowitz. 1987. *Tribe and Polity in Late Prehistoric Europe: Demography, Production, and Exchange in the Evolution of Complex Social Systems.* New York.
Gilbert, Dennis A. 1988. *Compendium of American Public Opinion.* New York.
Gilman, A. 1981. „The Development of Stratification in Bronze Age Europe.“ *Current Anthropology* 22: 1–23.
Gnoli, Gherardo. 1987. „Zoroastrianism.“ In *The Encylopedia of Religion,* vol. 9, 579–582. New York.
Goldman, Nancy L., Hg. 1982. *Female Soldiers – Combatants or Noncombatants? Historical and Contemporary Perspectives.* Westport, Conn.
Goldstein, A., und Ralph Hansteen. 1977. „Evidence Against Involvement of Endorphins in Sexual Arousal and Orgasm in Man.“ *Archives of General Psychiatry* 34: 1179–1180.
Goleman, Daniel. 1988. „An Emerging Theory on Blacks’ I. Q. Scores.“ *New York Times,* April 10, 22–24.
Good, Kenneth. 1987. „Limiting Factors in Amazonian Ecology.“ In *Food and Evolution: Toward a Theory of Human Food Habits,* Hg. M. Marris und E. Ross, 407–426. Philadelphia.
Goodman, Alan H., R. B. Thomas, A. C. Swedlund, und G. Armelagos. 1988. „Biocultural Perspectives on Stress in Prehistoric, Historical, and Contemporary Population Research.“ *Yearbook of Physical Anthropology* 31: 169–202.
Goodrich, Carrington, Hg. 1976. *Dictionary of Ming Biography.* New York.
Goody, Jack. 1973. „Bridewealth and Dowry in Africa and Eurasia.“ In *Bridewealth and Dowry,* Hg. Jack Goody und S. J. Tambiah. Cambridge.
– 1976. *Production and Reproduction.* New York.
Gordon-Grube, Karen. 1988. „Anthropophagy in Post-Renaissance Europe: The Tradition of Medieval Cannibalism.“ *American Anthropologist* 90: 405–409.
Gould, Richard. 1982. „To Have and Not to Have: The Ecology of Sharing

Among Hunter-Gatherers." In *Resource Managers: North American and Australian Hunter-Gatherers,* Hg. Nancy Williams und Eugene Hunn, 69–91. Boulder, Colo.

Gould, Stephen. 1988. „A Novel Notion of Neanderthal." *Natural History,* June, 16–21.

Gould, Stephen, und Niles Eldredge. 1977. „Punctuated Equlibria: The Tempo and Mode of Evolution Revisited." *Paleobiology* 3: 115–151.

Graham, B., Hg. 1981. *Reproductive Biology of the Great Apes.* New York.

Gramby, R. 1977. „Deerskins and Hunting Territories: Competition for a Scarce Resource of the Northeastern Woodlands." *American Antiquity* 42: 601–605.

Gray, Patrick, und Linda Wolfe. 1980. „Height and Sexual Dimorphism and Stature Among Human Societies." *American Journal of Physical Anthropology* 53: 441–456.

Green, Miranda. 1986. *The Gods of the Celts.* Totowa, N. J.

Green, R. C. 1986. „The Ancestral Polynesian Settlement Pattern." In *Island Societies,* Hg. Patrick Kirch, 50–54. New York.

Greenberg, David. 1986. „Why Was the Berdache Ridiculed?" In *Anthropology and Homosexual Behavior,* Hg. Evelyn Blackwood, 179–189. New York.

Greenberg, Joseph C., Christy Turner, und S. Zegura. 1986. „The Settlement of the Americas: A Comparison of the Linguistic, Dental and Genetic Evidence." *Current Anthropology* 27: 477–497.

Greenberg, Joseph C., et al. 1987. „Language in the Americas: A Review." *Current Anthropology* 28: 647.

Gregerson, Edgar. 1982. *Sexual Practices: The Story of Human Sexuality.* London.

Gregor, Thomas. 1969. *Social Relations in a Small Society: A Study of the Mehinacu Indians of Central Brazil.* Dissertation, Columbia University.

– 1985. *Anxious Pleasures: The Sexual Lives of an Amazonian People.* Chicago.

Guidon, Niede. 1985. „Las Unidades Culturales de São Paemundo Nonato – Sudeste del Estado de Piaui-Brazil." In *New Evidence for the Pleistocene Peopling of the Americas,* Hg. Alan Bryan, 157–171. Orono, Maine.

Gumbel, Peter. 1988. „Down on the Farm: Soviets Try Once More to Straighten Out Old Agricultural Mess." *Wall Street Journal,* Dec. 2, 1.

Haas, Jonathan. 1982. *The Evolution of the Prehistoric State.* New York.

Haley, Alex. 1976. *Roots.* Garden City, N. Y. (Dt.: *Wurzeln*, Frankfurt 1977.)

Hamilton, William. 1987. „Omnivorous Primate Diets and Human Over-Consumption of Meat." In *Food and Evolution: Toward a Theory of Human Food Habits,* Hg. M. Harris and E. Ross, 117–132. Philadelphia.

Hammond, N. 1982. *Ancient Maya Civilization.* New Brunswick, N. J.

Hanley, Susan. 1977. „The Influence of Economic and Social Variables on Marriage and Fertility in 18th and 19th Century Japanese Villages." In *Population Patterns in the Past,* Hg. R. Lee et al., 165–200. Boulder, Colo.

Hanley, Susan und Kozo Yamamura. 1977. *Economic and Demographic Change in Preindustrial Japan, 1600–1868.* Princeton.

Harcourt, A., et al. 1981. „Testes Weight, Body Weight, and Breeding Systems in Primates.“ *Nature* 293: 55–57.
Harding, Robert. 1975. „Meat Eating and Hunting in Baboons.“ In *Socioecology and Psychology of Primates*, Hg. R. H. Tuttle, 245–257. Den Haag.
Hardy, Freidhelm. 1988. „The Renouncer Traditions.“ In *The World's Religions*, Hg. Steward Sutherland et al., 582–603. Boston.
Harlow, Harry. 1960. „Primary Affection Patterns in Primates.“ *American Journal of Ortho-Psychiatry*. 30: 676–684.
– 1964. „Early Deprivation and Later Behavior in the Monkey.“ In *Unfinished Tasks in the Behavioral Sciences*, Hg. A. Abrams et al., 154–173. Baltimore.
Harner, Michael. 1982. *The Way of the Shaman: A guide to Power and Healing*. New York. (Dt.: *Der Weg des Schamanen – Ein praktischer Führer zu innerer Heilkraft*. Hamburg 1989.)
Harris, David. 1987. „Aboriginal Subsistence in a Tropical Rain Forest Environment: Food Procurement, Cannibalism and Population Regulation in Northeastern Australia.“ In *Food and Evolution: Toward a Theory of Human Food Habits*, Hg. M. Harris und E. Ross, 357–385. Philadelphia.
Harris. J. W. 1983. „Cultural Beginnings: Plio-Pleistocene Archaelogical Occurrences from the Afar.“ In *African Archaeological Review*, Hg. N. David, 3–31. Cambridge.
Harris, Marvin. 1958. *Portugal's African Wards*. New York: American Committee on Africa.
– 1970. „Referential Ambiguity in the Calculus of Brazilian Racial Identity.“ *Southwestern Journal of Anthropology* 26: 1–14.
– 1977. *Cannibals and Kings: The Origins of Cultures*. New York. (Dt.: *Kannibalen und Könige – Die Wachstumsgrenzen der Hochkulturen*. Stuttgart 1990.)
– 1979. *Cultural Materialism: The Struggle for a Science of Culture*. New York.
– 1981. *America Now: The Anthropology of a Changing Culture*. New York.
– 1984. „Animal Capture and Yanomami Warfare: Retrospect and New Evidence.“ *Journal of Anthropological Research* 40: 183–201.
– 1985. *Good to Eat: Riddles of Food and Culture*. New York. (Dt.: *Wohlgeschmack und Widerwillen – Die Rätsel des Nahrungstabus*. Stuttgart 1988.)
Harris, Marvin, und Eric Ross. 1987. *Death, Sex and Fertility: Population Regulation in Pre-Industrial Societies*. New York.
Hart, Keith. 1985. „The Social Anthropology of West Africa.“ *The Annual Review of Anthropology* 14: 243–272.
Hartung, John. 1985. Rezension von *Incest: A Biosocial View*, by J. Shepher. *American Journal of Physical Anthropology* 67: 169–171.
Hassig, Ross. 1985. *Trade, Tribute, and Transportation: The Sixteenth-Century Political Economy of the Valley of Mexico*. Norman, Okla.
– 1988. *Aztec Warfare*. Norman, Okla.
Hastings, Elizabeth, und Philip Hastings. 1988. *Index to International Public Opinion*, 1986–1987. New York.
Haven, E. W. 1972. „Factors Associated with the Selection of Advanced

Academic Mathematical Courses by Girls in High School." Research Bulletin 72–12. Princeton.
Haviland, W. 1967. „Stature at Tikal." *American Antiquity* 32: 326–335.
Hayden, Brian. 1986. „Resources, Rivalry and Reproduction: The Influence of Basic Resource Characteristics on Reproductive Behavior." In *Culture and Reproduction: An Anthropological Critique of Demographic Transition Theory*, Hg. W. P. Handwerker, 176–195. Boulder, Colo.
– 1987. „Alliances and Ritual Ecstasy: Human Responses to Resource Stress." *Journal for the Scientific Study of Religion* 26: 81–91.
Hayden, Brian, M. Deal, A. Cannon, und J. Casey. 1986. „Ecological Determinants of Women's Status Among Hunter/Gatherers." *Human Evolution* 1(5): 449–474.
Hayden, Brian, M. Eldridge, A. Eldridge, und A. Cannon. 1985. „Complex Hunter-Gatherers in Interior British Columbia." In *Prehistoric Hunter-Gatherers: The Emergence of Cultural Complexity*, Hg. D. Price and J. Brown, 181–199. New York: Academic Press.
Haynes, C. Vance, jr. 1988. „Geofacts and Fancy." *Natural History*, Feb., 4–12.
Heath, R. G., Hg. 1964. *The Role of Pleasure in Behavior.* New York.
Henry, Donald. 1985. „Preagricultural Sedentism: The Natufian Example." In *Prehistoric Hunter-Gatherers: The Emergence of Cultural Complexity*, Hgg. D. Price und J. Brown, 365–381. New York.
Herdt, Gilbert, 1984a. „Ritualized Homosexual Behavior in the Male Cults of Melanesia 1862–1983: An Introduction." In *Ritualized Homosexuality in Melanesia*, Hg. Gilbert Herdt, 1–81. Berkeley.
– 1984b. „Semen Transactions in Sambia Cultures." In *Ritualized Homosexuality in Melanesia*, Hg. Gilbert Herdt, 167–210. Berkeley.
– 1987. *The Sambia: Ritual and Custom in New Guinea.* New York.
– 1988. „Cross-Cultural Forms of Homosexuality and the Concept of Gay." *Psychiatric Annals* 19(1): 37–39.
Herodot. *Historien.* 2. Bde. München 1963.
Herskovits, Melville. 1938. *Dahomery: An Ancient West African Kingdom.* 2. Bde. Evanston, Ill.
Hill, Andrew, und Steven Ward. 1988. „Origin of the Hominidae: The Record of African Large Hominoid Evolution Between 14 My and 4 My." *Yearbook of Physical Anthropology 31: 49–83.*
Hill, Jane. 1978. „*Apes and Language.*" *Annual Review of Anthropology* 7: 89–112.
Hiraiwa-Hasegawa, M., et al. 1986. „Aggression Toward Large Carnivores by Wild Chimpanzees of Mahale Mountains National Park, Tanzania." *Folia Primatologica* 47(1): 8–13.
Hirsch, Jerry. 1981. „To Unfrock the Charlatans." *Sage Race Relations Abstracts* 6: 1–67.
Hobbes, Thomas. *Leviathan.* München 1965.
Hoffman, M. A. 1979. *Egypt Before the Pharaohs.* New York.
Hogbin, H. I. 1964. *A Guadalcanal Society: The Koaka Speakers.* New York.

Holden, Constance. 1987. „Why Do Women Live Longer Than Men?“ *Science* 238: 158–160.
Holt, B. M. 1987. „An Analysis of Rates of Change in *Homo erectus* Based on a Cladistic Definition.“ Referat anläßlich der Jahrestagung der American Association of Physical Anthropologists.
Hommon, Robert. 1986. „Social Evolution in Ancient Hawai'i.“ In *Island Societies: Archaeological Approaches to Evolution and Transformation,* Hg. Patrick Kirch, 55–69. New York.
Hopkins, Keith. 1980. „Brother-Sister Marriage in Ancient Egypt.“ *Comparative Studies in Society and History* 22: 303–354.
Hosler, Dorothy. 1988. „Ancient West Mexican Metallurgy: South and Central American Origins and West Mexican Transformations.“ *American Anthropologist* 90: 832–835.
Hrdy, Sarah. 1981. *The Woman That Never Evolved.* Cambridge, Mass.
Hunn, Eugene. 1982. „Did the Aztec Lack Potential Animal Domesticates?“ *American Ethnologist* 9: 578–579.
Hutton, J. H. 1963. *Caste in India: Its Nature, Function, and Origins.* New York.
Huxley, Thomas. 1901. „Emancipation – Black and White.“ In *Science and Education.* New York.
Imperato-McGinley, Julianne, et al. 1974. „Steroid 5-Alpha-Reductase Deficiency in Man: An Inherited Form of Male Pseudohermaphroditism.“ *Science* 186: 1213–1215.
– 1979. „Androgens and the Evolutin of the Male Gender-Identity among Male Pseudohermaphrodites with 5-Alpha-Reductase Deficiency.“ *New England Journal of Medicine* 300(22): 1233–1237.
Ingmanson, E. J. 1989. „Branch Dragging by Pygmy Chimpanzees at Wamba, Zaire: The Use of Objects to Facilitate Social Communication in the Wild.“ *American Journal of Physical Anthropology* 78: 244.
Isaac, Barry. 1988. „Introduction.“ In *Prehistoric Economies of the Pacific Northwest Coast,* Hg. Barry Isaac, 1–16. Greenwich, Conn.
Isaac, Glynn. 1984. „The Archaeology of Human Origins: Studies of the Lower Pleistocene in East Africa.“ *Advances in World Archaeology* 3: 1–87.
Itani, J. 1961. „The Society of Japanese Monkeys.“ *Japan Quarterly* 8: 421–430.
Itani, J., und A. Nishimura. 1973. „The Study of Infra-Human Culture in Japan.“ In *Preindustrial Primate Behavior,* Hg. E. W. Menzell, 26–50. Basel.
Jacobs, Kenneth. 1985. „Climate and the Hominid Post-Cranial Skeleton in Wurm and Early Holocene Europe.“ *Current Anthropology* 26: 512–514.
James, Steven R. 1989. „Hominid Use of Fire in the Lower and Middle Pleistocene: A Review of the Evidence.“ *Current Anthropology* 3: 1–26.
James, W. H. 1980. „Secular Trends in Reported Sperm Counts.“ *Andrologia* 12: 381–388.
Jenike, M. R. 1989. „Seasonal Hunger Among Tropical Africans: The Lese Case.“ *American Journal of Physical Anthropology* 78: 247.

Jensen, A. 1969. „How Much Can We Boost I. Q. and Scholastic Achievement?" *Harvard Educational Review* 29: 1–123.
Jerison, H. J. 1973. *Evolution of the Brain and Intelligence.* New York.
Jochim, Michael. 1983. „Paleolithic Cave Art in Ecological Perspective." In *Hunter-Gatherer Economy in Prehistory: A European Perspective,* Hg. G. Bailey, 212–219. New York.
Johanson, Donald. 1987. „New Partial Skeleton of *Homo habilis* from Olduvai Gorge, Tanzania." *Nature* 327: 205–209.
Johanson, Donald, und Maitland Edey. 1981. *Lucy: The Beginnings of Humankind.* New York.
Johanson, Donald, und T. D. White. 1979. „A Systematic Assessment of Early African Hominids." *Science* 203: 321–330.
Johnson, Allen, und Timothy Earle. 1987. *The Evolution of Human Society: From Foraging Group to Agrarian State.* Stanford.
Johnson, W. J. 1988. „Theravada Buddhism in South-East Asia." In *The World's Religions,* Hgg. Steward Sutherland et al., 726–738. Boston.
Jolly, Alison. 1985. *The Evolution of Primate Behavior.* 2. Aufl. New York.
Jones, R., und J. Bowler. 1980. „Struggle for the Savanna: Northern Australia in Ecological and Prehistoric Perspective." In *Northern Australia: Options and Implications,* Hg. R. Jones, Canberra: Research School of Pacific Studies.
Kamin, L. J. 1974. *The Science and Politics of I. Q.* New York.
Kang, Elizabeth. 1979. „Exogamy and Peace Relations of Social Units: A Cross-cultural Test." *Ethnology* 18: 85–99.
Kaplan, Marion. 1984. *The Marriage Bargain: Women and Dowries in European History.* New York: Institute for Research in History.
Karkal, Malini. 1987. „Differentials in Mortality by Sex." *Economic and Political Weekly* 22(32): 1343–1347.
Karoda, S. 1984. „Interaction over Food Among Pygmy Chimpanzees." In *The Pygmy Chimpanzee,* Hg. R. L. Susman, 301–324. New York.
Keeton, William. 1972. *Biological Science.* New York.
Keightley, David N. 1978. „The Religious Commitment: Shang Theology and the Genesis of Chinese Political Culture." *History of Religions* 17: 211–225.
Kenyon, K. 1981. *Excavations at Jericho.* London: British School of Archaeology in Jerusalem.
Keys, Ancel. 1950. *The Biology of Human Starvation.* Minneapolis.
Kinzey, Warren G. 1987. *The Evolution of Human Behavior: Primate Models.* Albany.
Kirch, Patrick. 1984. *The Evolution of the Polynesian Chiefdoms.* New York.
Kitchen, Philip. 1985. *Vaulting Ambition: Sociobiology and the Quest for Human Nature.* Cambridge, Mass.
Knauf, Bruce. 1987. „Reconsidering Violence in Simple Societies: Homicide Among the Gebusi of New Guinea." *Current Anthropology* 28: 457–500.
Knight, Rolf. 1974. „Grey Owl's Return: Cultural Ecology and Canadian Indigenous Peoples." *Reviews in Anthropology* 1: 349–359.

Konfuzius, *Gedanken und Gespräche des Konfuzius,* Hg. Hans O. H. Stange. München 1953.
Konner, Melvin. 1982. *The Tangled Wing.* New York.
– 1988. „The Aggressors." *New York Times Magazine,* 14. Aug., 33–34.
Kortlant, A. 1967. „Experimentation with Chimpanzees in the Wild." In *Progress in Primatology,* Hgg. D. Starck, R. Schneider und H. Kuhns, 119–139. New York.
Krishnaji, N. 1987. „Poverty and Sex Ratio: Some Data and Speculations." *Economic and Political Weekly* 22(23): 892–897.
Kristiansen, Kristian. 1982. „The Formation of Tribal Systems in Later European Prehistory: Northern Europe 400–500 B. C." In *Theory and Explanation in Archaelogy,* Hgg. Colin Renfrew, M. Rowlands und B. Segraves, 241–280. New York.
Kroeber, Alfred L. 1948. *Anthropology.* New York.
Kurland, Jeffery. 1988. „Comments on Small." *Current Anthropology* 29: 89f.
Kurtz, Donald. 1987. „The Economics of Urbanization and State Formation at Teotihuacan." *Current Anthropology* 28: 329–353.
Kushlare, J. A. 1985. „Vestian Hypothesis of Human Hair Reduction." *Journal of Human Evolution* 14: 29–32.
Laitman, Jeffrey. 1985. „Evolution of the Hominid Upper Respiratory Tract: The Fossil Evidence." In *Hominid Evolution: Past, Present and Future,* Hg. P. Tabias, 281–286. New York.
Langer, W. 1972. „Checks on Population Growth." *Scientific American* 226(2): 92–99.
Langness, L. L. 1967. „Sexual Antagonism in the New Guinea Highlands: A Bene Bene Example." *Oceania* 37: 161–177.
– 1974. „Ritual, Power, and Male Dominance." *Ethos* 2: 189–212.
– 1977. „Ritual Power and Male Domination in the New Guinea Highlands." In *The Anthropology of Power,* Hgg. R. Fogelson und R. Adams, 3–22. New York.
Langness, L. L., und Terence E. Hays, Hgg. 1987. *Anthropology in the High Valleys: Essays on the New Guinea Highlands in Honor of Kenneth E. Read.* Novato, Calif.
Lanpo, Jia. 1989. „On Problems of the Beijing-Man Site: A Critique of New Implications." *Current Anthropology* 30: 200–204.
Leacock, Eleanor Burke. 1975. „The Montagnais-Naskapi Band." In *Cultural Ecology: Readings on the Canadian Indians and Eskimos,* Hg. B. Cox, 81–100. Toronto.
– 1981. *The Myth of Male Dominance: Collected Articles of Women Cross-Culturally.* New York.
– 1983. „Ideologies of Male Dominance as Divide and Rule Politics: An Anthropologist's View." In *Woman's Nature,* Hgg. Marian Lowe und Ruth Hubbard, 111–121. New York.
Leakey, L. S. B., P. V. Tobias, und J. R. Napier. 1964. „A New Species of the Genus *Homo* from Olduvai Gorge." *Nature* 202: 7–9.

Leakey, L. S. B., und V. M. Goodall. 1969. *Unveiling Man's Origins.* Cambridge, Mass.

Leakey, Mary. 1979. „Footprints Frozen in Time." *National Geographic* 155: 446–457.

Leavitt, Gregory. 1977. „The Frequency of Warfare: An Evolutionary Perspective." *Sociological Inquiry* 47(1): 49–58.

– 1989. „Disappearance of the Incest Taboo." *American Anthropologist* 91: 116–131.

Lee, Richard. 1969a. „Eating Christmas in the Kalahari." *Natural History*, Dez., 14–22, 60–63.

– 1969b. „!Kung Bushman Subsistence: An Input-Output Analysis." In *Environment and Cultural Behavior*, Hg. A. P. Vayda, 47–79. Garden City, N.Y.

– 1979. *The !Kung San: Men and Women in a Foraging Society.* Cambridge.

Lessa, William. 1966. *Ulithi: A Micronesian Design for Living.* New York.

Lester, David. 1975. „The Fear of Death in Primitive Societies." *Behavior Science Research* 10: 229–232.

Lethwaite, James. 1981. „Comment on Gilman 1981." *Current Anthropology* 22: 14.

Lewin, Roger. 1984. „Man the Scavenger." *Science* 224: 861–862.

– 1987a. „Africa: Cradle of Modern Humans." *Science* 237: 1292–1295.

– 1987b. „Domino Effect Invoked in Ice Age Extinctions." *Science* 238: 1509–1510.

– 1987c. „The Earliest ‚Humans' Were More Like Apes." *Science* 236: 1061–1063.

– 1987d. „My Close Cousin the Chimpanzee." *Science* 238: 273–275.

– 1987e. „The Unmasking of the Mitochondrial Eve." *Science* 238: 24–26.

– 1988a. „Conflict over DNA Clock Results." *Science* 241: 1598–2000.

– 1988b. „DNA Clock Conflict Continues." *Science* 241: 1756–1759.

– 1988c. „Hip Joints: Clues to Bipedalism." *Science* 241: 1433.

– 1988d. „A New Tool Maker in the Hominid Record?" *Science* 240: 724–725.

– 1988e. „New Views Emerge on Hunters and Gatherers." *Science* 240: 1146–1148.

– 1988f. „A Revolution of Ideas in Agricultural Origins." *Science* 240: 984–986.

– 1989a. „Ice Age Art Toppled." *Science* 243: 1435.

– 1989b. „Species Questions in Modern Human Origins." *Science* 243: 1666–1667.

Lewontin, R., S. Rose und L. Kamin. 1984. *Not in Our Genes: Biology, Ideology and Human Nature.* New York.

Liberman, Alvin M., und Ignatius G. Mattingly. 1989. „A Specialization for Speech Perception." *Science* 243: 489–494.

Lieberman, Leslie. 1987. „Biocultural Consequences of Animals Versus Plants As Sources of Fat, and Other Nutrients." In *Food and Evolution: Toward a*

Theory of Human Food Habits, Hgg. M. Harris und E. Ross, 225–258. Philadelphia.
Lieberman, Philip. 1984. *The Biology and Evolution of Language*. Cambridge, Mass.
– 1985. „On the Evolution of Human Syntactic Ability. Its Pre-adaptive Bases – Motor Control and Speech." *Journal of Human Evolution* 14: 657–668.
Lincoln, Bruce. 1981. *Priests, Warriors, and Cattle: A Study in the Ecology of Religions*. Berkeley.
Lindenbaum, Shirley. 1979. *Kuru Sorcery: Disease and Danger in the New Guinea Highlands*. Palo Alto, Calif.
Livingstone, F. 1969. „Genetics, Ecology, and the Origins of Incest and Exogamy." *Current Anthropology* 10: 45–62.
Lizot, Jaques. 1977. „Population, Resources and Warfare Among the Yanomamo." *Man* 12: 497–517.
– 1979. „On Food Taboos and Amazon Cultural Ecology." *Current Anthropology* 20: 150–151.
– 1985. *Tales of the Yanomami: Daily Life in the Venezuelan Forest*. New York.
Lockard, Denyse. 1986. „The Lesbian Community: An Anthropological Approach." In *Anthropology and Homosexual Behavior*, Hg. Evelyn Blackwood, 83–96. New York.
Loewe, Michael. 1982. *Chinese Ideas of Life and Death: Faith, Myth and Reason in the Han Period (202 B.C– A.D. 220)*. London.
Lovejoy, Owen C. 1981. „The Origin of Man." *Science* 212: 341–350.
– 1988. „Evolution of Human Walking." *Scientific American* 259(5): 118–125.
Lowie, Robert. 1948. *Primitive Religion*. New York.
McGrew, W. C. 1977. „Socialization and Object Manipulation of Wild Chimpanzees." In *Primate Bio-Social Development*, Hgg. Susan Chevalier-Skolinkoff and Frank Poirier, 261–288. New York.
– 1987. „Tools to Get Food: The Subsistence of Tansmanian Aborigines and Tanzanian Chimpanzees Compared." *Journal of Anthropological Research* 43: 247–258.
McGrew, W. C., and C. E. Tutin. 1973. „Chimpanzee Tool Use in Dental Grooming." *Nature* 241: 477–478.
McKnight, David. 1986. „Fighting in an Australian Supercamp." In *The Anthropology of Violence*, Hg. David Riches, 136–163. New York.
Maclachlan, Morgan. 1983. *Why They Did Not Starve: Biocultural Adaptation in a South Indian Village*. Philadelphia Institute for the Study of Human Issues.
MacNeish, R. 1978. *The Science of Archaelogy?* Belmont, Calif.
Maddin, Robert, ed. 1988. *The Beginning of the Use of Metal, and Alloys*. Cambridge, Mass.
Malinowski, Bronislaw. 1929. *The Sexual Life of Savages*. New York. (Dt.: *Das Geschlechtsleben der Wilden in Nordwest-Melanesien*. Frankfurt a. M. 1979.)
– 1935. *Coral Gardens and Their Magic*. London.
Malkenson, Frederich, und J. Keane. 1983. „Radiobiology of the Skin." In

Biochemistry and Physiology of the Skin, Hg. Lowell Goldsmith, 769–814. New York.
Malo, D. 1951. *Hawaiian Antiquities*. Bishop Museum Special Publication 2, Sonderausgabe. Aus dem Hawaiischen übers. v. Dr. N. B. Emerson. Honolulu.
Mamdani, M. 1973. *The Myth of Population Control*. New York.
Marcus, Joyce. 1983. „Lowland Maya Archaelogy at the Crossroads." *American Antiquity* 48: 454–488.
– 1984. „Reply to Hammond and Andrews." *American Antiquity* 49: 829–833.
Marshack, Alexander. 1976. „Some Implications of the Paleolithic: Symbolic Evidence for the Origin of Language." *Current Anthropology* 17: 274–282.
– 1985. *Hierarchical Evolution of the Human Capacity: The Paleolithic Evidence*. New York: American Museum of Natural History.
– 1989. „The Evolution of the Human Capacity: The Symbolic Evidence." *Yearbook of Physical Anthropology*. Im Druck.
Marshall, Donald. 1971. „Sexual Behavior on Mangaia." In *Human Sexual Behavior*, Hgg. D. Marshall und R. Suggs, 103–162. Englewood Cliffs, N.J.
Martin, Paul. 1984. „Prehistoric Overkill: The Global Model." In *Quaternary Extinctions: A Prehistoric Revolution*, Hgg. P. S. Martin und R. Klein, 354–403. Tucson.
Martin, Roy, und Barbara Mullen. 1987. „Control of Food Intake: Mechanisms and Consequences." *Nutrition Today*, Sept./Okt., 4–10.
Marzke, Mary, J. Longhill und S. Rasmussen. 1988. „Gluteus Maximus Muscle Function and the Origin of Hominid Bipedality." *American Journal of Physical Anthropology* 77: 519–528.
Mascia-Lees, Frances E., John Relethford und Tom Sorger. 1986. „Evolutionary Perspectives on Permanent Breast Enlargement in Human Females." *American Anthropology* 88: 423–428.
Mason, J. A. 1957. *The Ancient Civilizations of Peru*. London. (Dt.: *Das alte Peru*. Zürich 1965.)
Mason, J. W., et al. 1969. „Urinary Androsterone, Etiocholanolone, and Dehydroepiandrosterone Responses to 72-Hour Avoidance Sessions in the Monkey." *Osychosomatic Medicine* 30: 710–720.
Mazur, Allan. 1983. „Hormones, Aggression, and Dominance in Hawaii." In *Hormones and Aggressive Behavior*, Hg. Bruce Svare, 563–576. New York.
Mead, Margaret. 1928. *Coming of Age in Samoa*. New York.
Meggitt, Mervyn. 1977. *Blood Is Their Argument: Warfare Among the Mae Enga Tribesmen of the New Guinea Highlands*. Palo Alto, Calif.
Mei, Yi Pao. 1934. *Motse, the Neglected Rival of Confucius*. London.
Mellaart, James. 1967. *Çatal Hüyük: A Neolithic Town in Anatolia*. New York.
– 1975. *The Earliest Civilizations in the Near East*. London.
Mellars, Paul. 1985. „The Ecological Basis of Social Complexity in the Upper Paleolithic of Southwestern France." In *Prehistoric Hunter-Gatherers: The*

Emergence of Cultural Complexity, Hgg. D. Price und J. Brown, 271–297. New York.
– 1989. „Major Issues in the Emergence of Modern Humans." *Current Anthropology* 30: 349–385.
Mellars, P., und C. Stringer, Hgg. 1989. *The Human Revolution: Behavioral and Biological Perspectives on the Origins of Modern Humans.* Edinburgh.
Menzel, E. W., Jr., E. S. Savage-Rumbaugh und J. Lawson. 1985. „Chimpanzee *(Pan troglodytes)* Spatial Problem Solving with the Use of Mirrors and Televised Equivalents of Mirrors." *Journal of Comparative Psychology* 99: 212–217.
Metropolitan Life Insurance Company. 1988a. „Women's Longevity Advantage Declines." *Statistical Bulletin* 69(1): 18–23.
– 1988b. „New Longevity Record in the United States." *Statistical Bulletin* 69(3): 10–15.
Miller, Barbara. 1981. *The Endangered Sex: Neglect of Female Children in Rural North India.* Ithaca, N.Y.
– 1987a. „Female Infanticide and Child Neglect in Rural North India." In *Child Survival*, Hg. Nancy Scheper-Hughes, 95–112. Boston.
– 1987b. „Wife-beating in India: Variations on a Theme." Referat anläßlich der Jahrestagung der American Anthropological Association, Nov. 1987.
Miller, D., und S. Parsonage. 1975. „Resistance to Slimming: Adaptation or Illusion?" *Lancet*, 5. April, 773–775.
Miller, G. H., und D. R. Gerstein. 1983. *Public Health Reports* 98: 343–352.
Mintz, Sydney. 1985. *Sweetness and Power.* New York.
Mitchell, D., und L. Donald. 1988. „Archaeology and the Study of Northwest Coast Economies." In *Prehistoric Economies of the Pacific Northwest Coast*, Hg. Barry Isaac, 293–351. Greenwich, Conn.
Miyadi, D. 1967. „Differences in Social Behavior Among Japanese Macaque Troops." In *Progress in Primatology*, Hgg. D. Starck, R. Schneider und H. Kuhn. Stuttgart.
Miyamoto, Michael, Jerry Slightom, und Morris Goodman. 1987. „Phylogenetic Relations of Human and African Apes from DNA Sequences." *Science* 238: 369–373.
Molnar, S. 1983 *Human Variation: Races, Types, and Ethnic Groups.* Englewood Cliffs, N.J.: Prentice-Hall.
Money, J., und A. Ehrhardt. 1972. *Man and Woman, Boy and Girl.* Baltimore.
Mong, Dsi. *Die Lehrgespräche des Meisters Meng k'o.* Übers. v. R. Wilhelm. Köln 1982.
Montagna, W. 1985. „The Evolution of Human Skin." *Journal of Human Evolution* 14: 3–22.
Montagu, Ashley. 1974. *Man's Most Dangerous Myth: The Fallacy of Race.* New York.
Moore, A. 1985. „The Development of Neolithic Societies in the Near East." *Advances in World Archaeology* 4: 1–69.
Morren, George. 1984. „Warfare in the Highland Fringe of New Guinea: The

Case of the Mountain O.K." In „*Warfare, Culture and Environment,* Hg. Brian Ferguson, 169–208. Orlando, Fla.
– 1986a. „No Need to Doubt Cannibalism in New Guinea", letter to the editor. *New York Times,* Aug. 3.
– 1986b. *The Miyanmin: Human Ecology of a Papua New Guinea Society.* Ann Arbor.
Morris, C. 1976. „Master Design of the Inca." *Natural History,* Oct., 58–67.
Morris, Desmond. 1967. *The Naked Ape: A Zoologist's Study of the Human Animal.* New York. (Dt.: *Der nackte Affe.* München/Zürich 1978.)
Morrison, David C. 1988. „Marine Mammals Join the Navy." *Science* 242: 1503–1504.
Mosely, M. 1982. *Chan Chan: Andean Desert City.* Albuquerque.
Mo Ti. *Solidarität und allgemeine Menschenliebe.* Düsseldorf/Köln 1975.
Mull, Dorothy, und J. Dennis Mull. 1987. „Infanticide Among the Tarahumara of the Mexican Sierra Madre." In *Child Survival,* Hg. Nancy Scheper-Hughes, 113–132. Boston.
Murdock, George. 1937. „Comparative Data on the Division of Labor by Sex." *Social Forces* 15: 551–553.
– 1967. *Ethnographic Atlas.* Pittsburgh.
Nag, Moni, Benjamin White, und Robert Peet. 1978. „An Anthropological Approach to the Study of the Economic Value of Children in Java and Nepal." *Current Anthropology* 19: 239–306.
Nag, Moni, und N. Kak. 1984. „Demographic Transition in the Punjab Village." *Population and Development Review* 10: 661–678.
Nanda, Serena. 1986. „The Hijras of India: Cultural and Individual Dimensions of an Institutionalized Third Gender Role." In *Anthropology and Homosexual Behavior,* Hg. Evelyn Blackwood, 35–54. New York.
National Center for Health Statistics. 1987. Publication (PHS) 87–1688. Hyattsville, Md.
Needham, Joseph, et al. 1986. *Science and Civilization in China.* Bd. 5, *Military Technology: The Gunpowder Epic.* Cambridge. (Dt.: *Wissenschaft und Zivilisation in China.* Frankfurt a. M. 1988.)
Newman, R. W. 1970. „Why Is Man Such a Sweaty, Thirsty, Naked Animal?" *Human Biology* 42: 12–27.
Nishida, Toshisada. 1973. „The Ant-Gathering Behavior by the Use of Tools Among Wild Chimpanzees of the Mahale Mountains." *Journal of Human Evolution* 2: 357–370.
Nishida, Toshisada, und Kenji Kawanaka. 1985. „Within-Group Cannibalism by Adult Male Chimpanzees." *Primates* 2(3): 274–284.
O'Connell, James F., Kristen Hawkes und Nicholas Blurton Jones. 1988. „Hadza Scavenging: Implications for Plio/Pleistocene Hominid Subsistence." *Current Anthropology* 29: 356–363.
O'Grady, Richard T., et al. 1989. „Genes and Tongues." *Science* 243: 1651.
Oliver, Douglas. 1955. *A Solomon Island Society: Kinship and Leadership Among the Sivai of Bougainville.* Cambridge, Mass.

Ortiz de Montellano, B. R. 1983. „Counting Skulls: Comment on the Aztec Cannibalism Theory of Harner-Harris.“ *American Anthropologist* 85: 403–406.
Pagels, Elaine. 1981. *The Gnostic Gospels.* New York.
Pardue, Peter. 1967. „Buddhism.“ *Encyclopedia of the Social Sciences*, 165–184. New York.
Pareti, Luigi. 1965. *The Ancient World: 1200 B.C. to A.D. 500: History of Mankind.* New York.
Parker, Sue. 1985. „A Social-Technological Model for the Evolution of Language.“ *Current Anthropology* 26: 617–639.
Parker, S., und H. Parker. 1979. „The Myth of Male Superiority: Rise and Demise.“ *American Anthropologist* 82: 289–309.
Patterson, Francine. 1981. *The Education of Koko.* New York: Holt, Rinehart and Winston.
Pearson, Richard. 1983. „The Ch'ing-lien-kang Culture and the Chinese Neolithic.“ In *The Origins of Chinese Civilization*, Hg. David Keightley, 119–145. Berkeley.
Peletz, Michael G. 1987. „Female Heirship and the Autonomy of Women in Negeri Sembilan, West Malaysia.“ In *Research in Economic Anthropology: A Research Annual.* Bd. 8, Hg. Barry L. Isaac, 61–101. Greenwich, Conn.
Pennington, Renee, und Henry Harpending. 1988. „Fitness and Fertility Among Kalahari !Kung.“ *American Journal of Physical Anthropology* 77: 303–319.
Percival, L. und K. Quinkert. 1987. „Anthropometric Factors.“ In *Sex Differences in Human Performance*, Hg. Mary Baker, 121–139. New York.
Perry, W. J. 1923. *Children of the Sun.* London.
Persky, Harold, 1987. *Psychoendocrinology of Human Sexual Behavior.* New York.
Pfeiffer, John F. 1982. *The Creative Explosion: An Enquiry into the Origins of Arts and Religion.* New York.
Pierson, Ruth R. 1987. „‚Did Your Mother Wear Army Boots?‘ Feminist Theory and Women's Relation to War, Peace and Revolution.“ In *Images of Women in Peace and War: Cross-Cultural and Historical Perspectives*, Hgg. Sharon Macdonald, P. Holden und S. Ardener, 205–227. Madison, Wis.
Pilbeam, David. 1985. „Patterns of Hominoid Evolution.“ In *Ancestors: The Hard Evidence*, Hg. Eric Delson, 51–59. New York.
Podolefsky, Aaron. 1984. „Contemporary Warfare in the New Guinea Highlands.“ *Ethnology* 23: 73–87.
Polanyi, Karl, 1957. „The Economy as Instituted Process.“ In *Trade and Markets in the Early Empires*, Hgg. K. Polanyi, C. Arensberg und H. Pearson, 243–270. New York.
Potash, Betty. 1986. „Widows in Africa: An Introduction.“ In *Widows in African Societies: Choices and Constraints*, Hg. B. Potash, 1–43. Stanford.
Potter, Sulamith. 1977. *Family Life in a Northern Thai Village: A Study in the Structural Significance of Women.* Berkeley.

Premack, David, 1971. „On the Assessment of Language Competence in the Chimpanzee." In *The Behavior of Nonhuman Primates.* Bd. 4, Hgg. A. M. Schrier und F. Stollnitz, 185–228. New York.
– 1976. *Intelligence in Ape and Man.* Hillsdale, N.J.
– 1983. „The Codes of Man and Beast." *The Behavioral and Brain Sciences* 6: 125–167.
Price, Douglas, und James Brown, Hgg. 1985. *Prehistoric Hunter-Gatherers: The Emergence of Cultural Complexity.* New York.
Purifoy, F. E., und L. H. Koopmans. 1980. „Androstenedione, T and Free T Concentrations in Women of Various Occupations." *Social Biology* 26: 179–188.
Rambaugh, D. M. 1977. *Language Learning by a Chimpanzee: The Lana Project.* New York.
Rancour-Laferriere, D. 1985. *Signs of the Flesh: An Essay on the Evolution of Hominid Sexuality.* Berlin.
Rappaport, Roy. 1987. *Pigs for the Ancestors: Ritual in the Ecology of a New Guinea People.* 2. Aufl. New Haven.
Rasmussen, Knud. 1929. *The Intellectual Culture of the Iglulik Eskimo. Report of the Fifth Thule Expedition.* Copenhagen.
Read, K. 1982. „Male-Female Relationships Among the Gahuku-Gama: 1950 and 1981." *Social Analysis* 12: 66–78.
– 1984. „The Nama Cult Recalled." In *Ritualized Homosexuality in Melanesia,* Hg. G. Herdt, 211–247. Berkeley.
Redford, Kent, et al., o. J. „The Relationship Between Foraging and Insectivory in Primates." Unveröfftl.
Reinisch, June, und W. G. Karow. 1977. „Prenatal Exposure to Synthetic Progestin and Estrogens: Effects on Human Development." *Archives of Sexual Behavior* 6: 257–288.
Reiss, Nira. 1985. *Speech Acts Taxonomy as a Tool for Ethnographic Description: An Analysis Based on Videotapes of Continuous Behavior in Two New York Households.* Philadelphia.
Reitz, Elizabeth. 1988. „Faunal Remains from Paloma, an Archaic Site in Peru." *American Anthropologist* 88: 311–322.
Remillard, G. M., et al. 1983. „Sexual Manifestations Predominate in a Woman with Temporal Lobe Epilepsy: A Finding Suggesting Sexual Dimorphism in the Human Brain." *Neurology* 33: 3–30.
Rice, Patricia, und A. Patterson. 1986. „Validating the Cave Art – Archaeofaunal Relationship in Catabrian Spain." *American Anthropologist* 88: 658ff.
Richards, Audrey. 1939. *Land, Labour, and Diet in Northern Rhodesia.* London.
Richards, M., J. Bernal, und Y. Brackbill. 1976. „Early Behavioral Differences: Gender or Circumcision?" *Developmental Psychology* 9: 89–95.
Ridway, Sam. „Navy Marine Mammals." *Science* 243: 875.
Rindos, David. 1984. *The Origins of Agriculture: An Evolutionary Perspective.* Orlando, Fla.

Rivière, C. 1987. „Soul: Concepts in Primitive Religions." In *The Encyclopedia of Religion*, 426–430. New York.
Robarchek, Clayton A., und Robert Knox Dentan. 1987. „Blood Drunkenness and the Bloodthirsty Semai: Unmaking Another Anthropological Myth." *American Anthropologist* 89: 356–365.
Robertshaw, David. 1985. „Sweat and Heat Exchange in Man and Other Mammals." *Journal of Human Evolution* 14: 63–73.
Rolls, Barbara, et al. 1986. „Human Thirst: The Control of Water Intake in Healthy Men." In *The Physiology of Thirst and Sodium Appetite*, Hgg. G. De Caro, A. Epstein und M. Massi, 521–526. New York.
Roosevelt, Anna. 1987. „Chiefdoms in the Amazon and Orinoco." In *Chiefdoms in the Americas*, Hgg. R. Drennan und C. Uribe, 153–185. Lanham, Md.
Rose, Robert M., et al. 1975. „Androgens and Aggression: A Review of Recent Findings in Primates." In *Primate Aggression, Territoriality and Xenophobia*, Hg. Ralph Holloway, 275–305. New York.
Rotberg, Robert, u. Theodore Rabb. 1985. *Hunger and History: The Impact of Changing Food Production and Consumption Patterns on Society*. New York.
Routtenberg, Aryeh. 1980. *Biology of Reinforcement: Facets of Brain-Stimulation Reward*. New York.
Rozin, P., und D. Schiller. 1980. „The Nature and Acquisition of a Preference for Chili Peppers by Humans." *Motivation and Emotion* 4: 77–101.
Russel, A., et al., Hgg. 1987. *The Guinness Book of World Records*. New York.
Sahagún, Bernadino de. 1951. *General History of the Things of New Spain: The Ceremonies*. Salt Lake City.
Sahlins, M. 1963. „Poor Man, Rich Man, Big Man, Chief." *Comparative Studies in Society and History* 5: 285–303.
Salter, Mary Jo. 1980. „Annie, Don't Get Your Gun." *Atlantic*, June, 83–86.
Sanday, Peggy. 1981. *Female Power and Male Dominance: On the Origins of Sexual Inequality*. New York.
Sanders, William, R. Santley und J. Parsons. 1979. *The Basin of Mexico: Ecological Processes in the Evolution of a Civilization*. New York.
Sanders, William, und David Webster. 1988. „The Mesoamerican Urban Tradition." *American Anthropologist* 90: 521–546.
Sankar, Andrea. 1986. „Sisters and Brothers, Lovers and Enemies: Marriage Resistance in Southern Kuangtung." In *Anthropology and Homosexual Behavior*, Hg. Evelyn Blackwood, 69–81. New York.
Sapir, Edward. 1921. *Language: An Introduction to the Study of Speech*. New York. (Dt.: *Die Sprache. Einführung in das Wesen der Sprache*. München 1972.)
Sarich, Vincent. 1974. „Just How Old Is the Hominid Line?" *Yearbook of Physical Anthropology* 17: 98–112.
Savage-Rumbaugh, Sue, und Beverly Wilkerson. 1978. „Socio-sexual Behavior in *Pan paniscus* and *Pan troglodytes*: A Comparative Study." *Journal of Human Evolution* 7: 327–344.

Scheper-Hughes, Nancy. 1984. „Infant Mortality and Infant Care: Cultural and Economic Constraints on Nurturing in Northwest Brazil." *Social Science and Medicine* 19(5): 535–546.
– 1987. „Culture, Scarcity, and Maternal Thinking: Mother Love and Child Death in Northeast Brazil." In *Child Survival*, Hg. Nancy Scheper-Hughes, 187–208. Boston.
Schlegel, Alice, Hg. 1977. *Sexual Stratification: A Cross-Cultural View*. New York.
Schlegel, Alice, und Herbert Barry III. 1986. „The Cultural Consequences of Female Contribution to Subsistence." *American Anthropologist* 88: 142–150.
Schlegel, Alice, und R. Eloul. 1988. „Marriage Transactions: Labor, Property and Status." *American Anthropologist* 90: 291–309.
Scott, Joan, und Louis Tilley. 1975. „Women's Work and Family in Nineteenth Century Europe." *Comparative Studies in Society and History* 17: 36–64.
Scrimshaw, Susan. 1983. „Infanticide as Deliberate Fertility Regulation." In *Determinants of Fertility in Developing Nations: Supply and Demand for Children*, Hgg. R. Bulatao and R. Lee, 245–266. New York.
Sebeok, T., und J. Umiker-Sebeok. 1980. *Speaking of Apes*. New York.
Shanor, K. 1978. *The Shanor Study: The Sexual Sensitivity of the American Male*. New York.
Shapiro, Judith. 1971. *Sex Roles and Social Structure Among the Yanomamo Indians*. Dissertation, Columbia University.
Sharff, Jagna. 1980. *Life on Dolittle Street: How Poor People Purchase Immortality*. Final report, Hispanic Study Project No. 9, Department of Anthropology, Columbia University.
– 1981. „Free Enterprise and the Ghetto Family." *Psychology Today*, März, 40–48.
Sharma, Ursula, 1983. „Dowry in North India: Its Consequences for Women." In *Women and Property, Women as Property*, Hg. Renee Hirschon, 62–74. London.
Shepher, J. 1983. *Incest: A Biosocial View*. New York.
Shipman, Pat. 1986. „Scavenging or Hunting in Early Hominids: Theoretical Framework and Tests." *American Anthropologist* 88: 27–43.
Shostak, Marjorie. 1981. *Nisa: The Life and Words of a !Kung Woman*. Cambridge, Mass.
Shoumatoff, Alex. 1985. *The Mountain of Names: A History of the Human Family*. New York.
Silk, Joan. 1987. „Primatological Perspectives on Gender Hierarchies." Referat anläßlich des Symposiums Nr. 103 der Wenner-Gren Foundation for Anthropological Research, „Gender Hierarchies", 10.–18. Jan. 1987.
Simons, Elwyn L. 1985. „Origins and Characteristics of the First Hominids." In *Ancestors: The Hard Evidence*, Hg. Eric Delson, 37–41. New York.
Sims, E., und E. Danforth. 1987. „Expenditure and Storage of Energy in Man." *Journal of Clinical Investigation* 79: 1019–1025.

Singer, Barry, und Frederick Toastes. 1987. „Sexual Motivation.“ *The Journal of Sex Research* 23(4): 481–501.
Singer, R., und J. Wymer. 1982. *The Middle Stone Age at Klasies River Mouth in South Africa.* Chicago.
Skinner, B. F. 1984. „An Operant Analysis of Problem Solving.“ *The Behavioral and Brain Sciences* 7: 583–613.
Skinner, G. William. 1987. „Gender and Power in Japanese Families: Consequences for Reproductive Behavior and Longevity.“ Referat anläßlich des Symposiums Nr. 103 der Wenner-Gren Foundation for Anthropological Research, „Gender Hierarchies“, 10.–18. Jan. 1987.
Small, Meredith F. 1988. „Female Primate Sexual Behavior and Conception.“ *Current Anthropology* 29: 81–100.
Smith, Curtis. 1985. *Ancestral Voices: Language and the Evolution of Human Consciousness,* Englewood Cliffs, N.J.
Smith, E. G. 1933. *The Diffusion of Culture.* London.
Smith, Robert L. 1984. „Human Sperm Competition.“ In *Sperm Competition and the Evolution of Animal Mating Systems,* 602–652. New York.
Soffer, Olga. 1985. *Upper Paleolithic of the Central Russian Plain.* Orlando, Fla.
Solecki, Ralph. 1971. *Shanidar: The First Flower People.* New York.
Sorenson, R. 1972. „Socio-Ecological Change Among the Fore of New Guinea.“ *Current Anthropology* 15: 67–72.
Sorokin, Pitirim. 1975. *Hunger as a Factor in Human Affairs.* Gainesville, Fla.
Speck, Frank. 1915. „The Family Hunting Band as the Basis of the Algonkian Organization.“ *American Anthropologist* 17: 289–305.
Spencer, B., und F. Gillen. 1968. *The Native Tribes of Central Australia.* New York.
Speth, J. 1987. „Early Hominid Subsistence Strategies in Seasonal Habitats.“ *Journal of Archaeological Science* 14: 13–29.
Sponsel, Leslie. 1986. „Amazone Ecology and Adaptation.“ *Annual Review of Anthropology* 15: 67–97.
Spuhler, J. N. 1988: „Evolution of Mitochondrial DNA in Monkeys, Apes and Humans.“ *Yearbook of Physical Anthropology* 31: 15–48.
Staden, Hans. *Zwei Reisen nach Brasilien 1548–1555.* Marburg/Lahn 1970.
Stager, Lawrence, und Samuel Wolff. 1984. „Child Sacrifice at Carthage – Religious Rite or Population Control?“ *Biblical Archaeology Review* 10: 30–51.
Stahl, Ann. 1984. „Hominid Dietary Selection Before Fire.“ *Current Anthropology* 25: 151–168.
Steiner, J. 1979. „Human Facial Expression in Response to Taste and Smell Stimulation.“ *Advances in Child Development and Behavior* 13: 257–295.
Stevens, William. 1986. „Prehistoric Society: A New Picture Emerges.“ *New York Times.* 16.–22. Dez.
Stringer, Chris B. 1984: „Human Adaptation and Biological Adaptation in the Pleistocene.“ In *Hominid Evolution and Community Ecology,* Hg. R. Foley, 53–83. Orlando, Fla.

– 1988. „The Dates of Eden." *Nature* 331: 565–566.
Stringer, Chris B., und Peter Andrews. 1988a. „Genetic and Fossil Evidence for the Origins of Modern Humans." *Science* 239: 1263–1268.
– 1988b. Antwort auf Wolpoff. *Science* 241: 773–774.
Sudarkasa, N. 1973. *Where Women Work: A Study of Yoruba Women in the Marketplace and in the Home.* Ann Arbor.
Sullivan, Lawrence. 1987. „Supreme Beings." In *The Encyclopedia of Religion.* Bd. 14, 166–181. New York.
Susman, Randall, Hg. 1984. *The Pygmy Chimpanzee: Evolutionary Biology and Behavior.* New York.
– 1987. „Pygmy Chimpanzees and Common Chimpanzees: Models for the Behavioral Ecology of the Earliest Hominid." In *The Evolution of Human Behavior: Primate Models.* Hg. G. Warren und G. Kinzey, 72–86. Albany.
– 1988. „Hand of *Paranthropus robustus* from Member 1, Swartkrans: Fossil Evidence for Tool Behavior." *Science* 240: 781–784.
Tainter, J. 1988. *The Collapse of Complex Societies.* New York.
Tanner, Nancy. 1974. „Matrifocality in Indonesia and Africa and Among Black Americans." In *Woman, Culture and Nature,* Hgg. Michelle Z. Rosaldo und Louise Lamphere, 129–156. Stanford.
– 1983. „Hunters, Gatherers, and Sex Roles in Space and Time." *American Anthropologist* 85: 335–341.
Tefft, Stanton. 1975. „Warfare Regulation: A Cross-Cultural Test of Hypothese." In *War: Its Causes and Correlates,* Hgg. Martin Nettleship et al., 693–712. Hawthorne, N.Y.
Teliki, G. 1981. „The Omnivorous Diet and Eclectic Feeding Habits of Chimpanzees in Gombe National Park, Tanzania." In *Omnivorous Primates: Gathering and Hunting in Human Evolution,* Hgg. G. Teleki und S. O. Harding, 305–343. New York.
Terrace, Herbert. 1981. *Nim: A Chimpanzee Who Learned Sign Language.* New York.
Tertullian. 1984. Zit. in Lawrence Stager und Samuel Wolff, „Child Sacrifice at Carthage – Religious Rite or Population Control?" *Biblical Archeology Review* 10: 30–51.
Testart, Alain. 1982. „The Significance of Food Storage Among Hunter-Gatherers: Residence Patterns, Population Densities and Social Inequalities." *Current Anthropology* 23: 523–537.
– 1988. „Some Major Problems in the Social Anthropology of Hunter-Gatherers." *Current Anthropology* 29: 1–31.
Thomas, Elizabeth. 1959. *The Harmless People.* New York. (Dt.: *Meine Freunde, die Buschmänner.* Berlin/Frankfurt/Wien 1962.)
Thompson-Handler, Nancy, Richard K. Malenky, und N. Badrian. 1984. „Sexual Behavior of *Pan paniscus* Under Natural Conditions in the Lomako Forest." In *The Pygmy Chimpanzee,* Hg. R. Susman, 347–368. New York.
Tigay, J. 1982. *The Evolution of the Gilgamesh Epic.* Philadelphia.

Tobias, Sheila. 1978. *Overcoming Math Anxiety*. New York.
Toth, Nicholas, und K. Schick. 1986. „The First Million Years: The Archaeology of Protohuman Culture." *Archaeology Method and Theory* 9: 1–96.
Trigger, Bruce. 1978. „Iroquois Matriliny." *Pennsylvania Archaeologist* 48: 55ff.
Trinkaus, E. 1983. „Neanderthal Postcrania and the Adaptive Shift to Modern Humans." In *The Mousterian Legacy: Human Biocultural Change in the Upper Pleistocene*. BAR S164. Hg. E. Trinkaus, 165–200. Oxford: British Archaeological Reports.
– 1986. „The Neanderthals and Modern Human Origins." *Annual Review of Anthropology* 15: 193–218.
Turnbull, Colin M. 1965. *Wayward Servants: The Two Worlds of the African Pygmies*. Garden City, N.Y.
– 1982. „The Ritualization of Potential Conflict Between the Sexes Among the Mbuti." In *Politics and History in Band Societies*, Hgg. Eleanor Leacock und Richard Lee, 133–155. Cambridge.
Turner, Christy, II. 1989. „Teeth and Prehistory in Asia." *Scientific American* 260(2): 88–96.
Tuttle, Russel. 1969. „Knuckle-Walking and the Problem of Human Origins." Science 166: 953–961.
Tylor, Edward R. 1871. *Primitive Culture*. London. (Dt.: *Die Anfänge der Kultur*. Leipzig 1873.)
– 1888. „On a Method of Investigating the Development of Institutions; Applied to Laws of Marriage and Descent." *Journal of the Royal Anthropological Institute* 18: 245–269.
Unger-Hamilton, Romana. 1989. „The Epi-Paleolithic Southern Levant and the Origin of Cultivation." *Current Anthropology* 30: 88–103.
Vaidyanathan, A., N. Nair und M. Harris. 1982. „Bovine Sex and Age Ratios in India." *Current Anthropology* 23: 365–383.
Valenstein, Elliot S. 1973. *Brain Control: A Critical Examination of Brain Stimulation and Psychosurgery*. New York.
Valladas, H., et al. 1988. „Thermoluminescence Dating of Mousterian ‚Proto-Cro Magnon' Remains from Israel and the Origin of Modern Man." *Nature* 331: 614–616.
Van Allen, J. 1972. „Sitting on a Man: Colonialism and the Lost. Political Institutions of Igbo Women." *Canadian Journal of African Studies* 6(2): 165–182.
Van Baaren, Thomas P. 1987. „Afterlife: Geographies of Death." In *The Encyclopedia of Religion*, Bd. 1, 107–120. New York.
Van Lawick-Goodall, Jane. 1968. „Tool-Using Bird: The Egyptian Vulture." *National Geographic* 133: 630–641.
– 1986. *The Chimpanzees of Gombe*. Cambridge, Mass.
Veblen, Thorstein. 1934. *Theory of the Leisure Class*. New York. (Dt.: *Theorie der feinen Leute*. Köln/Berlin o. J.)
Vickers, William. 1988. „Game Depletion Hypothesis of Amazonian Adaptation: Data from a Native Community." *Science* 239: 1521–1522.

Villa, Paola, et al. 1986. „Cannibalism in the Neolithic." *Science 233: 431–437.*

Vining, Daniel. 1985. „Social Versus Reproductive Success: The Central Theoretical Problems of Sociobiology." *Behavioral and Brain Sciences* 9: 167–216.

Voigt, Mary. 1986. Review of T. Young, P. Smith, and I. Mortensen, Hgg., *The Hilly Flanks and Beyond. Paleorient* 12(1): 52–53.

Waal, Frans de. 1983. *Chimpanzee Politics.* New York.

– 1988. *Peacemaking Among Primates.* Cambridge, Mass.

Wachter, K. 1980. „Ancestors at the Norman Conquest." In *Genealogical Demography.* Hgg. B. Dyke und W. Morrill, 85–93. New York.

Wagner, Roy. 1987. „Totemism." In *The Encyclopedia of Religion,* Bd. 14, 573–576. New York.

Waldron, Ingrid, 1976. „Why Do Women Live Longer Than Men?" *Social Science and Medicine* 10: 349–362.

– 1982. „An Analysis of Causes of Sex Differences in Mortality and Morbidity." In *The Fundamental Connection Between Nature and Nurture,* Hgg. W. R. Grove und G. R. Carpenter, 69–126, Lexington, Mass.

Wallace, A. 1966. *Religion: An Anthropological View.* New York.

– 1976. „Why Do Women Live Longer Than Men?" *Social Science and Medicine* 10: 49–362.

Ward, Steven, und Andrew Hill. 1987. „Pliocene Hominid Partial Mandible from Tabarin, Baringo, Kenya." *American Journal of Physical Anthropology* 72: 21–37.

Warner, W. L. 1958. *A Black Civilization.* New York.

Waterlow, J. C. 1986. „Metabolic Adaptation to Low Intakes of Energy and Protein." *Annual Review of Nutrition* 6: 495.

Wax, Murray. 1984. „Religion as Universal: Tribulations of an Anthropological Enterprise." *Zygon* 19(1): 5–20.

Webb, A. R., L. Kline und M. F. Holick. 1988. „Influence of Season and Latitutde on the Cutaneous Synthesis of Vitamin D3: Exposure to Winter Sunlight in Boston and Edmonton Will Not Promote Vitamin D3 Synthesis in Human Skin." *Journal of Clinical Endocrinology and Metabolism* 67(2): 373–377.

Webster, David. 1985. „Surplus, Labor, and Stress in Late Classic Maya Society." *Journal of Anthropological Research* 41: 375–399.

Wechsler, Howard, 1985. *Offerings of Jade and Silk: Ritual and Symbol in the Legitimation of the T'ang Dynasty.* New Haven.

Weil, Peter. 1986. „Agricultural Intensification and Fertility in Gambia (West Africa)." In *Culture and Reproduction: An Anthropological Critique of Demographic Transition Theory,* Hg. W. P. Handwerker, 294–320. Boulder, Colo.

Weiner, Annette. 1976. *Women of Value, Men of Renown.* Austin, Tex.

– 1986. „Forgotten Wealth: Cloth and Woman's Production in the Pacific." In *Woman's Work,* Hgg. E. Leacock, H. Safa und J. Weiner, 96–110. South Hadley, Mass.